03806

GANDHI

LOUIS FISCHER

La vie du Mahâtma
GANDHI

Traduit de l'américain par
Eugène Bestaux

PIERRE BELFOND
216, boulevard Saint-Germain
75007 Paris

Ce livre a été publié sous le titre original
THE LIFE OF MAHATMA GANDHI
par Harper & Row Publishers Inc., New York

ISBN 2-7144-1553-9

A MARKOOSHA

PREMIÈRE PARTIE

LA FIN ET LE COMMENCEMENT

CHAPITRE PREMIER

SA MORT AU MOMENT DE COMMENCER
LES PRIÈRES [1]

A 4 heures et demie de l'après-midi, Abha lui apporta son
dernier repas, tel qu'il avait l'habitude de le prendre :
composé de lait de chèvre, de légumes cuits et de légumes
crus, d'oranges et d'une compote faite de gingembre, de
citrons acides et de beurre battu mélangés à du jus d'aloès.

Assis sur le sol de sa chambre, au fond de Birla House, à
New-Delhi, Gandhi mangea, tout en causant avec le Sardar

1. Les observations faites par des témoins oculaires de l'assassinat de Gandhi, de ses obsèques et de sa crémation, ont été complétées par des reportages
parus dans l'*Hindustan Times* de New-Delhi et le *Times of India* de Bombay
dont j'ai rapporté toute une série allant du 30 janvier au 24 février 1948,
lorsque je suis revenu de l'Inde à l'automne de 1948... Le numéro du 15 février
1948 de l'*Haryian*, l'hebdomadaire de Gandhi rédigé en anglais, renferme
deux articles inappréciables de Dévadas Gandhi et de Pyarélal, premier
secrétaire de Gandhi, qui m'ont permis de composer et d'enrichir ce chapitre... Aux presses de l'*Hindustan Times*, Dévadas, son rédacteur en
chef, a publié en 1948 un volume illustré de cent pages grand format, intitulé *Memories of Bapu*, où se trouve également un compte rendu des obsèques
et de la crémation... Une lettre privée du Sardar Vallabhbhaï Patel m'a
fourni divers détails sur le dernier jour de Gandhi... Deux lettres du Dr D. P.
Bhargava m'ont donné des détails médicaux importants inclus dans ce
chapitre... Le général sir Roy Bucher, rencontré à New-Delhi, m'a envoyé
un rapport militaire très exact du cortège funèbre, contenant les distances,
les noms des unités, les numéros des avions, les numéros des voitures, etc.
Le récit du meeting spécial organisé par le conseil de sécurité des Nations
Unies est basé sur le compte rendu sténographique officiel... Des hommages
et des panégyriques ont été découverts dans les journaux de divers pays,
dans les bulletins des Services d'information du gouvernement de l'Inde
à Washington, district de Colombie, dans *Homage to Mahatma Gandhi*,
brochure publiée à New-Delhi par le gouvernement indien, et dans d'autres
publications... Plusieurs lettres de Krichna Nehrou Hutheesing, qui se trouvait à New-Delhi le jour de l'assassinat et le jour des funérailles, m'ont été
très utiles.

Vallabhbhaï Patel, premier ministre adjoint du nouveau gouvernement de l'Inde indépendante. La fille de Patel, sa secrétaire Maniben, était également présente. C'était une conversation importante. Le bruit avait couru de différends entre
Patel et le premier ministre Yaouaharlal Nehrou. Cette question,
comme bien d'autres, avait été soumise à l'arbitrage du
Mahatma.

Seule avec Gandhi et les Patel, Abha hésitait à les interrompre. Elle savait pourtant combien Gandhi tenait à être
ponctuel; en fin de compte, elle saisit la montre en nickel du
Mahatma et la lui montra. « Je dois me séparer de vous »,
fit observer Gandhi. Tout en parlant, il se leva, passa dans
la salle de bain contiguë, puis se mit en marche vers le champ
de prières situé dans le vaste parc, à gauche de sa maison.
Abha, la jeune femme de Kanou Gandhi, petit-fils d'un cousin
du Mahatma, l'accompagnait, ainsi que Manou, petite-fille
d'un autre de ses cousins. Il appuyait ses avant-bras sur leurs
épaules. « Ce sont, disait-il, mes bâtons de vieillesse. »

Une foule de cinq cents personnes environ était réunie pour
les dévotions habituelles du soir. « Je suis en retard de dix
minutes, grommela Gandhi à voix haute. J'ai horreur d'être
en retard. J'aurais dû être là à 5 heures tapantes. »

D'un pas rapide, il gravit les cinq marches basses conduisant
au champ de prières. Il ne lui restait plus que quelques yards
à parcourir, jusqu'à l'estrade en bois où il prenait place durant
les offices. Un grand nombre de gens se levèrent ; certains
s'avancèrent vers lui; quelques-uns lui frayèrent un passage;
ceux qui étaient le plus rapprochés se prosternèrent à ses pieds.
Gandhi abandonna les épaules d'Abha et de Manou et joignit
les paumes de ses mains pour le salut traditionnel des hindous.

Juste à ce moment-là, un homme écartant des coudes ceux
qui l'entouraient se plaça sur le passage du Mahatma. On eût
dit qu'il voulait se jeter à ses pieds, suivant le geste de soumission en usage chez les dévots. Mais, comme ils étaient en
retard, Manou essaya de l'en empêcher en s'emparant de sa
main. Il l'écarta et la fit tomber; puis, s'arrêtant à deux pas
de Gandhi, tira sur lui trois coups d'un petit revolver automatique.

Au premier choc de la balle, le pied de Gandhi qui était en
mouvement redescendit jusqu'à terre; mais le Mahatma resta
debout. Puis, ce fut la deuxième balle, et le sang commença
à tacher les blancs vêtements de Gandhi. Son visage se fit
couleur de cendre. Ses mains, dont les paumes étaient jointes,

s'abaissèrent lentement; l'une d'elles s'arrêta pour un instant sur la nuque d'Abha.

Gandhi murmura : *Hey, Rama!* (Ah! mon Dieu!). Un troisième coup de feu retentit. Le frêle corps s'affaissa sur le sol. Les lunettes du Mahatma tombèrent. Ses sandales de cuir glissèrent de ses pieds.

Abha et Manou soutenaient sa tête; délicatement, des mains le soulevèrent et le portèrent à sa chambre, dans Birla House. Ses yeux étaient à demi clos et il ne donnait plus aucun signe de vie. Le Sardar Patel, qui venait de le quitter, était revenu près de lui; il lui tâta le pouls et crut sentir un faible battement. Dans une boîte de médicaments, quelqu'un, fiévreusement, cherchait de l'adrénaline.

Un spectateur plein d'initiative alla chercher le Dr D. P. Bhargava, qui arriva dix minutes après l'attentat. « Absolument rien n'aurait pu le sauver, déclara-t-il. Il est mort depuis dix minutes. »

« Il est probable, ajouta-t-il, qu'une balle a traversé le cœur; une autre a vraisemblablement coupé l'un des grands vaisseaux sanguins... Les intestins ont été également atteints, précisa-t-il plus tard, car, le lendemain, j'ai trouvé l'abdomen dilaté. »

Les jeunes gens et les jeunes filles qui avaient été les disciples constants de Gandhi étaient assis près de son corps et gémissaient. Le Dr Yivraï Mehta vint constater la mort. A ce moment-là, un murmure parcourut le groupe : « Yaouaharlal. » Nehrou venait d'arriver en courant de son bureau. Il s'agenouilla près de Gandhi, ensevelit son visage dans ses vêtements ensanglantés et pleura. Dévadas, le plus jeune fils du Mahatma, vint alors, ainsi que Maoulana Aboul Kalam Azad, ministre de l'Education, suivi d'un grand nombre de hautes personnalités hindoues.

Dévadas caressait la peau de son père et lui serrait doucement le bras. Le cadavre était encore chaud. La tête reposait toujours dans le giron d'Abha. Sur le visage du mort régnait un paisible sourire. On aurait cru qu'il dormait. « Nous restâmes éveillés toute la nuit, a écrit plus tard Dévadas. Le visage de mon père était si serein et le halo de lumière divine qui entourait son corps si doux qu'il eût semblé presque sacrilège de nous affliger... »

Les diplomates firent des visites protocolaires; quelques-uns pleuraient.

Une vaste multitude était rassemblée à l'extérieur, demandant à voir une dernière fois le Mahatma. On plaça donc son corps dans une position inclinée sur le toit de Birla House; un projecteur était braqué sur lui. Des milliers de gens défilèrent en silence; ils se tordaient les mains en pleurant.

A l'approche de minuit, le corps fut descendu dans la maison. Toute la nuit, ses amis et ses proches restèrent assis dans sa chambre, récitant, au milieu des soupirs, des passages du *Bhagavad Ghita* et d'autres livres sacrés hindous.

A l'aurore, dit Dévadas, « ce fut le moment le plus poignant pour nous tous ». On dut lui enlever le grand châle de laine et le cache-nez de coton qu'il portait sur les épaules pour se réchauffer au moment où il avait été abattu. Ses effets d'un blanc immaculé étaient maintenant souillés de caillots et de taches de sang. Lorsque le châle fut écarté, il en tomba une douille de cartouche.

Maintenant, Gandhi était là, couché devant eux, revêtu seulement du pagne blanc avec lequel le monde entier, comme eux, l'avait connu. Un grand nombre d'entre eux défaillaient et pleuraient sans contrainte. A sa vue, on suggéra de l'embaumer au moins pour quelques jours, afin que ses amis, ses collaborateurs et ses parents vivant loin de New-Delhi pussent le voir avant son incinération. Mais Dévadas, Pyarélal Nayyar, premier secrétaire de Gandhi, et plusieurs autres s'y opposèrent. Cela eût été en contradiction avec la façon de sentir des hindous. Ils désiraient donc décourager toute tentative de prolonger le séjour du Mahatma sur la terre. On décida que son corps serait brûlé le lendemain.

Dès les premières heures du matin, les disciples de Gandhi lavèrent son corps conformément aux anciens rites hindous, et placèrent autour de son cou une guirlande de coton filé à la main et un collier de grains. Des roses et des pétales de roses furent répandus sur le linceul qui le recouvrait tout entier, à l'exception de la tête, des bras et de la poitrine. « Je demandai qu'on lui laissât la poitrine nue, explique Dévadas. Aucun soldat n'a jamais eu en effet la poitrine aussi belle que Bapou. » Auprès du corps brûlait un encensoir.

Au cours de la matinée, le cadavre fut de nouveau exposé sur le toit, de façon à être vu de tous.

Le troisième fils de Gandhi, Ramdas, arriva à 11 heures du matin, par la voie des airs, venant de Nagpour, ville des provinces centrales de l'Inde. On l'avait attendu pour célébrer les obsèques. Le corps du Mahatma fut alors redescendu dans la maison, puis transporté sur la terrasse extérieure. Une guirlande de fils de coton entourait sa tête; son visage avait un aspect paisible, mais profondément triste. Le drapeau de l'Inde libre : safran-blanc-vert, était étendu sur sa bière.

Pendant la nuit, on avait remplacé le châssis d'un affût Dodge de 1500 par une nouvelle superstructure au plancher surélevé, de façon que tout le monde pût voir le défunt dans son cercueil découvert. Deux cents hommes de l'armée, de la marine et de l'aviation hindoues traînaient le véhicule au moyen de quatre câbles puissants. Le moteur ne fut pas utilisé.

Le cortège, long de deux milles, quitta Birla House, sur l'avenue d'Albuquerque, à New-Delhi, à 11 h. 45 du matin et, se frayant son chemin pas à pas à travers des multitudes compactes, atteignit à 4 h. 20 la rivière de Youmna, à cinq milles et demi de distance. Un million et demi d'hommes suivaient le cortège; un autre million le regardaient.

De temps à autre, des voix hindoues, musulmanes, sikhes, parsies et anglo-hindoues s'unissaient pour crier : *Mahatma Gandhi Ki Yaï* (Vive le Mahatma Gandhi!). A certains intervalles, la foule entonnait des chants sacrés. Trois Dakotas survolaient la procession, s'abaissaient pour saluer et laissaient tomber une pluie d'innombrables feuilles de roses.

Quatre mille soldats, mille aviateurs et une centaine de marins en uniformes et avec des coiffures de formes et de couleurs différentes précédaient ou suivaient le cercueil. Les plus impressionnants de tous étaient les lanciers à cheval portant haut des pennons rouges et blancs : c'étaient les gardes du corps du gouverneur général lord Mountbatten. Des chars blindés, de la police et des soldats étaient chargés de maintenir l'ordre.

Près des eaux sacrées de la Youmna, un million environ de spectateurs se tenaient debout ou assis depuis les premières heures de la matinée, pour attendre l'arrivée du cortège au lieu de l'incinération. La couleur dominante était le blanc : c'était le blanc des *saris* des femmes et des vêtements, des coiffures et des turbans des hommes.

A Raïghat, à plusieurs centaines de pieds de la rivière, un crématorium venait d'être édifié; fait de pierres, de briques et de terre, il avait près de deux pieds de haut et de huit pieds en carré. De longues pièces minces de bois de santal saupoudrées d'encens y avaient été empilées. Le corps de Gandhi fut placé sur ce bûcher, la tête tournée vers le nord et les pieds vers le sud. C'est dans cette position que Bouddha avait terminé son existence terrestre.

A 4 h. 45 de l'après-midi, Ramdas mit le feu au bûcher funéraire de son père. Les poutres s'enflammèrent. Un gémissement s'éleva du sein de l'immense assemblée. Des femmes se mirent à pleurer. Avec une force irrésistible la foule se pressa vers le feu et rompit le cordon des soldats. Mais, presque aussitôt, elle sembla se rendre compte de ce qu'elle faisait, et les assistants, s'arc-boutant sur leurs orteils nus, empêchèrent tout accident.

Les poutres pétillaient et changeaient de place; les flammes ne formaient plus qu'un seul foyer. Maintenant, le silence régnait... Le corps de Gandhi ne fut bientôt plus que cendres.

Le bûcher continua à brûler pendant quatorze heures. Pendant tout ce temps on chanta des prières; on lut le texte entier du *Bhagavad Ghita*. Vingt-sept heures plus tard, lorsque les dernières braises se furent refroidies, les prêtres, les personnages officiels, les amis et les parents eurent une cérémonie particulière dans l'enceinte préservée par des fils de fer autour du bûcher et recueillirent les cendres et les fragments d'os qui avaient résisté au feu. Les cendres furent balayées avec précaution dans un sac en coton filé à la maison. On y trouva une balle de revolver. Les ossements furent arrosés d'eau de la Youmna et déposés dans une urne en cuivre. Ramdas mit une guirlande de fleurs odorantes autour du col de l'urne, déposa celle-ci dans une corbeille d'osier remplie de pétales de roses et, la tenant serrée sur sa poitrine, la rapporta à Birla House.

La grande cérémonie de l'immersion des cendres eut lieu à Allahabad, dans les Provinces Unies, au confluent du Gange sacré, de la Youmna et du Sarasouati. Un train spécial composé de cinq voitures de troisième quitta New-Delhi le 11 février à 4 heures du matin. Gandhi avait toujours voyagé en troisième. Le compartiment situé au milieu du train, qui contenait l'urne des cendres et des ossements, était rempli presque jusqu'au plafond de fleurs, sous la garde d'Abha, de Manou, de Pyarélal Nayyar, de la D^{resse} Souchila Nayyar, de Prabhavati Narayan et d'autres compagnons habituels du Mahatma.

A Allahabad, le 12, l'urne fut placée sous un palanquin minuscule et mise sur un camion motorisé qui la transporta à travers une foule d'un million et demi de gens venus de la ville et des campagnes environnantes. Des hommes et des femmes en blanc précédaient le camion en chantant des cantiques. Un musicien jouait d'un instrument antique. Le véhicule semblait un jardin de roses ambulant. MM. Naïdou, gouverneur des Provinces Unies, Azad, Ramdas et Patel étaient montés sur le camion funèbre. Nehrou, les poings crispés, le menton appuyé sur sa poitrine, allait à pied.

Lentement, le char se dirigea vers le talus de la rivière où l'urne fut transportée sur un « duck » militaire américain peint en blanc. D'autres « ducks » et autos l'accompagnèrent vers l'embouchure. Par dizaines de milliers, les hindous suivaient dans l'eau pour être plus près des cendres de Gandhi. Lorsque l'urne fut retournée et quand son contenu tomba dans la rivière, le canon du fort d'Allahabad tira une salve. Les cendres s'éparpillèrent. Les petits ossements flottèrent rapidement vers la mer.

L'assassinat de Gandhi souleva la consternation et la douleur dans l'Inde tout entière. C'était comme si les trois balles qui avaient percé son corps avaient pénétré dans la chair de dizaines de millions d'hommes. La nation fut déconcertée, accablée et blessée, quand elle apprit soudainement que cet homme de paix, qui aimait ses ennemis et n'aurait pas tué un insecte, avait été mis à mort par un de ses propres compatriotes et coreligionnaires.

Jamais, dans l'histoire moderne, nul n'a été pleuré plus sincèrement et plus généralement.

Le vendredi 30 janvier 1948, jour où il mourut, le Mahatma Gandhi était ce qu'il avait toujours été : un simple particulier, sans fortune, sans propriété, sans titre officiel, sans fonction, sans distinction académique, sans performance scientifique, sans talent artistique. Et cependant, des hommes qui étaient à la tête de gouvernements et d'armées rendirent hommage à ce petit homme brun de soixante-dix-huit ans vêtu d'un simple pagne... C'est que Gandhi était une force morale et que notre civilisation qui n'est pas riche en forces morales se sentit encore appauvrie lorsque les balles de l'assassin mirent fin à sa vie. « Le Mahatma Gandhi était le porte-parole de la conscience de l'humanité tout entière », dit le général George C. Marshall, secrétaire d'État des États-Unis.

Le pape Pie XII, le Dalaï Lama du Tibet, l'archevêque de Cantorbéry, le grand rabbin de Londres, le roi d'Angleterre, le président Truman, Tchang Kaï Chek, le président de la République française et, en fait, les chefs politiques de tous les pays importants (à l'exception de la Russie soviétique) et des personnalités beaucoup moins notables exprimèrent publiquement leur douleur à l'occasion du décès de Gandhi.

Le socialiste français Léon Blum mit par écrit ce que des millions d'hommes pensaient. « Je n'ai jamais vu Gandhi, écrivit-il. Je ne connais pas sa langue. Je n'ai jamais mis le pied dans son pays et cependant j'éprouve le même chagrin que si j'avais perdu quelqu'un de mes proches. Le monde entier a été plongé dans le deuil par la mort de cet homme extraordinaire. »

« Gandhi, affirma le professeur Albert Einstein, a démontré qu'il était possible de rassembler derrière soi toute une multitude puissante d'hommes, non seulement par le jeu malin des manœuvres politiques habituelles et par des impostures, mais aussi par l'exemple irrésistible d'une façon de vivre moralement supérieure. A notre époque de complète décadence morale, il a été le seul homme d'État qui ait revendiqué des rapports d'une humanité plus élevée dans la sphère politique. »

Les États-Unis mirent leur pavillon en berne.

L'humanité mit son pavillon en berne.

L'attitude universelle en présence de la mort de Gandhi a été en soi un fait important : elle a révélé un état d'esprit et un besoin très répandus. « Il y a toujours quelque espoir, écrivait Albert Deutsch dans le journal new-yorkais *P. M.*, pour un monde qui a réagi aussi révérencieusement qu'il l'a fait devant la mort de Gandhi. L'émotion et la douleur qui ont suivi la tragédie de New-Delhi montrent que nous respectons encore la sainteté, même quand nous ne pouvons pas la comprendre complètement. »

« Je ne connais pas un homme, dans n'importe quelle époque et particulièrement dans l'histoire récente, écrivit sir Stafford Cripps, qui ait démontré avec autant de force et de conviction le pouvoir de l'esprit sur les choses matérielles. » C'est là ce qu'a éprouvé le monde dans son deuil. Tout ce qui l'entourait, toutes les choses matérielles l'emportaient sur le spirituel. L'étincelle soudaine de la mort de Gandhi révéla d'immenses ténèbres. Aucun de ceux qui lui survivaient n'avait essayé si rigoureusement — ni avec autant de succès — de vivre une vie de vérité, de bonté, d'abnégation, d'humilité, de bienfaisance et de douceur, au cours d'un long et difficile combat contre de puissants adversaires. Il avait lutté passionnément et irréductiblement contre le gouvernement britannique de son pays et contre la méchanceté de ses propres compatriotes. Mais il avait gardé ses mains pures au milieu de la bataille. Il avait combattu sans malice, sans fausseté, sans haine.

CHAPITRE II

LES DÉBUTS
D'UN HOMME EXTRAORDINAIRE [1]

G ANDHI appartenait à la caste des Vaïsyas. Dans l'ancienne
hiérarchie sociale hindoue, les Vaïsyas étaient placés
au troisième rang, bien loin des Brahmanes qui formaient la
première caste et des Kchatryias, ou gouvernants et soldats,
qui étaient au second rang. Les Vaïsyias n'étaient en fait qu'un
degré au-dessus de la classe ouvrière, celle des Soudras. A l'origine, ils se consacraient au commerce et à l'agriculture.

Les Gandhis faisaient partie dans leur caste de la subdivi-

1. La source principale d'informations sur les débuts de Gandhi est son autobiographie. L'introduction en a paru dans *Young India*, hebdomadaire de
Gandhi rédigé en anglais, le 3 décembre 1925; après cela, il a écrit pour être
publié dans chaque numéro un bref chapitre. Il écrivait en gouyarati, sa
langue maternelle, un texte que traduisaient en anglais Mahadev Desaï, son
fidèle secrétaire, et Boswell. En 1927, la première partie de cette autobiographie parut sous la forme d'un livre et, en 1929, la seconde partie. Plus
tard, elles furent réunies en un seul volume intitulé *An Autobiography or
the Story of My Experiments with Truth*, par M. K. Gandhi (Ahmedabad :
Navayivan Publishing House), 616 pages.

L'autobiographie de Gandhi est indispensable mais insuffisante. Elle
commence à sa naissance et finit en 1920, mais les vingt et une années cruciales qu'il a passées dans l'Afrique du Sud sont décrites si pauvrement
qu'elles sont inintelligibles sans l'aide d'un livre antérieur de Gandhi :
Satyagraha in South Africa (Madras, S. Ganesan, 1928). Il y a également
d'autres périodes auxquelles il accorde peu d'attention.

De plus, cette autobiographie a été écrite et publiée pour prêcher la morale
aux disciples du Mahatma, et elle porte toutes les conséquences de cet effort.

Certains détails de la jeunesse de Gandhi qui ne se trouvent pas dans son
autobiographie ont été fournis par des entretiens avec Raliatbehn, la sœur
de Gandhi. Les renseignements sur la maison où Gandhi est né, les chiffres
d'impôts pour 1872, les noms des princes au service desquels était le père
de Gandhi, etc., m'ont été envoyés par Mr. N. M. Buch, de Raïkot, conformément aux instructions données par le Sardar Vallabhbhaï Patel, vice-
premier ministre et ministre d'État de l'Inde.

sion des Modh Banias. Dans l'Inde, le mot *bania* sert à qualifier
un commerçant âpre et subtil. A une époque reculée, la famille
de Gandhi se livrait au commerce de détail de l'épicerie : le
mot *gandhi* veut dire épicier. Mais, depuis des générations, les
barrières traditionnelles existant entre les castes avaient commencé à s'effondrer, et le grand-père de Gandhi, Outtamchand,
remplissait les fonctions de premier ministre auprès du prin-
cipicule de Porbandar, État lilliputien de la péninsule de Kathiaouar, dans l'Inde occidentale, à peu près à mi-chemin
entre les bouches de l'Indus et la ville de Bombay. Outtamchand transmit son office à son fils Karamchand qui le remit
à son frère Toulsidas. Ces fonctions étaient donc devenues
en quelque sorte l'apanage de la famille.

Karamchand fut le père de Mohandas Karamchand Gandhi,
le Mahatma.

Karamchand Gandhi « n'avait pas eu d'autre éducation que
celle de l'expérience », a écrit son fils, Mohandas; il était à peu
près « naïf » en ce qui concernait l'histoire et la géographie;
mais « il était incorruptible et s'était acquis une réputation
d'impartialité dans sa famille aussi bien qu'au dehors ». Il
« était passionné pour son clan, sincère, brave et généreux,
mais irascible. On aurait pu le considérer jusqu'à un certain
point comme adonné aux plaisirs de la chair. En effet, il se
maria pour la quatrième fois, alors qu'il avait dépassé la quarantaine. » Ses trois premières femmes étaient mortes.

Mohandas Karamchand Gandhi était le quatrième et dernier enfant du quatrième et dernier lit de son père. Il naquit
à Porbandar le 2 octobre 1869.

La vie qu'on menait dans la maison natale de Gandhi était
raffinée et, compte tenu du niveau d'existence des Indiens,
sa famille était assez riche. Il y avait des livres qui traitaient
principalement de religion et de mythologie. Mohandas jouait
des airs sur un concertina acheté spécialement pour lui. Karamchand portait un collier d'or, et un des frères de Mohandas
avait un bracelet lourd d'or massif. Karamchand avait possédé
autrefois une maison à Porbandar, une autre à Raïkot et une
troisième à Koutiana. Mais, dans ses trois dernières années de
maladie, il vivait modestement d'une pension que lui payait
le prince de Raïkot. Il ne laissa que peu de fortune.

Le frère aîné de Gandhi, Laxmidas, exerçait la profession
d'avocat à Raïkot et devint plus tard fonctionnaire des finances
du gouvernement de Porbandar. Karsandas, son autre frère,
était sous-inspecteur de police à Porbandar et, en dernier lieu,

surveillant du harem du Prince. Ses revenus étaient minimes.

Mohania, ainsi que la famille appelait affectueusement Mohandas, fut traité de la façon spéciale qui était souvent réservée au plus jeune des enfants. Une bonne d'enfants nommée Rambha fut engagée pour lui et il conçut pour elle un attachement qui dura jusque pendant les années de sa maturité. Sa plus tendre affection était réservée à sa mère Poutlibaï. Parfois, il avait peur de son père; mais il aimait sa mère et n'oublia jamais sa « sainteté » et sa nature « profondément religieuse ». Elle ne prenait jamais un repas sans prier et participait chaque jour aux offices dans le temple. Elle ne reculait pas devant de longs jeûnes et accomplissait avec constance les vœux pénibles qu'elle avait faits volontairement. Pendant les *chatourmas* annuels, sorte de carême qui dure pendant les quatre mois de la saison des pluies, elle se contentait habituellement d'un seul repas par jour et même, une année, elle jeûna complètement un jour sur deux. Pendant d'autres *chatourmas*, elle fit vœu de ne rien manger jusqu'à la venue du soleil.

Gandhi commença ses études à Porbandar. Il éprouva plus de peine à apprendre la table de multiplication qu'à enregistrer des sobriquets malsonnants à l'adresse de ses maîtres. A Raïkot, où sa famille alla s'établir l'année suivante, il fut de nouveau un « élève médiocre », mais assidu. Sa sœur rappelle que, plutôt que d'arriver en retard, il préférait, quand le déjeuner n'était pas prêt, manger les restes de la veille. Il aimait mieux se rendre à l'école à pied qu'en voiture. Il était timide : « Mes livres et mes leçons, a-t-il dit, étaient mes seuls camarades. » Quand la journée scolaire était terminée il retournait en hâte à la maison. Il ne pouvait supporter de bavarder avec qui que ce fût : « J'avais en effet toujours peur que l'on ne se moquât de moi. »

A l'âge de douze ans, Gandhi commença à fumer. Il volait ses aînés pour se procurer l'argent nécessaire à cette infraction. Son complice en cette aventure était un de ses jeunes parents. Parfois, ils étaient tous deux sans un sou; ils fabriquaient alors leurs cigarettes avec les tiges poreuses d'une plante sauvage. Cet intérêt qu'ils portaient à la botanique leur fit découvrir que les semences d'une herbe de la jungle nommée datura étaient toxiques. Ils se rendaient souvent dans la jungle pour en chercher avec succès. Las de vivre sous la surveillance de leurs parents ils formèrent le pacte de mourir ensemble. Ils voulaient se suicider, ainsi qu'il convenait, dans le temple de Dieu.

Après avoir fait leurs dévotions, Mohandas et son camarade cherchèrent un coin solitaire pour l'acte final. Mais, fût-ce
que la mort eût été trop longue à venir et qu'ils eussent éprouvé
des douleurs en l'attendant, fût-ce qu'il leur semblât meilleur
de vivre dans l'esclavage, ils se contentèrent d'avaler chacun
deux ou trois graines, pour sauvegarder quelque apparence
de respect humain.

Bientôt, des questions sérieuses retinrent leur juvénile attention.

Mohandas K. Gandhi se maria à l'âge de quatorze ans alors
qu'il était étudiant de deuxième année au collège. Il avait été
déjà fiancé trois fois, bien entendu à son insu. Les fiançailles
étaient des accords conclus entre les parents, et les enfants en
étaient rarement informés. Gandhi apprit par hasard que deux
fillettes auxquelles il avait été fiancé étaient mortes — alors
sans doute qu'il n'était encore qu'un bébé. « J'ai un vague souvenir, racontait-il, que mes troisièmes fiançailles eurent lieu
au cours de ma septième année. » Il ne fut cependant pas mis
au courant. On le lui dit six ans plus tard, peu de temps avant
son mariage. Sa fiancée, Kastourbaï, était la fille d'un commerçant de Porbandar nommé Gokouldas Nakanyi. Leur union
dura soixante-deux ans [1].

Ecrivant sur son mariage plus de quarante ans après, Gandhi
se rappelait tous les détails de la cérémonie, aussi bien que le
voyage à Porbandar où elle eut lieu. « Et puis, cette première
nuit! ajoutait-il. Deux enfants ignorants étaient lancés tout
à fait à leur insu sur l'océan de la vie. » Kastourbaï avait treize
ans. « La femme de mon frère m'avait complètement mis au
courant de ce que j'aurais à faire pendant cette première nuit.
J'ignore qui avait renseigné ma femme. » Tous deux étaient
surexcités, et « les indications reçues ne me menèrent pas bien
loin, écrivait Gandhi. Mais on n'a pas besoin de leçons pour
ces sortes de choses. Les impressions de la naissance antérieure
sont assez puissantes pour rendre tout enseignement superflu. »
Il est à présumer qu'ils se ressouvinrent des expériences qu'ils
avaient faites au cours d'une précédente incarnation.

Les jeunes époux n'étaient, Gandhi l'avoue, « que des
enfants mariés » et se conduisaient en conséquence. Il était

1. Les renseignements sur Mrs. Gandhi se trouvent dans *Sati Kasturbaï, a
Life-Sketch with Tributes in Memoriam*, édité par R. K. Prabhu; préface
de M. R. Masani (Bombay, Hind Kitabs, 1944) et *Kasturba, Wife of Gandhi*,
par Souchila Nayyar (Wallingford, Pennsylvania, Pendle Hill, 1948). Dans
sa vieillesse Kastourbaï s'appelait Kastourba, la syllabe « ba » signifiant
« mère »

jaloux et, « par suite, elle ne pouvait aller nulle part sans ma permission », car « je ne tardai pas à exercer mon autorité d'époux ». Ainsi, lorsque l'épouse de quatorze ans désirait aller jouer, elle devait en faire la demande à Mohandas, son époux de quatorze ans qui lui opposait souvent un refus. « Cette interdiction équivalait virtuellement à un emprisonnement. Et Kastourbaï n'était pas fille à supporter pareille chose. Elle se faisait un point d'honneur d'aller partout où elle voulait et quand elle voulait. » Le petit mari devint « de plus en plus grognon »; parfois ils restaient plusieurs jours sans s'adresser la parole.

Il aimait Kastourbaï. Sa « passion était entièrement concentrée sur une seule femme » et il désirait qu'on lui rendît la pareille. Mais sa femme n'était qu'une enfant... Les « chaînes du désir » torturaient Gandhi. Cela lui donnait un sentiment de culpabilité. Ce sentiment s'accrut lorsque l'appétit sexuel sembla entrer en conflit avec le sens intense du devoir qui se développa chez lui de bonne heure. Un cas de ce genre fit sur lui une impression indélébile. Lorsque Mohandas atteignit sa seizième année, son père Karamchand fut cloué au lit par une fistule. Gandhi aida sa mère et une vieille servante à soigner le patient : il pansait la blessure, préparait les médicaments et les administrait. Il massait également les jambes de son père chaque nuit, jusqu'à ce que le malade s'endormît ou priât son fils d'aller se coucher. « J'aimais à rendre ce service », répétait Gandhi.

A quinze ans, Kastourbaï était devenue grosse et se trouvait maintenant près de ses couches. « Néanmoins, déclare Gandhi dans son autobiographie, chaque nuit, tandis que mes mains étaient occupées à masser les jambes de mon père, ma pensée voltigeait autour de la chambre à coucher de ma femme, et cela même en un moment où la religion, la science médicale et le sens commun interdisaient au même titre tout rapport sexuel. »

Un soir, entre 10 et 11 heures, l'oncle de Gandhi vint le remplacer près de son père. Gandhi se dirigea rapidement vers la chambre à coucher de sa femme et réveilla celle-ci. Quelques minutes plus tard, la domestique frappait à la porte et appelait Gandhi en toute hâte. Il sauta du lit, mais quand il arriva à la chambre de son père, celui-ci était mort. « Si la passion ne m'avait pas aveuglé, se reprochait Gandhi quarante ans plus tard, la douleur d'avoir été séparé de mon père pendant ses derniers instants m'aurait été épargnée. C'est moi qui l'aurais massé, et il serait mort dans mes bras. Maintenant, c'était mon oncle qui avait eu ce privilège. »

La « honte d'avoir succombé au désir charnel au moment critique où mon père mourut... est une tache que je n'ai jamais été capable d'effacer ou d'oublier ». Voilà ce qu'écrivait Gandhi alors qu'il approchait de la soixantaine. En outre, l'enfant de Kastourbaï mourut trois jours après sa naissance, et Mohandas en attribua la cause au fait d'avoir eu des rapports sexuels avec sa femme dans les derniers temps de sa grossesse. Cela redoubla en lui le sentiment de sa culpabilité.

Kastourbaï était analphabète. Son mari avait toujours l'intention de l'instruire, mais elle répugnait à l'étude et préférait être courtisée. Les maîtres privés ne réussirent pas davantage à lui enseigner quoi que ce fût. Pourtant Gandhi en assumait la responsabilité et estimait que si son affection pour elle « avait été absolument pure de concupiscence, elle serait aujourd'hui une dame instruite ». Elle n'apprit jamais à lire ou à écrire autre chose qu'un peu de gouyarati élémentaire, son dialecte natif.

Gandhi lui-même perdit une année de collège en raison de son mariage. Il affirmait modestement qu'il « n'était pas considéré comme un âne ». Lorsqu'il avait mérité une réprimande d'un de ses maîtres, il en était peiné. Parfois même il en pleurait. Une fois il fut fouetté à l'école. Ce qui l'affligea le plus, ce ne fut pas le châtiment, mais le fait qu'il l'avait mérité. « Je pleurai pitoyablement. »

Dans les classes supérieures, la gymnastique et le cricket étaient des matières éliminatoires. Gandhi détestait l'un et l'autre. Il était timide et, à son avis, les exercices physiques n'avaient rien à voir avec l'éducation. Mais il avait lu que les longues promenades en plein air étaient bonnes pour la santé, et il en prit l'habitude. « Ces promenades me donnèrent une constitution tout à fait solide. »

Mohandas enviait les garçons plus grands, plus forts que lui. Il était frêle, comparé à son frère aîné et surtout à un de ses amis musulmans, nommé Cheikh Mehtab, qui pouvait parcourir de grandes distances à une vitesse incroyable. Cheikh Mehtab était merveilleux dans le saut en longueur aussi bien que dans le saut en hauteur. De tels exploits stupéfiaient Gandhi.

Lui-même se considérait comme un poltron. « J'étais habituellement hanté par la peur des voleurs, des esprits et des serpents. Je n'osais pas faire un pas au dehors pendant la nuit. »

Cheikh Mehtab mettait à profit cette impressionnabilité. Il se vantait d'être capable de tenir dans sa main des serpents vivants, n'avait pas peur des voleurs, et ne croyait pas aux esprits. D'où venaient toute cette bravoure et tout ce courage? Il mangeait de la viande. Gandhi n'en mangeait pas : sa religion le lui interdisait.

Les gamins à l'école récitaient un poème qui disait :

> Admirez le puissant Anglais :
> Il régit le petit Indien,
> Car, étant un mangeur de viande,
> Il mesure au moins cinq coudées.

Si tous les Indiens mangeaient de la viande, affirmait Cheikh Mehtab, ils pourraient chasser les Britanniques et libérer l'Inde. D'ailleurs, les garçons qui mangeaient de la viande n'attrapaient pas de furoncles; nombre de leurs professeurs et certains des citoyens les plus notables de Raïkot mangeaient en secret de la viande et buvaient également du vin.

Jour après jour, Cheikh Mehtab catéchisait Mohandas dont le frère aîné s'était déjà laissé convaincre. En fin de compte, Mohandas céda lui aussi.

A l'heure fixée, le tentateur et sa victime se rencontrèrent en un point secret du bord de la rivière. Cheikh Mehtab avait apporté de la chèvre cuite et du pain. C'est à peine si Gandhi toucha le pain du boulanger (il était remplacé chez lui par des *chappatis*, galettes de pâte sans levain, remplie d'air). Bien entendu, il n'avait jamais vu de viande. Sa famille était strictement végétarienne, et il en était de même, en fait, pour tous les habitants du district de Gouyarat, dans le Kathiaouar. Mais, fermement résolu à devenir l'un des réels libérateurs de son pays, Gandhi attaqua la viande avec ses dents. Elle était dure comme du cuir. Il mâcha, remâcha et finit par avaler. Il fut immédiatement malade. [1]

Cette nuit-là, il eut un cauchemar : une chèvre vivante bêlait dans son ventre. Malgré cela, « c'était un devoir que de manger de la viande», et, au cours de ce terrible songe, il décida quand même de poursuivre l'expérience.

---

1. Le nom du gamin musulman qui enseigna à Gandhi à manger de la viande et qui plus tard se conduisit mal dans la maison de Gandhi m'a été indiqué par Manilal Gandhi. K. Kalelkar, disciple de Gandhi, demanda au Mahatma, bien des années après, pourquoi il avait omis ce nom dans son autobiographie. Gandhi lui répondit que cet homme vivait encore à cette époque; il ajouta qu'il avait omis bien d'autres détails dans son autobiographie.

Il la poursuivit pendant toute une année. A différents intervalles, durant cette longue période, il rencontra Cheikh Mehtab
au lieu secret de leurs rendez-vous afin de partager des plats
de viande, bien plus savoureux que le premier, et du pain.
Gandhi ne sut jamais comment son ami se procurait l'argent
nécessaire pour ces réjouissances.

Le péché résultant du fait de consommer et d'aimer la viande
était complété par celui du mensonge. A la fin, il ne put plus
supporter cette indignité et, bien qu'il fût toujours convaincu
que manger de la viande était, pour des motifs patriotiques,
« une chose essentielle », il fit le serment d'y renoncer jusqu'à
ce que la mort de ses parents le mît en état d'être ouvertement carnivore.

Pour le moment Gandhi mit ses forces en œuvre pour améliorer Cheikh Mehtab. Cela prolongea leurs relations. Mais le
naïf Gandhi, plus jeune que l'autre, n'était pas de force à tenir
tête à ce propre à rien raffiné, bien fourni d'argent, qui lui
proposait la révolte et l'aventure. Et puis, Cheikh savait
comment arranger les choses. Un jour, il conduisit Gandhi
jusqu'à la porte d'une maison close. L'affaire avait été organisée et payée d'avance. Gandhi entra. « Je me sentis comme
aveugle et sourd dans cet antre du vice. J'étais assis près de la
femme sur son lit; mais je restai bouche close. Naturellement,
elle perdit patience et me mit à la porte en m'accablant d'in-
jures. » C'était, à son avis, la Providence qui était intervenue
et l'avait sauvé malgré lui.

Pour ne pas causer de chagrin à son père, ni surtout à sa
mère, Mohandas ne leur dit pas qu'il avait cessé de fréquenter
le temple. Il n'aimait pas « l'éclat et la pompe » des temples
hindous. Pour lui, la religion signifiait d'ennuyeuses restrictions telles que le végétarianisme, ce qui donnait plus de force
à ses juvéniles protestations contre la société et l'autorité. Et
il n'avait pas « une foi vivante en Dieu ». Il se demandait qui
avait créé le monde, qui le dirigeait. Ses aînés ne pouvaient
lui donner la réponse, et les livres saints étaient si peu satisfaisants quant à ces questions qu'il inclinait « dans une certaine mesure vers l'athéisme ».

Les sentiments antireligieux de Gandhi accélérèrent son
intérêt pour la religion, et il prêtait une oreille attentive aux
discussions que son père avait avec des amis musulmans ou
parsis relativement aux différences qui existent entre ces
croyances et l'hindouisme. Il apprit aussi beaucoup de choses
concernant la doctrine des *djaïnas*. Des moines de cette secte

leur rendaient souvent visite et renonçaient à leurs coutumes pour accepter de la nourriture des Gandhis non *djaïnas*.

Lorsque mourut Karamchand, en 1885, la mère de Mohandas, Poutlibaï, demanda pour les affaires de famille les conseils d'un moine *djaïna* nommé Betcharyi Souami, qui avait primitivement appartenu à la sous-caste hindoue des Modh Banias. L'influence des *djaïnas* était grande dans la région de Gouyarat. Et, comme le djaïnisme interdisait de tuer aucune créature vivante, les prêtres de cette secte portaient des masques blancs, de peur d'aspirer et de tuer ensuite le moindre insecte. En principe, ils ne sortaient pas la nuit, de peur d'écraser un ver sans le vouloir.

Gandhi fut toujours facilement influençable. Le djaïnisme, de même que le bouddhisme, déteignirent sensiblement sur ses idées et modifièrent ses activités. L'un et l'autre étaient des tentatives de réforme de l'hindouisme, religion dominante de l'Inde; l'un et l'autre avaient pris naissance au VIᵉ siècle avant Jésus-Christ, au nord-est de l'Inde, dans la contrée qui forme aujourd'hui la province de Bihar.

Ce fut le moine *djaïna* Betcharyi Souami qui aida Gandhi à se rendre en Angleterre. Après avoir obtenu son diplôme d'études secondaires, Gandhi s'était fait inscrire au collège de Samaldas, à Bhavnagar, ville de l'intérieur de la péninsule de Kathiaouar. Mais les études lui semblèrent difficiles et l'atmosphère antipathique. Un ami de la famille émit la suggestion que, si Mohandas devait succéder à son père en qualité de premier ministre, il devait se hâter de devenir avocat, et que le meilleur moyen était d'aller suivre un cours de trois ans en Angleterre. Gandhi était très désireux de s'y rendre. Mais il avait peur du droit. Serait-il capable de subir les examens? Ne serait-il pas préférable d'étudier la médecine? Cette science l'intéressait.

Le frère de Mohandas fit observer que leur père était opposé à la dissection des cadavres et avait destiné son dernier fils au barreau. Un Brahmane, ami de la famille, n'avait pas la même opinion défavorable de la profession de médecin, mais se demandait si un docteur pourrait devenir premier ministre.

La mère, Poutlibaï, répugnait à se séparer de son dernier né. « Que va dire ton oncle? C'est lui qui est le chef de la famille, maintenant que ton père n'est plus. » Et puis, où prendre l'argent nécessaire?

Mohandas s'était mis dans la tête de partir pour l'Angleterre. Il fit preuve d'une énergie et d'un courage inaccoutumés.

Il loua un char à bœufs pour les cinq jours de voyage nécessaires afin d'aller trouver son oncle à Porbandar, où il habitait.
Pour gagner un jour, il abandonna le char et continua sa route
à dos de chameau : c'était la première fois qu'il utilisait ce
moyen de locomotion.

L'oncle ne fut pas enthousiasmé : les avocats formés en
Europe renonçaient aux traditions hindoues; le cigare ne quittait pas leurs lèvres; ils mangeaient n'importe quoi et s'habil-
laient « de façon aussi impudente que les Anglais ». Mais il ne
désirait pas s'opposer au désir de son neveu. Si Poutlibaï donnait son assentiment, il le donnerait aussi.

Mohandas se trouvait donc à son retour à son point de départ.
Sa mère l'avait envoyé à son oncle, et celui-ci le renvoyait à
sa mère. Entre temps, Gandhi faisait des démarches pour obtenir une bourse du gouvernement de Porbandar. Mr. Lely,
l'administrateur britannique de cet État, l'éconduisit, sans
même lui permettre d'exposer son cas.

Mohandas retourna à Raïkot. Devait-il mettre en gage les
bijoux de sa femme? Ils étaient estimés de deux à trois mille
roupies. Finalement, son frère promit de lui fournir les fonds
nécessaires; mais sa mère continuait à douter de la moralité
des jeunes gens en Angleterre. Ce fut alors que Betcharyi
Souami, le moine *djaïna*, vint à la rescousse. Il fit prêter serment à Mohandas qui jura solennellement trois choses : de
ne toucher ni vin, ni femme, ni viande. En conséquence, Poutlibaï donna son consentement.

Gandhi acheta un billet pour le bateau à vapeur, une cravate, un veston et une quantité suffisante de nourriture pour
les trois semaines de voyage jusqu'à Southampton, principalement des gâteaux et des fruits. Le 4 septembre il s'embarqua.
Il n'avait pas encore dix-huit ans. Quelques mois plus tôt,
Kastourbaï lui avait donné un fils qu'ils avaient appelé Harilal.
Maintenant, ce voyage en Angleterre procurait à Gandhi « une
longue et salutaire séparation » de sa femme.

CHAPITRE III

M. K. GANDHI, AVOCAT [1]

G ANDHI s'est fait photographier peu de temps après son arrivée à Londres, en 1888. Ses cheveux étaient épais, noirs, soigneusement peignés, avec une raie légèrement à droite. Ses oreilles étaient grandes; son nez fort et pointu. Ses yeux et ses lèvres sont les traits les plus saillants de son visage. Ses yeux semblent refléter l'embarras, l'effroi, la nostalgie; on dirait qu'ils se meuvent et cherchent quelque chose. Ses lèvres sont pleines, sensuelles, impressionnables, tristes et ombrageuses. Son visage est celui de quelqu'un qui redoute les combats à venir avec lui-même et avec le monde. Il se demande s'il pourra se rendre maître de ses passions; s'il réussira. Ou bien il a été offensé, ou bien il craint de l'être.

Sur un tableau représentant un groupe en plein air, lors de la Conférence des Végétariens à Portsmouth en 1890, Gandhi porte une cravate blanche, des manchettes blanches amidonnées et une pochette blanche également dans la poche supérieure de son veston. Ses cheveux sont soigneusement peignés. Il consacrait habituellement dix minutes à les peigner et à les brosser.

1. L'*Autobiographie* a fourni la majeure partie des indications contenues dans ce chapitre. Il en est de même pour *A Sheaf of Gandhi Anecdotes*, by C. Ramchandran, avec un avant-propos de C. Rayagopalatchari (Bombay, Hind Kitabs, 1945), 33 pages; pour *The Middle Span*, par George Santayana, IIe volume : *Persons and Places* (New-York, Charles Scribner's Sons, 1945), 187 pages, etc., et pour *Haryian*, magazine fondé par Gandhi, dans le numéro du 20 février 1949. Les dates d'inscription de Gandhi à Inner Temple et à l'université de Londres ont été, sur ma demande, contrôlées dans les registres...

Gandhi affirme que « son souci de l'élégance vestimentaire persista pendant plusieurs années ». Son haut de forme coûtait cher, suivant ce qu'il écrit; et il dépensa dix livres pour un habit sur mesure qu'il se fit faire dans Bond Street. Il pria son frère de lui envoyer une chaîne de montre double en or. Il renonça aux cravates toutes faites et apprit à les nouer lui-même. De plus, « singeant les gentlemen anglais », il sacrifia trois livres sterling pour un cours de leçons de danse. Mais, dit-il, « je ne pouvais pas suivre le piano » ni « faire quoi que ce fût qui ressemblât à un mouvement rythmique ». Intransigeant et logique, il s'imagina qu'il acquerrait une oreille musicale en se familiarisant avec le violon. Il acheta un instrument et trouva un professeur. Mais il renonça à ses efforts et revendit son violon. Il se procura le *Standard Elocutionist* (Le Déclamateur modèle) de Bell et prit des leçons de diction. Mais, très vite, il y renonça également.

Gandhi s'imaginait à tort que le fait de se comporter comme un gentleman anglais lui ferait pénétrer le trait dominant de la vie britannique. Il éprouva toujours le besoin de l'harmonie, et ce besoin l'aida à développer en lui-même les antennes délicates du chef.

Toute sa vie, Gandhi concentra sa pensée sur le bien-être journalier de l'homme. A Londres, sa préoccupation centrale était le bien-être de M. K. Gandhi. Ses souvenirs autobiographiques relatifs à son temps d'étudiant à Londres portent uniquement sur sa nourriture, ses vêtements, sa timidité, ses relations avec ses connaissances et ses sentiments religieux.

Son attention fut toujours concentrée sur les choses personnelles. Ses amis anglais essayèrent de le persuader de manger de la viande. L'un d'entre eux lui lut des passages de l'*Utilitarisme* de Bentham. « Ces théories abstruses me dépassent », répondit Gandhi pour s'excuser. Il ne voulait pas violer le serment qu'il avait fait à sa mère.

Il trouva un restaurant végétarien dans la Farrington Street, près de Fleet Street, non loin de l'école de droit d'Inner Temple. Il dépensa un shilling pour le livre d'Henry Salt *A Plea for Vegetarianism* (Plaidoyer en faveur du Végétarianisme) que l'on vendait à l'entrée. Une fois là, il prit son premier repas sérieux en Angleterre. « Dieu m'était venu en aide. »

L'ouvrage de Salt fit de lui un végétarien d'élection. Au début fut l'acte, puis vint la conviction.

La frugalité de la nourriture l'amena à la modération dans ses dépenses. Même pendant la brève période joyeuse où il

« singeait le gentleman », Gandhi tint un compte exact de tous ses débours pour la nourriture, les vêtements, la correspondance, les omnibus, les journaux, les livres, etc. Chaque jour, avant d'aller se coucher, il faisait le bilan de ses finances.

L'exemple des Indiens pauvres qui étudiaient à Londres et le sentiment qu'il commettait une faute en se montrant prodigue de l'argent de son frère amenèrent Gandhi à économiser toujours davantage. Il quitta son appartement et alla habiter une seule chambre. Il prépara lui-même son petit déjeuner fait de porridge et de cacao. Pour le déjeuner, il allait à son restaurant végétarien préféré. Son dîner se composait de pain et de cacao qu'il préparait chez lui. Sa nourriture ne lui revenait plus qu'à un shilling et trois pence par jour.

Pendant tout ce temps, les gâteaux et les épices n'avaient cessé de lui parvenir de l'Inde par la voie de mer. Il mit fin à ce luxe. Il commença à manger, et avec plaisir, des épinards non assaisonnés. « Un grand nombre d'expériences de ce genre me démontrèrent, constate-t-il, que le siège réel du goût n'est pas la langue, mais l'esprit. » Gandhi entreprit alors la tâche remarquable qu'il poursuivit toute sa vie, celle de modifier son esprit.

Sous l'influence de réformateurs de l'alimentation, il varia ses menus, renonçant pendant certaines périodes aux féculents; ou vivant de pain et de fruits, puis, de nouveau, de fromage, de lait, d'œufs pendant plusieurs semaines. Il était devenu membre du Comité exécutif de la Société des Végétariens d'Angleterre. Un expert lui démontra que les œufs n'étaient pas de la viande et que l'on ne portait pas préjudice à une créature vivante en les consommant. Plus tard, cependant, Gandhi se ravisa sur ce point. Il se dit que sa mère considérait les œufs comme de la viande et que, du moment qu'elle avait reçu son serment, c'était sa façon de voir, à elle, qui le liait. Il renonça aux œufs; il renonça aux mets, aux gâteaux, aux puddings faits avec des œufs, même quand on les servait au restaurant végétarien. C'était là une privation supplémentaire; mais le plaisir de respecter son serment produisait en lui « une satisfaction nettement plus salutaire, plus délicate et plus durable » que la nourriture.

En 1890, Gandhi traversa la Manche pour se rendre à la grande Exposition de Paris. « J'avais entendu parler d'un restaurant végétarien se trouvant dans cette ville. J'y pris donc une chambre et y demeurai sept jours. J'organisai toute chose d'une façon très économique... Je ne me rappelle rien de cette

Exposition, si ce n'est sa grandeur et sa variété. J'ai un souvenir exact de la Tour Eiffel où je suis monté deux ou trois fois. Il s'y trouvait un restaurant sur la première plate-forme et, rien que pour le plaisir de pouvoir dire que j'avais déjeuné à une grande hauteur, j'y gaspillai sept shillings. »

Le comte Tolstoï a qualifié la Tour Eiffel de monument de la folie humaine. Gandhi lut cette remarque peu flatteuse et lui donna son assentiment. « Cette tour, estimait Gandhi, est une bonne démonstration du fait que nous sommes tous des enfants attirés par des babioles. » Ni la beauté ni l'art ne la distinguent; rien que sa dimension et sa nouveauté. Par contre, Gandhi fut enchanté de la grandeur et de la paix des vieilles églises de Paris, tout particulièrement de Notre-Dame, ainsi que de ses ornements et sculptures intérieurs si parfaits. Les foules françaises agenouillées devant une statue de la Vierge « ne rendaient pas simplement hommage à un marbre », mais bien plutôt « à la divinité dont ce marbre est le symbole ».

Gandhi n'a fait aucun commentaire sur les églises britanniques. En Angleterre, il jouait au bridge, endossait à l'occasion sa jaquette pour une visite ou son habit dans les circonstances solennelles, et prenait une part active à l'organisation de diverses sociétés végétariennes. Mais il ne pouvait pas faire la moindre remarque même d'ordre purement informatif et devait rédiger par écrit sa manière de voir et prier quelqu'un de lire son texte à sa place. « Même quand je fais une visite de politesse, la présence d'une demi-douzaine de personnes suffit à me rendre muet. »

Le motif qui avait conduit Gandhi en Angleterre ne tient que peu de place dans ses souvenirs, bien moins de place que ses expériences diététiques. Il fut admis comme étudiant à Inner Temple le 6 novembre 1888 et immatriculé à l'université de Londres, en juin 1890[1]. Il y étudia le français et le latin, la physique, le droit commun et le droit romain. Il lisait le droit romain en latin et acheta un grand nombre de livres juridiques. Il améliora son anglais. Il passa sans difficulté son examen final. Inscrit au barreau le 10 juin 1891, il fut immatriculé au registre de la Haute Cour le 11 juin et s'embarqua le lendemain pour l'Inde. Il ne désirait point passer un jour de plus en Angleterre.

1. Le Dr Sinha, dont la description de Gandhi est citée dans ce chapitre, est le seul de ses contemporains de l'Ecole de Droit que j'aie été capable de découvrir. Il vivait encore à Patna, dans la province de Bihar, en 1949, âgé de quatre-vingts ans. Il a bien voulu m'envoyer un long compte rendu de toutes les occasions qu'il a eues de rencontrer Gandhi.

Il ne semble pas que Gandhi ait été heureux en Angleterre. C'était un intérim nécessaire : il fallait qu'il y allât pour obtenir le droit d'exercer sa profession. Ses principales relations en Angleterre furent quelques végétariens âgés et propagandistes qui, suivant ce qu'il a déclaré plus tard, « ne parlaient habituellement que de nourriture et d'indispositions ». Il n'éprouva jamais et ne donna jamais une impression de chaleur.

En aucun cas, Gandhi ne se trouva chez lui en Angleterre. Plus tard, devenu Mahatma, il ne cessa d'insister sur l'importance qu'il y a à faire ses études et à parler dans sa langue maternelle, sinon l'on doit faire beaucoup d'efforts inutiles pour traverser l'abîme de la langue. La vie britannique était pour lui quelque chose de tout à fait étranger.

La période de deux ans et huit mois que Gandhi passa en Angleterre fut une phase de formation et a certainement contribué à former sa personnalité. Mais son influence a été probablement inférieure à la normale. Car Gandhi n'était pas l'étudiant-type. Il n'apprenait pas les choses essentielles par l'étude. C'était un agissant, et il s'accrut et s'instruisit par l'action. Les livres, les gens et les situations l'impressionnaient. Mais le vrai Gandhi, le Gandhi de l'histoire, ne venait pas de son existence au cours des années d'enseignement et d'études; il ne s'y rattachait même pas. Peut-être n'est-il pas convenable d'attendre trop de ce frêle provincial hindou transporté dans la métropole de Londres pendant ses vertes années, à dix-huit ans. Pourtant, le contraste entre l'avocat M. K. Gandhi, médiocre, insignifiant, embarrassé, maladroit, qui quitta l'Angleterre en 1891, et le Mahatma chef de millions d'êtres est si considérable qu'on peut imaginer que, jusqu'au moment où le service public mit à contribution ses énormes réserves d'intuition, de volonté, de puissance, d'énergie et de confiance en lui-même, sa véritable personnalité resta en sommeil.

Gandhi s'éleva à la grandeur par l'action. Le *Ghita*, ce livre sacré de l'hindouisme, devint donc l'évangile de Gandhi, car il glorifie l'action.

CHAPITRE IV

GANDHI ET LE « GHITA[1] »

C'EST dans la traduction de sir Edwin Arnold que Gandhi
lut pour la première fois le *Ghita*, pendant sa deuxième
année de droit à Londres. Il reconnaissait qu'il était honteux
de ne l'avoir pas encore lu à vingt ans, car le *Ghita* est aussi
sacré pour l'hindouisme que le Coran pour l'Islam, l'Ancien
Testament pour le judaïsme et le Nouveau Testament pour
le christianisme.

Plus tard, il est vrai, Gandhi lut le *Ghita* dans l'original
sanscrit et dans nombre de traductions. En réalité, il traduisit
lui-même le *Ghita* du sanscrit qu'il ne connaissait pas bien en
gouyarati et lui adjoignit des commentaires. Sa traduction en
gouyarati fut à son tour retraduite en anglais par Mahadev
Desaï.

1. Diverses traductions du *Ghita* ont été utilisées pour la préparation de
ce chapitre. Ce sont : *The Bhagavadgita*, de S. Rhadakrishnan (New-York,
Harper and Brothers, 1948); *The Bhagavad Gita*, de Swami Nikhilananda
(New-York, Ramakrishna-Vivekananda Center, 1944) et *The Gospel of
Selfless Action, the Gita According to Gandhi*, par Mahadev Desaï (Ahmédabad, Navajivan Publishing House, 1946). Les citations du *Ghita* dans ce
chapitre sont tirées de ce dernier livre, non seulement parce qu'elles sont
traduites en anglais sur la version en gouyarati due à Gandhi, mais aussi
parce qu'elles font l'impression d'être excellentes.

Parmi les autres livres qui ont servi pour ce chapitre, il faut citer *Hinduism and Buddhisme*, par Ananda K. Coomaraswamy (New-York, Philo-
sophical Library); *Essence of Hinduism*, par Swami Nikhilananda (Boston,
Beacon Press, 1948); *Vedanta for the Western World*, édité avec une introduction par Christopher Isherwood (Hollywood, The Marcel Rodd Co.,
1945); *The Pageant of Indian History*, 1er vol., par Gertrude Emerson Sen
(New-York, Longmans Green and Co., 1948) et *In the Path of Mahatma
Gandhi*, by George Cathlin (London, Macdonald and Co., 1948).

Ghita, le Cantique, est l'abréviation de *Bhagavad Ghita*, le cantique de Dieu, le cantique du ciel. Gandhi lui attribuait de grandes qualités. « Lorsque les doutes m'assaillent, écrivait-il dans le magazine *Young India* du 6 août 1925, lorsque les déceptions me menacent, je retourne au *Bhagavad Ghita*, et j'y trouve un verset qui me réconforte; et je me mets immédiatement à sourire au milieu même des chagrins qui m'accablent. Ma vie a été pleine de drames extérieurs et s'ils n'ont fait sur moi aucun effet visible ou invisible, je le dois aux enseignements du *Bhagavad Ghita*. » Mahadev Desaï déclare que « chaque moment de la vie de Gandhi a été un effort conscient pour vivre le message du *Ghita* ».

Le *Bhagavad Ghita* est un poème exquis de sept cents stances. Un grand nombre de ces stances se composent de deux lignes; quelques-unes en ont quatre, six ou huit. Le livre tout entier se divise en dix-huit discours ou chapitres; chacun d'eux, conformément à une indication imprimée à la fin du livre, traite d'une branche particulière de la science du *yoga*.

Le *Bhagavad Ghita* est l'œuvre d'un seul écrivain. Les savants estiment qu'il fut composé entre le ve et le iie siècle avant Jésus-Christ. C'est une conversation entre Krichna et Aryouna. Krichna, le principal personnage du *Bhagavad Ghita*, est adoré dans l'Inde comme un dieu. Un grand nombre de maisons hindoues et un plus grand nombre de temples possèdent des statues ou d'autres images du Seigneur Krichna. Dans l'histoire de la vie de Krichna, la légende rivalise avec des faits perdus dans la brume de la préhistoire. Il était apparemment le fils d'une sœur d'un roi. De peur de voir grandir un rival pour son trône, le roi avait assassiné tous les nouveau-nés royaux. Mais Dieu s'incarna lui-même dans le sein de la sœur du roi, et Krichna étant né sans l'intervention d'un homme fut transporté secrètement par une main divine dans la famille d'un humble berger, au lieu et place de la fille nouveau-née de celui-ci. Tout enfant, Krichna vainquit miraculeusement tous les efforts infernaux pour le détruire. Plus tard, il garda les vaches avec les autres jeunes garçons. Une fois, pendant une inondation, il souleva de son petit doigt une montagne qu'il tint ainsi sept jours et sept nuits afin de permettre aux gens de se sauver avec leurs bêtes. Toutes les filles du village, ignorant sa divinité, l'aimaient, et il dansait avec elles. Devenu jeune homme, Krichna tua le tyran, son oncle, et acquit grande renommée dans tout le pays. Après de nombreuses aventures, il se retira dans une forêt où un chasseur, le prenant pour un cerf, le blessa d'une flèche au talon. En s'approchant, il reconnut Krichna et fut rempli de douleur, mais Krichna lui sourit, le bénit et mourut.

Krichna est le Seigneur Krichna. « La représentation d'un individu comme identique au Moi universel est familière à la pensée hindoue », écrit sir Sarvépali Radhakrichnan, philosophe hindou et professeur d'Oxford, qui a traduit également le *Ghita*. « Krichna, dit-il, est l'incorporation humaine de Vichnou », le dieu suprême.

Les versets par lesquels s'ouvre le *Ghita* montrent Krichna sur le champ de bataille comme conducteur sans armes du char d'Aryouna, chef guerrier d'une des fractions qui s'opposent. En face de lui sont les cousins royaux d'Aryouna réunis en vue de la bataille fratricide. Aryouna dit :

Lorsque je regarde ces parents, ô Krichna, ici rassemblés
brûlant de combattre, mes membres tombent, ma bouche est desséchée,
                                                              [un tremblement
secoue ma charpente et mes cheveux se dressent sur ma tête.
Gandiva s'échappe de ma main, ma peau est en feu,
je perds l'équilibre et ma pensée chancelle.

Gandiva est l'arc d'Aryouna.

J'ai de tristes pressentiments, ô Kéchava,
et je ne vois rien de bon à massacrer des parents dans la bataille.
Je ne cherche pas la victoire, ni le pouvoir souverain, ni les joies de
                                                              [la terre.
A quoi nous servent le pouvoir souverain, les plaisirs de ce monde
et même la vie, ô Govinda?

Kéchava et Govinda sont deux des nombreux noms du seigneur Krichna.

Plutôt que d'assassiner les membres de sa propre famille, Aryouna se laisserait assassiner par eux : « Je serais bien plus heureux si les fils de Djitrarachtra, les armes à la main, m'abattaient dans la bataille, non résistant et désarmé. »

Après avoir fermement affirmé : « Je ne veux pas combattre », Aryouna attend maintenant en silence la réponse de Krichna. Le Seigneur lui fait observer :

Tu pleures des gens que tu ne devrais pas pleurer,
et tu profères d'inutiles paroles de sagesse. Le sage ne pleure
ni sur les vivants ni sur les morts.
Car jamais nous ne fûmes, ni moi, ni toi, ni ces rois; et jamais
aucun de nous ne cessera d'exister désormais.

L'Atman ou âme, au dire de Krichna, est éternelle et intangible aux armes humaines de destruction. Et, désignant l'âme par le mot *cela*, Krichna déclare :

Cela n'est jamais né et ne mourra jamais; et ayant été
ne cessera jamais d'être; non né, éternel, perpétuel,
ancien. Cela n'est pas massacré lorsque le corps est massacré.
De même qu'on rejette des vêtements usés et en revêt d'autres
qui sont neufs, de même ce qui est revêtu d'un corps rejette
les corps usés et en revêt de neufs...

Voilà, exprimée de façon succincte, la doctrine hindoue de la transmigration de Cela, de l'Atman, de l'âme. Krichna ajoute :

Les armes ne blessent pas cela, le feu ne brûle pas cela,
l'eau ne mouille pas cela, le vent ne dessèche pas cela...
Car, certaine est la mort de celui qui est né, et certaine
est la naissance de la mort; néanmoins, tu ne dois pas
regretter l'inévitable...

Malgré cela, Krichna insiste : Aryouna fait partie de la caste des guerriers, les *kchatryias*, et, par conséquent, il doit se battre. « De nouveau, quand tu vois ton devoir, tu ne dois pas reculer devant lui : car il n'y a pas de bien plus haut pour un *kchatryia* qu'une guerre légitime. »

Les hindous orthodoxes, interprétant ce texte à la lettre, considèrent le *Ghita* comme le compte rendu historique d'une bataille au cours de laquelle un des chefs militaires essaya d'éviter l'effusion de sang, mais fut bientôt rappelé par Dieu à ses obligations de caste qui le condamnaient à user de violence.

Gandhi, apôtre de la non-violence, proposait naturellement une version différente.

Pour lui, le *Ghita* est une allégorie. Le champ de bataille est l'âme humaine où Aryouna, représentant des instincts supérieurs, lutte contre le mal. « Krichna, aux yeux de Gandhi, est Celui qui habite en elle, et qui sans cesse parle à voix basse au cœur pur... Sous les espèces d'une guerre matérielle, le *Ghita* décrit le combat qui se déroule constamment dans les cœurs humains... La guerre matérielle n'y a été introduite que pour donner plus d'attrait au combat intérieur. » Souvent, Gandhi interrogea à ce sujet les autorités scientifiques et le pouvoir temporel.

Le *Ghita* condamne l'inaction que Gandhi n'a cessé de ré-

prouver. Chose plus importante, il montre comment on peut éviter les maux qui accompagnent l'action. C'est là, affirmait Gandhi, « l'enseignement central du *Ghita* » :

Mets sur le même plan le plaisir et la peine, le gain et la perte, la et la défaite, et ceins tes reins pour la bataille;   [*victoire ainsi faisant, tu ne commettras pas le péché.*

Voilà une des caractéristiques du *yoga* : le désintéressement dans l'action.

« Agis, ô Dhananyaya (Aryouna), sans attachement, fermement appuyé sur le *yoga*, d'humeur égale dans le succès comme dans l'échec. L'égalité d'humeur est le *yoga*. »

Le *yoghi* n'aurait-il donc pas de récompense? Si, répond Gandhi. « En réalité, celui qui pratique le renoncement moissonne mille fois plus. Le renoncement prescrit par le *Ghita* est la pierre de touche de la foi. Celui qui se préoccupe toujours du résultat perd souvent le calme nécessaire pour l'accomplissement de son devoir. Il est gagné par l'impatience et entreprend des choses indignes. Il bondit d'une action à l'autre, sans rester fidèle à aucune. Celui qui se préoccupe du résultat est semblable à un homme adonné aux choses matérielles; il est toujours distrait, il prend congé de tous les scrupules; tout est juste à son avis et, en conséquence, il recourt à des moyens raisonnables et à des moyens ridicules pour atteindre son but. » Le renoncement procure la paix intérieure, l'équilibre spirituel nécessaire pour mener les choses à bonne fin.

Mais Aryouna pouvait renoncer au fruit et ne pas le désirer, tout en obéissant à Krichna et en tuant. Cela troublait Gandhi. « Admettons, écrit-il en 1929 dans l'introduction à sa traduction du *Ghita* en gouyarati, que, si l'on s'en tient à la lettre du *Ghita*, il soit possible de dire que la guerre s'accorde avec le renoncement au résultat. Mais, après m'être constamment efforcé pendant quarante ans d'appliquer entièrement les leçons du *Ghita* dans ma propre vie, j'ai, en toute humilité, éprouvé que le renoncement parfait est impossible sans observer parfaitement l'*ahimsa* (la non-violence) sous tous ses aspects et sous toutes ses formes. » Gandhi estime que sa fidélité au *Ghita* lui donne le droit de le corriger. Il a souvent refusé de se laisser lier par des textes, des idées et des situations non appropriés.

Le *Ghita* dit en effet : « Puisque seul le corps meurt et non Cela, l'âme, pourquoi ne pas tuer lorsque c'est votre devoir de soldat d'agir ainsi? » Gandhi objecte : « Puisque nous sommes tous des fragments de Dieu qui est parfait, comment pourrions-nous et pourquoi devrions-nous tuer? »

Abstraction faite de l'invitation à l'action, violente suivant le *Ghita* et non violente selon Gandhi, le cœur du *Ghita* est la description de l'homme d'action qui renonce aux fruits de son action. Aryouna, toujours perplexe, demande quels sont les signes distinctifs du *yoghi*. « Comment parle-t-il? Comment se tient-il? Comment se meut-il? »

Et Krichna dit :

Lorsqu'un homme rejette, ô Partha, tous les appétits
qui naissent dans sa pensée et ne trouve un réconfort pour soi-même
que dans l'Atman, alors on l'appelle
un homme d'un entendement sûr.

Gandhi fait à ce sujet le commentaire suivant : « Le plaisir que je peux retirer de la possession de la santé, par exemple, est illusoire; un véritable réconfort spirituel ou contentement ne peut être obtenu qu'en s'élevant au-dessus de toutes les tentations, même lorsqu'on est poursuivi par la pauvreté et la faim. »

Krichna poursuit sa définition du *yoghi* :

Celui dont l'esprit n'est pas troublé par le chagrin et n'aspire pas
aux joies, celui qui est libre de passion, de crainte
et de colère, celui-là, on l'appelle un ascète
d'un entendement sûr.
L'homme qui se défait de tous désirs et de tous mouvements
sans souci, libre du sentiment du « moi » et du « mien »,
celui-là parvient à la paix.

Krichna enseigne encore :

Celui-là, ô Aryouna, qui, gardant tous ses sens
sous le contrôle de sa pensée, engage ses organes dans le **Karma**
yoga, sans s'attacher à rien, celui-là excelle.

Bientôt après avoir lu le *Ghita*, et surtout dans l'Afrique du Sud, Gandhi commença ses efforts pour devenir un *Karma yoghi*. Plus tard, en donnant la définition de ce personnage, Gandhi écrivait : « Il n'aura nul appétit des plaisirs des sens et s'appliquera aux activités qui ennoblissent l'âme. Tel est le chemin de l'action. Le *Karma yoga* est l'ensemble des moyens

qui tendent à libérer le moi, l'âme, de la servitude du corps,
et il n'y a pas place là pour la recherche des jouissances. »

Dans un verset concis, Krichna déclare :

Pour moi, ô Partha, il n'y a rien à faire
dans les trois mondes, rien qui vaille d'être gagné
et que je n'aie pas gagné; cependant je suis toujours en action.

Dans un commentaire notable du *Ghita*, Gandhi continue
à expliquer ce qu'est l'homme idéal, le *Karma yoghi* parfait.
« C'est un homme pieux qui ne jalouse personne, qui est une
source de miséricorde, qui est sans égoïsme, qui est désintéressé, qui considère de la même façon la chaleur et le froid,
le bonheur et la misère, qui pardonne toujours, qui est toujours
satisfait, dont les résolutions sont fermes, qui a consacré sa
pensée et son âme à Dieu, qui ne suscite pas la crainte, qui n'a
pas peur des autres, qui ne triomphe pas, ne s'afflige pas, ne
craint pas, qui est pur, qui est habile à l'action mais reste
insensible à cette action, qui renonce à tous les fruits bons
ou mauvais de son activité, qui traite de la même façon ses
amis et ses adversaires, qui reste indifférent au respect ou à
l'irrévérence, qui n'est pas enflé par la louange, qui ne suc-
combe pas lorsqu'on parle mal de lui, qui aime le silence et la
solitude, qui possède une raison disciplinée. Cette piété est
incompatible avec l'existence simultanée d'affections puissantes. »

Gandhi résumait tout cela en trois mots : absence de désirs.
L'absence de désirs sous ses différents aspects devint le but de
Gandhi, et cela causa des embarras sans nombre à sa femme,
à ses enfants, à ses disciples, à lui-même. Krichna déclare :

Mais il n'y a qu'une seule récompense. Les grands yoghis,
Les Mahatmas ou ceux qui ont de grandes âmes viennent à Moi;
ils atteignent la perfection suprême; ils ne retournent pas
à l'enfance, au transitoire et au séjour de misère.

En conséquence, la plus haute récompense du *yoghi* est d'être
si étroitement uni à Dieu qu'il n'ait plus jamais besoin de retourner à l'état d'homme mortel et migrateur. Plusieurs fois pendant sa vie Gandhi exprima l'espoir de ne pas être engendré
de nouveau.

A la fin, après avoir appris de Krichna, le plus Haut, le
« Maître du *yoga* », l'art du *yoga*, Aryouna abandonne le doute.

Il comprend maintenant les secrets les plus intimes de l'action sans attachement. Pour cette raison, il peut agir désormais. Et il promet : « Je ferai ce que tu m'ordonneras. »

Il y a de pieux hindous, et des hindous mystiques qui restent assis dans des cavernes où ils méditent, jeûnent et vivent nus. Mais Gandhi aspirait à être toujours actif, à être utile toujours et toujours désintéressé. Telle était la réalité après laquelle il soupirait. Comme toute autre personne au monde, il avait ses attachements. Il cherchait à s'en dépouiller.

Le détachement hindou inclut et même dépasse l'altruisme; il implique le but religieux de se dépouiller de son corps ou de se supprimer de façon non violente, ce que faisant l'homme pieux abandonne son être physique et devient un avec Dieu. Cela n'est pas la mort, mais le *Nirvana*. La conquête du *Nirvana* est un processus mystique qui échappe à la plupart des esprits occidentaux et est difficile à réaliser même pour les hindous qui, cependant, admettent que des mortels tels que Bouddha et quelques mystiques modernes ont effectué cette transformation. Gandhi ne l'effectua point.

Néanmoins, il parvint à l'état de *yoghi*. Un *yoghi* peut être voué à la contemplation ou voué à l'action. Le *yoghi* aussi bien que le commissaire peuvent consacrer leur vie à l'action. La différence entre eux est la qualité et le but de leurs actes, et le but de leur vie.

Le *Ghita* concentre son attention sur le but de la vie. Dans l'Occident, on peut considérer le but de sa vie après avoir atteint la maturité et le succès matériel. Un hindou, s'il est dirigé par le *Ghita*, considère ce but, alors qu'il est encore au seuil de la vie[1].

1. Le manuscrit de ce chapitre a été lu par Swami Nikhilananda, directeur du Ramakrishna-Vivekananda Center à New-York. Il m'a fait profiter aussi de ses opinions à propos des chapitres premier, IX, XVIII, XXII, XXXIV, XXXV et XLVII. J'ai également emprunté des livres à la riche bibliothèque du Centre.

CHAPITRE V

INTERLUDE AUX INDES [1]

A Londres, Gandhi ne dépassa jamais le *Lévitique* et les *Nombres*. Les premiers livres de l'Ancien Testament l'ennuyaient. Plus tard, il prit goût aux Prophètes, aux *Psaumes*, à l'*Ecclésiaste*. Le Nouveau Testament était plus intéressant, et le *Sermon sur la montagne* « m'alla tout droit au cœur ». Il y découvrit des analogies avec le *Ghita*.

Ce fut grâce à un vendeur de bibles en Angleterre que Gandhi lut l'Ancien et le Nouveau Testament. Sur le conseil d'un ami, il lut l'essai de Thomas Carlyle sur le prophète Mahomet. Ayant rencontré à Londres Mme H. P. Blavatsky et Mrs. Annie Besant, il étudia leurs livres de philosophie. Les lectures religieuses de Gandhi étaient accidentelles et sans aucune méthode. Elles répondaient cependant apparemment à un besoin, car il ne lisait pas beaucoup et, indépendamment de ses livres de droit, il n'a jamais lu beaucoup, pas même une histoire de l'Inde.

Gandhi refusa de se rallier au nouveau mouvement théosophique britannique, mais fut ravi de voir Mrs. Besant renoncer à l'athéisme. Lui-même avait déjà traversé « le Sahara de l'athéisme » et en était sorti assoiffé de religion.

C'est dans cet état qu'il retourna aux Indes au cours de l'été de 1891. Il était devenu plus mondain mais non plus positif. Il reconnaissait promptement ses erreurs mais insistait opiniâtrément pour en faire à sa tête. Il était critique envers soi-

1. Les faits rapportés dans ce chapitre sont tirés de l'*Autobiographie* de Gandhi.

même et sûr de soi, de tempérament timide et intellectuellement rassuré.

Au moment où il débarquait à Bombay, son frère lui annonça
que Poutlibaï, leur mère, était morte. On avait caché cette
nouvelle à Mohandas parce que l'on connaissait sa tendresse
pour elle. Il fut bouleversé; pourtant, sa douleur, plus grande
que celle qu'il avait éprouvée à la mort de son père, resta mesu-
rée dans ses manifestations.

Harilal, le fils de Gandhi, était âgé de quatre ans. Les frères
de Gandhi avaient plusieurs enfants plus âgés : des garçons et
des filles. L'avocat les initia à la marche et aux exercices physiques; il jouait et plaisantait avec eux. Il avait également
assez de temps pour se quereller avec sa femme; une fois
même il la renvoya de Raïkot chez ses parents, à Porbandar :
il était toujours jaloux. Il continuait à s'acquitter de ses devoirs
d'époux; mais il ne subvenait aux besoins ni de sa femme ni
de son fils, car il n'avait pas d'argent.

Laxmidas Gandhi, qui était juriste à Raïkot, avait fondé de
grands espoirs sur son jeune frère. Mais Mohandas échoua
complètement comme avocat, à Raïkot aussi bien qu'à Bombay,
où il fut incapable de prononcer une seule parole devant le
tribunal au cours d'un procès pour une somme de dix dollars.

Après avoir fait les frais des études de son frère en Angleterre,
Laxmidas fut encore plus désappointé lorsque Mohandas échoua
dans une délicate mission qu'il lui avait confiée. Laxmidas avait
été le secrétaire et le conseiller de l'héritier du trône de Porbandar. Il semblait donc destiné à suivre les traces de son
père et de son grand-père et à devenir le premier ministre de
ce petit État. Mais il perdit la faveur de l'agent politique britannique. Or, Mohandas avait par hasard rencontré cet agent
à Londres. Laxmidas exprima donc le désir que son frère allât
le trouver pour arranger l'affaire. Gandhi estima qu'il n'était
pas convenable de se prévaloir de relations superficielles et de
demander une entrevue pour un tel objet. Il céda cependant
aux insistances de son frère. L'agent britannique se montra
froid : Laxmidas n'avait qu'à réclamer par les voies normales
s'il estimait qu'on lui avait fait tort. Gandhi insista. L'agent
lui montra la porte. Gandhi voulut continuer à discuter; le
policier indigène ou courrier de l'agent saisit Gandhi et le
jeta dehors. L'émotion causée par cette rencontre fut telle que,
suivant ce que Gandhi déclare dans son autobiographie, « cela
changea le cours de ma vie tout entière ». Il s'était acquitté de
travaux juridiques courants pour le prince régnant. Lui et son

frère espéraient qu'il obtiendrait finalement un poste de juge
ou de ministre du gouvernement, ce qui le mènerait finalement
à un avancement régulier conformément à la tradition fami-
liale. Mais cette altercation avec l'agent renversait ces plans.
Seul un courtisan servile pouvait arriver. Cet épisode rendit
plus intense l'horreur que Gandhi éprouvait pour l'atmosphère
de médiocres intrigues, de pompe palatiale et de snobisme
qui l'emportait à Porbandar, à Raïkot et dans les autres prin-
cipautés minuscules de la péninsule de Kathiaouar.

En cette conjoncture, une maison commerciale offrit d'envoyer Mohandas pour un an dans l'Afrique du Sud en qualité
de défenseur juridique. Il saisit cette occasion de voir un nouveau pays et d'acquérir de nouvelles expériences. « Je désirais
quitter l'Inde d'une façon ou d'une autre. » Ainsi donc, après
un peu moins de deux années infructueuses dans son pays
natal, le chef futur des Indes s'embarqua pour Zanzibar, le
Mozambique et Natal. Il laissait derrière lui sa femme et deux
enfants : le 28 octobre 1892, un second fils nommé Manilal
lui était né. « En guise de consolation », Gandhi promit à
Kastourbaï : « Nous nous retrouverons dans un an. »

A Bombay, Gandhi avait rencontré Raychandbaï. « Nul
autre ne m'a jamais fait autant d'impression que lui », écrit
Gandhi. C'était un joaillier-poète doué d'une mémoire phéno-
ménale. Il était riche, se connaissait parfaitement en diamants
et en perles, et était bon commerçant. Gandhi fut frappé de
ses enseignements religieux, de son caractère sans reproche
et de sa passion pour devenir lui-même. Les actes de Raychandbaï, Gandhi le sentait, étaient guidés par le désir de la vérité
et par la piété. Gandhi avait pleine confiance en lui. En un
moment de crise, il recourut à lui pour se confesser et obtenir
du réconfort. Du fond de l'Afrique du Sud, il réclamait et
obtenait son avis. Malgré cela, Gandhi ne l'accepta pas comme
son *gourou*. Les hindous croient que tout homme doit reconnaître un *gourou*, c'est-à-dire un homme supérieur, près ou
loin, vivant ou mort, comme son maître, son guide ou son men-
tor. Mais Raychandbaï n'avait pas la perfection que Gandhi
réclamait d'un *gourou*. Il n'en trouva jamais : « Le trône resta
vacant », disait-il. Pour un hindou, cela a un sens terrible; et,
pour Gandhi, cela est infiniment significatif. En la présence
d'hommes éminents il éprouvait du respect, un sentiment d'humilité et de crainte, mais, une fois enfermé dans ces sentiments,
il restait parfois imperméable à leurs idées. En dépit de la
défiance qu'il ressentait pour soi-même, il était spirituelle-

ment indépendant. Les idées lui venaient à l'occasion par les livres, mais surtout par ses propres actions. Il restait lui-même, en ce sens qu'il exploitait ses propres ressources.

Gandhi était un *self-remade man*, un homme qui s'était refait lui-même; et sa transformation commença dans l'Afrique du Sud. Non qu'il eût transformé un échec en succès. Utilisant l'argile qui était à sa disposition, il se transforma lui-même en un autre. Ce fut un cas remarquable de seconde naissance au cours d'une même vie.

CIIAPITRE VI

VERS LA GRANDEUR [1]

Lorsque Gandhi débarqua à Durban, Natal, au mois de mai 1893, il avait uniquement pour mission de gagner un procès, de se procurer un peu d'argent et, peut-être, en fin de compte, de commencer sa carrière : « Je tente ma chance dans l'Afrique du Sud. » Quand il quitta le bateau pour rencontrer son employeur, un commerçant musulman, nommé, Dada Abdulla Sheth, Gandhi portait un habit à la mode un pantalon bien repassé, des souliers brillants et un turban.

La société, dans l'Afrique du Sud, se divisait strictement d'après la couleur, la classe, la religion et la profession; et chaque groupe défendait jalousement les mots et les symboles qui formaient la ligne de démarcation entre les uns et les autres. Les Anglais appelaient tous les Indiens « coolies » ou « samis » et parlaient de « professeurs coolies », de « commerçants coolies », d' « avocats coolies » etc., oubliant à dessein que si le mot « coolie » signifiait quelque chose il voulait dire « travailleur manuel ». Pour s'élever au-dessus du niveau des coolies, les Parsis de l'Inde s'intitulaient eux-mêmes Persans, et les musulmans de l'Inde préféraient être considérés comme des Arabes, ce qu'ils n'étaient pas. Le turban était officiellement reconnu comme faisant partie du costume des Arabes, mais non de celui des Indiens.

Quelques jours après son arrivée, Gandhi se rendit au tribu-

---

1. Livres utilisés : *Satyagraha in South Africa*, par M. K. Gandhi; l'*Autobiographie;* un volume rare intitulé *Speeches and Wrightings of Mahatma Gandhi* (Madras, G. A. Natesan and Co., 1933).

nal. Le juge lui donna l'ordre d'ôter son turban. Il hésita et quitta le tribunal. Pour éviter de nouveaux ennuis, il décida de porter un chapeau à l'anglaise. « Non, lui dit Dada Abdulla Sheth, un chapeau porté par un homme de couleur indique un garçon de café. »

Le procès exigeait la présence de Gandhi à Prétoria, capitale du Transvaal. On acheta pour lui à Durban un billet de première et il prit le train pour un voyage de nuit. A Maritzbourg, un blanc entra dans le compartiment et, voyant l'intrus à peau brune, se retira pour reparaître un moment plus tard avec deux employés du chemin de fer qui ordonnèrent à Gandhi de déménager dans le fourgon. Gandhi protesta en disant qu'il avait un billet de première. Cela ne fit aucun effet. Il fallait qu'il sortît. Il resta. Alors on alla chercher un policeman qui le jeta dehors avec ses bagages.

Gandhi aurait pu rentrer dans le train et trouver une place dans le wagon de troisième. Il préféra rester dans la salle d'attente. Il faisait froid dans ces montagnes. Son pardessus était dans sa valise que retenaient les gens de la gare; par peur d'être de nouveau injurié, il n'alla pas le réclamer. Il resta là assis toute la nuit, grelottant et dépité.

Devait-il retourner aux Indes? Cet épisode était le reflet d'une situation bien plus importante. Fallait-il en prendre son parti ou simplement chercher une réparation pour son injure personnelle, terminer le procès et retourner chez lui, dans l'Inde? Il s'était heurté au terrible fléau du préjugé de la couleur. Son devoir était de le combattre. Fuir en abandonnant ses compatriotes dans cette mauvaise situation aurait été lâche.

Bien des années après, aux Indes, le Dr John R. Mott, un missionnaire chrétien, demanda à Gandhi : « Quelles ont été les expériences les plus décisives de toute votre vie? » En réponse, Gandhi lui raconta ce qui s'était passé cette nuit-là à la gare de Maritzbourg.

Pourquoi Gandhi fut-il choisi entre tous pour résister au mal?... Son père et son grand-père avaient bravé l'autorité. Ses quelques contacts avec elle aux Indes avaient été malheureux. Il avait rejeté la version autorisée, consacrée par le temps et la tradition, du *Bhagavad Ghita* pour la sienne propre. Était-ce cette opposition intime à l'autorité qui le fit se révolter contre l'attitude officielle en matière de couleur? Était-il plus impressionnable, plus susceptible, plus libre d'esprit, et plus ambitieux parce que sa vie, jusqu'alors, avait été un échec? Aspirait-il à être moralement fort, parce qu'il était faible physiquement?

Est-ce que la lutte contre des habitudes immorales dans un cercle
peu nombreux avait plus de chance d'être utile que la poursuite
d'avantages personnels dans un tribunal plein de gens? Était-ce
sa destinée, un héritage, un hasard favorable, le *Ghita*, ou quelque autre impondérable ?

Au cours de cette nuit glaciale à Maritzbourg, le germe de la
protestation sociale était né en Gandhi. Mais il ne fit rien encore.
Il poursuivit son travail à Prétoria.

Dans la semaine qui suivit son arrivée à Prétoria, Gandhi
convoqua tous les Indiens à une réunion. Il désirait leur exposer
« un tableau de leur condition ». Il avait vingt-quatre ans.
C'était la première fois qu'il parlait en public.

D'autres réunions eurent lieu et bientôt Gandhi connut tous
les Indiens de Prétoria. Il se mit en relations avec les dirigeants
des chemins de fer et obtint d'eux la promesse que les Indiens
« convenablement vêtus » pourraient emprunter les voitures
de première et de seconde classe. Bien que cela prêtât matière à
interprétation et à arbitraire, cela constituait un progrès. Gandhi se sentit encouragé. Les Indiens de Prétoria formèrent une
organisation permanente.

Le procès pour lequel Gandhi était venu en Afrique du Sud
le mit en rapports avec des catholiques, des protestants, des
quakers et des Frères de Plymouth. Quelques-uns d'entre eux
essayèrent de le convertir au christianisme. Gandhi ne décou-
ragea pas leurs efforts. Il promit que si la voix intérieure le lui
commandait, il embrasserait la foi chrétienne. Il lut les livres
qu'ils lui donnèrent et essaya de répondre aux questions qu'ils
lui posaient concernant les religions de l'Inde. Lorsqu'il ne
savait que répondre, il écrivait à ses amis en Angleterre ou à
Raychandbaï, le joaillier de Bombay.

Les amis chrétiens de Gandhi lui enseignèrent l'essence du
christianisme. Ils lui dirent que s'il croyait en Jésus il obtiendrait sa rédemption. « Je ne cherche pas la rédemption des
conséquences du péché, répondit Gandhi; je cherche la rédemption du péché lui-même. » Ils lui dirent que c'était impossible.
Gandhi ne put pas non plus comprendre pourquoi Dieu, s'il
avait eu un fils, ne pouvait pas en avoir un second. Pourquoi
ne pourrait-il aller au ciel et être sauvé que s'il était chrétien?
Le christianisme aurait-il un monopole du ciel? Dieu était-il
chrétien? Avait-il des préjugés à l'égard de ceux qui ne sont pas
chrétiens?

Gandhi aimait les doux hymnes chrétiens et bon nombre des
chrétiens qu'il rencontra. Mais il ne pouvait pas considérer le

christianisme comme la religion parfaite ou la plus grande des religions. « Du point de vue du sacrifice, il me semblait que les hindous surpassaient grandement les chrétiens. » Et Raychand-baï lui affirmait que l'hindouisme ne pouvait être surpassé en subtilité et en profondeur. D'autre part, Gandhi doutait que les Védas sacrés des hindous fussent la seule parole inspirée de Dieu. Pourquoi pas aussi la Bible et le Coran? Il reculait devant la rivalité des religions.

De même il détestait la rivalité des juristes. Son client, Dada Abdulla Sheth, et son adversaire, Tyeb Sheth, étaient apparentés, et les frais du litige, qu'on faisait traîner en longueur depuis plus d'un an, les ruinaient l'un et l'autre. Gandhi leur suggéra un compromis en dehors du tribunal. En fin de compte, le plaignant et le défendeur acceptèrent un arbitre qui, ayant pris connaissance de l'affaire, décida en faveur de Dada Abdulla. Alors un nouveau problème se posa pour Gandhi. Tyeb fut invité à payer trente-sept mille livres et les frais. Cela menaçait de le réduire à la faillite. Gandhi amena Dada Abdulla à autoriser le perdant à le payer en versements échelonnés sur une très large période.

Tout en préparant cette affaire, Gandhi apprit les secrets de la comptabilité et quelques-unes des finesses de la loi. Surtout, il se convainquit encore plus que les arrangements en dehors du tribunal étaient préférables à des procès. Il conserva cette habitude pendant les vingt années de sa vie d'avocat. « Je n'ai rien perdu à cela — pas même de l'argent, et certainement pas mon âme. »

Une fois son procès terminé, Gandhi retourna à Durban et se prépara à prendre le bateau pour les Indes. Il avait séjourné dans l'Afrique du Sud douze mois environ. Avant son départ, ses associés donnèrent en son honneur une fête d'adieu. Pendant cette fête quelqu'un lui remit le *Natal Mercury* du jour, où il découvrit un bref écho concernant une loi proposée par le gouvernement de Natal en vue de priver les Indiens du droit d'élire les membres du corps législatif. Gandhi comprit la nécessité de résister à cette tendance. Ses amis y étaient disposés, mais sans lui, disaient-ils, « ils étaient ignorants, incapables et sans force ». Il consentit à rester un mois de plus. Il resta vingt ans, luttant pour la défense des droits des Indiens. Il remporta la victoire.

CHAPITRE VII

UNE MANIFESTATION

NATAL, en 1896, comptait 400.000 habitants nègres, 50.000 Blancs et 51.000 Indiens. La colonie du cap de Bonne-Espérance avait 900.000 Nègres, 400.000 Européens et 10.000 Indiens; la république du Transvaal, 650.000 Nègres, 120.000 Blancs et environ 5.000 Indiens. Les proportions étaient analogues dans les autres contrées. En 1914, les cinq millions de Nègres l'emportaient sans peine sur un million et quart de Blancs.

Qu'ils fussent Indiens ou non, les Blancs étaient constamment en minorité dans l'Afrique du Sud. Mais les Indiens étaient économes, capables et ambitieux; ils travaillaient durement. A conditions égales, ils devenaient les rivaux des Blancs dans le commerce, l'agriculture, le droit et les autres professions.

Était-ce pour cela qu'ils étaient persécutés?

Les Hollandais, qui furent les premiers à coloniser l'Afrique du Sud au XVIᵉ siècle, amenèrent avec eux leurs esclaves de la Malaisie, de Java et des autres îles du Pacifique; ils se fixèrent en masse au Transvaal et dans l'État libre d'Orange. Les Britanniques arrivèrent beaucoup plus tard. Ils constatèrent qu'ils pouvaient cultiver au Natal la canne à sucre, le thé et le café. Mais les Nègres ne travaillaient pas volontiers pour eux. En conséquence, des dispositions furent prises pour le transport par bateau de travailleurs de l'Inde liés par un contrat.

Les premiers travailleurs contractuels indiens arrivèrent à

Natal le 16 novembre 1860. Ce fut là la genèse de la « saga » de Gandhi dans l'Afrique du Sud.

Les Indiens contractuels étaient des serfs pris à terme. Ils venaient de l'Inde volontairement ou, fréquemment, contre leur volonté et sans savoir où ils allaient; nombre d'entre eux étaient des intouchables qu'on arrachait à une semi-inanition. Ce système les liait pour cinq ans à des fermes privées. On leur y donnait la nourriture et le logement pour eux et pour leurs familles et dix shillings par mois la première année et un shilling supplémentaire (vingt-cinq cents) par mois les années suivantes. Au bout des cinq ans, leur adjudicataire leur payait le voyage de retour aux Indes. Il le faisait, même s'ils restaient pour une nouvelle période de cinq ans en qualité de travailleurs libres. Dans bien des cas, les travailleurs contractuels préférèrent rester définitivement.

A l'époque où Gandhi venait de passer juste douze mois dans l'Afrique du Sud — le 18 août 1894 — ces conditions furent modifiées. A la fin de la première période de cinq ans, le travailleur contractuel devait désormais retourner aux Indes ou accepter de rester à jamais dans l'Afrique du Sud en qualité de serf. Mais s'il désirait rester comme travailleur libre, il devait payer une taxe annuelle de trois livres pour lui-même et pour chacune des personnes à sa charge. Trois livres équivalaient à la paye que touchait pour six mois un travailleur contractuel.

Cela souleva une tempête au centre de laquelle se trouva Gandhi.

L'immigration d'Indiens contractuels avait attiré des milliers d'Indiens libres venus comme camelots, commerçants et membres de professions diverses, tels que Gandhi. Ils étaient peut-être au nombre de cinquante mille en 1900. Les colporteurs transportaient leurs marchandises sur le dos à des centaines de milles de distance jusque dans les villages zoulous où nul Blanc ne se serait risqué à faire des affaires. Peu à peu, bon nombre d'entre eux avaient acquis des richesses et des biens. Il y avait même des Indiens qui possédaient des lignes de navigation à vapeur.

En 1894, deux cent cinquante Indiens sujets de Sa Majesté britannique avaient obtenu à Natal les conditions de fortune requises et possédaient le droit de vote. Mais, cette même année, le corps législatif vota une loi qui excluait nettement les Asiatiques.

Ce fut là le second motif sérieux de plainte pour les Indiens.

Dans tout le Natal, un Indien devait avoir un laissez-passer

pour séjourner dans la rue après 9 heures du soir. Ceux
qui n'avaient pas de laissez-passer étaient incarcérés. L'État
libre d'Orange, république des Boers, interdisait aux Indiens
d'avoir des propriétés, d'exercer le commerce, ou de se livrer
à la culture. Dans le Zoulouland, colonie de la Couronne,
les Indiens n'avaient pas le droit de posséder ou d'acheter de
la terre. La même proscription était appliquée au Transvaal
où, de plus, les Indiens devaient payer une taxe de trois livres
pour être autorisés à y séjourner. Ils ne pouvaient cependant
résider que dans les quartiers des taudis, les *slums*. Dans la
colonie du Cap, certaines municipalités interdisaient aux Indiens
l'usage des trottoirs. Ailleurs, les Indiens évitaient les trottoirs
et les sentiers au bord des routes de peur d'être repoussés à
coups de pied. Cela arriva une fois à Gandhi lui-même. Dans
l'Afrique du Sud il y avait pour les Indiens interdiction légale
d'acheter l'or du pays. Ils étaient désignés dans les livres constitutionnels comme « des Asiatiques semi barbares ».

Au bout de trois années passées dans l'Afrique du Sud,
Gandhi était devenu un juriste à succès et le plus éminent
personnage politique indien. Il était connu au loin comme le
défenseur des travailleurs contractuels. Il faisait des conférences, envoyait des mémoires aux ministres du gouvernement,
écrivait des lettres aux journaux, faisait circuler des pétitions
— l'une d'elles fut signée par dix mille Indiens — et s'était
fait de nombreux amis parmi les Blancs, les Nègres et les
Indiens. Il avait publié deux brochures : *Un Appel à tous les
Britanniques dans l'Afrique du Sud* et le *Droit de vote des
Hindous, un appel.* (An Appeal to Every Briton in South
Africa, The Indian Franchise, an Appeal.)

Ces « appels » étaient la clé de la politique de Gandhi. Il en
appelait au sens commun et à la moralité de son adversaire.
« Cela a toujours été pour moi un mystère, dit-il dans son
Autobiographie, de constater que des hommes peuvent se
sentir honorés par l'humiliation de leurs frères humains. »
Telle était l'essence de l'appel de Gandhi.

Il ne luttait pas dans l'Afrique du Sud pour y obtenir un
traitement égal à celui des Blancs. Il admettait que les Blancs
pouvaient croire qu'ils avaient besoin d'être protégés contre
une majorité d'hommes de couleur, composée d'Indiens et de
Nègres. Il savait également, ainsi qu'il l'écrivait le 2 juin 1918
au *Times of India*, que « les préjugés ne peuvent pas être
détruits par la législation... Ils ne sauraient céder que grâce
à un labeur patient et à l'éducation. »

Les Indiens ne protestaient pas non plus contre le fait d'être mis à part. « Ils souffraient de cet ostracisme, mais ils le supportaient en silence », écrivait Gandhi.

Cela aussi était un problème à long terme.

Ce que Gandhi reprochait en ce moment aux gouvernements blancs du Natal, du Transvaal, de l'État libre d'Orange et de la colonie du Cap, c'était d'entretenir le préjugé en lui donnant force de loi. Les lois au moins doivent être justes : souvent elles ne le sont pas. « Je refuse de croire à l'infaillibilité du législateur », disait-il.

Il désirait établir un principe, à savoir que les Indiens étaient citoyens de l'Empire britannique et, à ce titre, avaient droit à être traités comme les autres conformément à ces lois. Il n'espérait pas que ces lois fussent appliquées loyalement; les Blancs seraient toujours favorisés. Mais, une fois admis le principe de l'égalité devant la loi, il se contenterait de laisser la vie élaborer ses plans compliqués, et ferait confiance aux citoyens honnêtes pour rendre le dessin plus lumineux. Par contre, si les Indiens acceptaient flegmatiquement leur infériorité, ils perdraient leur valeur et se dégraderaient. C'est là ce que feraient aussi les Blancs qui leur imposaient cette infériorité.

Gandhi s'appliquait à sauver la valeur des Indiens et des Blancs.

Ainsi, là-bas, dans l'Afrique du Sud, Gandhi avait déployé une infatigable énergie, une puissance d'indignation inépuisable, une réelle ardeur à servir la communauté, une honnêteté qui inspirait la confiance et un vrai talent à entretenir des relations faciles avec les petits et les grands. Son zèle et la cause faisaient taire sa timidité et déliaient sa langue. Bien qu'on n'eût encore qu'une indication à peine visible du Gandhi remarquable de l'histoire, il avait déjà démontré qu'il était un vrai chef et un excellent organisateur. Ses collaborateurs indiens se rendaient exactement compte, et lui-même ne pouvait pas ne pas le voir, que sans lui la lutte pour leurs droits s'effondrerait ou, tout au moins, serait paralysée.

En conséquence, Gandhi prit six mois de congé et rentra aux Indes pour en ramener sa famille.

Arrivé dans sa patrie au milieu de l'année 1896, cet homme de vingt-huit ans, chargé d'une mission, y fit preuve d'une activité formidable. A Raïkot, il passa un mois dans le sein de sa famille et y écrivit une brochure sur les injustices dont les Indiens étaient victimes dans l'Afrique du Sud. Reliée en

vert et, par suite, connue sous le nom de *Brochure verte* [1], elle
fut imprimée à dix mille exemplaires et envoyée aux journaux
et à tous les Indiens éminents. Un grand nombre de revues
en rendirent compte.

A ce moment-là, la peste bubonique fit son apparition à
Bombay et la panique s'empara de Raïkot. Gandhi offrit
volontairement ses services à l'État et se joignit au comité
officiel chargé de prendre des mesures préventives. Il insista
sur la nécessité de contrôler les cabinets d'aisance et se chargea
lui-même de cette tâche. « Les pauvres, note-t-il dans ses
Mémoires, ne firent aucune difficulté à laisser inspecter leurs
latrines et, qui plus est, réalisèrent les améliorations qui leur
étaient suggérées. Mais quand nous arrivâmes aux maisons des
gens de la haute société, plus d'un nous refusa l'entrée de sa
maison. Nous fîmes généralement l'expérience que les cabinets
des riches étaient les plus mal tenus. » Après cela, Gandhi
insista pour que le comité examinât le quartier des intouchables.
Un seul membre du comité accepta d'aller avec lui. C'était la
première fois que Gandhi visitait les *slums*. Il ne savait pas
comment vivaient les parias. Il découvrit qu'ils n'avaient pas
de latrines ni même de cabinets fermés. Cependant leurs maisons étaient propres.

De Raïkot, Gandhi se rendit à Bombay pour y organiser
un meeting sur l'Afrique du Sud. Il se présenta de lui-même
chez les citoyens les plus importants et obtint leur concours.
Dans le même temps, il soignait le mari de sa sœur qui était
malade; puis il transporta le mourant dans sa propre chambre.
Il se vanta toujours d'avoir « pour soigner les malades une
aptitude qui alla sans cesse en se développant ».

Le meeting de Bombay eut un succès énorme en raison de
ses organisateurs et de son sujet. Gandhi avait écrit une allocution, mais ne put se faire entendre dans la vaste salle. Un
de ceux qui étaient sur l'estrade la lut à sa place.

A Poona, à l'intérieur du pays de Bombay, Gandhi eut un
entretien avec deux personnages de l'Inde : Gopal Krichna
Gokhale, président des Serviteurs de la Société des Indes, et
Lokamanya Tilak, homme d'une intelligence exceptionnelle et
chef politique éminent. Tilak, a dit plus tard Gandhi, était
semblable à l'Océan et l'on ne pouvait pas facilement se lancer
contre lui; Gokhale était comme le Gange, dans les eaux rafraî-
chissantes duquel on aspirait à se baigner. Aux assemblées de

---

1. *The Green Pamphlet.*

Bombay, de Poona et de Madras, Gandhi s'appuya sur la *Brochure verte* et demanda à son auditoire de l'acheter en sortant. A Madras, le fier auteur, constatant le succès de sa brochure, fit paraître une seconde édition de dix mille exemplaires qui, au début, « se vendit comme des petits pâtés ». Mais il avait surestimé le marché et resta avec des invendus.

Gandhi espérait pouvoir recommencer cet exploit à Calcutta et s'en entretint avec des directeurs de journaux et des habitants éminents. Mais un câble le rappela à Natal, dans l'Afrique du Sud, pour faire face à une affaire urgente. Il repartit donc en hâte pour Bombay d'où, avec sa femme, ses deux fils et le fils unique de sa sœur veuve, il s'embarqua sur le *S. S. Courland*, bateau appartenant à son client, Dada Abdulla Sheth, qui accordait un passage gratuit à toute sa famille. Le *S. S. Naderi* partait en même temps pour Natal. Les deux bateaux emmenaient huit cents passagers environ.

Les efforts de Gandhi pour soulever l'opinion publique au sujet de la question de l'Afrique du Sud avaient été diffusés, avec exagération, par la presse sud-africaine. Maintenant, voilà qu'il arrivait avec huit cents Indiens libres. Cela provoqua une vive irritation parmi les Blancs : Gandhi, selon eux, avait l'intention d'inonder le Natal et le Transvaal de gens de couleur non désirés, non contractuels. En réalité, Gandhi n'avait rien fait pour recruter ou pour encourager ces voyageurs.

Tout d'abord, les bateaux furent mis en quarantaine, sous prétexte qu'il y avait la peste à Bombay. Mais, après une période de cinq jours de quarantaine, on ne permit à personne de débarquer. A Durban, des meetings de Blancs demandaient que les bateaux et leurs passagers, y compris Gandhi, fussent renvoyés aux Indes. Dada Abdulla reçut des offres de remboursement de ses pertes s'il renvoyait ses bateaux. Ces offres étaient accompagnées de menaces déguisées. Il resta ferme.

Le 13 juillet 1897, après vingt-trois jours passés à l'ancre au large du port (s'ajoutant au voyage de trois semaines pour venir de Bombay) le *Courland* et le *Naderi* obtinrent la libre conduite. Mais Mr. Harry Escombe, attorney général du gouvernement du Natal, qui avait pris une part manifeste à l'agitation contre Gandhi, envoya à celui-ci un message pour l'inviter à débarquer la nuit, afin d'éviter des désordres. Mr. F. A. Laughton, un Anglais, conseiller légal de Dada Abdulla, s'opposa à cette manière de faire. D'ailleurs, Gandhi non plus ne désirait pas débarquer clandestinement. Mrs. Gandhi, qui était enceinte, et ses deux garçons débarquèrent donc normalement et furent conduits à leur maison en voiture par un Indien nommé Roustomyi, tandis que Gandhi et Laughton suivaient à pied comme ils l'avaient décidé. La multitude hurlante s'était dissipée, mais deux gamins reconnurent Gandhi et crièrent son nom. Quelques Blancs apparurent. Craignant une échauffourée, Laughton fit signe à une *rickshaw* traînée par un Nègre. Gandhi n'en avait jamais fait usage et répugnait à s'en servir. Quoi qu'il en fût, le garçon qui tirait la *rickshaw*, pris de peur, s'était enfui. Comme Gandhi et Laughton poursuivaient leur marche, la multitude s'accrut et passa aux voies de fait. Gandhi fut séparé de Laughton et l'on jeta contre lui des pierres, des briques et des œufs. Puis, on se rapprocha, s'empara de son turban, le frappa et le jeta à terre. Gandhi était près de s'évanouir de douleur, mais se retint aux grilles de fer d'une maison. Des Blancs continuèrent à le souffleter et à le frapper. A ce moment-là, Mrs. Alexander, femme du surintendant de la police, qui connaissait Gandhi, vint à passer; elle intervint et se plaça entre la populace en furie et le malheureux Gandhi.

Un jeune Indien appela la police. Gandhi refusa de se réfugier au poste de police, mais accepta une escorte jusqu'à la maison de Roustomyi. Il était couvert de meurtrissures et dut recevoir immédiatement les soins d'un médecin.

Toute la ville maintenant savait où il se trouvait. Des groupes de Blancs entourèrent la maison de Roustomyi et réclamèrent que Gandhi leur fût livré. « Nous voulons le brûler », criaient-ils. Le surintendant Alexander était sur place et tentait vainement de calmer ou de disperser la foule hurlante des Blancs. Pour les mettre de bonne humeur, lui-même entonna le refrain :

Et nous pendrons le vieux Gandhi
Au pommier des pommes sures...

Mais il se rendit compte que la colère de la populace des lyncheurs allait croissant, et que la maison risquait d'être brûlée avec ses habitants. La nuit était arrivée. Alexander envoya un message secret à Gandhi pour lui conseiller de s'échapper sous un déguisement. Le surintendant mettait deux détectives à sa disposition. Gandhi fit prendre à un Indien l'uniforme d'un policeman et une coiffure semblable à un casque, tandis que les deux détectives blancs peignaient leur peau en brun et se coiffaient comme des Indiens. Tous les trois quittèrent

alors la maison par derrière et, se frayant un chemin par des
rues latérales, parvinrent au poste de police.

Lorsque Alexander sut que Gandhi était en sûreté, il en informa
la foule. Cette nouvelle situation réclamait qu'on agît avec diplo-
matie. Par bonheur le chef de la police était capable de le faire.

Gandhi resta au poste de police pendant trois jours.

Les nouvelles de l'attaque dont Gandhi avait été victime
causèrent de l'inquiétude à Londres. Joseph Chamberlain,
secrétaire d'État britannique pour les Colonies, câbla aux
autorités de Natal l'ordre de poursuivre les agresseurs. Gandhi
connaissait un certain nombre d'entre eux, mais refusa de les
attaquer. Il dit que ce n'était pas leur faute, et que le blâme
devait retomber sur les chefs de la collectivité et sur le gouvernement du Natal. « C'est pour moi une question religieuse », dit
Gandhi à l'attorney général Escombe; et il ajouta qu'il voulait
garder son « empire sur lui-même ».

« Gandhi *aurait dû* haïr tout visage blanc jusqu'à la fin de ses
jours », écrivit le professeur Edward Thompson d'Oxford[1]. Mais
Gandhi pardonna aux Blancs de Durban qui s'étaient rassemblés pour le lyncher; il pardonna à ceux qui l'avaient malmené
et battu. Son âme ne garda pas le souvenir des péchés commis
dans le passé contre son corps.

Gandhi avait été rappelé dans l'Afrique du Sud pour y profiter d'une occasion favorable. Sous la pression exercée à partir
de Londres par le secrétaire aux Colonies, Joseph Chamberlain,
et par le gouvernement britannique aux Indes, le Parlement du
Natal discutait une loi tendant à annuler les discriminations
raciales et à les remplacer par une épreuve portant sur l'instruction. Tel avait été le but poursuivi par Gandhi. La loi du
Natal, votée en 1897, faisait droit à sa demande d'égalité du
droit électoral pour tous les sujets britanniques, y compris les
Indiens. La tentative faite en vue de priver de ce droit les
quelques centaines d'Indiens était abandonnée. Gandhi en
éprouva une certaine satisfaction. Les esprits se calmèrent et la
nervosité s'apaisa.

1. Le professeur Edward Thompson d'Oxford est cité d'après *Mahatma
Tributes from Sixty-Two Friends and Admirers, Presented to Him on His Se-
ventieth Birthday,* publié par S. Radhakrichnan (Londres, Allen and Unwin,
Ltd., 1939). *Satyagraha in South Africa,* l'*Autobiographie* et *Speeches and
Writings* ont été considérés comme indispensables.
En racontant la manifestation de la populace contre la maison de
Roustomyi, Gandhi constate dans son autobiographie qu'il s'enfuit en
compagnie de deux policiers, et dans *Satyagraha in South Africa* qu'il était
accompagné d'un policeman déguisé. J'ai admis que la version correcte
était celle de l'autobiographie.

CHAPITRE VIII

GANDHI A LA GUERRE

Pendant la guerre contre les Boers qui sévit dans l'Afrique du Sud, de 1899 à 1902, entre les colons hollandais et les Britanniques, les sympathies personnelles de Gandhi « se trouvaient toutes du côté des Boers ». Il fut cependant volontaire pour servir avec les Britanniques. « Un sujet, expliqua-t-il, ne doit pas espérer faire valoir son opinion dans tous les cas. Il est possible que les autorités n'aient pas toujours raison, mais aussi longtemps que lesdits sujets doivent fidélité à cet État, leur devoir clair est de se soumettre dans l'ensemble, et de donner leur appui aux actions de l'État. »

Ce n'est pas là le langage ni le sentiment d'un pacifiste. Bien que, ainsi que Gandhi le savait, les Indiens fussent « des ilotes dans l'Empire », ils espéraient quand même améliorer leur condition dans cet Empire et il y avait pour eux une « excellente occasion » d'y parvenir en aidant les Britanniques dans la guerre contre les Boers.

Gandhi fit alors une subtile distinction : on pouvait dire que cette guerre comme toute guerre était immorale ou contraire à la religion. Pourtant, à moins d'avoir pris cette position et de l'avoir soutenue activement avant la guerre, on ne pouvait pas s'en servir pour justifier l'abstentionnisme, une fois que les hostilités étaient commencées.

Gandhi aurait été plus populaire chez ses compatriotes s'il avait soutenu une politique de non-intervention. Mais il n'était pas dans sa manière de se dérober. En conséquence, il s'offrit à organiser les Indiens comme brancardiers et infirmiers au front ou comme garçons de salle dans les hôpitaux.

Après de nombreuses tergiversations dues aux préjugés, Natal approuva la création d'un corps d'ambulanciers indiens. Trois cents Indiens libres s'engagèrent comme volontaires en même temps que huit cents travailleurs contractuels mis en congé par leurs maîtres. Cela fit une sérieuse impression en Angleterre et dans l'Afrique du Sud.

Les membres de ce corps étaient des Indiens nés en Afrique et d'autres nés aux Indes, des musulmans et des chrétiens vivant les uns et les autres en une amitié naturelle. Leurs relations avec les *tommies* étaient très amicales. Le public et l'armée admiraient l'endurance et le courage du corps de Gandhi. Dans un engagement sanglant à Spion Kop, en janvier 1900, où les Britanniques avaient été forcés de se retirer, le général Buller, qui les commandait, envoya un message aux Indiens pour leur dire que, bien que, aux termes de leur engagement, ils ne dussent pas pénétrer sur la ligne de feu, il leur serait reconnaissant s'ils venaient ramasser les blessés. Gandhi conduisit ses gens sur le champ de bataille. Pendant plusieurs jours, ils s'employèrent, sous le feu des canons ennemis, et transportèrent à l'hôpital principal des soldats gémissants. Souvent les Indiens firent vingt-cinq milles de marche en un jour.

Plus tard, au cours de 1900, des unités plus aguerries arrivèrent de l'Angleterre; la fortune sourit aux armes britanniques et le corps d'ambulanciers indiens fut dissous. Gandhi et un certain nombre de ses camarades reçurent la médaille de guerre, et leur corps fut mentionné dans les communiqués.

Gandhi espérait que le courage montré par les Indiens pendant la guerre provoquerait le sentiment du *fair play* dans l'Afrique du Sud et aiderait à diminuer l'hostilité à l'égard des Asiatiques de couleur. Peut-être que, lentement, les deux communautés se rapprocheraient. Lui-même n'avait pas de sentiments belliqueux inemployés ni d'autres plans ou ambitions pour l'Afrique du Sud. Rien ne faisait présager l'occasion épique qui allait faire de lui un chef ni les résultats qui l'y attendaient. Il avait hâte de retourner chez lui, aux Indes. C'est ce qu'il fit à la fin de 1901. Il emmena sa famille et s'installa à Bombay pour pratiquer le droit et entrer dans la politique.

Gandhi progressait dans les deux domaines. En fait, il commençait à suivre un chemin qui conduisait au succès banal d'un médiocre avocat gagnant de l'argent, faisant partie de comités et prenant du ventre, lorsqu'un appel impérieux venu télégraphiquement de l'Afrique du Sud lui demanda de revenir. Il avait promis de revenir si on le rappelait. Il eut peine à rompre avec sa nouvelle existence; mais il fut heureux de savoir qu'on avait besoin de lui. Kastourbaï et les garçons restèrent à Bombay. Gandhi estimait qu'il serait absent de quatre mois à un an.

Joseph Chamberlain, secrétaire d'État britannique aux Colonies, faisait dans l'Afrique du Sud un voyage que la colonie indienne considérait comme décisif. On demandait que ses réclamations lui fussent présentées par Gandhi. Telle était la raison de cet appel.

Gandhi arriva à Durban vers la fin de 1902.

Chamberlain, à ce que supposait Gandhi, était venu pour recevoir un don de trente-cinq millions de livres de l'Afrique du Sud et pour cimenter les accords conclus après guerre entre les Boers et les Britanniques. Le secrétaire britannique ne se proposait certainement pas de contrarier les Boers. Au contraire, toutes les concessions possibles devaient leur être faites. Très vite, en effet, le général Louis Botha, chef des Boers, fut fait ministre de l'Union sud-africaine régie par la Grande-Bretagne, et Jan Smuts, autre général et juriste boer, son ministre des finances et de la défense militaire. La Grande-Bretagne pansait les blessures des Boers et n'avait par conséquent pas l'intention de susciter leurs susceptibilités en faisant droit aux réclamations indiennes. En conséquence, Chamberlain reçut à Natal une délégation hindoue, écouta le plaidoyer de Gandhi et répondit d'une façon évasive et glaciale. Dans l'ancienne république des Boers, Gandhi ne fut même pas admis en présence de Chamberlain, et les représentants des Indiens reçus par celui-ci n'obtinrent aucune autre satisfaction que celle de le voir.

Les grondements répétés qui se produisaient au Transvaal laissaient supposer qu'un volcan politique pouvait faire explosion chaque jour et écraser toute la colonie indienne. Gandhi installa donc sa tente tout près du cratère; il s'établit à Johannesbourg, la ville la plus importante du Transvaal, y ouvrit un bureau juridique et, sans que l'association du barreau y fît opposition, acquit le droit de plaider devant la Cour suprême.

Le gouvernement du Transvaal établit un département asiatique pour traiter avec les Indiens. Cela était déjà de mauvais augure : cela faisait supposer une manœuvre raciale. Ce département, que Gandhi accusa de corruption, était dirigé principalement par des officiers de l'armée britannique venus des Indes pendant la guerre contre les Boers et qui avaient préféré y rester. Leur mentalité était celle du *sahib* blanc dans une colonie de gens de couleur inférieurs.

Un des principaux animateurs du département asiatique était Lionel Curtis, sous-secrétaire colonial pour le Transvaal, qui devint plus tard célèbre comme apologiste libéral de l'impérialisme. Gandhi alla le voir en 1903 et Curtis écrivit à la suite de cette visite : « Mr Gandhi a été, je crois, le premier Oriental que j'aie rencontré. » Mais l'ignorance a toujours facilité la politique. Gandhi, au dire de Curtis, « commença par essayer de me convaincre des bonnes qualités de ses compatriotes, de leur assiduité au travail, de leur frugalité, de leur patience ». Mais Curtis lui répondit : « Mr Gandhi, vous prêchez un converti. Ce ne sont pas les vices des Indiens que les Européens redoutent dans ce pays, ce sont leurs vertus [1]. »

Le général Botha, dans un discours électoral prononcé à Standerton, en janvier 1907, déclarait : « Si mon parti revient au pouvoir, nous essaierons de chasser les coolies hors de ce pays en quatre ans. » Et, en octobre 1906, Smuts avait affirmé : « Le cancer asiatique, qui a déjà rongé si profondément les parties vitales de l'Afrique du Sud, devrait être extirpé radicalement. » Tels étaient les ordres de marche du département asiatique.

Gandhi arrêta les Blancs bien avant ce but.

Il était d'ores et déjà reconnu comme le chef de la communauté indienne dans l'Afrique du Sud. La tension entre les Blancs et les Indiens allait s'accentuant. Néanmoins, Gandhi abandonna l'arène politique lorsqu'en 1906 eut lieu la « révolte des Zoulous » et rejoignit l'armée britannique avec un petit groupe de vingt-quatre volontaires pour y servir en qualité de brancardiers et d'aides-infirmiers. Gandhi déclara qu'il se ralliait à l'armée britannique parce qu'il estimait que « l'Empire britannique existait pour le bonheur du monde ». Il éprouvait envers cet Empire « un sentiment sincère de loyalisme ».

Cette « révolte » n'était en réalité qu'une expédition punitive qui débuta par la pendaison spectaculaire de douze Zoulous et se poursuivit jusqu'à la fin par un défilé fantomatique de fusillades et de flagellations. Comme les médecins et les infirmières blancs ne voulaient pas soigner les Zoulous malades ou mourants, cette tâche fut abandonnée aux Indiens qui furent témoins des horreurs commises contre les Noirs fouettés jusqu'à

1. Cette déclaration de Lionel Curtis est donnée dans *Mahatma Gandhi, Essays and Reflections*, publié par S. Radhakrichnan... Les déclarations antiindiennes de Botha et de Smuts sont reproduites d'après le « Golden Number » d'*Indian Opinion*, intitulé *Souvenir of the Passive Resistence Movement in South Africa*. L'*Autobiographie* a servi de guide général et a fourni un petit nombre de détails.

ce que leur peau se détachât en lambeaux. Parfois le groupe de
Gandhi n'arrivait sur les lieux que cinq ou six jours après le
passage des Britanniques et trouvait les victimes dans les souffrances de l'agonie, avec des blessures ouvertes et suppurantes.

Après un mois de service, l'unité indienne fut démobilisée, et
chacun de ses membres fut décoré d'une médaille spéciale.
Gandhi avait obtenu le grade de sergent-major.

Lorsqu'il revint de cette injuste guerre, il fut obligé de se
plonger dans la guerre froide avec les Britanniques, guerre qui
se termina par la victoire historique de la force morale et lui
acquit des honneurs aux Indes et de la renommée dans le
monde entier.

CHAPITRE IX

LA TRANSFORMATION COMMENCE

L'HOMME qui, grâce à une lutte prolongée, réussit à vaincre le gouvernement de l'Afrique du Sud avait commencé par se vaincre lui-même en transformant ses habitudes de vie et son être le plus intime. Cela compromit ses relations avec Kastourbaï et avec ses enfants.

Une photographie de Mrs. Gandhi à sa première venue dans l'Afrique du Sud, en 1897 — à l'âge de vingt-huit ans — nous montre une femme très belle, élégamment vêtue d'un riche *sari* de soie. Son fin visage ovale, aux yeux très séparés, au nez bien fait, aux lèvres délicatement ourlées, au menton parfait, a dû être vraiment très attrayant. Elle n'était pas aussi grande que Gandhi. Lui-même a été photographié à la même occasion en costume européen, col blanc rigide et chemise blanche empesée, cravate claire à rayures et bouton rond au revers de son habit. Il portait sur la tête une mince casquette. Dans une seconde image, il est nu-tête. Ses lèvres pleines commencent à refléter sa force de volonté tempérée par une grande capacité de contrôle de ses émotions qu'elles exprimèrent plus tard avec tant d'éloquence. Mais, dans l'ensemble, il a l'aspect de l'Indien moyen européanisé par un effort constant pour imiter le monde des Blancs.

De son travail juridique, Gandhi retirait chaque année de cinq à six mille livres sterling, soit vingt-cinq à trente mille dollars — revenu considérable à cette époque dans l'Afrique du Sud. A un moment donné, il loua une villa anglaise sur la plage, à quelques portes de la maison de l'attorney général;

et sa vie ressembla toujours à celle d'un homme de profession libérale ayant réussi.

Avant d'aller étudier le droit à Londres, Gandhi aspirait à devenir médecin. En fait, il fut toujours médecin. Il donnait gratuitement des conseils médicaux à ceux qui le consultaient pour des questions juridiques. L'un d'eux, Loutavasinth, était asthmatique. Gandhi lui conseilla de jeûner et de renoncer à fumer. Plus tard, il lui imposa un régime composé de riz, de lait et de marmelade pendant un mois : « A la fin du mois, déclarait plus tard Gandhi avec fierté, il était délivré de son asthme [1]. »

Gandhi servit aussi de sage-femme à Kastourbaï. Il avait étudié un livre intitulé *Advice to a Mother* qui formait un cours complet d'obstétrique et de puériculture, et les douleurs étant survenues trop rapidement pour qu'il fût possible de trouver l'aide d'une professionnelle, ce fut Gandhi lui-même qui mit au monde son quatrième garçon, Dévadas, le 22 mai 1900. « Je n'étais pas nerveux », dit-il. Après la naissance de Dévadas, pendant deux mois, ainsi que pendant un certain temps après celle de Ramdas, son troisième fils, en 1897, dans l'Afrique du Sud, il prit une bonne pour aider Kastourbaï dans son ménage. Quant aux soins des enfants, « c'est moi qui m'en chargeais », écrivait Gandhi.

Il se mêlait toujours des questions du ménage, ce qui mettait Kastourbaï hors d'elle. Il se considérait comme son professeur, et elle en était furieuse. Il imposait constamment de nouvelles règles, des règles rigoureuses de tenue. L'amour « aveugle, éperdu » qu'il lui vouait était une compensation toujours plus faible à ces tribulations. Mais, suivant les déclarations de Gandhi, « une hindoue considère implicitement l'obéissance à son époux comme la religion suprême. Un hindou se regarde comme le seigneur et maître de sa femme qui doit toujours faire antichambre près de lui. » Il estimait lui-même qu'il était « cruellement gentil ». Parfois Kastourbaï ne réussissait pas à découvrir sa gentillesse.

Souvent, des amis de Gandhi et ses secrétaires et assistants, qu'il traitait comme ses fils, restaient avec lui... Il n'y avait pas l'eau courante dans sa maison; chaque chambre possédait un vase de nuit. Gandhi ne voulait pas employer comme « ba-

---

1. C'est Gandhi lui-même qui a raconté dans une lettre comment il avait guéri une personne qui souffrait de l'asthme. Lettre publiée le 6 février 1949, dans *Haryian*, et qu'il avait écrite en 1932 en prison à une personne qui lui demandait comment elle pourrait se débarrasser de son asthme.

layeurs » les intouchables qui, aux Indes, font tous les ouvrages
« impurs ». C'était lui et Kastourbaï qui portaient les vases
dehors. Elle ne pouvait pas faire autrement : il y tenait. Mais
un de ses secrétaires avait été intouchable et s'était fait chrétien pour échapper aux pénibles incapacités que les hindous
infligeaient à leurs parias. Pour l'orthodoxe Kastourbaï, il
n'en demeurait pas moins un intouchable, et elle refusait de
nettoyer son vase. En fait, elle détestait ce travail et ne comprenait pas pourquoi elle ou son mari devaient accomplir
des corvées de ce genre. Gandhi la forçait à obéir; il considérait
cela comme faisant partie de son « éducation ». Elle en pleurait,
et ses yeux étaient rougis par les larmes et la colère. Lui,
protestait : non seulement elle devait faire ce travail, mais elle
devait le faire joyeusement; et quand il la voyait pleurer, il
criait : « Je ne veux pas voir cette sottise dans ma maison [1].

— Garde ta maison pour toi, et laisse-moi partir », hurla-
t-elle un jour.

Gandhi la prit par la main, la poussa vers la grille, ouvrit
celle-ci et s'apprêta à la mettre dehors.

« Est-ce que tu n'as pas honte? s'exclama-t-elle, en versant
d'abondantes larmes. Où pourrais-je bien aller? Je n'ai ni
famille ni parents ici. Pour l'amour du ciel, calme-toi et ferme
cette grille. Qu'on ne nous voie pas faire des scènes pareilles. »

Cela ramena Gandhi à la raison. Il était irritable et violent,
et le calme qu'il démontra plus tard comme Mahatma était
le produit d'un entraînement.

En 1901, Gandhi prit la décision de retourner aux Indes.

Il loua une maison et des chambres à Bombay. Un jour il
reçut à son bureau la visite d'un agent d'assurances américain.
Celui-ci avait « un aspect agréable » et « un langage aimable ».
Il discuta de l'avenir de Gandhi « comme si nous avions été
des amis ». En Amérique, dit cet agent, « un homme comme
vous serait certainement assuré; la vie est pleine d'incertitudes,
de plus, c'est un devoir religieux que d'être assuré ». Cela
fit impression sur Gandhi; il croyait jusque-là que la foi en
Dieu rendait superflue toute police d'assurance. « Et qu'en
est-il de votre famille? » poursuivit l'agent. Qu'arriverait-il,
s'il venait à mourir? Serait-ce correct d'imposer de nouveau
ce fardeau à son frère qui avait généreusement dépensé déjà

1. Toutes les conversations entre Gandhi et Kastourbaï, leurs enfants et
autres, citées dans ce chapitre ou dans d'autres chapitres, ont été reprises
textuellement de récits imprimés. Il n'y a dans ce livre aucune conversation
inventée ou imaginée.

tant d'argent pour lui? C'est ainsi que Gandhi signa une police d'assurance de dix mille roupies, soit, en nombre rond, de cinq mille dollars au cours de cette époque. Le beau parleur américain l'avait emporté sur le futur Mahatma. Celui-ci n'avait pas encore résolu tous les problèmes psychologiques qui se posaient à lui.

A peine sa famille s'était-elle établie à Bombay que Manilal, qui avait alors dix ans, tomba malade, atteint d'une fièvre typhoïde compliquée bientôt d'une pneumonie. La nuit, l'enfant eut une température très élevée.

On fit venir un médecin parsi. Il dit qu'il n'y avait pas de remède efficace. Tout dépendait d'une diète appropriée et de bons soins. Il recommanda du bouillon de poulet et des œufs.

« Mais nous sommes d'absolus végétariens, objecta Gandhi au docteur.

— La vie de votre fils est en danger, lui répliqua le médecin. Nous pourrions lui donner du lait étendu d'eau, mais cela ne serait pas une nourriture suffisante. » Le parsi déclara qu'il avait un grand nombre de clients hindous qui étaient végétariens; mais quand ils étaient sérieusement malades, ils obéissaient à ses instructions.

« Même pour sauver sa vie, repartit Gandhi, il y a des choses qu'on ne doit pas faire. Que j'aie tort ou raison, c'est une de mes convictions religieuses que l'on ne doit manger ni œufs ni viande. C'est dans des crises pareilles à celle-ci que l'on peut témoigner de la sincérité de sa foi. » Etre végétarien en temps normal, et manger de la viande lorsque le corps est en danger, serait se moquer du végétarianisme. Gandhi déclara qu'il ne céderait pas. « Je propose de plus, dit-il, d'essayer certains traitements hydropathiques que je connais par hasard. » Il avait lu des brochures sur les cures par l'eau du Dr Kuhne, de Leipzig.

Gandhi mit son fils au courant de cette conversation. Le jeune garçon était trop faible pour faire autre chose que consentir. Le père prit donc le malade entièrement en charge. Toutes les trois minutes, il donnait à Manilal des bains de siège brûlants et le nourrit pendant trois jours de jus d'orange coupé d'eau.

Mais la température restait à 40°. Manilal délirait. Gandhi était inquiet. L'état du malade devenait extrêmement critique. Son père décida de lui faire un enveloppement humide. Il trempa dans l'eau un drap de lit, le tordit, l'enroula autour du corps de l'enfant, le recouvrit de deux couvertures et mit sur sa tête une serviette mouillée.

Le corps de Manilal restait brûlant et sec. Gandhi était comme fou. L'enfant ne respirait plus. Kastourbaï rongeait son frein. Gandhi l'admonesta, lui recommandant sévèrement de ne rien toucher. Lui-même fut obligé de sortir pour calmer sa nervosité. Il parcourut les rues en priant et en répétant : « Mon Dieu, mon Dieu, mon Dieu, je vous supplie, mon Dieu! »

Agité, épuisé, il retourna chez lui.

« Est-ce toi, Bapou, lui demanda Manilal.

— Oui, mon chéri.

— Je brûle. Laisse-moi sortir de là.

— Encore quelques minutes seulement, mon petit. Tu es en transpiration. Tu vas être bientôt guéri.

— Non, Bapou. Je ne peux pas supporter ça plus longtemps. Je vais prendre feu.

— Une minute encore, je vais te délivrer. »

Gandhi défit le drap et essuya le corps de l'enfant. Puis tous deux s'endormirent dans le même lit. Le lendemain matin, la fièvre était tombée. Peu à peu, elle disparut. Gandhi maintint son fils au régime du lait coupé d'eau et des jus de fruits pendant quarante jours, jusqu'à ce qu'il fût complètement guéri.

Était-ce l'hydrothérapie? Ou le régime? Il est évident que, du point de vue médical, Gandhi avait fait ce qu'il fallait. En fin de compte, le jus d'orange et le lait étaient aussi bons, et peut-être meilleurs que les œufs et le poulet. Mais Gandhi rapporta à la « miséricorde divine » la guérison de Manilal.

« Dieu a sauvé mon honneur », dit-il.

Il s'était établi à Bombay, mais, en 1902, il fut de nouveau rappelé dans l'Afrique du Sud. Il comprit cette fois qu'il y resterait longtemps et envoya chercher sa femme et trois de ses enfants. Harilal, l'aîné, resta dans l'Inde. Gandhi reprit sa profession fructueuse d'avocat à Johannesbourg.

Gandhi exigeait que ses clients lui fissent connaître l'entière vérité; il renonça à nombre d'affaires, parce qu'il s'était aperçu qu'il avait été trompé. A son avis, le devoir d'un avocat n'est pas de prouver l'innocence de son client, mais d'aider le tribunal à découvrir la vérité.

Gandhi souffrait parfois de douleurs rhumatismales, de maux de tête et de constipation. Bien que végétarien, il mangeait beaucoup. Il en tira la conclusion qu'il mangeait trop. Ayant entendu parler de la création à Manchester, en Angleterre, d'une association tendant à supprimer le déjeuner, il renonça à son repas du matin, et ses maux de tête et ses autres malaises disparurent. Depuis lors, il ne prit plus de laxatifs ni de médicaments. Par contre, si c'était nécessaire, il appliquait sur son abdomen un cataplasme de terre propre, mouillée d'eau froide : cela produisait des miracles. En même temps, il adopta un régime de fruits séchés au soleil et de noix. D'après les recherches qu'il avait faites, le raisin et les amandes étaient la nourriture appropriée pour les tissus et pour les nerfs.

Il se rendait à son bureau et il en revenait à pied. Aussi longtemps que sa famille résida à Johannesbourg, ses enfants l'accompagnaient. Cela faisait au total une distance de cinq milles. A son bureau il devint un excellent dactylographe.

Une fois, un coiffeur refusa de lui couper les cheveux. Sans faire de reproches au coiffeur (« Il y avait toutes les chances pour qu'il perdît ses clients s'il avait accepté de servir des gens de couleur. Nous ne permettons pas non plus à nos coiffeurs de servir des intouchables »), il acheta une paire de tondeuses et, depuis lors, coupa ses cheveux et ceux de ses garçons.

Gandhi portait des cols blancs durs; mais le blanchissage coûtait beaucoup et, de plus, on mettait tant de temps à les lui rapporter, qu'il devait en avoir plusieurs douzaines. Il se mit à les laver et à les empeser lui-même. La première fois, il mit trop d'amidon, et le fer n'était pas assez chaud. Au tribunal, l'amidon se mit à couler du col, et les confrères de Gandhi se moquèrent de lui. Mais « avec le temps, je devins un blanchisseur expert ». Il reconnut « la beauté de savoir se débrouiller ».

En 1903, Gandhi s'associa à un groupe de chrétiens et de théosophes nommé le *Seekers' Club* (le Club des chercheurs). Ils lisaient fréquemment en commun le *Bhagavad Ghita*. Encouragé par cette action, Gandhi se remit à l'étude du *Ghita*. Sa toilette matinale lui demandait trente-cinq minutes, « quinze minutes pour se brosser les dents », vieille coutume hindoue, et vingt minutes pour le bain. Tout en se nettoyant les dents, il se répétait de mémoire le *Ghita*. Le principal enseignement qu'il en retirait maintenant était celui de la « non-possession ». Immédiatement, il laissa tomber sa police d'assurance américaine contractée à Bombay. « Dieu prendrait soin » de sa famille.

Mais, « sa femme et ses enfants n'étaient-ils pas des biens qu'il possédait »?

Les discussions au Club des chercheurs le conduisirent à l'introspection. Il en tira la conclusion que ses émotions étaient indisciplinées et que « l'égalité d'humeur » lui faisait défaut. Pour être d'humeur égale, il devrait traiter de la même manière sa famille, ses amis et ses ennemis. Tel était « le détachement » conseillé par le *Ghita*.

Un soir, Gandhi se rendit à une soirée chez la propriétaire de son restaurant végétarien préféré. Il y rencontra un jeune homme nommé Henry S. L. Polak, né à Douvres, en Angleterre, en 1882, devenu végétarien après avoir lu le comte Léon Tolstoï. Polak connaissait aussi le *Return to Nature* (Retour à la Nature) d'Adolphe Just, traité sur les cures naturelles que Gandhi affectionnait. Polak était rédacteur en chef en second de la *Transvaal Critic*. Il possédait, dit Gandhi, « une faculté merveilleuse pour transférer dans la pratique tout ce qui faisait appel à son intelligence. Un certain nombre de changements qu'il avait opérés dans son existence avaient été aussi rapides que radicaux ». Cette définition de ce que Gandhi aimait chez Polak le définit lui-même.

Quelques mois plus tôt, en 1903, il avait contribué à la parution d'un hebdomadaire intitulé *Indian Opinion* (l'Opinion indienne). Ce périodique était dans une situation embarrassée, et pour y remédier dès le début, Gandhi fit une excursion à Durban où ce magazine était édité. Polak prit congé de lui à la gare de Johannesbourg et lui donna un livre à lire pendant son long voyage. C'était *Unto this Last* de John Ruskin, qui y prêche la dignité du travail manuel, recommande la vie simple et insiste sur les complications débilitantes du système économique moderne.

« La richesse, déclarait Ruskin, est un pouvoir comme l'électricité; comme elle, elle agit par ses inégalités ou ses interruptions. La puissance de la guinée que vous avez dans votre poche dépend complètement de l'absence de guinées dans la poche de votre voisin. S'il ne désirait pas votre guinée, elle ne vous servirait de rien. » Lorsque votre voisin est pauvre et depuis longtemps sans travail, votre guinée a davantage de valeur pour lui. En conséquence, « ce que l'on désire réellement, sous le nom de richesse, c'est essentiellement le pouvoir sur les autres ».

En conséquence, les hommes devraient chercher « non pas une richesse plus grande, mais des plaisirs plus simples; non pas une fortune plus haute, mais un bonheur plus profond; ils devraient faire de la possession de soi-même la première

des possessions; et s'honorer eux-mêmes par la fierté inoffen-
sive et les calmes recherches de la paix ».

Se souvenant que « ce qu'une personne possède, une autre
ne peut pas l'avoir », le riche devrait s'abstenir du luxe, jusqu'à ce que tous, même les pauvres, aient le nécessaire, jusqu'à
ce que « vienne le temps où le royaume, le don du pain fait
par le Christ et le legs de la paix soient chez le dernier aussi
bien que chez toi... »

Gandhi commença à lire *Unto this Last* au moment où le
train quittait Johannesbourg et poursuivit sa lecture toute la
nuit. « Ce livre, disait-il au mois d'octobre 1946, a marqué le
point décisif de ma vie. » Immédiatement, il décida « de
modifier sa vie en accord avec les idéaux définis qui s'y trouvaient ». Il irait vivre dans une ferme avec sa famille et ses
associés [1].

Il acheta une ferme non loin de Phœnix, ville à quatorze
milles de Durban. Située sur une colline, elle comprenait une
centaine d'acres (40 hectares), avec un puits, quelques orangers,
un mûrier et des manguiers, ainsi qu'un cottage délabré. Elle
lui coûta mille livres. Un certain nombre de riches Indiens
l'aidèrent à parfaire la somme. Un Indien de ses amis lui
fournit des quantités de tôle ondulée pour la construction de
maisons. Gandhi aurait préféré des chaumières de terre battue
avec toit de chaume, mais ses collègues s'y opposèrent.

Sans plus attendre, les presses et bureaux de l'*Indian Opinion*
furent transférés dans cette ferme. Albert West, rédacteur en
chef britannique de ce magazine, que Gandhi avait rencontré
dans un restaurant végétarien, donna son agrément exprès à
cet étonnant projet. On fixa à trois livres par mois le traitement du rédacteur en chef, du garçon de courses et du
typographe. C'était en 1904. Ce magazine est toujours publié
au même endroit par Manilal Gandhi.

Pendant un certain temps les travaux juridiques requirent
la présence de Gandhi à Johannesbourg. Il ne pouvait pas
encore se libérer de façon à aller vivre à Phœnix. Il écrivait
une grande partie de ce qui paraissait dans l'*Indian Opinion*
et couvrait personnellement une bonne part du déficit, qui
s'élevait à plusieurs centaines de dollars par mois. Il faisait
beaucoup de travaux juridiques pour des Indiens qui lui
confiaient non seulement leurs litiges mais aussi leurs économies.

---

1. La déclaration de Gandhi quant à l'influence de *Unto this Last* sur sa
vie a été faite à Andrew Freeman de la *New York Post* et a été publiée
le 17 novembre 1946 dans *Harijan*.

Les Indiens qui travaillaient en qualité de contractuels savaient que Gandhi était leur défenseur devant les tribunaux et les autorités. Il les soignait également. Ceux qui étaient acquittés et s'enrichissaient lui donnaient souvent leur argent à garder; ils ne connaissaient pas les banques et n'avaient pas confiance aux Blancs.

Un propriétaire cherchait des fonds pour donner plus d'extension à une salle à manger végétarienne. Gandhi détenait une somme importante appartenant à un ancien serf, Badri.

« Badri, lui dit Gandhi, puis-je utiliser votre argent pour rendre service à ce restaurateur? Il a besoin de mille livres.

— Frère, répondit Badri, donnez-lui cet argent, si vous le voulez. Je ne comprends rien à ces sortes de choses. Je ne connais que vous. »

Gandhi prêta l'argent au propriétaire. Trois mois après, le restaurant fit faillite. Gandhi rendit l'argent de sa poche.

Henry Polak s'occupait du magazine, mais Gandhi l'utilisait aussi pour son travail d'avocat, de sorte que, après s'être établi à la ferme de Phœnix, il alla habiter à Johannesbourg dans la maison de Gandhi qui ressembla toujours à une grande famille indienne, avec cette différence que la maison de Gandhi n'abritait pas seulement les membres de sa famille, mais encore ses amis, ses collaborateurs, ses employés et ses associés politiques. C'était Gandhi qui payait les dépenses.

Polak voulait se marier. Il avait différé pour des raisons pécuniaires. Mais, après avoir fait de lui un membre de sa grande famille, il l'excita à se marier. « Vous êtes à moi maintenant, lui dit-il. Vos inquiétudes par rapport à vous-même et à vos enfants sont les miennes. C'est moi qui vous marie, et je ne vois rien qui s'oppose à ce que vous vous mariiez tout de suite. » Polak fit venir sa fiancée d'Angleterre. Elle était chrétienne; Polak était juif, mais leur vraie religion, disait Gandhi, « était la religion de la morale ». Cherchant toujours à modeler la vie des autres, Gandhi persuada également Albert West de se marier. West partit pour l'Ecosse et en ramena une femme, une belle-mère et une sœur. Ils furent admis au sein du familistère. En cette période de sa vie, Gandhi s'intéressait à faire se marier tous ses amis encore célibataires.

L'extension prise par la maison de Johannesbourg amena les membres pratiquement à se servir eux-mêmes au maximum. Au lieu d'acheter du pain, on faisait cuire à la maison des biscuits de farine complète sans levain, d'après une recette du Dr Kuhne, de Leipzig, éloigné mais omniprésent, auteur de la

Nouvelle Science de guérir. Pour des raisons d'hygiène et d'économie, la farine était écrasée dans un moulin portatif garni d'une grande roue en fer. Gandhi, les enfants et les Polak accomplissaient à tour de rôle cette tâche fatigante. « Bon exercice pour les garçons », disait leur père exigeant. C'étaient aussi les enfants qui s'occupaient des vases de nuit.

Pendant les années 1904 et 1905, Gandhi, Kastourbaï et leurs fils vécurent tantôt à Johannesbourg, tantôt à la ferme de Phœnix. En ces deux endroits, il resta préoccupé du problème des restrictions et du contrôle de soi-même. Il commença à jeûner, comme l'avait fait sa mère, chaque fois que l'occasion s'en présentait; les autres jours il faisait deux maigres repas composés de fruits et de noix. Mais après avoir jeûné, il prenait plus de plaisir à la nourriture et désirait manger davantage. Les jeûnes pouvaient donc conduire aux satisfactions matérielles! Le but de Gandhi était la « désincarnation » et « le renoncement aux désirs », qui, dans la pensée hindoue, mènent à l'union avec Dieu. La simple abstention ne correspond pas à l'idéal du *Ghita;* il faut aussi renoncer au désir. Si la diminution de nourriture stimulait l'appétit, cette restriction n'avait qu'un effet négatif.

En conséquence, la tâche qu'il s'imposait était de devenir le maître de son palais. Le minimum était de laisser de côté les épices et l'assaisonnement. Ce fut alors que commença sa recherche qui dura sa vie entière d'un régime qui, tout en soutenant l'animal humain, élevât l'âme au-dessus de l'animal.

S'il n'arrivait pas à dominer sa passion pour la nourriture, comment pouvait-il dominer des passions plus fortes : la colère, la vanité, le désir sexuel? Gandhi objectait que nous ne vivons pas pour nous procurer de la nourriture, des vêtements, un abri pour notre corps. Nous nous procurons tout cela afin de vivre. Les choses matérielles ne sont que les moyens d'arriver à un but spirituel. Lorsqu'elles deviennent le but, le but unique, comme c'est généralement le cas, la vie perd son contenu, et le mécontentement afflige l'humanité.

Renoncer aux plaisirs ordinaires, c'est pratiquer le masochisme, dirait un Occidental. Pourtant la doctrine chrétienne est ascétique, et dans toutes les religions, la sainteté est rattachée au renoncement.

Gandhi décida alors de renoncer aux rapports sexuels. Deux fois déjà, il avait essayé de pratiquer la continence. Kastourbaï était consentante. Ils entreprirent de coucher dans deux lits séparés; et il ne se couchait jamais avant d'être à bout de forces. Mais, chaque fois, il avait succombé à la tentation.

Cette fois-ci pourtant il fit un vœu.

Après avoir été démobilisé, à la suite de la révolte des Zoulous, Gandhi revint à la ferme et fit part à Kastourbaï de sa résolution d'éviter les rapports sexuels. Elle ne protesta pas. « Ce ne fut jamais elle qui me tenta », assurait Gandhi, définissant ainsi le caractère de leurs relations intimes.

De 1906, alors qu'il avait trente-sept ans, jusqu'à sa mort, en 1948, Gandhi vécut dans le célibat.

Le mot hindou pour continence est *Brahmacharya*, et l'homme ou la femme qui garde la continence est appelé *Brahmachari*. « Entièrement et justement compris, écrivait Gandhi en 1924. le mot *Brahmacharya* signifie recherche de Brahma » ou de Dieu. Et il ajoutait : « *Brahmacharya* signifie contrôle de tous nos sens à tout instant et en tout lieu, en pensées, en paroles et en actions. » Cela comprend donc et dépasse la suppression des rapports sexuels; cela comprend la restriction dans le manger, les émotions et le langage. Cela exclut la haine, la colère, la violence et le mensonge. Cela crée l'égalité d'humeur. C'est l'absence de désirs.

« Les *Brahmacharis* parfaits, écrivait Gandhi, sont parfaitement sans péché. Ils sont par conséquent près de Dieu. Ils sont semblables à Dieu. » C'est à cela qu'il aspirait. C'était l'ultime degré de la transformation de soi-même.

Il est difficile de sonder les motifs de Gandhi. Il lui était difficile à lui-même de les connaître. Gandhi estimait que son état de continence « était la réponse à l'appel du devoir public ». D'autre part : « Mon principal objet était d'échapper au danger d'avoir davantage d'enfants. »

Mais pourquoi voulait-il éviter d'avoir d'autres enfants? La ferme de Phœnix était un vaste phalanstère où Gandhi invitait un grand nombre d'adultes et d'enfants. Leur entretien était une responsabilité et une dépense communes. S'il en avait eu davantage à lui, cela n'aurait pas augmenté ses charges.

Kastourbaï était anémique. Elle avait failli mourir un jour d'une hémorragie interne. Une opération gynécologique, pratiquée sans anesthésie parce qu'elle était trop amaigrie, l'avait soulagée mais non guérie.

Le *Brahmacharya* se rencontre souvent dans la tradition et la vie des hindous. Mais il est inhabituel de voir un homme marié faire vœu de continence à l'âge précoce où Gandhi le fit. L'état de santé de Kastourbaï et l'hindouisme expliquent ce fait partiellement. « La vue des femmes, reconnaissait-il le 15 juin 1947, dans le magazine *Haryian*, a cessé de provoquer en moi la moindre excitation sexuelle quand j'étais dans l'Afrique du Sud. » C'était là un troisième facteur. Peut-être aussi regrettait-il l'attitude qu'il avait eue au moment où son père était à l'agonie.

Rétrospectivement, Gandhi n'attribuait naturellement pas son vœu de chasteté à sa propre physiologie ou à celle de Kastourbaï, pas plus qu'à sa psychologie. Au contraire, il identifiait l'effet avec le motif, et l'effet était spirituel. La chasteté fortifia en apparence sa passion et sa détermination pour le sacrifice au bénéfice de la collectivité. Devenu moins charnel, il devint moins égocentrique. Une impulsion intime nouvelle s'empara de lui. Des tempêtes continuèrent à faire rage en lui; mais, dès lors, il pouvait les utiliser pour la génération d'une puissance plus forte.

C'était un nouveau Gandhi qui s'opposait au gouvernement de l'Afrique du Sud [1].

1. Le *Satyagraha in South Africa*, de M. K. Gandhi, ainsi que son autobiographie ont apporté à ce chapitre des matériaux inappréciables. D'autres données ont été trouvées dans *Self-Restraint versus Self-Indulgence*, par M. K. Gandhi (Ahmédabad, Navajivan Publishing House, 1947); *Selections from Gandhi*, par Nirmal Kumar Bose, autre livre utile de chez Navajivan, publié en 1948; et *The Teachings of Mahatma Gandhi*, édités par Jag Parvesh Chander (Lahore, Indian Printing Works, 1947)... L'histoire du garçon indien qui mourut à la suite d'une opération est tirée d'une contribution de Mrs. Millie Garham Polak à un volume intitulé *Incidents of Gandhiji's Life*, édité par Chandrashanker Shukla (Bombay, Vora and Co., 1949). Les citations de Ruskin sont empruntées à *The Political Economy of Art*, *Unto this Last*, *Sesame and Lilies*, *The Crown of Wild Olive*, par John Ruskin (London, Macmillan and Co., 1912). Les discussions avec Joseph Freeman, auteur de *American Testament* et autres romans, servant à éclaircir la philosophie de Ruskin... La déclaration de Gandhi à Polak concernant le mariage a été publiée dans l'hebdomadaire *Haryian* du 5 septembre 1948.

CHAPITRE X

LE 11 SEPTEMBRE 1906

Trois mille personnes environ emplissaient le Théâtre Impérial de Johannesbourg. La vaste salle vibrait du fracas des voix parlant le *tamil* et le *talougou*, langues de l'Inde méridionale, ainsi que le *gouyarati* et l'*hind*. Les quelques femmes qui étaient là portaient des *saris*. Les hommes avaient le costume européen ou le costume hindou; quelques-uns arboraient le turban ou la coiffure indienne, d'autres la coiffure musulmane. Parmi eux se trouvaient de riches marchands, des mineurs, des avocats, des travailleurs contractuels, des garçons de café, des conducteurs de pousse-pousse, des domestiques, des colporteurs et de pauvres boutiquiers. Un grand nombre étaient les délégués des dix-huit mille Indiens du Transvaal, devenu maintenant colonie britannique. Ils s'étaient réunis pour décider de l'attitude à prendre à l'égard des projets de loi en discussion destinés à établir des discriminations à leur égard. Abdoul Gani, président de la Transvaal British-Indian Association et directeur d'une grande maison de commerce, présidait. Sheth Hayi Habib avait rédigé le rapport principal. Mohandas K. Gandhi siégeait sur l'estrade.

C'était lui qui avait convoqué cette assemblée. En rentrant du service prêté dans l'affaire des Zoulous, et après avoir mis Kastourbaï au courant de son vœu de chasteté, il s'était précipité à Johannesbourg pour répondre à une invitation de la communauté indienne. La *Transvaal Government Gazette* du 22 août 1906 avait publié un projet d'ordonnance qui devait être présentée aux votes de l'assemblée législative. Si cette ordonnance était acceptée, elle consommerait, affirmait Gandhi, « la ruine absolue des Indiens de l'Afrique du Sud »... Plutôt mourir que de se soumettre à pareille loi.

L'ordonnance proposée réclamait de tous les Indiens, hommes, femmes et enfants au-dessus de huit ans, de se faire inscrire près des autorités, de faire prendre leurs empreintes digitales et de recevoir une carte d'identité qu'ils devraient porter constamment sur eux. Tout individu qui ne se ferait pas inscrire et omettrait de faire prendre ses empreintes digitales perdrait le droit de résidence et pourrait être emprisonné, puni d'amende ou déporté hors du Transvaal. Un Indien appréhendé sur la voie publique ou ailleurs sans sa carte d'identité pouvait, lui aussi, être emprisonné, puni d'amende ou déporté, même s'il possédait des propriétés de valeur ou était occupé à des transactions commerciales importantes.

Les Indiens étaient exaspérés. C'était spécifiquement contre eux que cette loi était dirigée; c'était donc un affront pour eux et pour leur pays. Si elle était votée, ce serait le point de départ de lois analogues dans les autres contrées de l'Afrique du Sud. En fin de compte, aucun d'entre eux ne pourrait plus y habiter. En outre, cette ordonnance permettrait à tout agent de police d'accoster une Indienne dans la rue ou de pénétrer chez elle sous prétexte de lui demander sa carte d'identité. En raison de l'isolement complet ou partiel dans lequel vivaient les femmes indiennes, ce point était profondément offensant pour les musulmans aussi bien que pour les hindous. « Si quelqu'un se permettait de réclamer sa carte d'identité à ma femme, s'écria un hindou furieux lors d'une réunion préliminaire du comité organisé par Gandhi, je le tuerais sur-le-champ, quitte à en supporter les conséquences. »

Tel était l'état d'esprit dans lequel se tint le meeting au Théâtre Impérial.

L'orchestre, les balcons, les galeries étaient bondés, avant même que le président ouvrît la séance. Des discours enflammés en quatre langues portèrent au plus haut degré l'émotion de cette assemblée fébrile. Alors, Sheth Hayi Habib lut une résolution que Gandhi avait aidé à rédiger, demandant que l'on renonçât aux dispositions concernant l'inscription aux registres de la police [1].

Quand cette résolution eut été votée, tous ceux qui étaient là se mirent debout, levèrent la main et jurèrent à Dieu de ne pas obéir aux ordonnances antiindiennes, dans le cas où elles obtiendraient force de loi.

1. Le texte des discours et l'attitude des auditeurs lors du meeting du Théâtre Impérial sont rapportés dans *Satyagraha in South Africa*, par M. K. Gandhi.

CHAPITRE XI

GANDHI EST MIS EN PRISON

La passivité était inconnue de Gandhi. Il abhorrait l'expression « résistance passive ». A la suite du vœu collectif exprimé au Théâtre Impérial, il offrit un prix à qui trouverait un nom mieux adapté pour cette forme nouvelle de l'opposition-individuelle-en-masse à la déloyauté du gouvernement.

Maganlal Gandhi, un de ses cousins vivant à la ferme de Phœnix, proposa *sadagraha* : fermeté pour une bonne cause. Gandhi corrigea ce mot en *satyagraha : satya* veut dire vérité, c'est-à-dire amour, et *agraha* signifie fermeté ou force. *Satyagraha* voulait donc dire : force de la vérité ou force de l'amour. La vérité et l'amour sont des attributs de l'âme.

Cela devint le but de Gandhi : devenir fort non par la vigueur de la brute, mais par la vigueur de l'étincelle divine.

Le *satyagraha*, disait Gandhi, est « la défense de la vérité non pas en infligeant des souffrances à son adversaire, mais en se les infligeant à soi-même ». Cela exige le contrôle sur soi-même. Les armes du *satyagrahi* sont en lui-même.

Le *satyagraha* est pacifique. Si les paroles échouent à convaincre l'adversaire, peut-être que la pureté, l'humilité et l'honnêteté le feront. L'opposant doit être « détourné de son erreur par la patience et la sympathie »; détourné, et non écrasé; converti, et non annihilé.

Le *satyagraha* est exactement l'opposé de la politique de l'œil pour œil qui aboutit à rendre tout le monde aveugle.

Les actes de violence créent l'amertume chez les survivants et la brutalité chez les destructeurs; le *satyagraha* tend à exalter les deux côtés.

Gandhi espérait que si Smuts mettait en pratique le *Sermon sur la montagne* il se rappellerait ce précepte. Le *satyagraha* se charge constamment d'intervenir de façon bienveillante entre les deux opposants dans le but de les amener finalement à se réconcilier. La violence, les insultes et la propagande excessive font obstruction à cette réalisation.

Quelques jours après le baptême spirituel du *satyagraha* au Théâtre Impérial, le gouvernement du Transvaal dispensa les femmes asiatiques de l'obligation de se faire inscrire. Cela peut avoir été ou non le résultat du nouveau mouvement indien, en tout cas les Indiens s'en trouvèrent encouragés à suivre la tactique de Gandhi.

Avant de mettre le gouvernement face à face avec le *satyagraha*, Gandhi estima qu'il était bon de se rendre à Londres. Le Transvaal était une colonie de la Couronne; le roi pouvait, sur le conseil de ses ministres, refuser la sanction royale aux lois nouvelles. Accompagné d'un fabricant musulman d'eau de Seltz, nommé H. O. Ali, Gandhi s'embarqua pour l'Angleterre. C'était la première visite qu'il y faisait depuis ses études. Maintenant, il était le député de son pays. Il eut des entretiens avec lord Elgin, secrétaire d'État pour les Colonies, et avec Mr. (plus tard, lord) Morley, secrétaire d'État pour les Indes; et, de même que bien d'autres défenseurs d'une cause avant lui et depuis, il prit la parole devant une assemblée de parlementaires dans un des bureaux de la Chambre des Communes.

Pendant les six semaines de son séjour, des Anglais aidèrent Gandhi à se faire des amis, à arranger des réunions, à coller des timbres, à fermer des enveloppes, etc. Leur généreuse collaboration l'amena à constater que « la bienveillance n'était en aucune façon la qualité exclusive des gens de couleur ».

Lorsque le bateau par lequel ils retournèrent dans l'Afrique du Sud fit escale dans l'île portugaise de Madère, Gandhi et Ali reçurent un câble de Londres leur annonçant que lord Elgin ne sanctionnerait pas la loi antiasiatique du Transvaal. Pendant les deux semaines qu'ils passèrent encore à bord du bateau, Gandhi et Ali furent heureux : ils avaient remporté la victoire.

Cependant, lord Elgin avait usé d'un « truc » et cela transpira. Il avait dit au commissaire du Transvaal à Londres que le roi désapprouvait l'ordonnance concernant l'enregistrement. Mais, comme le Transvaal devait cesser d'être colonie de la Couronne au 1er janvier 1907, il pourrait voter de nouveau l'ordonnance en question sans avoir besoin de l'approbation royale. Gandhi condamna cela comme « une politique déshonorante ».

Au moment voulu, le Transvaal établit un gouvernement responsable et adopta la loi d'enregistrement des Asiatiques, qui devrait entrer en vigueur le 31 juillet 1907. Les Indiens la stigmatisèrent du nom de « Loi noire », moralement noire, dirigée contre les gens de couleur, noirs, bruns ou jaunes. Gandhi, qui était brun clair, se disait souvent « noir ».

Il affirmait en confidence à la communauté indienne que « même une politique tordue se redresserait si nous étions fidèles à nous-mêmes ». Les Indiens se préparèrent à pratiquer le *satyagraha*. Mal à son aise, le premier ministre général, Botha, leur envoya un message pour leur dire qu'il ne « pouvait agir autrement » et que la population blanche exigeait cette loi. En conséquence, le gouvernement se montrerait énergique.

Quelques Indiens se firent donner une carte d'identité conformément à la loi; mais un grand nombre s'y refusèrent. Certains furent donc avisés officiellement d'avoir à se faire inscrire ou de quitter le Transvaal. N'ayant fait ni l'un ni l'autre, ils furent cités devant un tribunal, le 11 janvier 1908. Gandhi se trouvait parmi eux. Il s'était déjà présenté devant ce tribunal en qualité d'avocat. Cette fois-là, il se trouvait dans le box des accusés. Il déclara respectueusement au juge qu'en sa qualité de chef il méritait la sentence la plus rigoureuse. D'un ton désobligeant, le juge Jordan lui donna seulement deux mois de simple prison « sans travail forcé ».

Ce fut son premier séjour en prison [1].

Il a raconté cette expérience dans un article imprimé à cette époque. Il lisait le matin le *Ghita* et, à midi, le Coran, dans une traduction anglaise. Il se servait de la Bible pour enseigner l'anglais à un Chinois chrétien, son camarade de geôle. Il lisait aussi Ruskin, Socrate, Tolstoï, Huxley, les *Essais* de Bacon et les *Vies* de Carlyle. Il était heureux; il croyait que « quiconque a le goût de la lecture est capable de supporter la solitude partout avec une grande facilité». Il semblait même regretter que sa peine fût si courte, car il avait commencé à faire une traduction en gouyarati d'un livre de Carlyle et de *Unto this Last* de Ruskin. « Je n'aurais pas été fatigué, même si j'avais reçu plus de deux mois. »

---

1. Les articles de Gandhi sur ses expériences en prison sont repris de *Speeches and Writings of Mahatma Gandhi...* La lettre de Gandhi sur Thoreau a été mise à ma disposition par Mrs. Ellen Watumull, de Los Angeles, Californie.
Le *Satyagraha in South Africa*, l'*Autobiographie* et le « Golden Number » d'*Indian Opinion* ont été aussi indispensables à la rédaction de ce chapitre qu'à celle des chapitres précédents...

Ses lectures et traductions furent interrompues par une visite du dehors : c'était Albert Cartwright, rédacteur en chef du *Transvaal Leader* de Johannesbourg, ami de Gandhi, venu en qualité d'émissaire du général Jan Christiaan Smuts. Cartwright apportait une solution compromissoire élaborée par Smuts.

Celui-ci proposait aux Indiens de se faire enregistrer volontairement. Moyennant quoi la « Loi noire » serait abrogée.

Le 30 janvier, le chef de la police de Johannesbourg vint à la prison et emmena lui-même Gandhi à Prétoria pour s'y rencontrer avec Smuts. Le détenu, en costume pénitentiaire, et le général eurent un long entretien. Gandhi exigeait des assurances d'abrogation, et stipula qu'il devrait être fait mention de la résistance des Indiens.

Smuts dit : « Je ne pourrais jamais maintenir un sentiment d'aversion pour votre peuple. Vous savez que je suis, moi aussi, juriste. J'ai eu des camarades indiens dans ma jeunesse. Mais il faut que je fasse mon devoir. Les Européens exigent cette loi... J'accepte les modifications que vous avez suggérées dans la rédaction. J'ai consulté le général Botha et je vous donne l'assurance que je ferai abroger la Loi asiatique dès qu'un grand nombre d'entre vous se seront soumis volontairement à l'enregistrement. »

Smuts se leva.

« Où dois-je aller ? demanda Gandhi.

— Vous êtes libre à partir de maintenant.

— Et les autres détenus?

— Je vais téléphoner à la prison l'ordre de les relâcher demain matin. »

C'était le soir. Gandhi n'avait pas le moindre argent dans sa poche. Le secrétaire de Smuts lui donna le prix de son billet jusqu'à Johannesbourg.

Là, Gandhi eut à faire face à une orageuse opposition. « Pourquoi la loi n'était-elle pas abrogée avant l'enregistrement? lui demandèrent les Indiens dans une réunion publique.

— Cela ne serait pas un compromis, répondit Gandhi.

— Et qu'adviendra-t-il si le général Smuts nous manque de parole? objectait-on.

— Un *satyagrahi* renonce à la crainte, répondit Gandhi. Il ne redoute donc jamais de faire confiance à un adversaire. Même si celui-ci le trompe vingt fois, le *satyagrahi* est disposé à lui faire confiance la vingt et unième fois — car la confiance implicite en la nature humaine est l'essence même de la foi. »

Smuts avait affirmé que si les Indiens se faisaient enregistrer il ne serait fait aucun obstacle à leur immigration au Transvaal et que cet État ne serait pas inondé par des Asiatiques indésirables. Gandhi accepta ce point de vue et déclara dans une assemblée publique que le fait de se faire enregistrer volontairement indiquerait que « nous n'avons pas l'intention d'introduire au Transvaal un seul Indien subrepticement ou en fraude ».

Gandhi tenait compte de la pression exercée sur le gouvernement par les Blancs imbus de préjugés raciaux. En conséquence, il était disposé à accepter l'enregistrement volontaire. Mais il s'opposait à l'enregistrement forcé, parce qu'un gouvernement doit traiter tous les citoyens de la même façon. Il n'admettait pas que les Indiens se pliassent par force : cela portait atteinte à la dignité et à l'autorité des individus. D'autre part, Gandhi expliqua à l'assemblée qu'une collaboration accordée librement — en raison des difficultés auxquelles on savait qu'on devait faire face de l'autre côté — était généreuse et par conséquent les ennoblirait. Smuts avait supprimé la contrainte de la loi d'enregistrement : cela modifiait entièrement la situation.

Un gigantesque Pathan, venu des montagnes sauvages du Nord-Ouest de l'Inde, non loin de la Passe de Khyber, se leva et dit :

« Nous avons entendu dire que vous aviez trahi notre communauté et que vous l'aviez vendue au général Smuts pour quinze mille livres. Nous ne laisserons jamais prendre nos empreintes digitales ni permettre que d'autres le fassent. Je jure devant Allah qui est mon témoin que je tuerai celui qui sera le premier à se soumettre à l'application de la loi d'enregistrement. »

Le livre de Gandhi sur le *Satyagraha* a transmis à la postérité cette accusation. Gandhi protesta contre elle et déclara qu'en dépit de cette menace il serait le premier à faire prendre ses empreintes digitales. Puis il ajouta :

« La mort est le terme qui a été fixé pour notre vie. Mourir de la main d'un de mes frères, plutôt que par suite d'une maladie ou d'une autre façon, ne peut pas être pour moi une cause de chagrin. Et si, en pareil cas, je suis exempt de toute pensée de colère ou de haine à l'égard de celui qui m'attaque, je sais que cela contribuera à mon bonheur éternel et que mon agresseur lui-même se rendra compte plus tard de ma parfaite innocence. » L'auditoire écoutait en silence; il n'aurait pu prévoir dans le futur immédiat un attentat presque fatal contre Gandhi ni son assassinat, quarante ans plus tard, par la main d'un de ses frères.

Gandhi décida de se faire enregistrer le 11 février. Il devait être le premier à le faire. Il se rendit le matin à son bureau comme d'habitude. Au dehors il vit un groupe de grands Pathans. Parmi eux se trouvait Mir Alam, un de ses clients, haut de six pieds et d'une puissante stature. Gandhi les salua, mais leur réponse fut d'une froideur qui ne prédisait rien de bon.

Un moment plus tard, Gandhi et quelques-uns de ses associés quittèrent son bureau et se dirigèrent vers l'office d'enregistrement. Les Pathans les suivirent de près. Au moment où Gandhi arrivait à destination Mir Alam fit un pas en avant et dit : « Où allez-vous?

— J'ai l'intention d'aller demander un certificat d'enregistrement », répondit Gandhi.

Avant même qu'il eût fini de donner cette explication, Gandhi reçut un coup violent sur le haut de la tête. « Je m'évanouis immédiatement en prononçant les mots : *Hey, Rama!* (Oh! mon Dieu!) », dit-il dans son compte rendu. Ce furent là les derniers mots qu'il prononça, le 30 janvier 1948, jour de sa mort.

D'autres coups s'abattirent sur lui tandis qu'il gisait à terre; les Pathans lui firent bonne mesure.

On le transporta dans son bureau. Quand il reprit connaissance, le Révérend Joseph J. Doke, un baptiste idéaliste et barbu, était penché sur lui.

« Comment vous sentez-vous? lui demanda-t-il.

— Tout à fait bien, répondit Gandhi. Mais j'ai mal aux dents et dans les côtes. Où est Mir Alam?

— Il a été arrêté avec les autres Pathans, répondit Doke.

— Il faut les remettre en liberté, murmura Gandhi. Ils ont cru bien faire, et je n'ai pas l'intention de les poursuivre. »

On conduisit Gandhi chez Doke où ses blessures aux joues et aux lèvres furent recousues. Il demanda qu'on lui amenât Mr. Chamney, officier de l'état civil pour les Asiatiques, afin qu'il prît sans délai ses empreintes digitales.

Une fois guéri, Gandhi prêcha infatigablement la fidélité à l'engagement relatif à l'inscription à l'état civil. Kastourbaï et les enfants s'étaient inquiétés après l'attentat de Mir Alam. Gandhi alla les voir à la ferme de Phœnix et y passa beaucoup de temps à rédiger pour l'*Indian Opinion* une explication du compromis qu'il avait conclu avec Smuts relativement à la formalité volontaire des empreintes digitales. Bon nombre d'Indiens suivirent l'exemple de Gandhi sans être tout à fait d'accord; il s'efforça de les convaincre.

Quel ne fut pas son embarras lorsque Smuts se refusa à

accomplir sa promesse d'abroger la « Loi noire »! Au lieu de cela, il présenta à l'assemblée législative un projet de loi validant les certificats volontaires, tout en maintenant la loi d'enregistrement obligatoire.

« Vous voilà bien! raillaient les Indiens. Nous vous l'avions bien dit que vous étiez trop crédule. »

L'excitation de la collectivité indienne devint fébrile. Un meeting fut convoqué à la mosquée Hamidia, à Johannesbourg, pour les 4 heures de l'après-midi, le 16 août 1908. Un vaste chaudron de fer fixé sur quatre pieds recourbés était installé en bonne place sur une estrade élevée.

Les discours terminés, plus de deux mille certificats d'inscription recueillis parmi les spectateurs furent jetés dans ce chaudron et brûlés dans de la paraffine, tandis que des cris d'enthousiasme montaient de la multitude brune.

La lutte entre les Indiens et le gouvernement était dès lors engagée.

Sur la foi du compromis entre Smuts et Gandhi, nombre d'Indiens résidant en permanence s'étaient fait inscrire volontairement. Désormais, tout Indien rencontré sans certificat d'inscription pouvait être banni comme immigrant entré sans autorisation. Par suite, ce compromis arrêtait l'immigration, et c'était là ce que la « Loi noire » avait eu pour but à l'origine.

Pourquoi Smuts avait-il donc réintroduit l'enregistrement obligatoire? « Pour nous faire affront, disaient les Indiens. Pour nous traiter de façon inégale. Pour nous forcer à reconnaître notre infériorité. »

« Voilà, déclarait Gandhi, un des avantages du *satyagraha* : il découvre les motifs cachés et révèle la vérité. Il fournit l'interprétation la plus favorable des intentions de l'adversaire et, par conséquent, lui donne une chance de plus pour repousser les impulsions viles. S'il ne le fait pas, ses victimes voient plus clair et sentent plus intensément, tandis que les étrangers reconnaissent quel est celui qui a tort. »

Les Indiens décidèrent alors de ne pas se faire enregistrer par force et de braver l'interdiction d'immigrer.

Gandhi commença à examiner les ressources à sa disposition pour le conflit imminent avec le gouvernement du Transvaal. Son étude, au coin des rues de Rissik et d'Anderson, à Johannesbourg, avait été convertie pour une large mesure en quartier général du *satyagraha*. Elle se composait de deux pièces étroites sommairement meublées : une extérieure, pour le secrétaire de Gandhi; l'autre, intérieure, où lui-même travail-

lait parmi les photographies de son unité ambulancière, de
Mrs. Annie Besant, et de quelques chefs hindous, ainsi que
d'un tableau représentant Jésus. Gandhi avait aussi un bureau
à la ferme de Phœnix, où il passait beaucoup plus de son temps
qu'autrefois, parce qu'il avait besoin de l'appui des Indiens du
Natal qui étaient bien plus nombreux que les treize mille
Indiens du Transvaal. A la ferme, il menait une vie chaste et
frugale, une existence de Spartiate. Sauf quand il pleuvait, il
passait la nuit dehors sur une mince couverture. Il s'abstenait
de tous les plaisirs matériels et se concentrait pour la bataille
prochaine. « Un *satyagrahi*, disait-il, doit être, si possible,
encore plus dirigé vers un seul but qu'un danseur de corde. »

De tous les collaborateurs de Gandhi — Indiens ou Blancs —
les plus intimes, selon lui, furent Henry S. L. Polak, Herman
Kallenbach, architecte extrêmement riche de Johannesbourg,
et Sonya Schlesin, jeune fille écossaise.

Kallenbach était un juif allemand, grand, solidement bâti,
à tête carrée, portant une longue moustache en forme de guidon
de bicyclette et un pince-nez. Ce fut par hasard qu'il rencontra
Gandhi : l'intérêt qu'ils portaient l'un et l'autre au bouddhisme
les rapprocha et, depuis lors, jusqu'au moment où Gandhi
retourna aux Indes, ils furent inséparables. S'il y a quelqu'un
qui puisse être considéré comme le lieutenant de Gandhi dans
le mouvement du *satyagraha*, ce fut Kallenbach. Gandhi le
définissait : « Un homme de sentiments solides, de vastes sympathies et d'une simplicité d'enfant. »

Lorsque Gandhi eut besoin d'une secrétaire-sténographe,
Kallenbach lui recommanda Miss Schlesin, juive russe d'origine.
Gandhi estimait qu'elle était « noble », la personne la plus
distinguée de tous ses associés européens. Elle portait les cheveux courts avec un col et une cravate. Elle ne se maria jamais.
Bien qu'elle fût jeune, les chefs hindous venaient lui demander
conseil, et le Révérend Doke, lorsqu'il dirigeait l'*Indian Opinion*, aimait lui faire revoir ses éditoriaux. Gandhi lui confiait
le trésor et les registres du *satyagraha*.

Pour le financement du mouvement de résistance, les Indiens
et les Européens de l'Afrique du Sud et les Indiens dans l'Inde
fournirent des sommes considérables. Gandhi croyait qu'une
organisation dont la cause est juste et désintéressée, et qui travaille entièrement dans l'intérêt public, ne saurait manquer
d'argent. Il croyait de même qu'il fallait dépenser avec une stricte
économie et tenir ses comptes scrupuleusement et dans le détail.

On suggéra à Gandhi de soulever toute la question des inégalités de traitement infligées aux Indiens dans l'Afrique du Sud et de mobiliser la collectivité hindoue du continent tout entière. Mais il décida qu'il était contre les principes du *satyagraha* d'élargir ou même de modifier son but au milieu de la bataille. Le point en litige était le droit des Indiens à vivre au Transvaal et à y entrer, rien de plus.

Gandhi fit alors un geste d'une simplicité émouvante et dramatique. Un parsi du Natal, nommé Sorabyi Chapouryi Adayania, qui parlait anglais et n'avait jamais été au Transvaal, fut choisi, sur sa propre demande, pour expérimenter l'interdiction d'immigrer. Il devait faire connaître son intention au gouvernement, se présenter en personne à la frontière du Transvaal, à Volksrust, et se laisser mettre en prison. Mais les autorités de la frontière le laissèrent passer et continuer sans encombre son voyage jusqu'à Johannesbourg.

Quand leur surprise fut apaisée, les Indiens interprétèrent ce fait comme un triomphe : le gouvernement s'était refusé à la lutte. Même lorsque Sorabyi fut condamné à un mois de prison pour n'avoir pas quitté le Transvaal, leur enthousiasme pour la méthode de Gandhi resta considérable. En conséquence, il fut décidé qu'un certain nombre d'Indiens du Natal parlant anglais, y compris Harilal, le fils aîné de Gandhi, qui revenait des Indes, pénétreraient au Transvaal. Ils furent arrêtés à Volksrust et mis en prison pour trois mois. « Les Indiens du Transvaal, suivant la remarque de Gandhi, étaient très excités... Le mouvement était désormais en plein essor. » Il se fortifiait par les condamnations à la prison.

Gandhi était assiégé de gens demandant la permission de se faire arrêter. Il condescendit au désir d'un certain nombre d'Indiens du Natal. Des Indiens du Transvaal réclamèrent un traitement analogue : il leur suffisait de dire à la police qu'ils n'avaient pas de certificat d'enregistrement.

Gandhi fut arrêté, lui aussi, et jeté pour trois mois dans la prison de Volksrust.

Il avait avec lui soixante-quinze compatriotes dont il devint le cuisinier. « Grâce à leur amour pour moi, écrivit-il dans un article de cette même époque, mes compagnons acceptèrent sans un murmure les portions de porridge à moitié cuit que je leur préparais sans sucre. » En outre, il accomplissait un rude travail : il fouillait la terre avec une bêche, ce qui lui causait des ampoules aux mains. Elles crevaient et lui faisaient mal.

Un jour, le directeur demanda deux hommes pour nettoyer les cabinets. Gandhi se présenta.

C'était lui qui avait causé ces ennuis à lui-même et, par sa propagande, aux autres. Ne valait-il pas mieux payer l'amende et rester chez soi?

« Les pensées de ce genre, affirmait Gandhi, vous rendent vraiment lâche. » Par ailleurs, la prison a ses bons côtés : rien qu'un surveillant, alors que dans la vie libre on en a un grand nombre. Pas de soucis quant à la nourriture. Le travail vous maintient en bonne santé. Pas « d'habitudes vicieuses » : « l'âme du prisonnier est donc libre », et il a du temps pour prier Dieu. « La vraie route du bonheur, proclamait Gandhi, consiste à aller en prison et à s'y soumettre à des souffrances et à des privations dans l'intérêt de son pays et de sa religion. »

Ce compte rendu de sa vie et de ses réflexions dans sa geôle s'achève par une citation du fameux essai de Thoreau sur la *Désobéissance civile* que Gandhi avait emprunté à la bibliothèque de la prison. « J'ai vu, écrit Thoreau, qu'il y avait une muraille de pierre entre moi et mes concitoyens; il était toujours plus difficile de grimper par-dessus ou de passer à travers avant qu'ils réussissent à être aussi libres que je l'étais. Je ne me sentais pas un seul instant emprisonné, et les murs me semblaient être un grand gaspillage de pierres et de mortier... »

« Comme ils ne pouvaient pas m'atteindre, continue Thoreau, ils avaient résolu de punir mon corps... Je constatai que l'État était stupide, qu'il était craintif comme une femme seule avec ses cuillers d'argent, qu'il était incapable de distinguer ses amis de ses ennemis, je perdis tout ce qui me restait de respect pour lui et je le pris en pitié [1]. »

Gandhi aimait cet extrait de Thoreau. Il étudia son essai tout entier.

On a dit souvent que Gandhi lui avait emprunté l'idée du *satyagraha*. Gandhi l'a nié dans une lettre du 10 septembre 1935 adressée à Mr. P. Kodanda Rao, de la *Servants of India Society*. Il y écrit : « L'affirmation d'après laquelle j'aurais tiré mon idée de la *Désobéissance civile* écrite par Thoreau est fausse. La résistance aux autorités de l'Afrique du Sud était déjà bien avancée quand j'ai connu l'essai de Thoreau. Mais ce mouvement était alors connu sous le nom de « résistance « passive ». Comme ce terme était incomplet, j'avais forgé le mot *satyagraha* pour ceux qui liraient le *gouyarati*. Lorsque

---

1. Les citations de Thoreau sont extraites de *The Portable Thoreau*, publié avec une introduction de Carl Bode (New-York, Vikings Press, 1947); *Thoreau*, par Henry Seidel Canby (Boston, Houghton Mifflin Company, 1939), renferme une discussion lumineuse sur l'influence des livres sacrés hindous sur la pensée de ce philosophe...

je vis le titre du grand essai de Thoreau, je commençai à employer sa phrase pour expliquer notre combat aux lecteurs anglais. Mais j'avais l'impression que même l'expression « désobéissance civile » ne réussissait pas à rendre pleinement le sens de ce combat. C'est pourquoi j'adoptai le terme de « résistance civile ».

N'empêche que l'essai de Thoreau intitulé *Civil Disobedience* a influencé Gandhi. Il le qualifiait de « traité magistral qui a fait sur moi une profonde impression ». L'empreinte de Thoreau se retrouve sur un grand nombre des choses que Gandhi a faites. Thoreau avait lu le *Bhagavad Ghita* et quelques autres Oupanichads sacrés des hindous. Il en est de même pour Ralph Waldo Emerson qui fut l'ami de Thoreau et fréquemment son invité. Thoreau, ce rebelle de la Nouvelle-Angleterre, emprunta des idées à l'Inde lointaine et paya sa dette en diffusant ces idées dans le monde universel de la pensée. Les ondes en atteignirent le juriste-politicien hindou dans l'Afrique du Sud.

Henry David Thoreau, poète et essayiste, était né en 1817 et mourut de la tuberculose à l'âge de quarante-cinq ans. Il haïssait l'esclavagisme des Noirs et l'esclavagisme de l'individu dans l'Église, l'État, la propriété, les coutumes et les traditions. De ses propres mains il se bâtit à lui-même une chaumière à Walden Pont, en dehors de Concord (Massachusetts) et y vécut seul, vaquant à tous les travaux, faisant pousser sa nourriture et se plaisant à vivre en un contact intime avec la nature.

Deux ans passés à Walden prouvèrent à Thoreau, à sa satisfaction personnelle, qu'il avait le courage et la force d'âme de vivre dans l'isolement. Il retourna donc à Concord pour se rendre compte s'il était capable de vivre libre au sein de la collectivité. Il décida que le moins qu'il pût faire était « de ne pas me prêter au mal que je condamne ». C'est ainsi qu'il refusa de payer des impôts et fut mis en prison. Un ami paya pour lui, et Thoreau fut libéré au bout de vingt-quatre heures, mais cette expérience fit naître son essai politique le plus agressif : *Civil Disobedience*.

« La seule obligation que j'aie le droit d'accepter, déclarait-il dans ce livre, c'est de faire à chaque instant ce que je crois juste. » Agir justement, disait-il avec insistance, est plus honorable que d'obéir à la loi.

La démocratie de Thoreau était le culte de la minorité. « Pourquoi (le gouvernement) n'aime-t-il pas la sage minorité ? s'écriait-il. Pourquoi crucifie-t-il toujours le Christ ? »

Thoreau définissait exactement la désobéissance civile, telle que la comprenait Gandhi : « Je sais fort bien », écrivait Thoreau, que si un millier d'hommes, une centaine, dix que je pourrais nommer — si dix hommes *honnêtes* seulement — que dis-je? si un seul HONNÊTE homme, dans cet État du Massachusetts, *cessant de tenir des esclaves*, était prêt à se retirer de cette société et était enfermé pour cela dans la prison du pays, cela signifierait l'abolition de l'esclavage en Amérique...

« Il y a des milliers d'hommes qui sont *par leurs idées* opposés à l'esclavage et à la guerre, mais qui pourtant ne font réellement rien pour y mettre fin... Il y a neuf cent quatre-vingt-dix-neuf champions de la vertu pour chaque homme vertueux. » Thoreau méprisait les professions de foi qui ne sont pas suivies d'actions. Il demandait : « Comment un homme peut-il se conduire à l'égard du gouvernement américain d'aujourd'hui? Je réponds qu'il ne peut pas s'accorder avec lui sans se déshonorer. » Son programme était « la révolution pacifique ». « Tous les hommes reconnaissent que la révolution est un droit, écrivait-il, c'est à savoir le droit de refuser d'obéir, de résister à un gouvernement, lorsque sa tyrannie et son poids sont grands et insupportables. »

C'est pour cela que Gandhi était en prison juste au moment où il lut *Civil Disobedience*.

De même que Ruskin, Thoreau cherchait une union plus intime entre les actes de l'homme et ses buts. Chez tous deux, l'artiste réclamait l'intégration aux actes de la parole et de la foi. Le grand poète, le grand artiste possèdent cette intégration.

Des millions d'hommes avaient lu Ruskin et Thoreau et étaient d'accord avec eux. Mais Gandhi prit au sérieux leurs paroles et leurs idées, et, quand il acceptait une idée en principe, il sentait qu'il était déloyal de ne pas la mettre en pratique.

Le gouffre qui sépare la parole et la croyance est le mensonge. Le désaccord entre la croyance et les actes est la racine d'une foule de maux de notre civilisation; c'est la faiblesse de toutes les Églises, de tous les États, de tous les partis et de tous les individus. Cela donne aux institutions et aux gens des physionomies incohérentes.

En s'appliquant à établir l'harmonie entre la parole, les croyances et les actes, Gandhi s'attaquait au problème central de l'homme. Il cherchait la formule de la santé des esprits[1].

---

1. Bibliographie: *The Story of an African Farm*, roman, par Ralph Iron (Olive Schreiner) (New-York, Burt Company, 1883); *Dadabhai Naoroji the Grand Old Man of India*, par R. P. Masani, avec un *Avant-Propos* du Mahatma Gandhi (London, George Allen and Unwin, Ltd., 1939).

CHAPITRE XII

TOLSTOI ET GANDHI

A u centre de la Russie, un aristocrate slave se débattait avec les mêmes problèmes spirituels qui occupaient la pensée du juriste hindou de l'Afrique du Sud. A travers des continents, le comte Léon Tolstoï guidait Mohandas K. Gandhi et trouvait un soulagement dans sa bataille.

Dans le bureau juridique de Gandhi, il y avait plusieurs livres de Tolstoï sur des sujets religieux. Mais ce fut seulement pendant les loisirs de la prison que l'hindou absorba les enseignements du grand Russe.

Né en 1828 dans la richesse et avec un titre ancien, Tolstoï dit adieu à la haute société et, à l'âge de cinquante-sept ans, s'adonna à la vie simple : il marchait pieds nus, portait un sarrau et un pantalon vulgaire de moujik, labourait, hersait et plantait à côté des paysans; il renonça à fumer, à manger de la viande, à chasser, et se mit à faire de longues promenades à travers la campagne et de grandes courses à bicyclette. En 1891, pour se libérer « du luxe intolérable », il donna ses vastes propriétés à sa femme et à ses enfants et se consacra à l'éducation de son village, à la restauration de la famille, à des écrits sur le végétarianisme, le mariage et la théologie.

L'Église orthodoxe de Russie l'excommunia.

Tolstoï écrivait à l'un de ses amis incarcéré : « Malheureusement, je ne suis pas en prison... »

Les titres de ses brochures révèlent sa pensée : *Tu ne tueras point, Aimez-vous les uns les autres, Pourquoi les peuples chrétiens en général et le peuple russe en particulier tombent-ils dans la misère?, les Enseignements du Christ à l'usage des enfants, la Peine de mort et le christianisme, la Tolérance religieuse, le Perfectionnement de soi-même*, et bien d'autres essais du même genre.

Tolstoï mourut le 20 novembre 1910, après avoir fui loin de sa femme, dans l'espoir de trouver la paix dans un monastère ou dans une colonie tolstoïenne.

Gandhi connut Tolstoï grâce à *le Royaume de Dieu est en vous*. Le titre de ce volume indique l'évangile de son auteur [1].

« L'histoire de l'Église, affirmait froidement Tolstoï, est l'histoire des cruautés et de l'horreur... Toute Église, en dépit de ses doctrines de rédemption et de salut, et par-dessus tout la religion orthodoxe, avec son idolâtrie, exclut la doctrine du Christ. » Impartialement, avec une froide logique et par des milliers de citations, Tolstoï démontrait pour se convaincre lui-même que toutes les Églises chrétiennes essaient «de camoufler le sens vrai de la doctrine du Christ ».

Tolstoï critiquait de la même façon les gouvernements. Depuis les temps les plus obscurs, déclarait-il, « l'expression *la paix soit avec vous!* a été la formule de salutation employée par les hommes; malgré cela, les nations chrétiennes en Europe conservent vingt-huit millions d'hommes sous les armes afin de résoudre le problème en tuant ». Et il citait, en l'approuvant, l'écrivain français Guy de Maupassant : « Il est surprenant que la société ne se révolte pas comme un seul homme contre le sens véritable du mot *guerre.* »

« Je crois, déclarait Tolstoï, que c'est Max Muller (autorité de premier plan en Asie) qui décrit l'étonnement d'un hindou converti au christianisme et qui avait appris l'essentiel de la doctrine chrétienne, lorsqu'il vint en Europe et constata de quelle façon vivaient les chrétiens. » Tel était le thème développé constamment par Tolstoï, aussi bien que par Thoreau : l'abîme séparant la doctrine et les actes.

Que faire? La réponse de Tolstoï était simple : Vivre comme devrait le faire un chrétien. C'est-à-dire : « Un chrétien ne se dispute pas avec son voisin; il n'attaque ni ne fait usage de la violence; au contraire, il souffre lui-même sans résistance et, par son attitude vraie à l'égard du mal, non seulement se rend libre, mais aide à libérer le monde en général de toute autorité extérieure. »

1. *The Kingdom of God is within you* peut être obtenu comme brochure à part, mais se trouve dans toutes les collections classiques des œuvres du comte Léon Tolstoï. Ces collections contiennent également des données biographiques.

Le *Ghita* et le *Sermon sur la montagne* avaient amené Gandhi à la même conclusion.

Tolstoï prêchait le refus pacifique, le refus douloureux de servir des gouvernements mauvais et de leur obéir. Il précisait : aucun serment d'allégeance, aucun serment en justice, « car le serment est expressément interdit par l'Évangile », pas de service dans la police, pas de service militaire, pas de paiement d'impôts.

« Que feraient les gouvernements avec des hommes de ce genre? » se demandait Tolstoï.

Cela devint le problème de Smuts. Il ne savait plus que faire avec les Indiens. « La situation des gouvernements en face d'hommes professant le christianisme, écrivait Tolstoï, est si précaire qu'il faudrait bien peu de chose pour les réduire en morceaux. »

Gandhi commença par se libérer lui-même. Ce fut un processus compliqué. En effet, l'homme est lié par de multiples chaînes, et les plus solides sont forgées dans notre forge intérieure et non par l'Église ou par l'État. « Le royaume de Dieu est en vous. » Vous êtes ce que vous faites de vous-mêmes. Vous n'êtes pas libres, parce que vous ne vous libérez pas.

« Le royaume de Dieu, écrivait Tolstoï, on l'obtient... en sacrifiant les circonstances extérieures par amour de la vérité. »

La route de Gandhi était semée de biens et de plaisirs extérieurs qu'il élimina en marchant vers le royaume de Dieu en lui.

Le premier contact personnel de Gandhi avec Tolstoï eut lieu sous la forme d'une longue lettre qu'il écrivait en Angleterre, datée du « Westminster Palace Hotel, 4 Victoria Street, S. W. London, 1er octobre 1909 », et qu'il expédia à Tolstoï, à Yasnaïa Polyana, Russie centrale. Il y mettait le romancier russe au courant du mouvement de désobéissance civile au Transvaal[1].

Tolstoï, dans son « journal », écrit à la date du 24 septembre 1909 (le calendrier russe était alors de treize jours en retard sur le calendrier occidental) : « Reçu une lettre agréable d'un hindou du Transvaal. » Quatre jours plus tard, Tolstoï adressait

---

1. Le texte des trois lettres de Gandhi en original anglais et traduction russe, ainsi que les originaux russes des trois lettres de Tolstoï et la traduction des deux premières, aussi bien que les diverses insertions faites par Tolstoï dans son « journal » se trouvent dans une collection soviétique intitulée *Literaturnoïé Nasledstovo* (Héritage littéraire), 37-38 volumes (Moscou, 1939), p. 339-352.

Les trois lettres de Gandhi au comte Léon Tolstoï se trouvent dans les archives de Vladimir G. Chertkof, à Moscou.

à Vladimir G. Chertkof, son ami intime et, plus tard, l'éditeur de ses œuvres complètes, une lettre où il disait : « Cette lettre de l'hindou du Transvaal m'a ému. »

Le 7 (20) octobre 1909, Tolstoï écrit à Gandhi sa réponse en russe traduite en anglais par la fille de Tolstoï, Tatiana, qui l'expédia à Gandhi. Tolstoï écrivait : « Je viens de recevoir votre très intéressante lettre qui m'a fait grand plaisir. Que Dieu aide vos chers frères et collaborateurs au Transvaal! La même lutte des doux contre les durs, des humbles et de l'amour contre l'orgueil et la violence, se fait sentir ici, parmi nous chaque année de plus en plus... Je vous salue fraternellement et suis heureux d'être en relations avec vous. Signé : Tolstoï. »

La deuxième lettre de Gandhi à Tolstoï fut écrite à Johannesbourg, le 4 avril 1910, et était accompagnée d'un exemplaire du petit livre de Gandhi : *Hind Swaraï or Indian Home Rule*.

Le 19 avril 1910, Tolstoï écrivait ce qui suit dans son « journal » : « Ce matin, deux Japonais sont arrivés. Hommés sauvages en extase devant la civilisation européenne. D'autre part, le livre et la lettre de l'hindou révèlent la compréhension de toutes les insuffisances de la civilisation européenne et, bien entendu, de sa totale incapacité. »

Tolstoï répondit à Gandhi le 25 avril (8 mai) 1910, de Yasnaïa Polyana. Il écrivait :

« Cher ami, je viens de recevoir votre lettre et votre livre *Indian Home Rule*. J'ai lu votre livre avec un grand intérêt en raison des choses et des questions que vous y traitez : la résistance passive est un problème de la plus grande importance, non seulement pour l'Inde, mais pour l'ensemble de l'humanité. Votre ami et frère, Léon Tolstoï. »

La troisième lettre de Gandhi à Tolstoï est datée de « 21-24 Court Chambers, au coin des rues Rissik et Anderson, Johannesbourg, 15 août 1910 ». Gandhi y accusait réception de la lettre de Tolstoï, du 8 mai, en l'en remerciant, et ajoutait : « J'attends votre critique détaillée de cet ouvrage, critique que vous avez eu la bonté de me promettre dans votre lettre. »

La réponse de Tolstoï est la lettre la plus longue de toute la correspondance. Datée du 7 (20) septembre 1910 et traduite en anglais par Chertkof, elle était adressée à un intermédiaire en Angleterre qui devait la faire parvenir à Gandhi. L'intermédiaire était malade à cette époque et elle ne fut expédiée que le 1er novembre, si bien que Gandhi reçut cette lettre au Transvaal quelques jours après la mort du comte Léon Tolstoï.

Tolstoï disait :

« Plus je vis et, tout particulièrement, maintenant que je sens vivement l'approche de la mort, je désire dire aux autres ce que je sens avec une si spéciale clarté et ce qui est de grande importance pour mon esprit, nommément de définir ce que l'on appelle la résistance passive, mais qui en réalité n'est rien d'autre que l'enseignement de l'amour non corrompu par de fausses interprétations.

« Cet amour... est la loi la plus haute et la seule de la vie humaine et, dans les profondeurs de son âme, tout être humain (comme nous le voyons très clairement chez les enfants) sent et connaît cela; il le sait tant qu'il n'est pas troublé par les faux enseignements du monde.

« En réalité, dès que la force a été admise dans l'amour, il ne pouvait plus y avoir d'amour, mais la loi de la vie, et comme il n'y a plus de loi d'amour, il n'y a plus aucune loi, si ce n'est celle de la violence — c'est-à-dire le pouvoir du plus fort. L'humanité chrétienne a donc vécu pendant dix-neuf siècles... »

C'était un très vieil homme au seuil de la mort qui écrivait à un très jeune homme. Gandhi était jeune, en réalité plus jeune de vingt-cinq ans que son âge. Quant à l'esprit, Tolstoï était profondément malheureux. Tout être ayant compris la *Guerre et la Paix,* mais ayant conscience du refus ou de l'incapacité de l'humanité d'utiliser la clé du bonheur qui se trouve dans les enseignements du Christ, devrait être malheureux. Gandhi croyait cependant qu'il pourrait se réformer et réformer les autres. Il le fit. Cela le rendit heureux.

CHAPITRE XIII

LA FORME DES CHOSES A VENIR

Il n'était pas aisé pour Gandhi de contenir ses disciples. Les mesures punitives prises par le gouvernement amenèrent bien des *satyagrahis* à abandonner le mouvement. Quelques résistants furent déportés aux Indes et perdirent tous leurs biens. Le *satyagraha* donnait en effet un caractère très violent à une épreuve écrasante. A l'époque en question, des 13.000 Indiens vivant au Transvaal, 2.500 étaient en prison et 6.000 avaient fui la province. Seul un chef se sacrifiant, noble, déterminé et infatigable comme Gandhi, pouvait maintenir ce mouvement. Les pires échecs n'étaient pas capables d'ébranler sa foi en la victoire. Cette foi et, de plus, le fait que, en prison ou hors de prison, il partageait les malheurs de ses disciples et, par là, gagnait leur affection, étaient le ciment qui unissait le groupe des fidèles qui, parfois, diminuait d'inquiétante façon. Quelques-uns des résistants firent cinq ans de prison à intervalles peu éloignés, recevant une nouvelle condamnation au moment où s'achevait l'ancienne. Ils quittaient seulement le Transvaal pour le Natal et rentraient immédiatement au Transvaal. Tel était leur crime, d'après la loi interdisant l'immigration.

En fait, un plus grand danger les menaçait : on projetait une Fédération des États de l'Union sud-africaine. Elle proclamerait sans doute des lois antiindiennes semblables à celles du Transvaal. Gandhi décida d'aller manœuvrer à Londres où les généraux Botha et Smuts se trouvaient déjà pour préparer l'Union sud-africaine.

Les libéraux anglais regrettaient ouvertement qu'on discriminât les gens de couleur dans un empire où la majorité n'appartenait pas aux Blancs. Les impérialistes étaient gênés par les résultats qu'avait eus aux Indes la législation antiindienne pratiquée dans l'Afrique du Sud. Tandis que Gandhi agissait à Londres, Henry Polak, aux Indes, expliquait la situation existant au Transvaal et soulevait des protestations qui avaient leurs échos à Whitehall. Le gouvernement britannique s'efforçait d'arranger le différend séparant Smuts et Gandhi : mais le général cédait trop peu. Il était disposé à abroger la loi d'enregistrement obligatoire et à autoriser l'immigration au Transvaal d'un nombre limité d'Indiens parlant anglais, instruits, exerçant des professions libérales en vue de servir à la collectivité indienne.

Gandhi par contre réclamait la suppression de la « marque d'infériorité » et de « la tare raciale implicite »; il réclamait « l'égalité légale ou théorique quant à l'immigration ». Les petites concessions matérielles ne lui faisaient aucune impression et ne l'apaisaient pas. Lorsque, par suite, lord Crewe, secrétaire d'État britannique aux Colonies, l'informa par écrit que « Mr. Smuts n'était pas en mesure d'accepter sa prétention de voir les Asiatiques placés sur une base d'égalité avec les Européens en ce qui concernait le droit d'entrée au Transvaal ou autrement », le courageux avocat, reconnaissant que les négociations diplomatiques avaient échoué, envisagea le renouvellement de la désobéissance civile.

Malgré cela, le voyage de Gandhi en Angleterre donna à la question des Indiens dans l'Afrique du Sud une importance plus grande du point de vue de l'Empire. C'est là que se trouvait la semence du triomphe final dans l'Afrique du Sud.

De plus, et pour la première fois en apparence, Gandhi commença, pendant son séjour à Londres, à se préoccuper du problème de l'indépendance de l'Inde. Il rechercha en Angleterre les Indiens de toutes nuances politiques : nationalistes, partisans du *Home Rule*, anarchistes et partisans de l'assassinat. Tandis qu'il discutait avec eux, souvent très tard dans la nuit, ses propres idées politiques et philosophiques prenaient corps. Quelques-uns des principes qui formèrent plus tard le credo du Mahatma ont trouvé leur première expression dans une lettre adressée à lord Ampthill par Gandhi, le 9 octobre 1909, du Westminster Palace Hotel.

Jugeant d'après les Indiens habitant l'Angleterre, Gandhi écrivait que l'hostilité aux Britanniques aux Indes était aussi générale que la haine des Indiens chez les Britanniques. Les partisans de la violence gagnaient du terrain. Il serait vain de chercher à réprimer cela. Cependant il craignait « que les gouvernants britanniques ne fissent pas de concessions, ni en temps utile. Le peuple britannique semble obsédé par le démon de l'égoïsme commercial. La faute n'en est pas aux hommes mais au régime... L'Inde est exploitée au profit de capitalistes étrangers. Le vrai remède consiste, à mon humble avis, à ce que l'Angleterre rejette la civilisation moderne..., qui est la négation de l'esprit du christianisme. » On entend là la voix séduisante de Tolstoï et, aussi, l'écho des voix rauques des étudiants indiens de Bloomsbury.

« Mais c'est là un changement considérable, reconnaît Gandhi. Les chemins de fer, les machines et l'accroissement correspondant d'habitudes de facilité sont le vrai symbole de l'esclavage pour le peuple indien comme pour les Européens. Je ne trouve donc pas à redire aux gouvernants. Mais j'en veux à tous les points de vue à leurs méthodes...

« Du moment que j'ai ce point de vue, poursuit Gandhi énonçant sans le savoir mais de façon prophétique le programme de toute sa carrière aux Indes, je partage l'esprit national, mais je suis complètement en désaccord avec les méthodes des extrémistes aussi bien que des modérés, car les uns et les autres aboutissent en fin de compte à la violence. Les méthodes de violence présupposent nécessairement l'acceptation de la civilisation moderne; elles sont donc de même composition malfaisante que ce que nous voyons ici et par suite détruisent la morale. Je ne m'intéresse pas à celui qui gouverne effectivement. J'attends que les gouvernants régissent d'après mes désirs, sinon je cesserai de les aider à me gouverner. Je deviendrai un résistant passif à leur égard... » Ce n'étaient pas les gouvernements, mais leurs méthodes et leurs objectifs qui l'intéressaient, ni de savoir si c'était un William ou un Chandra qui détenait le siège du pouvoir, mais quelles actions étaient les plus civilisées.

Voilà ce qui distinguait Gandhi des autres politiciens. La question : « Gandhi était-il un saint ou un homme politique? » est insoluble mais vaine. Polak note que Gandhi avait dit dans l'Afrique du Sud : « Les gens affirment que je suis un saint qui se perd dans la politique. En fait, je suis un homme politique qui s'efforce le plus qu'il peut de devenir un saint. » La réalité importante est que Gandhi est toujours resté attaché en politique à des considérations religieuses et morales, et que, en tant que saint, il n'a jamais pensé que sa place fût dans une caverne ou dans un cloître, mais plutôt dans le tumulte de la lutte de son peuple pour ses droits et pour le droit. La religion de Gandhi ne saurait être séparée de sa politique. C'est sa religion qui a fait de lui un politicien. Sa politique était religieuse.

Lorsque Gandhi rentra de Londres dans l'Afrique du Sud, à la fin de 1909, la nécessité politique le contraignit à établir « une sorte de *commonwealth* coopératif » sur une échelle restreinte, où les résistants civils « seraient entraînés à vivre une vie neuve et simple, en harmonie les uns avec les autres ». Il fit alors de nouveaux pas vers la sainteté, l'état de *mahatma* et le détachement exigé par le *Ghita*.

Tout d'abord, lorsque les *satyagrahis* furent emprisonnés, l'organisation s'efforça de maintenir ceux qui dépendaient d'elle dans leur standing habituel de vie. Cela amena des inégalités et parfois des fraudes. Gandhi décida donc que le mouvement avait besoin d'une commune rurale pour les résistants civils et pour leurs familles. La ferme de Phœnix était à quatre heures de train et, par conséquent, trop éloignée pour devenir le centre de la lutte au Transvaal.

En conséquence, Herman Kallenbach acheta onze cents acres de terrain à Lawley, à vingt et un milles de Johannesbourg, et, le 30 mai 1910, les remit aux *satyagrahis*, libres de tout loyer et de toutes charges. Là, la religion s'alliait à la politique. Gandhi nomma cette propriété : la Ferme de Tolstoï.

Elle possédait plus d'un millier d'orangers, d'abricotiers et de pruniers; deux puits, une source et une maison. D'autres maisons furent construites en tôle ondulée. Gandhi vint habiter dans cette ferme, ainsi que Kallenbach.

« C'est moi qui prépare le pain dont on a besoin à la ferme, écrivait Gandhi à un ami des Indes. L'opinion générale est qu'il est bien fait. Nous n'y mettons de levure d'aucune sorte. Nous écrasons notre propre blé. Nous venons maintenant de préparer un peu de marmelade avec les oranges de notre propriété. J'ai également appris à préparer du café au caramel. On peut le donner comme boisson même aux petits enfants. »

Gandhi était boulanger, fabricant de caramel et de marmelade et bien d'autres choses encore. Kallenbach alla faire un séjour dans un cloître de trappistes allemands, afin de bien apprendre l'art de fabriquer des sandales. Il l'enseigna ensuite à Gandhi qui l'enseigna à d'autres. On vendait à des amis les sandales en excédent. Kallenbach, en sa qualité d'architecte,

avait des notions de menuiserie, et c'est lui qui dirigeait les
travaux de ce genre. Gandhi apprit à fabriquer des meubles,
des commodes et des bancs d'école. Mais ils n'avaient ni chaises
ni lits; tout le monde couchait par terre et, sauf par mauvais
temps, en plein air. Chacun recevait deux draps de lit et un
oreiller de bois. De même, Gandhi cousait des vêtements pour
sa femme et, plus tard, il était fier qu'elle les portât.

Gandhi était le directeur général. La population de la ferme,
qui variait suivant les arrestations et autres circonstances, se
composait à l'origine de quarante jeunes hommes, de trois
vieillards, de cinq femmes et de vingt à trente enfants, parmi
lesquels cinq petites filles.

Le tabac et l'alcool étaient interdits. On pouvait avoir de
la viande, si on le désirait; mais, après que le directeur eut
fait un peu de propagande, personne n'en demanda jamais.
Gandhi aidait à la cuisine et empêchait les femmes de se
disputer.

De temps à autre, Kallenbach avait affaire en ville, et
Gandhi avait constamment des procès à plaider. La règle était
que, lorsqu'on allait faire des commissions ou des achats pour
la communauté, on pouvait prendre le train, en troisième;
mais s'il s'agissait d'une affaire privée ou d'un voyage d'agrément (les enfants aimaient à se rendre en pique-nique à Johannesbourg), on devait aller à pied et, par économie, emporter
ses provisions avec soi. Gandhi faisait souvent à pied les
vingt et un milles qui séparaient la ferme de la ville; il partait
à 2 heures du matin et rentrait la nuit suivante. Il affirmait
que cela leur faisait beaucoup de bien à tous. Il racontait
qu'un jour il avait fait cinquante milles à pied [1].

Gandhi attribuait à cette vie simple et à cette diète salutaire sa résistance physique et celle des autres membres de la
communauté. Le petit déjeuner avait lieu à 7 heures, le déjeuner à 11, le dîner à 5 h. 1/2, les prières du soir à 7 h. 1/2 et
le coucher à 9. Tous les repas étaient légers. Mais, pour les
rendre plus légers encore, Gandhi et Kallenbach décidèrent
d'éviter les mets cuits et de limiter les menus aux fruits :
bananes, dattes, cacahuètes, oranges et huile d'olive. Gandhi
avait lu quelque chose sur les cruautés pratiquées aux Indes
pour forcer les vaches et les bufflonnes à produire le maximum
de lait. Kallenbach et lui renoncèrent donc au lait. Le premier,
qui possédait une maison belle et spacieuse au sommet d'une

---

1. Quatre-vingts kilomètres et demi. *(N. d. T.)*

colline dominant Johannesbourg et qui avait toujours vécu dans le luxe, partageait toutes les privations, les travaux domestiques, les expériences diététiques de la ferme. C'était lui aussi qui assumait avec Gandhi la tâche d'enseigner aux enfants la religion, la géographie, l'histoire, l'arithmétique, etc., de façon très rudimentaire, il est vrai.

Au mois d'octobre 1912, Gopal Krichna Gokhale, professeur d'anglais et de sciences économiques, président des « Servants of India Society » aux Indes, vint passer un mois dans l'Afrique du Sud, pour s'y rendre compte des conditions d'existence de la collectivité indienne et pour aider Gandhi à l'améliorer. Gokhale et Lokamanya Tilak avaient été les précurseurs de Gandhi dans l'Inde. Gokhale était un des chefs vénérés du mouvement nationaliste hindou, un intellectuel brillant, un homme très impressionnant. Gandhi le reconnaissait comme un juge excellent des caractères. Pendant son séjour en Afrique, Gokhale dit un jour à Gandhi : « Vous suivrez toujours votre propre direction. Et je ne peux pas m'empêcher d'être à votre merci. » Cette phrase était à la fois amicale et sérieuse.

Le désintéressement de Gandhi rendait plus forte son assurance. Ayant au cœur la certitude de ne chercher ni un profit matériel ni le pouvoir, il n'avait jamais le sentiment de culpabilité et de frayeur qui aurait pu l'empêcher d'insister sur sa façon de penser. Sûr d'avoir raison, il était sûr de remporter la victoire. Et, dans ce cas, à quoi bon faire des concessions? Lorsque Gokhale demanda la liste des résistants civils sur lesquels on pouvait compter, Gandhi écrivit soixante-six noms. C'était un maximum. Ce nombre, il est vrai, aurait pu descendre à seize. C'était « l'armée de paix » de Gandhi. Malgré cela, il ne recula jamais : le gouvernement céderait.

Après avoir fait beaucoup de discours et s'être entretenu avec nombre d'Indiens et de Blancs, Gokhale eut une entrevue de deux heures avec les généraux Botha et Smuts qui étaient alors à la tête du gouvernement de l'Union. Gandhi, de sa propre initiative, n'y assista pas. Il était un élément de controverse qui aurait troublé l'atmosphère.

Quand Gokhale revint de cette entrevue, il référa que la barrière raciale serait supprimée de la loi d'immigration ainsi que la taxe annuelle de trois livres exigée de tous les travailleurs contractuels qui restaient volontairement dans l'Afrique du Sud.

« J'en doute fort, objecta Gandhi. Vous ne connaissez pas ces ministres comme je les connais.

— Ce que je vous dis aura lieu certainement, s'écria Gokhale. Le général Botha m'a promis que la « Loi noire » serait abrogée et que la taxe de trois livres serait supprimée. Vous devrez revenir aux Indes d'ici un an, et je n'admettrai aucune excuse. »

Gandhi se réjouissait de la promesse du gouvernement : elle démontrait le bien-fondé de la cause indienne. Mais il ne pensait pas que sa tâche dans l'Union sud-africaine serait achevée sans que bien des Indiens, et lui parmi eux, fussent jetés en prison.

S'adressant à une assemblée, au mois de décembre 1912, dans la Town Hall de Bombay, Gokhale disait : « Gandhi possède un merveilleux pouvoir pour métamorphoser les gens qui l'entourent en héros et en martyrs. » Gokhale, qui jugeait Gandhi avec un esprit critique et parfois le blâmait, ajouta qu'en présence de Gandhi « on avait honte de faire quoi que ce fût de méprisable », et même qu' « on avait peur de penser quoi que ce fût de méprisable »[1].

Gandhi en fournit la preuve complète au cours du dernier chapitre de l'épopée sud-africaine.

1. Le récit qui forme le centre de ce chapitre suit l'histoire de Gandhi racontée par lui-même dans *Satyagraha in South Africa*. L'*Autobiographie* n'a permis d'y ajouter que quelques détails. Le discours de Gokhale à Bombay est cité d'après *Gandhi as We Know Him* édité par C. Shukla (Bombay, Vora and Co., 1945).

C'est dans *Young India* du 12 mai 1927 que se trouvent les paroles de Gandhi se vantant de son habileté de charpentier et de couturier pour Mrs. Gandhi.

CHAPITRE XIV

LA VICTOIRE

SMUTS hâta la controverse finale en annonçant à la Maison des Représentants que les Européens du Natal, qui avaient employé au début les travailleurs contractuels, n'accepteraient pas qu'on supprimât la taxe qui grevait les anciens serfs. Ce fut le signal de la reprise de la désobéissance civile. Les travailleurs contractuels et anciens travailleurs contractuels considérèrent cela comme une violation de la promesse faite au professeur Gokhale. Ils s'engagèrent volontairement en masse pour le *satyagraha*.

Gandhi ferma la Ferme de Tolstoï. Kastourbaï, Gandhi, les enfants de Gandhi et bien d'autres se dirigèrent vers la ferme de Phœnix. Les adultes se préparèrent pour les geôles.

Il y avait deux possibilités : le paiement de la taxe ou le bannissement des immigrants asiatiques. Une troisième fut alors admise. Le 14 mars 1913, un tribunal de la Cour suprême de la colonie du Cap décida que seuls les mariages chrétiens étaient légaux dans l'Afrique du Sud. Cela annulait les mariages hindous, musulmans ou parsis et faisait de toutes les femmes indiennes des concubines sans droits.

Pour la première fois, des foules nombreuses de femmes se joignirent aux résistants. Kastourbaï se joignit à eux également.

Comme mouvement de début de cette nouvelle campagne, un groupe de femmes volontaires eurent à passer du Transvaal dans le Natal et en conséquence à être condamnées à la prison. Si la police de frontière les ignorait, elles se dirigeraient vers les gisements de charbon du Natal à Newcastle et inciteraient les ouvriers indiens à se mettre en grève. Simultanément, un

petit nombre de « sœurs » du Natal, ainsi que les appelait
Gandhi, provoqueraient leur propre arrestation en pénétrant au
Transvaal sans permission.

Les « sœurs » du Natal furent arrêtées et emprisonnées.
L'indignation grandit et suscita de nouvelles recrues. Les
« sœurs » du Transvaal ne furent pas arrêtées. Elles se rendirent à Newcastle et décidèrent les ouvriers indiens à cesser
le travail. Alors, le gouvernement fit arrêter ces femmes aussi
et les enferma en prison pour trois mois. Le résultat fut l'extension de la grève.

Gandhi se précipita de la ferme de Phœnix à Newcastle.

Les mineurs vivaient dans des maisons de la compagnie.
Celle-ci leur supprima la lumière et l'eau.

Gandhi croyait que la grève durerait et, en conséquence,
conseilla aux ouvriers contractuels d'abandonner leurs habitations, en emportant leurs draps et quelques vêtements, et
d'aller installer leur camp aux alentours de la maison de
Mr. et de Mrs. D. M. Lazarus, deux époux chrétiens qui avaient
invité Gandhi à rester chez eux, en dépit des risques qu'entraînait pareille hospitalité.

Les grévistes dormaient en plein air. Des commerçants de
Newcastle leur fournissaient la nourriture et les ustensiles de
cuisine et de table. Bientôt, cinq mille grévistes étaient rassemblés en vue de la maison des Lazarus.

Gandhi était surpris et déconcerté. Que pouvait-il faire avec
une telle multitude? Ils pouvaient rester à sa charge pendant
des mois. Il décida de les « voir mis en sûreté dans les prisons
du Transvaal ». Il les informa de ce dessein, fit une description la plus noire possible de la prison et incita les indécis à
retourner aux mines. Personne ne le fit. On décida alors qu'à
un jour déterminé ils feraient tous à pied les trente-six milles
séparant Newcastle de Charlestown, à la frontière du Transvaal et du Natal, pénétreraient dans le Transvaal et, là, seraient
condamnés à la prison. Quelques femmes et enfants et quelques
hommes invalides devaient se rendre par le train vers la même
prison.

Tandis qu'on forgeait des plans, de nouveaux grévistes arrivaient. Une fois encore, Gandhi essaya, mais sans succès, de les
dissuader de le suivre. En conséquence, le 13 octobre fut choisi
comme jour de départ de Newcastle. Gandhi était en mesure
de fournir à chaque « soldat » une livre et demie de pain et une
once de sucre. Les instructions étaient de se comporter moralement, hygiéniquement et pacifiquement. De se soumettre

aux coups de fouet et aux mauvais traitements de la police. De ne pas opposer de résistance en cas d'arrestation.

On atteignit Charlestown sans incident. Les préparatifs pour accueillir l'armée de Gandhi avaient été faits d'avance par Kallenbach et d'autres. Les commerçants indiens de Charlestown (population normale : mille habitants) fournirent du riz, des légumes, des ustensiles de cuisine, etc. Gandhi était le chef et le maître d'hôtel. Les plaintes relatives à l'insuffisance des portions étaient reçues avec un sourire décourageant et par l'indication de la quantité de nourriture dont on disposait et du volume de la part revenant également à chacun.

Les femmes et les enfants furent logés dans des maisons; les hommes dormirent dans le jardin de la mosquée.

Avant de se mettre en marche, Gandhi fit connaître ses projets au gouvernement. Lui et les siens venaient au Transvaal pour faire une démonstration contre la violation de l'engagement pris par Botha et Smuts, et pour assurer le respect de leur dignité personnelle. « Je ne puis pas concevoir de dommage plus grand pour un homme que la perte de sa dignité personnelle », disait Gandhi. Évidemment, ajoutait-il, le gouvernement du Natal pouvait les arrêter à Charlestown et, par suite, leur épargner de plus longs voyages. D'autre part, si le gouvernement abrogeait la taxe de trois livres sterling, les grévistes reprendraient le travail dans les mines.

Le gouvernement ne leur rendit pas le service de les arrêter à Charlestown ni de supprimer l'impôt de trois livres. En fait, Gandhi soupçonnait que les autorités n'arrêteraient pas son « armée », même si elle entrait au Transvaal. En pareil cas, il avait l'intention d'aller jusqu'à la Ferme de Tolstoï en huit journées de marche de vingt milles.

Comment ferait-il pour nourrir sur la route pendant huit jours ses troupes de paix? Un boulanger européen de Volksrust s'engagea à leur fournir du pain et à envoyer chaque jour la quantité nécessaire par chemin de fer à l'endroit qui lui serait indiqué sur la route de la ferme.

Gandhi fit le compte de ses forces. Il y avait là 2.037 hommes, 127 femmes et 57 enfants. Le 6 novembre 1913, à 6 h. 1/2 du matin, « nous fîmes nos prières, rapporte Gandhi, et commençâmes notre marche au nom de Dieu ».

De Charlestown à la partie de Volksrust située dans le Natal, il y a un mille. Un important détachement de gardes-frontières transvaaliens à cheval était en réserve. Ils laissèrent passer les Indiens.

Le premier arrêt eut lieu à Palmford, à huit milles au delà de Volksrust. Les marcheurs prirent un léger repas et s'étendirent à terre pour dormir. Gandhi surveillait ses résistants endormis et s'apprêtait à se coucher, lorsqu'il entendit des pas et, bientôt après, vit un policeman qui s'approchait la lanterne à la main.

« J'ai un mandat d'arrêt contre vous, dit ce fonctionnaire poliment à Gandhi. Il faut que je vous arrête.

— Quand cela? demanda Gandhi.

— Tout de suite, répondit le policier.

— Où allez-vous m'emmener?

— D'abord, à la prochaine gare, expliqua l'homme sans cérémonie. Et puis, à Volksrust, s'il y a un train. »

Gandhi réveilla Mr. P. K Naïdou, un de ses aides digne de confiance, et lui donna ses instructions pour la continuation de la marche jusqu'à la Ferme de Tolstoï. Il fut ensuite transféré à Volksrust et traduit devant un tribunal. Le ministère public requit une peine de prison, mais le juge relaxa Gandhi sous caution fournie par Kallenbach. Gandhi avait demandé d'être mis en liberté sous caution en raison des responsabilités qu'il avait à l'égard des marcheurs. Kallenbach, demeuré à Volksrust pour faire suivre les traînards et les nouvelles recrues, avait une voiture prête et ramena rapidement Gandhi jusqu'à « l'armée » hindoue.

Le lendemain, les grévistes firent halte à Standerton. Gandhi était occupé à leur distribuer du pain et de la marmelade, lorsqu'un officier de police s'approcha et lui dit : « Vous êtes mon prisonnier. »

Cette fois encore, il fut libéré sous caution. Cinq de ses collaborateurs furent emprisonnés.

Deux jours plus tard, le 9 novembre, alors que Gandhi et Polak marchaient en tête de la longue colonne, une voiture les rejoignit, et le policier qui s'y trouvait ordonna à Gandhi de l'accompagner. Gandhi passa le commandement à Polak. Gandhi fut autorisé à faire savoir aux marcheurs qu'il était arrêté; mais, quand le petit « général » se mit à exhorter les Indiens à rester calmes, le policier s'écria : « Vous êtes en état de détention et n'avez pas le droit de faire des discours. »

En quatre jours, Gandhi avait été arrêté trois fois.

La marche continua sans son chef.

Le 10 au matin, en arrivant à Balfour, les Indiens aperçurent trois trains spéciaux rangés à la gare pour les ramener du Transvaal au Natal. Tout d'abord, ils refusèrent de se laisser arrêter, et ce fut seulement grâce au concours de Polak, d'Ahmad Kachhalia et d'autres, que la police fut capable de rassembler les marcheurs dans ces trains.

On remercia Polak pour ses bons offices; puis, on l'arrêta et l'enferma dans la geôle de Volksrust où il retrouva Kallenbach.

Le 14 novembre, Gandhi passa en jugement à Volksrust. Il plaida coupable. Mais le tribunal, écrivait Gandhi, « ne pouvait pas condamner un détenu sur son seul témoignage ». On lui demanda donc de fournir des témoins à charge. C'est ce que fit Gandhi. Kallenbach et Polak déposèrent contre lui.

Vingt-quatre heures plus tard, Gandhi comparut comme témoin à charge contre Kallenbach et, deux jours plus tard, Gandhi et Kallenbach déposaient contre Polak. Le juge Théodore Jooste leur infligea de mauvais gré trois mois de travaux forcés dans la prison de Volksrust.

Les grévistes subirent un sort plus fâcheux. Des trains les ramenèrent à leurs mines où ils furent enfermés entre des palissades encloses de barbelés et mis sous la surveillance d'employés de la mine qui avaient prêté serment en qualité de constables spéciaux. En dépit du fouet, des bastonnades et des coups de pied, ils refusèrent de descendre au fond de la mine.

Les nouvelles relatives à ces événements furent câblées aux Indes et en Angleterre. L'Inde rugit de colère; les autorités s'alarmèrent. Lord Hardinge, le vice-roi britannique, se crut obligé de faire un grand discours à Madras où, créant ainsi un précédent, il critiqua sévèrement le gouvernement sud-africain et réclama une commission d'enquête.

Pendant ce temps-là, un nombre toujours plus grand de travailleurs contractuels cessaient le travail par sympathie pour les mineurs rebelles de Newcastle. L'État considérait les travailleurs de ce genre comme des esclaves n'ayant pas le droit de faire grève, et envoya des soldats pour les maîtriser. Les soldats en tuèrent et en blessèrent quelques-uns.

Le courant de résistance grandit. Cinquante mille ouvriers contractuels environ étaient en grève. Plusieurs milliers d'Indiens libres étaient en prison. De l'Inde arrivait un fleuve d'or.

Les câbles échangés entre les bureaux du vice-roi et Londres et entre Londres et l'Inde alternaient avec de volumineux rapports officiels.

Au moment où l'on s'y attendait le moins, le gouvernement mit en liberté Gandhi, Kallenbach et Polak, le 18 décembre 1913. « Nous fûmes tous les trois désappointés par notre relaxe », écrivit Gandhi. La désobéissance civile, une fois bien lancée et inspirée, n'avait plus besoin de chefs.

Si Gandhi avait eu le désir d'être libre, il n'aurait pas eu besoin d'aller en prison : il n'avait qu'à s'abstenir de résister au gouvernement. Son emprisonnement et sa libération devaient faire avancer la cause et, cette fois-ci, sa libération n'y contribuait pas. Sous la pression du vice-roi et des autorités britanniques de Whitehall, une commission fut nommée pour enquêter sur les injustices dont se plaignaient les Indiens de l'Afrique du Sud, et l'on espérait que la mise en liberté de Gandhi et de ses collègues porterait témoignage de la bonne foi de Botha et de Smuts qui l'avaient nommée.

Mais, dès qu'il recouvra sa liberté, Gandhi proclama dans une déclaration publique que cette commission était « un ramassis de gens choisis à dessein pour tromper le gouvernement et l'opinion publique en Angleterre comme aux Indes ». Il ne doutait pas de « l'intégrité et de l'impartialité » de son président, sir William Solomon, mais, disait-il, Mr. Ewald Esselen était hostile. Quant au colonel J. S. Wylie, le troisième membre, il avait, en janvier 1897, « pris la tête de la populace qui faisait une démonstration contre les Indiens arrivant à Durban dans deux bateaux, incité dans un meeting public à couler les bateaux avec ceux qui étaient à bord, et approuvé une remarque d'un autre orateur disant qu'il paierait volontiers un mois de son traitement pour chaque coup de feu tiré contre les Indiens... Il n'a jamais cessé d'être notre ennemi pendant ces dernières années ». Au cours de cette agression, en 1897, Gandhi avait été blessé.

Trois jours après sa sortie de prison, Gandhi assista à un meeting de masse à Durban. Il n'était plus vêtu d'une chemise et d'un pantalon de cotonnade. Il portait une redingote blanche tombant jusqu'aux genoux, un tissu blanc enroulé autour de ses jambes (un pagne plus long) et des sandales. Il avait renoncé au costume occidental. Il faisait cela, expliqua-t-il au cours du meeting, en signe de deuil pour les camarades tués pendant la grève des mineurs.

Passant en revue la situation, Gandhi annonça « des souffrances purificatrices toujours plus grandes jusqu'à ce que finalement le gouvernement fasse tirer à balles sur nous ».

« Mes amis, s'écria-t-il, y êtes-vous préparés ?

— Oui, oui, hurla l'assemblée.

— Etes-vous préparés à partager le sort de nos compatriotes sur qui repose aujourd'hui une froide pierre ?

— Oui, oui, crièrent-ils.

— J'espère, continua Gandhi, qu'aucun de vous, qu'il soit homme, femme ou enfant..., ne tiendra compte ni de son salaire, ni de ses affaires, ni même de sa famille ou de son propre corps... »

La lutte, proclama-t-il, est « une lutte pour la liberté humaine et, par conséquent, une lutte pour la religion ».

Après cette réunion, Gandhi écrivit à Smuts pour réprouver les choix d'Esselen et de Wylie, ces membres antiasiatiques de la commission. « On ne peut pas modifier d'un seul coup son tempérament, faisait-il observer. Il est contraire aux lois de la nature de supposer que ces messieurs vont changer subitement... »

Smuts répondit trois jours plus tard en refusant d'adjoindre à la commission des Indiens ou des membres bien disposés pour eux.

En conséquence, Gandhi annonça que le 1er janvier 1914 lui et un groupe d'Indiens partiraient de Durban, dans le Natal, pour se faire arrêter. Ils ne revendiqueraient pas la liberté d'immigration dans l'Union ni l'égalité politique dans l'immédiat; ils ne désiraient, déclara-t-il, que recouvrer les droits perdus.

Alors que cette menace d'une marche des masses indiennes était suspendue sur la tête du gouvernement, les employés blancs de tous les chemins de fer sud-africains entrèrent en grève. Gandhi annula l'ordre de marche qu'il avait donné. Il n'entrait pas dans la tactique du *satyagraha*, expliqua-t-il, de détruire, de blesser, d'humilier ou d'aigrir son adversaire, ou de gagner la victoire en l'affaiblissant. Les résistants civils espéraient, par la sincérité, la chevalerie et leurs souffrances volontaires, convaincre l'esprit de leurs ennemis et conquérir leur cœur. Jamais ils ne profiteraient des embarras du gouvernement ou ne concluraient d'alliances antinaturelles.

Les félicitations affluèrent chez Gandhi. Lord Ampthill câbla d'Angleterre; d'autres en firent autant; des messages d'approbation lui parvinrent de l'Inde et de plusieurs points de l'Afrique du Sud [1].

Smuts, bien qu'il fût absorbé par la grève des chemins de fer (la loi martiale avait été proclamée), invita Gandhi à un entretien. Cette première conversation en amena une autre. Le gouvernement avait admis le principe d'une négociation.

---

1. Les lettres confidentielles non publiées jusqu'ici de Gandhi à lord Ampthill m'ont été gracieusement offertes par Benarsi Das Chaturvedi, écrivain indien qui a séjourné près de Gandhi aux Indes.

Les amis de Gandhi le mirent en garde contre un nouvel ajournement de la marche. Ils rappelaient l'engagement violé par Smuts en 1908.

« L'oubli, répondit Gandhi, en citant le sanscrit, est la parure des braves. »

L'esprit de tolérance démontré par Gandhi en révoquant l'ordre de marche créait une atmosphère favorable à un accord. Néanmoins, la main de Gandhi se trouva affermie par l'arrivée, sur un bateau rapide spécial, de Sir Benjamin Robertson, envoyé extraordinaire du vice-roi, inquiet des réactions hostiles provoquées aux Indes par les persécutions sud-africaines.

Une seconde fois, Gandhi donna l'ordre de différer la marche.

« Gandhi, affirma Smuts, au cours d'une de ses entrevues, cette fois-ci, nous ne voulons pas de malentendus; nous ne voulons pas de réserves mentales ou autres. Jouons cartes sur table. Je vous demande de me dire chaque fois qu'un passage particulier ou un mot ne concordera pas avec vos propres idées. »

Cet état d'esprit que Gandhi reconnut amical amena des progrès lents mais incessants des conversations. « Vous ne pouvez pas envoyer vingt mille Indiens en prison », déclara Smuts pour justifier sa nouvelle attitude de conciliation.

Smuts et Gandhi mirent cartes et textes sur table. Les mémorandums passèrent d'un côté à l'autre. Pendant des semaines, chaque mot fut pesé, chaque phrase limée, en vue de la rendre plus précise. Le 30 juin 1914, les deux subtils négociateurs échangèrent finalement des lettres confirmant les termes d'un accord parfait.

Ce document fut alors adressé à l'Indian Relief Bill et soumis au Parlement de l'Union, au Cap. Smuts intervint auprès des membres pour les prier de ne pas aborder la question « avec un esprit de controverse ». Le projet de loi devint en juillet une loi de l'Union.

Elle stipulait :

1º Que les mariages hindous, musulmans et parsis étaient réguliers;

2º Que la taxe annuelle de trois livres sur les travailleurs contractuels désireux de rester au Natal était abolie; les arriérés étaient annulés;

3º Les ouvriers contractuels cesseraient de venir de l'Inde à partir de 1920;

4º Les Indiens ne pourraient pas passer librement d'une province de l'Union à l'autre; mais ceux qui étaient nés dans l'Afrique du Sud pourraient pénétrer au Cap.

Smuts promit publiquement que cette loi serait appliquée « de façon équitable et en tenant dûment compte des droits acquis » des Indiens.

Cet accord était un compromis qui satisfaisait l'une et l'autre parties. Gandhi constata que les Indiens seraient toujours « claquemurés » dans leurs provinces, ils ne pourraient ni acheter de l'or ni posséder des terres au Transvaal, et ils auraient de la peine à obtenir des licences de commerce. Mais il considérait cet accord comme la « Grande Charte » des Indiens sud-africains. Le bénéfice, déclara-t-il dans un banquet d'adieu à Johannesbourg — on donna en son honneur une douzaine de dîners — ne consistait pas dans les « choses intrinsèques » contenues dans la loi, mais dans la justification du principe abstrait de l'égalité des races et dans la suppression de la « tare raciale ».

Cette victoire était de plus la justification de la résistance civile. « C'est, écrivit Gandhi dans *Indian Opinion*, une force qui, si elle devenait universelle, révolutionnerait les idéaux sociaux et mettrait fin au despotisme et au militarisme envahissants sous lesquels gémissent les nations occidentales, pressurées jusqu'à la mort, et qui menacent sérieusement d'envahir les puissances orientales. »

La bataille gagnée, Gandhi, accompagné de Mrs. Gandhi et de Mr. Kallenbach, s'embarqua pour l'Angleterre le 18 juillet 1914. Il portait un costume européen et semblait distingué, pensif et las. Kastourbaï portait un *sari* blanc orné de riches dessins floraux; elle semblait aussi souffrante que belle. De même que son mari, elle avait quarante-cinq ans.

Au moment de quitter pour toujours l'Afrique du Sud, Gandhi remit à miss Schlesin et à Polak une paire de sandales qu'il avait faite en prison et les pria de la remettre comme cadeau au général Smuts. Celui-ci les porta chaque été dans sa propre ferme de Doornkloof, à Irène, non loin de Prétoria. En 1939, pour le soixante-dixième anniversaire de Gandhi, il les lui renvoya en un geste d'amitié. Invité à cette occasion à collaborer à un volume destiné à commémorer cette date, il accepta et, se nommant lui-même aimablement « un adversaire de Gandhi une génération plus tôt », il y déclarait que des hommes tels que le Mahatma « nous rachètent de nos sentiments de banalité et de futilité, et nous inspirent de ne pas nous fatiguer de bien faire ».

« L'histoire de notre opposition au début de l'Union sud-africaine, écrivait Smuts, a été racontée par Gandhi lui-même et elle est bien connue. Ç'a été ma destinée d'être l'antagoniste d'un homme pour lequel j'ai toujours eu le plus grand respect... Il n'oublia jamais l'arrière-plan humain de cette affaire; il ne perdit jamais son calme ou ne céda à la haine; et il conserva toujours son amabilité même dans les situations les plus difficiles. Son attitude et son esprit à cette époque, aussi bien que plus tard, contrastèrent notablement avec la rudesse et l'énergie brutale qui sont en vogue de nos jours...

« Je dois reconnaître franchement que ses activités en ce temps-là me furent pénibles... Gandhi... apporta une technique nouvelle... Sa méthode consistait à violer délibérément la loi et à organiser ses partisans en un mouvement de masses... Une émotion terrible et déconcertante fut créée dans nos deux provinces; un grand nombre d'Indiens durent être incarcérés pour leur attitude illégale, et Gandhi lui-même obtint — ce qu'il désirait sans aucun doute — une période de repos et de tranquillité en prison. Tout se réalisa pour lui suivant son plan. Pour moi qui étais le défenseur de la loi et de l'ordre, ce fut l'état de choses habituel, je supportai l'odieux d'appliquer une loi qui n'était pas fortement soutenue par le public et, en fin de compte, la déconfiture, lorsque cette loi fut abrogée [1]. »

Parlant du cadeau que lui avait fait Gandhi, Smuts constatait : « J'ai porté ces sandales depuis lors pendant bien des étés, bien que j'aie la conviction de n'être pas digne de marcher dans les chaussures d'un homme si grand. » Cet humour et cette générosité démontrent qu'il était digne de l'ardeur mise par Gandhi à le combattre.

Une partie de la force de Gandhi consistait à faire agir les meilleurs instincts semblables aux siens chez son adversaire.

La pureté des méthodes de Gandhi faisait que Smuts avait de la peine à s'opposer à lui. La victoire lui vint non pas quand Smuts n'eut plus la force de le combattre, mais quand il n'en eut plus le cœur.

Le professeur Gilbert Murray, d'Oxford, a écrit : « Prenez garde quand vous traitez avec un homme qui ne recherche pas les plaisirs sensuels, ni le confort, ni la louange, ni l'avan-

---

1. Le témoignage de Smuts en l'honneur de Gandhi est cité d'après *Mahatma Gandhi, Essays and Reflections on His Life and Work*. L'exemplaire dont je me suis servi m'a été prêté par Leïlamani Naïdou, fille de feue Mrs. Saroyin Naïdou, poète indien, et est dédicacé par Gandhi : « A Leïlamani, avec l'affection de Bapou, 11-10-40... »

cement, mais qui est simplement décidé à faire ce qu'il croit juste. C'est un ennemi dangereux et incommode, car son corps dont vous pouvez toujours vous rendre maître vous donne fort peu de prise sur son âme. »

Tel était Gandhi, le chef.

DEUXIÈME PARTIE

GANDHI AUX INDES
(9 janvier 1915 - 23 mars 1946)

CHAPITRE XV

GANDHI CHEZ LUI, DANS L'INDE

Il n'existe pas d'*isme* qui ait eu prise sur Gandhi. Rien de théorique n'a jamais guidé ses pensées ou ses actes. Il n'a jamais rejeté brutalement ce qui se présentait à lui. Il se réservait le droit de n'être pas d'accord avec lui-même.

Sa vie a été, suivant ses dires, une expérience sans fin. A plus de soixante-dix ans, il expérimentait encore. Il n'y avait rien de lourd en lui. Ce n'était pas un hindou conformiste, ni un nationaliste conformiste, ni un pacifiste conformiste.

Il était indépendant, sans entraves, imprévisible et, par suite, excitant et difficile. Une conversation avec lui était un voyage de découvertes : il osait aller partout sans carte géographique.

Attaqué, il était rare qu'il se défendît. Heureusement adapté à l'Inde, il ne condamna jamais personne. Humble et simple, il ne prétendait pas au respect. Bien qu'il prît plaisir aux tâches mentales et non productives, il était libre grâce à son travail de créateur.

Il ne disait ou ne faisait non plus quoi que ce fût dans le seul but de gagner ou d'apaiser des disciples. Le besoin intime qu'il ressentait d'accomplir un acte dépendait des effets qu'il pourrait avoir sur ses partisans.

Deux jours avant que Gandhi, sa femme et Kallenbach arrivassent en Angleterre en venant de l'Afrique du Sud, la première guerre mondiale éclata. Gandhi s'engagea pour servir dans une ambulance dirigée par lui. Quatre-vingts Indiens, la plupart étudiants aux universités du Royaume-Uni, s'engagèrent aussi. Gandhi n'avait aucune illusion : « Ceux qui se limitent à soigner les blessés sur les champs de bataille ne peuvent être absous de la culpabilité de guerre. »

Dans ce cas-là, protestaient ses amis, comment pouvait-il prendre part à une guerre?

Effectivement, Gandhi répondait : « J'accepte les bienfaits et la protection de l'Empire britannique; je n'ai rien tenté pour le détruire; comment pourrais-je permettre qu'il fût détruit? »

C'est seulement en quantité qu'une nation moderne est moins violente en temps de paix qu'en temps de guerre; et c'est seulement si l'on ne collabore pas en temps de paix que l'on peut sauver sa conscience en ne collaborant pas en temps de guerre. Pourquoi payer les impôts avec lesquels on fait les armes qui tuent? Pourquoi obéir à cette catégorie de gens officiels qui veulent faire la guerre? Renoncez à votre citoyenneté ou allez en prison avant la guerre, sinon, vous devez être dans l'armée en temps de guerre.

Le fait d'aider à la guerre était pénible pour Gandhi et, politiquement, nocif. Mais il préférait la vérité au bien-être.

Tandis que faisait rage au-dessus de sa tête une tempête légère quant à son attitude avant la guerre, sa pleurésie, aggravée par l'excès de jeûnes, prit une forme sérieuse, et le médecin lui enjoignit de retourner chez lui aux Indes. Il arriva à Bombay, avec Kastourbaï, le 9 janvier 1915.

A l'exception de sa contrée natale, le Gouyarat, et des villes de Bombay et de Calcutta, de la région de Madras, patrie des nombreux Tamils travaillant sous contrat dans l'Afrique du Sud, Gandhi n'était pas très connu dans l'Inde. Et il ne connaissait pas l'Inde.

En conséquence, le professeur Gokhale « ordonna » à Gandhi de passer la première année « les oreilles ouvertes, mais la bouche close ». Ce qu'il apprit en ces douze mois quant au passé et au présent, Gandhi l'opposa aux espérances d'avenir qu'il avait formulées dès 1909 dans son premier livre : *Hind Swaraï, ou le Home Rule hindou*[1]. Il avait écrit cette brochure

1. *Hind Swaraï or Indian Home Rule*, par M. K. Gandhi, publié par Navajivan Publishing House, Ahmédabad, Inde, a été publié depuis 1909 en des éditions innombrables, avec de nouvelles introductions par Gandhi et Mahadev Desaï. Le fac-similé du manuscrit original tel qu'il a été écrit par Gandhi, des deux mains, en gouyarati, a été publié également chez Navajivan, relié en toile indigène verte. Une édition américaine (Chicago, Universal Publishing Co., 1924), avec une introduction de John Haynes Holmes et éditée par Haridas T. Muzumdar, a paru sous le titre de *Sermon on the Sea* : il ne ressemble que de loin au *Sermon sur la montagne*.

en gouyarati, en se servant de la main droite et de la main gauche, tandis qu'il retournait d'Angleterre dans l'Afrique du Sud; il l'avait publiée en plusieurs fois dans *Indian Opinion* et fait paraître en volume, en gouyarati et en anglais. Il en permit la réimpression dans l'Inde en 1921 sans aucun changement et, dans l'introduction d'une autre réimpression en 1938, il écrivit : « Je n'ai rien trouvé qui fût de nature à me faire modifier les vues que j'y exposais. » Cette brochure de soixante-seize pages était donc son credo social.

L'*Indian Home Rule* rapporte les discussions que Gandhi eut à Londres avec des Indiens. L'un d'entre eux était anarchiste, d'autres terroristes. « Si nous agissons avec justice, leur disait-il, l'Inde sera libre plus tôt. Vous verrez aussi que si nous fuyons chaque Anglais comme un ennemi, le *Home Rule* sera différé. Mais si nous sommes justes à leur égard, nous aurons leur appui... » C'était une parole prophétique.

Gandhi demandait à ses interlocuteurs qu'il désigne globalement sous le nom de « Reader » (lecteur) comment ils concevaient l'indépendance future de l'Inde. « Comme celle du Japon, répondait le lecteur. C'est ainsi que doit être l'Inde. Nous devons posséder notre propre marine, notre armée, et nous devons avoir notre propre gloire, et alors la voix de l'Inde retentira dans le monde entier. »

En d'autres termes, explique Gandhi, vous désirez « le gouvernement anglais sans les Anglais. Vous voulez la nature du tigre, sans le tigre... Vous feriez l'Inde anglaise... Tel n'est pas le *swarai* que je désire ».

« Un certain nombre d'Anglais, écrivait Gandhi, affirment qu'ils ont conquis et gardent l'Inde par l'épée. Ces deux affirmations sont fausses. L'épée est complètement inutile pour garder l'Inde. C'est nous seuls qui les gardons... Nous aimons leur commerce; ils nous plaisent pour leurs méthodes subtiles et obtiennent de nous ce qu'ils veulent... De plus, nous fortifions leur étreinte en nous querellant les uns avec les autres... l'Inde est foulée aux pieds non sous le talon des Britanniques, mais sous celui de la civilisation moderne. » Et puis il fulminait contre l'usage qu'en faisait dans l'Inde des chemins de fer et des machines.

Des étrangers et des Indiens attaquaient souvent Gandhi en raison de son hostilité pour les machines modernes. Les diverses éditions du *Hind Swarai* rappellent quelques-unes de ces discussions. En 1924 par exemple, on avait demandé à Gandhi s'il était opposé à toutes les machines.

« Comment le pourrais-je, répondit-il, alors que je sais que notre corps est une très délicate pièce de machinerie? Le rouet est une machine; un petit cure-dent est une machine. Ce à quoi je suis opposé, c'est à la folie des machines, non aux machines elles-mêmes.

« Aujourd'hui, les machines servent tout uniment à faire avancer quelques-uns sur le dos de millions d'autres... Les machines ne devraient pas avoir pour but d'atrophier les reins de l'homme. Par exemple, je ferais quelques intelligentes exceptions. Prenez le cas de la machine à coudre Singer. C'est l'une des quelques rares inventions utiles, et c'est quelque chose de merveilleux que cette invention elle-même. » Il avait appris à coudre sur cette machine.

« Et n'aimeriez-vous pas les grandes usines destinées à produire de petites merveilles telles que la Singer?

— Si », reconnaissait Gandhi.

Gandhi n'était pas l'ennemi des machines. Il avait seulement constaté plus tôt que bien d'autres les dangers et les horreurs d'une civilisation où l'individu est en quelque sorte dans la même situation qu'un sauvage qui fabrique une idole et, ensuite, fait des sacrifices pour l'apaiser. Plus vite les machines se meuvent et plus rapide est la vie de l'homme, plus grandes deviennent sa tension nerveuse et les concessions culturelles et sociales qu'il faut faire à la vitesse. Gandhi aurait eu moins d'hostilité pour les machines si elles ne servaient que le corps; il ne voulait pas qu'elles envahissent la pensée et dominent l'esprit. Il estimait que la mission de l'Inde était « d'élever l'être moral ». C'est pour cette raison que « si les Anglais s'indianisent nous pouvons leur rendre service ».

Pareille chose ne s'était jamais produite, objectait le lecteur.

« Croire que ce qui ne s'est jamais produit au cours de l'histoire, répliquait Gandhi, ne peut se produire, c'est démontrer qu'on ne croit pas à la dignité de l'homme. » Il avait l'âme d'un prophète oriental et l'esprit d'un pionnier occidental.

Le lecteur tournait en dérision les préoccupations morales de Gandhi. Il désirait que l'Inde fût libérée des Britanniques comme Mazzini et Garibaldi avaient libéré l'Italie de l'Autriche. Cette analogie permettait à Gandhi de pousser à fond la thèse qui le mena à la grandeur avant et spécialement après l'indépendance de l'Inde.

« Si vous croyez que les Italiens sont heureux parce que ce sont des Italiens qui gouvernent leur nation, vous cheminez à tâtons... Selon Mazzini (la liberté) est destinée à l'ensemble

du peuple italien, c'est-à-dire à ses paysans. L'Italie de Mazzini
reste toujours en esclavage...

« Ce serait une folie que de supposer, ajoutait Gandhi,
qu'un Rockefeller italien vaudrait mieux qu'un Rockefeller
américain. »

Gandhi voyait les fêlures de la civilisation occidentale, mais
il lui empruntait bien des choses. Au point de vue idéologique,
il avait un pied dans le courant profond d'individualisme de
la première partie du XIXᵉ siècle en Europe et l'autre dans
le courant agité du nationalisme de la seconde moitié. Ces
deux courants se fondaient en lui, et il désirait réaliser la
même synthèse dans le mouvement pour l'indépendance de
l'Inde.

Il demandait à l'Angleterre d'abandonner l'Inde, mais il ne
désirait pas que l'Inde quittât l'Angleterre. Il cultivait des
liens culturels et autres avec la Grande-Bretagne.

Lors d'un banquet, à Madras, au mois d'avril 1915, il soutint
sa campagne en faveur du recrutement pour l'armée britannique. Ce discours était pro-oriental. « J'ai découvert, disait-il,
que l'Empire britannique a certains idéaux pour lesquels je
me suis pris d'amour; et l'un d'entre eux est que tout sujet
de cet Empire a le plus libre champ d'action pour son énergie
et son honneur et que tout ce qu'il pense convient à sa conscience. Je pense que cela est vrai du gouvernement britannique dans une mesure où cela ne l'est d'aucun autre gouvernement... J'ai dit plus d'une fois que le meilleur gouvernement
est celui qui gouverne le dernier. J'ai découvert qu'il m'était
possible d'être gouverné jusqu'à la fin par l'Empire britannique. De là vient mon loyalisme envers cet Empire. »

Les discours de Gandhi étaient prononcés d'un ton faible,
peu expressif, du ton de la conversation. Il avait été annoncé
comme le héros du Natal et du Transvaal, comme celui qui
avait vaincu Smuts. Les nationalistes indiens attendaient un
nouveau géant, un homme-lion capable de les conduire à
l'indépendance. (Gokhale mourut en 1915.) Ils furent désappointés. Au lieu d'un candidat apte à prendre sa succession,
ils virent une mince et petite personne vêtue d'un turban
ridiculement grand et d'un pagne flottant. Elle avait peine à
se faire entendre (il n'y avait pas de haut-parleurs), et ne faisait pas frémir son auditoire ni ne l'aiguillonnait.

Pourtant, Gandhi ne devait pas tarder à reconstruire tout
le mouvement nationaliste de l'Inde.

En même temps que Gandhi quittait la ferme de Phœnix,

sa propre famille abandonnait l'Afrique du Sud pour l'Inde,
avec d'autres familles. Gandhi choisit Chantinikétan, comme
le meilleur séjour temporaire des garçons de ce groupe. C'était
une école du Bengale, dans l'Inde orientale, entretenue par
Rabindranath Tagore, grand romancier de l'Inde et poète
lauréat qui reçut en 1913 le prix Nobel de littérature.

Gandhi et Tagore étaient contemporains et étroitement unis
comme promoteurs de la régénération indienne au xxᵉ siècle.
Mais Gandhi était le champ de blé et Tagore la roseraie, si l'on
peut s'exprimer ainsi; Gandhi était le bras qui travaillait,
Tagore la voix qui chantait; Gandhi, le général, Tagore, le
héraut; Gandhi, l'ascète émacié, Tagore, l'aristocrate intellectuel, grand, à la blanche crinière, à la tête et à la face rasées, à
la barbe blanche, au visage d'une beauté classique, patriar-
cale. Gandhi était l'exemple du puissant renoncement; Tagore
ressentait « l'embrassement de la liberté dans mille liens de
délices ». Mais tous deux étaient unis par l'amour de leur pays
et de l'humanité. Tagore pleurait en voyant son Inde « être
l'éternel chiffonnier dans les poubelles des autres peuples »
et priait pour la « magnifique harmonie de toutes les races
humaines ».

Tagore et Gandhi, les plus grands Indiens de la première
moitié du xxᵉ siècle, se vénéraient l'un l'autre. Ce fut, semble-
t-il, Tagore qui donna à Gandhi le titre de « Mahatma ». C'est,
disait-il de lui, « la grande âme, en vêtements de mendiant ».
Gandhi nommait Tagore « la grande Sentinelle ». Inséparables
quant aux sentiments, frères d'âme jusqu'à la fin, ils se livrèrent
des batailles verbales, car ils étaient différents. Gandhi était
tourné vers le passé et, de lui, il formait l'histoire de l'avenir :
la religion, les castes, la mythologie hindoues étaient profondément enracinées en lui. Tagore acceptait le présent, avec ses
machines, sa culture occidentale et, malgré cela, écrivait des
poèmes orientaux. Peut-être — étant donné que le fait d'être
originaire de telle ou de telle province est si important aux
Indes — la différence entre eux venait-elle du fait que l'un
était du Gouyarat isolé, l'autre du Bengale cosmopolite. Gandhi
était frugal. Tagore était prodigue. « Les millions qui souffrent,
écrivait Gandhi à Tagore, réclament un poème, une nourriture
qui leur donne de la force. » Tagore leur donnait de la musique.
A Chantinikétan, les élèves de Tagore chantaient et dansaient,
tressaient des couronnes et rendaient la vie douce et belle.
Lorsque Gandhi y arriva, peu de temps après son retour aux
Indes, pour voir comment ses garçons de la ferme de Phœnix

se comportaient, il mit tout sens dessus dessous. Aidé par Charles Freer Andrews et William W. Pearson, ses amis de l'Afrique du Sud, Gandhi persuada cette communauté de cent vingt-cinq garçons et leurs maîtres de faire la cuisine, de préparer la pitance, de nettoyer les cabinets, de balayer le sol et en général d'abandonner les muses pour la vie monacale. Tagore acquiesça d'un esprit tolérant et dit : « Cette expérience est la clé du Swaraj », ou *home rule*. Mais l'austérité ne lui était pas naturelle, et lorsque Gandhi partit pour aller assister aux obsèques de Gokhale, l'expérience s'effondra.

Cependant Gandhi cherchait son propre ermitage, où lui, sa famille, ses amis et ses plus proches collaborateurs pourraient établir définitivement leur demeure dans une atmosphère de renoncement et de service. Gandhi n'avait plus de bureau pour sa profession privée d'avocat ou pour ses rapports privés avec sa femme et ses fils. Un étranger lui demanda un jour : « Comment va votre famille?

— Toute l'Inde est ma famille », répondit Gandhi.

Dans ce but, il fonda le *Satyagraha Ashram*, d'abord à Kochrab puis, définitivement, à Sabarmati, de l'autre côté de la rivière du même nom qui le séparait de la ville d'Ahmédabad. Là, enraciné dans le sol et le sable et le peuple de l'Inde, Gandhi grandit et devint pleinement le chef de sa nation.

Les seigneurs du textile d'Ahmédabad et les barons de la navigation de Bombay donnèrent de l'argent pour tenir dans la pauvreté les habitants de l'*ashram* de Gandhi. Cet *ashram* de Sabarmati se composait de quelques chaumières basses, blanchies à la chaux, dans un bouquet d'arbres disséminés. A un mille de là se dressait la prison de Sabarmati où les combattants pour la liberté de l'Inde furent plus tard incarcérés. Au-dessous du groupe de maisons coule la rivière où les femmes lavaient leur linge et où pataugeaient les vaches et les bufflonnes. Tout autour, le paysage est aimable et pastoral; mais, non loin de là, se trouvent les maisons étroitement serrées d'Ahmédabad dominées par les vilaines cheminées d'usine.

La chambre de Gandhi avait à peu près la dimension d'une cellule; son unique fenêtre était garnie de barreaux de fer. Elle s'ouvrait sur une petite terrasse où Gandhi dormait même pendant les nuits les plus froides et travaillait pendant le jour. A l'exception des intervalles passés en prison, Gandhi occupa cette cellule pendant seize ans.

Dans l'Inde antique, les *ashrams* et les ermitages pieux réservés aux moines étaient des phénomènes bien connus. Les

pèlerinages faits à quatre *ashrams* situés dans différentes contrées du pays signifiaient que les jambes du pèlerin avaient
constaté l'unité de l'Inde. Les *ashramites* avaient renoncé au
monde et, voués à la contemplation intérieure et extérieure
d'eux-mêmes, attendaient la mort, tout en torturant leur corps
pour accélérer la fin. Gandhi et son *ashram* restèrent néanmoins en étroit contact avec le monde. Cet *ashram* devint en
fait le nombril de l'Inde [1]. En le contemplant, les Indiens s'attachaient à son premier citoyen. Gandhi ne blessait pas non
plus son corps intentionnellement. Il le faisait masser; il dormait convenablement; il marchait pour se fortifier; toutes ses
anomalies alimentaires, si bizarres aux yeux des Occidentaux
et même de beaucoup d'Indiens, avaient pour but de faire de
lui un instrument biologiquement parfait pour parvenir à ses
buts spirituels. Bien qu'il réduisît rigoureusement la quantité
de nourriture qu'il absorbait, il ne désirait pas mourir de faim
et, dans l'Afrique du Sud, il portait toujours sur lui des amandes
enrobées de chocolat pour apaiser les faims subites [2]. Jusqu'à
ce qu'on tirât sur lui, il resta un modèle de santé. Qui donc,
sinon un homme en parfaite santé, eût pu jeûner aussi souvent
qu'il le fit et, pourtant, atteindre l'âge de soixante-dix-huit
ans?

Une photographie prise peu après son retour aux Indes le
montre assis sur une estrade, les jambes croisées, nu à l'exception d'un court pagne, en train de prononcer une allocution,
tandis que se tiennent autour de lui des hommes politiques
hindous vêtus à l'européenne. Il leur conseillait souvent de
se débarrasser de ces vêtements. Comment des gens portant
des complets de Bond Street ou des vestons et des pantalons
de Bombay pouvaient-ils gagner l'appui des paysans?

Les paysans? Ces hommes politiques ne se souciaient nullement des paysans. Ils espéraient convaincre les Britanniques
de supprimer ou, tout au moins, d'améliorer le régime impérial. Pour y parvenir, il fallait ou bien être un excellent tireur
ou se présenter en pantalon à rayures pour remettre à des

1. Les informations concernant l'*ashram* de Sabarmati m'ont été procurées
par un certain nombre de ses habitants. Pendant l'été de 1948, j'ai visité
cette agglomération. Des renseignements supplémentaires proviennent d'un
article long et détaillé de P. R. Mehrotra dans la *Tribune* d'Ambala (Pundjab oriental) du 30 janvier 1949, et de *Mahatma Gandhi, Sketches in Pen,
Pen il and Brush*, par Kanou Desaï, avec un *Essai* de Verrier Elwin (Londres,
The Golden Vista Press, 1932).
2. C'est par Manilal Gandhi avec qui j'ai passé beaucoup de temps à New-
York en mai 1949 que j'ai eu connaissance de la passion de Gandhi pour
les amandes au chocolat, ainsi que d'autres détails sur sa vie privée.

bureaucrates anglais des pétitions rédigées en excellent anglais.

Or, Gandhi leur disait de se mêler au peuple. Pour cela, il était nécessaire de laisser tomber l'anglais et de parler les dialectes indigènes : le hindi, l'ourdou, le tamil, le télougou, le malayalam, le cannarèse, le bengali, le poundjabi, etc., parlés les uns et les autres par des millions d'hindous qui n'avaient pas reçu l'éducation occidentale ni même aucune instruction. Le relèvement du village était pour Gandhi la première liberté. Plus de quatre-vingts pour cent des Indiens vivaient au village. La libération de l'Inde aurait été vaine, à son avis, si les paysans n'avaient pas été libérés de la pauvreté, de l'ignorance et de la paresse. Les Britanniques pouvaient s'en aller, mais en quoi cela profiterait-il aux cinquante ou soixante millions d'intouchables, victimes d'un cruel ostracisme de la part des hindous? L'indépendance devait être quelque chose de plus que l'installation de fonctionnaires indiens dans les postes et les palais occupés par les fonctionnaires britanniques.

Gandhi désirait une Inde nouvelle pour tout de suite, et non pour plus tard.

Son message toucha l'Inde comme une baguette magique. Progressivement, les yeux s'ouvrirent. Les Indiens pleuraient la gloire perdue de leur pays. Gandhi leur apporta un baume. Vêtu d'un pagne, imperturbable, pieux, assis parmi les arbres, n'imitant pas les gentlemen anglais, mais semblable à un saint de l'antiquité, il rappela à sa nation que l'Inde avait vu bien des conquérants et qu'elle les avait conquis, par le seul fait d'être demeurée fidèle à elle-même. Gandhi ranima la fierté et la foi de l'Inde. Sa baguette magique devint une baguette de fusil.

Ce fut le message de Gandhi qui soutint le parti du Congrès national hindou.

Ce Congrès, ainsi que les hindous le dénomment, avait été créé à Bombay le 28 décembre 1885. Son père et premier secrétaire général était un Anglais : Allan Octavian Hume, approuvé par le vice-roi britannique, lord Dufferin. Hume proposa d'abord aux politiciens indiens de se réunir régulièrement, sous la présidence des gouverneurs anglais, comme tribunal de doléances; mais le vice-roi estima que les Indiens parleraient plus librement s'ils étaient présidés par un des leurs. Hume fit ces deux propositions à des Indiens éminents qui choisirent la variante indiquée par le vice-roi. Telle fut l'origine du Congrès. Hume en resta le secrétaire, parfois seul, parfois avec des collègues indiens jusqu'en 1907. Le président du Congrès pour 1888 fut

George Yule, un Anglais, pour 1894, Alfred Webb, un Irlandais, membre du Parlement britannique, pour 1904, sir Henry Cotton, fonctionnaire retraité de l'Administration civile aux Indes, et, en 1910, sir William Wedderburn, ancien secrétaire du gouvernement de Bombay. Gandhi louait Hume et Wedderburn pour leur dévouement à l'Inde. Tous ces hommes, aussi bien que tous les membres du Congrès à cette époque, voyaient le bien de l'Inde dans des réformes constitutionnelles et des mesures administratives.

Le Congrès était organisé de façon à canaliser les protestations populaires vers une modération légale. Mais dans ce canal coulaient les eaux fraîches du nationalisme ressuscité, éperonné, pendant la seconde partie du XIXe siècle, par la famille Tagore, par Sri Aurobindo, par Swami Vivécananda, disciple dynamique et éloquent du mystique Ramakrichna, par Naoroyi Dadabhaï, et par Raya Rammohan Roy, premier traducteur en anglais des *Oupanichads*. Le mouvement théosophique mondial, tributaire permanent de l'antique richesse religieuse et culturelle de l'Inde, alimentait également cette fierté du passé qui fut la base du mouvement de régénération nationale.

Grâce en partie à l'unification et à l'administration correcte du pays par les Britanniques, les industriels indiens, tout particulièrement les hindous et les parsis, s'enrichirent et commencèrent à désintéresser leurs partenaires britanniques. L'apparition d'un capitalisme indien et d'une classe nouvelle moyenne chez les hindous, donna une impulsion puissante aux réclamations faites pour obtenir le *home rule*.

Sous ces multiples influences, le Congrès s'évada bientôt de son enfance collaborationniste pour devenir un jeune homme exigeant [1]. Les « prières » adressées aux gouverneurs britanniques s'exprimèrent en termes plus énergiques, bien que Tagore, en 1921, se lamentât encore de leurs « gémissements d'une correction grammaticale ». Des manifestations d'irritation polie remplacèrent les invitations polies adressées aux fonctionnaires

[1]. Les *Speeches and Writings of Mahatma Gandhi* ont fourni le texte d'un grand nombre de discours de Gandhi pendant cette période. L'*Autobiographie* a rendu des services... Les actes officiels du Congrès national indien se trouvent dans le tome considérable intitulé *To the Gates of Liberty*, avec un avant-propos de Yaouaharlal Nehrou, Congress Commemoration Volume (Calcutta, 1947). Le titre de cette histoire du Congrès est emprunté à un article de Pearl S. Buck sur Gandhi : « Il a conduit son peuple jusqu'aux portes de la liberté. Si on ne les ouvre pas, le peuple de l'Inde les ouvrira... » Des éclaircissements supplémentaires concernant les premières années du Congrès peuvent être recueillis dans *Dadabhaï Naoroji, the Grand Old Man of India* et dans *India* par sir Valentine Chirol (Londres, Ernest Benn, 1926).

supérieurs de l'Empire pour leur demander d'assister aux séances du Congrès. Des discours et des résolutions réclamaient l'établissement du *home rule*. Mais les extrémistes étaient les seuls à rêver de convertir le Congrès en un agent actif pour conquérir l'indépendance de l'Inde par une action de masses.

Gandhi, lui aussi, était collaborationniste lorsqu'il rentra aux Indes en 1915. Mais il y avait un potentiel révolutionnaire, anticollaborationniste dans sa nostalgie d'une Inde qui serait hindoue au lieu d'être un simple démarquage de l'Occident par ses vêtements, son langage, ses mœurs et sa politique. Gandhi ambitionnait pour son pays une régénération culturelle et une renaissance spirituelle qui lui donneraient la liberté intérieure et, par suite, inévitablement, la liberté extérieure, car si le peuple acquérait la dignité individuelle et collective, il réclamerait ses droits et, alors, personne ne pourrait plus le maintenir en esclavage.

La métamorphose nationale envisagée par Gandhi ne pouvait pas être l'exploit d'une petite classe supérieure ou le cadeau d'un pouvoir étranger.

CHAPITRE XVI

« ASSEYEZ-VOUS, GANDHI ! »

Sous le choc de la première guerre mondiale, la vague de protestations s'accrut dans l'Inde, et même les membres modérés du Congrès commencèrent à réclamer le *home rule*. En septembre 1915, Mrs. Annie Besant, une Anglaise remarquable qui a inscrit définitivement son nom dans l'histoire de l'Inde moderne, annonça la fondation d'une Ligue pour le *home rule* et persuada le vétéran Dadabhaï d'en accepter la présidence.

En 1892, Mrs. Besant ouvrit une école à Bénarès, la sainte cité sur le Gange, et, en 1916, cette institution, dirigée par le pandit Malaviya, se transforma en Collège central de l'Université hindoue. Un groupe illustre de notables prit part au mois de février 1916 aux cérémonies d'inauguration qui durèrent trois jours. Le vice-roi était là, ainsi qu'un grand nombre de maharadjahs, de maharanées, de radjahs et de hauts fonctionnaires en d'éblouissants uniformes.

Le 4 février, Gandhi prononça un discours. On l'arrêta avant qu'il eût terminé.

L'Inde n'avait jamais entendu de mots aussi francs, aussi exempts de fard. Gandhi n'eut d'égard pour personne, surtout pas pour ceux qui étaient présents. « Son Altesse, le Maharadjah qui présidait hier nos délibérations, dit Gandhi, a parlé de la pauvreté de l'Inde. D'autres orateurs ont vivement insisté sur ce point. Mais de quoi avons-nous été témoins dans le grand *pandal* où a eu lieu l'inauguration par le vice-roi (lord Hardinge)? Certainement d'une exhibition très somptueuse, d'une exposition de joyaux qui aurait été une fête splendide pour les yeux du plus grand joaillier venu de Paris. Je compare à ces aristocrates couverts de riches parures les millions de pauvres. Et je sens comme eux en disant : « Il n'y aura pas de salut pour l'Inde tant que vous n'arracherez pas ces joyaux et ne les considérerez pas comme un fidéi-commis pour vos pauvres compatriotes de l'Inde. »

— Bravo! bravo! » s'exclamèrent les étudiants qui étaient dans l'auditoire. Quelques personnes protestèrent. Plusieurs princes sortirent.

Gandhi n'en fut pas troublé . « Chaque fois que j'entends parler d'un grand palais qui s'élève dans quelque grande ville des Indes, continua-t-il, que ce soit dans l'Inde britannique ou dans l'Inde gouvernée par nos grands chefs, je me sens devenir jaloux et je dis : « Oh! c'est l'argent qui vient de nos pay- « sans!... » Il ne peut pas y avoir un profond sentiment d'autonomie en nous, s'écria-t-il, si nous enlevons ou si nous laissons enlever aux paysans presque la totalité du produit de leur travail. Notre salut ne peut nous venir que par le cultivateur. Ni les avocats, ni les docteurs, ni les riches propriétaires ne sont en voie de nous l'assurer. Le Congrès moins encore! »

Gandhi déployait son drapeau devant les puissants de l'Inde. C'était le drapeau des humbles.

« C'est un sujet de profonde humiliation et de honte pour nous, ajouta-t-il, si je suis obligé ce soir, dans l'ombre de ce grand collège, et dans cette ville sainte, de m'adresser à mes compatriotes dans un langage qui m'est étranger. »

Et, revenant au point essentiel de sa philosophie, Gandhi, se servant de mots qui choquaient les aristocrates assemblés devant lui, dit : « Nulle déclaration écrite ne nous donnera notre autonomie. Ce n'est pas une quantité de discours qui nous rendra jamais capables de nous gouverner nous-mêmes. C'est seulement notre conduite qui le fera. Et comment essayons-nous de nous gouverner nous-mêmes?... Si vous trouvez que je parle ce soir trop nettement, je vous prie de considérer que vous recevez seulement communication des pensées d'un homme qui se permet à lui-même de penser de façon à être entendu; et si vous estimez que j'outrepasse les limites que devrait m'imposer la courtoisie, pardonnez-moi la liberté que je prends. J'ai visité hier soir le temple de Visouanath, et tandis que je parcourais ses allées, voilà quelles étaient les pensées qui m'émouvaient... Je parle avec ma sensibilité, comme un hindou. Est-il juste que les allées de nos saints temples

soient aussi sales qu'elles le sont? Les maisons qui l'entourent
sont construites n'importe comment. Les allées sont étroites
et tortueuses. Si nos temples eux-mêmes ne sont pas des mo-
dèles d'espace et de propreté, que pourra être notre autonomie?
Nos temples deviendront-ils des demeures de sainteté, de propreté et de paix dès que les Britanniques se seront retirés de
l'Inde? »

Gandhi était près de la terre; les oreilles les plus délicates
elles-mêmes pouvaient entendre des faits réels. « N'est-il pas
réconfortant de penser, disait-il, que les gens se promènent
dans les rues de Bombay l'indienne avec la crainte constante
de voir les habitants des maisons à plusieurs étages cracher
sur eux? » Bon nombre d'Indiens fronçaient les sourcils. Était-il
juste qu'un Indien dît de telles choses en présence des Anglais?
Et qu'est-ce que ces crachats avaient à faire avec l'université
de Bénarès ou avec l'indépendance?

Gandhi sentait l'opposition de son auditoire, mais il était
inflexible. Lui-même voyageait beaucoup en troisième. L'état
de ces voitures n'était pas complètement dû à la faute des
administrateurs. Les Indiens crachaient là où les autres devaient dormir. Les étudiants se conduisaient mal dans ces
trains. « Ils peuvent parler anglais, ajoutait-il d'un ton sar-
castique, et ils portent des vestons Norfolk et, en conséquence,
revendiquent le droit de se faire place et d'exiger des places
assises... Je vous expose mon cœur à nu. Sans aucun doute,
nous devons corriger ces choses pour progresser vers l'auto
nomie. »

La ration de pensées impossibles à digérer n'était pas encore
complète pour ce jour-là. Il restait à dire ce qu'on ne devait
même pas mentionner. « C'est mon devoir absolu, assurait
Gandhi, de faire allusion à ce qui a troublé nos esprits ces
deux ou trois derniers jours. Nous avons tous eu des moments
d'angoisse tandis que le vice-roi parcourait les rues de Bénarès.
Il y avait des détectives postés en maint endroit. » Il y eut un
moment d'émotion parmi les invités. C'étaient là des choses
dont on ne devait pas parler en public. Mais c'était ce qui
convenait à Gandhi. « Nous avons été horrifiés, révéla-t-il.
« Nous nous demandions à nous-mêmes : « Pourquoi cette mé-
« fiance? Ne vaudrait-il pas mieux pour lord Hardinge lui-même
« de mourir que de vivre une mort vivante? Mais le représentant
« d'un puissant souverain ne le peut pas. Il peut même trouver
« nécessaire de vivre une mort vivante. Mais pourquoi fallait-il
« nous imposer ces détectives? »

Non seulement Gandhi posait l'imprononçable question, mais il donnait l'imprononçable réponse : « Nous pouvons frémir. Nous pouvons nous irriter, fit-il en parlant de l'impression faite sur les Indiens par ces policiers, nous pouvons en éprouver du ressentiment, mais n'oublions pas que l'Inde actuelle, dans son irritation, a produit bon nombre d'anarchistes. Je suis moi-même un anarchiste, mais d'un type différent... Leur anarchie... est un signe de peur. Si nous avons confiance en Dieu et le craignons, nous ne craindrons personne, ni maharadjahs, ni vice-roi, ni détectives, ni même le roi George. »

L'auditoire s'agitait de plus en plus et des interruptions s'élevaient de divers points de l'assemblée. Gandhi prononça quelques phrases de plus, et Mrs. Besant qui présidait lui cria : « Je vous en prie, arrêtez! »

Gandhi se tourna vers elle et dit : « J'attends vos ordres. Si vous estimez qu'en parlant comme je le fais je ne rends pas service à mon pays et à l'Empire, je m'arrêterai certainement. »

Mrs. Besant répondit froidement : « Exposez votre sujet.

— Je l'explique. Je dis simplement... » Il fut impossible de l'entendre en raison du tumulte.

« Allez-vous-en! » criaient les uns.

« Asseyez-vous! » hurlaient les autres[1].

L'ordre une fois rétabli, Gandhi prit la défense de Mrs. Besant : C'est parce qu' « elle aime tant l'Inde qu'elle pense que j'ai tort de penser tout haut devant vous, les jeunes ». Mais il préférait parler franchement : « Je suis en train de tourner sur nous-mêmes le projecteur. ...Il est bon parfois de recevoir un blâme! »

A ce moment-là plusieurs hauts personnages quittèrent l'estrade, l'émotion s'accrut et Gandhi dut se taire. Mrs. Besant remit la réunion à plus tard.

De Bénarès, Gandhi retourna chez lui à Sabarmati.

Les distances sont grandes aux Indes et les communications mauvaises; peu de gens savent lire; moins nombreux encore sont ceux qui possèdent un appareil de radio. C'est pour cette raison que l'ouïe de l'Inde est très bonne et très sensible. En

---

1. Il n'est pas question dans l'*Autobiographie* de Gandhi du discours prononcé à l'Université de Bénarès ni de cet épisode. Le texte complet de ce discours, tel qu'il a été publié par Gandhi, est imprimé dans les *Speeches and Writings of Mahatma Gandhi.*
To the Gates of Liberty et la biographie rédigée par Dadabhaï contiennent des renseignements sur Mrs. Annie Besant, de même qu'une conférence sur cette dernière faite par sir C. P. Ramasouami Aiyar et reproduite dans ses *Pen-Portraits, Essays and Addresses* (Bombay, Hind Kitabs, Ltd., 1948).

CHAPITRE XVII

LES « ENFANTS DE DIEU »

« L'INDE, a dit Yaouaharlal Nehrou, renferme tout ce qui répugne et tout ce qui est noble. » Rien de ce qu'elle renferme n'est plus répugnant que « le régime hideux », ainsi que l'appelait Gandhi, de l'intouchabilité, ce « chancre qui s'attaque aux parties vitales de l'hindouisme ». Les hindous orthodoxes ne partageaient pas ce point de vue; ils n'accueillirent pas non plus avec faveur les efforts de Gandhi pour extirper ce mal.

En s'efforçant de supprimer l'intouchabilité, Gandhi s'attaquait à des traditions enracinées depuis plusieurs milliers d'années. Elles avaient pris leur origine dans l'invasion préhistorique de l'Inde par les Aryens et s'étaient ancrées dans les cœurs, les superstitions et les habitudes sociales de centaines de millions de gens. Nombre de nations occidentales ont aussi leurs « intouchables », mais le système brutal de l'intouchabilité chez les hindous dérive de circonstances historiques et économiques particulières qui sont liées en un vilain faisceau par les sanctions religieuses.

Dans la longue nuit sans histoire qui a précédé l'histoire, des hommes à peau blanche nommés Aryens habitaient le Nord de l'Inde. Peut-être venaient-ils de l'isthme lointain du Caucase situé entre la mer Caspienne et la mer Noire, ou bien du Turkestan, ou même des vallées éloignées du Don et du Terek en Russie. Il y a six ou sept mille ans, les Aryens commencèrent à faire une poussée vers le sud; une vague de cette migration s'étendit jusqu'aux Indes deux ou trois mille ans avant Jésus-

Christ; une autre descendit vers l'Iran; une troisième vers l'Europe.

De là vient la famille des langues « indo-européennes ». Il y a un rapport évident entre le sanscrit de l'Inde et un grand nombre de langues occidentales : sanscrit : *pitri;* latin, *pater;* anglais, *father;* français, *père;* sanscrit : *mère;* latin, *mater;* grec, *métér;* russe, *mat';* sanscrit : *duhirti;* anglais, *daughter;* allemand, *Tochter;* russe, *dotch'.*

Progressivement, les Aryens, dont le nom signifie *nobles,* conquirent le Nord-Ouest de l'Inde. Ils y trouvèrent une antique civilisation qui se rapportait à celle de Babylone, de l'Assyrie et, vraisemblablement, de l'Égypte.

Une inondation ou une épidémie détruisit cette civilisation de l'Inde, la plus ancienne qui soit connue. Les Aryens apportèrent leurs propres dieux et leurs biens et donnèrent un nouveau caractère à cette contrée. Ils se servaient de chevaux et de chars, de haches de combat, d'arcs et de javelots.

Le *Rig-Véda,* composé de mille vingt-huit hymnes et écrit en sanscrit liturgique, dépeint la vie de ces conquérants indo-aryens, il y a quatre à cinq mille ans. Ce livre, que l'on affirme être le plus ancien du monde, révèle l'origine du système de castes hindou et celui des parias intouchables.

Pour autant qu'on puisse l'affirmer, les Aryens, à leur arrivée aux Indes, n'étaient pas encombrés par un système de castes. Mais la conquête amena des différences sociales. Bien que les territoires annexés ne fussent pas sans doute la patrie d'êtres barbares ou noirs, le *Rig-Véda* parle avec mépris de ses habitants qu'il qualifie de « peaux-noires », d'hommes sans nez et de « méchants », qui n'avaient pas suffisamment de connaissances pour apaiser les dieux en leur offrant des holocaustes d'animaux. Les Aryens utilisaient ces inférieurs pour labourer leurs champs, soigner leurs troupeaux, échanger leurs produits et fabriquer leurs outils et leurs ornements. Les marchands et fermiers constituaient la troisième caste, celle des vaïsyias; les artisans, la quatrième ou celle des soudras.

Le pouvoir et la richesse semèrent la discorde parmi les Aryens, et ils invitèrent un radjah ou roi à gouverner leurs différents districts. Ce fut lui et ses courtisans, et leurs soldats et leurs familles, qui formèrent la caste des kchatryias ou super-guerriers, qui étaient servis par les brahmanes ou prêtres qui chantaient des cantiques, écrivaient le *Véda,* appliquaient les rites, inventaient des mythes et sacrifiaient des animaux. Mais l'ascendant exercé par la religion et l'intelligence était tel que les brahmanes devinrent la caste supérieure, tandis que les kchatryias prenaient le premier rang après eux.

Les Aryens qui pénétrèrent dans l'Inde, ne possédant que peu de femmes, se marièrent avec des femmes de la population locale. Ce mélange salutaire de sang continua après que les conquérants eurent pénétré dans l'Inde méridionale où ils subjuguèrent les Dravidiens. Ces races avaient créé par elles-mêmes une civilisation intéressante. Mais elles avaient la peau sombre, et les Aryens, fiers de leur couleur, élevèrent en conséquence davantage encore les barrières de caste. Les Dravidiens devinrent brahmanes, kchatryias et vaïsyias, mais un pourcentage plus grand que dans le Nord fut refoulé dans la caste des soudras et des millions furent laissés hors de toutes les castes.

L'invasion aryenne fit fuir de nombreux indigènes jusque dans les collines et les jungles où ils vécurent de la pêche et de la chasse. De temps à autre ils s'approchaient avec crainte des villages d'Aryens et de soudras pour y vendre leurs paniers d'osier et d'autres produits du travail de leurs mains. De temps en temps, on les autorisait à s'installer définitivement à l'orée des colonies et à y exécuter des tâches manuelles, telles que transporter les gens et les animaux morts, enlever les ordures, etc. C'étaient les intouchables.

Depuis les temps modernes, la vocation n'est plus la conséquence de la caste. Un brahmane peut être chauffeur; un kchatrya comptable et un vaïsyia premier ministre d'un prince. D'autre part, l'interdiction de mariage entre les castes différentes a été respectée jusqu'à ce jour et, lorsque Gandhi entra en scène en 1915, peu nombreux étaient ceux qui la violaient. Malgré cela, les quatre castes étaient subdivisées en trois ou quatre mille sous-castes, dont quelques-unes ressemblaient à des guildes d'artisans, d'autres équivalaient à des groupes familiaux ou provinciaux; c'est dans ces sous-castes que les parents préféraient aller chercher une femme pour leurs fils. Le mariage d'un membre d'une caste avec un intouchable, était, bien entendu, quelque chose d'inimaginable. Les mariages d'amour étaient considérés comme plutôt inconvenants, et certainement de mauvais augure. Les mariages étaient arrangés par les familles. Pourquoi donc un père aurait-il déconsidéré sa famille en y admettant une fiancée paria?

Les intouchables étaient réduits à des tâches que les hindous méprisaient : balayage des rues, enlèvement des ordures, tannage, etc. Dans quelques contrées, les charrons, les chas-

seurs, les tisserands et les potiers sont considérés comme intouchables. Pour échapper à cette humiliation, certains intouchables avaient adopté la religion chrétienne ou l'islamisme.
Pourtant quarante ou cinquante millions avaient préféré rester
dans l'enceinte, même s'ils étaient parqués derrière une palissade. Pourquoi?

Pour perpétuer la caste, on l'avait revêtue de la formule sacrée d'un immuable destin : Tu es ou un brahmane ou un soudras ou un intouchable en raison de ta conduite dans une
précédente incarnation. Ta mauvaise conduite actuelle peut
avoir comme conséquence une diminution de caste lors de
ta prochaine réincarnation. Un hindou d'une caste élevée peut
ressusciter comme intouchable. L'âme d'un pécheur peut même
être transférée dans le corps d'un animal. Un intouchable peut
renaître brahmane.

La conduite modifie donc l'hérédité; mais, une fois que le
rang de la caste est fixé dans une incarnation déterminée, il
devient votre destinée. En conséquence de cette doctrine un
intouchable ne fait rien d'autre que pénitence; interrompre
cette pénitence en relevant son état serait lui dérober la possibilité de parvenir à une caste plus élevée dans sa prochaine
incarnation. Cette perspective réconcilie les intouchables religieux avec leur misère présente.

Voici exactement ce qu'est un intouchable : il ne doit pas
toucher un hindou appartenant à une caste ou quoi que ce
soit que touche un hindou. Par conséquent, il ne devrait
entrer ni dans un temple, ni dans une demeure, ni dans une
boutique hindous... Dans les villages, les intouchables vivent
dans la partie la plus basse où coulent les eaux sales; dans les
villes, ils occupent la pire partie des pires « slums » du monde
entier. Si, par malchance, un hindou entrait en contact avec
un intouchable ou avec quelque chose qu'un intouchable
aurait touchée, il devrait se purifier au moyen des ablutions
prescrites par la religion. Qui plus est, dans certaines régions,
il y est tenu même quand l'ombre d'un intouchable tombe
sur lui, car cela aussi le souille.

L'intouchabilité est la séparation poussée à la folie. Alors
que c'était en théorie un moyen de se préserver contre la
contamination, cela contamine réellement le pays qui le permet.
Le Mahatma Gandhi le savait et il combattit contre l'intouchabilité aussi bien dans l'intérêt des castes que dans celui
des parias; mais, en menant ce combat, il portait un défi à des
milliers de tabous et suscitait des millions de craintes, de

superstitions, de haines et de droits acquis. Le bouddhisme et
bien des réformateurs hindous avaient attaqué l'intouchabilité;
Gandhi n'en parla guère avant de passer à l'action[1].

Au mois de mai 1918, à Bombay, il prit part à un meeting
destiné à examiner le sort des intouchables. Au moment de
commencer son allocution, il dit : « Y a-t-il ici quelque intouchable? » Aucune main ne se leva. Gandhi refusa de parler.

Or, une famille d'intouchables s'en vint à l'*ashram* de Gandhi
non loin d'Ahmédabad et demanda à devenir membre permanent de cet *ashram*. Il l'y autorisa.

Une tempête s'éleva.

La présence d'un père, d'une mère et de leur petite fille
Lakchmi, intouchables, polluait l'*ashram* tout entier. Comment
les riches hindous de Bombay et d'Ahmédabad pouvaient-ils
financer un lieu contaminé? Ils refusèrent leurs subventions.
Mangalal, qui tenait les comptes, fit savoir qu'il était sans
argent et n'avait rien en vue pour le prochain mois.

« Alors, nous irons vivre au quartier des intouchables »,
répondit tranquillement Gandhi.

Un matin, un richard arriva en auto et demanda si la communauté avait besoin d'argent. « Bien sûr », répondit Gandhi qui
n'avait rencontré cet homme qu'une fois, par hasard.

Le lendemain le bienfaiteur anonyme déposa treize mille
roupies en gros billets dans la main de Gandhi et s'éloigna.
Cela suffisait à l'entretien de l'*ashram* pendant un an.

Cela ne mit pas un terme aux ennuis de Gandhi. Les femmes
refusèrent d'accepter parmi elles la femme intouchable. Kastourbaï se révolta à la pensée d'avoir Danibehn dans sa cuisine
à préparer sa nourriture et à laver sa vaisselle; elle s'en plaignit
à son mari. Gandhi l'écouta patiemment et fit appel à sa

---

1. La déclaration de Nehrou citée dans la première phrase du chapitre m'a
été faite à l'*ashram* de Gandhi en 1942 et est empruntée à mon livre *A Week
with Gandhi* (New-York, Duell, Sloan and Pearce, 1942). J'ai utilisé également *The Discovery of India*, par Nehrou (Calcutta, The Signet Press, 1946).
Pour les débuts de l'histoire de l'Inde je me suis appuyé sur le livre excellent et suggestif de Mrs. Gertrude Emerson Sen, envers qui je me sens très
obligé, *The Pageant of India's History...*
Autres ouvrages utilisés : *India*, par sir Valentine Chirol; *Mahatma Gandhi's Ideas, Including Selections from His Writings*, par C. F. Andrews;
Selections from Gandhi, par Nirmal Kumar Bose; *Hinduism and Buddhism*,
par Ananda K. Coomarasouamy; *Pen-Portraits, Essays and Addresses*, par
sir C. P. Ramasouami Aiyar; l'*Autobiographie* de Gandhi et *Gandhi and
Stalin*, par Louis Fischer (New-York, Harper and Brothers, 1948). J'ai
consulté également l'*Encyclopaedia Britannica* pour les articles sur « Caste,
Intouchables, Sanscrit et Aryens »... Pour la question compliquée et délicate
des castes, j'ai interrogé des douzaines d'hindous aux Indes et aux États-
Unis.

raison. Mais la croyance à l'intouchabilité réside dans quelque
centre nerveux où elle voisine avec l'intolérance raciale, le dogme
et le préjugé de la couleur entre autres choses; elle exclut le
bon sens et l'humanité. Gandhi dut donc affronter Kastourbaï
sur son propre terrain : elle était une loyale hindoue, désirait-
elle le quitter et s'en aller vivre à Porbandar? Il était responsable de ce qu'elle faisait; s'il la forçait à commettre un péché,
c'était sa faute à lui, non à elle, et elle n'en serait pas punie. Kastourbaï s'accoutumait de plus en plus aux étranges méthodes
de son mari. Elle n'était jamais capable de réfuter ses arguments. Il était maintenant un Mahatma. Qu'est-ce qu'elle était,
elle, cette Gouyarate, cette femme presque analphabète, pour
discuter avec l'homme de Dieu? Il était maintenant le professeur aimant, et non l'époux sensuel. Elle était moins irritée
contre lui, et l'écoutait davantage. Certes, l'exaspération contre
les intouchables continuait à ensorceler son tissu nerveux.
Mais, peu à peu, sa pensée apprenait à accueillir ces idées.
Dans l'atmosphère respectueuse de l'Inde, le mari devenait
un héros.

Bientôt, Gandhi annonça qu'il avait adopté Lakchmi comme
sa fille. Kastourbaï devenait par là mère d'une intouchable.

Gandhi soulignait le fait que l'intouchabilité ne faisait pas
partie de l'hindouisme primitif. Effectivement sa lutte contre
le « miasme » de l'intouchabilité se déroulait sur la base de
l'hindouisme. « Je ne désire pas être réincarné, déclarait-il.
Mais si je devais l'être je voudrais être intouchable, afin de
partager les misères de ces gens, leurs souffrances et les affronts
qui se dressent contre eux, afin de pouvoir m'efforcer de me
libérer moi-même et de les libérer de leur misérable condition. »

Si cette prière du Mahatma a été exaucée, il est actuellement
un enfant intouchable dans l'Inde et ses disciples dévoués sont
peut-être en train de le maltraiter.

Mais, avant d'être transformé en intouchable dans sa prochaine réincarnation, il essaya de vivre comme l'un des intouchables dans sa vie actuelle. C'est ainsi qu'il se chargea de
nettoyer les cabinets de l'*ashram*. Ses disciples se joignirent à
lui de leur plein gré. Personne n'était intouchable, parce que
chacun faisait le travail des intouchables sans se considérer
comme contaminé par là.

Les hindous n'appartenant à aucune classe étaient dénommés
« intouchables », parias, « classes humiliées » ou « classes mar-
quées ». Gandhi avait le sens de la « psychologie »; il se mit
à les appeler : *haryians*, c'est-à-dire « enfants de Dieu ». Plus

tard, il appela ainsi son hebdomadaire. Progressivement, ce mot fut consacré par l'usage.

Les hindous fanatiques ne pardonnèrent jamais à Gandhi son amour pour les intouchables et portent la responsabilité de certaines obstructions politiques qu'il a rencontrées au cours de sa carrière. Mais pour d'immenses multitudes, il était le Mahatma. On réclamait sa bénédiction, on était heureux de toucher ses pieds; certains baisaient la trace de ses pas dans la poussière. Ils devaient en conséquence fermer les yeux sur le fait qu'il était aussi souillé qu'un intouchable, parce qu'il enlevait les ordures et vivait avec des intouchables, et avait une fille intouchable; ils devaient l'oublier. Au fur et à mesure, des dizaines de milliers d'hindous appartenant aux castes supérieures s'en vinrent à l'*ashram* de Gandhi pour s'entretenir avec lui, manger avec lui, demeurer avec lui. Quelques-uns certainement se purifièrent ensuite, mais il n'est pas possible qu'un grand nombre ait eu pareille hypocrisie. L'intouchabilité perdit quelque chose de son caractère maudit. Des partisans de Gandhi se mirent à utiliser des intouchables dans leur ménage. Étaient-ils meilleurs que leur saint? Il les instruisait par son exemple.

La vie des villes et l'industrialisation avaient contribué, elles aussi, à affaiblir la persécution à laquelle étaient soumis les *haryians*. Dans un village tout le monde connaît tout le monde. Mais les intouchables n'ont pas un extérieur différent de celui des autres, et dans un autobus ou dans un train, l'hindou appartenant à une caste peut être assis coude à coude avec un paria sans s'en rendre compte. L'impossibilité d'éviter le contact a réconcilié les hindous avec ce contact.

Néanmoins la pauvreté des *haryians* persiste, et la discrimination dont ils sont l'objet fut loin d'être vaincue par les premiers actes de Gandhi, par ses gestes et ses déclarations en leur faveur. Il poursuivit donc ses efforts inlassablement.

La plus simple explication de l'attitude prise par Gandhi à l'égard de l'intouchabilité est le fait qu'il ne pouvait pas la supporter. En effet, il avait une telle horreur de ce « boycottage d'êtres humains » qu'il alla jusqu'à dire : « S'il m'était démontré que c'est là un élément essentiel de l'hindouisme, je me proclamerais pour mon compte en rébellion ouverte avec cette doctrine. » Nul homme ayant plus le souci de sa popularité que des principes n'aurait fait pareille déclaration dans un pays habité en majorité par des hindous conservateurs. S'il le fit, ce fut, disait-il, en sa qualité d'hindou, afin

de purifier sa religion. Il considérait l'intouchabilité comme
une « tumeur », comme une adultération de l'hindouisme.

Dans l'hindouisme, il est vrai, il est difficile de distinguer
une tumeur de ce qui est essentiel. L'hindouisme est plus
qu'une doctrine et plus qu'une religion. Ce n'est pas une religion
qu'on applique un jour par semaine. Il envahit les maisons,
les fermes, les écoles, les boutiques. C'est une manière de vivre
qui embrasse la préhistoire mythologique, l'histoire, l'économie,
la géographie et l'ethnographie de l'Inde. Là, la religion est
la somme complète de l'expérience nationale. L'Islam absorbe
moins; l'hindouisme est une religion spongieuse, qui accepte
tout et n'a rien de fondamental. « Nous ne possédons pas de
documents indiscutables et indubitables, pas de révélations
particulières, et nos livres saints ne sont pas définitifs », écrit
le philosophe hindou Sir C. P. Ramaswami Aiyar. L'hindouisme
est simultanément monothéiste et idolâtrique, parce que, à
différentes périodes de son histoire, il a pénétré des populations
qui acceptaient l'une ou l'autre doctrine. Les monothéistes ont
toléré les idoles et les idolâtres ont dansé devant des images
gravées, tout en adressant leurs prières à un dieu unique.
Certains hindous sacrifient des animaux dans leurs temples;
d'autres estiment comme une obligation religieuse de ne tuer
ni un ver ni un germe. Les mouvements de réforme de l'hindouisme, tels que le bouddhisme et le djaïnisme, ne se sont
jamais transformés en schismes. Ils disparaissent dans la cir-
culation générale du sang. L'hindouisme est flexible, compréhen-
sif, malléable. Telle est aussi la pensée de bien des hindous.
Telle était celle de Gandhi. Il lutta contre l'intouchabilité. Il
avait horreur des sacrifices d'animaux. Le sang qui coulait
dans la maison de Dieu le rendait malade. Mais les hindous
qui perpétraient ces fautes étaient ses frères, et il était le leur.

L'Inde, suivant le mot de Nehrou, ressemble à un palimpseste. Un palimpseste est un ancien parchemin ou une toile
sur lesquels on a écrit ou peint, puis qu'on a recouverts à une
période ultérieure d'un vernis sur lequel on a écrit ou peint
de nouveau, et puis, reverni pour y écrire ou y peindre une
troisième, une quatrième, une cinquième fois. Cette utilisation
économique du matériel a préservé, sans qu'on en eût l'intention,
des reliques précieuses du passé; les experts savent maintenant
comment faire disparaître les nouvelles couches et mettre à
jour les inscriptions ou peintures originales. La différence est
que, pour ce qui est de l'Inde, le vernis, si l'on peut dire, s'est
dissous et que tous les mots et signes des diverses stratifications

sont visibles en même temps et forment un inextricable fouillis. Cela explique la complexité de la civilisation hindoue et des hindous qui ont été pénétrés par elle.

Parfois cependant une seule couche du palimpseste est visible; en pareil cas, un hindou moderne peut voir disparaître son éducation européenne et devenir un fétichiste brutal et primitif, de même qu'un savant occidental peut adopter le charabia déraisonnable d'un culte abandonné.

L'hindouisme s'est amalgamé Mahavira, le fondateur du djaïnisme, et Bouddha qui étaient considérés comme athées et agnostiques. Nombre d'hindous ont accepté Jésus et Mahomet comme leurs guides spirituels. Mais, dans leurs moments de folie, hindous, sikhs et mahométans se massacrent les uns les autres. Puis, ils retombent dans leur apathique tolérance.

En dépit de leur soif insatiable d'unité, le « vivre et laisser vivre » de l'hindouisme signifie cependant « vivre séparément ». L'hindouisme a favorisé les divisions à l'infini en villages fermés, en familles unies et se suffisant à elles-mêmes, comprenant sous le même toit deux, trois et même quatre générations, et des castes s'isolant elles-mêmes, et des multitudes de sous-castes dont les membres, jusqu'en ces derniers temps, ne se mariaient pas entre eux et même ne prenaient pas leurs repas ensemble. Les hindous animés de la crainte de Dieu avaient plaisir à voir les « enfants de Dieu » dans un dégradant isolement.

Néanmoins, l'idéal hindou de l'unité dans la diversité subsiste. Les facteurs qui les relient sont les trois branches du triangle qui forme le contrat tacite existant entre eux : la ligne jamais interrompue de leur culture depuis les ténèbres du passé jusqu'à ce jour, les chaînons de leur histoire et les liens du sang et de la religion.

Le sang unit les hindous aux musulmans et aux sikhs. La religion affaiblit ce lien. La géographie les assemble; mais les mauvaises communications les séparent. La multiplicité des idiomes les désunit.

De tous ces éléments, Gandhi et sa génération ont entrepris de forger une nation.

CHAPITRE XVIII

L'INDIGO

Lorsque je rendis pour la première fois visite à Gandhi dans son *ashram* de Sévagram, Inde centrale, il me déclara : « Je vais vous dire comment j'en suis venu à exiger le prompt départ des Britanniques. C'était en 1917. »

Il s'était rendu, en décembre 1916, à la session annuelle du parti du Congrès national indien, à Lucknow. Il y avait là deux mille trois cent un délégués et un grand nombre de curieux. Pendant les séances, « un paysan, me raconta Gandhi, vint à moi, semblable extérieurement à n'importe quel paysan de l'Inde, pauvre et émacié, et me dit : « Je suis Raykoumar « Choukla. Je suis de Champaran, et je désire retourner dans « mon district. » Gandhi n'avait jamais entendu parler de cette localité. Elle se trouvait sur les collines au pied des gigantesques sommets de l'Himalaya, non loin du royaume de Népal.

Conformément à une antique disposition, les paysans de Champaran étaient des métayers. Raykoumar était l'un d'eux. Il était illettré mais résolu. Il était venu à la session du Congrès pour se plaindre de l'injustice que constituait le système seigneurial du royaume de Bihar et, probablement, quelqu'un lui avait dit : « Parlez-en à Gandhi. »

Gandhi répondit à Choukla qu'il était obligé de se rendre à Cawnpore et devait également aller dans d'autres contrées de l'Inde. Choukla le suivit partout. Alors Gandhi retourna à sa maison non loin d'Ahmédabad. Choukla l'y accompagna. Pendant plusieurs semaines, il ne le lâcha pas.

« Fixe-moi une date », lui demandait-il.

Ému par la ténacité du métayer et par son histoire, Gandhi répondit : « Je dois être à Calcutta à telle et telle date. Viens m'y chercher pour m'emmener avec toi. »

Des mois passèrent. Lorsque Gandhi arriva, Choukla était assis là à l'endroit fixé. Il attendit que Gandhi fût libre. Alors, tous deux prirent le train dans la direction de Patna, dans le royaume de Bihar.

Gandhi décida de se rendre d'abord à Mouzzafarpour, sur la route conduisant à Champaran, afin d'obtenir sur la situation des informations plus complètes que celles que Choukla pouvait lui donner. La nouvelle de l'arrivée de Gandhi et de la nature de sa mission se répandit rapidement à Mouzzafarpour et à Champaran. Des métayers de ce dernier village arrivèrent à pied et en voiture pour voir leur défenseur. Des avocats de Mouzzafarpour vinrent lui rendre visite pour lui exposer l'affaire. Ils représentaient souvent des groupes de paysans devant les tribunaux; ils lui parlèrent des affaires qu'ils avaient défendues et lui firent connaître le taux de leurs honoraires.

Gandhi leur fit des reproches : ils exigeaient des paysans des honoraires trop élevés. Il dit : « Je suis arrivé à la conclusion que nous devons cesser de porter ces affaires devant les tribunaux. Cela ne produit rien de bon. Quand les paysans sont si opprimés et si terrorisés, les tribunaux ne mènent à rien. Le seul soulagement qu'on peut leur apporter c'est de les libérer de la peur. »

La majeure partie du sol arable du district de Champaran était divisée en vastes propriétés appartenant à des Anglais et cultivées par des fermiers indiens. La culture principale était l'indigo. Les propriétaires forçaient leurs fermiers à planter en indigo les 3/20 ou 15 % de leurs champs et à leur abandonner comme loyer toute la récolte d'indigo. Cela était établi par des contrats à longue échéance.

Or, les propriétaires venaient d'apprendre que l'Allemagne avait réalisé l'indigo synthétique. Ils essayèrent donc d'amener les métayers à leur payer une compensation pour obtenir la résiliation de leur engagement de 15 %.

Cet engagement était gênant pour les paysans et bon nombre d'entre eux payèrent volontiers. Ceux qui résistèrent eurent recours aux avocats. Entre temps, les paysans illettrés eurent connaissance de la nouvelle concernant l'indigo synthétique et réclamèrent leur argent.

Ce fut à ce moment-là que Gandhi arriva à Champaran.

Il s'efforça d'abord de connaître les faits. Il alla en premier

lieu rendre visite au secrétaire de l'Association des propriétaires britanniques. Celui-ci lui répondit qu'il ne pouvait pas donner de renseignements à un étranger. Gandhi lui répondit que
ce n'était pas son cas.

Il se rendit alors chez le commissaire britannique pour
la province de Tirhout où se trouve le district de Champaran.
« Le commissaire, raconte Gandhi, se mit à m'injurier et me
donna l'ordre de quitter sur-le-champ le Tirhout. »

Gandhi n'en fit rien. Tout au contraire, il se rendit à Motihari,
chef-lieu du district de Champaran. Plusieurs avocats l'y accompagnèrent. A la gare, une grande foule le salua. Il se rendit
dans une maison dont il fit son quartier général, et poursuivit
ses investigations. On lui envoya un rapport indiquant qu'un
paysan avait été maltraité dans un village voisin. Gandhi
résolut d'y aller voir. Le lendemain matin, il partit à dos d'élé-
phant. Il n'était pas encore très éloigné quand un messager
du surintendant de police le rejoignit et lui intima de revenir
à la ville dans sa voiture. Gandhi obéit. Le policier le recondui-
sit chez lui et lui remit un avis officiel l'invitant à partir
immédiatement. Gandhi signa un accusé de réception sur lequel il écrivit qu'il n'obéirait pas à cet ordre.

En conséquence, il fut cité devant le tribunal pour le jour
suivant.

Le lendemain, la ville de Motihari était noire de paysans.
Ceux-ci ne connaissaient pas le succès remporté par Gandhi
dans l'Afrique du Sud. Ils avaient seulement entendu dire qu'un
Mahatma qui désirait venir à leur aide avait des ennuis avec
les autorités. Leur démonstration spontanée, par milliers,
autour du palais de justice, fut le premier acte qui les libéra
de la peur qu'ils éprouvaient des Britanniques.

Les représentants de l'autorité comprirent qu'ils étaient
désarmés s'ils n'obtenaient pas la collaboration de Gandhi.
Il les aida à mettre de l'ordre dans la foule. Il fut poli et aimable.
Il leur donna des preuves matérielles que, bien qu'ils eussent
été jusque-là redoutés et indiscutés, ils pouvaient être défiés
par les Indiens.

Le gouvernement était déconcerté. Le ministère public
demanda au juge d'ajourner l'affaire. Il était évident que les
autorités voulaient consulter leurs supérieurs.

Gandhi protesta contre l'ajournement. Il lut une déclaration
où il plaidait coupable. Il était impliqué, déclara-t-il au tribunal, dans « un conflit de devoirs » : d'une part, il ne voulait
pas donner le mauvais exemple de violer la loi; de l'autre, il

lui fallait rendre « le service humanitaire et national » pour
lequel il était venu. Il se refusait à obéir à l'ordre qui lui était
donné de partir, « non par mépris de l'autorité légitime, mais
pour obéir à la loi plus haute de l'homme, la voix de la conscience ». Il réclama la peine qui lui était due.

Le magistrat proclama qu'il ferait connaître sa sentence
après une suspension d'audience de deux heures et invita
Gandhi à fournir caution pour ces cent vingt minutes. Gandhi
refusa. Le juge le laissa aller sans caution.

Lorsque la cour se réunit de nouveau, le juge déclara qu'il ne
prononcerait pas sa sentence avant plusieurs jours. D'ici là,
il autorisait Gandhi à rester en liberté.

Rayendra Prasad, Bryi Kichor Babou, Maoulana Mazha-
roul Houq et d'autres juristes éminents étaient venus de Bihar
Ils s'entretinrent avec Gandhi. Que feraient-ils si Gandhi était
condamné à la prison? leur demanda-t-il. Le plus âgé d'entre
eux répondit qu'ils étaient venus pour le conseiller et l'aider;
s'il allait en prison, personne ne pourrait le conseiller et ils
retourneraient chez eux.

Gandhi leur demanda ce qu'ils feraient pour remédier à
l'injustice dont les métayers étaient victimes. Les juristes se
retirèrent pour se consulter. Rayendra Prasad rappela le résultat de leurs consultations : « Ils se dirent, entre autres choses,
que Gandhi était entièrement étranger et que pourtant il était
disposé à aller en prison pour rendre service aux paysans; si,
d'autre part, eux qui non seulement résidaient dans les districts voisins mais encore revendiquaient l'honneur d'avoir
défendu les paysans, retournaient chez eux, ce serait une
honteuse désertion. »

En conséquence, ils retournèrent chez Gandhi et lui dirent
qu'ils étaient prêts à le suivre en prison. « La bataille de Champaran est gagnée », s'écria-t-il. Il prit ensuite une feuille de
papier et divisa le groupe en couples; puis, il indiqua l'ordre
suivant lequel chaque couple devait chercher à se faire arrêter.

Quelques jours plus tard, Gandhi reçut une communication
écrite du magistrat l'informant que le vice-gouverneur de la
province avait donné l'ordre de laisser tomber l'affaire. La
désobéissance civile avait triomphé pour la première fois dans
l'Inde moderne.

Au mois de juin, Gandhi fut convoqué chez sir Edward
Gait, le vice-gouverneur. Avant de s'y rendre, il rencontra ses
principaux associés et établit de nouveau des plans détaillés
de désobéissance civile, pour le cas où il ne reviendrait pas.

Gandhi eut quatre longues entrevues avec le vice-gouverneur qui, par la suite, nomma une commission officielle d'enquête pour étudier la situation des cultivateurs d'indigo. Cette commission était composée de propriétaires, de fonctionnaires du gouvernement et de Gandhi comme seul représentant des paysans.

Gandhi resta à Champaran pendant une première période ininterrompue de sept mois; puis, de nouveau, pendant diverses périodes moins considérables. Cette visite, entreprise par hasard comme suite à la démarche d'un paysan analphabète, dans la pensée qu'elle ne durerait que quelques jours, remplit près d'une année de la vie de Gandhi.

L'enquête officielle réunit une montagne formidable de preuves contre les grands planteurs qui, en voyant cela, consentirent en principe à rembourser l'argent versé par les paysans. « Mais combien devons-nous payer? » demandèrent-ils à Gandhi.

Ils pensaient qu'il allait réclamer le remboursement de tout ce qu'ils avaient extorqué illégalement et frauduleusement aux métayers. Il ne demanda que 50 %. « Sur ce point il sembla être dur comme diamant », écrit le révérend J. Z. Hodge, missionnaire britannique à Champaran, qui observa tout cet épisode de très près. « Estimant sans doute qu'il ne céderait pas, les représentants des planteurs offrirent de rembourser jusqu'à 25 % et, à leur grande surprise, Mr. Gandhi les prit au mot, pour sortir de l'impasse. »

Cette déclaration fut adoptée à l'unanimité par la commission. Gandhi expliqua que le montant de la somme remboursée était moins important que le fait pour les propriétaires d'avoir été obligés de restituer une partie de cet argent et, d'avoir par là perdu une part de leur prestige. Jusque-là, pour tout ce qui concernait les paysans, les propriétaires se comportaient comme s'ils eussent été au-dessus des lois. Désormais, le paysan savait qu'il avait des droits et des défenseurs. Il faisait l'apprentissage du courage.

Les événements justifièrent la position de Gandhi. Quelques années plus tard, les planteurs britanniques abandonnèrent leurs propriétés qui firent retour aux paysans. Le métayage de l'indigo disparut.

L'épisode de Champaran fut un tournant dans la vie de Gandhi. « Ce que j'ai fait, déclara-t-il, fut quelque chose de très ordinaire. Je déclarai que les Britanniques ne pouvaient pas me donner des ordres dans mon propre pays. »

Mais Champaran ne débuta pas comme acte de défiance. Cet incident surgit d'un effort pour soulager la détresse d'un grand nombre de pauvres paysans. C'était le procédé typique de Gandhi : sa politique s'entrelaçait avec les problèmes pratiques et journaliers de millions d'hommes. Sa loyauté ne s'adressait pas à des abstractions, mais à des êtres vivants, à des êtres humains.

En toutes choses, cependant, Gandhi s'efforçait de façonner des Indiens nouveaux, libres, capables de se tenir debout sur leurs propres pieds et, ensuite, de créer une Inde libre.

Tout au début de la bataille de Champaran, le pacifiste anglais Charles Freer Andrews, partisan dévoué du Mahatma, vint dire adieu à Gandhi avant de s'en aller faire une tournée de service dans les îles Fidji. Les avocats amis de Gandhi estimaient que ce serait une bonne chose si Andrews restait à Champaran et les aidait. Andrews y aurait consenti si Gandhi avait été d'accord. Mais celui-ci s'y opposa énergiquement. Il dit : « Vous pensez que dans cette lutte inégale il nous serait utile d'avoir un Anglais à nos côtés. Cela démontre la faiblesse de vos cœurs. Notre cause est juste et nous devons nous en remettre à nous-mêmes pour nous assurer la victoire. Vous ne devriez pas chercher un appui en Mr. Andrews parce que le hasard fait qu'il soit Anglais. »

« Il a dit exactement ce que nous pensions, commente Rayendra Prasad, et nous n'avons rien trouvé à lui répondre... C'est ainsi que Gandhi nous donna une leçon de confiance en nous-mêmes [1]. »

La confiance en soi-même, l'indépendance de l'Inde et l'aide aux métayers étaient unies les unes aux autres.

---

[1]. La conversation que Gandhi a eue avec moi concernant Champaran est rapportée dans *A Week with Gandhi*. L'*Autobiographie* fournit un nombre considérable de renseignements quant à cet épisode, mais laisse de côté l'épisode très intéressant d'Andrews qui est raconté par Rayendra Prasad dans un chapitre des *Incidents in Gandhiji's Life*, dus à cinquante-quatre collaborateurs et édités par Chandrachanker Shulka (Bombay, Vora and Co., 1949)...
Rayendra Prasad et le Rév. Dr J. Hodge dans son chapitre du même volume permettent de comprendre le problème des coupeurs d'indigo, ce que ne fait pas l'*Autobiographie*. Les *Speeches and Writings of Mahatma Gandhi* contiennent également certains renseignements sur la campagne de Champaran.

CHAPITRE XIX

LE PREMIER JEÛNE

Gandhi serait resté volontiers pour aider les métayers de Champaran à obtenir des écoles, un service de santé, etc., mais l'agitation qui se produisit parmi les ouvriers du textile le ramena à Ahmédabad.

Les tisserands de cette ville étaient mal payés et accablés de travail. Ils réclamaient plus d'argent et des conditions d'existence meilleures. Leur cas, au dire de Gandhi, « était sérieux ».

Gandhi était l'ami intime d'Ambalal Sarabhaï, le plus grand industriel du textile d'Ahmédabad, et le guide des chefs d'usine.

Après avoir étudié le problème, Gandhi insista pour obtenir des usiniers qu'ils acceptassent un arbitrage. Ils refusèrent.

En conséquence, Gandhi invita les ouvriers à se mettre en grève. Ils obéirent, Gandhi prit la direction du mouvement. Il fut aidé activement par Anasouya, la sœur d'Ambalal Sarabhaï.

Gandhi avait exigé des ouvriers le serment solennel de ne pas retourner au travail avant que leurs employeurs eussent accepté leurs demandes ou consenti à un arbitrage. Chaque jour, il les rencontrait sous un vaste banian, sur les rives de la Sabarmati. Des milliers d'hommes venaient l'écouter. Il les exhortait à rester calmes et fidèles à leur engagement. Après ces meetings, ils marchaient sur la ville en portant des drapeaux où était inscrit : ET TET (Tenez votre serment).

Cependant Gandhi restait en relations avec les employeurs. Accepteraient-ils enfin l'arbitrage? Ils refusèrent de nouveau.

La grève traînait en longueur. Les grévistes commençaient

à faiblir. On cessait de venir aux meetings et lorsque Gandhi leur demandait ainsi qu'il le faisait chaque jour de renouveler leur serment, leur réponse avait un son moins résolu. Des jaunes travaillaient dans certaines filatures. Gandhi craignait qu'on n'en vînt aux actes de violence. Il avait peur également que, en dépit de leurs serments, les ouvriers ne retournassent à l'usine.

Pour lui, c'était là chose « inconcevable ». « Était-ce l'orgueil, se demandait-il, ou bien mon amour pour les ouvriers ou ma passion pour la vérité qui était à la base de ce sentiment? — Qui pourrait le dire? »

Quel que fût ce sentiment, il dominait Gandhi qui, un beau matin, au cours de l'assemblée régulière des ouvriers en plein air sous les branches du banian, déclara que s'ils ne continuaient pas la grève jusqu'à la victoire, lui « ne prendrait plus aucune nourriture ».

Jusqu'à cette date, Gandhi avait jeûné pour des motifs religieux et personnels. C'était la première fois qu'il jeûnait pour une affaire publique.

Ce jeûne avait pour but de forcer les grévistes à rester fidèles à leur serment. Mais c'était aussi une pression sur les manufacturiers. Ambalal Sarabhaï était un partisan dévoué du Mahatma, aussi bien que sa femme, Sarladêvi. « Elle m'était attachée, écrivait Gandhi, comme si elle avait été ma sœur. »

Gandhi déclara aux fabricants venus lui rendre visite qu'ils ne devaient pas se laisser influencer par son jeûne : il n'était pas dirigé contre eux. Il leur dit qu'il était gréviste et représentant des grévistes et devait être traité comme tel. Mais pour eux, il était le Mahatma Gandhi. Trois jours après qu'il eut commencé de jeûner, ils acceptèrent de se soumettre à un arbitrage, et la grève prit fin. Elle avait duré vingt et un jours.

L'idée de Gandhi était de fortifier les grévistes par son jeûne. L'échec de la grève eût découragé ces ouvriers et d'autres après eux, et il abhorrait les couards. Ses sympathies allaient aux pauvres et aux opprimés en qui il désirait susciter une protestation fière mais pacifique. Cependant, il aurait sans doute jeûné contre les employeurs, si ceux-ci s'étaient opposés à l'arbitrage. Le principe de l'arbitrage est une partie essentielle de la philosophie de Gandhi; il élimine la violence et la contrainte qui peuvent se manifester même au cours de luttes pacifiques.

« J'ai jeûné pour réformer ceux qui m'aimaient », a dit

Gandhi en une autre occasion. Puis il ajouta : « Vous ne pouvez pas jeûner contre un tyran. » Les manufacturiers furent intimidés, parce qu'ils avaient une profonde affection pour Gandhi; en voyant son sacrifice désintéressé, ils furent sans doute honteux de leur propre égoïsme. Un jeûne motivé par un intérêt personnel n'aurait pas causé de telles émotions.

« Je puis jeûner contre mon père pour le guérir d'un vice, expliquait Gandhi; mais je ne peux pas le faire pour obtenir de lui qu'il me fasse son héritier. » Gandhi ne jeûna pas tant pour faire relever les salaires que pour amener les employeurs à renoncer à leur opposition à un système d'arbitrage qui devait rétablir la paix dans l'industrie du textile.

Effectivement, ce jeûne mit en vigueur un système d'arbitrage qui subsiste encore aujourd'hui. Lors d'une visite faite par moi à Ahmédabad en 1948, j'ai trouvé les employeurs et les syndicats ouvriers convaincus de son efficacité. Gandhi avait pris part aux travaux d'arbitrage en tant que membre permanent du comité d'arbitres.

CHAPITRE XX

LE LAIT DE CHÈVRE

« Il ne peut pas y avoir association entre les courageux et les efféminés. On nous considère comme un peuple de couards. Si nous désirons être lavés de ce soupçon injurieux, nous devons apprendre à nous servir des armes. »

Le Mahatma Gandhi prononça ces paroles au mois de juillet 1918 alors qu'il recrutait des soldats pour l'armée britannique, au cours de la première guerre mondiale. « Nous devrions devenir les associés de l'Empire, ajouta-t-il; un dominion semblable au Canada, à l'Afrique du Sud, à l'Australie. Pour y parvenir, il nous faudrait être capables de nous défendre nous-mêmes, c'est-à-dire de porter les armes et de nous en servir... Si nous désirons apprendre à nous servir des armes le plus rapidement possible, notre devoir est de nous enrôler dans l'armée. »

C'est dans le district de Khéda, dans son Gouyarat natal, région de l'Inde occidentale, que Gandhi prononça ce discours. Il a raconté lui-même les objections qui lui furent faites : « Vous êtes partisan de la non-violence, comment pouvez-vous nous demander de prendre les armes?... Le gouvernement a-t-il jamais fait quoi que ce soit de bon pour l'Inde? »

Il répondit : « Notre but suprême est de participer à l'Empire. Pour cela nous devrions supporter tout ce que nous sommes capables de supporter, et même donner notre vie pour l'Empire. Si celui-ci périt, ce sont nos aspirations les plus chères qui périront avec lui. »

Ses auditeurs déclarèrent que l'Inde lutterait en échange de libertés nouvelles. « Non, répondait Gandhi avec insistance, ce

serait un mal que de profiter des difficultés causées par la
guerre à la Grande-Bretagne pour en obtenir des avantages. »
Il avait confiance en l'Angleterre.

Le district de Khéda comptait 600 villages avec en moyenne
1.000 habitants chacun. Si chaque village avait donné 20 recrues, cela aurait fait, suivant les calculs de Gandhi, 12.000 soldats. « S'ils tombent, s'écriait-il, ils rendront immortels eux-
mêmes, leurs villages et leur pays. » Dans ce même langage de
sergent recruteur, Gandhi suppliait les femmes d'encourager
les hommes.

Ses efforts échouèrent; il réussit seulement à se rendre sérieusement malade. Il s'était nourri exclusivement de beurre
de cacahuètes et de citrons. Ce mauvais régime et la fatigue
et sans aucun doute le désappointement causé par son échec
lui donnèrent la dysenterie.

Il se mit au jeûne. Il refusa tout médicament. Il refusa
toute piqûre. « L'ignorance où je me trouvais alors quant aux
piqûres était vraiment ridicule », a-t-il dit. Il croyait que
c'étaient des sérums.

Ce fut là la première maladie importante de sa vie. Son
corps dépérissait chaque jour davantage. Ses nerfs étaient à
bout. Il sentait qu'il allait certainement mourir. Un praticien
(« un original comme moi », disait Gandhi) suggéra de le
traiter par la glace. « N'importe quoi, pourvu que ce soit externe »,
dit Gandhi.

La glace réussit. L'appétit revint. « L'original » suggéra de
prendre des œufs stérilisés et ne contenant pas d'être vivant.
Gandhi s'obstina : il ne voulait pas d'œufs. Les médecins
conseillèrent le lait. Mais la façon cruelle dont on trayait les
vaches et les bufflonnes avait amené Gandhi à renoncer au lait
pour toujours. « Non, répondit-il. J'ai fait vœu de ne jamais
plus boire de lait. »

A ce moment-là, Kastourbaï fit observer sérieusement :
« Tu ne peux certainement pas te refuser à prendre du lait
de chèvre. »

Gandhi voulait vivre. Il ne sut pas résister, dit-il, « à la plus
subtile des tentations, au désir d'être utile ». S'il avait été
dans son état de santé normal, il aurait eu la force de rejeter
la suggestion de sa femme. Mais, à lui seul, le fait de ne pas
pouvoir s'y opposer montrait combien le lait lui était nécessaire.

Boire du lait, a-t-il écrit plus tard, c'était « violer mon serment ». Cela le tracassa toujours : cela trahissait une faiblesse.

Néanmoins, il continua de prendre du lait de chèvre jusqu'à son dernier repas.

L'empressement que Gandhi montra à recruter des soldats pour l'armée britannique était une autre preuve de faiblesse. Je l'interrogeai à ce sujet en 1942. Il me répondit : « Je venais à peine de rentrer de l'Afrique du Sud. Je n'avais pas encore trouvé mon aplomb. Je n'étais pas sur un terrain solide. »

En 1918, Gandhi compromit ses idées nationalistes en acceptant l'Empire et en espérant conquérir la liberté graduellement et pacifiquement. Après avoir fait cela, son honnêteté exigeante le forçait à compromettre son pacifisme et à se faire agent recruteur.

Le Gandhi politique se trouvait pris dans l'indéracinable conflit entre son nationalisme et son pacifisme. Le Gandhi religieux s'efforçait de le résoudre en prêchant et en pratiquant la non-violence et la fraternité universelle entre les hommes.

C'est dans cet antagonisme que résident les tragédies de sa vie[1].

---

1. Les principales sources utilisées dans ce chapitre sont : *l'Autobiographie*, les *Teachings of Mahatma Gandhi*, édités par Jag Parvesh Chander, avec un avant-propos du Dr Rayendra Prasad (Lahore, The Indian Printing Works, 1947); et *History of Wage Adjustments in the Ahmedabad Industry*, tome IV, *Proceedings of the Arbitration Board and Awards of Arbitrators and the Empire in the Wage Cut and Other Disputes* (1936-1937), Admedabad, Labour Office.

CHAPITRE XXI

HISTOIRE DE LA DOMINATION
BRITANNIQUE AUX INDES

PENDANT les trente dernières années de sa vie, de 1918 à 1948, le Mahatma Gandhi poursuivit trois luttes majeures : contre lui-même, contre les Indiens et contre la Grande-Bretagne.

Les Britanniques aux Indes formaient une cinquième caste: la première. Ils prenaient leurs repas avec les Indiens par manière d'acquit et se mariaient rarement avec les femmes de cette race. Les Britanniques étaient les super-brahmanes-kchatryias, les Indiens étaient tous « intouchables ». Les Britanniques étaient aux Indes; ils n'en firent jamais partie.

Les Britanniques étaient les maîtres dans la maison de quelqu'un d'autre. Leur présence, à elle seule, était une humiliation.

Même s'ils avaient transformé ce pays en une terre où eussent coulé le lait et le miel, on aurait eu de l'aversion pour eux. L'impérialisme est le gouvernement d'un peuple par un autre peuple et pour un autre peuple. Ce que gagnent les sujets, si grand que ce soit, n'est qu'un sous-produit des efforts faits au profit d'un maître lointain.

Les exigences du prestige britannique offensaient la fierté indienne. Toutes les manifestations extérieures du gouvernement britannique — la pompe des cérémonies, l'isolement des résidences et des villas où vivaient les Britanniques et l'usage de la langue anglaise — rappelaient aux Indiens qu'ils étaient une race assujettie. Cette sujétion aiguillonnait le désir de la libération.

Des dizaines d'années après la mutinerie de 1857, lorsque les Britanniques sentirent leur puissance assez assurée pour la partager, la part attribuée aux Indiens fut maigre. La puissance réelle — l'autorité qui décide, qui nomme, qui révoque et dépense — était aux mains des Britanniques. Peu importait le rang où s'élevait un Indien dans l'administration gouvernementale, il demeurait toujours le stipendié des Britanniques. Sa puissance n'était pas seulement rigoureusement délimitée, il lui manquait un des accessoires les plus agréables du pouvoir : la popularité. Car, plus les Britanniques lui accordaient de confiance, et plus son peuple le repoussait.

Détestés et indésirés, les Britanniques estimaient dangereux de laisser trop grandir les espérances d'autonomie et inopportun de détruire trop d'espoirs de la voir se réaliser. Par suite, les quatre-vingt-neuf années du gouvernement britannique ne furent qu'une série d'oscillations entre des promesses nettes et des réalisations décevantes.

Jalouse de son pouvoir, l'Angleterre redoutait les Indiens. Conscients de la blancheur de leur peau et de la supériorité de leur race, les Britanniques les bafouaient.

La crainte et le désir naturel chez un administrateur de gouverner avec le moins de difficultés possible amenèrent les Britanniques à adopter la tactique impérialiste éprouvée du *divide et impera*. Comme les musulmans avaient joué le rôle principal dans la mutinerie et qu'on les soupçonnait de nourrir le rêve de créer un empire, les Britanniques au début préférèrent les hindous aux musulmans. Lorsque l'agitation et l'ambition politiques se manifestèrent chez les premiers, les Britanniques se servirent contre eux des seconds.

De la même façon, la Grande-Bretagne divisa le pays en Indes anglaises gouvernées directement par elle, et Inde des natifs gouvernée indirectement par l'Angleterre, mais directement et ostensiblement par des princes indiens. C'était là un plan cynique, avoué comme tel par lord Canning, écrivant, le 30 avril 1860 : « Il a été dit il y a longtemps par lord John Malcolm que si nous partageons toute l'Inde en *zillahs* (ou districts britanniques), il ne serait pas naturel que notre Empire durât cinquante ans; mais que si nous pouvions édifier un certain nombre d'États natifs sans pouvoir politique mais comme instruments royaux, nous subsisterions dans l'Inde aussi longtemps que se maintiendrait notre supériorité navale. » Au xxe siècle, ces instruments royaux sans pouvoir politique étaient au nombre de plus de cinq cent cinquante. Avec ces nombreuses marionnettes les Britanniques se croyaient en sécurité.

Le professeur Rushbrook Williams, un éminent Anglais qui servit souvent d'intermédiaire entre les princes indiens, a écrit le 28 mai 1930 dans l'*Evening Standard* de Londres : « Il serait difficile qu'une révolte générale contre les Britanniques balayât les Indes, en raison de ce réseau d'États natifs, puissants et loyaux[1]. »

Au lieu de laisser l'Inde devenir économiquement assez forte pour rompre avec l'Empire et dans le but également d'aider les industries britanniques de la métropole, les industries indiennes furent découragées, en même temps que la navigation et la construction de navires y étaient officiellement contingentées. L'enseignement n'avait pas pour but de former un état-major technique destiné à l'industrie ou une classe d'ouvriers spécialisés capables d'être utiles au pays.

En 1939, l'Inde avec une population triple de celle des États-Unis et les deux tiers de leur superficie, n'avait que 41.134 milles de voies ferrées, alors que les États-Unis en avaient 395.589. L'Inde produisait 2 milliards 500 millions de kilowatts-heure d'énergie électrique en 1935; les États-Unis, 98 milliards 464 millions.

Les Britanniques n'étaient pas seuls responsables de cet état de choses; les Indiens méritaient le blâme aussi bien qu'eux. Mais les Indiens en faisaient retomber la faute entièrement sur les Britanniques.

Les Indiens se font un plaisir de critiquer, et les autocrates ont horreur des critiques. « Toute opposition, écrit sir Valentin Chirol, Britannique faisant autorité aux Indes, même sous la forme de critiques pouvant être considérées comme quelque chose de plus qu'une simple dépense de salive, est désagréable à une autocratie et peut être regardée comme aussi significative qu'une sédition; or, les fonctionnaires britanniques dans l'Inde croyaient honnêtement à une forme autocratique de gouvernement, tout en s'efforçant de rendre ce gouvernement aussi paternel que possible.

L'autocratie paternaliste des Britanniques irritait un certain nombre d'Indiens et remplissait les autres d'amertume. Vers

---

1. Les déclarations de lord Canning et de Rushbrook Williams concernant la politique britannique à l'égard des États indigènes sont citées d'après *Empire*, par Louis Fischer (New-York, Duell, Sloan and Pearce, 1943). On peut également trouver la déclaration de lord Canning dans *Subject India* de Brailsford et dans bien d'autres études sur l'Inde.

la fin du xixe siècle, des terroristes indiens commencèrent à
agir au Bengale et dans d'autres régions. Le terrorisme suscita
la répression; celle-ci accrut le terrorisme.

Une certaine école de politiciens britanniques prétendait
répondre par le fer et par le sang à l'hostilité des Indiens; une
autre école désirait les apaiser par des réformes. Chacune
d'elles avait sa contre-partie au sein du Congrès national hindou.

Les autocrates britanniques ne vinrent pas au secours des
Indiens modérés. Vers la fin du xixe siècle, le feld-maréchal
lord Roberts, bien connu aux Indes, disait : « C'est la conscience
de la supériorité inhérente aux Européens qui nous a fait
conquérir les Indes. Si bien élevé et si intelligent que puisse
être un « natif », si courageux qu'il ait pu se montrer, je crois
que nulle distinction que nous lui accordions ne le ferait considérer comme un égal par les fonctionnaires britanniques. »

Pareil racisme engendrait des inimitiés implacables et mettait
les modérés dans l'embarras. Les juristes, les publicistes et les
capitalistes libéraux gardaient le contrôle du Congrès; mais
tout le monde ne faisait pas partie du Congrès. Des gamins
jetaient des bombes. De jeunes gradés d'Oxford et de Cambridge rejetaient l'Occident. L'Orient est l'Orient, et l'Occident
est l'Occident; et, si tous deux ne peuvent pas se rencontrer,
disaient-ils, c'est parce que l'Orient est esclave et que l'Occident
est son maître.

Dans son autobiographie intitulée *Toward Freedom* (Vers la
Liberté), Yaouaharlal Nehrou écrit qu'en 1907, âgé de dix-

1. Ma source principale pour ce chapitre a été *The Cambridge History of
India*, tome V, *British India, 1497-1858*, publié par H. H. Dodwell (New-
York, Macmil an Co., 1929) et le tome VI, *The Indian Empire, 1858-1918,
with Chapters on the Development of Administration 1858-1918*, publié par
H. H. Dodwell (New-York, Macmillan Co., 1932)...
Les données concernant la civilisation antique sont tirées de *The Pageant
of India's History*, par Gertrude Emerson Sen... *India*, par sir Valentine Chirol
m'a également rendu service. Le rapport secret de lord Lytton est cité par
Chirol qui, à l'occasion, consacre de nombreuses pages à Tilak... *Subject
India*, par Henry Noel Brailsford (New-York, The John Day Co., 1943);
The Problem of India, par R. Palme Dutt (New-York, International Publis-
hers, 1943) et *Towards Freedom, the Autobiography of Yaouaharlal Nehrou*
(New-York, The John Day Co., 1941) ont fourni des données importantes...
L'Autobiographie de Gandhi, le gros volume sur *Gandhiji* et *To the Gates
of Liberty* m'ont proc ré des renseignements complémentaires sur le développement du mouvement nationaliste indien... Des éclaircissements sur
Tilak ont été trouvés par moi dans les réponses à des lettres envoyées à
sir C. P. Ramasouami Aiyar, ancien partisan de Tilak et premier ministre
de Travancore, et de Narhari Parikh, collaborateur intime de Gandhi pendant de longues années. J'ai également discuté la question de Tilak avec
sir C. P Ramasouami Aiyar à New-York.

sept ans, alors qu'il venait d'arriver de Harrow à Cambridge, il était extrémiste. En fait, parlant des étudiants hindous, il dit : « Presque sans exception, nous étions tilakites, c'est-à-dire extrémistes. »

Bal Gangadhar Tilak, connu sous le nom de *Lokamanya* ou de « Respecté par le peuple », joua un rôle essentiel dans le mouvement indien de l'indépendance et dans la vie de Gandhi.

Tilak était un brahmane de haut grade, un Chipaouane, originaire de Poona, dans le pays des Marathas, le dernier peuple indien conquis par les Britanniques. Les Marathas étaient des montagnards qui, au cours de leur histoire, étaient souvent descendus vers les terres basses, en particulier dans la patrie de Gandhi, le Gouyarat, et avaient étendu leur domination sur les habitants moins belliqueux des plaines. Une fois même ces guerriers s'emparèrent de Delhi, la musulmane; ils restèrent les ennemis de l'Islam.

Les Britanniques accusaient Tilak d'avoir, par ses violentes imprécations, incité un jeune brahmane chipaouane à assassiner un fonctionnaire britannique, le 27 juin 1897, jour des noces de diamant de la reine Victoria, et Tilak fut condamné à deux ans de prison. Libéré avant l'expiration de sa peine, il reprit son agitation religieuse et hindoue qui, dirigée contre les Britanniques, n'améliora pas les relations entre hindous et musulmans.

Les passions des hindous continuèrent à bouillonner en silence. Le nationalisme indien trouva un aliment dans de nouveaux événements intérieurs et extérieurs; la médiocrité des réformes britanniques les renforça ainsi que la défaite des Russes par les Japonais dans la guerre de 1904-1905 (c'était la première fois qu'une nation de couleur remportait la victoire sur les Blancs), la révolution russe de 1905 et l'avènement des Jeunes-Turcs.

En 1904, lord Curzon, que certains considèrent comme le plus grand vice-roi des Indes, décida de diviser en deux la province du Bengale. Il est possible que cet acte ait été le commencement de la fin du gouvernement britannique aux Indes. Les Indiens le citent toujours comme une abomination. En dépit de son habileté et de son activité phénoménales, Curzon était un bureaucrate, un autocrate et un aristocrate. Il vivait enfermé au milieu de ses dossiers et loin du peuple. Le Bengale possédait plus de soixante-dix millions d'habitants et Curzon le divisa pour mieux l'administrer. Mais cette division fut effectuée sur une base religieuse : la région musulmane fut séparée de la région hindoue plus puissante. L'amertume ne connut plus de bornes. Curzon fut accusé de partialité en faveur des hindous et de tentative pour les assujettir à une dette qu'ils devraient payer sous forme de servitude.

Ces accusations et d'autres semblables furent portées contre Curzon jusqu'à son départ de l'Inde vers la fin de 1904. Le Bengale répondit au partage par des assassinats. Au pays des Marathas, Tilak fanatisait les siens jusqu'à la frénésie. Dans les deux provinces, les marchandises anglaises furent boy-cottées; c'est là aussi que Gandhi trouva toujours ses plus acharnés ennemis.

Gandhi et Tilak s'opposaient l'un à l'autre. Gandhi était un orateur tranquille; Tilak un rhéteur consommé. Gandhi était fermement attaché à la non-violence; Tilak légitimait la vio-lence. Gandhi préconisait l'amitié entre hindous et musulmans; Tilak était favorable à la suprématie des hindous. Gandhi avait égard aux moyens; Tilak se souciait de son but. Le travail de Tilak portait des fruits amers.

Le successeur de Curzon, lord Minto, fit savoir en 1906 qu'il envisageait des réformes faisant une place plus large aux Indiens dans les gouvernements provinciaux et plus de postes dans les bureaux du gouvernement. Mais cela n'attendrit pas les extrémistes de Tilak.

Les réformes élaborées par lord Minto, avec la collaboration de lord Morley, secrétaire d'État pour les Indes à Londres, entrèrent en vigueur en 1908 et en 1909. Elles renforçaient la participation indienne dans les assemblées législatives de l'Inde et des provinces ainsi que dans les assemblées provinciales exécutives. Un Indien entra au Conseil exécutif du vice-roi. Mais Morley déclara nettement, au cours des débats à la Chambre des Lords, en décembre 1908 : « Si l'on peut dire que ce chapitre des réformes conduit directement ou indi-rectement, ou nécessairement, à l'établissement du régime par-lementaire aux Indes, moi, pour ma part, je ne veux avoir rien à faire avec lui [1] ». Il y avait plus d'Indiens dans les assemblées

---

1. Ces faits et ces citations sont tirés de l'*Autobiographie*, de *The Speeches and Writings of Mahatma Gandhi*, de *A Sheaf of Gandhi Anecdotes*, par G. Ramchandran, et de *Gandhiji, His Life and Work*, publié pour son 75ᵉ anniversaire, le 2 octobre 1944 (Bombay, Karnatak Publishing House, 1944). C'est un volume très bien présenté et magnifiquement illustré de 501 pages de grand format, contenant des documents d'une valeur inappré-ciable.
Le suffixe *ji* est une forme de respect. Il est rare que les Indiens parlent de Gandhi en l'appelant autrement que « Gandhiji ».

législatives, et ils parlaient davantage, mais ils n'avaient pas davantage de pouvoirs, car ces assemblées elles-mêmes n'avaient aucun pouvoir; leur rôle était purement facultatif.

Quelque joie que les Indiens eussent pu retirer des réformes Minto-Morley, elle était toujours gâtée par une mesure concomitante : l'introduction de collèges électoraux séparés. En 1906, une députation de musulmans conduite par l'Aga Khan fut reçue par lord Minto et insista pour que, lors des élections à venir, les hindous votassent pour des représentants hindous, et les musulmans pour des représentants musulmans. Des historiens nationalistes ont stigmatisé cette audience comme « un acte commandé » mis en scène et dirigé par le bâton de Minto. Quoi qu'il en soit, Minto et Morley accueillirent avec faveur la requête musulmane et, en 1909, des collèges électoraux séparés suivant les religions, agrémentés d'un plan permettant aux musulmans d'obtenir un nombre de sièges supérieur à celui qui leur revenait proportionnellement (cela s'appela le système du poids) devinrent une institution permanente dont les méfaits aux Indes ont été incalculables, car ils transformèrent les différends religieux en facteurs décisifs de tout différend politique. Le problème politique central aux Indes était de supprimer l'abîme qui séparait les hindous et les musulmans; ce système l'élargit.

En 1911, le nouveau roi de Grande-Bretagne, George V, et la reine Mary visitèrent l'Inde au milieu d'une pompe fantastique. Le roi annonça que la capitale était transférée à Delhi et que la division du Bengale était abrogée. Néanmoins, et bien que Tilak eût été condamné pour sédition au mois de novembre 1907, à une longue peine de prison qu'il purgeait à Mandalay, les actes de terrorisme contre les personnes continuèrent; en 1912, le vice-roi lord Hardinge échappa de justesse à la mort par une bombe.

La guerre éclatant en 1914 trouva certains Indiens loyalistes, d'autres déloyaux; peu considérable était le nombre des enthousiastes; mais nombreux étaient ceux qui étaient disposés à servir dans l'armée britannique. Plus d'un demi-million d'Indiens se battirent pour l'Angleterre en France, en Flandre, en Palestine et sur d'autres fronts. Des princes indiens et des roturiers se distinguèrent dans les combats sur terre et dans l'air.

Tilak était revenu d'exil en 1914, et s'était engagé à rester loyal. Gandhi rentra de l'Afrique du Sud, via Londres, en janvier 1915 et se mit à recruter des soldats pour l'armée britannique. Mais l'oisiveté et la rébellion irlandaise de Pâques 1916 ne pouvaient laisser indifférente l'âme fougueuse de Tilak. Il se déchaîna en une campagne passionnée contre la Grande-Bretagne et en faveur du *home rule*. Mrs. Annie Besant, qui le dépassait encore à tout le moins en éloquence et en capacité d'invective, l'accompagna dans ce travail d'agitation. Ils furent aidés énergiquement par Sir C. P. Ramasouami Aiyar et par Yinnah.

Ce ne furent pas seulement les hommes politiques, mais aussi les soldats et même les paysans qui sentirent que le sang versé par les Indiens dans la lutte britannique méritait une récompense. En conséquence, le 20 août 1917, le secrétaire d'État pour les Indes, Edwin S. Montagu, annonça à la Chambre des Communes que le gouvernement britannique envisageait « non seulement d'associer plus étroitement les Indiens à toutes les branches de l'administration, mais aussi de leur accorder des institutions autonomes en vue d'arriver progressivement à réaliser un gouvernement responsable aux Indes faisant partie intégrante de l'Empire britannique ». Cela fut interprété comme un engagement de leur accorder le statut des Dominions.

La guerre se termina par la victoire en novembre 1918. Les troubles ne se firent pas attendre longtemps : ils se produisirent au début de 1919.

Tilak avait été réincarcéré au mois d'août 1918; Mrs. Besant était également en état d'arrestation. Les deux frères Chaoukat et Mohammed Ali, chefs puissants et éminents des musulmans, avaient ·été emprisonnés pendant la guerre. Des tribunaux secrets avaient condamné des gens dans toutes les contrées de l'Inde. Un grand nombre de journaux avaient été réduits au silence par la censure du temps de guerre. Ces mesures avaient causé de vifs mécontentements. Mais avec le retour de la paix le pays attendait le rétablissement des libertés civiques.

Tout au contraire, une. commission présidée par Sir Sidney Rowlatt, venu d'Angleterre pour étudier l'administration judiciaire, publia le 19 juillet 1918 un rapport recommandant en fait le maintien des rigueurs du temps de guerre. Le parti du Congrès dénonça vigoureusement la décision suggérée par Rowlatt. Au mois de février 1919, un projet de loi la mettant en vigueur n'en fut pas moins présenté par le gouvernement au Conseil impérial législatif. Gandhi assistait aux débats et donna son approbation aux attaques faites par les membres indiens contre cette loi qui — la majorité des membres du Conseil étant composée de fonctionnaires britanniques — fut néanmoins votée, après qu'eut été assurée ce que Gandhi nomma « la farce d'une formalité légale ».

Le 18 mars 1919, la loi Rowlatt eut force légale pour l'Inde. Une décharge électrique parcourut le pays. Était-ce là le début du statut de Dominion? Était-ce là la récompense pour le sang versé pendant la guerre?

Le lendemain, Mahatma Gandhi, qui était venu à Madras pour un meeting, dit à son hôte, C. Rayagopalatchari: « La nuit dernière, l'idée m'est venue en songe que nous devrions inviter le pays à un *hartal* général. » Un *hartal* est une suspension de toute activité économique : les commerçants n'ouvrent pas leurs magasins, les employés ne se rendent pas à leur travail, les usines restent fermées, les bateaux ne sont ni chargés ni déchargés. Gandhi insista pour que ce jour de *hartal* fût un jour « de jeûne et de prière » ainsi que « d'humiliation et de prière ».

Tel fut le premier acte de Gandhi contre le gouvernement britannique de l'Inde. Effectivement, ce fut son premier acte politique aux Indes. Son intervention en faveur des métayers de Champaran l'avait entraîné sans qu'il le voulût à des difficultés avec un tribunal britannique. Maintenant, il réclamait délibérément une démonstration de toute la nation contre les autorités britanniques. C'était le début de ses vingt-huit années de lutte contre le régime britannique aux Indes. La fin de cette lutte fut la fin du régime britannique.

CHAPITRE XXII

LE MASSACRE

L'IDÉE d'un *hartal* lancée par Gandhi se répandit à travers l'Inde entière. Elle unit d'immenses multitudes en une action commune. Elle donna au peuple le sentiment de sa puissance. On aima Gandhi pour cela. Le *hartal* paralysa la vie économique; les villes mortes furent la preuve tangible de l'efficacité possible des Indiens. Ce dont ils avaient le plus besoin et ce qui leur faisait le plus défaut, c'était la foi en eux-mêmes. Gandhi la leur donna.

Dans un appel adressé au vice-roi, il mit toute la question sur un plan élevé, universel. La campagne du *satyagraha*, disait-il, « constitue un effort pour révolutionner la politique et ramener la force morale à son état originel ». Il adressa un mémorandum au président Woodrow Wilson, à Paris, pour lui exposer que, si la force morale que recélait le Covenant de la Société des Nations ne suffisait pas, la force brutale le ferait. « Nous espérons, écrivait-il, renverser ce processus et montrer par notre action que la force brutale n'est rien si on la compare à la force morale et que la force morale n'échoue jamais. »

Quelqu'un affirma que la campagne du *satyagraha* préconisée par Gandhi favoriserait le bolchevisme. (La révolution bolchevique avait eu lieu le 7 novembre 1917 et avait fait en Orient une profonde impression.) « Non, répondit Gandhi dans une allocution prononcée à Madras le 30 mars 1919. Si quelque chose peut empêcher cette calamité de s'abattre sur notre pays, c'est le *satyagraha*. Le bolchevisme est le résultat nécessaire de la civilisation matérialiste moderne. Son culte insensé de

la matière a donné naissance à une école qui en est arrivée
à considérer le progrès matériel comme son but et a perdu
tout contact avec les fins dernières de la vie... Je prophétise
que si nous désobéissons à la loi de la suprématie finale de
l'esprit sur la matière, de la liberté et de l'amour sur la force
brutale, dans quelques années nous verrons le bolchevisme se
déchaîner dans ce pays qui était autrefois si saint. »

Le *hartal*, ce prélude au *satyagraha*, fut appliqué à Delhi le
30 mars, et à Bombay ainsi que dans d'autres villes le 6 avril.
« Inutile de dire, raconte Gandhi, que le succès fut complet
à Bombay. » Ce mouvement de toute une nation « fut un
admirable spectacle ».

Toutefois, à Delhi, le *hartal* provoqua des actes de violence.
Le Pundjab, habitat de millions de musulmans et d'hindous
et de cinq millions de sikhs barbus, coiffés de turbans et
solidement bâtis, dont la religion était une ramification de
l'hindouisme, retentit du bruit de tumultes et de coups de
feu. Les chefs prièrent Gandhi de venir en hâte à Delhi et
dans le Pundjab. Les Britanniques l'arrêtèrent le 9 avril à
la frontière de cette province et le ramenèrent à Bombay, où
ils le relaxèrent. En cours de route, à l'aller comme au retour,
Gandhi envoyait des messages pour annoncer qu'il était sain
et sauf; la nouvelle de son arrestation avait exaspéré la fièvre
déjà surchauffée de la foule : des émeutes se produisirent à
Bombay et à Ahmédabad.

Le 11 avril, Gandhi admonesta ses partisans à Bombay.
« Nous avons lancé des pierres, dit-il. Nous avons arrêté des
tramways en posant des obstacles sur leur route. Cela n'est
pas conforme au *satyagraha*. Nous avons réclamé la mise en
liberté de cinquante hommes environ arrêtés pour actes de
violence. Mais notre devoir est principalement de nous arrêter
nous-mêmes. C'est une infraction à notre devoir religieux que
de favoriser des efforts pour obtenir la relaxe de ceux qui ont
commis des actes de violence... Si nous ne pouvons pas diriger
ce mouvement sans le moindre acte de violence de notre part,
il se pourrait que l'on dût renoncer à le poursuivre... Il peut
même être nécessaire d'aller plus loin. Le moment peut venir
où je devrai sacrifier le *satyagraha* pour nous prémunir contre
nous-mêmes... Je viens d'apprendre que les Anglais ont été
maltraités. Certains même seraient morts de leurs blessures.
S'il en était ainsi, ce serait un grand coup porté au *satyagraha*.
Pour moi, les Anglais sont aussi nos frères. »

De Bombay Gandhi se rendit à son *ashram* de Sabarmati

d'où le 14 avril il s'adressa à une grande multitude. Des habitants d'Ahmédabad avaient également commis des actes de violence dont Gandhi rougissait : « Une épée me passant à travers le corps m'aurait difficilement fait plus de mal. »

Immédiatement après le meeting de Sabarmati, Gandhi partit pour Nadiad, ville du district de Khéda, à vingt-neuf milles d'Ahmédabad, où il avait recruté des soldats pour la guerre. Il y constata que la violence s'était étendue tout aussi bien aux petites villes.

Découragé, Gandhi déclara aux gens de Nadiad que toute la campagne du *satyagraha* était « une colossale méprise » de sa part. Le 18 avril il annula le mouvement.

Gandhi n'a jamais regretté de faire l'aveu d'une erreur. « J'ai toujours estimé, a-t-il écrit dans son autobiographie, que ce n'est qu'en voyant ses propres fautes avec une loupe convexe et en faisant juste le contraire quand il s'agit des autres que l'on peut arriver à avoir une juste appréciation de l'un et de l'autre. » Quel homme politique en dirait autant?

Sa méprise consistait, ainsi qu'il l'expliqua, à dédaigner le fait qu'il faut d'abord être entraîné à l'obéissance civile avant de réussir par la désobéissance civile à certaines lois. « Je regrette, disait-il en supprimant la campagne du *satyagraha*, d'avoir sous-estimé les forces du mal, lorsque je me suis embarqué dans ce mouvement de masses; et maintenant je dois faire une pause et examiner la façon la meilleure de faire face à la situation. » Personne ne renonça à être guidé par lui, parce qu'il n'annonça pas immédiatement un nouveau plan bien construit afin de détourner l'attention de celui qui avait échoué.

Entre temps, la province du Pundjab était dans l'exaspération. Les événements atteignirent leur point culminant dans un massacre organisé par les Britanniques dans la ville sacrée des sikhs, Amritsar, le 13 avril 1919, que sir Valentin Chirol nomma « le jour noir dans les annales de l'Inde britannique ». Pour Gandhi, ce fut un tournant. Les Indiens ne l'oublièrent jamais.

Une commission officielle d'enquête, nommée par le gouvernement de l'Inde et composée de sept membres, quatre Britanniques et trois Indiens, avec à leur tête lord Hunter, sénateur du collège de justice de l'Ecosse, examina pendant plusieurs mois ce qui s'était passé à Amritsar et publia ensuite son rapport. Il constatait que dans cette ville « le *hartal* du 30 (mars) avait un succès tout à fait inattendu et avait arrêté toutes les affaires. Il n'y avait pas eu de conflits avec la police et aucun recours à la violence ». Le 6 avril, Amritsar, ville de cent cinquante mille habitants, observa un second *hartal*. « Cette fois-là également la manifestation eut plein succès, affirme le rapport officiel de Hunter, et les Européens purent aller et venir parmi la foule sans être molestés. »

Le 9 avril, le gouvernement du Pundjab publia l'ordre de déportation hors de la province de deux chefs du parti du Congrès, le Dr Saïfouddine Kitchlew, un musulman, et le Dr Satyapal, un hindou.

Le bannissement des deux chefs éloignait d'Amritsar les deux hommes qui auraient pu contenir la populace. « Prise de colère à la suite de cet acte du gouvernement qui déportait les deux leaders politiques locaux », déclare le Rapport Hunter, la plèbe fit rage à travers les rues. A la National Bank, le directeur, Mr. Stewart, et le sous-directeur, Mr. Scott, furent battus à mort; à l'Alliance Bank, le directeur, Mr. G. M. Thomson, « qui essaya de se défendre avec un revolver, fut sauvagement assassiné ». D'autres Anglais furent attaqués.

Deux jours plus tard, le général de brigade Edward Harry Dyer arrivait à Amritsar. Né à Simla dans l'Inde en 1864, il avait fait ses études au collège de Middleton, comté de Cork, en Irlande, et était entré dans l'armée britannique en 1885. Il se battit sur la frontière du nord-ouest, pendant la campagne de Birmanie et pendant la première guerre mondiale. En avril 1919, on le retrouve commandant une brigade à Youllounder, dans le Pundjab. Envoyé à Amritsar, le 11, il interdit, le 12, par une proclamation tous défilés et tous rassemblements. « La publication de cette proclamation, signée par le major de la brigade au nom du général Dyer, fut, déclare le Rapport Hunter, confiée à la police; on ignore quelles mesures furent prises pour en assurer la publication. »

Pendant la matinée du jour suivant, le 12 avril, Dyer circula à travers la ville et lut la proclamation aux gens. « Quand on examine le plan qui indique les différents endroits où cette proclamation fut lue, affirme le Rapport, il est évident que dans bien des parties de la ville elle n'a pas été connue. »

Le Rapport Hunter raconte alors le massacre du 13 avril. « Vers une heure, dit-il, le général Dyer apprit que le peuple se préparait à un grand meeting qui aurait lieu vers 4 h. 1/2 de l'après-midi. Interrogé pourquoi il n'avait pas pris de mesures pour empêcher ce meeting, il répondit : « Je m'y suis rendu le plus tôt que j'ai pu. Il me fallait réfléchir à cette affaire. »

La réunion eut lieu dans le Yallianoualla Bagh. Le mot *bagh* veut dire : jardin. « Le Yallianoualla Bagh, lit-on dans le Rapport, n'est pas du tout un jardin, ainsi que son nom pourrait le faire supposer. C'est un emplacement rectangulaire sur un terrain inutilisé, couvert en partie de matériaux de construction et de décombres. Il est presque entièrement entouré de bâtiments. Les accès et sorties sont peu nombreux et défectueux. Il semble que ce lieu soit fréquemment utilisé pour de vastes rassemblements de gens. A l'extrémité par laquelle le général Dyer y pénétra, le terrain, des deux côtés de l'entrée, est plus élevé. Une foule nombreuse s'était rassemblée à l'autre extrémité de la place et écoutait un homme qui se trouvait sur un tertre à 150 yards environ [1] du point où le général avait placé ses troupes. » Le Rapport estime qu'il y avait de 10.000 à 20.000 personnes dans le Bagh.

Dyer s'était fait accompagner de 25 gourkhas (soldats du Népal) et de 25 béloutchis du Béloutchistan armés de fusils, de 50 gourkhas armés seulement de couteaux et de 2 chars blindés. « En arrivant au Yallianoualla Bagh, déclare le Rapport, il (Dyer) pénétra avec ces soldats par un petit passage trop étroit pour les chars. Ceux-ci furent donc laissés dans la rue.

« A peine entré dans le Bagh, il fit placer 25 hommes à l'entrée, du côté du terrain le plus élevé, et 25 hommes de l'autre. Sans enjoindre aux manifestants de se disperser, formalité qu'il jugea superflue étant donné qu'ils étaient là en infraction à sa proclamation, il intima à ses soldats l'ordre de faire feu, et la fusillade se poursuivit pendant dix minutes environ. Il n'existe aucun renseignement quant à la nature du discours que l'assemblée écoutait. Aucun des auditeurs ne portait d'arme à feu, bien qu'un certain nombre fussent armés de bâtons.

« Dès que la fusillade commença, la foule entreprit de se disperser. La troupe tira en tout 1.650 salves. On ne tirait pas simultanément, mais individuellement... L'enquête a démontré que 379 personnes environ avaient été tuées. » Le Rapport estime qu'il y a eu trois fois plus de blessés que de morts. Cela fait 379 + 1.137 = 1.516 morts ou blessés pour 1.650 balles tirées. La foule enfermée dans cet enclos en contre-bas était une cible parfaite.

Au cours de l'interrogatoire contradictoire devant la Commission Hunter, Dyer trahit son état d'esprit et son dessein.

---

1. 137 mètres environ. (*N. d. T.*)

« Question : De temps à autre vous avez modifié le tir et l'avez dirigé sur les points où la foule était la plus dense?

— Réponse : Parfaitement.»

La foule s'était précipitée vers la muraille la plus basse, haute de cinq pieds seulement, et c'est là que les balles touchèrent le plus de gens.

« Question : A supposer que le passage eût été assez large pour les blindés, auriez-vous fait tirer à mitrailleuse?

— Réponse : Je pense que oui, probablement. »

« Lorsqu'il fut interrogé par nous, déclare le Rapport Hunter, il (Dyer) expliqua que sa décision était prise lorsqu'il arriva dans son auto; si l'on avait enfreint les ordres qu'il avait donnés, il ferait tirer immédiatement. »

« J'avais pris ma décision, affirma Dyer; je les aurais fait tuer tous. »

Le télégramme envoyé à ses chefs par Dyer lui-même, cité en caractères italiques dans le Rapport Hunter, est ainsi conçu : « J'ai fait tirer et continuer à tirer jusqu'à ce que la foule se fût dispersée, et je considère que ç'a été là la plus petite fusillade qui pût produire l'effet que je devais produire pour justifier ma façon d'agir. *Il ne s'agissait plus seulement de disperser le rassemblement*, mais de faire une impression morale suffisante du point de vue militaire non seulement sur ceux qui étaient présents, mais plus particulièrement dans tout le Pundjab. Il ne pouvait être question de sévérité excessive. »

La Commission Hunter conclut que « c'était là malheureusement une fausse conception du devoir ». Elle déclara également : « Il nous semble qu'en continuant à faire tirer aussi longtemps qu'il l'a fait, le général Dyer a commis une grave erreur. »

Cependant, le Rapport constate que « le général Dyer, pour ne s'être pas occupé des blessés de Yallianoualla Bagh, a été l'objet de critiques ». Dyer répondit lors de son interrogatoire : « J'étais disposé à venir à leur secours s'ils l'avaient demandé. »

Sir Michael O'Dwyer, qui remplissait les fonctions de gouverneur du Pundjab, approuva la conduite de Dyer et rendit compte des troubles comme d'une « rébellion ». La Commission Hunter fit le commentaire que voici : « Les actes commis par le général Dyer ont donc été présentés par d'autres comme ayant sauvé la situation dans le Pundjab et comme ayant détourné une rébellion en la transformant en simple mutinerie. Il ne nous semble cependant pas possible de tirer la même conclusion, compte tenu spécialement du fait qu'une conspiration pour renverser l'autorité britannique n'a pas été ourdie avant ces manifestations. »

Non seulement, à en croire le Rapport, on n'avait ni projeté ni organisé d'insurrection, mais « il semble que l'explosion du 10 avril se soit apaisée en quelques heures; il n'y a pas eu plus tard d'incidents sérieux, ni à cette date ni à une date ultérieure. Et même en ce qui concerne les événements du 10,.. si l'officier responsable... avait fait son devoir, les crimes les plus graves, c'est-à-dire les assassinats des employés de banque,.. auraient de toute probabilité pu être empêchés ».

Amritsar était calme depuis deux jours et demi lorsque se produisit la boucherie de Dyer. Ce massacre inutile était le fruit de la mentalité qui dominait alors parmi les militaires dans l'Inde. Pour caractériser cette mentalité, le Rapport Hunter cite une parole du général Drake-Brockman, de Delhi : « La force est la seule chose que respectent un peu les Asiatiques. »

« J'ai pensé que j'allais faire quelque chose de rudement bien », déclara sommairement Dyer en racontant le massacre de Yallianoualla Bagh[1].

Afin d'ajouter l'humiliation à la brutalité, le général Dyer publia son abominable « ordre de ramper ». Le 10 avril, miss Sherwood, directrice de l'école de jeunes filles d'Amritsar, avait été sauvagement attaquée par la plèbe. Quelques jours après le bain de sang de Yallianoualla, Dyer décréta que toute personne passant dans la rue où miss Sherwood avait été attaquée devrait marcher « à quatre pattes ». Cela s'appliquait

---

1. L'histoire du massacre d'Amritsar et toutes les citations le concernant sont tirées de *East India... Report of the Committee Appointed by the Government of India to Investigate the Disturbances in the Punjab*, etc. (London, His Majesty's Stationery Office, 1920), Cmd 681. La plupart des décisions prises par la Commission Hunter l'ont été à l'unanimité, mais le Rapport contient des observations d'une minorité de trois membres indiens de la Commission qui estimèrent que le blâme infligé au général Dyer était trop modéré... Le rapport complet présenté par ce général lui-même est imprimé dans *Army, Disturbances in the Punjab*, déposition du général de brigade R. E. H. Dyer, C. B., présentée au Parlement par ordre de Sa Majesté (Londres, His Majesty's Stationery Office, 1920) Cmd 771.

La Commission d'enquête du parti du Congrès fit également des investigations concernant la fusillade d'Amritsar et publia ses constatations détaillées. J'ai préféré cependant citer la commission britannique et tout particulièrement le général Dyer.

Autres sources : *India*, de Chirol, le volume intitulé *Gandhiji* et l'*Autobiographie*. Les données biographiques concernant Dyer peuvent être trouvées dans l'*Encyclopaedia Britannica*, t. VII (1947). Cet article reconnaît que l'attaque de Yallianoualla Bagh a causé « plus de trois cents morts ». L'article sur Amritsar dans la même publication donne comme chiffre «près de quatre cents tués à coups de fusil ».

même aux membres des familles qui ne pouvaient se rendre
chez elles qu'en traversant cette rue. Gandhi fut plus ému
de « cet outrage », ainsi qu'il appela cette décision, que du massacre lui-même.

En outre, à l'endroit où miss Sherwood avait été frappée,
Dyer installa un poteau destiné à fouetter publiquement ceux
qui ne tiendraient pas compte de l'ordre donné par lui obligeant tous les Indiens montés sur un animal ou sur un véhicule à mettre pied à terre, ceux qui portaient des ombrelles
ou des parasols à les baisser, et tous les Indiens à adresser un
salut ou un *salam* de la main en passant devant un officier
britannique dans quelque quartier que ce fût d'Amritsar.

Le secrétaire d'État pour l'Inde, Edwin S. Montagu, dans une
dépêche officielle adressée au vice-roi, lord Chelmsford, en date
du 26 mai 1920, écrivait : « Le gouvernement de Sa Majesté
réprouve solennellement la thèse sur laquelle le général de
brigade Dyer a basé l'opération de Yallianoualla Bagh. »
Quant à l'ordre de ramper, ajoutait Montagu, « il était contraire à toutes les règles d'un gouvernement civilisé ». Un
nombre considérable d'Anglais rougirent de l'acte de Dyer;
il trouva cependant beaucoup de défenseurs.

Dyer fut invité à donner sa démission. Il mourut dans la
retraite, le 23 juillet 1927, en Angleterre, à Bristol.

Au cours du contre-interrogatoire devant la Commission
Hunter, le général Dyer avait dit : « Oui, je crois que j'aurais
pu les disperser sans faire feu », mais « je voulais les punir.
Mon intention, du point de vue militaire, était de faire une
profonde impression ».

« Nous ne doutons pas, ajoutait le Rapport, qu'il ait réussi
à faire une profonde impression et à produire un grand effet
moral, mais d'un genre tout opposé à celui qu'il recherchait. »
Yallianoualla accéléra la vie politique de l'Inde et amena Gandhi
à y jouer un rôle.

CHAPITRE XXIII

GANDHI ENTRE DANS LA POLITIQUE

LE Mahatma Gandhi fut toujours hostile à la politique. Il considérait son activité dans l'Afrique du Sud comme morale et sociale et, par conséquent, religieuse. Après son retour aux Indes en 1915 il prit part aux sessions annuelles du Congrès, mais son activité publique dans les réunions de ce genre fut généralement limitée à proposer une résolution tendant à aider les Indiens sud-africains. En outre, il considérait le Congrès comme le Parlement officieux de l'Inde où toutes les tendances et tous les partis politiques étaient ou pouvaient être représentés.

S'allier à un parti ayant un but politique déterminé signifiait se séparer des autres, et Gandhi détestait tout ce qui divise. Il avait des croyances profondes, mais pas de dogmes.

Pourtant, en 1920, Gandhi s'inscrivit à la Ligue pour l'autonomie panindienne, dont il devint président.

On peut probablement définir la politique : un moyen d'arriver au pouvoir. Cela suppose l'effort pour affaiblir, détruire ceux qui y sont, ou les chasser. Gandhi ne désirait ni affaiblir, ni détruire, ni supplanter Smuts, dans l'Afrique du Sud. Mais, quand il devint le chef de la Ligue pour l'autonomie panindienne, il choisit pour but d'instaurer un gouvernement autonome de l'Inde à la place du gouvernement de l'Angleterre. Le Congrès ne revendiquait pas encore l'indépendance.

Les premiers pas de Gandhi en politique furent incertains. En fait, il resta toute sa vie impossible de le deviner d'avance, parce que son esprit était un champ de bataille où la prudence le disputait à la passion. Prêt à mourir en luttant pour un principe, il préférait l'arbitrage et le compromis. C'était par nature un lutteur et un médiateur né.

Les critères de Gandhi n'étaient pas ceux qu'on applique généralement en politique. Sa situation de chef ne dépendait pas de ses victoires. Il n'avait pas à « sauver la face ».

Ceux qui le critiquaient regrettaient qu'il se retirât de la bataille politique avant d'avoir mis toutes ses forces en ligne contre l'ennemi et, parfois même, quand il semblait être sur le point de réussir. Mais réussir à quoi? Sa conception du succès était morale et religieuse. C'est cela qui donnait à sa politique la seule consistance, la seule continuité qu'elle eût.

La voie par laquelle Gandhi parvint au centre de la politique indienne fut tortueuse. Le point de départ en fut Yallianoualla Bagh. Partout où il allait, le poursuivait l'écho de la fusillade commandée par le général Dyer. Après ce massacre, Gandhi demanda l'autorisation de visiter le Pundjab. Elle lui fut refusée. Il insista. Enfin, le vice-roi lui télégraphia qu'il pourrait y aller après le 17 octobre 1919. La réception du Mahatma à Lahore et dans d'autres villes fut d'une importance et d'un enthousiasme sans précédents. Il écrivit : « La foule d'hommes en ébullition délirait de joie. » Il était devenu le symbole de la résistance nationale à la méchanceté étrangère.

Au Pundjab, Gandhi aida les chefs indiens, parmi lesquels Motilal Nehrou, un des plus anciens membres du Congrès et père de Yaouaharlal, à faire une enquête indépendante sur le massacre de Yallianoualla Bagh. Ce fut lui qui rédigea le rapport : ses collègues comprenaient qu'il le ferait sans prévention.

Tandis qu'il était ainsi occupé, Gandhi fut invité à se rendre à une conférence musulmane à Delhi. Il y arriva le 24 novembre 1919. L'armistice qui mettait fin à la première guerre mondiale avait été signé le 11 novembre. Il consacrait la défaite de la Turquie, pays musulman, et du sultan qui, en même temps qu'il était le chef temporel de son pays, était le Calife ou chef religieux de l'Islam tout entier.

Le panislamisme n'a jamais été aux Indes ni ailleurs un mouvement de masses. Le sort du Calife n'en inquiétait pas moins les musulmans. Leurs chefs avaient espéré que l'intérêt pris par les Indiens à son sort induirait finalement l'Angleterre à adoucir les conditions de paix imposées à la Turquie. Mais lorsqu'il fut évident que les Turcs seraient dépouillés de leurs possessions impériales et que le sultan lui-même serait déposé, l'inquiétude pour le Calife, s'ajoutant à l'antipathie pour l'Angleterre, fit naître un mouvement puissant en faveur du Califat ou, comme on le nomme toujours aux Indes, pour le Khilafat.

La conférence musulmane de Delhi, à laquelle Gandhi assista en novembre 1919, fut un meeting en faveur du Khilafat. Nombre d'hindous y prirent part. Ce fut la lune de miel de l'amitié politique entre musulmans et hindous.

Assis sur l'estrade, Gandhi réfléchissait à son plan d'action. Il cherchait à établir un programme et à trouver une formule qui pût servir de slogan et résumer parfaitement ce programme. En fin de compte, il trouva le mot, et quand vint son tour de parole, il dit : « Non-coopération. » Les Indiens ne pouvaient pas, dans le même moment, s'opposer au gouvernement et travailler avec lui. Boycotter les produits britanniques ne suffisait pas; il fallait boycotter les écoles, les tribunaux, les emplois, les honneurs britanniques : il ne fallait pas collaborer.

« Non-coopération » devint la devise d'une époque de la vie de l'Inde et de celle de Gandhi. La non-coopération était assez négative pour rester pacifique, mais assez positive pour être efficiente. Cela impliquait refus, renoncement, discipline de soi-même. C'était un entraînement pour l'autonomie.

L'invitation faite par Gandhi à la conférence musulmane était corrélative aux conditions de paix définitives dictées à la Turquie. Si elles étaient aussi lourdes qu'on s'y attendait et détruisait le Califat, l'Inde ne coopérerait plus. Gandhi laissait donc à la Grande-Bretagne une échappatoire lui permettant de modifier sa politique à l'égard de la Turquie.

La session annuelle du Congrès eut lieu à Amritsar pendant la dernière semaine de l'année 1919. Le fait que le gouvernement permettait de se réunir près de Yallianoualla Bagh, et que les frères Ali furent remis en liberté la veille de la réunion, si bien qu'ils purent s'y rendre directement, renforça l'optimisme congénital de Gandhi.

A dessein ou par hasard, l'empereur et roi annonça les réformes Montagu-Chelmsford mises tout à fait en vedette : « Une ère nouvelle commence », déclarait le roi, la veille même du Congrès. Cette annonce, affirma Gandhi, « n'était pas entièrement satisfaisante même pour moi, elle était insuffisante pour tous les autres »; néanmoins, il plaida pour qu'on l'acceptât. En novembre, à Delhi, il insistait pour la non-coopération. En décembre, à Amritsar, il plaida pour la coopération.

Les réformes Montagu-Chelmsford, entérinées par la Chambre

des Communes comme « Loi du gouvernement de l'Inde de
1919 », devinrent le 9 février 1921 la nouvelle Constitution de
l'Inde. Les Britanniques appelèrent ce nouveau système une
« bi-archie » : la mon-archie était le gouvernement d'un seul :
la Grande-Bretagne; la bi-archie, le gouvernement de deux :
Grande-Bretagne et Inde. Les Indiens n'avaient cependant
aucun pouvoir dans ce gouvernement fédéral, aucun pouvoir
n'était envisagé pour eux. Dans les provinces, des ministres
indiens administraient l'agriculture, l'industrie, l'éducation, la
santé, les contributions indirectes, les routes, la construction, etc. Mais le gouverneur britannique gardait pour lui le
contrôle absolu des finances et de la police, et pouvait abroger
n'importe quelle décision des ministres indiens ou du corps
législatif indien. La participation indienne à l'administration
était accrue et l'on promettait qu'elle le serait encore davantage. Mais les Indiens estimaient que, somme toute, la bi-archie
était toujours la monarchie britannique.

Malgré cela, Gandhi accueillit favorablement la proclamation
du roi concernant les changements imminents de la constitution
et demanda au Congrès d'Amritsar en 1919 de l'accepter. Il
faisait confiance aux bonnes intentions des Britanniques.
« Croire est une vertu, disait-il. C'est la faiblesse qui engendre
la méfiance. »

Les jeunes et les nouveaux éléments mis en mouvement par
Gandhi n'en avaient pas moins attendu un progrès plus rapide
pour l'après-guerre dans le sens de l'autonomie; les résolutions
habilement équilibrées du Congrès les désappointèrent. La
hausse considérable des prix consécutive à la guerre réduisait
à l'inanition des millions supplémentaires de gens. Les musulmans savaient d'ores et déjà que le sort de la Turquie ne
serait pas amélioré; les efforts de Montagu, depuis que le Congrès lui avait accordé sa confiance, avaient été sincères, mais le
Cabinet britannique refusait. En outre, Dyer avait trouvé de
nombreux amis en Angleterre; on avait fait pour lui une collecte abondante. Gandhi ne désirait pas que Dyer fût puni,
mais il était peiné de constater qu'il recevait une pension. Le
Rapport Hunter avait pleinement démontré sa culpabilité,
mais ne recommandait pas que des mesures fussent prises contre
le *dyerisme* des gouvernants britanniques aux Indes.

Trois mois après que Gandhi eut approuvé le système bi-
archique inclus dans les réformes Montagu-Chelmsford au cours
du Congrès d'Amritsar, l'évolution des choses le retourna contre
elles.

La session d'Amritsar ne fut qu'un triomphe temporaire de la prudence de Gandhi. La tendance indiscutable du pays l'inclinait à la non-coopération. Les événements marchaient vite. Au mois d'avril 1920, Gandhi fut élu président de la Ligue pour l'autonomie. Le 30 juin, le Mouvement du Khilafat, sous l'impulsion de Gandhi, approuva la politique de non-coopération. A la suite de quoi Gandhi écrivit au vice-roi : « J'ai invité mes amis musulmans à retirer leur appui au gouvernement de Votre Excellence, et invité les hindous à se joindre à eux. » Le vice-roi répondit que la non-coopération « était le plus ridicule de tous les ridicules projets ». Pourtant, la puissance de Chelmsford tout entière ne suffit pas à le mettre en échec. Gandhi annonça que la non-coopération entrerait en vigueur le 1er août 1920, après un jeûne et des prières qui auraient lieu le 31 juillet. Ce fut ce jour-là que mourut Tilak.

Celui-ci disparu, Gandhi était le maître indiscuté du Congrès. Une session spéciale qui eut lieu à Calcutta du 4 au 9 septembre 1920 approuva le mouvement de non-coopération. L'assemblée annuelle de Nagpour, dans l'Inde centrale, en décembre, confirma à l'unanimité cette approbation. Gandhi proposa alors une motion qui donnait comme but au Congrès le *souaraï*, ou l'autonomie, dans le cadre de l'Empire britannique si c'était possible, en dehors de ce cadre si c'était nécessaire. Mr. Yinnah et d'autres préféraient l'autonomie à l'intérieur de l'Empire. Ils échouèrent. Yinnah se désintéressa du Congrès. La politique de Gandhi était celle du Congrès.

La session de Nagpour vota une nouvelle constitution rédigée par Gandhi [1]. Le Congrès avait été jusque-là un dôme doré sans murs de soutènement. Gandhi le convertit en une organisation démocratique de masses avec unités de villages,

1. La dernière note sans importance inscrite par Gandhi dans son autobiographie traite de la session du Congrès à Nagpour en décembre 1920. Mais on trouve des matériaux abondants et non utilisés dans les numéros hebdomadaires de *Young India*, dont Gandhi était le rédacteur en chef. Bon nombre de ses articles de la période de 1919 à 1922 sont recueillis dans un livre intitulé *Young India, 1919-1922*, par le Mahatma Gandhi, avec un court essai de Babou Rayendra Prasad, secrétaire du Congrès national pour le mouvement de non-coopération (New-York, B. W. Huebsch, Inc., 1923).

D'une valeur inappréciable pour les détails est l'ouvrage en deux volumes du secrétaire de Gandhi, Krishada, intitulé *Seven Months with Mahatma Gandhi, Being an Inside View of the Non-Cooperation Movement (1921-1922)* (Behar, Rambinode Sinha, 1928); *To the Gates of Liberty*, histoire officielle du Congrès; le *Gandhiji* publié à l'occasion de l'anniversaire de Gandhi et *Swarai in One Year*, par le Mahatma Gandhi (Madras, Ganesh and Co., 1921) fournissent des renseignements supplémentaires.

unités cantonales, sections provinciales, Comité du Congrès panindien (A. I. C. C. = All-India Congress Committee) de trois cent cinquante membres qui dirigeaient la politique, et un Comité d'action ou d'exécution de quinze membres.

On vit moins de vêtements européens à Calcutta et à Nagpour que dans toutes les autres réunions précédentes du Congrès. On y parla moins l'anglais et davantage l'hindoustani. Les délégués des classes moyennes étaient les plus nombreux. Il y avait aussi des pauvres. Ce n'étaient plus les personnages réputés ou riches qui monopolisaient le premier plan. Quelques-uns démissionnèrent. Mais le magnétisme de Gandhi en retint un grand nombre; ils se rendaient compte qu'il avait sur le peuple une influence à laquelle eux-mêmes n'avaient jamais même aspiré.

Gandhi appartenait à la caste et à la classe moyennes. Il entrait dans la politique juste au moment où un grand nombre d'Indiens de la classe moyenne éclairée commençaient à aspirer à la liberté nationale. Lui et eux entraient simultanément dans la vie politique.

Tout dans la personnalité et la carrière de Gandhi contribuait à amener le peuple à s'identifier avec lui et à le vénérer. Les sceptiques eux-mêmes étaient séduits par son courage, son indestructible vitalité, sa bonne humeur, le sourire de sa bouche édentée, son altruisme, la confiance qu'il avait en lui-même et sa confiance sans bornes dans le peuple.

Dans une nation dépourvue de puissance, Gandhi devenait un symbole de force. Dans une nation d'esclaves, il se comportait comme un homme libre. En fin de compte, c'était un homme de Dieu.

C'est parce qu'elle était si simple que son idée de la non-coopération eut une résonance instantanée et puissante : « Vous ne devez pas fortifier les murailles de la prison qui vous retient; vous ne devez pas forger les chaînes qui vous lient. » Lors de la session de décembre 1920 du Congrès de Nagpour, il avait assuré que si l'Inde se refusait à coopérer sans user de violence l'autonomie serait réalisée dans les douze mois. Il porta ce message au pays. Il faisait de la non-coopération une chose si personnelle qu'il donnait à chacun l'impression que ce serait seulement en n'adhérant pas à la non-coopération qu'il retarderait le *souaraï*. Gandhi lui-même renvoya au vice-roi ses deux médailles de guerre et sa médaille d'or du Kaiser-i-Hind pour son travail philanthropique dans l'Afrique du Sud. Dans la lettre qui les accompagnait, Gandhi disait : « Je ne puis conserver ni respect ni affection pour un gouvernement qui a fait succéder les actes mauvais aux actes mauvais en vue de défendre sa malhonnêteté. » Un grand nombre d'Indiens renoncèrent à leurs titres britanniques et à leurs décorations. Motilal Nehrou abandonna sa profession lucrative d'avocat, renonça à user de l'alcool et devint entièrement non-coopé-rateur. Son fils Yaouaharlal, C. R. Das, chef du barreau de Calcutta, Vallabhbhaï Patel et mille autres abandonnèrent également à tout jamais les tribunaux britanniques.

Des milliers d'étudiants arrêtèrent leurs études profession-nelles. Le Tilak Memorial Fund bénéficia de la frénésie de sacrifice qui s'empara des riches et des pauvres : il fut bientôt plus que souscrit. Il y eut assez d'argent pour fonder toute une série d'institutions permanentes d'enseignement supérieur pour les Indiens.

Etudiants, professeurs, hommes et femmes exerçant des professions libérales abandonnèrent les villes pour aller se fixer à la campagne et enseigner les rudiments et la non-coopé-ration. Pour le paysan, la non-coopération consistait à ne pas payer d'impôts et à ne pas user des boissons alcooliques dont le gouvernement tirait d'abondants revenus.

Gandhi circulait incessamment à travers les villages, infa-tigablement, que la température fût torride ou humide; il parlait dans des assemblées formidables comprenant des cen-taines de milliers d'auditeurs et même plus qui, à cette époque où l'on ne connaissait pas encore le micro, pouvaient seule-ment espérer d'être atteints par son esprit. Pendant sept mois il voyagea dans des trains brûlants de chaleur, assiégés et arrêtés nuit et jour par des foules hurlantes qui demandaient à voir le Mahatma. Les habitants d'une des régions les plus éloignées firent savoir que si le train de Gandhi ne s'arrêtait pas dans leur minuscule gare ils se coucheraient sur les rails et se laisseraient écraser par ce train. Il s'y arrêta à minuit et, lorsque Gandhi tiré de son sommeil apparut, la multitude, jusque-là tapageuse, s'agenouilla sur le quai et se mit à pleurer.

Pendant ces sept pénibles mois, le Mahatma faisait par jour trois repas consistant chacun en six onces de lait de chèvre, trois tranches de pain grillé ou non, deux oranges et une ving-taine de grains de raisin ou de raisins secs.

Gandhi et Mohammed Ali, le second des frères Ali, voyagèrent ensemble et prirent part à des meetings. Ils répétaient dans chaque réunion que si l'on désirait l'autonomie de l'Inde il fallait abandonner les vêtements étrangers. Les auditeurs éclataient en applaudissements. Alors Gandhi demandait aux gens de quitter les vêtements étrangers qu'ils portaient et de les jeter sur un tas auquel il mettrait le feu immédiatement. En certains endroits les hommes se mirent tout nus. Tous les articles d'habillement étaient alors entassés non loin de l'estrade et quand tous les chapeaux, les vestons, les chemises, les pantalons, les sous-vêtements, les chaussettes et les chaussures avaient été rassemblés, Gandhi y jetait une allumette.

Et, tandis que les flammes progressaient à travers ces articles d'importation, Gandhi expliquait à ses auditeurs qu'ils ne devaient pas substituer aux textiles indiens les produits des manufactures étrangères, et qu'ils devaient apprendre à filer et à tisser. Gandhi consacrait à filer une demi-heure par jour, en général avant son repas de midi, et exigeait de tous ses adhérents qu'ils fissent de même. En peu de temps, il n'y eut plus guère d'Indiens à oser se présenter à lui, dans un costume fait d'une autre étoffe que celles fabriquées dans le pays.

Le long voyage de propagande de Gandhi en faveur de la non-coopération avait toutes les apparences d'une renaissance religieuse. Cependant, partout où il passait il parlait tranquillement à de petits groupes de la nécessité de créer des organisations filiales du Congrès. Il dessina un drapeau du Congrès portant au centre une « charka » ou rouet. Il recruta des volontaires de treize à dix-neuf ans qui, vêtus d'uniformes civils, maintenaient l'ordre dans ces réunions. Et, régulièrement, il écrivait plusieurs articles pour chaque numéro de *Young India*, hebdomadaire rédigé en anglais, et pour *Navayivan*, hebdomadaire rédigé en gouyarati. Fondés en 1919, ces périodiques étaient les organes personnels de Gandhi; ils n'acceptaient pas de publicité. Tous deux étaient publiés à Ahmédabad.

L'année approchait de sa fin. Gandhi avait promis le *souaraï* à sa nation pour 1921. Mais d'autonomie il n'était pas question.

Un après-midi de septembre, Gandhi et Mohammed Ali se rendaient à un meeting. Deux officiers et quelques soldats britanniques les arrêtèrent et emmenèrent Ali. Peu de temps après, le frère aîné de Mohammed, Chaoukat, fut mis en état d'arrestation. Tous deux furent condamnés à deux ans d'emprisonnement pour avoir essayé d'empêcher des musulmans de prendre du service dans l'armée britannique. Avant son arrestation, Mohammed Ali avait formé le projet de se rendre à la côte malabare, dans l'Inde occidentale, où les Moplahs, une collectivité musulmane, s'étaient révoltés contre le gou-

vernement, affaire qui avait provoqué des émeutes entre les
musulmans et les hindous.

L'incarcération de Mohammed Ali et l'explosion de violences
entre les collectivités du Malabar bouleversèrent Gandhi. A
son avis, la réalisation du *souaraï* dépendait en première ligne
de l'amitié entre musulmans et hindous.

Une fois disparu son partenaire mahométan, Gandhi fit des
efforts encore plus acharnés pour arriver à son but. L'action
de filer devint pour lui une obsession. Il l'exigeait avec une
insistance croissante. Au mois de septembre 1921, il marqua
plus encore son attachement aux cotonnades filées dans le
pays et à la simplicité en rejetant pour toujours la coiffure
qu'il portait jusque-là, son veston ou gilet sans manches, ainsi
que le *dhoti* flottant, ou large pantalon, et en adoptant comme
unique vêtement le pagne. En plus de cela, il portait un sac
de voyage en étoffe indigène pour son nécessaire de bureau,
son chapelet et quelques objets indispensables, ainsi que, le
cas échéant, quelques noix ou quelques fruits secs. C'était là
son « attirail de mendiant ».

Ainsi affublé, au grand déplaisir ou amusement de quelques-
uns de ses partisans, il se présenta à Bombay pour prendre
part à des conférences décisives avec les chefs politiques du
pays. Le 5 octobre, le Comité exécutif du Congrès décida que
« c'était le devoir de tout soldat et de tout civil indiens de
rompre leurs relations avec le gouvernement et de trouver
quelque autre moyen de subsister ». C'était là un appel à la
désertion. Le Congrès réitérait là les déclarations séditieuses
pour lesquelles les frères Ali avaient été incarcérés. Les dirigeants du Congrès furent invités à retourner dans leurs districts
et à y pratiquer individuellement la désobéissance civile contre
le gouvernement.

Dans cet état de tension, la Grande-Bretagne mit en avant
le prince de Galles, qui devait devenir plus tard le roi Edouard
VII, et le duc de Windsor. L'Inde n'était plus disposée aux
scènes d'enchantement ou aux démonstrations de loyalisme.
Le Congrès boycotta cette tournée. Le prince de Galles se
déplaça à travers des rues de villes désertes et parmi des
manifestations hostiles. A Bombay, ceux qui sortirent pour le
saluer furent attaqués et des émeutes sanglantes s'ensuivirent.
Gandhi entreprit un jeûne jusqu'au moment où cessèrent les
troubles. Il jeûna pendant cinq jours.

Le gouvernement se mit alors à faire une razzia de chefs
politiques et de partisans. C. R. Das, Motilal Nehrou, Laypat

Raï et cent autres membres éminents du Congrès furent arrêtés. Lorsque le Congrès se réunit pour sa session annuelle à Ahmédabad, en décembre 1921, vingt mille Indiens avaient déjà été jetés en prison pour désobéissance civile et pour sédition. Cette session élut Gandhi comme « seule autorité exécutive du Congrès ».

Au cours des mois de décembre 1921 et de janvier 1922, dix mille autres Indiens furent emprisonnés pour délits politiques. Dans plusieurs provinces, les paysans entreprirent spontanément des actions pour le non-paiement des contributions. Les Indiens qui étaient au service du gouvernement quittèrent leurs emplois.

Le gouvernement répondit en accentuant les mesures de terreur. Gandhi, citant des cas d'illégalité officielle, déclara que c'était « pire que la loi martiale » et stigmatisa cette répression comme « sauvage, parce que stupide, effrénée, barbare, cruelle ». Le fouet dans les geôles et hors des geôles était devenu un incident journalier.

L'année 1921 s'était écoulée sans que fût venu le *souaraï*. Gandhi résidait dans son *ashram* de Sabarmati, se demandant certainement ce qu'il fallait faire. Il était rare qu'il fît des plans à longue portée; il se laissait généralement aller à de soudaines inspirations. Le désaccord régnait dans les rangs du Congrès. Plus d'un tournait en ridicule l'importance que le Mahatma attachait à la tempérance, aux étoffes du pays, et aux défis verbaux qu'il adressait au gouvernement. Ils réclamaient qu'on passât à l'action.

Un certain nombre de nationalistes exigeaient la rébellion. Cependant, Gandhi croyait à la paix, même au prix d'une défaite, mais non au prix d'un acte de lâcheté. « Si l'on n'avait le choix qu'entre la lâcheté et la violence, avait-il écrit dans *Young India*, le 11 août 1920, je conseillerais la violence. » Mais il ne s'agissait pas de lâcheté. La non-violence exigeait plus de courage que la violence et « le pardon est plus viril que le châtiment ». Les Indiens « ont mieux à faire, ils ont une mission meilleure à remplir dans le monde » que de punir des Dyer. « La non-violence, disait Gandhi, est la loi de l'espèce humaine, comme la violence est la loi des fauves. »

« Si l'Inde fait sienne la doctrine du glaive, déclarait-il, elle peut remporter momentanément la victoire, mais elle cessera d'être l'orgueil de mon cœur... Ma religion n'a pas de limites géographiques. Si j'ai en elle une foi vivante, elle dépassera mon amour pour l'Inde elle-même. » Il n'était pas de ces nationalistes bornés qui disent : *My country right or wrong, my country.*

Le nouveau vice-roi, lord Reading, était arrivé aux Indes le 2 avril 1921. Il avait pouvoir absolu sur la police et sur l'armée. Le Congrès avait choisi Gandhi comme son dictateur. Un mot du Mahatma eût déchaîné une conflagration en comparaison de laquelle la mutinerie de 1857 aurait semblé n'avoir été qu'un feu de joie.

Reading était le fils d'un courtier juif en fruits[1]. Après avoir été groom sur un bateau, marchand de fruits et coulissier, il était devenu lord ministre de la Justice en Angleterre, ambassadeur à Washington et, enfin, vice-roi. Peu de temps après avoir été installé à Delhi, il exprima le désir de s'entretenir avec Gandhi. « J'ai eu dernièrement des journées plutôt passionnantes, écrivait-il à son fils. Des intermédiaires sont intervenus auprès de moi en vue d'organiser une rencontre avec Gandhi. »

« C'est certainement un magnifique individu », ajoutait-il, en parlant de ce rebelle qu'il n'avait jamais rencontré jusqu'alors.

Gandhi accepta l'invitation du vice-roi. Nombre d'Indiens y étaient opposés. Serait-il devenu coopérateur? demandaient-ils. « Nous pouvons attaquer des mesures et des systèmes, répondait Gandhi. Nous ne pouvons pas, nous ne devons pas attaquer les hommes. Imparfaits que nous sommes nous-mêmes, nous devons être tolérants pour les autres et hésiter à leur attribuer des motifs. J'ai donc saisi avec plaisir l'occasion de me présenter chez Son Excellence... »

Le vif espoir que Reading avait mis dans cette rencontre fut largement récompensé. Il écrivit à son fils qu'il avait eu avec le Mahatma six entretiens, « le premier de quatre heures et demie, le second de trois heures, le troisième, le quatrième et le cinquième d'une heure et demie, et le sixième de trois quarts d'heure. J'ai eu de nombreuses occasions de le juger. »

Quelle était l'opinion de Reading sur Gandhi après treize heures de conversation? « Son aspect n'a rien d'impressionnant, racontait-il à son fils. Il est arrivé... vêtu d'un *dhoti* (pagne) blanc et d'un bonnet tissé au rouet, pieds nus et jambes nues.

---

1. La biographie de lord Reading est intitulée *Rufus Isaacs, First Marquess of Reading*, par son fils, le marquis de Reading, 1914-1935 (Londres, Hutchinson and Co. Ltd, 1945). Il était né le 10 octobre 1860 et mourut le 29 décembre 1935.

La première impression que j'ai eue en le voyant entrer fut qu'il n'y avait rien dans son extérieur qui pût retenir l'attention et que j'aurais passé près de lui dans la rue sans lui adresser un deuxième regard. Quand il parle, l'impression est différente. Il est direct et s'exprime en un excellent anglais, avec un sens délicat de la valeur des mots qu'il emploie. Il n'a jamais d'hésitation, et dans tout ce qu'il exprime il y a un accent de sincérité, sauf quand il discute certaines questions politiques. Ses opinions religieuses sont, je crois, vraiment sincères, et il est convaincu à un point qui touche au fanatisme que la non-violence et l'amour procureront à l'Inde son indépendance et la rendront capable de résister au gouvernement britannique. Ses idées religieuses et morales sont admirables et sont effectivement d'une hauteur très élevée, bien que je doive avouer que j'ai peine à comprendre leur application à la politique... Nos entretiens ont été très francs; il était extrêmement courtois et ses manières sont distinguées... Dans les diverses discussions que nous avons eues, il est resté attaché à tous égards à ce qu'il avait dit. »

Il n'est pas surprenant que Reading n'ait pas réussi à comprendre la politique de Gandhi. Le Mahatma exposa au vice-roi de quelle façon il s'attendait à battre la Grande-Bretagne. « Notre mouvement, dit-il, est un mouvement religieux destiné à purifier la vie politique indienne de la corruption, de la duplicité, du terrorisme et du cauchemar de la suprématie des Blancs. » La tâche principale consistait à purifier les Indes; l'expulsion de l'Angleterre ne serait qu'une conséquence secondaire. C'est pourquoi, les Indiens refuseraient de coopérer, mais sans user de violence. Reading désapprouva.

Beaucoup d'Indiens désapprouvaient aussi. Malgré cela, le Mahatma leur était indispensable. Et, comme il était d'une dureté « qui touchait au fanatisme », même les champions indiens de la violence donnèrent leur accord à la non-violence. Mais, demandaient-ils, pourquoi ne pas déchaîner simultanément dans l'Inde entière des campagnes de désobéissance civile non violente? Une résolution destinée à suggérer cette mesure fut effectivement adoptée lors de la réunion à Delhi, le 4 novembre 1921, du Comité du Congrès panindien; mais Gandhi arracha aux dirigeants la promesse de ne pas bouger sans son consentement.

Gandhi préférait expérimenter la désobéissance civile en masse dans une seule région. Il choisit pour cela le comté de Bardoli, d'une population de 87.000 habitants, près de Bombay, où il pouvait surveiller personnellement l'expérience. Le 1er février 1922, il informa Reading de ce projet.

Pourquoi le Mahatma cherchait-il à paralyser l'administration britannique sur un seul territoire peu étendu de 137 villages sans importance, ce qui faisait de lui la cible de la répression, alors qu'il aurait pu en faire autant dans toutes les provinces et amener par là le gouvernement à la défaite ou peut-être même à accepter ses conditions?

Gandhi ne croyait pas que si elle était convenablement dirigée la désobéissance civile pourrait être vaincue. Qu'importait dans ce cas si le gouvernement avait affaire à 100.000 résistants civils ou à 100 millions? Pouvait-il mettre à mort ces 100.000 résistants ou les mettre en prison?

De plus, Gandhi n'envisageait pas de lutter pour venir à bout de l'Empire britannique. Il savait que pareil combat serait violent et prolongé et que cela amènerait des deux côtés aux postes de commandement ceux qui auraient le moins de scrupules et la plus grande capacité de haine, de cruauté, de malhonnêteté et d'esprit dictatorial. Peu importait le vainqueur: les deux pays et le monde auraient perdu.

Au cours de la session du Congrès à Ahmédabad, en décembre 1921, Gandhi avait adressé « en toute humilité » un appel au gouvernement britannique : « Peu importe ce que vous ferez, disait-il, peu importe la façon dont vous nous réprimerez, nous vous arracherons un jour malgré vous le repentir; et nous vous demandons de réfléchir pendant qu'il en est temps, et de prendre garde à ce que vous ferez, et d'éviter de faire des 300 millions d'Indiens vos éternels ennemis. »

Ce fut en raison de cet état d'esprit que Gandhi choisit le canton de Bardoli comme station d'essai. Un canton tel que celui-là, uni, libre, bien discipliné, pacifique mais refusant de coopérer avec l'administration britannique, donnerait au peuple de la Grande-Bretagne une ineffaçable horreur de son gouvernement en cas de massacre, et pourrait amener celui-ci à accorder aux Indes une indépendance plus grande que celle que les Indiens, à ce moment-là, lui paraissaient mériter, ou dont ils pourraient faire un sage usage. Gandhi a toujours essayé de gagner son adversaire, de le convertir, de le convaincre, mais non de se rouler avec lui dans une mare de sang. Bardoli était prêt pour la désobéissance civile.

Mais, le 5 février, quelque chose se produisit dans les Provinces Unies, à Chaouri Chaoura, à huit cents milles de Bardoli. Dans cette petite ville la populace indienne commit un assas-

sinat. Il y avait eu une procession légale au sujet de laquelle
Gandhi rapporta ce qui suit dans *Young India* du 16 février
1921 : « Mais quand la procession eut défilé, les traînards
furent coupés du reste par la police et maltraités. Ils crièrent
au secours. La foule revint sur ses pas. Les policiers ouvrirent
le feu. Mais leur petite provision de munitions s'épuisa vite
et ils cherchèrent asile dans le *thana* (hôtel de ville). La populace mit alors le feu à ce dernier, suivant ce que m'écrit mon
informateur. Les policiers qui s'y étaient d'eux-mêmes enfermés
durent sortir pour échapper au feu et furent déchirés par la
foule; elle jeta dans les flammes qui faisaient rage ce qui
restait de leurs corps. »

La nouvelle de cette atrocité atteignit Gandhi à Bardoli le
8 février. Elle le remplit de dégoût. La violence le bouleversait
physiquement et psychologiquement. « Aucune provocation,
s'écria-t-il, ne peut justifier l'assassinat brutal d'hommes sans
défense et qui se sont virtuellement mis d'eux-mêmes à la
merci de la foule. »

C'était là un « mauvais augure ».

« Supposons, demandait-il, que la désobéissance non · violente de Bardoli réussisse par la miséricorde divine et que le
gouvernement cède aux vainqueurs de Bardoli, qui pourrait
contrôler les éléments indisciplinés dont on doit attendre
qu'ils commettront des actes d'inhumanité lorsqu'ils auront été
dûment provoqués? » Il n'était pas sûr de pouvoir le faire.

Il ajourna donc la campagne de Bardoli et supprima tout
défi au gouvernement sur toute l'étendue des Indes. « Laissez
nos adversaires se glorifier de notre humiliation ou de ce qu'ils
appellent notre défaite, s'écria-t-il. Il vaut mieux être accusés
de lâcheté et de faiblesse que nous rendre coupables d'un
manquement à notre serment et de pécher contre Dieu. Il
vaut un million de fois mieux *paraître* infidèle aux yeux du
monde que *l'être* envers nous-mêmes. »

Quelques membres du Comité exécutif du Congrès ne furent
pas d'accord avec cette décision de Gandhi. Il reconnut la
justesse de leur point de vue. « Ce brutal renversement de tout
notre programme d'offensive peut être nuisible et imprudent
du point de vue politique, affirmait-il, mais il n'est pas douteux
qu'il soit juste du point de vue religieux. » Et lorsque Gandhi
se plaçait sur le terrain religieux, personne ne pouvait l'ébranler. Selon lui, Chaouri Chaoura « montrait la route que l'Inde
pourrait facilement suivre si l'on ne prenait pas des précau-
tions efficaces ». Le Congrès devait s'éduquer lui-même et

éduquer le peuple. Quant à Gandhi : « Je dois, disait-il, me soumettre à un nettoyage personnel. Je dois devenir un instrument plus apte à enregistrer les variations les plus légères dans l'atmosphère morale qui m'entoure. » Il fit un jeûne de cinq jours.

Pendant ce temps-là, derrière la coulisse britannique, se déroulait une lutte acharnée. Elle est décrite par le fils et biographe de lord Reading qui a eu à sa disposition la correspondance privée de son père et des documents gouvernementaux encore inédits. On avait réclamé officiellement l'arrestation de Gandhi. « Le vice-roi, écrit son biographe, était en réalité loin de rejeter comme infondée l'opinion de nombre d'observateurs compétents, tout particulièrement de Sir George (ultérieurement lord) Lloyd (gouverneur de Bombay), d'après lesquels la campagne de non-violence de Mr. Gandhi n'était rien qu'un camouflage pour des plans tendant à une révolution finale basée sur la violence. Sir George aurait voulu qu'on arrêtât immédiatement Mr. Gandhi; mais lord Reading, comme toujours, s'opposait à cette arrestation motivée par de simples discours, si dangereux fussent-ils, et voulait attendre quelque acte précis. « Je suis tout disposé à faire face aux conséquences d'une arrestation de Gandhi, s'il passe à l'action. »

Un peu plus tard, le secrétaire d'État britannique, Edwin Montagu, poursuit le biographe, « donna l'ordre à lord Reading d'arrêter les principaux dirigeants du mouvement de non-coopération, y compris Mr. Gandhi ». Reading n'obéit cependant pas à cet ordre. Son fils, le marquis de Reading, écrit : « Lord Reading préféra toujours attendre quelque action précise de la part de Mr. Gandhi... Il semblait que l'occasion de le faire arrêter ne viendrait que trop vite, car Mr. Gandhi avait annoncé qu'il était sur le point de déclencher le mouvement actif de désobéissance civile dans le *tehsil* (comté) de Bardoli, district de Sourat, présidence de Bombay, et, le 24 janvier, le gouvernement de l'Inde télégraphia à Sir George Lloyd, en lui conseillant expressément d'attendre que Mr. Gandhi s'embarquât ouvertement dans l'affaire de Bardoli. »

La biographie rapporte alors les événements de Chaouri Chaoura et rappelle l'annulation par Gandhi des ordres donnés le 7 février pour la campagne de Bardoli, avant qu'elle commençât effectivement. Cependant, continue-t-il, « l'opinion en Angleterre se cabrait contre le maintien en liberté de Mr. Gandhi et Mr. Montagu télégraphia dès le début de février disant qu'il était « embarrassé » par le retard mis à cette arrestation.

Un débat devait avoir lieu au Parlement le 14, et lord Reading
aussi bien que Mr. Montagu tenaient à ce que cette arrestation, puisqu'elle devait avoir lieu, fût faite assez à temps pour
que le Parlement pût en être informé comme d'un fait accompli.
Mais, à ce moment-là, les membres hindous du Conseil du vice-
roi firent les représentations les plus véhémentes pour que
l'arrestation fût différée, et lord Reading, après avoir soigneusement réfléchi, décida que les risques d'un court ajournement
étaient à tout prendre moins grands que ceux d'une action immédiate qui risquerait d'être mal interprétée aux Indes et à
l'étranger. »

Reading « différa l'arrestation, écrit son biographe. Il invita
cependant les trois gouverneurs de Présidences, Sir George
Lloyd, lord Willingdon, de Madras et lord Ronaldshay, du
Bengale, à venir à Delhi et à discuter l'affaire avec lui »...
Ronaldshay ne put pas quitter Delhi, mais « lord Willingdon
fut seulement moins troublé que Sir George de l'intention du
gouvernement de l'Inde de ne pas agir contre Mr. Gandhi »...

Le 1er mars qui suivit ces entretiens avec les deux plus
importants fonctionnaires de carrière aux Indes, représentants
britanniques du parti conservateur, Reading fit arrêter Gandhi
le vendredi 10 mars 1922, à 10 h. 1/2 du soir. Un officier de
police fit arrêter sa voiture sur la route, à quatre-vingts yards
de la cabane de Gandhi, dans l'*ashram* de Sabarmati, et fit
dire courtoisement au Mahatma par l'un de ses hommes qu'il
devait se considérer comme en état d'arrestation et se présenter à lui dès qu'il serait prêt. Debout, entouré d'une douzaine
d'habitants de l'*ashram*, Gandhi fit une prière et s'unit à eux
pour chanter un cantique. Puis, d'un pas allègre, il se dirigea
vers la voiture de police et fut emmené à la prison de Sabarmati.
Le lendemain matin Kastourbaï envoya à son mari des vêtements, du lait de chèvre et du raisin[1].

Dans un sentiment démocratique, lord Reading avait insisté
sur sa volonté de n'arrêter Gandhi qu'après un acte manifeste.
Gandhi n'en avait fait aucun. Le Parlement s'était réuni et
s'était séparé : cela ne rendait donc pas nécessaire l'arrestation
de Gandhi. Reading connaissait fort bien ce que Gandhi avait

1. Les interrogatoires de Gandhi, lors de son procès de 1922, sont reproduits
dans *Speeches and Writings of Mahatma Gandhi* et dans *The Great Trial of
Mahatma Gandhi and Mr. Sankarlal Banker*, publié par K. P. Kesava Menon,
avec un avant-propos de Mrs. Saroyini Naïdou (Madras, Ganesh and Co.,
1922). La description de l'arrestation de Gandhi est tirée d'un article écrit
par un témoin oculaire, P. R. Mehrota, dans la *Tribune* d'Ambala du 30 janvier 1949.

dit dans ses discours et dans ses articles; cela ne réussit pas à le convaincre de l'opportunité qu'il y avait à incarcérer le Mahatma. Comment Sir George Lloyd et lord Willingdon parvinrent-ils donc à le persuader de le faire?

« Je n'ai pas eu d'ennuis jusqu'à présent par suite de l'arrestation de Gandhi », écrivait le vice-roi à son fils en avril dans une lettre privée. Reading éprouvait un visible soulagement en constatant que l'emprisonnement de Gandhi n'avait pas soulevé de troubles dans le public. Les gouverneurs de province le lui avaient sans doute prédit.

Des considérations implacables « de loi et d'ordre » avaient prévalu contre les scrupules du vice-roi. Gandhi s'était désarmé lui-même en ajournant la désobéissance civile à Bardoli; c'est pourquoi il put être arrêté impunément. Une lettre d'avril de Reading à son fils confirme ce fait. Il y écrit : « En tant que politicien, il s'était lui-même très gentiment élancé dans ce dernier précipice grâce à ses extraordinaires manifestations pendant le dernier mois ou les six dernières semaines qui ont précédé son arrestation, en provoquant ouvertement le gouvernement et en défiant toutes les autorités d'avoir les yeux fixés sur lui pour un certain jour, et, lorsque ce jour fut arrivé, en en venant à l'extrême opposé et en conseillant de différer les activités les plus efficaces.

« Cela ne pouvait pas ne pas causer de désaccord parmi ses partisans. »

Ainsi donc, Gandhi s'était jeté « dans un précipice en tant que politicien »... Gandhi n'existait plus comme homme politique. La portée de ce malentendu est soulignée par une remarque du fils et biographe de Reading : « Le simple fait que Mr. Gandhi avait été incarcéré et pris en surveillance comme n'importe quel autre mortel en conflit avec la loi constituait à lui seul une diminution réelle de son prestige... »

Gandhi attendait son arrestation, et dans le numéro du 9 mars de *Young India* il publia un article intitulé : *Je suis arrêté.* « Les ruisseaux de sang versés par le gouvernement ne peuvent m'effrayer, y écrivait-il; mais je serais profondément peiné si le peuple s'insurgeait contre le gouvernement en ma faveur ou en mon nom. Il me déplairait de voir le peuple perdre son équilibre à l'occasion de mon arrestation. » Il n'y eut pas de désordres.

Lors de son interrogatoire d'identité, le lendemain de son incarcération, Gandhi indiqua comme âge trente-cinq ans et comme profession « cultivateur et tisserand ». Il plaida cou-

pable. L'accusation était basée sur trois articles séditieux
parus dans *Young India*. Mr. S. G. Banker, imprimeur de ce
magazine, fut traduit devant le tribunal en même temps que
lui. Gandhi fut maintenu en état d'arrestation jusqu'au jugement.

Ce « grand Procès », ainsi qu'il fut désigné, eut lieu dans la
Circuit House gouvernementale, à Ahmédabad, le 18 mars
1922, par-devant le juge Mr. C. N. Broomfield, juge de district
et d'assises... Sir J. T. Strangman, avocat général à Bombay,
remplissait les fonctions du ministère public. Gandhi et Mr. Banker n'avaient pas d'avocat. De fortes patrouilles de soldats
gardaient l'édifice et les rues environnantes. La petite salle
du tribunal était bondée. Les cartes d'admission portaient :
*Sessions Case No. 45 of 1922. Imperator vs (1) Mr. M. K.
Gandhi. (2) Mr. S. C. Banker.*

Lorsque l'acte d'accusation eut été lu et que l'avocat général eut précisé l'accusation portée contre Gandhi, le juge
demanda au Mahatma s'il désirait faire une déclaration.

Gandhi lut alors un exposé préparé par lui « en vue d'expliquer pourquoi, après avoir été un sujet parfaitement loyal
et un coopérateur, je suis devenu un rebelle hostile à tout compromis et un non-coopérateur ». Il commença par expliquer
que ses rapports avec les Britanniques dans l'Afrique du Sud
n'avaient pas été heureux. « J'ai découvert alors que je n'avais
aucun droit comme homme parce que j'étais Indien. » Mais
il estimait que c'était là une verrue à la surface d'un « système
bon intrinsèquement et en grande partie ». Ainsi, il critiquait
le gouvernement, mais il le supportait et avait pris part aux
deux guerres que fit ce gouvernement. Aux Indes également il
avait recruté des soldats pour l'armée britannique. « En m'efforçant ainsi de le servir, expliqua-t-il, j'étais mû par la croyance
que, par de tels services, il serait possible d'acquérir un état
de parfaite égalité pour mes compatriotes dans l'Empire. »

C'est en 1919 que commencèrent les collisions : lois Rowlatt,
affaire de Yallianoualla Bagh, ordre de ramper, flagellations,
injustice commise envers le Calife de Turquie. Néanmoins,
ainsi que le rappela le Mahatma, « je luttai pour la coopération
et pour la réalisation des réformes Montagu-Chelmsford ». Il
espérait encore. « Mais toutes ces espérances ont été détruites. »

« J'en suis arrivé malgré moi à la conclusion, dit-il à la cour,
que son union avec la Grande-Bretagne a rendu l'Inde plus
impuissante, politiquement et économiquement, qu'elle ne
l'avait jamais été auparavant... Elle a été réduite au point

d'être à peine capable de résister à la famine. Avant l'arrivée des Britanniques, l'Inde filait et tissait dans ses millions de chaumières juste le supplément qu'il lui fallait ajouter à ses maigres ressources agricoles. Cette industrie à domicile, si indispensable à l'existence de l'Inde, a été ruinée par des procédés incroyablement inhumains et cruels et qui ont été décrits par des témoins anglais. Il est peu d'habitants des villes qui sachent à quel point les masses indiennes à demi mortes de faim sombrent lentement à l'inertie... Aucun sophisme, aucune jonglerie avec les chiffres ne peuvent supprimer le fait évident que dans maint village les squelettes se montrent à l'œil nu. Je ne doute pas que l'Angleterre aussi bien que les habitants des villes aient à répondre devant Dieu, s'il en est un là-haut, de ce crime contre l'humanité qui n'a peut-être pas d'égal dans l'histoire. »

Poursuivant son réquisitoire contre ses accusateurs, le détenu dit ensuite : « Je suis persuadé que plus d'un Anglais et plus d'un fonctionnaire indien croient sincèrement que leurs méthodes d'administration sont parmi les meilleures qui soient au monde et que l'Inde progresse lentement mais sûrement. Ils ignorent qu'un système de terrorisme subtil mais efficace et un étalage méthodique de forces d'une part, ainsi que, d'autre part, la privation de tous les moyens de revanche et de légitime défense ont émasculé le peuple et fait naître en lui des habitudes de dissimulation. Cette affreuse habitude a accru l'ignorance et les illusions des fonctionnaires...

« Je n'ai personnellement aucune mauvaise volonté à l'égard d'aucun administrateur, affirma Gandhi à son juge, j'ai moins encore de sentiments de révolte à l'égard de la personne du roi. Mais je considère comme un honneur d'éprouver de l'antipathie pour un gouvernement qui dans l'ensemble a fait plus de mal aux Indes qu'aucun des régimes qui l'ont précédé. L'Inde est moins virile sous le gouvernement britannique qu'elle ne l'a jamais été auparavant... Ç'a été pour moi un précieux privilège que d'avoir été capable d'écrire ce que j'ai écrit dans les divers articles qui servent de motifs d'accusation contre moi... A mon sens, la non-coopération avec le mal est un devoir, bien plus que la coopération avec le bien. »

En conclusion, Gandhi réclamait « le châtiment le plus sévère ».

Lorsque Gandhi se fut assis, le juge, Mr. Broomfield, s'inclina vers le détenu et prononça sa sentence. « La détermination d'un juste châtiment, déclara-t-il, est peut-être la tâche la plus

difficile qu'un juge puisse avoir à remplir en ce pays. La loi
ne tient pas compte des individus. Néanmoins, il est impossible de ne pas tenir compte du fait que vous êtes dans une
autre catégorie que tous ceux que j'ai jamais jugés ou que je
serai appelé à juger. Il est impossible de ne pas tenir compte
du fait qu'aux yeux de millions de vos compatriotes vous êtes
un grand patriote et un grand chef. Même ceux qui sont en
désaccord avec vous quant aux idées politiques vous considèrent comme un homme animé d'idéaux élevés et d'une vie
noble et même sainte. »

Le juge annonça alors à Gandhi qu'il devrait subir un emprisonnement de six ans et ajouta que si, plus tard, le gouvernement croyait opportun de réduire cette peine, « personne n'en
serait plus heureux que lui-même ». Mr. Banker reçut un an
de geôle et une amende de mille roupies.

Après avoir entendu sa sentence, le Mahatma se leva et dit
que cette sentence « était aussi douce que celle qu'aucun juge
aurait pu lui infliger. Pour tout ce qui concerne la façon de
me traiter, je dois dire que je n'aurais pas pu attendre plus de
courtoisie. »

Lorsque la cour se fut retirée, un grand nombre des spectateurs qui se trouvaient dans la salle tombèrent à genoux aux
pieds de Gandhi. Nombre d'entre eux pleuraient. Gandhi avait
sur les lèvres un léger sourire, lorsqu'il fut reconduit en prison.

Gandhi n'avait aucun ressentiment. Il savait en entrant
dans la vie politique que cela impliquait le séjour dans les prisons britanniques. C'est là ce que cela signifiait pour lui et
pour d'autres. Chaque fois qu'il apprenait qu'un ami ou un
confrère avait été arrêté, il lui envoyait un télégramme de
félicitations. L'emprisonnement était un élément de base de
sa doctrine de non-coopération [1]. « Il nous faut élargir les grilles
des prisons, disait-il, et y entrer comme un fiancé entre dans
la chambre de sa nouvelle épouse. La liberté doit être cherchée

1. Une explication lumineuse de la politique de non-coopération se trouve
dans *The Indian Struggle, 1920-1934*, par Soubhas C. Rose (Londres, Wishart
and Company, Ltd., 1935). De même dans *India* de Sir Valentine Chirol.
Toward Freedom, de Yaouaharlal Nehrou, fournit quelques détails sur l'en-
tourage.
L'explication britannique de la popularité de Gandhi est tirée de *East
India (Progress and Conditions) Statement Exhibiting the Moral and Material
Progress of India During the Year 1919* (Londres, His Majesty's Stationery
Office, 1920), Cmd 950. Ce rapport donne d'autres renseignements intéres-
sants.
Les autorités londoniennes eurent connaissance de la condamnation de
Gandhi à la prison et le relaxèrent le 10 novembre 1922.

uniquement entre les murs des prisons et parfois sur l'écha-
faud, mais jamais dans les chambres des conseils, dans les tribunaux ou à l'école. » L'emprisonnement était essentiel pour
élever la nation à sa libération.

Les Britanniques lui rendirent ce service et l'envoyèrent
souvent en prison. Mais ce fut la dernière fois qu'ils le jugèrent.

CHAPITRE XXIV

LES FAMILLES DE GANDHI

Eℕ passant derrière les grilles de la prison, Gandhi laissait derrière lui un pays rempli de politiciens perplexes et un *ashram* habité par deux malheureuses familles : sa famille personnelle et celle qu'il avait adoptée, composée de secrétaires, de disciples, d'admirateurs et de parasites. Tous, y compris Kastourbaï, l'appelaient : Père, *Bapou*, ou *Bapouyi*, ce *yi* impliquant un mélange hindou de respect et de tendresse. Il recevait et donnait une grande somme d'amour.

L'amour le rendait indulgent. Pour lui-même, il avait un code de conduite extrêmement sévère. Avec les autres, il était tolérant. « Ne vous inquiétez pas des vastes conséquences de mes façons de voir, écrivait-il aux femmes de son *ashram*. Toute chose a toujours deux aspects : l'un plus étroit, l'autre plus large. Nous ne serons pas déconcertés si, tout en comprenant les vastes conséquences, vous commencez par les plus restreintes. »

Depuis sa toute première maturité, il avait été doux envers tous, excepté envers sa femme et ses fils. Ses relations avec Kastourbaï furent gâtées dès le début par une tension qui diminua peu à peu, si bien qu'il devint capable de se laisser aller même avec elle. Par exemple, ils plaisantaient souvent à propos de leur âge : ils étaient nés à six mois l'un de l'autre, mais ils ne savaient pas exactement qui était le plus jeune : lui, prétendait que c'était lui; elle, prétendait que c'était elle. Progressivement, lorsque, suivant l'expression de Gandhi, le désir fit place à l'amour, ils devinrent un couple modèle : elle, le comble du service rendu; lui, un idéal de respect. « *Ba*, disait Gandhi en parlant de Kastourbaï, prend du thé, bien qu'elle vive avec moi. Elle prend aussi du café. J'aurais même du plaisir à le préparer pour elle. » Or, prendre du thé et du café était plutôt un péché aux yeux de Gandhi. En d'autres termes, Kastourbaï conserva sa personnalité; néanmoins elle sut s'effacer jusqu'à un point élevé. Elle ne se conduisit jamais comme si elle était Mrs. Gandhi; elle ne revendiqua jamais de privilèges; jamais elle ne se refusa aux travaux les plus pénibles; jamais elle ne sembla remarquer le petit groupe de disciples féminins, jeunes ou d'âge moyen, qui s'interposaient entre elle et son illustre époux. Le fait qu'elle était elle-même, et qu'elle était en même temps l'ombre du Mahatma, fit d'elle une femme remarquable, et plus d'un, qui l'observa pendant de longues années, s'est étonné de voir qu'elle ne se fût pas rapprochée davantage encore que lui de l'idéal de renoncement défini par le *Ghita*. Lui, était trop passionné pour être un parfait *yoghi*.

Avec l'âge, ses passions furent soumises à un frein plus rigoureux, mais il n'apprit jamais à être un vrai père pour ses fils. Il avait à leur égard une froideur qui n'avait rien de Gandhi. Peut-être avait-il de l'immortalité une conception impersonnelle. « Mais, lui demanda avec insistance un interviewer, un artiste, un poète, un grand génie ne peuvent-ils pas laisser à la postérité l'héritage de leur génie par l'intermédiaire de leurs enfants?

— Certainement pas, répondit Gandhi dans *Young India*, le 20 novembre 1924. Il aura toujours plus de disciples qu'il ne pourrait avoir d'enfants. »

De même qu'il était plus sévère pour lui-même que pour tout autre, de même il était plus sévère que personne envers ses propres fils. Il espérait que Harilal, Manilal, Ramdas et Dévadas seraient de la même souche, cette souche ne donna pas de rejetons.

Gandhi se reculait afin de donner à ses fils moins qu'il ne donnait aux fils des autres hommes. Cette manière d'agir enfermait un antidote contre le népotisme pratiqué par les familles hindoues animées d'un sentiment familial profond; mais cela n'était pas correct, et Harilal ainsi que Manilal lui en voulaient pour cela. Ils étaient mécontents parce que leur père, qui avait une profession, leur refusait une éducation leur permettant d'en avoir une. Gandhi prétendait que la formation du caractère valait mieux que le droit ou l'étude de la médecine. Ils estimaient que tout cela était bel et bien, mais, dans ce cas, pourquoi leur *Bapou* avait-il envoyé Maganlal et Chaganlal, leurs petits-cousins, et d'autres jeunes gens faire leurs études en Angleterre?

En 1916, Manilal était chargé de garder quelques centaines de roupies appartenant à l'*ashram* et, ayant appris que son frère Harilal, qui s'efforçait de se créer une situation dans le commerce à Calcutta, avait besoin d'argent, il lui avança cette somme à titre de prêt. Le hasard fit que le reçu d'Harilal tomba entre les mains de Gandhi. Le lendemain, Manilal fut mis à la porte de l'*ashram* et reçut l'ordre de s'en aller apprendre le métier de fileur et de tisserand, sans se servir du nom de Gandhi.

Après une période de pénitence, Gandhi expédia Manilal dans l'Afrique du Sud pour y éditer l'*Indian Opinion*. « Pendant toute sa vie, a écrit Manilal après l'assassinat de son père, je n'ai pu passer réellement que peu d'années avec mon père. Différent en cela de mes autres frères, j'ai dû vivre loin de lui, en exil, dans l'Afrique du Sud. »

Manilal vint faire à l'occasion des visites aux Indes. « La période la plus étendue que j'aie pu passer dans l'Inde et, la plupart du temps avec mon père, dit Manilal, fut l'année 1945 tout entière et la moitié de 1946. Ce furent là des mois précieux... » A cette époque, Manilal observa que « l'attitude de Gandhi avait considérablement changé depuis le temps où nous étions sous sa dépendance, pendant notre enfance. Il me sembla qu'il accordait à ceux qui étaient le plus près de lui son amour et son affection les plus tendres. Ils étaient devenus ses enfants gâtés, quels qu'ils fussent, et plus encore lorsque ma mère eut été rappelée de la vie... Une des choses qui me frappèrent fut l'extrême douceur de mon père comparée à ce qu'il était lorsque nous autres, les quatre frères, étions sous ses ordres. Il pardonnait toujours en effet, bien qu'il fût un maître très sévère. Mais il était devenu souverainement tolérant, chose qu'il n'était pas de notre temps... En voyant cela, bien des fois je m'irritais et disais à mon père : « *Bapou*, vous avez énormé-« ment changé depuis le temps que nous étions sous votre « férule. Jamais vous ne nous avez choyés. Je me souviens que « vous nous obligiez à faire la lessive et à couper du bois. Comme

1. La déclaration de Manilal Gandhi relative à ses rapports avec son père est imprimée dans le numéro spécial consacré à la mémoire du Mahatma dans *Indian Opinion*. Il m'a fait des déclarations analogues de vive voix sur le même sujet. Un certain nombre des collaborateurs les plus intimes de Gandhi m'ont également parlé et écrit sur Gandhi considéré comme père et mari. Les commentaires sont de moi.

« vous nous forciez à prendre la pioche et la bêche par les
« matins où il faisait un froid terrible et à bêcher le jardin, à
« faire la cuisine et à marcher pendant des milles. Et je suis
« surpris de voir comme vous choyez aujourd'hui tous ces gens
« qui sont autour de vous. »

« *Bapou* m'écoutait et partait d'un grand éclat de rire cor-
dial à son habitude : « Eh bien, mes enfants, vous entendez ce
« que dit Manilal? » Et alors, il se mettait à les caresser et à
leur faire des amabilités. »

Combien de chagrin n'y a-t-il pas dans ces longues années
perdues sans affection?

Manilal supporta sa punition et son bannissement et n'en
resta pas moins un être humain bien équilibré. Harilal, par
contre, souffrit toujours d'une blessure intime. Tant que vécut
sa femme, il apparut extérieurement normal. Mais lorsqu'elle
fut morte en 1918 au cours d'une épidémie d'influenza et que
Gandhi s'opposa à ce qu'il se remariât, Harilal dégénéra complètement. Il se laissa aller à l'alcool et aux femmes; on le vit
souvent paraître en public en état d'ivresse. Sous l'influence de
la boisson, de la misère et du désir de se venger, il succomba
aux offres qui lui étaient faites par des publicistes sans scrupules et attaqua son père dans des écrits signés « Abdoullah »,
d'un nom musulman. Il s'était converti au mahométisme.
Cette conversion à l'Islam, l'ivresse et le libertinage étaient
probablement un effort d'Harilal pour blesser son père.

Gandhi rejetait sur soi-même la responsabilité des méfaits
de ce fils. « J'étais l'esclave de mes passions lorsque Harilal
fut conçu... Je menai pendant son enfance une vie charnelle
et luxurieuse. » Pourtant, la cause de la chute d'Harilal ne
peut pas être cherchée dans les appétits naturels qui provoquè-
rent sa naissance et celle de ses frères. Il y avait probablement
dans les profondeurs de l'âme de Gandhi quelque chose qui
s'opposait au fait d'avoir des enfants.

Cependant, Gandhi les aimait et n'était jamais aussi heureux
que lorsqu'il jouait avec eux. Il trouvait toujours le temps de
s'amuser avec les plus jeunes et avec les bébés de l'*ashram*.

Il existe une charmante photographie qui nous montre Gandhi se frottant le nez tout en tenant un bébé dans ses bras. Il
divertissait les enfants de l'*ashram* en faisant des grimaces et
en leur adressant des remarques amusantes.

Gandhi croyait à la divinité de l'enfant. « Les enfants sont
innocents, aimants et bienveillants par nature, écrivait-il dans

une lettre destinée aux garçons et aux filles de l'*ashram*. Le mal ne vient que lorsqu'ils deviennent plus vieux. »

La vie dans l'*ashram* de Sabarmati et, après 1932, à Sévagram, dans l'Inde centrale, était sereine, simple, joyeuse et sans contrainte. Personne ne craignait Gandhi. Jusqu'à ce qu'il fût devenu trop vieux, il restait assis chaque matin dans l'arrière-cuisine, avec les autres habitants de l'*ashram*, occupé à peler les pommes de terre; il prenait également sa part des autres travaux du ménage. Les petites frictions et rivalités ne manquaient pas même dans cette communauté d'ascètes. On se jalousait pour la faveur du Mahatma. Il réussissait généralement à rester au-dessus de la mêlée, mais les communiqués de victoire attiraient son attention. En réalité, peu de détails de la vie et de l'activité des habitants échappaient à ses regards pénétrants. Il apaisait, il aplanissait et arbitrait avec impartialité.

Gandhi désirait et espérait voir tous ceux qui vivaient dans l'*ashram* satisfaire à certaines rigoureuses exigences : propreté personnelle et civile absolue, ponctualité persévérante et travail manuel avec en plus une heure ou trente minutes au moins chaque jour consacrées à filer. Il stigmatisait « le divorce entre l'intelligence et le travail manuel ». Ce dernier était pour lui un moyen de s'identifier avec l'Inde du travail, avec l'univers du travail. Sa tendance à économiser, bien qu'instinctive, dérivait elle aussi de son souci constant des centaines de millions d'hommes qui apprécient la valeur d'un bouton, d'un clou et d'une fraction de penny.

Miss Slade, fille de l'amiral britannique, Sir Edmund Slade, qui vint s'établir en 1925 dans l'*ashram* de Gandhi et y vécut plusieurs années avant d'en fonder un à elle sur les rives du Gange sacré, raconte comment Gandhi perdit le petit bout de crayon qu'il affectionnait. Tout son état-major se mit en quête du trésor, mais en vain. Quelqu'un lui en apporta un neuf. Mais non. Il insista pour qu'on continuât les recherches jusqu'à ce qu'on l'eût retrouvé. « *Bapou*... le reçut avec un sourire radieux [1]. »

Plus il vieillissait, et plus Gandhi insistait sur la nécessité d'économiser, d'être propre, d'être ponctuel et de filer. Si strict qu'il se montrât quant à la conduite personnelle de ses collaborateurs, il n'en était pas moins tout à fait tolérant pour leur façon de penser. Quelques-uns de ses plus intimes colla-

---

1. L'histoire du bout de crayon est racontée par Miss Slade dans *Incidents of Gandhiji's Life*.

borateurs politiques et quelques-uns de ceux qui vécurent longtemps dans son *ashram* ne croyaient pas — il le savait — à la non-violence ou à Dieu, ou à l'affection des Britanniques ou des musulmans. Mrdoulla Sarabhaï, par exemple, lui dit un jour : « Je ne suis pas partisan de Gandhi. » Il ne fit qu'en rire en lui donnant une petite tape amicale. Personne n'était obligé de suivre « la ligne du parti » de Gandhi. Il n'y en avait pas [1].

Gandhi acceptait les gens tels qu'ils étaient. Conscient de ses propres défauts, pouvait-il escompter la perfection chez les autres? Il croyait en la valeur éducative et curative du temps et des bonnes actions.

Gandhi prenait d'un individu, d'un livre, d'une religion et d'une situation tout ce qui s'accordait à sa nature; le reste, il l'écartait. Il se refusait à voir ce qu'il y avait de mauvais chez les gens. Il changea souvent des êtres humains en les regardant non comme ce qu'ils étaient, mais comme s'ils étaient ce qu'ils désiraient être, et comme si ce qu'il y avait de bon en eux était le tout d'eux-mêmes.

Ses amis savaient qu'il leur pardonnait lorsqu'ils avouaient franchement. S'ils lui cachaient certaines choses, c'était parce qu'il se serait fait un reproche à lui-même de leur défaillance. Il encourageait la familiarité; elle ne faisait jamais naître le mépris, elle favorisait l'amour. Il se divertissait d'une plaisanterie, même si la pointe l'atteignait.

La flagornerie le dégoûtait. Il respectait ses plus ardents antagonistes, et leur accordait son amitié. Bien qu'il lui plût de conquérir des adeptes, il n'était pas charmé d'avoir des partisans bruyants. Il encourageait la dissidence; il aidait les dissidents. Ceux qui lui étaient opposés étaient réconfortés de savoir qu'il pouvait changer d'attitude même sur les questions politiques les plus importantes, afin de donner une juste chance à la politique contraire.

Ce libéralisme politique permit à plusieurs membres de sa famille politique, dont certains avaient donné à contre-cœur leur assentiment à la campagne de non-coopération de 1921-1922, de présenter des plans de coopération lorsque Gandhi

---

1. Mrdoulla Sarabhaï, fille socialiste du grand tisserand millionnaire d'Ahmédabad, m'a parlé elle-même de son attitude à l'égard du Mahatma. Lorsque je la rencontrai pour la première fois à l'*ashram* de Sévagram en 1942, je la baptisai « le Boss », c'est-à-dire « la patronne ». La patronne est indépendante, moderne et, bien qu'elle refusât avec énergie d'être considérée comme partisan de Gandhi, elle l'aimait profondément. Elle a plus travaillé dans le sens de Gandhi qu'un grand nombre de ses adeptes avérés.

CHAPITRE XXV

OPÉRATION ET JEÛNE

Le 12 janvier 1924 au soir, le Mahatma Gandhi fut transporté de la geôle centrale de Yéravda où il avait été placé le 20 mars 1922 à l'hôpital de Sassoon, dans la ville de Poona. C'était une attaque d'appendicite aiguë. Le gouvernement était disposé à attendre les chirurgiens indiens arrivant de Bombay, à trois heures de train; mais, peu de temps avant minuit, le colonel Maddock, le chirurgien britannique, avertit Gandhi qu'il allait l'opérer immédiatement. Gandhi y consentit.

Tandis qu'on préparait le champ d'opération, le chef des « Servants of India Society », V. S. Srinivasa Sastri, et le Dr Phatak, un ami du Mahatma habitant à Poona, avaient été invités sur sa demande. Ils établirent ensemble une déclaration publique indiquant qu'il avait accepté d'être opéré, que les médecins l'avaient bien traité et que, quoi qu'il pût advenir, il ne devait pas y avoir d'agitation antigouvernementale. Les autorités de l'hôpital et Gandhi savaient que, si l'opération tournait mal, l'Inde pouvait s'enflammer.

Quand cette déclaration fut prête, Gandhi souleva les genoux et la signa au crayon. « Voyez comme ma main tremble, fit-il observer en riant au colonel Maddock. Vous allez devoir réparer ça.

— Oh! répliqua le chirurgien, nous allons y mettre des tonnes et des tonnes de force. »

On administra le chloroforme et une photo fut prise. Pendant l'opération, un ouragan coupa l'électricité. Puis la lampe de poche que tenait une des infirmières s'éteignit et l'on dut achever l'opération à la lueur d'une lampe-tempête.

L'appendicectomie réussit et le Mahatma remercia son chirurgien avec effusion. Pourtant un abcès local se forma et les progrès de la guérison furent très lents. En conséquence, le gouvernement estima sage ou généreux de mettre Gandhi en liberté le 5 février.

« L'Occident, écrivait un jour Gandhi à miss Slade, a toujours provoqué mon admiration pour ses découvertes chirurgicales et pour tous les progrès faits dans cette direction [1]. »

En dépit de cela, Gandhi ne se libéra jamais complètement de ses préjugés à l'égard des médecins. Il aimait se soigner lui-même. Mahadev Desaï, qui l'a bien connu, a dit : « S'il n'y avait pas eu son opposition fondamentale à la vivisection, il aurait désiré être médecin ou chirurgien. » Gandhi a écrit un livre sur la santé; il aimait à recommander à ses amis, à ses visiteurs et à l'Inde entière des remèdes de charlatan. En conséquence, lorsqu'il fut libéré sans conditions de la prison de Yéravda et se rendit dans la baie de Youhou, près de Bombay, pour y faire sa convalescence dans la maison de l'industriel Chantikoumar Moraryi, il décida que désormais il se soignerait lui-même et qu'il pourrait aussi bien soigner les autres. Il transforma cette villa du bord de la mer en un hôpital temporaire où ses disciples souffrants, rassemblés de près et de loin, faisaient sa joie en se laissant administrer par lui des enveloppements, des bains, des nourritures grotesques et des massages. En réalité, il fit progresser leur convalescence et la sienne principalement en leur donnant le remède du rire et de la compagnie.

D'autres aussi vinrent à Youhou — sans y être invités — et Gandhi les convoqua par la voie de la presse à venir, s'ils le devaient, entre 4 et 5 heures du soir pour faire leurs prières sur le sable. Mais, expliquait-il, « le fait de me voir n'est pas quelque chose qui puisse vous profiter. C'est une preuve de votre affection pour moi, mais une preuve exagérée ».

A Youhou vinrent aussi C. R. Das et Motilal Nehrou afin de discuter la déplorable situation qui s'était développée pendant les vingt-deux mois que Gandhi avait passés en prison.

---

1. L'histoire de l'appendicectomie est racontée dans *Young India* et dans *Gandhiji*. La photo est reproduite dans *Speeches and Writings of Mahatma Gandhi*. L'infirmière qui tenait la lampe de poche a donné les détails concernant l'opération à la doctoresse Souchila Nayyar qui devint par la suite le médecin de Gandhi : c'est celle-ci qui me les a écrits. Mr. Sastri a parlé de sa visite à Gandhi, le soir de son opération, dans un chapitre intitulé : « A l'hopital de Sassoon » dans *Gandhi As We Know Him*, par sept collaborateurs, publié par Chandrahanker Choulka; (Bombay, Vora and Co., 1945).

En premier lieu, la solide amitié entre hindous et musulmans, ce roc solide sur lequel Gandhi espérait édifier une Inde unie et libre, avait été presque engloutie par une marée furieuse d'hostilité entre ces deux collectivités. Le mouvement du Khilafat était mort, non sous les coups de la Grande-Bretagne, mais sous ceux de Kémal Pacha (Ataturk), le maître de la Turquie musulmane. Plus sage que la plupart de ses coreligionnaires indiens, Kémal avait créé une république séculaire, latinisé l'écriture arabe courante, proscrit le fez et toute autre coiffure orientale. Il avait déposé le Calife tout en lui permettant de s'enfuir dans l'île de Malte en novembre 1922 sur un vaisseau de guerre britannique. Un faible héritier maintenait l'illusion de la suprématie religieuse du Calife; mais, lui aussi, en mars 1924, se réfugia à l'étranger.

Devenu sans objet, le mouvement du Khilafat se désorganisa. Par suite, toute collaboration politique des hindous et des musulmans sur une vaste échelle avait cessé.

En second lieu, le mouvement de non-coopération était mort. « Une foule d'avocats avaient repris leur profession, a dit Gandhi, résumant ainsi ce qui avait été dit à Youhou et ce qu'il avait appris de bonne source. Quelques-uns même regrettaient de l'avoir abandonnée... Des centaines de garçons et de filles qui avaient quitté les écoles et collèges du gouvernement s'en étaient repentis et y étaient retournés. » De plus, Motilal Nehrou, C. R. Das et leurs nombreux partisans étaient disposés à rentrer dans les conseils municipaux, provinciaux et législatif national. Cela, affirmaient-ils, leur permettrait de prendre part aux élections, de rester en contact avec le peuple, de donner libre cours à leurs doléances dans les assemblées délibératives et de faire obstruction au gouvernement britannique.

Dans le but de réaliser leur programme, Das et le vieux Nehrou avaient, à la fin de 1922, lancé le parti du *Souaraï* (de l'autonomie) dont la revendication « immédiate » était le statut de Dominion au sein de l'Empire.

Ceux qui avaient continué à défendre la politique de non-coopération non violente préconisée par Gandhi étaient appelés « les Inchangeables ». Ces deux factions désiraient l'autonomie, mais s'étaient combattues comme des ennemis enragés. Un compromis leur laissant pleine liberté d'action avait permis de les garder au sein du Congrès.

Mis en présence de cet aspect des choses, à Youhou, Gandhi conclut le Pacte Gandhi-Das qui consacrait l'arrangement de « vivre et laisser vivre » existant entre les partisans de Gandhi et le parti du *Souaraï*. Il ne désirait pas diviser le Congrès.

Gandhi était toujours non-coopérateur, toujours champion de la désobéissance civile, toujours « extrêmement méfiant à l'égard de ce gouvernement », déclara-t-il dans *Young India*, le 10 avril 1924. Il insistait donc encore pour le boycottage des tribunaux, des écoles, des titres et fonctions officiels. Mais ses partisans avaient perdu leur courage pendant qu'il était en prison. Le boycottage entraînait de terribles sacrifices personnels que peude gens pouvaient supporter. La politique du parti du *Souaraï* en revanche, était séduisante. Elle comportait des victoires électorales, la participation aux assemblées législatives, des discours, etc. Gandhi n'avait pas de programme à brève échéance qui pût leur être opposé. En conséquence, il se retira pendant plusieurs années de la vie politique et se consacra à purifier l'Inde. L'autonomie dépendait des bonnes qualités de l'Inde, et non de la méchanceté des Britanniques. « Je crois, écrivait-il à « Charlie » Andrews, que dès qu'elle sera purifiée l'Inde obtiendra sa liberté [1]. »

Le dessein de Gandhi, pendant cette période d'éloignement de la politique, était de favoriser la fraternité entre Indiens. Dès qu'il regarda autour de soi, il devint évident pour lui que « la seule question qu'il fallût résoudre devant le pays, c'était la question hindo-musulmane. Je suis d'accord avec Mr. Yinnah, ajoutait-il, pour reconnaître que l'union entre les hindous et les musulmans signifie le *Souaraï*... Il n'y a pas de question plus importante ou plus urgente que celle-là. »

En sa qualité de rédacteur en chef, Gandhi consacra tout le numéro du 29 mai 1924 de *Young India* à un article de six mille mots intitulé : *la Tension hindo-musulmane, ses causes et ses remèdes*. Après avoir rappelé les griefs des hindous contre les musulmans, et ceux des musulmans contre les hindous, après avoir constaté l'accroissement des querelles, des disputes et des échauffourées entre ces deux collectivités, il exprimait l'opinion que tout cela n'était qu'une « réaction contre l'expansion du principe de non-violence. Je pressens une vague de violence. La tension qui existe entre les hindous et les musulmans est une phase aiguë de cette lassitude. »

1. La lettre de Gandhi à Charles Freer Andrews citée dans ce chapitre est l'une des cinquante-deux adressées par Gandhi à Andrews, dont copie m'a été donnée par le pandit Benarsi Das Chatourvédi, l'un des habitants de l'*ashram* du Mahatma. Des extraits de ces lettres ont été utilisés dans d'autres chapitres. Andrews a été plus intime avec Gandhi qu'aucun autre étranger et que bon nombre d'Indiens. Gandhi l'appelait « Charlie », et lui, appelait le Mahatma « Mohan ».

Gandhi se demandait ce qui pourrait guérir cette perte de foi en la non-violence. Et il répondait : la non-violence.

Ce long article de Gandhi était plutôt un plaidoyer qu'une analyse. Il croyait en la possibilité immédiate de l'amitié entre hindous et musulmans, « parce qu'elle est si naturelle, si nécessaire pour les uns et les autres, et parce que je crois en la nature humaine ». C'est là, en une seule phrase, presque tout Gandhi.

« La clé de la situation est chez les hindous, écrivait-il. Les deux causes permanentes de frictions » avec les musulmans étant l'abattage des vaches et la musique.

« Bien que je considère la protection des vaches comme le point central de l'hindouisme (déclarait Gandhi), je n'ai jamais été capable de comprendre l'antipathie qu'éprouvent les musulmans à l'égard de ce principe. Nous ne parlons jamais des abatages qui ont lieu chaque jour par l'effet des Britanniques. Notre mécontentement tourne au rouge lorsqu'un musulman tue une vache. Toutes les échauffourées qui ont eu lieu au nom des vaches ont été une perte stupide d'efforts. Elles n'ont pas sauvé une seule vache et, tout au contraire, elles ont roidi les musulmans dans leur attitude et abouti à de plus nombreux abattages... La protection des vaches devrait commencer chez nous-mêmes. En aucun point du monde le bétail n'est traité aussi mal que dans l'Inde; l'état de semi-inanition où se trouve la majeure partie de notre bétail est une calamité pour nous. Si les vaches finissent sous le couteau du boucher, c'est parce que les hindous les lui vendent... »

Puis, il y avait la musique jouée lors des processions religieuses des hindous lorsqu'ils passaient devant les mosquées à l'heure de la prière. On ne savait pourquoi les processions s'arrangeaient pour arriver devant les mosquées juste au moment où les disciples du Prophète étaient en train de supplier Allah. Gandhi avait entendu dire que parfois les hindous faisaient cela « avec l'intention expresse d'irriter les musulmans ». Cela était aussi blâmable que le recours des musulmans à la violence en guise de représailles furieuses.

Le long article de Gandhi ne tenait aucun compte des raisons économiques et sociales qui exacerbaient les rapports entre les deux collectivités, sauf en une allusion à la demande des musulmans tendant à obtenir un certain pourcentage de postes à eux réservés dans le gouvernement. Une classe moyenne musulmane était en train de se créer dans l'Inde (et dans tout le monde arabe); elle se trouvait handicapée par la concurrence

des hindous, des parsis et des chrétiens qui avaient l'avantage
d'une meilleure instruction et de relations meilleures. En conséquence, les musulmans réclamaient un certain nombre de postes
indépendamment de leur qualification. Gandhi s'y opposait. Il
disait :

« Pour bien remplir son rôle, l'administration doit être
confiée aux plus capables. Il ne doit pas y avoir de favoritisme.
Si nous avons besoin de cinq ingénieurs nous ne devons pas
en prendre un dans chaque collectivité, mais nous devons
prendre les cinq plus capables, même s'ils sont tous musulmans
ou tous parsis... »

C'était logique, honnête et judicieux, mais tout à fait incapable de satisfaire les musulmans. Et, comme l'infériorité
dans laquelle se trouvait l'Inde au point de vue économique
donnait une importance souveraine, sinon l'activité essentielle,
aux fonctions de gouvernement, réserver des postes officiels
aux musulmans aurait été une plaie infectieuse tant que le
gouvernement britannique aurait subsisté.

Dans les sept cent mille villages de l'Inde, hindous et musulmans avaient toujours vécu en paix les uns avec les autres.
La tension qui s'était produite au xxᵉ siècle entre les uns
et les autres était un malaise artificiel de la classe moyenne
et des villes. Les hindous sont souvent ambitieux et dyna-
miques. Une ville comme Bombay possède une vibrante vitalité. Les villes surpeuplées de façon inhumaine, avec leurs
immeubles où l'on est entassé comme des harengs, avec les
déceptions qu'engendre une pauvreté pareille à celle des
animaux et aux possibilités vraiment restreintes de gain,
d'instruction et d'avancement, rendent les villes indiennes
facilement irascibles, surtout pendant les chaleurs implacables
de l'été. Dans les villes, la non-violence de Gandhi se heurtait
à la nature aussi bien qu'au tempérament.

Gandhi, ce *yoghi* karma optimiste, considérait les difficultés
comme des aiguillons pour des efforts plus considérables de
la volonté. Le rédacteur en chef qui consacrait tout un numéro
de son magazine à un seul problème était l'homme d'action
capable de sacrifier sa vie entière pour le résoudre. C'est
pourquoi, le 18 septembre 1924, Gandhi entreprit un jeûne
de vingt et un jours pour rétablir l'amitié entre les hindous
et les musulmans.

En prison, il avait été malade pendant plusieurs mois. Puis

vint son opération de l'appendicite pratiquée à chaud. La
blessure suppura et ne guérit que lentement. La convalescence
fut retardée. Des semaines d'entretiens passionnés suivies de
semaines de tournées fatigantes l'avaient épuisé. La situation
politique le déprimait; il semblait que des années de labeur
eussent été perdues. A une conférence du Comité du Congrès
panindien, en juin, quand il se rendit compte du grand nombre
de ses partisans qui ne croyaient pas à la non-violence, il se
mit à pleurer en public. Les comptes rendus qu'il recevait
constamment au sujet de rixes entre hindous et musulmans,
l'atmosphère de criailleries, de haine et de tristesse pesaient
lourdement sur son corps et sur son esprit. Il avait cinquante-
cinq ans. Il savait qu'un jeûne de vingt et un jours pouvait
lui être fatal. Il ne désirait pas mourir. Il y avait trop de
tâches inachevées. Il avait plaisir à vivre. Le suicide lui répugnait du point de vue religieux aussi bien que physique. Le
jeûne n'était pas un rendez-vous avec la mort. Il n'avait pas
de satisfaction à souffrir. Son jeûne lui était dicté par son
devoir envers une cause plus haute, la fraternité universelle
des hommes.

Pour Gandhi toute action devait être droite et vraie. Car
il ne tint jamais aucun compte de ce qu'elle pouvait coûter
à lui ou aux autres; à cet égard, il était sans pitié. Servir,
c'était se sacrifier, renoncer, se détacher. Vous devez vous
détacher de vous-même. Tout ce qui reste est le devoir. Le
18 septembre 1924, Gandhi sentit que c'était son devoir de
jeûner [1].

Gandhi avait le sens du drame. Il jeûna dans la maison d'un
musulman, Mohammed Ali, frère cadet de Chaoukat. Mohammed Ali était un partisan loyal du Congrès, un champion de
l'amitié entre hindous et musulmans. Mais la collectivité musulmane se détachait de lui. Gandhi avait écrit dans son article
que « la clé de la situation était entre les mains des hindous »,
mais son cœur, la plus ancienne partie de son esprit, savait
que c'étaient les musulmans qui étaient les offenseurs; certaines conditions, disait-il, faisaient du musulman « un taureau ».
Gandhi désirait fortifier la position de Mohammed Ali. « C'est

1. *Young India* est pratiquement le journal intime du jeûne. Il faut rendre
grâces de ce résultat à Charles Freer Andrews et à Mahadev Desaï, premier
secrétaire de Gandhi, qui avaient le sens du journalisme et des détails. *Young
India* était publiée sur 8 pages de 8 pouces sur 30.
Les lettres de Gandhi à Miss Slade dans ce chapitre et dans d'autres chapitres sont citées d'après *Bapu's Letters to Mira, 1924-1948* (Ahmédabad,
Navajivan Publishing House, 1949).

notre devoir, écrivit-il un jour, de consolider par notre jeûne
ceux qui possèdent les mêmes idéaux que nous, mais sont
capables de faiblir si une pression est exercée sur eux. » Pendant
vingt et un jours l'attention de l'Inde allait être fixée sur la
maison où Gandhi gisait en train de jeûner. Les musulmans
verraient que Mohandas et Mohammed étaient frères. Les
hindous, de leur côté, constateraient que leur saint avait confié
sa vie à un musulman.

Aucun bénéfice personnel ne pouvait revenir à Gandhi de
son jeûne; tout au contraire. Il ne s'y trouvait non plus aucun
élément coercitif. Le musulman de Calcutta ou d'Agra, l'hindou
d'Amritsar ou d'Allahabad ne seraient pas contraints de changer de conduite parce que Gandhi était en train de mourir
pour l'amitié hindo-musulmane. Ils en changeraient, le cas
échéant, parce que le grand sacrifice du Mahatma aurait établi
un lien spirituel entre lui et eux, une sorte d'onde de même
longueur, un moyen de communication par lequel il leur faisait
connaître l'importance, la nécessité, l'urgence, le caractère
sacré de la cause pour laquelle il jeûnait. C'était sa méthode
pour aller jusqu'à eux, pour pénétrer dans leurs cœurs, pour
s'unir à eux.

Partiellement, cela est oriental, hindou. Les ponts de l'Occident sont faits de ciment, d'acier, de fil métallique, de mots.
Les ponts de l'Orient sont faits d'esprit. Pour entrer en relation
avec autrui l'Occident se meut ou parle. L'Orient reste assis;
il contemple, il souffre. Gandhi appartenait à la fois à l'Occident et à l'Orient. Quand les méthodes de l'Occident l'avaient
déçu, il recourait aux méthodes de l'Orient.

Ce jeûne était une aventure entre les mains de Dieu. L'enjeu
était la vie d'un homme. Le prix, la liberté d'une nation. Si les
Indiens étaient unis comme des frères, aucun étranger ne pourrait les dominer longtemps.

« Il est évident que rien de ce que je dis ou de ce que j'écris
ne peut réunir les deux collectivités, déclara-t-il en annonçant
son jeûne. C'est pourquoi je m'impose un jeûne de vingt et
un jours, à partir d'aujourd'hui et jusqu'au mercredi 6 octobre.
Je me réserve le droit de boire de l'eau pure ou salée. C'est à la
fois une pénitence et une prière... J'invite respectueusement
les chefs de toutes les collectivités, les Anglais compris, à se
rencontrer pour mettre fin à cette querelle qui est un crime
contre la religion et contre l'humanité. On dirait que Dieu
a été détrôné. Réinstallons-le dans nos cœurs. »

Deux médecins musulmans le surveillaient constamment.

Charles Freer Andrews, le missionnaire chrétien, servait d'infirmier.

Douze jours après avoir commencé à jeûner, Gandhi écrivit cent douze mots destinés à être publiés. « Jusqu'ici nous avons combattu et soupiré pour un changement du cœur des Anglais qui composent le gouvernement de l'Inde. Ce changement ne s'est pas produit. Mais maintenant il faut déplacer ce combat en vue de changer le cœur des hindous et des musulmans. Avant d'aspirer à la liberté, ils doivent être assez nobles pour s'aimer les uns les autres, pour tolérer la religion l'un de l'autre et même leurs préjugés et leurs superstitions, pour avoir confiance les uns dans les autres. »

Le vingtième jour, il dicta une prière : « Bientôt je vais passer du monde de la paix au monde des conflits. Plus j'y pense, et plus je suis désespéré... Je sais que je ne puis rien faire. Dieu peut tout faire. O Dieu, fais que je sois ton instrument et use de moi suivant ta volonté! L'homme n'est rien. Napoléon avait de grands projets et se trouva un jour prisonnier à Sainte-Hélène. Ce puissant empereur visait à la couronne de l'Europe et se voyait réduit à la situation d'un simple particulier. C'est Dieu qui l'a voulu. Fais que nous considérions de tels exemples et que nous soyons humbles! » Ces vingt jours avaient été des « jours de grâce, de privilège et de paix ».

Ce soir-là, écrit Andrews, « le Mahatma Gandhi était merveilleusement gai et enjoué. Plusieurs de ses amis intimes vinrent le voir couché dans son lit sur la terrasse découverte de la maison inondée par la lumière de la lune. » Ils prièrent. « Puis, un long silence suivit. Ses amis s'éloignèrent un à un et le laissèrent seul. »

Le vingt et unième jour : « Avant 4 heures du matin... on nous éveilla pour les prières, rapporte Andrews. La lune ne brillait pas et il faisait très noir. Une froide brise soufflait de l'est... *Bapou* était emmitouflé chaudement dans un châle sombre. Je lui demandai s'il avait bien dormi. Il répondit : « Oui, très bien. » Ce fut un plaisir pour nous de constater que sa voix était plus forte que le matin précédent, au lieu d'être plus faible. » Après les prières, un grand nombre de gens vinrent pour le *darshan*, une vision qui porte bonheur.

Vers 10 heures du matin, écrit Andrews, Mahatmaji me fit appeler et me dit : « Vous rappelez-vous les paroles du cantique chrétien que je préfère?

— Oui. Je vais vous le chanter.

— Pas maintenant, répondit-il. Mais il me semble qu'au moment où j'arrête mon jeûne nous devrions avoir une petite cérémonie exprimant notre unité religieuse. J'aimerais que le Sahib Iman [1] récitât les versets par lesquels débute le Coran. Puis je désirerais que vous chantiez le cantique chrétien, vous savez celui que je veux dire. Il commence par ces mots : *Quand je contemple la merveilleuse Croix* et finit par les vers suivants :

> Amour si surprenant, si divin,
> Prends mon âme, ma vie, mon tout [2].

Et puis, pour terminer, je voudrais que Vinoba récitât quelque chose des *Oupanichads* et que Balkrichna chantât l'hymne de Vaïchnava... » Il demanda que tous les serviteurs fussent présents.

Enfin, midi était arrivé et il était l'heure d'arrêter le jeûne.

Les docteurs entrèrent dans la chambre de Gandhi; les frères Ali, Maoulana Aboul Kalam Azad, Motilal Nehrou, C. R. Das et beaucoup d'autres étaient assis sur le sol près de son lit. Avant de cesser effectivement le jeûne, Gandhi parla, « et quand il se mit à parler, son émotion était si profonde qu'en raison de sa faiblesse corporelle sa voix ne put être entendue que de ceux qui étaient les plus près de lui ». Il leur demanda de sacrifier leur vie, s'il le fallait, pour la cause de la fraternité. Les dirigeants musulmans renouvelèrent leur promesse. Puis on chanta les hymnes. « Le Dr Ansari apporta un peu de jus d'orange que le Mahatma but. C'est ainsi que le jeûne fut rompu. »

---

1. Le seigneur prêtre (*N. du T.*).
2. Le premier et le dernier couplet du cantique chrétien préféré de Gandhi sont :

> *Quand je contemple la merveilleuse Croix,*
> *Sur laquelle mourut le Prince de gloire,*
> *Mon plus grand gain m'apparaît comme une perte,*
> *Et je méprise tout ce qui faisait mon orgueil.*
>
> *Si tout le royaume de la nature était mien,*
> *Ce serait une bien trop petite offrande.*
> *Amour si surprenant, si divin,*
> *Prends mon âme, ma vie, mon tout!*

CHAPITRE XXVI

FONDS ET BIJOUX

Pendant la dernière partie de l'année 1924, le monde retomba dans la « situation normale » de l'après-guerre. L'Inde, elle aussi, se détendit, et se mit à poursuivre les luxes de la division et de l'inaction. Les passions de la période entre l'Armistice et Amritsar s'étaient éteintes. Le doute et le découragement avaient remplacé la foi et l'esprit combatif. Peut-être la non-violence de Gandhi avait-elle calmé l'ardeur du nationalisme belliqueux. Son jeûne de vingt et un jours n'avait servi de rien. Il avait fait impression sur certains et modifié l'attitude de quelques-uns, mais la tension entre hindous et musulmans persistait aussi forte.

Gandhi n'estima pas que ce fût là le moment favorable pour une discussion avec la Grande-Bretagne. C'était le moment de réparer les clôtures de la maison. Son programme consistait à se préparer pour les possibilités morales futures, pour les possibilités concrètes, pour réaliser l'union entre les hindous et les musulmans, supprimer l'intouchabilité et répandre l'usage des étoffes indigènes ou *khadi* ou *khaddar*. Au cours de cette propagande en faveur des étoffes fabriquées à la maison, Gandhi reprochait aux Britanniques d'avoir tué l'artisanat villageois des Indes pour venir en aide aux filatures du Lancashire. Par ailleurs, ses écrits et ses discours pendant les années 1925, 1926 et 1927 furent marqués par une absence presque absolue de récriminations contre le mauvais gouvernement britannique. C'étaient les Indiens qu'il critiquait le plus souvent. « Je ne désire pas, disait-il, libérer uniquement l'Inde du joug des Anglais. Je veux libérer l'Inde de tout joug, quel qu'il soit[1]. » Pour cette raison, il ne s'agita jamais quant à la participation aux conseils législatifs ou municipaux : « Le *Souaraï*, affirmait-il, ne viendra pas grâce à la conquête de l'autorité par quelques-uns, mais du fait que tous auront acquis la capacité de résister à l'autorité lorsque celle-ci commettra des abus. » Quelques centaines d'Indiens furent élus dans ces conseils, et quelques milliers d'Indiens, habitants des villes pour la plupart, eurent la possibilité de les élire. En de pareils cas, les hindous pouvaient devenir des tyrans, sauf si les foules avaient appris à se défaire de leur docilité.

Les intellectuels restèrent sceptiques. « Bien qu'ils m'aiment personnellement, écrivait Gandhi, ils ont horreur de mes idées et de mes méthodes. » Il ne s'en plaignait pas : « J'ai simplement constaté le fait, dans le but de montrer mes limites. »

Les Indiens instruits, il l'affirmait, se divisaient en partis. « Je confesse mon incapacité à réunir ces partis, écrivait-il le 2 septembre 1926. Leur méthode n'est pas la mienne. J'essaie d'agir de bas en haut », et il leur reprochait de ne pas appuyer sa politique du *khadi* : « L'Inde cultivée préfère se séparer du seul lien visible et tangible qui l'unisse aux masses. »

Un clergyman américain demanda un jour à Gandhi ce qui lui causait le plus de souci. « La dureté de cœur des gens cultivés », répondit-il.

Il avouait avoir toujours désiré influencer les intellectuels, « mais non en dirigeant le Congrès; tout au contraire, en agissant à ma manière sur leurs cœurs, en silence pour autant que ce fût possible, précisément comme j'ai fait de 1915 à 1919 ». Il regrettait d'avoir été entraîné à diriger le Congrès politiquement; il abandonnait ce poste.

Il y eut de bruyantes protestations dans l'Inde lorsqu'à sa sortie de prison en 1924 il annonça son intention d'agir ainsi. « Je n'aime pas, dit-il, je n'ai jamais aimé qu'on compte sur moi en toute circonstance. C'est vraiment là la plus mauvaise méthode de direction des affaires nationales. Le Congrès ne doit pas devenir, comme il a menacé de le faire, l'exhibition

1. Toutes ces citations sont empruntées au magazine *Young India*. Les déclarations de Gandhi concernant le filage et le tissage de 1916 à 1940 sont recueillies dans un épais volume intitulé *Economics of Khadi*, par M. K. Gandhi (Ahmédabad, Navajivan Press, 1941). Ce livre montre l'évolution aussi bien que la ténacité des idées de Gandhi sur ce sujet.

Quant à son attitude à l'égard du parti du Souaraï et des autres organisations indiennes semi-collaboratrices ou collaboratrices pour un quart, je me réfère à *The Indian Struggle, 1920-1934*, par Soubhas Chandra Bose.

d'un seul homme, si bon ou si grand que cet homme puisse
être. Je pense souvent qu'il aurait mieux valu pour le pays
et pour moi que je fasse tout mon temps de prison. »

Malgré cela, on le décida à accepter la présidence du Congrès
pour 1925; ses amis prétendaient que son éloignement diviserait cette assemblée entre ceux qui suivaient son programme
constructif et le parti du *Souaraï* qui encourageait la politique
agissante dans les conseils. Il exigea en compensation que tout
membre du Conseil portât, comme condition de son admission
au Congrès, des vêtements tissés dans le pays et, si c'était possible, qu'il filât chaque jour.

Quelqu'un prétendit que s'il se retirait de la vie politique il
perdrait son autorité morale. « L'autorité morale, répondit-il
sans détour, ne se conserve pas en s'efforçant de la retenir.
Elle vient sans qu'on la cherche, et on la retient sans effort. »

En vérité, son autorité morale grandissait quoi qu'il fît ou ne
fît pas. Elle était alimentée par le sol de l'Inde et par la mentalité indienne. Pendant tout 1925, il voyagea sans arrêt à travers
ce pays, d'une longueur de 1.900 milles sur 1.500 de large,
visitant un grand nombre de provinces et d'États indigènes.
Il ne voyageait plus et ne vivait plus comme un pauvre, et il
s'en lamentait; ses partisans le forçaient à voyager en seconde
classe et non plus en troisième où 50 à 60 individus couverts
de sueur étaient serrés les uns contre les autres dans un espace
insuffisant. Il y consentit, parce qu'en troisième il ne pouvait
pas écrire ses articles, ni se reposer, ni faire la sieste à l'occasion.

Où qu'il se rendît, il était assiégé par des hordes de gens.
« Ils ne veulent pas me laisser seul, même quand je prends mon
bain », écrivait-il. La nuit ses pieds et ses jambes étaient couverts d'égratignures causées par des individus qui s'inclinaient
vers lui et le touchaient; il était forcé de s'enduire de vaseline.
Son procès de déification était commencé. En un certain lieu,
on lui dit qu'une tribu entière, celle des Gonds, l'adorait. « J'ai
exprimé mon horreur et ma très vive désapprobation plus
d'une fois pour cette sorte d'idolâtrie. Je prétends être un
simple mortel, héritier de toutes les faiblesses qui dénoncent
la chair de l'homme. Il vaudrait infiniment mieux que les
Gonds apprissent à comprendre le sens de mon simple message
que de se livrer à une déification qui n'a aucun sens et ne peut
que renforcer le naturel superstitieux de ce peuple ingénu. »

Même la vénération lui semblait superflue. « Je ne suis pas
un Mahatma », s'écriait-il. Et il écrivait : « Ma sainteté est sans
valeur. »

Mais le Mahatma n'y pouvait rien : il fallait qu'il fût un Mahatma. Certains le considéraient comme une réincarnation de Dieu, comme Bouddha, comme Krichna. Dieu descendait temporairement sur la terre. Des montagnes, des plaines, de villages lointains, on venait pour jeter sur lui un regard, pour être sanctifié si l'on était effleuré par son œil ou, mieux encore, par sa main. Les gens qui l'écoutaient étaient si nombreux qu'il s'adressait à eux debout devant eux, puis passait à droite, puis derrière eux et, enfin, à gauche, toujours dans l'espoir qu'ils resteraient assis à terre et ne se précipiteraient pas après lui. Souvent il se trouva en danger d'être foulé aux pieds.

A Dacca, dans le Bengale, un homme de soixante-dix ans lui fut amené. Il portait la photographie du Mahatma à son cou et pleurait abondamment. Lorsqu'il fut près de Gandhi il se jeta à ses pieds et le remercia de l'avoir guéri d'une paralysie chronique. « Après que tous les autres remèdes eurent échoué, dit le pauvre homme, je me mis à prononcer le nom de Gandhi, et un beau jour je me suis trouvé entièrement guéri.

— Ce n'est pas moi, mais Dieu qui vous a rendu la santé, répliqua Gandhi. Ne voulez-vous pas me faire le plaisir d'ôter cette photographie de votre cou? »

Les intellectuels non plus n'étaient pas garantis contre cet engouement. Un jour, le train de Gandhi stoppa brusquement : quelqu'un avait tiré la sonnette d'alarme. On s'aperçut qu'un avocat était tombé du train, la tête la première. Lorsqu'on le releva, il était indemne. Il attribua cela au fait qu'il était le compagnon de voyage du Mahatma. « Dans ce cas-là, dit Gandhi en riant, vous n'auriez même pas dû tomber. » Mais sa plaisanterie n'eut aucun effet sur son fidèle.

Gandhi était un incurable et un infatigable collecteur de fonds. Il éprouvait une délectation particulière à dépouiller les femmes de leurs bijoux.

« L'armée de mes favoris augmente chaque jour, s'écria-t-il pendant une tournée. Ma toute dernière recrue est Ranibala, de Beurdouane, une enfant charmante de dix ans environ. Je n'ose pas lui demander son âge. J'étais en train de jouer avec elle à mon habitude et je jetais des regards furtifs sur ses six bracelets d'or massif. Je lui expliquai doucement que c'était là un trop pesant fardeau pour ses petits poignets délicats, et tout d'un coup sa main les fit tomber. »

Le grand-père de Ranibala l'encouragea à donner ses bracelets à Gandhi.

« Je dois avouer que je me trouvai embarrassé, racontait Gandhi en rapportant cette histoire. Je m'amusais simplement comme je le fais toujours quand je vois des petites filles et, par plaisanterie, fais naître en elles du dégoût pour l'excès de parure et le désir de se débarrasser de leurs bijoux en faveur des pauvres. Je m'efforçai de lui rendre ses bracelets. »

Mais son grand-père affirma que la mère de l'enfant considérerait comme un mauvais présage le fait de les reprendre. Gandhi accepta de les conserver à une condition : qu'elle n'en demandât pas d'autres.

Ce même jour, il prononça une allocution devant les dames de cette ville. Il leur parla de Ranibala. « Je reçus immédiatement une douzaine d'anneaux et deux ou trois paires de pendants d'oreilles, tout cela sans l'avoir demandé. Inutile de dire que je m'en servirai pour le *khaddar*.

« Je fais savoir à toutes les jeunes filles et à leurs parents et grands-parents, annonça-t-il gaiement, que je suis disposé à avoir autant de favorites qu'il s'en présentera à moi aux mêmes conditions que Ranibala. Elles n'en seront que plus jolies en pensant qu'elles ont donné leurs ornements précieux pour servir aux pauvres. Faites apprécier aux petites filles de l'Inde le proverbe : « Celui-là est joli qui agit joliment. »

C'était l'habitude de lui offrir une bourse recueillie avant son arrivée dans les villes plus importantes. Une bourse pouvait contenir plusieurs centaines ou même plusieurs milliers de roupies. En même temps plusieurs adresses respectueuses lui étaient offertes. Un certain nombre de ces documents délicieusement exécutés étaient enfermés dans des cassettes d'argent. « Il n'est pas désiré qu'on y joigne des cassettes de prix, recommandait-il aux comités, car je ne sais qu'en faire et je n'ai pas de place pour les garder. » Il essaya de les vendre à ceux qui les lui avaient données, et, non seulement ils ne demandèrent pas mieux, mais ils en donnèrent un prix très élevé. Il prit donc l'habitude de revendre les cassettes en question aux enchères et l'une d'entre elles rapporta mille une roupies. Il fit de même pour les guirlandes de fleurs qu'on lui mettait autour du cou. A quoi bon tuer des fleurs sans nécessité, objectait-il, alors qu'on pouvait « l'enguirlander » de lin? Les guirlandes de lin devinrent une coutume indienne.

Pendant les années 1924, 1925, 1926 et 1927, l'esprit de Gandhi fut comme obsédé par le désir de populariser le *khadi*.

Quelques-uns de ses amis les plus intimes lui ont reproché d'avoir poussé à l'extrême la question du *khadi*. Il exagérait,

prétendaient-ils, la possibilité de rétablir les industries villageoises dans l'Inde et surestimait les bénéfices qu'elles pourraient
apporter même en cas de succès. On était à l'âge des machines;
toute son énergie, sa sagesse et sa sainteté ne pourraient pas
faire revenir en arrière l'horloge du temps.

« Il y a cent cinquante ans, répondait Gandhi, nous fabri-
quions à la main tous nos vêtements. Nos femmes filaient des
fils fins dans leurs maisons et augmentaient par là les gains de
leurs maris... L'Inde a besoin d'environ treize yards de tissu
par tête et par an. Elle produit, à ce que je crois, moins de la
moitié de ce total, et la totalité du coton dont elle a besoin.
Elle exporte plusieurs millions de balles de coton au Japon
et au Lancashire et en reçoit en retour une grande quantité
sous forme de calicot manufacturé, bien qu'elle soit capable
de fabriquer tout le tissu et tous les filés qui lui sont nécessaires pour suffire à ses besoins en filés et tissus faits à la main...
Le rouet a été présenté à la nation pour donner de l'occupation
à des millions de gens qui, pendant quatre mois de l'année
au moins, n'avaient rien à faire... Nous exportons des Indes
soixante *crores* (six cent millions) de roupies pour acheter du
tissu — plus ou moins... »

Bon nombre d'intellectuels persiflaient le *khadi*. Cette étoffe
était grossière, affirmaient-ils. D'autres disaient en se moquant
que c'étaient « de blancs linceuls monotones ». Yaouaharlal
Nehrou rétorquait : « C'est la livrée de notre liberté. » Quant à
Gandhi, il répondait : « Je considère le rouet comme la porte
d'entrée conduisant à mon salut spirituel. »

Gandhi s'efforçait d'établir un pont entre le cerveau et le
muscle; d'unir la grande et la petite ville, d'associer les riches
et les pauvres. Quel plus grand service aurait-il pu rendre à
un pays divisé et à une civilisation atomisée? Pour venir au
secours du vaincu, estimait Gandhi, vous devez le comprendre;
et, pour le comprendre, vous devez, quelquefois au moins,
travailler comme il le fait. Filer est un acte d'amour, un autre
moyen de communication. C'était aussi une méthode d'organisation. « Tout district particulier que l'on peut organiser
entièrement pour le *khaddar* est, une fois ainsi organisé pour
la souffrance, prêt pour la désobéissance civile. » Le *khadi*
devait donc conduire à l'autonomie.

Motilal Nehrou se mit, lui aussi, à porter le *khadi*. Il le vendait dans les rues comme faisait Gandhi. Les intellectuels pouvaient bien se moquer, mais le *khadi* commençait à les fasciner
et, à partir du milieu de l'année 1920, les tissus indigènes

devinrent l'emblème du nationaliste indien. Un propagandiste
de l'indépendance n'aurait plus pu avoir l'idée de se rendre
dans un village avec des vêtements achetés à l'étranger, ou faits
d'étoffe étrangère, ou même fabriqués aux Indes en usine, pas
plus qu'il ne se serait risqué à parler anglais dans un meeting
de paysans. Indépendamment de sa valeur pécuniaire qui
n'était pas démontrée de façon décisive, l'étoffe indigène était
la contribution spéciale de Gandhi à l'éducation des hommes
politiques de l'Inde : elle leur donnait matériellement conscience
de l'Inde pauvre, sans instruction, non politique. Le *khadi*
était une aventure qui devait identifier à la nation ses dirigeants. La prescription de Gandhi s'adressait à une maladie
qui affligeait l'Inde indépendante et un grand nombre de pays
indépendants. Il savait que la tragédie historique de l'Inde
était l'étroit défilé qui séparait la splendeur de ses palais,
faits d'or, d'argent, de soie, de brocart, de bijoux et d'éléphants,
et la pauvreté bestiale de ses taudis. Sur le sol de ce défilé gisaient les débris de divers empires et les ossements de millions
de leurs victimes.

Ce travail épuisait Gandhi. Trois ou quatre arrêts par jour
pour des meetings, des nuits blanches, une montagne de courrier qu'il ne laissait jamais de côté, d'innombrables interviews
avec des hommes et des femmes qui voulaient l'entendre parler
des plus grands problèmes politiques et de leurs moindres difficultés personnelles — tout cela sous la chaleur brûlante ou
dans l'humidité — le jetèrent à bas. Pourtant, en novembre
1925, il entreprit un nouveau jeûne de sept jours.

L'Inde inquiète protesta. Pourquoi ce jeûne? « Il faut, déclara Gandhi, que le public se désintéresse de mes jeûnes et
cesse de s'en préoccuper. Ils sont une part de moi-même. Je
puis aussi bien me passer de mes yeux, par exemple, que je
peux me passer de jeûner. Ce que les yeux sont pour le monde
extérieur, les jeûnes le sont pour l'intérieur. » Il jeûnait quand
son esprit le lui indiquait. Le résultat pouvait être désastreux,
bien certainement. « Il se peut que j'aie tout à fait tort, avouait-
il. Alors, on pourra écrire comme épitaphe sur mes cendres :
« Bien intentionné, mais sot. » Mais, pour le moment, mon erreur,
si c'en est une, doit me soutenir. » C'était là un jeûne personnel : « Ce jeûne n'a rien à voir avec le public... On dit que
j'appartiens à tous... D'accord. Mais, dans ce cas, il faut me
prendre avec toutes mes fautes. Je suis un chercheur de vérité.
Mes expériences, je les considère comme bien plus importantes
que la mieux équipée des expéditions à la conquête de l'Hima-

laya. » Il s'efforçait de s'élever jusqu'aux sommets spirituels;
il estimait que les jeûnes conduisaient à l'ascension au-dessus
du corps.

Le poids le plus élevé qu'il atteignit après avoir été libéré
de sa prison en février 1924 était de 112 livres, ainsi qu'il l'écrivait dans ce même article. Il était descendu à 103 livres quand
il commença son jeûne. Pendant ces sept jours il perdit 9
livres mais les rattrapa bientôt. Physiquement, disait-il, il ne
perdit rien, ni de ce dernier jeûne ni de son jeûne de vingt et
un jours en 1924.

L'eau qu'il prenait pendant ses jeûnes le dégoûtait, lorsqu'on n'y ajoutait pas une pincée de sel ou de bicarbonate de
soude ou quelques gouttes de jus de citron. Il n'éprouvait jamais le moindre tiraillement de la faim pendant ce temps-là;
en fait : « Je l'ai interrompu une demi-heure plus tard que je
n'aurais dû le faire. » Il filait chaque jour, et prenait part aux
réunions de prières quotidiennes. Le septième jour : « Je fus
capable d'écrire d'une main ferme mon article sur le jeûne. »

Cet article contenait neuf règles de jeûne. Lui-même viola
la première qui était : « Conservez votre énergie physique et
mentale dès le début. 2. Vous devez cesser de penser à la nourriture tandis que vous jeûnez. 3. Buvez autant d'eau froide que
possible. 4. Faites-vous frictionner chaque jour à l'eau chaude.
5. Prenez un lavement régulier pendant votre jeûne. Vous serez
surpris de la quantité de saletés que vous évacuerez quoti-
diennement. 6. Dormez autant que possible en plein air. 7.
Baignez-vous à l'air du matin. Un bain de soleil et d'air nettoie
au moins aussi bien qu'un bain d'eau. 8. Pensez à tout sauf à
votre jeûne. 9. Peu importe la raison pour laquelle vous jeûnez,
pendant ce temps précieux, pensez à votre Créateur et à vos
rapports avec lui et avec ses autres créatures, et vous ferez
des découvertes que vous n'auriez jamais imaginées. »

C'était pour faire ces découvertes qu'il jeûnait.

L'année de présidence du Congrès était maintenant terminée,
et Gandhi, en décembre 1925, à Cawnpour, en transmit l'héritage à Mrs. Saroyini Naïdou, poète lyrique de valeur. Gandhi
fit alors le serment de garder pendant un an « le silence quant
aux questions politiques ». « A tout le moins jusqu'au 20 décembre prochain, annonça-t-il le 7 janvier 1926 dans *Young
India*. Je ne bougerai pas de l'*ashram*, sûrement en tout cas
je ne quitterai pas Ahmédabad, pour traverser le fleuve. »
Son corps et son âme avaient besoin de repos.

Gandhi avait espéré unir l'Inde, en vue de sa libération

nationale. Mais elle se désagrégeait aux points de suture religieux. L'Inde politique, aux yeux de Gandhi, était « brisée et démoralisée ». Il semblait que le temps fût bien choisi pour garder le silence. « Le silence, constatait-il, est le vrai langage de l'adoration cosmique. »

CHAPITRE XXVII

L'ANNÉE DE SILENCE

L'ANNÉE de silence compta cinquante-deux lundis, pendant lesquels Gandhi garda un silence absolu. Ces
jours-là, il écoutait ceux qui l'entretenaient et, au besoin,
déchirait un bout de papier et y inscrivait au crayon quelques
mots de réponse. Comme ce n'était pas là le meilleur moyen
de tenir une conversation, ce jour hebdomadaire de silence
absolu lui procurait un certain isolement.

Indépendamment de ces cinquante-deux lundis, l'année de
silence ne fut nullement silencieuse. Il ne fit aucun voyage,
ne prit la parole dans aucune réunion publique, mais il parla,
écrivit, reçut des visiteurs et entretint une correspondance
avec des milliers de personnes dans les Indes et dans d'autres
pays.

Le 1er avril 1926, lord Irwin (qui devint plus tard, sous le
nom de lord Halifax, secrétaire au Foreign Office, puis ambassadeur de la Grande-Bretagne à Washington) arriva dans
l'Inde où il prenait comme vice-roi la succession de lord Reading. Mais ce changement fatidique ne fut pas enregistré par
Young India; il ne semble même pas que Gandhi en ait pris
note d'aucune autre façon. Il restait non-coopérateur, agissant
sur les foules au lieu d'agir sur le vice-roi. Sa devise était :
Souaraï de l'intérieur.

Cependant, un changement extrêmement important peut
être constaté dans l'attitude de Gandhi : il commença à soupçonner la politique britannique d'intervenir contre l'amitié des
hindous et des musulmans. « Le gouvernement de l'Inde,

écrivait-il le 12 août 1926, est basé sur la méfiance. La méfiance implique le favoritisme, et le favoritisme doit engendrer la division. » Le gouvernement semblait avoir une préférence pour les musulmans.

Gandhi avait cru que l'amitié entre hindous et musulmans amènerait l'autonomie pour les Indes. Maintenant, il avait l'impression que l'amitié entre hindous et musulmans était à peu près impossible tant que les Britanniques, « cette tierce partie », seraient là.

La pacification religieuse, condition préalable de l'indépendance, ne pouvait donc venir qu'après elle.

Ce que Gandhi prescrivait, c'était un meilleur traitement de la minorité musulmane par la majorité hindoue et la non-violence entre elles deux. Certains hindous l'accusaient amèrement d'être partisan des musulmans.

Mais la plus âpre controverse de l'année eut lieu à propos de chiens. Pendant plusieurs mois la tempête fit rage au-dessus de la tête de Gandhi.

Ambalal Sarabhaï, le puissant propriétaire de filatures d'Ahmédabad, avait rassemblé soixante chiens errants qui rôdaient à travers les terrains de ses usines, et les avait fait tuer.

Après quoi, il éprouva de l'inquiétude et vint faire part de son trouble à Gandhi. « Qu'auriez-vous pu faire d'autre? » répondit le Mahatma.

La Société humanitaire d'Ahmédabad fut mise au courant de cette conversation et s'adressa à Gandhi. « Est-ce exact? » lui demanda-t-elle par lettre adressée à l'*ashram*. Avait-il dit : « Qu'auriez-vous pu faire d'autre?... » Et, dans l'affirmative, qu'est-ce que cela voulait dire?...

« Alors que l'hindouisme interdit d'ôter la vie à aucun être vivant, continuait la lettre en fulminant, alors qu'il déclare que c'est un péché, vous estimez légitime de tuer des chiens enragés pour la simple raison qu'ils pourraient mordre des êtres humains et, en mordant d'autres chiens, leur communiquer la rage? »

Gandhi publia cette lettre dans *Young India* sous ce titre : « Est-ce là de l'humanité? » La lettre et la réponse remplissaient la première page tout entière et la moitié de la seconde page. Oui, c'était la vérité. Il avait dit : « Que pouvait-on faire d'autre? » et après y avoir réfléchi : « Je sens, disait-il, que ma réponse était tout à fait juste. »

« Mortels imparfaits et aveugles que nous sommes, déclarait-il en guise d'explication, il n'y a pas d'autre issue pour nous que la destruction des chiens enragés. Parfois nous nous trouvons obligés de tuer un homme que nous trouvons en train d'en tuer un autre. »

Le numéro suivant de *Young India* consacrait sa première page à la même question, et sous le même titre : « Est-ce là de l'humanité? » Le premier article avait apporté un déluge de « lettres indignées ». Qui pis est, des gens vinrent trouver Gandhi pour l'insulter. « A un moment où, écrit-il, après mon dur labeur de la journée, j'étais sur le point d'aller me coucher, trois amis envahirent ma maison, violant au nom de l'humanité la religion de la non-violence et m'entraînèrent dans une discussion sur ce sujet. » Gandhi employait le mot « amis » parce qu'il considérait chaque individu comme son ami. Un de ces amis seulement était djaïniste et « manifesta de la colère, de l'amertume et de l'arrogance ».

Gandhi avait grandi sous l'influence de l'absolue non-violence du djaïnisme. « Plus d'un me prenait pour un partisan de Djaïn », déclarait Gandhi. Mais Mahavira, le fondateur du djaïnisme, « était l'incarnation de la compassion, de la non-violence ». « Comme j'aurais désiré que ses sectateurs eussent été aussi des sectateurs de la non-violence! »

Gandhi resta sur ses positions. « La multiplication des chiens, écrivait-il, n'est pas nécessaire. Un chien qui rôde sans maître est un danger pour la société et un essaim de chiens de ce genre est une menace pour son existence même. » Si les gens étaient vraiment religieux, les chiens auraient des maîtres. « Il existe en Occident une science régulière d'élevage des chiens... Nous devrions l'apprendre. »

La correspondance relative aux chiens continua d'arriver : « Quelques-uns des critiques ont outrepassé les bornes des convenances », assura Gandhi dans le numéro suivant de *Young India*, où il consacra trois pages environ à cette affaire. Quelqu'un lui avait demandé une entrevue et, ensuite, sans en demander l'autorisation, en publia l'essentiel dans une brochure qu'il vendit ensuite et colporta dans les rues. « A-t-il voulu me donner par là une leçon? demanda Gandhi surpris. Celui qui s'irrite commet le péché de violence. Comment pourrait-il m'enseigner la non-violence?

« C'est précisément ainsi, continuait Gandhi, que les critiques hostiles me rendent service. Ils m'enseignent à m'examiner moi-même. Ils me fournissent une occasion de voir si je suis libéré des réactions de la colère. Et quand je vais à

la source de leur irritation, je n'y trouve rien que de l'amour. »
Comment en arrivait-il à cette étrange conclusion? Parce que,
disait-il, « ils m'ont attribué une forme de non-violence correspondant à la leur. Maintenant, ils constatent que j'agis autrement et se fâchent contre moi. »

« Je ne leur en veux pas pour cette explosion de colère,
affirmait-il. J'apprécie le motif qui est à sa base. Je dois
essayer de discuter avec eux patiemment. »

Voici comment il raisonnait : « C'est un péché d'entretenir
des chiens errants. C'est un faux sentiment de compassion.
C'est une injure de jeter une miette de pain à un chien qui
meurt de faim. Les chiens errants ne sont pas une preuve de
civilisation ou de compassion de la part de la société; ils
dénoncent au contraire l'ignorance ou la léthargie de ses
membres. Les animaux inférieurs sont nos frères. Je range
parmi eux le lion et le tigre. En raison de notre ignorance, nous
ne savons pas comment vivre avec ces bêtes carnivores et avec
les reptiles venimeux. Lorsque nous aurons appris davantage
nous saurons comment nous concilier l'amitié même de ces
animaux. Aujourd'hui nous ne savons même pas comment
nous concilier l'amitié d'un homme d'une autre religion ou
d'un autre pays. »

Gandhi se demandait sans doute si les amis des chiens
auraient crié aussi fort si soixante musulmans ou soixante
Anglais avaient été assassinés.

Les gens humains, suivant Gandhi, devraient financer une
société qui prendrait soin des chiens errants, ou bien ils en
abriteraient quelques-uns. Mais si l'État ne s'occupe pas
d'eux, et si les propriétaires de logements refusent de leur
donner asile, les chiens errants doivent être détruits. « Les
chiens, disait Gandhi avec tristesse, sont aujourd'hui aux
Indes en une condition aussi déplorable que celle des animaux
et des gens décrépits dans ce pays. »

(Alors, pourquoi ne pas tuer les vaches décrépites?)

« Oter la vie peut être un devoir, poursuivait Gandhi.
Supposez qu'un homme soit dans une crise de folie furieuse
et coure, l'épée à la main, tuant tous ceux qui se trouvent
sur son passage, et que personne n'ait le courage de le prendre
vivant. Quiconque l'expédierait dans l'autre monde aurait la
reconnaissance de la collectivité. »

Un grand nombre de correspondants réclamaient une réponse
personnelle et menaçaient d'attaquer Gandhi s'ils n'en recevaient pas. Il déclarait qu'il ne pouvait répondre à la mon-

tagne de lettres qui lui étaient adressées sur ce sujet, mais
qu'il continuerait à les discuter dans son magazine. Plusieurs
numéros de *Young India* consacrèrent chacun divers articles
à la question des chiens. Dans un hôpital d'Ahmédabad, rapportait Gandhi, on avait encore traité en 1925, 1.117 cas
d'hydrophobie et 990 en 1926. De nouveau, il insistait pour
que l'Inde suivît en cette matière l'exemple de l'Occident.
« Si quelqu'un s'imagine que les Occidentaux sont dépourvus
d'humanité, il se trompe lourdement. » Après cela vient la
pointe : « L'idéal d'humanité est peut-être moins élevé dans
l'Occident, mais on l'applique bien plus énergiquement que
nous. Nous nous sentons satisfaits d'un idéal supérieur, mais
nous sommes lents ou paresseux à l'appliquer. Nous sommes
enveloppés de ténèbres profondes, comme le démontrent nos
pauvres, notre bétail et nos autres animaux. Ils sont l'éloquente
démonstration de notre irréligion, bien plus que de notre
religion. »

Son attitude en faveur des chiens prouvait qu'il était sous
l'influence de l'Occident, ainsi que le lui reprochaient ses
correspondants. Patiemment, il discutait avec ces furieux. Il
condamnait certains traits de la civilisation occidentale;
d'autres avaient contribué à l'instruire, leur répondait-il. En
outre, il convient de juger les opinions d'après leur contenu,
et non d'après leur origine.

« Les lettres sur ce sujet ne cessent d'arriver », annonça
Gandhi pendant le troisième mois de la controverse; mais
comme leur contenu n'était plus rien d'autre que venimeux,
il les ignorait.

La lutte pour les chiens constitua le record de « chaleur »
pendant l'année de silence. Mais il y eut aussi un petit veau
qui causa une tempête. Une jeune génisse tomba malade dans
l'*ashram*. Gandhi la soigna, veilla sur ses souffrances et décida
qu'il fallait la tuer. Kastourbaï s'y opposa énergiquement.
Alors, Gandhi lui suggéra de la soigner. C'est ce qu'elle fit,
et les souffrances de la bête la firent changer d'avis. En présence de Gandhi, un médecin fit à l'animal une piqûre qui le
tua. Le courrier de protestations fut considérable et violent.
Gandhi affirma énergiquement qu'il avait eu raison.

Des discussions hardies quant aux questions sexuelles remplissaient un grand nombre de lettres au rédacteur en chef.
« Ma correspondance avec les jeunes gens concernant leur
conduite privée, écrivait Gandhi, ne cesse d'augmenter. » On
lui demandait son avis.

Mettant à profit le loisir relatif que lui procurait l'année de silence, Gandhi lut Havelock Ellis, Forel, *Toward Moral Bankrupcy* de Paul Bureau, et d'autres auteurs européens faisant autorité en matière sexuelle. Son intérêt pour la vie sexuelle des Indiens fut toujours élevé. Il estimait que les rapports sexuels prématurés et fréquents avaient sur ses compatriotes un effet débilitant; il comprenait les conséquences d'un accroissement rapide de la population de son pays. (Vers 1940, la population aux Indes s'accroissait de cinq millions par an.)

Dans beaucoup d'articles issus de sa plume ou de son crayon pendant l'année de silence 1926, et souvent depuis lors, Gandhi s'opposa opiniâtrément à l'usage des moyens anticonceptionnels; c'était là pour lui un des vices de l'Occident. Certes, il n'était pas hostile au contrôle des naissances. Il en fut toujours le défenseur. Mais le contrôle qu'il encourageait était celui qui provenait de la maîtrise de soi, du pouvoir exercé sur l'esprit et le corps. « La maîtrise de soi, écrivait-il, est la plus sûre et la seule méthode pour régler le pourcentage des naissances. » Sans une discipline de ce genre, affirmait-il, on n'était pas meilleur qu'une bête sauvage. Il soutenait que l'abstinence absolue ou prolongée ne nuisait ni physiquement ni psychologiquement.

Un de ses correspondants lui écrivait : « En ce qui me concerne, trois semaines me semblent la période limite pour une abstinence profitable. A la fin d'une période de ce genre, je ressens généralement une pesanteur corporelle, une inquiétude du corps aussi bien que de l'esprit qui me mettent de mauvaise humeur. Le soulagement m'est fourni soit par le coït normal, soit par la nature elle-même qui vient à mon secours par une élimination involontaire. Loin de me sentir faible ou nerveux, je suis, le matin qui suit, calme et léger et capable de me remettre à mon travail avec plus de goût. » Bien des cas analogues furent soumis à l'appréciation de Gandhi.

Plongeant dans sa propre expérience, Gandhi répondait : « La capacité de retenir ou d'assimiler le liquide vital est la conséquence d'un long entraînement. » Une fois réalisé, il fortifie le corps et l'esprit. Le liquide vital, « capable de produire un être aussi merveilleux que l'homme, ne peut pas, s'il est conservé comme il convient, ne pas être transformé en une énergie et une vigueur incomparables ».

En termes réalistes, Gandhi écrivait, dans le numéro du 14 septembre 1935 du magazine *Haryian* : « En admettant

que le contrôle des naissances par des moyens artificiels soit
justifiable dans certaines conditions, il semble qu'il soit tout
à fait inapplicable à des millions d'individus. » L'Inde était
pauvre et ignorante parce qu'elle était trop pauvre et trop
ignorante pour effectuer le contrôle des naissances par des
moyens anticonceptionnels. En conséquence, Gandhi réclamait d'autres moyens pour réduire la population.

Gandhi s'efforça de retarder le mariage de ses propres fils.
Un nombre incalculable de fois, il attaqua l'institution du
mariage d'enfants [1]. « Les mariages prématurés sont une source
féconde de vie ajoutée à la population... » Il reconnaissait,
bien entendu, que le sol pouvait produire assez pour nourrir
tous ceux qui naissent sur lui, mais, en sa qualité d'homme
religieux doué d'un sens pratique puissant, il voyait la nécessité de restreindre la population. « Si, écrivait-il à Charles
Freer Andrews, je pouvais trouver un moyen de stopper la
procréation d'une façon civile et volontaire tant que l'Inde
demeure dans son état de misère actuel, je le ferais dès aujour-
d'hui. » La seule méthode qu'il approuvât était la discipline
de l'esprit. A ceux qui étaient énergiques et saints il proposait
le *bramatcharya* perpétuel; à la foule, il proposait le mariage,
vers vingt-cinq ans si possible, et la maîtrise de soi par la
suite. A l'*ashram*, l'âge minimum pour les filles était de vingt
et un ans. Il admettait les faiblesses humaines, mais insistait
sur le fait que la nourriture non épicée, les vêtements appropriés, le travail adéquat, la marche, la gymnastique, la littérature non licencieuse, la prière, les films chastes (jusqu'à ce
jour les films indiens interdisent le baiser sur l'écran) et la
piété envers Dieu diminueraient l'excitation de la vie moderne
et faciliteraient cette maîtrise des sens que tant de gens
considèrent sans y réfléchir comme contraire à la nature.

Une question analogue attira l'attention spéciale de Gandhi
pendant son année « de silence » : celle des veuves-enfants.
D'après le recensement officiel britannique, auquel il se réfé-
rait, il y avait dans l'Inde 11.892 veuves âgées de moins de
5 ans, 85.037 entre 5 et 10 ans, et 232.147 de 10 à 15 ans : au
total, 329.147 veuves de moins de 16 ans.

« L'existence des veuves-enfants, s'écriait Gandhi, est une
tache sur l'hindouisme. » Certains parents marient leurs bébés-

---

1. L'âge minimum pour le mariage des jeunes filles de l'*ashram* avait été
fixé par Gandhi dans une lettre adressée à sa petite-fille et reproduite
dans *Haryian*, le 19 juin 1949.

filles à des bébés-fils d'autres familles ou même à des vieillards; et, si le mari meurt, encore enfant ou déjà sénile, la veuve, suivant la loi hindoue, n'a pas le droit de se remarier. Gandhi affirmait d'un ton plein de défi : « Je considère le remariage des veuves vierges non seulement comme désirable mais comme un devoir absolu pour tous les parents qui se trouvent avoir des filles ainsi veuves. » Quelques-unes de ces jeunes veuves n'étaient plus vierges, mais prostituées. « Il y a, écrivait Gandhi, un remède préventif : c'est d'empêcher les mariages préma-turés. » Aux hindous fanatiques qui, par fidélité à toutes les coutumes immorales, soutenaient l'interdiction d'un second mariage pour les veuves-enfants, Gandhi répliquait : « Elles n'ont jamais été mariées. » Le mariage d'un enfant est un sacrilège, et non un rite sacré. Gandhi exprimait son sentiment le plus profond à l'égard des veuves-enfants dans une phrase délicate : « Elles ignorent ce que c'est que l'amour. » La chas-teté doit être un acte délibéré et volontaire d'un être mûr, non un joug imposé à des enfants par des parents cruels. Gandhi désirait que tous les êtres humains connussent l'amour. Seuls une veuve ou un veuf qui se sont mariés à l'âge adulte ne devraient pas se remarier, disait-il; ils ont goûté à l'amour. Une telle interdiction constituerait un autre contrôle technique des naissances.

La protection de la vache, la protection des Indiens dans l'Afrique du Sud contre lesquels se déchaînaient de nouveau les haines raciales, la prohibition et la paix mondiale provo-quèrent également l'ardeur réformatrice de Gandhi pendant son année sabbatique.

A l'occasion, des proverbes naissaient sous sa plume. « Toute cachotterie fait obstacle au véritable esprit démocratique. » « Si nous pouvions faire disparaître le « moi » et le « mien » de la religion, de la politique, de l'économie, etc., nous serions libres et nous ferions descendre le ciel sur la terre. » A l'occasion également, il faisait de courtes incursions dans le domaine religieux; mais il n'a fait imprimer qu'un nombre exception-nellement restreint de discussions sur Dieu, sur la métaphy-sique et les sujets analogues. On pouvait croire qu'il vivait avec ses lecteurs : « Les rationalistes, écrivit-il dans un article sur l'efficacité de la prière, sont des êtres admirables; le ratio-nalisme est un monstre hideux quand il revendique la toute-puissance. Attribuer la toute-puissance à la raison est un acte d'idolâtrie aussi pervers que le fait d'adorer un bâton ou une pierre en croyant que c'est Dieu... Je ne connais pas un seul rationaliste qui n'ait jamais fait un seul acte de foi pure et simple. »

« L'humanité ne peut pas vivre par la logique seule; elle a besoin également de poésie », a-t-il écrit un jour. Gandhi abandonna souvent le champ de la perception sensorielle et le processus rationnel pour cette zone moyenne de la foi, de l'instinct, de l'intuition et de l'amour; mais jamais il ne s'égara dans les champs privés d'air des messages mystiques, des miracles, des hallucinations, de la prophétie et d'autres manifestations incontrôlables de l'esprit et du corps. « Bien qu'il n'exclût pas l'authenticité des phénomènes supra-sensibles, a dit un de ses disciples les plus intimes, il désapprouvait très énergiquement ceux qui les recherchaient. » Il jugeait les hommes et les événements d'après les critères réalistes et incitait les autres à les juger de façon rationnelle. Il ne désirait pas influencer les gens par un rayonnement mystique. Il se jugeait lui-même très froidement. Son travail était pratique et son but le succès matériel. Il disait à l'Anglaise Muriel Lester qu'il n'avait « jamais entendu de voix, ni eu une vision, ou fait effectivement l'expérience de Dieu ». Aucune faveur mystique ne lui a été accordée. Son guide était la raison sur les ailes de la foi.

La réputation de Gandhi se répandait à l'étranger. Romain Rolland écrivit un livre sur lui[1]. De nombreuses invitations lui furent adressées, en particulier de l'Amérique, le priant de venir visiter ce pays. Il les refusa. « Mon motif est simple, expliquait-il. Je n'ai pas assez de confiance en moi-même pour me permettre d'aller en Amérique. Je suis certain que le mouvement de non-violence est arrêté. Je ne doute pas le moins du monde de son succès. Mais je ne puis pas donner une preuve visible de l'efficacité de la non-violence. Jusque-là, je pense que je dois continuer à prêcher de la modeste plate-forme de l'Inde. »

Deux Américaines, Mrs. Kelly et Mrs. Langeloth, qui représentaient la *Fellowship of Faith*, la *League of Neighbors* et l'*Union of East and West*[2], vinrent en personne à Sabarmati pour inviter le Mahatma. Elles commencèrent par lui poser une foule de questions : « Est-il vrai que vous êtes l'adversaire des tramways, des bateaux à vapeur et des autres moyens de locomotion rapide?

1. Le *Mahatma Gandhi* de Romain Rolland a été publié en 1924.
2. La Fraternité de la Foi; la Ligue des Voisins; l'Union de l'Est et de l'Ouest. *(N. d. T.)*

— C'est vrai sans l'être », répondit patiemment Gandhi pour la millième fois, et il les incita à lire son *Indian Home Rule*. Vinrent ensuite bien des entretiens du même genre. Il craignait en fin de compte qu'elles n'eussent pas compris son attitude à l'égard des machines et de la vitesse, car elles prirent le train et partirent en hâte.

Gandhi n'était pressé ni personnellement ni politiquement, et resta tranquille pendant toute une année. Il semblait être heureux de son moratoire politique de 1926. Cela donnait à son corps le temps de se reposer et à son esprit la possibilité de vagabonder. Il jouait davantage avec les enfants. Il prit part à un concours de filature à l'*ashram*. Lui et Kastourbaï, les plus anciens membres de la communauté, furent battus par le plus jeune : leur petite-fille. La proclamation du résultat causa une grande hilarité.

Il cultivait ses amis : Rayagopalatchari, l'avocat au cerveau fin comme une lame de rasoir; Mahadev Desaï, son secrétaire et un apôtre; ainsi que « Charlie » Andrews, son cadet de deux ans, qu'il appelait « le bon Samaritain ». « Il est pour moi plus qu'un frère », disait Gandhi. Je ne crois pas pouvoir exiger de qui que ce soit un attachement plus profond que celui de Mr. Andrews. » Le saint hindou n'avait pas trouvé de meilleur saint qu'Andrews; le missionnaire chrétien n'avait pas trouvé de meilleur chrétien que Gandhi. Peut-être cet hindou et cet Anglais étaient-ils frères parce qu'ils étaient vraiment religieux. Peut-être la religion les rapprocha-t-elle parce que la nationalité ne les séparait pas. « L'un et l'autre pays, disait Andrews en parlant de l'Angleterre et de l'Inde, m'est également cher. » Gandhi déclarait : « Je ne ferais pas de mal à l'Angleterre ou à l'Allemagne pour rendre service à l'Inde. » Dans une lettre à Andrews, datée de Calcutta, Gandhi écrivait, le 27 décembre 1928 : « Les nationalistes indiens les plus avancés n'ont jamais détesté l'Occident ou l'Angleterre ni ne se sont montrés mesquins d'aucune façon que ce soit... Ils ont été internationalistes sous le masque du nationalisme. »

Lorsque le nationalisme ne divise pas, la religion peut faire des hommes des frères.

CHAPITRE XXVIII

L'EFFONDREMENT

Gandhi sortit de son année de silence sans avoir modifié ses façons de voir. Son programme était toujours l'union hindo-musulmane, la suppression de l'intouchabilité et la protection des étoffes indigènes. En fait, le programme de Gandhi est resté le même dans ses termes les plus simples pendant plusieurs décades. La vision de l'Inde future qu'il avait dessinée en 1909 dans sa brochure intitulée *Indian Home Rule* l'a guidé jusqu'à la fin de ses jours.

Quand il eut quitté l'*ashram* de Sabarmati, au mois de décembre 1926, il ne cessa de passer d'un meeting à l'autre jusqu'à ce qu'il fût parvenu à Gaouhati, au nord-est de l'Inde, dans la province d'Assam, pour y prendre part à la session annuelle du Congrès [1].

Au cours de certaines allocutions, il levait la main gauche et ouvrait les cinq doigts. Saisissant le premier doigt entre deux doigts de la main droite, il le secouait et disait : « Celui-ci veut dire : traitement égal pour les intouchables », et même ceux qui ne pouvaient pas l'entendre demandaient plus tard une explication à ceux qui avaient entendu. Puis venait le deuxième doigt : « Celui-ci, c'est le filage. » Le troisième doigt représentait la sobriété : ni alcool ni opium; le quatrième, l'amitié entre hindous et musulmans; le cinquième, l'égalité

---

1. Les sources des tournées et réunions publiques de Gandhi se trouvent principalement dans *Young India*. On trouvera des descriptions de diverses réunions publiques dans *India and the Simon Report*, par C. F. Andrews (New-York, Macmillan Co., 1930).

des femmes. La main était unie au corps par le poignet. Celui-
ci signifiait la non-violence. Ces cinq réalisations, et en outre
la non-violence, libéreraient le corps de chacun et, par suite,
l'Inde.

Parfois, lorsqu'il était trop fatigué et que la foule était trop
bruyante, il restait muet sur l'estrade jusqu'à ce que les auditeurs qui étaient souvent au nombre de deux cent mille se
fussent calmés. Alors, il continuait à garder le silence et les
hommes et les femmes restaient assis sans parler. Puis, il joi-
gnait les paumes de ses deux mains pour les bénir, il souriait
et s'en allait. C'était là une transmission de pensée sans paroles,
et ce silence de foule était un exercice de maîtrise de soi-même
et de recherche de soi-même, et par conséquent un pas en avant
vers l'autonomie.

Des citadins par milliers venaient aux réunions vêtus de
khadi. Dans une certaine localité, les blanchisseurs, ces artisans indispensables dans l'Inde, refusèrent de laver les étoffes
autres qu'indigènes. Une tribu primitive renonça à l'alcool en
apprenant que c'était là le désir du Mahatma. Ses attaques
contre les mariages d'enfants reçurent un accueil étendu. Des
femmes prenaient part aux meetings à côté des hommes.

Quant au problème hindo-musulman, il résista aux efforts
de Gandhi. « Je suis impuissant, avoua-t-il... Je m'en suis lavé
les mains. Mais je crois en Dieu... Quelque chose en moi me
dit que l'union des hindous et des musulmans se produira plus
tôt que nous n'oserions espérer, et que Dieu nous y contraindra
un jour malgré nous. C'est pourquoi je dis que cette affaire
est désormais entre les mains de Dieu. » Cette formule le récon-
fortait, mais elle ne diminuait pas la tension. Les hindous et les
musulmans enlevaient les femmes et les enfants les uns des
autres et les convertissaient par la force.

De Calcutta, Gandhi descendit par le Bihar jusque dans le
pays des Marathas, d'où Tilak était originaire. A Poona, les
étudiants demandèrent à Gandhi de parler anglais : leur langage à eux était le marathi que Gandhi ne possédait pas. Il
commença par l'anglais et dévia ensuite vers l'hindoustani
qu'il désirait voir accepter comme langue nationale. Certains
étudiants l'accueillirent amicalement; l'un d'entre eux vendit
sa montre en or pour acheter du *khadi*. Quelques-uns lui furent
hostiles. A Bombay, par contre, la foule le combla de gentillesses
et d'argent. C'était là son propre pays, celui des Gouyarats. Il
retourna ensuite à Poona où il prit le train pour Bangalore et
fit une tournée dans le Carnatic, au sud-est de l'Inde.

A la gare de Poona, Gandhi était si faible qu'on dut le porter dans le train de Bangalore. Il voyait trouble et ne parvint qu'avec peine à griffonner une note urgente. Le sommeil de la nuit le remit d'aplomb, et le jour suivant, à Kolhapour, dans l'État princier du Deccan, il parla dans sept meetings. Les intouchables exigèrent une réunion pour eux seuls et entraînèrent Gandhi dans leur école. Les femmes eurent leur réunion spéciale; les enfants aussi, ainsi que les non-brahmanes, les chrétiens, les ouvriers qui fabriquaient le *khadi*, les étudiants. A la fin de la dernière réunion, Gandhi s'effondra.

Il continua cependant. Le lendemain, il se sentit trop souffrant pour parler en public, mais il resta assis sous le porche de la maison de son hôte, tandis que la multitude défilait devant elle. Puis il fut conduit en voiture à un meeting où il devait recevoir une bourse de huit mille quatre cent cinquante-sept roupies pour le *khadi*. A Belgaoum, à plus de cent milles de Kolhapour, il prit part également à une réunion, mais ne parla pas. En fin de compte, un médecin lui fit comprendre que son état était grave et qu'il devait se reposer. Il fut emmené à une ville, sur une colline balayée par la brise de la mer.

Sur l'insistance de son médecin et ami, le Dr Yivraï Mehta et d'autres, Gandhi consentit à se reposer pendant deux mois. Mais pourquoi ne pouvait-il pas se rendre chez lui, à Sabarmati, où son entretien eût coûté beaucoup moins? On lui répondit que l'altitude et le climat salubre l'aideraient à se remettre plus vite. Il dit qu'il ne désirait pas vivre d'une « vie végétative ». Eh bien! il n'avait qu'à continuer à rédiger son autobiographie et à faire des lectures faciles.

« Qu'entendez-vous par lectures faciles? demanda Gandhi.

— Il ne faut pas filer, poursuivit le docteur. Votre tension est trop forte. » Gandhi protesta énergiquement.

« Prenez ma tension avant et après le filage, demanda-t-il. Et puis, quelle mort glorieuse que de mourir en filant! » Il fila. Mais il consentit à ne pas répondre aux lettres, à ne pas travailler.

« Eh oui, écrivait-il aux femmes de l'*ashram* de Sabarmati, ma voiture est bien embourbée. Demain, elle risque de s'effondrer sans qu'on puisse espérer la réparer. Et après? Le *Bhagavad Ghita* proclame que tout homme qui est né doit mourir, et que tout homme qui est mort devra renaître. Chacun vient, accomplit une part de son devoir et continue sa route. »

Au cours du mois d'avril 1927, Gandhi resta dans l'État de Mysore où il était né, afin de recouvrer ses forces.

Le Dr B. C. Roy, médecin de Gandhi pendant les dernières années de sa vie, et le Dr Mantcherchah Ghilder, un Indien qui exerçait la médecine à Bombay et à Londres, ont constaté que le Mahatma avait eu en mars 1927, à Kolhapour, une « légère attaque ». Ni l'un ni l'autre n'a constaté aucune conséquence. Le Dr Ghilder, qui a été le cardiologue de Gandhi depuis 1932, a déclaré que le cœur du Mahatma était plus vigoureux que ne l'est généralement celui d'un homme de cet âge. Il n'a jamais constaté chez lui de tension, sauf quand il avait à prendre une décision importante. Dans une certaine occasion, Gandhi, en se couchant, avait une forte tension; le matin, tout était normal, parce que, au cours de la nuit, il avait pris une décision importante. La présence de personnes insupportables, ou bien les attaques faites contre lui en public, ou des ennuis relatifs à son travail n'ont jamais, au dire du Dr Ghilder, influé sur sa tension; seul le combat intérieur qu'il avait à soutenir avant de prendre une décision la faisait augmenter [1].

La « légère attaque » de 1927, accompagnée d'une forte tension, a été due sans doute au travail excessif d'une époque pendant laquelle la situation politique ne permettait pas à Gandhi de prendre une décision quant à une nouvelle campagne pour la désobéissance civile. Dès sa sortie de prison, en 1924, Gandhi guetta l'occasion de reprendre la non-coopération. C'était là son but. Tout le reste n'en était que la préparation. Plus que jamais, la coopération avec les Britanniques, ou même l'obstruction aux Britanniques dans les assemblées législatives, lui apparaissaient comme une perte de temps.

Certains coopérateurs furent loyaux à l'égard de Gandhi. Vithalbhaï Patel, président de l'Assemblée nationale législative de New-Delhi, frère de Vallabhbhaï Patel, partisan convaincu de Gandhi, envoya plus d'une fois par chèque à Gandhi pour son travail de construction son traitement britannique considérable. D'autres en firent autant. La désobéissance civile devait, suivant Gandhi, unir les coopérateurs et les non-coopérateurs. Seule la désobéissance civile amènerait les Britanniques à renoncer au pouvoir réel; sous la diarchie ils n'abandonnaient que les apparences du pouvoir.

Mais, « l'aspect réel des choses » entre hindous et musul-

---

1. J'ai discuté de la santé et de l'état physiologique de Gandhi avec le Dr B. C. Roy, de Calcutta, le Dr Mantcherchah Ghilder, de Bombay, le Dr Dinchah Mehta, directeur de la Clinique naturiste de Poona, et la D^resse Souchila Nayyar, qui a vécu plusieurs années dans l'*ashram* de Gandhi.

mans était « vilain », ainsi que l'écrivait Gandhi dans *Young India*, le 16 juin 1927. Il aspirait à faire quelque chose, peut-être trop rapidement, dans le but de « fléchir et de changer les cœurs de pierre des hindous et des musulmans. Mais je n'ai aucun signe de Dieu m'ordonnant de me soumettre à cette pénitence. »

La dissension existant entre hindous et musulmans, disait Gandhi, prouvait que les Indiens étaient incapables de régler eux-mêmes leurs affaires. En conséquence, quel droit avaient-ils de réclamer des Britanniques des pouvoirs plus grands? Il ne suffisait pas de répondre que la Grande-Bretagne profitait de leurs divisions ou même les provoquait. Pourquoi les Indiens donnaient-ils cet avantage à l'Angleterre?

Gandhi plaçait sa foi en Dieu. Lorsque tout semblait perdu, peut-être que les Britanniques aideraient. Ils le firent.

Le nouveau vice-roi, lord Irwin, était arrivé aux Indes au mois d'avril 1926. Il était âgé de quarante-cinq ans. Il remplaçait Reading. De son grand-père, le premier vicomte Halifax, qui avait été fonctionnaire dans l'Inde, puis secrétaire d'État pour l'Inde à Whitehall, il héritait certaines attaches avec ce pays. De son père, il avait reçu l'attachement aux idées de l'Église anglicane et de la *High Church*. Effectivement, à son arrivée à Bombay, un vendredi saint, il renvoya à plus tard les cérémonies qui accompagnent la venue d'un vice-roi nouveau et se rendit au temple [1].

Le choix d'un homme aussi religieux que le vice-roi fut considéré dans certains milieux comme de bon augure pour les cinq années de son règne, dans une contrée religieuse où c'était un mahatma qui dirigeait l'opposition.

Mais pendant dix-neuf mois, Irwin n'envoya aucune convocation à Gandhi et n'indiqua pas qu'il désirait discuter la situation de l'Inde avec le plus influent des Indiens. Le 26 octobre 1927, tandis qu'il s'acquittait de la promesse qu'il avait faite de parler à Bangalore, Gandhi fut rejoint par un message lui annonçant que le vice-roi désirait le voir le 5 novembre.

Immédiatement, le Mahatma interrompit sa tournée et se mit en route pour New-Delhi — mille deux cent cinquante milles, soit un voyage de deux jours. A l'heure fixée, il fut

---

1. *Viscount Halifax, a Biography*, par Alan Campbell Johnson (New-York, Ives Washburn, Inc., 1941), est inestimable en ce qui concerne l'activité de lord Irwin comme vice-roi des Indes. Bien que cette biographie ne soit pas officielle, l'auteur a pu obtenir de l'aide et des documents concernant son sujet.

introduit en présence de lord Irwin. Il n'y entra pas seul. Le
vice-roi avait également invité Vithalbhaï Patel, président de
l'Assemblée nationale législative, S. Srinivasa, président pour
1927 du parti du Congrès, et le Dr M. A. Ansari, président élu
du Congrès pour 1928.

Quand les Indiens eurent pris place, Irwin leur remit un
papier annonçant l'arrivée imminente d'une commission officielle britannique, conduite par sir John Simon, en vue de
faire un rapport sur la situation dans l'Inde et de donner des
conseils relatifs à certaines réformes politiques.

Après avoir lu ce message, Gandhi leva les yeux et attendit.
Le vice roi ne dit rien.

« Est-ce là le seul but de notre réunion? demanda Gandhi.

— Oui », répondit le vice-roi.

Ainsi se termina l'entrevue. Sans rien dire, Gandhi repartit
pour l'Inde méridionale et de là pour l'île de Ceylan où il allait
collecter de l'argent pour le *khadi*.

Le biographe d'Irwin, Alan Campbell Johnson, décrit cet
épisode comme « un manque déplorable de tact à l'égard des
dirigeants indiens ». Ce blâme fut partagé entre Irwin et lord
Birkenhead, secrétaire d'État pour l'Inde dans le gouvernement
britannique. Birkenhead, un brillant juriste, dirigeait la politique de l'Inde à Whitehall. En agissant ainsi, il était guidé
par une attitude que résume la déclaration faite par lui en
1929 à la Chambre des Lords. « Y a-t-il quelqu'un dans cette
maison, demandait Birkenhead emphatiquement, qui puisse
dire qu'il entrevoit, dans une génération, dans deux générations, dans cent ans, la moindre chance pour le peuple des
Indes d'être capable de se charger du contrôle de l'armée, de
la marine, de l'administration civile et d'avoir un gouverneur
général responsable envers le gouvernement indien et non
envers une quelconque autorité de notre pays? » L'esprit légal
n'avait pas d'yeux, et pourtant c'était lui qui, en même temps
que lord Irwin, gouvernait l'Inde.

La Commission Simon était un enfant né avant terme du
cerveau de Birkenhead. D'après la loi de 1919, cette commission aurait dû être créée un ou deux ans plus tard. Mais, des
élections nationales devant avoir lieu très prochainement en
Grande-Bretagne, Birkenhead redoutait de voir le parti conservateur, les Tories, battu, en 1919, par le parti travailliste,
ainsi que cela advint en effet. Après quoi, les Indiens furent
plus que désappointés en constatant que le parti du Labour
s'était prêté à la manœuvre de lord Birkenhead, en permettant

au major Clement R. Attlee, membre du Parlement alors peu
connu, de se mettre sous les ordres de Simon.

L'Inde fut stupéfaite en apprenant la nouvelle de la venue
de la Commission Simon. Celle-ci avait pour mission de déterminer le sort de l'Inde, mais il ne s'y trouvait pas un seul
membre indien. Et les non-coopérateurs comme Gandhi demandaient ironiquement si c'étaient là les fruits de la coopération.

Spontanément, un mouvement se forma d'un seul coup à
travers l'Inde entière : il ne fallait pas aider la Commission
Simon dans ses recherches, il ne fallait lui soumettre aucun
projet.

Lorsque arriva à Bombay, le 3 février 1928, la Commission
Simon, elle fut accueillie par des drapeaux noirs et des cortèges poussant des clameurs. « Allez-vous-en, Simon! » Telle
était la formule clamée par des Indiens qui, souvent, ne connaissaient pas d'autres mots d'anglais; elle résonna aux oreilles
des membres de la Commission pendant tout leur séjour aux
Indes. Le boycottage fut politique et social. La Commission
resta dans l'isolement.

La première entrevue de Gandhi et d'Irwin, le 5 novembre
1927, avait été une preuve d'inégalité; la composition de la
Commission Simon était une preuve d'exclusion. L'un et l'autre
principe irritèrent Gandhi et le peuple hindou[1].

Cependant, en 1930, Gandhi avait modifié les rapports existant entre l'Inde et l'Angleterre de façon à en faire une négociation entre contractants irréductibles. En 1930, l'obéissance
automatique des Indiens aux volontés britanniques était une
chose appartenant au passé. Imperceptiblement, en 1928, en
1929 et en 1930, sans qu'ils s'en aperçussent eux-mêmes, et
alors que les gens du dehors le remarquaient à peine, les Indiens devinrent libres. Leur corps portait encore des entraves;
mais leur esprit s'était évadé de sa prison. Gandhi leur avait
ouvert la porte. Jamais aucun général dirigeant ses armées
contre l'ennemi n'avança avec une habileté plus consommée
que ce saint armé de sa droiture comme bouclier et d'une
cause morale comme épée. Toutes les années passées par Gandhi

---

1. Le compte rendu officiel de la Commission Simon a été publié sous le titre
de *Report of the Indian Statutary Commission*, volume I, *Survey*, présenté au
Parlement, par ordre de Sa Majesté, par le secrétaire d'État à l'Intérieur,
00 mai 1930 (Londres, His Majesty's Stationery Office, 1930), Cmd 3568, et
comme *Report of the Indian Statutory Commission*, volume II, *Recommenda-
tions*, présenté au Parlement par le secrétaire d'État à l'Intérieur, par ordre
de Sa Majesté, en mai 1930 (Londres, His Majesty's Stationery Office, 1930),
Cmd 3569.

dans l'Afrique du Sud avaient été la préparation au combat de 1928-1930; tout ce qu'il avait fait aux Indes depuis 1915 y avait préparé le peuple indien. Il n'avait pas projeté cette route. Mais, en perspective, ses activités formaient un dessin délicat.

CHAPITRE XXIX

LE PROLOGUE

GANDHI entra très lentement dans la bataille. Différent en cela de la plupart des rebelles, il n'emprunta pas de munitions à son adversaire. Les Britanniques lui offrirent simplement l'occasion d'utiliser son arme particulière, celle qu'il avait fabriquée lui-même : la désobéissance civile.

Le massacre sauvage des policiers de Chaouri-Chaoura au mois de février 1922, par la populace du parti du Congrès, avait amené Gandhi à suspendre l'action de désobéissance civile dans le comté de Bardoli. Mais il n'avait pas oublié. Il attendit six ans et, le 12 février 1928, au même endroit, à Bardoli, il donna le signal d'entreprendre le *satyagraha.*

Ce ne fut pas lui-même qui dirigea le mouvement. Il le surveilla de loin, écrivit sur ce sujet de longs articles et se chargea de la direction générale et de l'inspiration. Le chef réel était Vallabhbhaï Patel, assisté par un musulman du nom d'Abbas Tyebyi.

En 1915, le sardar Vallabhbhaï Patel, avocat florissant d'Ahmédabad, était en train de jouer au bridge au moment où Gandhi pénétra dans son club. De ses yeux ombragés de longs cils, Patel jeta sur le visiteur un regard de coin, sourit sous son épaisse moustache à la vue de ce petit homme au grand turban en forme de bulbe, mal fixé, vêtu d'une longue robe de Kathiaouar dont les manches étaient roulées en haut, et se remit à ses cartes. Il avait entendu parler des exploits de

Gandhi dans l'Afrique du Sud; mais, à première vue, il ne fut pas impressionné [1].

Une semaine plus tard cependant, il se rendit à une conférence organisée par Gandhi concernant les impôts des paysans et fut rempli d'admiration par la logique du nouveau venu. L'esprit de Patel était précis, scientifique, d'une solidité d'acier. Plus tard, son visage massif et rasé avec soin, sa tête ronde, chauve et couleur de noisette, son large corps drapé jusqu'aux genoux dans du *khadi* blanc lui donnèrent l'aspect classique d'un sénateur romain. S'il avait quelque sensibilité, il réussissait bien à la cacher.

Gandhi conquit la fidélité de Patel par le bon sens de son attitude : pour conquérir la liberté, il fallait avoir derrière soi la paysannerie. Pour gagner les paysans, il fallait parler leur langage, s'habiller comme eux et connaître leurs besoins économiques.

En 1928, Patel était maire d'Ahmédabad. Sur le conseil de Gandhi, il résigna son poste et se rendit à Bardoli, dans la province de Bombay, pour prendre la direction des 87.000 paysans en révolte pacifique contre l'augmentation de 22 % des taxes décrétée par le gouvernement britannique [2].

Obéissant aux directives de Patel, les paysans refusèrent de payer les taxes. Le percepteur saisit les buffles et bufflonnes qui travaillaient pour eux et leur donnaient du lait. Les cultivateurs furent expulsés de leurs fermes. Leurs cuisines furent envahies et leurs casseroles et leurs poêles confisquées pour délit. Leurs carrioles et leurs chevaux leur furent également enlevés. Les paysans demeurèrent dans la non-violence.

« A la façon dont les confiscations ont lieu, faisait observer Gandhi dans *Young India*, le comté de Bardoli tout entier sera bientôt pratiquement entre les mains du gouvernement et ils pourront se payer eux-mêmes un millier de fois pour leurs précieuses impositions. Les gens de Bardoli, s'ils sont courageux, ne se porteront pas plus mal en raison de ces expropriations. Ils auront perdu leurs propriétés mais conservé ce qui doit être le plus cher à tous les hommes et à toutes

1. Les premières impressions de Vallabhbhaï Patel concernant Gandhi sont rapportées telles qu'il me les donna au cours d'une interview qu'il m'accorda à New-Delhi, le 14 août 1948, alors qu'il était premier ministre délégué de l'Inde.

2. L'histoire de Bardoli est largement documentée et admirablement racontée dans un livre de 323 pages, avec de nombreux appendices, intitulé *The Story of Bardoli, Being a History of the Bardoli Satyagraha of 1928 and Its Sequel*, par Mahadev Desaï (Ahmédabad, Navajivan Press, 1929).

les femmes de bien : leur honneur. Ceux qui ont le cœur et les mains solides ne doivent jamais craindre la perte de leurs biens matériels. »

Apparemment, le Mahatma estimait que tout paysan affamé était un autre Gandhi. Chose assez étrange, ce jugement n'était pas erroné. Une étincelle de l'esprit de Gandhi avait rempli la paysannerie de la volonté du sacrifice.

Des mois passèrent. Bardoli tenait bon. Des centaines de gens avaient été arrêtés. Le gouvernement était accusé d'« illégalité »; personne ne parlait de « terrorisme », car personne n'était terrorisé.

L'Inde commençait à s'apercevoir de ce qui se passait. Des contributions volontaires étaient payées pour aider à poursuivre la lutte.

Le gouvernement entreprit de dépouiller des villages entiers de tous leurs biens meubles. Les paysans se barricadèrent dans leurs chaumières avec leurs bêtes. Alors, les percepteurs emmenèrent leurs carrioles. « Démolissez vos carrioles, ordonna le sardar. Mettez le coffre en un endroit, et les roues ailleurs. Enterrez le timon. »

Vallabhbhaï Patel, frère aîné de Vithalbhaï, président de l'Assemblée législative nationale, écrivit au vice-roi pour accuser le gouvernement d'employer « des mesures qui dans nombre de cas avaient violé les limites de la loi, de l'ordre et des convenances ». Gandhi salua cette lettre comme brisant « la tradition malsaine et servile » de neutralité lorsque le peuple défiait le gouvernement.

A la demande de Gandhi, l'Inde célébra un *hartal*, c'est-à-dire un arrêt du travail et des affaires, le 12 juin, en l'honneur de Bardoli. Des sommes considérables furent envoyées au sardar Patel par des Indiens du pays ou de l'étranger.

Gandhi alla faire une courte visite à Bardoli. Des défilés le saluèrent en tout lieu.

La presse d'Angleterre se réveilla au bruit de cette révolte. Des questions furent posées à la Chambre des Communes. Lord Winterton réclama impitoyablement « l'application plus sévère de la loi et l'anéantissement du mouvement »... Les *satyagrahis* et Patel dédaignèrent ce « bruit de sabres ».

De toutes les contrées de l'Inde on insistait auprès de Gandhi pour qu'il déchaînât la désobéissance civile dans d'autres provinces. Il conseillait la patience. « Le temps n'est pas encore venu pour un *satyagraha* de sympathie, même limité. Bardoli n'a pas encore démontré son courage. Si ce district peut supporter les rigueurs excessives et si le gouvernement va jusqu'au bout, ni moi ni Vallabhbhaï ne pourrons arrêter l'expansion du *satyagraha* ou en limiter les résultats... La limite en sera établie par la capacité de l'Inde prise dans son ensemble à se sacrifier elle-même et à souffrir par elle-même. » En attendant, la population de Bardoli était « entre les mains de Dieu ».

On attendait d'heure en heure que Patel fût arrêté. Le 2 août, en conséquence, Gandhi se mit en route pour Bardoli. Le 6 août, le gouvernement capitula. On promit de remettre en liberté tous ceux qui avaient été arrêtés, de rendre tous les terrains confisqués, de ramener tous les animaux enlevés ou d'en donner l'équivalent et, ce qui était l'essentiel, d'abroger le relèvement des taxes. Patel promit que les paysans paieraient les impôts conformément à la taxation ancienne. Les deux parties acceptèrent cet arrangement.

Gandhi avait montré à Irwin et à l'Inde que cette arme était efficace.

S'en servirait-il sur une large échelle?

L'Inde était en effervescence. Depuis le 3 février 1928, date à laquelle la Commission Simon avait débarqué à Bombay, l'Inde l'avait boycottée. Ce boycottage était si parfait de la part de Gandhi que jamais il ne prononça le nom de cette Commission. Pour lui, elle n'existait pas. Mais il y en eut d'autres qui firent des démonstrations contre elle. Au cours d'un meeting considérable de protestation contre Simon à Lahore, Laypat Raï, le personnage politique le plus important du Pundjab, un homme de soixante-quatre ans que Gandhi appelait « le Lion du Pundjab », fut frappé avec un *lathi*, matraque en bois de quatre pieds de long, brandie par le policeman de service, et mourut peu après. Vers la même époque, Yaouaharlal Nehrou fut frappé à coups de *lathi* pendant un meeting de protestation contre la Commission Simon à Louknow. Au mois de décembre 1928, quelques semaines après le décès de Laypat Raï, le surintendant Saunders, assistant de police à Lahore, fut assassiné. Gandhi flétrit cet attentat comme « un acte de lâcheté ». Bhagat Singh, soupçonné de cet assassinat, s'évada de sa prison et ne tarda pas à être considéré comme un héros.

Pendant l'automne de 1928, le gouvernement prit position contre les organisations travaillistes qui se développaient aux Indes. Des chefs des Trade Unions, des socialistes et des communistes furent arrêtés en masse.

Au Bengale, qui fut toujours le cœur des troubles et de

l'opposition aussi bien que le point dirigeant du Congrès, Soubhas Chandra Bose, oiseau de tempêtes dont la philosophie se résumait en ces mots : « Donnez-moi du sang, et je vous promets la liberté », s'était acquis une grande popularité et un grand nombre de partisans impatients.

Gandhi devinait cette atmosphère de crise. Le système britannique, tel qu'il existait, constituait à ses yeux « un mal sans restriction ». Un mot de lui aurait suffi et mille Bardoliens auraient bondi pour la lutte à travers l'Inde tout entière. Mais, en sa qualité d'excellent chef d'armées, Gandhi avait toujours soin de choisir pour la bataille le juste moment et le terrain approprié. Il connaissait la force de l'Inde; mais il connaissait aussi sa faiblesse, aussi bien que les faiblesses du Congrès. Peut-être, s'il était patient, la bataille pourrait-elle être évitée. Même un conflit pacifique ne devait pas être provoqué avant que toute possibilité de l'éviter eût été épuisée.

C'est dans ce sentiment d'incertitude que Gandhi se rendit à la session annuelle du Congrès qui se réunit à Calcutta au mois de décembre 1928. Lorsque, au cours de ce voyage, le train s'arrêta à Nagpour, des amis lui posèrent un certain nombre de questions pressantes et significatives.

« Quelle serait votre attitude au cas d'une guerre politique en vue de conquérir l'indépendance? lui demandèrent-ils.

— Je refuserais d'y prendre part.

— Vous ne soutiendriez donc pas une milice nationale?

— Je soutiendrais la création d'une milice nationale dans l'autonomie, mais seulement parce que je me rends compte qu'on ne peut rendre le peuple non violent par force. Aujourd'hui, j'enseigne au peuple comment il peut se comporter par des moyens non violents en cas de crise nationale. »

La session du Congrès réclamait l'action. La prudence n'était pas dans son programme. Soubhas Chandra Bose et Yaouaharlal, qui conduisaient les jeunes, réclamaient une déclaration d'indépendance immédiate qui devrait être suivie, implicitement, d'une guerre pour l'indépendance. Gandhi suggéra d'adresser aux Britanniques un avertissement valable pour deux ans.

Sur l'insistance de ses amis, il ramena ce délai à un an. Si le 31 décembre 1929 l'Inde n'était pas définitivement libre, sous le statut des dominions, « je devrais moi-même me déclarer commis voyageur de l'indépendance ».

« J'ai brûlé mes vaisseaux », annonça Gandhi.

L'année 1929 devrait être décisive.

En guise de préparation pour 1930, Gandhi parcourut l'Inde en 1929. Il ne permit cependant plus qu'on le claquemurât en seconde ou en première classe.

Pendant les premiers mois, alors que Gandhi faisait des feux de joie à Calcutta avec les étoffes étrangères et s'acquittait de promesses faites depuis longtemps d'aller parler dans la Birmanie, qui ne faisait déjà plus partie de l'Inde, Irwin, s'il faut en croire son biographe, « était profondément absorbé par la recherche de moyens administratifs en vue de porter remède aux dangers du terrorisme politique et du conflit industriel ». Hélas! ce n'étaient pas les mesures administratives qui pouvaient servir de remèdes. Il aurait fallu avoir la science du gouvernement.

Le 8 avril, Bhagat Singh, le sikh qui avait assassiné le surintendant Saunders, assistant de police à Lahore, en décembre 1928, entra dans la salle de l'Assemblée législative à New-Delhi, alors que cette salle était remplie de ses membres britanniques et indiens, lança deux bombes au milieu d'eux, puis se mit à tirer sur eux avec un revolver automatique. Les bombes firent explosion avec un choc puissant, mais éclatèrent en gros fragments au lieu de se diviser en petits morceaux, et un seul législateur fut sérieusement blessé. Sir John Simon fut témoin de l'attentat du haut de la galerie. Ce fut la dernière impression profonde qu'il emporta des Indes; le même mois la Commission rentra chez elle.

Au mois de mai 1929, les élections nationales en Grande-Bretagne donnèrent la minorité aux travaillistes à la Chambre des Communes; comme c'était le parti le plus nombreux, ils formèrent le gouvernement et ce fut Ramsay Macdonald qui devint premier ministre. En juin Irwin s'embarqua pour l'Angleterre afin de prendre conseil du nouveau gouvernement et en particulier du nouveau secrétaire d'État pour l'Inde, Mr. Wedgwood Benn. Gandhi espérait un changement de nature à empêcher le bouleversement attendu pour 1930.

Mais bien qu'il guettât le rayon d'espoir, sa tête n'était plus dans les nuages; ses pieds nus étaient fermement appuyés sur la terre de l'Inde. Condamnant sans réserve les actes de terrorisme, il répétait que le gouvernement pouvait y mettre fin en « accordant généreusement et en temps utile les demandes nationales. Mais c'est là espérer contre toute espérance. Car, pour que le gouvernement agisse ainsi, il faudrait un changement des cœurs et non un simple changement de politique.

Et rien à l'horizon ne garantit l'espoir que pareil changement soit imminent. »

En termes prophétiques, il dépeignait son idéal : la liberté devait venir par la non-violence, « grâce à un *gentlemen's agreement* avec la Grande-Bretagne. Mais dans ce cas, ajoutait-il, ce ne doit pas être une hautaine manœuvre impérialiste britannique en vue de la suprématie mondiale, mais un humble effort pour contribuer aux buts communs de l'humanité. »

Ce jour-là n'était pas encore venu.

Irwin revint aux Indes en octobre après plusieurs mois de conférences avec les membres du gouvernement travailliste, avec son prédécesseur Sir Reading, avec Lloyd George, Churchill, Stanley Baldwin, Sir John Simon et bien d'autres. Le vice-roi estimait que la situation dans l'Inde « frisait l'état d'alarme ». Tout était prêt pour la grande provocation de 1930.

Le dernier jour d'octobre 1929, Irwin, en conséquence, fit « sa déclaration importante » qui envisageait une conférence de la Table Ronde où les représentants du gouvernement britannique se rencontreraient avec des délégués des Indes anglaises et des États indigènes. (L'idée d'une conférence de ce genre avec participation indienne avait été lancée avant que fût nommée la Commission Simon, mais Irwin n'avait pas voulu en entendre parler.) Ce rapport déclarait que « l'aboutissement naturel du progrès constitutionnel de l'Inde... était l'obtention du statut de dominion ».

De plus, anticipant sur les conclusions de la Commission Simon, Irwin suggérait en effet que les travaux de celle-ci avaient été inutiles et qu'elle avait cessé d'exister. Les Indiens, sur qui elle avait eu l'effet d'un chiffon rouge, apprécieraient sans doute cet aspect de la décision prise par le vice-roi.

Quelques jours plus tard, Gandhi se rencontrait à Delhi avec le Dr Ansari, Mrs. Annie Besant, Motilal Nehrou, Sir Teï Bahadour Saprou, le pandit Malaviya, Srinivasa Sastri et d'autres. Ils publièrent un « Manifeste des dirigeants ». Leur réponse à la déclaration du vice-roi était favorable, mais, disaient-ils, il fallait prendre des mesures pour créer « une atmosphère plus calme » : les détenus politiques devaient être mis en liberté, et le Congrès national hindou devait être représenté aussi largement que possible à la future conférence de la Table Ronde. Un commentaire s'y ajoutait : à ce qu'ils comprenaient, le vice-roi avait dit que le but de cette conférence n'était pas de déterminer si oui ou non le statut de dominion devait être instauré dans l'Inde et quand, mais plutôt de rédiger la constitution de ce dominion.

L'attitude conciliante de Gandhi et des hommes d'État les plus anciens entraîna une tempête de protestations, tout particulièrement de la part de Yaouaharlal Nehrou, président élu du Congrès du parti pour 1930, et de Soubhas Chandra Bose. Impassibles, persuadés qu'un arrangement pacifique avec les Britanniques serait accepté par la nation, Gandhi et ses collègues continuèrent leurs sondages. Ils décidèrent de rencontrer lord Irwin dans l'après-midi du 23 décembre [1].

Ce matin-là, Irwin rentrait par le train d'une tournée dans le Sud de l'Inde. A 7 h. 40 du matin, les voitures blanches du train du vice-roi sortirent du brouillard et approchèrent de la gare de New-Delhi. A trois milles du terminus, en un point où la voie est unique, une bombe fit explosion sous le train. Une seule personne fut blessée, et Irwin ne sut ce qui était arrivé que lorsque son aide de camp militaire l'en informa.

Une bombe bien plus efficace avait été préparée contre le vice-roi à Westminster. Ce fut lord Reading qui mena l'attaque à la Chambre des Lords, et les Tories s'unirent aux libéraux à la Chambre des Communes pour condamner la promesse faite par Irwin d'une conférence de la Table Ronde et du statut de dominion. Wedgwood Benn et d'autres travaillistes défendirent le vice-roi, mais le résultat du débat fut d'amener une majorité parlementaire à faire pression pour s'opposer à tout engagement favorable à la concession du statut de dominion.

Lorsque Yinnah, Gandhi, Saprou, Motilal Nehrou et Vithalbhaï Patel pénétrèrent dans le bureau du vice-roi, le 23 décembre dans l'après-midi, Gandhi le félicita d'avoir miraculeusement échappé à l'attentat et se mit en mesure de faire exploser la torpille à retardement lancée au Parlement... Cette audience dura deux heures et demie; ce fut Irwin et Gandhi qui parlèrent le plus.

Gandhi demanda à Son Excellence si elle pouvait promettre qu'il y aurait une conférence de la Table Ronde pour rédiger une constitution donnant à l'Inde, entièrement et immédiatement, le statut d'un dominion, y compris le droit de se séparer de l'Empire britannique.

1. *Young India*, modèle classique de journalisme personnel, demeure la source principale d'informations. Des renseignements complémentaires proviennent de la biographie d'Halifax qui était précédemment Irwin, du volume intitulé *Gandhiji*, de l'histoire officielle du Congrès, de *To the Gates of Liberty*, mémoires de Soubhas Chandra Bose, et de l'autobiographie de Yaouaharlal Nehrou.

Irwin, tenant compte des débats parlementaires, répondit,
au dire de son biographe, « qu'il était hors d'état de préjuger
ou d'engager cette conférence (de la Table Ronde) dans aucune
direction que ce fût... ».

Ces événements formèrent l'ouverture de la convention
historique du parti du Congrès, session annuelle qui se réunit
en fin décembre à Lahore, sous la présidence de Yaouaharlal
Nehrou qui venait de célébrer un mois plus tôt son quarantième
anniversaire.

A la seconde même où s'achevait l'année 1929 et où commençait l'année 1930, le Congrès, dont Gandhi était le manager,
déploya le drapeau de la liberté et vota par acclamation une
résolution en faveur d'une indépendance complète et de la
séparation d'avec l'Empire. « Le *Souaraï*, déclara Gandhi, doit
être compris maintenant comme l'indépendance absolue. » Le
Congrès fit savoir à ses membres et à ses amis qu'ils devaient
se retirer de toutes les assemblées législatives et approuva la
désobéissance civile, y compris le non-paiement des impôts. Le
Comité du Congrès panindien fut autorisé à décider la date à
laquelle le *satyagraha* devrait commencer; mais, comme le dit
Gandhi, « je sais que c'est un devoir qui incombe en premier
lieu à moi ». Tout le monde se rendit compte que Gandhi
serait le cerveau, le cœur et la main directrice de tout mouvement de désobéissance civile; et c'est pourquoi l'on s'en remit
à lui pour choisir l'heure, le lieu et l'action précis.

CHAPITRE XXX

UN DRAME AU BORD DE LA MER

GANDHI tendait à réformer les individus. De là son intérêt pour les moyens grâce auxquels pouvait se réaliser la libération de l'Inde. Si ces moyens avaient dû corrompre les individus, la perte aurait été plus grande que le profit.

Gandhi savait que la rééducation d'une nation est un lent processus; il n'était généralement pas pressé, sauf lorsqu'il était aiguillonné par les événements ou par les hommes qui réagissaient à ces événements. Abandonné à lui-même, il n'aurait pas exigé l'indépendance en 1930. Maintenant, les dés étaient jetés : le Congrès avait décidé qu'on devait faire campagne pour l'indépendance. En conséquence, le chef devenait un soldat obéissant.

Pendant les semaines qui suivirent l'émouvante cérémonie de la veille du Nouvel An en faveur de l'autonomie, Gandhi chercha une forme de désobéissance civile qui ne laissât aucune place à la violence.

L'horreur monumentale de Gandhi pour la violence provenait des infiltrations du djaïnisme et du bouddhisme dans son hindouisme et, tout particulièrement, de son amour pour les êtres humains. Tout réformateur, tout croisé, tout dictateur proclame son impérissable dévouement à la foule anonyme; Gandhi avait une capacité en apparence infinie d'amour pour chaque homme, chaque femme et chaque enfant qui passait dans sa vie. Il leur donnait sa tendresse et son affection; il se souvenait de leurs besoins personnels et avait plaisir à pourvoir à leurs besoins au prix de son temps et de son énergie limités.

H. N. Brailsford, le travailliste britannique humanitaire, explique ce fait en disant que « les tendances féminines étaient au moins aussi fortes dans son organisation intérieure que les masculines. Elles se manifestaient par exemple dans son amour pour les enfants, dans le plaisir qu'il éprouvait à jouer avec eux et dans le dévouement qu'il montrait comme infirmier. Le rouet, pour lequel il avait tant de sympathie, a toujours été un instrument de femme. Et le *satyagraha*, cette méthode de conquête par la soumission à la souffrance, n'est-elle pas une tactique féminine ? » Cela est possible. Mais il est possible aussi que Brailsford soit injuste envers les hommes et trop aimable pour ceux qui sont aimables. De même que Brailsford, chacun interprétera la tendresse de Gandhi conformément à sa propre expérience. Cela enveloppait la volonté de fer et l'austérité du Mahatma dans une moelleuse douceur; un seul contact suffisait, et la plupart des Indiens pardonnaient ses erreurs, ses plaisanteries, ses marottes. Cela éliminait tout ce qui pouvait conduire à la violence. Le *satyagraha* réussi de Bardoli en 1928, par exemple, ne comporta pas de violence, mais il aurait pu y en avoir. Les paysans auraient pu se permettre de se laisser pousser à bout et à user de la force. La campagne de désobéissance civile de 1930 devait, au jugement de Gandhi, exclure de telles possibilités; car, si elle échappait au contrôle, personne, même pas lui, ne pourrait la maîtriser.

Rabindranath Tagore, pour qui Gandhi avait la plus profonde vénération, était aux environs de l'*ashram* de Sabarmati et alla y faire une visite le 18 janvier. Il demanda ce que Gandhi préparait en 1930 pour leur pays. « J'y pense fiévreusement le jour et la nuit, répliqua Gandhi; et je ne vois aucune lumière surgir des ténèbres qui m'environnent. »

Pendant six semaines, Gandhi avait espéré entendre la « voix intérieure ». Celle-ci, telle qu'il l'interprétait, n'avait rien qui ressemblât à celles de Jeanne d'Arc. « La voix intérieure, écrivait-il, peut être un message de Dieu ou du diable, car l'un et l'autre sont en lutte dans la poitrine de l'homme. Ce sont les actes qui déterminent la nature de cette voix. »

Soudain, Gandhi parut avoir entendu « la voix », ce qui signifiait tout simplement qu'il avait pris une décision, car le 27 février, le numéro de *Young India* s'ouvrait par un éditorial de Gandhi intitulé : *Si l'on m'arrête*, dans lequel il consacrait un espace considérable aux injustices de la taxe sur le sel. Le numéro suivant du même magazine étudiait les pénalités inscrites dans la loi sur le sel. Et, le 2 mars 1930, Gandhi envoyait une longue lettre au vice-roi pour l'avertir que la désobéissance civile allait commencer dans neuf jours [1].

Le 11 mars approchait. L'Inde débordait de nervosité et de curiosité. Des douzaines de correspondants étrangers et indigènes s'attachaient aux moindres pas que faisait Gandhi dans son *ashram*. Qu'allait-il faire exactement? Des milliers de gens assiégeaient le village et attendaient. La nervosité gagnait au dehors. Des télégrammes retenaient en alerte la poste d'Ahmédabad. « Dieu vous protège! » avait câblé de New-York le Révérend Dr John Haynes Holmes.

Gandhi eut l'impression que « l'occasion de sa vie » était arrivée.

Le 12 mars, après avoir chanté les prières, Gandhi et 70 membres de l'*ashram* — hommes et femmes — dont l'identité avait été publiée dans *Young India* au grand avantage de la police, abandonnèrent Sabarmati pour Dandi, en plein sud d'Ahmédabad. Gandhi s'appuyait sur un bâton de bambou verni, épais d'un pouce et long de 54 pouces, muni d'une pointe en fer. Suivant les zigzags des routes boueuses conduisant d'un village à l'autre, il cheminait avec ses 70 disciples. En vingt-quatre jours, il parcourut 200 milles. « Nous marchons au nom de Dieu », affirmait Gandhi.

Les paysans arrosaient les routes et y étendaient des branchages. Tout groupe d'habitations sur la ligne d'avance était enguirlandé et décoré aux couleurs nationales de l'Inde. De plusieurs milles aux alentours, les paysans s'assemblaient pour s'agenouiller sur le bord de la route au passage des pèlerins. Plusieurs fois par jour les marcheurs s'arrêtaient et se rassemblaient pour tenir un meeting, et le Mahatma ainsi que d'autres exhortaient le peuple à porter le *khadi*, à renoncer à l'alcool et aux narcotiques, à répudier les mariages d'enfants et — lorsque le signal leur en serait donné — à enfreindre les lois sur le sel.

---

1. Le texte de la lettre adressée par Gandhi à Irwin pour lui annoncer la marche du Sel a été publié dans *Young India* le 12 mars 1930. Le même numéro renferme le bref accusé de réception envoyé par G. Cunningham, secrétaire particulier du vice-roi. Les hésitations et les méditations de Gandhi avant de décider cette marche peuvent être retrouvées dans *Young India* qui publie également le compte rendu de la visite de Tagore à l'*ashram* au mois de janvier 1930.

Les sages commentaires de Brailsford sur les événements de 1930 se trouvent dans le *Mahatma Gandhi* de H. S. L. Polak, H. N. Brailsford, lord Pethick-Lawrence, avec un avant-propos et une appréciation dus à Son Excellence Saroyini Naïdou, gouverneur des Provinces Unies (Londres, Odhams Press, Ltd., 1949).

Il n'eut aucun ennui pendant sa marche. « Moins de douze
milles par jour avec peu de bagage, avait-il dit. Un jeu d'enfant! » Quelques-uns se fatiguèrent ou eurent mal aux pieds;
on dut les emmener dans un chariot tiré par un bœuf. Un
cheval avait été préparé pour Gandhi pendant toute la marche,
mais il ne s'en servit jamais. « La génération moderne est délicate, faible et très choyée », dit Gandhi en guise de commentaire.
Il avait soixante et un ans. Il filait le lin chaque jour pendant
une heure et exigeait de chaque habitant de l'*ashram* qu'il
en fît autant.

Dans la région traversée, plus de trois cents chefs de village
renoncèrent aux fonctions qu'ils tenaient du gouvernement. Les
habitants d'un village accompagnaient Gandhi jusqu'au village
voisin. Des jeunes gens et des jeunes femmes se joignaient à la
colonne en marche et, lorsque Gandhi atteignit la mer à Dandi,
le 5 avril, la petite bande partie de l'*ashram* était devenue
une armée non violente de plusieurs milliers de gens.

Pendant toute la nuit du 5 avril, les habitants de l'*ashram*
prièrent et, dès le petit jour, ils accompagnèrent Gandhi au
bord de la mer. Il se plongea dans l'eau, revint au rivage, puis
ramassa une certaine quantité de sel abandonné par les vagues.
Mrs. Saroyini Naïdou, qui se tenait à ses côtés, cria : « Vive le
libérateur! » Gandhi avait violé la loi britannique qui considérait comme un crime punissable le fait de posséder du sel obtenu
autrement que par l'entremise du monopole gouvernemental
britannique. Gandhi, qui n'avait pas fait usage de sel depuis
six ans, qualifiait ce monopole de « monopole néfaste ». Le sel,
disait-il, est aussi nécessaire que l'air et l'eau; en raison de la
chaleur tropicale, il est la chose la plus essentielle aux Indes
à tous les pauvres individus qui travaillent durement et trans-
pirent, ainsi qu'à leurs animaux.

Si Gandhi avait pris le train ou une auto pour fabriquer du
sel, l'effet eût été considérable. Mais faire à pied vingt-quatre
jours de marche et concentrer sur soi l'attention de l'Inde entière,
parcourir toute une région en disant : « Attention! je vais donner
le signal à toute la nation »; puis, ramasser une pincée de sel
afin de provoquer publiquement la puissance du gouvernement et, par là, devenir un criminel, cela exigeait de l'imagination, de la dignité et le sens publicitaire d'un grand artiste.
Cela s'adressait au paysan illettré aussi bien qu'au critique
retors et parfois à l'adversaire acharné de Gandhi, tel que Soubhas Chandra Bose, qui comparait la « marche du sel » à « la
marche de Napoléon sur Paris au retour de l'île d'Elbe ».

Une fois cet acte accompli, Gandhi se retira de la scène. L'Inde avait reçu son mot d'ordre. Gandhi était entré en relation avec elle en ramassant quelques grains de sel [1].

L'acte qui suivit fut une insurrection sans armes. Tout villageois le long de la côte se rendait à la plage ou cheminait dans l'eau en tenant à la main une casserole destinée à fabriquer du sel. La police commença à faire des arrestations en masse. Ramdas, le troisième fils de Gandhi, fut arrêté avec un groupe nombreux d'habitants de l'*ashram*. Le pandit Malaviya et d'autres coopérateurs modérés se retirèrent de l'Assemblée législative. La police commença à user de violence. Les résistants civils ne s'opposèrent jamais à leur arrestation; mais ils se refusèrent à laisser confisquer le sel qu'ils avaient fabriqué, et Mahadcv Desaï a rapporté certains cas où des Indiens furent battus et eurent leurs doigts mordus par les constables. Des volontaires du Congrès vendaient ouvertement du sel de contrebande dans les villes. Nombre d'entre eux furent arrêtés et condamnés à de légères peines de prison.

A Delhi, un meeting de quinze mille personnes entendit le pandit Malaviya demander à ses auditeurs de boycotter les tissus étrangers; lui-même, après son discours, vendit une certaine quantité de sel illégal. La police attaqua le quartier général du parti du Congrès à Bombay où du sel avait été fabriqué sur le toit dans des casseroles. Une foule de soixante mille personnes se rassembla. Des centaines reçurent les menottes ou eurent les bras liés avec des cordes et furent jetées en prison. A Ahmédabad, dix mille personnes reçurent du Congrès du sel illégal pendant la première semaine qui suivit la manifestation de Dandi. Elles payèrent comme elles purent; ceux qui n'avaient pas d'argent le recevaient gratuitement. Le sel recueilli par Gandhi sur la plage fut vendu à un certain Dr Kanouga, le plus offrant, pour seize cents roupies. Yaouaharlal Nehrou, le président du Congrès, fut arrêté à Allahabad en conformité de la loi sur le sel et condamné à six mois de prison. L'agitation et la désobéissance grandissaient dans les contrées turbulentes gouvernées par les maharadjas et dans le Bengale. A Calcutta, le maire, J. M. Sengoupta, lut à haute voix dans une réunion publique des écrits séditieux et insista pour qu'on

---

1. Le compte rendu détaillé de la marche du Sel est établi d'après de nombreux entrefilets parus dans différents numéros de *Young India*. Le bâton dont se servait Gandhi pendant cette marche était toujours placé dans un coin de sa chambre de l'*ashram* de Sabarmati, où je l'ai mesuré en 1948.

ne portât plus de textiles étrangers. Il fut incarcéré pour six mois.

On commença à placer des piquets de surveillance dans l'Inde entière devant les boutiques de liquoristes et devant les magasins où l'on vendait des étoffes étrangères. Des jeunes filles et des dames de familles aristocratiques chez qui on avait remarqué l'existence de *pourdahs*, ou rideaux séparant l'appartement des hommes de celui des femmes, furent l'objet de manifestations dans les rues. La police devint brutale et se mit à donner des coups aux résistants dans les parties sensibles. La résistance civile commença dans la province de Bihar.

Dix-sept *satyagrahis* de Bihar, y compris des membres des conseils législatifs qui avaient démissionné, furent condamnés à des peines allant de six mois à deux ans de prison. Un Souami qui avait vécu dans l'Afrique du Sud reçut deux ans et demi. Des instituteurs, des professeurs et des étudiants fabriquaient du sel au bord de la mer et à l'intérieur du pays et étaient envoyés en prison par fournées. Kichorlal Machrououtala, un fervent disciple de Gandhi, et Yamnalal Bayaï, un de ses riches amis, furent condamnés à deux ans d'incarcération. A Karachi, la police fit feu sur ceux qui prenaient part à une démonstration; deux jeunes volontaires furent tués. Mahadev Desaï écrivait : « Bihar a été privé de presque tous ses dirigeants, mais le résultat a été qu'on a ouvert beaucoup plus de centres de vente du sel. » Le Congrès distribuait des textes pour expliquer de simples méthodes de fabrication du sel. Dévadas Gandhi fut condamné à trois mois de prison à Delhi. Le mouvement pour le sel et les arrestations et emprisonnements s'étendirent à Madras, au Pundjab et au Carnatic. Un grand nombre de villes procédèrent à des *hartals* lorsque des dirigeants du Congrès furent arrêtés. A Patna, dans le Bihar, une masse considérable de plusieurs milliers de manifestants sortit de la ville pour se rendre en un lieu où l'on devait fabriquer du sel. La police bloqua les grandes routes. La foule s'arrêta et dormit sur la chaussée et dans les champs pendant quarante heures. Rayendra Prasad, qui était présent et a raconté l'affaire, reçut de la police l'ordre de disperser la foule. Il refusa. L'officier annonça qu'il allait charger avec de la cavalerie. La foule ne bougea pas. Lorsque les chevaux prirent le galop vers eux, les hommes et les femmes se jetèrent à plat ventre sur le sol. Les chevaux s'arrêtèrent et ne les écrasèrent pas. Des constables entreprirent alors de relever les manifestants et de les placer sur des camions afin de les transporter en prison.

D'autres manifestants prirent leur place. Mahadev Desaï fut arrêté pour avoir apporté une charge de sel. Dans les villages des millions de paysans préparaient leur propre sel. Les Britanniques sommèrent les autorités locales de s'attaquer à ce problème. Ces autorités donnèrent leur démission. Vithalbhaï Patel, président de l'Assemblée législative, démissionna. A Karachi, cinquante mille personnes regardaient fabriquer le sel sur le rivage de la mer. La foule était si serrée que les policemen furent entourés et ne purent pas faire une seule arrestation.

Le vice-roi, raconte le biographe d'Irwin, « avait rempli les geôles de soixante mille criminels politiques au moins ». Certains estiment que le total réel a été de cent mille. « Le simple récit de ce qui a été fait à cette époque dément une fois pour toutes, affirme son biographe, la légende d'après laquelle il aurait été un vice-roi peu énergique. Ceux qui eurent la responsabilité de l'exécution de ses ordres attestent que ses convictions religieuses renforcèrent la rigueur de sa politique de répression... »

Un mois après que Gandhi eut ramassé du sel dans la baie de Dandi, l'Inde frémissait de révolte et de colère. Mais, sauf à Chittagong, il n'y eut pas de violence de la part des Indiens et nulle part il n'y eut de révolte de la part du Congrès. Chaouri-Chaoura avait été pour l'Inde en 1922 une bonne leçon. Et comme les Indiens appréciaient à sa valeur le mouvement que Gandhi avait fait naître, ils s'abstenaient de recourir à la force, sauf s'il le faisait cesser[1].

Le 4 mai, Gandhi avait établi son camp à Karadi, un village près de Dandi. Il était allé se coucher sur un lit de camp sous un hangar protégé par les branches d'un vieux manguier. Quelques-uns de ses disciples dormaient près de lui. Partout, dans le bois, d'autres habitants de l'*ashram* étaient plongés dans un profond silence. A minuit quarante-cinq, pendant la nuit du 4 au 5 mai, des pas lourds se firent entendre. Trente policiers indiens, armés de fusils, de pistolets et de lances, deux officiers indiens ainsi que le chef du district de Sourat envahirent le bivouac feuillu. Un groupe de constables armés pénétra dans le hangar de Gandhi, et l'officier anglais dirigea sur son

1. Les conséquences de la marche du Sel sont décrites d'après ce qui a été publié dans *Young India* et dans *The Indian Struggle, 1920-1934* de Bose, ainsi que par Brailsford. Le biographe d'Irwin garde un étrange silence sur cette marche historique, mais son témoignage concernant « l'implacabilité » du vice-roi dans la répression de cette insurrection désarmée est intéressant.

visage la lueur de sa torche. Gandhi se réveilla, regarda autour de lui et dit au fonctionnaire :

« C'est moi que vous cherchez?

— Etes-vous Mohandas Karamchand Gandhi? » demanda le policier pour la forme.

Gandhi répondit affirmativement.

L'officier lui dit qu'il venait l'arrêter.

« Je vous prie de me laisser le temps de faire mes ablutions », dit Gandhi poliment.

Le fonctionnaire y consentit.

Tout en brossant ses dents, Gandhi demanda :

« Monsieur le chef du district, puis-je savoir sous quelle inculpation je suis arrêté? Est-ce en raison de l'article 124?

— Non, ce n'est pas l'article 124. J'ai un ordre écrit. »

Entre temps, tous ceux qui dormaient dans le camp s'étaient réunis autour du hangar.

« Je vous en prie, consentiriez-vous à me lire cet ordre? » demanda Gandhi.

Le fonctionnaire lut :

« Le gouverneur en son conseil, constatant avec inquiétude les activités de Mohandas Karamchand Gandhi, décide que ledit Mohandas Karamchand Gandhi doit être mis en état d'arrestation conformément aux ordonnances n° XXXV de 1827 et restera incarcéré aussi longtemps qu'il plaira au gouvernement, et qu'il doit être immédiatement transféré à la geôle centrale de Yéravda. »

A 1 heure du matin, Gandhi continuait à se brosser les dents. L'officier lui donna l'ordre de faire vite. Gandhi empaqueta quelques objets indispensables et quelques papiers dans une petite valise. Puis, se tournant vers l'officier, il dit :

« Je vous en prie, accordez-moi encore quelques minutes pour faire ma prière. »

L'officier fit un signe d'assentiment et Gandhi demanda au pandit Kharé de réciter un cantique hindou célèbre. Les habitants de l'*ashram* chantèrent. Gandhi inclina la tête et pria. Puis il alla se mettre à côté du fonctionnaire qui le conduisit jusqu'au camion qui l'attendait[1].

Il n'y eut ni procès, ni sentence, ni délai fixé pour l'empri-

1. Le récit de l'arrestation de Gandhi est basé sur des reportages de *Young India*. Un tableau de cet événement dû à V. Masoyi est reproduit en couleurs vives dans le grand volume de *Gandhiji* publié à l'occasion de l'anniversaire du Mahatma. Lorsque Gandhi le vit dans une galerie de tableaux, on lui demanda s'il représentait réellement ce qui s'était passé. Il répondit : « Oui, oui, exactement, exactement. C'est comme ça qu'ils sont venus. »

sonnement. L'arrestation avait eu lieu conformément à une ordonnance prise avant qu'il y eût aux Indes un gouvernement britannique, pour régler les rapports entre la Compagnie orientale des Indes et les potentats indiens.

Les autorités pénitentiaires prirent la mesure de Gandhi et notèrent sa taille : cinq pieds cinq pouces. Elles prirent soin également d'avoir ses empreintes, afin de pouvoir l'identifier dans le cas où elles auraient de nouveau besoin de lui : une cicatrice sur la cuisse droite, un petit grain de beauté sur le bas de la paupière droite et une cicatrice grande à peu près comme un pois au-dessous du coude gauche [1].

Gandhi se plaisait en prison. « J'ai été très heureux et me suis mis en mesure de rattraper mes arriérés de sommeil », écrivit-il une semaine après son incarcération à miss Madeleine Slade. On le traita parfaitement bien; la chèvre de la prison était traite en sa présence.

Juste avant son arrestation, Gandhi avait adressé au vice-roi une lettre lui annonçant son intention, « si Dieu le voulait », de se rendre, avec quelques-uns de ses compagnons, à l'usine de sel de Dharasana. Apparemment, Dieu ne le voulait pas; cependant, les compagnons de Gandhi entreprirent de réaliser son projet. Mrs. Saroyini Naïdou, la poétesse, conduisit deux mille cinq cents volontaires jusqu'à un point situé à cent cinquante milles au nord de Bombay et, après les prières du matin, les avertit qu'ils seraient battus, « mais, ajouta-t-elle, il ne faudra pas résister; il ne faudra même pas lever la main pour vous protéger contre les coups ».

Webb Miller, le correspondant bien connu de l'*United Press* mort en Angleterre au cours de la seconde guerre mondiale, assistait à cette scène et en a décrit les phases. Manilal Gandhi s'avançait en tête des manifestants et s'approcha des grandes

1. La taille et les caractères signalétiques de Gandhi ont été imprimés dans *Haryian*, le 26 juin 1949, après que Kichorlal G. Machrououala, son successeur à la tête de ce magazine, les eut reçus sur ma demande des archives pénitentiaires gouvernementales de Bombay. Machrououala de qui Gandhi disait : « C'est un des plus réfléchis parmi les collaborateurs silencieux que nous avons aux Indes », et que j'ai rencontré en 1942 à l'*ashram* de Gandhi, m'a aidé plus qu'aucun autre Indien à préparer le présent livre. Chaque fois que j'étais arrêté par l'absence d'un fait, d'un document, d'une lettre ou d'un livre, chaque fois que je ne réussissais pas à comprendre un propos ou un acte de Gandhi, je n'avais qu'à envoyer une lettre par avion à Kichorlal Machrououala à Ouardhi ou à Bombay et, par retour du courrier, ordinairement par avion, m'arrivait une réponse détaillée, sérieusement étudiée. J'ai reçu de lui plusieurs douzaines de longues lettres concernant Gandhi; elles m'ont été extrêmement utiles.

chaudières de sel entourées de fossés et de fils de fer barbelés
et gardées par quatre cents policiers sourates sous le commandement de six officiers britanniques. « Dans un silence complet,
les hommes de Gandhi s'alignèrent et firent halte à cent yards
de la palissade. Une colonne d'hommes choisis se détacha de
la masse, franchit le fossé et s'approcha de la clôture de fers
barbelés. » L'officier de police leur enjoignit de se retirer. Ils
continuèrent à avancer. « Soudain, raconte Webb Miller, sur
un commandement, des vingtaines de policemen indigènes se
précipitèrent sur les marcheurs et leur assenèrent des coups sur
la tête avec leurs *lathis* bardés d'acier. Pas un seul des manifestants ne leva le bras pour se défendre contre les coups. Ils
s'écroulèrent pareils à des quilles. De l'endroit où je me tenais,
j'entendais le choc écœurant des matraques sur les crânes à
nu. La foule des marcheurs qui attendaient gémissait et hale-
tait : chaque coup était pour eux une souffrance. Ceux qui
avaient été assommés tombaient dans des poses grotesques,
inconscients ou se tordant sous la douleur de leurs crânes frac-
turés ou de leurs épaules brisées... Les survivants, sans rompre
les rangs, en silence et opiniâtrément continuaient leur marche
jusqu'à ce qu'on les abattît. » Lorsque la première colonne fut
abattue, une seconde se mit en marche. « Bien que, écrit Webb
Miller, chacun d'eux sût que, dans quelques minutes, il serait
assommé, et peut-être mort, je ne pus discerner le moindre
signe d'hésitation ou de peur. Ils avançaient sans broncher,
la tête haute, sans être encouragés par la musique ou des cris
ou toute possibilité d'échapper à une blessure sérieuse ou à
la mort. La police se précipita et, méthodiquement, machina-
lement, écrasa la deuxième colonne. Ce ne fut pas un combat,
ni une mêlée : les manifestants continuaient simplement à
marcher jusqu'à ce qu'ils fussent assommés[1]. »

Un autre groupe de vingt-cinq se mit en marche et s'assit.
« La police, ainsi qu'en témoigne Webb Miller, se mit à frapper
sauvagement sur le ventre et les testicules les hommes assis. »
Une autre colonne avança et s'assit. Les policiers furieux les
empoignèrent par les bras et par les pieds et les précipitèrent
dans le fossé. « L'un d'entre eux fut jeté dans un fossé auprès
duquel je me tenais, écrit Miller. Les éclaboussures causées par
sa chute me recouvrirent d'eau sale. D'autres policiers ame-

---

1. Le témoignage oculaire de Webb Miller est cité d'après le chapitre XVI
de son ouvrage, *I Found no Peace, the Journal of a Foreign Correspondent*
(New-York, The Literary Guild, Inc., 1936).

nèrent l'un des hommes de Gandhi, le poussèrent dedans et l'accablèrent de coups de *lathi* sur la tête. Heure après heure, des brancardiers emportèrent une foule de corps inertes et sanglants. »

Un officier britannique s'approcha de Mrs. Naïdou, lui toucha le bras et lui dit : « Saroyini Naïdou, vous êtes en état d'arrestation. » Elle repoussa sa main. « Je viens, fit-elle, mais ne me touchez pas. » Manilal fut arrêté lui aussi.

« A 11 heures du matin, poursuit Webb Miller, la chaleur s'élevait à cent seize degrés et les volontaires de Gandhi poursuivaient leur action. » Webb Miller se rendit à l'hôpital provisoire et compta trois cent vingt blessés, dont un certain nombre encore sans connaissance, d'autres agonisant sous l'effet des coups reçus sur le corps et sur la tête. Deux hommes étaient morts. Les mêmes scènes se répétèrent pendant plusieurs jours.

D'ores et déjà, l'Inde était libre. Techniquement, légalement, rien n'avait été changé. L'Inde était toujours une colonie britannique. Tagore a expliqué la différence. « Ceux qui vivent en Angleterre, loin de l'Orient, écrivait-il dans le *Manchester Guardian* du 17 mai 1930, ont maintenant compris que l'Europe a définitivement perdu son ancien prestige moral en Asie. Elle n'est plus désormais considérée comme le champion à travers le monde de la loyauté et comme l'exposant des principes élevés, mais comme le défenseur de la suprématie de la race occidentale et comme l'exploiteur de ceux qui sont en dehors de ses frontières.

« C'est là, en réalité, pour l'Europe, une grave défaite morale. En effet, bien que l'Asie soit encore matériellement faible et incapable de se défendre contre une agression lorsque ses intérêts vitaux sont menacés, il n'en reste pas moins qu'elle peut se permettre de regarder l'Europe d'en haut, alors qu'autrefois elle la regardait d'en bas. » Il attribuait au Mahatma Gandhi ce succès de l'Inde[1].

En 1930, Gandhi fit deux choses : il fit comprendre aux Britanniques qu'ils subjuguaient cruellement les Indes et donna aux Indiens la conviction qu'ils pouvaient, en relevant la tête et en raidissant leur colonne vertébrale, secouer le joug qui écrasait leurs épaules. Désormais, il était inévitable qu'un

---

1. Les interprétations politiques de Tagore concernant les changements apportés par la marche du Sel aux événements qui en ont découlé sont publiées en appendice à *India and the Simon Report*, par C. F. Andrews.

jour la Grande-Bretagne refusât de gouverner l'Inde et que l'Inde refusât d'être gouvernée.

Les Britanniques frappaient les Indiens avec des bâtons et des crosses de fusil. Les Indiens ne s'inclinèrent pas; ils ne se plaignirent pas; ils ne reculèrent pas. Cela rendit l'Angleterre impuissante et l'Inde invincible.

CHAPITRE XXXI

POURPARLERS AVEC LE REBELLE

Un bon nombre de ministres et d'électeurs britanniques appartenant au parti travailliste étaient partisans de l'indépendance indienne. Le premier ministre Ramsay Macdonald pouvait être mis en présence de ses propres déclarations non équivoques en faveur de la liberté de l'Inde. Il était gênant pour le parti du Labour de garder en prison Gandhi et des dizaines de milliers de nationalistes hindous. Pour lord Irwin, l'incarcération de Gandhi était plus qu'un inconvénient : elle paralysait son administration. Les revenus baissaient rapidement. Le mécontentement s'accentuait. Lorsque la nouvelle de l'arrestation de Gandhi parvint à la ville industrielle de Cholapour, dans la présidence ou province de Bombay, la population maîtrisa la police, brandit le drapeau national et se déclara indépendante du gouvernement britannique. A Péchaouar, la police abandonna la ville à l'organisation religieuse, non violente, des « chemises rouges » dirigée par le khan Abdoul Ghaffar Khan, le Gandhi de la frontière. L'armée apparut trois jours plus tard et descendit à coups de mitrailleuses de pacifiques citoyens. Mais un peloton de Garhaal Rifles, régiment hindou fameux dans l'armée britannique, se mutina, refusa de tirer sur les musulmans; les soldats passèrent devant une cour martiale et furent condamnés aux travaux forcés pour une durée de dix à quatorze ans.

Du point de vue politique la situation était intolérable pour Macdonald et Irwin. Gandhi en prison était bien plus embarrassant que lorsqu'il était en marche sur le rivage ou quand il était dans son *ashram*.

Les autorités, se rendant compte du dilemme où elles se trouvaient engagées et de la révolte croissante, autorisèrent George Slocombe, élégant correspondant à barbe rousse du journal travailliste londonien *Daily Herald*, à interviewer Gandhi dans sa prison; les 19 et 20 mai, deux semaines seulement après son arrestation. Le Mahatma indiqua à Slocombe les conditions suivant lesquelles il serait disposé à négocier avec le gouvernement britannique. Au mois de juillet, avec le consentement du vice-roi, sir Teï Bahadour Saprou et Mr. M. R. Yayakar, chefs des modérés, allèrent trouver Gandhi dans sa cellule pour traiter avec lui. Gandhi eut plaisir à s'entretenir avec eux, mais leur dit qu'il ne pouvait pas répondre à leurs ouvertures avant d'avoir consulté le Comité exécutif du Congrès. En conséquence, Motilal et Yaouaharlal Nehrou, père et fils, ainsi que Syed Mahmound, secrétaire effectif du Congrès, furent transportés par train spécial, avec tout le confort et toute la courtoisie possibles, de leur geôle dans les Provinces Unies à la geôle de Gandhi à Poona, où Mrs. Naïdou et Vallabhbhaï Patel étaient également retenus. Irwin avait consenti à réunir ses prisonniers, mais ne permit pas aux membres du Comité exécutif encore en liberté de prendre part à ces conversations de la prison.

Après deux jours de discussions (les 14 et 15 août) les dirigeants annoncèrent publiquement qu'un « abîme infranchissable » les séparait de la position prise par les Britanniques. La première conférence de la Table Ronde se réunit à Londres le 12 novembre 1930 : Yinnah, le Maharadja de Bikaner, Srinivasi Sastri et d'autres étaient présents. Aucun représentant du Congrès n'avait été convoqué. La conférence n'aboutit à rien. Mais l'attitude conciliante du gouvernement travailliste se manifesta d'un bout à l'autre. En fait, à la séance de clôture, Ramsay Macdonald exprima l'espoir que le Congrès enverrait des délégués à la seconde conférence de la Table Ronde.

Irwin fut heureux de tenir compte de la suggestion — ou de l'ordre — et mit en liberté sans condition Gandhi, les deux Nehrou, et plus de vingt autres dirigeants importants du Congrès, le 16 janvier, jour de l'*Independence Day*. En reconnaissance de ce geste gracieux, Gandhi écrivit au vice-roi une lettre pour lui demander audience. « Sauver la face » était une idée que Gandhi ne pouvait comprendre. Il n'aimait pas à rompre des relations qui pouvaient être améliorées. Et, comme il avait une confiance impérissable dans les arrangements, il n'essayait jamais de mettre fin à des relations personnelles ou politiques.

Le premier entretien entre Irwin et Gandhi commença le 17 février à 2 h. 1/2 de l'après-midi et dura jusqu'à 6 h. 1/2. « La scène était donc préparée, écrit le biographe d'Irwin, pour la rencontre personnelle entre un vice-roi et un chef indien, la plus dramatique qui ait eu lieu dans toute l'histoire tourmentée de la domination britannique [1]. »

Elle fut plus que dramatique : le fait seul de cette rencontre était décisif pour l'histoire. Winston Churchill, toujours perspicace, s'en rendit compte mieux que personne. Il fut révolté du « spectacle nauséabond et humiliant de cet ancien avocat de l'Inner Temple, devenu fakir séditieux, gravissant à demi nu les marches du palais du vice-roi, pour y négocier à égalité avec le représentant de l'empereur et roi ».

Un fakir est un moine mendiant indien.

Churchill comprit qu'il ne s'agissait pas d'une entrevue ordinaire. Gandhi ne venait pas, comme la plupart des visiteurs du vice-roi, pour implorer ses faveurs. Il venait en qualité de chef d'une nation, pour négocier « à égalité » avec le chef d'une autre nation. La marche pour le sel et ses suites avaient prouvé que l'Angleterre ne pouvait pas gouverner l'Inde contre Gandhi et sans lui. L'Empire britannique était à la merci de ce fakir demi-nu, et cela ne plaisait pas à Churchill. Churchill voyait que la Grande-Bretagne accordait l'indépendance à l'Inde en principe, tout en la retenant pour le moment dans la pratique.

Les négociations entre Irwin et Gandhi eurent lieu dans le nouveau palais du vice-roi, dessiné par Sir Edwin Lutyens, architecte britannique plein de talent. Il se dressait tout d'un coup, haut, coûteux et resplendissant sur la plaine de Delhi, parmi les ruines des mosquées et des forts du Mogoul, symbolisant la puissance dominatrice de l'empire britannique. Mais déjà le premier acte accompli dans ses salles marquait le commencement de la fin de cette puissance.

Finalement, après beaucoup de controverses entre les deux hommes, le Pacte Irwin-Gandhi ou Pacte de Delhi, comme

---

1. Les préliminaires aux entretiens entre Irwin et Gandhi ont été établis d'après divers paragraphes de l'autobiographie de Nehrou, de *Gandhi Versus the Empire*, par Haridas T. Muzumdar, avec un avant-propos de Will Durant (New-York, Universal Publishing Company, 1932); de *Young India* et de *The Indian Struggle, 1920-1934*, de Bose.

Le compte rendu des entretiens eux-mêmes est basé sur la biographie d'Irwin, sur *Young India*, sur *Naked Faquir*, par Robert Bernays (New-York, Henry Hold and Co., 1932), et sur l'article de H. N. Brailsford concernant les « années intermédiaires », de 1915 à 1939; dans le *Mahatma Gandhi* de H. S. L. Polak, H. N. Brailsford et lord Pethick-Lawrence.

l'appelle le biographe d'Irwin, fut signé, le 5 mars, après un
déjeuner. Le mot-clé est « Pacte ». Deux hommes d'État natio-
naux ont signé un pacte, un traité, un texte approuvé, dont
chaque phrase et chaque stipulation ont été élaborées grâce à
un rude marchandage. Les porte-parole britanniques préten-
dirent qu'Irwin avait remporté la victoire, et il y avait de
bonnes raisons pour le prétendre. Mais si l'on considère les
vues à longue portée que le Mahatma poursuivait, l'égalité
qui avait été établie en principe entre l'Inde et l'Angleterre
était plus importante que n'importe quelle concession pratique
qu'il eût pu arracher à la mauvaise volonté de l'Empire. Un
homme politique aurait recherché quelque chose de plus subs-
tantiel. Gandhi était satisfait de l'essentiel : avoir une base
pour des relations nouvelles.

Pour des millions d'hommes, et pour l'histoire, les milliers
de mots du Pacte, avec ses nombreux articles, ses titres, ses
sous-titres, tel qu'il parut dans l'officielle *Gazette of India
Extraordinary* du 5 mars 1931, signifiaient que la désobéissance
civile prenait fin, que les détenus étaient remis en liberté
et que la fabrication du sel était permise sur la côte; les membres
du Congrès seraient représentés à la prochaine conférence de
la Table Ronde à Londres. L'autonomie n'était pas promise.
Le statut de dominion n'était pas promis[1].

On a l'impression en passant en revue les négociations de
Gandhi en 1930 qu'il les envisageait à cette époque-là dans la
perspective de plusieurs décades à venir. Que signifiait donc
à ce moment-là la rédaction ou le contenu de l'article 2? Dix-
sept ans après le Pacte de Delhi l'Inde est devenue indépendante. Qu'est-ce que dix-sept ans dans la vie d'une nation
aussi vieille que l'Inde?

Soubhas Chandra Bose, un de ceux qui critiquèrent le
Mahatma, après avoir observé les réactions publiques au cours
d'une tournée qu'il fit avec Gandhi après la signature du Pacte,
écrivait : « Je serais surpris si pareille ovation et si spontanée
avait jamais été faite ailleurs à un chef. » Et Bose admettait
qu'Irwin, « bien qu'il fût un membre éminent du parti conser-

1. Le texte intégral du Pacte Irwin-Gandhi est publié dans *Speeches and
Writings of Mahatma Gandhi*. Des extraits se trouvent dans *Gandhi Versus
the Empire,* en appendice à *The Nation's Voice,* collection d'allocutions prononcées par Gandhi en Angleterre, et dans le compte rendu de son séjour
en Grande-Bretagne par Mahadev Desaï (de septembre à décembre 1931)
publié par C. Rayagopalatchari et J. C. Koumarappa (Ahmédabad, Navajivan Publishing House, 1932). Des commentaires sur ce pacte ont été donnés par le biographe d'Irwin, par Bose, Nehrou, Brailsford et d'autres.

vateur... avait prouvé lui-même qu'il désirait le bien de l'Inde ». Pour Gandhi qui était souvent guidé dans sa politique par ses rapports personnels avec les gens, cela garantissait la signature du Pacte.

Dès le moment que cette cérémonie fut accomplie, des plaintes s'élevèrent contre le gouvernement qu'on accusait de ne pas remplir ses engagements, et bientôt Gandhi dut de nouveau négocier, cette fois-ci avec le nouveau vice-roi, lord Willingdon. Des amendements ayant été apportés, la session du Congrès à Karachi qui, au dire de Bose, « fut le pinacle de la popularité du Mahatma et de son prestige », élut Gandhi comme son seul délégué à la seconde conférence de la Table Ronde.

A midi, le 29 août, Gandhi s'embarqua à Bombay, à bord du *S. S. Rajpoutana;* le pandit Malaviya, Mrs. Naïdou, le fils de Gandhi, Dévadas, Mahadev Desaï qui, d'après Gandhi, « était un meilleur biographe que Boswell », Pyarélal Nayyar, son secrétaire et son disciple, miss Slade, qui s'était fixée définitivement aux Indes et avait choisi Gandhi comme son père spirituel, ainsi que le grand industriel hindou G. D. Birla, l'accompagnaient à divers titres. « Il y a toutes les chances pour que je revienne les mains vides », dit-il en montant en bateau[1].

Gandhi arriva à Londres le 12 septembre et resta en Angleterre jusqu'au 5 décembre. Il descendit dans une maison de refuge de l'East End, nommée Kingsley Hall, chez Muriel Lester qui lui avait rendu visite en 1926. Kingsley Hall était à cinq milles du centre de la ville et aussi éloigné du Palais de Saint-James où siégeait la conférence de la Table Ronde. Des amis lui firent observer qu'il économiserait bien des heures pour son travail et pour son sommeil, s'il se logeait dans un hôtel. Mais il ne voulait pas dépenser d'argent. Il ne voulait pas non plus demander l'hospitalité à des Indiens ou à des Anglais possédant de vastes appartements plus près du centre de Londres. Il rentrait tous les soirs à Kingsley Hall, souvent très tard, parce que, disait-il, il avait plaisir à vivre parmi les

---

1. Les activités de Gandhi en Angleterre sont décrites de façon très détaillée dans *The Nation's Voice* déjà citée et de façon amusante dans *The Tragedy of Gandhi*, par Glorney Bolton (Londres, George Allen and Unwin, Ltd., 1934). Quelques faits sont en outre indiqués par Brailsford et dans les articles fournis à *Gandhi As We Know Him* par Horace G. Alexander, Muriel Lester, son hôtesse à Kingsley Hall, et Agatha Harrison. Entre autres choses, c'est Mrs. Harrison qui m'a raconté ce que j'ai écrit à propos des deux détectives attachés par Scotland Yard à la personne de Gandhi.

gens de son milieu, les pauvres. Pour épargner aux interviewers la peine de faire tout ce chemin jusqu'à l'East End, il accepta néanmoins, sur les insistances qui lui furent faites, de prendre un petit bureau au n° 88 de Knightsbridge. (Ce bâtiment a été détruit pendant la seconde guerre mondiale.)

Le matin, il se promenait à travers les rues des *slums* qui environnaient Kingsley Hall. Les hommes et les femmes qui se rendaient à l'ouvrage lui souriaient et le saluaient; quelques-uns même entraient en conversation avec lui; il rendait visite à certains. Des enfants accouraient vers lui et lui prenaient la main. Ils l'appelaient : « Oncle Gandhi. » Un jeune voyou lui cria : « Eh! Gandhi, où sont tes culottes? » Le Mahatma rit de bon cœur.

Interrogé par un reporter au sujet de son vêtement, Gandhi répondit : « Vous autres, vous portez des *plus-fours* [1], moi, je porte des *minus-fours*. » Gandhi était un merveilleux fournisseur de copie, et les journalistes suivaient chacun de ses mouvements. Quotidiens et hebdomadaires d'Europe et d'Amérique rivalisaient pour citer de nouveaux traits de lui. George Slocombe écrivit un récit touchant la générosité de Gandhi et, pour l'illustrer, raconta que lorsque le prince de Galles avait visité les Indes le Mahatma s'était prosterné devant lui. La première fois que Gandhi revit Slocombe, il lui dit en souriant : « Eh bien, Mr. Slocombe, ce que vous avez raconté là ne fait guère honneur à votre imagination. Je pourrais me mettre à genoux devant le plus pauvre intouchable de l'Inde pour expier d'avoir aidé à le torturer pendant des siècles; j'effacerais la poussière de ses pieds. Mais je ne me prosternerai jamais, même devant le roi, et bien moins encore devant le prince de Galles, pour la simple raison qu'il représente un pouvoir insolent. »

Gandhi se rendit au palais royal pour prendre le thé avec le roi George V et la reine Mary. La veille de cet acte sensationnel, la Grande-Bretagne tout entière était avide de savoir comment il s'habillerait. Il portait un pagne, des sandales, un châle et sa montre oscillant au bout d'un cordon. Plus tard, quelqu'un lui ayant demandé s'il était assez couvert, il répondit : « Le roi l'était assez pour nous deux. »

David Lloyd George, premier ministre de la Grande-Bretagne, pendant la guerre, invita Gandhi à sa propriété de Churt, près de Londres. Ils causèrent ensemble pendant trois heures.

---

1. Pantalons de golf, trop longs et trop larges de 4 pouces (10 cm.) *(N. d. T.)*.

En 1938, lorsque je rencontrai Lloyd George à Churt, il fit allusion à cette visite de Gandhi. Il me dit que ses serviteurs avaient fait une chose que nul autre invité ne leur avait suggérée : ils étaient tous sortis pour saluer le saint homme.

Dès que Gandhi fut parvenu en Angleterre, il demanda des nouvelles du colonel Maddock qui l'avait opéré de l'appendicite à Poona en 1924; et, dès qu'il eut un moment de loisir, il s'en alla passer quelques heures chez lui, près de Reading, où, assis dans le magnifique jardin, ils échangèrent des souvenirs et se dirent l'un à l'autre qu'ils ne semblaient pas plus vieux d'une année.

Charlie Chaplin demanda à voir Gandhi. Celui-ci n'avait jamais entendu parler de lui; il n'avait jamais vu de film. Quand on l'eut renseigné, Gandhi répondit négativement : il ne s'intéressait nullement aux acteurs. Mais, lorsqu'on lui dit que Chaplin descendait d'une famille pauvre de l'East End londonien, il le reçut chez le D\u1d3f Katial. Cette rencontre aboutit à un concours de sourires sans dents et avec dents et à l'inévitable discussion concernant l'opinion que Gandhi avait des machines, ce qui fut la première question de Chaplin. La réponse de Gandhi a peut-être inspiré l'un des films ultérieurs de l'acteur.

George Bernard Shaw alla aussi lui présenter ses devoirs. Avec une modestie qui ne lui était pas habituelle, il tendit la main à Gandhi et se désigna lui-même comme un « Gandhi Minor ». « Vous et moi, lui dit-il, appartenons à une collectivité qui est très peu nombreuse sur la terre. » Ils abordèrent une vingtaine de sujets et l'humour de Shaw amusa souverainement le « Mahatma Major », mais on ne saurait affirmer qu'il ait eu de la sympathie pour l'amour qu'éprouvait le dramaturge pour les mots choquants.

Gandhi rencontra lord Irwin, Smuts, l'archevêque de Cantorbéry, le doyen de Cantorbéry, Harold J. Laski, C. P. Scott, ex-rédacteur en chef du *Manchester Guardian*, Arthur Henderson et des centaines d'autres personnages. Churchill refusa de le voir. Smuts lui dit, à propos de l'Afrique du Sud : « Je ne vous ai pas causé autant d'ennuis que vous m'en avez causé.

— Je ne savais pas cela », dit Gandhi en s'excusant.

Les deux week-ends que Gandhi passa à Oxford furent mémorables. Il s'y trouva avec le professeur Lindsay, directeur de Balliol, qui devint plus tard membre du Parlement et lord Lindsay of Birker. « Ma femme et moi, écrivait Lindsay en 1948, avons dit que le fait de l'avoir eu dans notre maison, c'était la même chose que d'avoir eu un saint. Il manifesta cette qualité de l'homme grand et simple en traitant tout le monde avec la même courtoisie et le même respect, qu'il s'agît d'un homme d'État distingué ou d'un étudiant inconnu. Quiconque lui posait sérieusement une question était sûr d'avoir une réponse. »

Une autre opinion sur Gandhi à Oxford a été exprimée par le Dr Edward Thompson, chez qui, lors de son deuxième week-end à Oxford, Gandhi eut une discussion avec un groupe comprenant le directeur de Balliol, Gilbert Murray, le professeur S. Coupland, sir Michael Sadler, P. C. Lyon et d'autres personnages savants. « Il peut vous mettre hors de vous », déclara-t-il après un entretien de Gandhi avec ses étudiants.

Thompson, décrivant la joute intellectuelle, déclarait : « Pendant trois heures il a été passé au crible et examiné... C'était un supplice vraiment épuisant, car à aucun moment il ne fut embarrassé ou désemparé. J'en arrivai à me convaincre que, depuis Socrate, le monde n'avait pas vu d'homme qui l'égalât pour la maîtrise absolue qu'il avait de soi-même et pour son sang-froid. Une ou deux fois, me mettant à la place des gens qui avaient à faire face à ce calme et à cette imperturbabilité invincibles, j'ai cru comprendre pourquoi les Athéniens ont fait boire la ciguë au « sophiste-martyr ». De même que Socrate, il a un « démon » en lui. Et quand le « démon » a parlé, il est inébranlable aussi bien par les arguments que par le danger [1]. »

Il semble que tous ceux qui étaient présents n'aient pas possédé cette imperturbabilité socratique, car le professeur Thompson dit : « Je peux encore entendre les accents désespérés de Lindsay, citant l'appel de Cromwell aux ministres presbytériens : « Par les entrailles du Christ, je vous supplie de croire « que vous avez pu vous tromper », et ajoutant : « Mr. Gandhi, « songez que *vous avez pu vous tromper.* » Mr. Gandhi ne croyait pas que ce fût possible. »

Mais Mahadev Desaï était là, prenant des notes comme toujours, et il rapporte que Gandhi réclamait « la liberté de se tromper ». D'autre part, Gandhi était inébranlable quand il s'agissait de justifier la désobéissance civile; il n'y renoncerait jamais. « Je ne veux pas, pour acquérir la liberté de mon pays,

---

1. Le compte rendu de la visite de Gandhi à Oxford et, tout particulièrement, celui des discussions qu'il eut avec les professeurs, est fait de pièces et de morceaux extraits de *The Nation's Voice*, d'un article d'Edward Thompson dans *Mahatma Gandhi, Essays and Reflections on His Life and Work* et du chapitre de lord Lindsay intitulé : « Mr. Gandhi at Oxford », dans *Incidents in Gandhiji's Life.*

sacrifier la non-violence », dit-il aux professeurs qui estimaient ne pouvoir pas se tromper. « Vous pouvez avoir raison de dire que je dois agir avec beaucoup de circonspection, reconnaissait-il; mais si vous attaquez le principe, il vous faudra me convaincre. » Ils n'y réussirent pas.

Par toutes ses déclarations publiques et privées, officielles ou non, pendant les quarante-huit jours qu'il passa en Angleterre, il essaya par-dessus tout de définir clairement ce qu'il entendait sous le nom d'indépendance de l'Inde.

« Jusqu'à quel point sépareriez-vous les Indes de l'Empire? lui demanda au Club Raleigh un des assistants.

— De l'Empire, entièrement. De la nation britannique, aucunement, puisque je désire que l'Inde s'améliore et non qu'elle soit diminuée. L'Empire doit disparaître et j'aimerais être un partenaire de la Grande-Bretagne à égalité et partager ses joies et ses chagrins et être à égalité un partenaire des dominions. Mais il faudrait que ce fût à égalité. »

Il était partisan d'une honorable association... « Nous pouvons établir une association entre l'Angleterre et l'Inde... J'aspire toujours à être citoyen non de l'Empire, mais d'un *Commonwealth*, d'une association si faire se peut. Et, si Dieu le veut, d'une association indissoluble, mais non d'une association imposée à une nation par une autre... Le Congrès ne revendique pas purement et simplement une indépendance dans l'isolement qui pourrait devenir aisément une menace pour l'univers... Je saluerais cordialement l'union de l'Orient et de l'Occident, à la condition qu'elle ne fût pas basée sur la force brutale... L'Angleterre et l'Inde (devraient être) unies par les liens de soie de l'amour... L'Inde, en qualité de partenaire indépendant, aurait un rôle spécial à jouer dans un monde qui commence à se fatiguer de la guerre et du carnage. Dans le cas d'une déclaration de guerre, l'Inde et l'Angleterre devraient s'efforcer en commun d'empêcher cette guerre, évidemment pas par la force des armes, mais par la force irrésistible de l'exemple. »

Par ces déclarations, Gandhi décrivait précisément, et avec une remarquable prescience, le statut que l'Inde autonome a volontairement assumé dans le *Commonwealth* en 1948. Qui plus est, les protagonistes de ce mouvement usèrent du même argument — et généralement des mêmes mots — que Gandhi avait employés à Londres dix-sept ans plus tôt. Gandhi voyait que la seule indépendance qui fût bienfaisante était celle qui menait à l'interdépendance. « L'autonomie dans l'isolement n'est pas notre but, disait-il. Ce que nous voulons, c'est l'interdépendance volontaire. » Ce n'était pas en ratiocinant de façon abstruse sur l'internationalisme ou le gouvernement du monde que Gandhi était arrivé à cette conclusion. Il était dévoué à l'amour; pour lui, c'était là la base de ses rapports avec les gens. L'amour est une interdépendance créatrice. Et, comme Gandhi ne considérait pas les nations comme des entités légales abstraites mais comme des agglomérations d'êtres humains portant des noms, des nez, des souffrances et des sourires, il estimait que les relations internationales devaient être fondées sur l'interdépendance et l'amour.

Après ces travaux d'approche, Gandhi concentra ses efforts vers le but de convaincre le peuple britannique plutôt que de discuter avec le gouvernement britannique à la conférence de la Table Ronde. « J'estime que ma tâche est hors de la conférence », dit-il au cours d'une audience. Et, faisant allusion aux efforts qu'il faisait pour expliquer l'Inde à l'Angleterre, il ajoutait : « C'est là pour moi la véritable conférence de la Table Ronde... La semence que nous semons maintenant peut avoir pour résultat d'adoucir l'esprit des Britanniques... et de prévenir le traitement brutal d'êtres humains. » Il conquérait des amis par son charme, sa franchise, son humanité et sa facilité d'accès. Il gagna les cœurs des chrétiens anglais qui reconnurent en lui un grand frère et un allié. Il émut tout ce qui était chrétien chez tous les Anglais.

Le gouvernement chargea deux détectives de Scotland Yard, le sergent Evans et le sergent Rogers, de protéger Gandhi; c'étaient des policiers spéciaux, des géants chargés habituellement de la garde des personnes royales. Ils se prirent d'affection pour « le petit homme ». Différent de la plupart des personnalités éminentes, en pareil cas, Gandhi ne les tint pas à distance ou ne fit pas semblant de les ignorer. Il s'entretint avec eux et alla les voir chez eux. Avant de quitter l'Angleterre il demanda qu'on leur permît de l'accompagner jusqu'à Brindisi. Le fonctionnaire à qui il s'adressa lui demanda la raison de cette étrange requête.

« C'est qu'ils font partie de ma famille », répondit Gandhi.

De l'Inde, il leur envoya à chacun une montre où il avait fait graver : « *With love from M. K. Gandhi* [1]. »

Tout en faisant des conférences et des discours, en prenant part à des réunions publiques, à des interviews, à des excursions, à d'innombrables conversations privées, en répondant à

1. Avec l'affection de M. K. Gandhi *(N. d. T.).*

une montagne de courrier — tout cela pour gagner le cœur
des Britanniques — il participait aux travaux officiels qui
l'avaient amené à Londres : la deuxième conférence de la
Table Ronde. Ses activités officielles ou non l'occupaient généralement vingt et une heures par jour; ses agendas, qu'on a
conservés, montrent que parfois il allait se coucher à deux
heures du matin, se relevait à quatre heures moins le quart
pour faire ses prières, se reposait de nouveau de cinq à six heures
et n'avait plus de repos depuis lors jusqu'à une ou deux heures
du matin. Son horaire l'épuisait; il aimait à pousser son corps
au maximum d'endurance et au delà. En conséquence, ce qu'il
donna à la conférence de la Table Ronde ne fut pas d'une qualité
supérieure, bien que ceux qui y participèrent eussent entendu
tomber de ses lèvres un certain nombre de déclarations remarquables et incontestablement uniques. Il assistait régulièrement
à toutes les conférences, bien que la plupart des séances plé-
nières et des réunions de commission fussent une corvée pour
lui : elles étaient si politiques qu'il perdait complètement le
sentiment de leur réalité. Souvent il restait là, assis, les yeux
fermés. Il a dû faire plus d'un court somme.

Le but de la conférence de la Table Ronde était de « donner
une constitution » à l'Inde. Lord Reading, membre de la délégation britannique, formula le dessein de la Grande-Bretagne
en une seule phrase : « Je crois que la véritable politique entre
la Grande-Bretagne et l'Inde serait de renoncer à tout ce qui
est possible pour répondre aux idées de l'Inde tout en préser-
vant en même temps notre propre position que nous ne devons
pas et ne pouvons pas abandonner. »

Comment l'Angleterre aurait-elle pu répondre aux vues de
l'Inde tout en y gardant le pouvoir?

La conférence de la Table Ronde fut plus qu'un échec. Elle
intensifia les dissensions religieuses dans l'Inde et, par là,
exerça sur l'avenir une influence sinistre, une influence tragique.

La délégation des Indes anglaises comprenait des commerçants britanniques, des Anglo-Indiens, des chrétiens, des hindous, des musulmans, des propriétaires, des travaillistes, des
intouchables et des parsis (mais pas un seul paysan); et chacun
de ces groupes réclamait pour soi un régime électoral à part.
En d'autres termes, il eût fallu qu'un certain nombre de sièges
dans les assemblées législatives fût réservé aux Anglais résidant aux Indes, aux propriétaires, aux musulmans, etc. Les
Anglais n'auraient dû être élus que par les voix des Anglais

de l'Inde qui n'auraient pu voter pour aucun autre; les propriétaires seraient élus par les propriétaires; les musulmans ne
pourraient voter que pour des candidats musulmans et ainsi
de suite. On encourageait ainsi aux Indes toutes les tendances
à la division[1].

La conférence institua une commission des minorités comprenant six Anglais d'Angleterre, quatorze musulmans, dix hindous, deux intouchables, deux travaillistes, deux sikhs, un parsi,
deux Indiens chrétiens, un Anglo-Indien (les Anglo-Indiens sont
les descendants de mariages mixtes entre Britanniques et Indiennes), deux Anglais domiciliés aux Indes et quatre femmes.
Seules, les femmes ne réclamèrent pas un système électoral
particulier. Parmi les quatorze musulmans de la commission
un seul était nationaliste en politique et, en religion, adepte du
Prophète. Les treize autres mélangeaient l'Église et l'État et
plaçaient les intérêts politiques de leur collectivité religieuse
au-dessus de la prospérité de l'Inde considérée dans son ensemble.

Mr. Falz-oul Houq, musulman, prit la parole dans la séance
plénière du 28 novembre 1931. « Je serais surpris, dit-il, si Sir
Austen Chamberlain avait jamais rencontré deux spécimens
d'humanité aussi peu concordants que le Dr Moonje (membre
hindou de la conférence) et moi-même, qui professons des
religions différentes et adorons des dieux divers.

— Le même dieu, interrompit un délégué.

— Non, répliqua Mr. Fazl-oul Houq, non, cela ne peut pas
être le même dieu. Mon dieu à moi est pour des régimes électoraux distincts, celui du Dr Moonje est pour des corps électoraux unis. »

Le délégué musulman mettait une cloison entre les dieux.
Mais Gandhi ne les séparait pas l'un de l'autre. Il dit à la conférence qu'il s'opposait à toute séparation des régimes électoraux. Dans une Inde autonome, les Indiens en tant qu'Indiens
voteraient pour des Indiens. La valeur du nationalisme de
l'Inde et son appel aux gens du dehors n'avaient pas pour but
de créer de nouvelles barrières — il y en avait déjà trop —
mais bien plutôt de débarrasser l'Angleterre et l'univers de

1. La publication officielle concernant la conférence de la Table Ronde est
*Indian Round Table Conference, Second Session, 7th September, 1931-1st
december, 1931, Proceedings* (Londres, His Majesty's Stationery Office,
1932), Cmd 3997. Elle est complétée par *The Nation's Voice* et par *Speeches
and Writings of Mahatma Gandhi.*

Quelques notes complémentaires sur cette période peuvent être trouvées
dans *A Searchlight on Gandhi*, par l'auteur (anonyme) de *India on the
Brink* (Londres, P. S. King and Son, Ltd., 1931).

l'incube de l'impérialisme et de séparer la religion, aux Indes, de la politique. Tout au contraire, la conférence de la Table Ronde, sous l'influence des Britanniques, intensifiait les barrières antérieures et s'efforçait d'introduire de nouvelles influences scissipares. « Diviser pour gouverner » est la loi de l'Empire; plus le gouvernement est menacé et plus assidûment cette loi est appliquée.

La solution pour l'Inde aurait été de bannir de la politique les considérations religieuses. Mais, en dépit de sa bimillénaire existence, le nationalisme indien n'a jamais eu la force d'unir ce que la religion, les loyalismes provinciaux et les divergences économiques ont séparé. Le mouvement national indien a dû faire face à la tâche de libérer la nation avant que les Indiens aient été soudés en une nation.

Le système des castes a eu de son côté une influence dissociatrice qui affaiblit le nationalisme. Les *haryians* ou intouchables redoutaient et souvent haïssaient les hindous qui avaient amoncelé sur eux brutalement tant d'incapacités. Eux aussi par le truchement de leur représentant, bien doué et ambitieux, à la conférence, le Dr Bhimrao Ramyi Ambedkar, avocat qui avait fait ses études à l'université de Columbia à New-York, avec une bourse de Gaekouar, Maharadja de Baroda, réclamaient un régime électoral séparé ou, à tout le moins, le droit à un nombre fixé d'avance des sièges hindous dans les assemblées législatives.

Le Mahatma Gandhi, hindou extrêmement dévot, était incapable de faire une discrimination à l'égard de qui que ce fût en raison de sa religion, de sa caste, de sa race, de sa couleur ou de quoi que ce fût. La part qu'il avait prise à l'égalité des intouchables et à l'éducation d'une nouvelle génération qui fût indienne au lieu d'être hindoue ou musulmane ou parsie ou chrétienne, avait un sens mondial. Mais au moment où eut lieu la conférence de la Table Ronde de 1931 et surtout étant donné que le gouvernement britannique poussait dans la direction opposée, son bras n'avait pas la force nécessaire pour entraîner les collectivités hindoues, musulmanes ou haryianes à se rassembler en une unité indienne qui eût intimé aux dominateurs britanniques l'ordre de s'en retourner chez eux.

Lors de la dernière séance plénière de la conférence de la Table Ronde, le 1er décembre 1931, le président, James Ramsay Macdonald, parlant de Gandhi, le qualifia d'hindou.

« Pas hindou! » s'écria Gandhi.

Pour son Dieu, Gandhi était hindou. Pour le premier mi-

nistre britannique, et quand il s'agissait de politique, il était
Indien. Mais il y avait peu de ces Indiens-là à la conférence
de la Table Ronde, et bien trop aux Indes.

Tel fut le résultat de la conférence. Ce fut un avortement
complet. Elle rendit plus mauvaise la situation aux Indes.
Gandhi n'avait pas réussi à relier par un pont les bords du
gouffre qui séparait les hindous des musulmans, ou tout au
moins à les rapprocher. Quant au gouvernement britannique,
il se cramponnait solidement aux Indes.

CHAPITRE XXXII

SUR LE CHEMIN DU RETOUR

Sur le chemin du retour, Gandhi s'arrêta pour un jour à Paris. Assis à une table, il prononça un discours dans un cinéma devant une grande assemblée et prit le train pour la Suisse où il séjourna pendant cinq jours chez Romain Rolland à Villeneuve, à l'extrémité orientale du lac Léman.

Rolland avait subi l'influence du comte Tolstoï qu'il comparait finement à Gandhi. « Chez Gandhi, disait-il en 1924, tout est naturel — modeste, simple, pur — et tous ses combats sont sanctifiés par une religieuse sérénité; tandis que chez Tolstoï tout est révolte altière contre l'orgueil, haine contre la haine, passion contre la passion. Tout chez Tolstoï est violence, même sa doctrine de la non-violence. »

Tolstoï était ballotté par la tempête; Gandhi, calme et d'humeur égale. Gandhi ne se serait jamais enfui devant sa femme ou devant quoi que ce fût. La place du marché où il était assis était traversée par des centaines de millions de personnes avec leurs marchandises, leurs chariots, leurs soucis et leurs pensées. Lui, restait là tranquille, et le silence régnait en lui et autour de lui. Gandhi, sur une tour d'ivoire ou sur le sommet de l'Olympe, aurait étouffé.

Tagore était différent : « Mais où suis-je, dans une grande foule qui m'écrase de tous les côtés? disait-il à Romain Rolland qui l'a noté. Et qui peut comprendre le bruit que j'entends? Si c'est un chant, ma cithare peut en saisir la mélodie, et je peux me joindre à un chœur, car je suis un chanteur. Mais dans les folles clameurs de la foule, ma voix se perd, et je me sens pris par le vertige. »

Rolland et Gandhi ne s'étaient jamais rencontrés jusqu'en
1931. Rolland connaissait Gandhi par les longues conversations qu'il avait eues avec Tagore et C. F. Andrews qui avait
passé vingt ans de sa vie avec Tagore. Il avait aussi lu Gandhi.
De même que Tagore, Romain Rolland chantait. Il avait
composé des ouvrages sur Beethoven, sur Hændel, sur Gœthe
et sur Michel-Ange. Il a consacré un volume à Ramakrichna,
le mystique hindou.

Romain Rolland considérait Gandhi comme un saint. En
fait, il a écrit à son propos, en 1924, dans sa biographie du
Mahatma : « Gandhi est trop saint; il est trop pur, trop dégagé
des passions animales qui dorment dans l'homme [1].» Romain
Rolland avait peur du mal qui se cache dans les êtres humains.
Tagore redoutait que Gandhi, en faisant des feux de joie avec
les étoffes étrangères, ne fît naître dans les individus des
émotions incontrôlables; Romain Rolland était de son avis;
Andrews également.

Ce jugement néglige la foi de Gandhi en la bonté fondamentale de l'homme et en sa capacité d'amélioration, foi qui est
l'essence même de Gandhi. Il avait confiance dans les paysans
à l'arrière de Bardoli pour résister aux provocations et à la
violence. Et sa confiance les exaltait. Gandhi ne considérait pas
la noblesse du cœur comme le monopole du grand homme, de
l'artiste ou de l'élite. Ce qui a fait de Gandhi un homme unique,
c'est qu'il a travaillé avec de l'argile ordinaire et qu'il a découvert l'étincelle spirituelle qui s'y trouvait.

Ces deux hommes : Gandhi, âgé de soixante-deux ans, Romain
Rolland, âgé de soixante-cinq ans, se rencontrèrent comme de
vieux amis et se traitèrent mutuellement avec la délicatesse
d'un respect mutuel. Gandhi arriva un soir de pluie avec miss
Slade, Mahadev Desaï, Pyarélal Nayyar et Dévadas. Le lendemain était un lundi. C'était le jour de silence de Gandhi, et
Romain Rolland lui parla pendant quatre-vingt-dix minutes
de l'état moral et social tragique où se trouvait l'Europe depuis
1900. Gandhi l'écouta et écrivit pour lui au crayon un certain
nombre de questions.

Le mardi, Romain Rolland demanda à Gandhi de commenter
ses observations relatives à l'Europe. Gandhi lui répondit
qu'elles lui prouvaient combien profondes avaient été les

---

1. Le livre de Romain Rolland sur Gandhi porte le titre significatif de
Mahatma Gandhi, l'homme qui s'est fait un avec l'être universel. Gandhi n'a
jamais prétendu avoir atteint le nirvana ou parfait détachement prescrit
par le *Ghita...*

souffrances de Rolland. Gandhi parlait anglais, et la sœur de Romain Rolland traduisait en français. Gandhi déclara qu'il avait appris très peu d'histoire. « Ma méthode est empirique, expliqua-t-il. Toutes mes conclusions sont basées sur mon expérience personnelle. » Il reconnaissait que cela pouvait être dangereux et fallacieux. Mais il se devait d'avoir confiance en ses propres idées. Toute sa foi était dans la non-violence. Cela pouvait sauver l'Europe. En Angleterre, des amis avaient essayé de lui démontrer la faiblesse de sa méthode de non-violence; « mais, même si le monde entier en doutait, je veux continuer à y croire ».

Gandhi passa les deux jours suivants à Lausanne où il parla dans une réunion publique et à Genève où il prononça un discours au Victory Hall. Dans ces deux cas il fut harcelé de questions par des athées et par d'autres auditeurs. Il leur répondit avec un calme parfait. « Pas un muscle de son visage ne bougeait », écrit Romain Rolland.

Le 10 décembre, ils reprirent leur conversation. Rolland rappela la déclaration faite par Gandhi à Genève : « La vérité, c'est Dieu. » Il fit à Gandhi un bref compte rendu de sa vie, de son enfance; il lui dit combien il se sentait à l'étroit dans sa petite ville française, comment il était devenu écrivain et comment il avait lutté pour le problème de la vérité dans l'art. « S'il est vrai, dit Romain Rolland, que « la vérité, c'est Dieu », il me semble qu'il y manque un important attribut de Dieu : la joie. Car — et j'insiste sur ce point — je ne reconnais point Dieu sans la joie. »

Gandhi répondit qu'il ne faisait nulle distinction entre l'art et la vérité. « Je suis, dit-il, contre la formule *l'art pour l'art*. A mon sens, tout art doit être basé sur la vérité. Je rejette les belles choses si, au lieu d'exprimer la vérité, elles expriment le mensonge. J'accepte la formule : *l'art apporte la joie et est bon*, mais à la condition que j'ai indiquée. Pour réaliser la vérité dans l'art, je n'attends pas des reproductions exactes des choses extérieures. Seules les choses vivantes apportent à l'âme une joie vivante et doivent élever l'âme. »

Romain Rolland n'était pas d'un avis différent, mais il insista sur la souffrance que l'on éprouve à chercher la vérité et Dieu. Il prit un livre dans sa bibliothèque et lut un passage de Gœthe. Il avoua plus tard qu'il croyait que le dieu de Gandhi trouvait plaisir aux peines de l'homme; il s'efforça de modifier cette manière de voir de Gandhi.

Ils parlèrent des dangers d'une autre guerre. « Si une nation possédait l'héroïsme de se soumettre sans répondre par la violence à la violence, déclara Gandhi, ce serait la plus efficace leçon. Mais pour cela il faut avoir une foi absolue. »

Le dernier jour, 11 décembre, Romain Rolland supplia Gandhi de répondre à quelques questions posées par Pierre Monatte, rédacteur en chef d'un magazine parisien intitulé *la Révolution prolétarienne*. En réponse à une de ces questions, Gandhi répondit que si les travailleurs étaient parfaitement organisés, ils pourraient dicter leurs conditions à leurs employeurs : « Le parti des travailleurs est la seule puissance qui soit au monde. » Mais Romain Rolland fit observer que le capitalisme serait capable de diviser les travailleurs; il pourrait y avoir « des jaunes ». Dans ce cas-là, « la minorité consciente des travailleurs devrait installer une dictature du prolétariat et forcer la masse des travailleurs à s'unir dans leur propre intérêt.

— J'y suis absolument opposé », affirma Gandhi. Romain Rolland abandonna ce sujet et bien vite en aborda plusieurs autres : la non-violence par rapport aux criminels, etc., puis, il demanda :

« Qu'appelez-vous Dieu? Est-ce une personnalité spirituelle ou une force qui gouverne le monde?

— Dieu n'est pas une personne... Dieu est un principe éternel. C'est pour cela que je dis que la vérité est Dieu... Même les athées ne doutent pas de la nécessité de la vérité [1]. »

Le dernier soir, Gandhi demanda à Romain Rolland de jouer quelque chose de Beethoven. Rolland joua l'*Andante* de la 5ᵉ Symphonie et, comme supplément donné sans qu'on l'y invitât, les *Champs Elysées* de Gluck.

Le thème de la 5ᵉ Symphonie est considéré comme la lutte de l'homme avec le destin, l'harmonie de l'homme avec le destin, la fraternité humaine. Le second mouvement, l'*Andante*, est mélodieux et comme baigné de tendres émotions lyriques, de calme noblesse et d'optimisme. Romain Rolland choisit ce morceau parce qu'il lui semblait être le plus proche de l'idée qu'il se faisait de la personnalité de Gandhi. Il est aimable et plein d'amour. Dans le morceau de Gluck on croirait entendre les anges chanter sur les accords de la flûte. C'est une musique

---

1. Le récit fait par Romain Rolland de ses conversations avec Gandhi a été publié plusieurs années plus tard dans le *Figaro littéraire*. J'ai suivi ce compte rendu ainsi que la lettre écrite par Rolland à Lucien Price, du *Globe* de Boston, qui l'a fait paraître dans la *Nation* de New-York le 10 février 1932.

céleste, pleine de pureté et de clarté. Le *Ghita* pourrait l'accompagner [1].

Romain Rolland était fragile et relevait juste alors d'une bronchite, mais il insista pour accompagner Gandhi et sa suite à la gare. Là, ils s'embrassèrent, comme ils l'avaient fait en se rencontrant; Gandhi pressa sa joue contre l'épaule de Romain Rolland et mit son bras droit autour de Rolland; celui-ci appuya sa joue contre la tête de Gandhi. « Ce fut, dit Romain Rolland, le baiser de saint Dominique et de saint François. »

Le gouvernement italien désirait que Gandhi fût son hôte et fit par lettre des démarches en ce sens. Gandhi refusa poliment et descendit chez le général Moris, un ami de Romain Rolland, qui avait séjourné aux Indes. Le jour de son arrivée, le Mahatma alla rendre visite au duce. D'après un communiqué officiel, l'entretien dura vingt minutes. Les compagnons de Gandhi rapportent qu'il ne dura que dix minutes. Gandhi ne réussit pas à établir un contact psychologique avec Mussolini. « Il a des yeux de chat », dit-il plus tard; ils regardaient dans toutes les directions, comme s'ils étaient en perpétuelle rotation. Le visiteur devait succomber complètement sous la terreur de son regard, comme un rat qui se précipite rien que par peur dans la gueule du chat [2].

« Je n'étais pas homme à me laisser étourdir de cette façon, affirmait Gandhi, mais j'ai constaté qu'il avait disposé les choses autour de lui de telle façon que ses visiteurs pussent être facilement terrorisés. Les murs du couloir par où l'on devait passer pour arriver jusqu'à lui étaient tapissés de types variés d'épées et d'autres armes. » Le bureau de Mussolini, lui aussi, était tapissé d'armes, ainsi que le nota Gandhi qui ajoute que, cependant, le duce « ne portait pas d'armes sur lui ».

Le pape ne vit pas Gandhi. Plusieurs personnes de l'entourage du Mahatma estimaient que le Saint-Père avait agi ainsi pour obéir aux désirs du duce, mais ils n'en savaient rien.

---

1. Au début je me suis seulement souvenu du fait que Rolland avait joué l'*Andante* de la 5ᵉ Symphonie de Beethoven et les *Champs Elysées* de Gluck. Puis, l'idée me vint que son choix devait avoir eu un certain sens. Je consultai le compositeur Nicolas Nabokov, et le chef d'orchestre Richard Korn. Ce sont leurs interprétations que j'ai paraphrasées.

2. Le compte rendu de l'entrevue de Gandhi avec Mussolini est basé sur une lettre qui m'a été adressée par Kichoral G. Machrououala... Le récit fait par Mussolini lui-même à un ami, le 22 août 1934, n'a été publié que le 24 octobre 1948 dans *Haryian*. Mussolini a été assassiné le 28 avril 1945. Le *Gandhiji* rapporte les impressions artistiques éprouvées par Gandhi dans la Chapelle Sixtine. Une déclaration plus complète a paru dans *Young India* (13 novembre 1924) d'où sont tirées les citations faites dans ce chapitre.

Quelques-uns suggérèrent que cette audience n'avait pas eu lieu en raison non seulement des rapports de Mussolini avec le Vatican, mais aussi à cause des relations anglo-italiennes : Gandhi, après tout, était un rebelle antibritannique.

Gandhi fut conduit au match de rugby Rome contre Naples et à un défilé des jeunes Balillas : il y fut reçu par une salve de canon. Il s'intéressa davantage à la Bibliothèque vaticane et passa deux heures agréables dans l'église de Saint-Pierre. Dans la Chapelle Sixtine il s'arrêta devant le Christ en croix, et pleura. « On ne peut s'empêcher d'être ému jusqu'aux larmes », dit-il à Mahadev Desaï. S'il avait pu s'attarder « deux ou trois mois » dans les musées, écrivait-il à l'*ashram*, et observer chaque jour les statues et les tableaux, il aurait pu avoir une opinion sur ce qui en valait la peine. Mais, même en pareil cas, disait-il, « je ne suis guère qualifié pour la critique d'art ».

Romain Rolland, au contraire, avait porté son attention sur l'art. « Je ne crois pas que l'art européen soit supérieur à l'art Indien, affirmait Gandhi. L'art indien est basé entièrement sur l'imagination », écrivait-il à un ami, en songeant sans doute aux statues indiennes avec de nombreux bras et de nombreuses mains. « L'art européen est une imitation de la nature. Il est donc plus facile à comprendre; mais il ramène notre attention vers la terre, tandis que l'art indien, lorsqu'il est bien compris, tend à diriger nos pensées vers le ciel. »

Avant de quitter Rome, Gandhi alla rendre visite à la fille de Tolstoï. Tandis qu'il était assis sur le parquet, en train de filer, la princesse Marie, une des filles du roi d'Italie, entra avec une de ses dames d'honneur et apporta au Mahatma une grande corbeille de figues.

« Sa Majesté la reine les a préparées pour vous », lui dit la dame d'honneur [1].

Personne n'interpréta la visite de Gandhi au profit du fascisme, bien que le *Giornale d'Italia* eût publié une interview qu'il n'avait jamais eue, avec un journaliste qu'il n'avait jamais vu. En tout, de la frontière suisse au talon de la botte italienne, Gandhi passa quarante-huit heures en Italie. A Brindisi, il prit congé de ses deux policiers de Scotland Yard.

Une foule énorme salua de ses cris Gandhi à son arrivée,

---

1. *The Tragedy of Gandhi*, par Glorney Bolton, raconte l'histoire des figues envoyées à Gandhi par la reine d'Italie.
Ma femme, Markoosha, a fait pour moi diverses recherches en Italie concernant le séjour de Gandhi à Rome.

le 28 décembre au matin. « Je suis revenu les mains vides, leur dit-il; mais je n'ai pas compromis l'honneur de mon pays. » C'est ainsi qu'il résuma ce que l'Inde avait obtenu à la conférence de la Table Ronde. Mais les choses étaient plus noires qu'il ne les imaginait.

CHAPITRE XXXIII

L'APOGÉE

JAMAIS un passager du pont ne fut accueilli aussi royalement que Gandhi. « A en juger par la chaleur, la cordialité et l'affection manifestées au cours de cette réception, faisait observer Soubhas Chandra Bose sarcastiquement, on aurait pu croire que le Mahatma rapportait le *Souaraï* dans le creux de sa main. » Il revenait avec son intégrité; il n'était pas sorti de son rôle de fakir à moitié nu discutant comme son égal avec le puissant Empire britannique. C'était la plus belle chose qu'on pût faire à ce moment-là pour la liberté, car cela reflétait la libération de l'esprit de l'Inde. Depuis la marche du Sel, et en particulier depuis le Pacte Irwin-Gandhi, l'Inde avait le sentiment d'être libre. Gandhi entretenait ce sentiment, et les Indiens lui en étaient reconnaissants. De plus le Mahatma revenait sain et sauf de ce monde glacial d'au delà de la mer.

La libération partielle de l'Inde s'était achevée en 1930-1931, grâce à Gandhi, Irwin et le gouvernement travailliste. Mais Irwin était parti et, au mois d'octobre 1931, le cabinet travailliste de Ramsay MacDonald avait été remplacé par un cabinet dont MacDonald était le président, mais où dominaient les conservateurs. Sir Samuel Hoare était secrétaire d'État pour l'Inde.

Un rapport exact fut fait à Gandhi dès qu'il eut posé le pied sur le quai de Bombay, le 28 décembre. Dès le soir, il avait un tableau complet de la déplorable situation et en faisait part aux deux cent mille auditeurs auxquels il s'adressait, à l'aide des haut-parleurs, dans le vaste Azad Maïdan.

Yaouaharlal Nehrou et Tasaddouq Chérouani, musulman qui présidait l'organisation du Congrès pour les Provinces Unies, venaient d'être arrêtés deux jours plus tôt, alors qu'ils se rendaient à Bombay, pour saluer Gandhi. Des ordonnances contenant des pouvoirs exceptionnels avaient été publiées dans les Provinces Unies et dans la province frontière du Nord-Ouest ainsi qu'au Bengale, pour répondre à un vaste mouvement de non-paiement des impôts. Elles autorisaient l'autorité militaire à saisir les édifices, à confisquer les comptes en banque et les biens-fonds, à arrêter sans mandat les suspects, à suspendre les tribunaux ordinaires, à refuser la liberté sous caution et l'*habeas corpus*, à retirer à la presse ses privilèges postaux, à dissoudre les associations politiques, à interdire les rassemblements et le boycottage. « Nous ne jouons pas avec des réglementations artificielles, déclara au Parlement Sir Harry Haig, ministre de l'intérieur du Gouvernement de l'Inde. Il s'agit seulement de savoir si le Congrès imposera sa volonté au pays tout entier. »

« J'ai appris tout cela, dit Gandhi à ses auditeurs, après mon débarquement. Je suppose que ce sont les cadeaux que nous fait pour la Noël lord Willingdon, votre vice-roi chrétien. En effet, n'est-ce pas la coutume, au moment du Christmas, d'échanger des vœux et des cadeaux? Il fallait qu'on me donnât quelque chose, et c'est là ce que j'ai reçu. » (Il n'avait pas encore défait tous les paquets[1].)

Le lendemain de son arrivée, Gandhi télégraphia au vice-roi pour déplorer les ordonnances et les arrestations et suggérer une conversation. Le secrétaire du vice-roi répondit, le dernier jour de l'année, que les ordonnances étaient justifiées par les activités du Congrès contre le gouvernement[2]. Le vice-roi serait d'accord « pour vous recevoir et vous exposer ses vues quant à la façon dont vous pourriez exercer le mieux votre influence. Mais Son Excellence se voit contrainte d'insister sur le fait qu'elle n'est pas disposée à discuter avec vous sur les mesures que le gouvernement de l'Inde, en plein accord avec le gou-

1. Les deux discours prononcés par Gandhi à Bombay le 28 décembre 1931 ont été publiés textuellement dans *Speeches and Writings of Mahatma Gandhi*. Ce même volume contient le texte intégral de la correspondance Gandhi-Willingdon citée dans la première partie de ce chapitre, ainsi que la correspondance entre Gandhi et Sir Samuel Hoare et Ramsay MacDonald, concernant le régime électoral particulier des intouchables.

2. *Lord Willingdon in India*, par Victor Trench (Bombay, Karnatak House, 1934), est un compte rendu sympathique de l'activité du vice-roi qui fournit quelques données quant à l'œuvre de Gandhi pendant la vice-royauté de Willingdon.

vernement de Sa Majesté, a jugé nécessaire de prendre au Bengale, dans les Provinces Unies et dans les provinces frontières du Nord-Ouest ».

La souveraineté britannique n'entendait pas négocier plus longtemps avec les rebelles.

Le gouvernement « m'a claqué la porte à la figure », déclara Gandhi à la nation le 3 janvier. Le lendemain le gouvernement lui claquait à la figure une porte de fer; il fut arrêté de nouveau, de même qu'après la marche du Sel, en application du Règlement XXXV de 1827; une fois de plus, il était l'hôte de Sa Majesté dans la geôle de Yéravda. Quelques semaines plus tôt il avait été l'hôte de Sa Majesté au Palais de Buckingham.

L'attaque du gouvernement contre le Congrès fut violente. Les organisations du Congrès furent supprimées; la plupart des dirigeants emprisonnés; au cours du mois de janvier, 14.800 personnes furent incarcérées pour motifs politiques; au cours de février, 17.800. Winston Churchill déclara que les mesures de répression étaient plus sévères qu'aucune autre depuis la mutinerie de 1857.

Vallabhbhaï Patel fut arrêté également et enfermé à Yéravda. Au mois de mars, Mahadev Desaï y fut transféré d'une autre prison : Gandhi avait demandé qu'il lui fût donné comme compagnon. Lorsque Mahadev arriva il posa sa tête sur les pieds de Gandhi, et celui-ci lui tapota la tête et les épaules affectueusement. Tous trois eurent ensemble de nombreuses conversations auxquelles parfois d'autres détenus et des gardiens et médecins britanniques prenaient part[1].

Gandhi lisait les journaux plus attentivement qu'il ne le faisait quand il était en liberté; il lavait ses vêtements, il filait; pendant la nuit, il étudiait les étoiles; il lut bon nombre de livres. *The Wet Parade* d'Upton Sinclair lui plut, de même que le *Faust* de Gœthe et *Westward Ho* de Kingsley. Il mit éga-

---

1. Le compte rendu le plus complet des actions gouvernementales contre le mouvement nationaliste au cours des dernières semaines de décembre 1931 et la première moitié de 1932, se trouve dans *Condition of India, Being a Report of the Delegation sent to India by the India League, in 1932* (Londres, Essential News, 1933). Ce livre, préfacé par Bertrand Russell, présente les constatations faites par la Ligue indienne de la Commission de la Grande-Bretagne, composée de Monica Whately, Ellen Wilkinson, Leonard W. Matters et V. K. Krichna Menon. Il donne le texte des « Emergency Ordinances », leur justification par des fonctionnaires britanniques et leurs résultats sous forme d'actions policières et d'arrestations. Ce rapport cite également des extraits de la correspondance entre Gandhi et Willingdon. L'autobiographie de Nehrou, les mémoires de Bose et le *Mahatma Gandhi* de Brailsford commentent également ce chapitre de la domination britannique.

lement la dernière main à un mince volume qu'il avait rédigé
à Yéravda, en 1930, sous forme de lettres adressées à l'*ashram*
de Sabarmati. Il l'intitula : *From Yeravda Mandir* (Du temple
de Yéravda). Le *mandir* est un temple : pour lui, la prison
était un temple, car il y adorait Dieu. Cette brochure, augmentée
d'articles et de déclarations faits en d'autres occasions, donne
la clef de ce que pensait Gandhi sur la nature de Dieu et sur
la conduite idéale de l'homme.

« Dieu existe », disait Gandhi.

Le mot *satya* signifie « vérité » et dérive du mot *sat* qui veut
dire « être ». *Sat* désigne donc Dieu. En conséquence, Dieu
est ce qui est. « Et par suite, d'après Gandhi, rien de ce que
je ne perçois que par mes sens ne peut subsister et ne subsis-
tera. Lui seul est. » Tout le reste est illusion. Dieu est la seule
vérité.

Gandhi essaya plusieurs fois au cours de sa vie de démontrer
l'existence de Dieu. « C'est, écrivait-il, une Puissance mysté-
rieuse et indéfinissable, qui emplit toutes choses. Je le sens,
bien que je ne puisse pas le voir. C'est cette invisible Puissance
qui se fait sentir et cependant résiste à toute expérience, parce
qu'elle est si différente de tout ce que je perçois par mes sens.
Elle transcende les sens.

« Mais, ajoutait-il d'un ton optimiste, il est possible jusqu'à
un certain point de démontrer par la raison l'existence de Dieu.
Il existe un ordre dans l'univers, une loi inaltérable qui gouverne toutes choses et tout être existant ou vivant. Ce n'est pas
une loi aveugle, car aucune loi aveugle ne peut diriger des
êtres humains... Donc, cette loi qui gouverne toute vie, c'est
Dieu... Je conçois vaguement que, tandis qu'autour de moi
toute chose change constamment, meurt constamment, il y a
au-dessous de tous ces changements une Puissance vivante qui
ne change pas, qui retient tout ensemble, qui crée, qui dissout
et crée à nouveau. Cette Puissance créatrice, c'est Dieu... Au
milieu de la mort, la vie persiste; au milieu du mensonge, la
vérité persiste; au milieu des ténèbres, la lumière persiste. J'en
déduis que Dieu est la vie, la vérité et l'amour. Il est l'amour.
Il est le bien suprême. »

Après ce puissant effort rationnel, Gandhi ajoute : « Mais
ce n'est pas un dieu qui satisfasse seulement l'intellect, si tant
est qu'il le fasse. Pour être dieu, Dieu doit gouverner le cœur
et le transformer. Il doit se manifester dans l'acte le plus petit
de ses adorateurs. Cela n'est faisable que par une réalisation
définie plus réelle que tout ce que les cinq sens peuvent jamais

produire. Les perceptions des sens peuvent être et sont souvent fausses et décevantes, quelque réelles qu'elles puissent nous apparaître. S'il y a réalisation en dehors de nos sens, cette réalisation est infaillible. Cela est prouvé non par une évidence extérieure mais par la transformation de la conduite et du caractère de ceux qui ont senti en eux-mêmes la présence de Dieu. »

C'était là une nouvelle tentative de preuve, tirée cette fois non de la logique mais du témoignage saisissable du comportement humain. Mais de son propre aveu « la foi transcende la raison », et, en conséquence, « le moyen le plus sûr est de croire au gouvernement moral de ce monde et par suite à la suprématie de la loi morale, de la loi de vérité et d'amour... Si nous pouvions déchiffrer tous les mystères de l'univers, nous serions parfaitement égaux à Dieu. Chaque goutte de l'Océan participe à la gloire de celui-ci, mais n'est pas l'Océan.» Tout être humain, en d'autres termes, participe à la nature de Dieu, mais n'est pas Dieu lui-même, et ne peut pas savoir ce qu'il est. Même Sankara, le plus grand des sages hindous, n'a rien su de plus que Dieu « n'est pas ceci » et « n'est pas cela ».

Sauf au temps de sa jeunesse, Gandhi n'a jamais douté de l'existence de Dieu, comme peuvent le faire des djaïns et des bouddhistes. « Je crois littéralement, disait-il, que pas une feuille d'herbe ne croît ou ne se meut sans qu'Il le veuille... Dieu est plus près de nous que nos ongles ne sont près de la chair... Je puis vous dire ceci : Je suis plus certain de Son existence que du fait que vous et moi sommes assis dans cette pièce... Vous pouvez m'arracher les yeux, mais cela ne me tuera pas. Vous pouvez me couper le nez, mais cela ne me tuera pas. Mais si vous détruisez ma foi en Dieu, je suis mort. »

De plus, Gandhi était persuadé du rôle considérable et intime que Dieu jouait dans son œuvre. « Quelles que soient les choses remarquables que je puisse avoir faites dans ma vie, déclarait-il, ce n'est pas le raisonnement qui m'y a poussé, mais l'instinct — je voudrais dire Dieu. Prenez la marche du Sel sur Dandi en 1930. Je n'avais pas la moindre idée de ce que produirait la violation de la loi du sel. Le pandit Motilal et d'autres amis étaient troublés et ne savaient pas ce que j'allais faire, et je ne pouvais rien leur dire, car je ne savais pas moi-même quoi que ce fût à ce sujet. Mais cela surgit comme une flamme et, ainsi que vous le savez, ce fut capable de secouer tout le pays d'un bout à l'autre.

— Eprouvez-vous un sentiment de liberté dans votre communion avec Dieu? demanda quelqu'un.

— Parfaitement, répondit Gandhi. Je me suis entièrement pénétré de la doctrine du *Ghita* d'après laquelle chacun se fait à soi-même sa destinée, en ce sens qu'il a la liberté de choisir ainsi que d'user à son gré de cette liberté. Mais il ne peut pas en contrôler les résultats. Dès qu'il croit pouvoir le faire, il lui arrive malheur.

« Je n'ai pas une révélation particulière de la volonté de Dieu, expliquait Gandhi. Mais je crois fermement qu'Il se révèle chaque jour à chaque être humain; seulement, nous fermons l'oreille à cette « voix toujours faible »... Dieu ne vous apparaît pas en personne, mais en acte. »

Comment Gandhi adorait-il Dieu? Il croyait en l'efficacité de la prière. « La prière est la clef du matin et le verrou du soir... De même que la nourriture est nécessaire pour le corps, la prière est nécessaire pour l'âme... Aucun de mes actes n'est fait sans une prière. La forme m'est indifférente. Chaque homme est sa propre loi à cet égard. » Mais « il vaut mieux quand on prie avoir un cœur sans paroles que des paroles sans cœur ». On peut prier dans le silence qui a banni les mots.

Néanmoins, pour lui, la grande voie menant à Dieu passait par l'action. Pendant dix jours, Gandhi et un missionnaire américain, E. Stanley Jones, discutèrent sur des questions variées, et surtout sur la religion. Un jour Gandhi lui dit : « Si quelqu'un doit trouver le salut, il doit avoir autant de patience qu'un homme assis au bord de la mer et qui, avec un fétu de paille, puise une goutte d'eau, l'emporte et de cette façon vide l'Océan. » Le salut, aux yeux de Gandhi, vient — ainsi que l'entendait le Dr Jones — par nos efforts rigoureux, disciplinés, « par une maîtrise sévère de nous-mêmes ».

« Quant à moi, déclarait E. Stanley Jones, je considère le salut, non comme quelque chose à quoi on parvient difficilement par ses efforts, mais comme une faveur qu'on reçoit par grâce. Je suis parvenu à Dieu alors que j'avais fait faillite moralement et spirituellement, et sans avoir rien à offrir à Dieu que ma faillite. A ma grande surprise, Il m'a admis, Il m'a pardonné, et a renvoyé mon âme pour qu'elle suive son chemin en chantant pendant toutes ces années. J'ai obtenu la grâce d'être sauvé par la foi, mais cela n'a pas été par moi-même; ç'a été un don de Dieu... » A ce point-là, les chrétiens et le Mahatma ne se sont jamais mis d'accord.

« Je sais, ajoute le Dr Jones, que le salut par la grâce semble trop bon marché et trop facile, mais il n'est pas bon marché, car lorsque vous acceptez le présent, vous appartenez pour toujours à celui qui vous le donne. »

Gandhi a pris la route difficile. Sa doctrine était : à leurs œuvres vous les reconnaîtrez. Son Dieu exigeait de lui qu'il vécût pour l'humanité. « Si je pouvais, a-t-il écrit, me persuader que je le trouverai dans quelque caverne de l'Himalaya, je m'y rendrais immédiatement. Mais je sais que je ne peux pas le trouver en dehors de l'humanité... Je prétends connaître mes millions d'hommes. Toutes les heures du jour je suis avec eux. Ils sont mon premier souci et mon dernier, car je ne reconnais pas de Dieu si ce n'est celui que l'on trouve dans le cœur de ces millions silencieux. »

Le rapport de Gandhi avec Dieu était une branche d'un triangle dont l'homme son compagnon était une autre branche. C'est sur ce triangle qu'il basait son système de morale et de moralité [1].

Le premier devoir de celui qui adore Dieu est la vérité; car la vérité, c'est Dieu. Voilà ce que Gandhi a répété des milliers de fois : « La vérité, c'est Dieu. »

« Il faudrait que la vérité fût dans la pensée, qu'elle fût dans les discours, et qu'elle fût dans l'action, a écrit Gandhi dans *From Yeravda Mandir*. La dévotion à la vérité est la seule chose qui justifie notre existence. » Cette vérité est l'honnêteté et encore autre chose : « Il nous est impossible de réaliser la vérité parfaite aussi longtemps que nous sommes emprisonnés dans ce cadre mortel... Si nous secouons les chaînes de l'égoïsme et nous plongeons dans l'océan de l'humanité, nous participons à sa dignité. Penser que nous sommes quelque chose, c'est élever une barrière entre Dieu et nous-mêmes; cesser de penser que nous sommes quelque chose, c'est nous unifier à Dieu. Une goutte de l'Océan participe à la grandeur de celui dont elle vient, bien qu'elle n'en ait pas conscience. Mais elle sèche aussitôt, dès qu'elle inaugure une existence indépendante de cet Océan. »

1. *From Yeravda Mandir, Ashram Observances,* par M. K. Gandhi, traduit de l'original gouyarati par Valji Govindji Desaï (Ahmédabad, Navajivan Publishing House, 1945), réimpression de la troisième édition, comprend 67 pages de 4 pouces sur 6. Les opinions exprimées par Gandhi sur Dieu et la morale sont complétées dans le présent chapitre par des écrits de Gandhi publiés dans *Young India,* par *The Mind of Mahatma Gandhi,* composé par R. K. Prabhou et U. R. Rao, avec un avant-propos de Sir Sarvépali Radhakrichnan (Bombay, Oxford University Press, mars 1945), et par *Selections from Gandhi,* par Nirmal Koumar Bose. Le Dr Jones est cité d'après *Mahatma Gandhi, an Interpretation,* par E. Stanley Jones (New-York, Abingdon-Cokesbury Press, 1948).

La vérité s'identifie à Dieu et à l'humanité. C'est de la vérité qu'est née la non-violence. La vérité apparaît différente aux différents individus. « Il n'y a rien de mauvais dans un homme qui suit la vérité conformément à ses lumières », dit *From Yeravda Mandir*. Chacun doit être vrai à l'égard de sa propre vérité. Mais si celui qui cherche la vérité entreprend de détruire ceux qui ont vu la vérité à leur manière, il s'éloigne de la vérité. Comment peut-on réaliser Dieu en tuant et en offensant? Cependant, la non-violence est plus que le calme et le pacifisme; c'est l'amour, et cela exclut les pensées mauvaises, la hâte inutile, les mensonges ou la haine.

D'abord, la vérité; en second lieu, la non-violence ou l'amour; et, troisièmement, la chasteté. Lorsqu'un homme donne son amour à une femme, ou une femme à un homme, que leur reste-t-il pour tout le reste du monde en dehors d'eux? Cela signifie simplement : « Nous deux d'abord, et le diable peut prendre le reste... » De telles gens ne peuvent pas s'élever jusqu'au sommet de l'universel Amour.

Les gens mariés sont-ils donc perdus pour toujours? Non, si chacun des membres du couple peut songer à l'autre comme à un frère ou à une sœur, ils sont libérés pour le service de tous. Tel est le programme maximum pour les moines et pour les nonnes de l'*ashram*. Pour les simples soldats de l'humanité, « le désir sexuel est une délicate et noble chose. Il n'y a aucune raison d'en rougir. Mais cela ne doit pas avoir d'autre but que la procréation. Tout autre usage est un péché contre Dieu et l'humanité... La jouissance entrave mon œuvre. »

Le commandement suivant adressé aux habitants de l'*ashram* est « Ne pas voler », ce qui implique le commandement de non-possession. « La civilisation, au sens réel de ce mot, consiste non à multiplier les besoins, mais à les réduire délibérément et volontairement... »

« L'inquiétude pour l'avenir, disait Gandhi à un ami, est athéisme pur. Pourquoi craindrions-nous que nos enfants eussent moins de capacité ou de succès que nous-mêmes? Economiser de l'argent au profit de nos enfants est la preuve de notre manque de confiance en eux et en Dieu. » L'attachement à l'argent ou aux biens de la fortune est le produit de la peur. La violence est le résultat de la peur. La malhonnêteté est la peur. L'absence de crainte est la clef de la vérité, de Dieu, de l'amour; c'est la reine des vertus.

Les autres vertus sont : la suppression de l'intouchabilité, ce qui signifie « l'amour du monde entier et le dévouement pour

lui »; le « travail pour le pain » ou un travail manuel régulièrement productif; la tolérance à l'égard de toutes les religions;
l'humilité et, en fin de compte, le filage et l'encouragement
de l'économie domestique nationale sans « mauvaise volonté
à l'égard des étrangers ».

Il y eut peu de gens, à l'intérieur ou à l'extérieur de l'*ashram*,
qui vécurent jamais suivant le code austère de Gandhi : lui
seul approcha de son idéal.

Tandis que, du fond de son « temple »-prison, Gandhi publiait
ces simples épîtres sur Dieu et la morale, l'Inde s'acheminait
vers la quinzaine la plus agitée de l'histoire moderne.

Elle se concentra autour du salut de l'existence du Mahatma.

Rayagopalatchari a écrit : « Pour trouver quelque chose de
comparable à notre angoisse du mois de septembre 1932, il
faut revenir jusqu'à vingt-trois siècles en arrière, à Athènes,
lorsque les amis de Socrate l'entouraient dans sa prison et le
pressaient de se soustraire à la mort. Platon a rapporté leurs
questions et ses réponses. Socrate souriait de leurs suggestions...
et discourait sur l'immortalité de l'âme. »

L'angoisse de septembre 1932 commença pour Gandhi de
bonne heure cette année-là. Il avait appris par les journaux
que la nouvelle constitution projetée pour les Indes par la
Grande-Bretagne accorderait des régimes électoraux différents
non seulement aux hindous et aux musulmans, comme dans le
passé, mais aussi aux intouchables, ou « aux classes opprimées ».
En conséquence, le 11 mars 1932, il écrivit une lettre à Sir
Samuel Hoare, secrétaire d'État pour l'Inde.

« Un régime électoral séparé pour les classes opprimées, écrivait-il, est pernicieux pour elles et pour l'hindouisme... En
ce qui concerne l'hindouisme, des régimes particuliers d'élection aboutiraient simplement à le disséquer vivant et à le
démolir... Le point de vue politique, si important qu'il soit,
diminue jusqu'à devenir insignifiant si on le compare aux résultats moraux et religieux. » En conséquence, si le gouvernement
décidait de créer pour les intouchables un régime électoral
particulier, « je serais forcé de jeûner jusqu'à la mort ». Cela,
il le savait, embarrasserait les autorités dont il était le prisonnier, mais, écrivait-il, « pour moi la démarche envisagée n'est
pas une méthode; c'est une part de moi-même ».

Le ministre répondit au détenu le 13 avril, en disant qu'aucune décision n'avait encore été prise et que l'on examinerait
ses vues avant d'en prendre une.

Rien de nouveau ne se produisit jusqu'au 17 août 1932, date à laquelle le premier ministre Ramsay MacDonald fit connaître la décision prise par la Grande-Bretagne en faveur de régimes électoraux séparés.

« Je suis forcé de résister à votre décision par ma vie, écrivit Gandhi le lendemain à Ramsay MacDonald. Le seul moyen à ma disposition est de proclamer un jeûne perpétuel jusqu'à la mort en m'abstenant de toute nourriture de quelque sorte que ce soit, à l'exception d'eau, avec ou sans sel ou soude. » Le jeûne commencerait le 20 septembre, à midi.

Répondant très longuement, par lettre datée de Downing Street, n° 10, le 8 septembre 1932, Ramsay MacDonald déclarait avoir reçu la communication de Gandhi « avec une grande surprise et, permettez-moi d'ajouter, avec un très sincère regret ». Gandhi a mal compris; on a tenu compte de son amitié bien connue pour les intouchables et de sa lettre à Sir Samuel Hoare. « Nous avons considéré comme notre devoir de sauvegarder ce que nous croyons être le droit des classes opprimées à obtenir une proportion équitable de représentants dans les assemblées législatives » et « nous avons eu également soin de ne rien faire qui puisse les séparer de leur communauté avec le monde hindou ».

Ensuite, MacDonald défendait avec force la décision du gouvernement : « Suivant le projet du gouvernement les classes opprimées continueront à faire partie de la communauté hindoue et voteront sur un pied d'égalité avec les électeurs hindous. » C'était là ce que désirait Gandhi. « Mais, pour les vingt premières années, bien que continuant à faire partie de la collectivité hindoue, elles recevront, dans un nombre limité de circonscriptions spéciales, le moyen de sauvegarder leurs droits et leurs intérêts... »

En d'autres termes, MacDonald y insistait, les intouchables auraient un vote dans les circonscriptions hindoues et un second vote dans leurs circonscriptions particulières d'intouchables. Ils auront « deux votes », écrivait-il. Bien certainement, Gandhi, leur défenseur, ne s'y opposerait pas.

La méthode alternative consistant à « réserver des sièges » a été rejetée, affirmait MacDonald, parce que cela réserverait un certain nombre de sièges à des législateurs intouchables, au sein du bloc plus important des sièges hindous, « dans tous les cas pratiquement, lesdits membres seraient élus par une majorité formée par des hindous des classes supérieures ». Cela étant, le premier ministre insinuait qu'ils seraient des « lèche-bottes » des hindous appartenant aux castes; ils devraient s'appliquer à rester dans leurs bonnes grâces et ne seraient pas en mesure « de parler pour eux-mêmes ».

Ainsi, raisonnait MacDonald, « vous proposez d'adopter la décision extrême de vous laisser mourir de faim non pour obtenir que les classes opprimées aient leurs collèges électoraux unis à ceux des autres hindous, puisque cela est déjà décidé, non pour maintenir l'unité des hindous, à quoi il est déjà pourvu, mais uniquement pour empêcher les classes opprimées qui souffrent aujourd'hui, de l'aveu de tous, de terribles incapacités, d'avoir la possibilité d'élire un nombre restreint de représentants de leur choix pour parler en leur nom dans les assemblées législatives »... En conséquence, MacDonald était obligé de penser que le dessein de Gandhi était basé uniquement sur un malentendu. La décision prise par le gouvernement serait donc maintenue.

La lettre de Gandhi, datée du 9 septembre, et adressée de la prison centrale de Yéravda au n° 10 de Downing Street, était caractéristique.

« Sans vouloir discuter, j'affirme que pour moi cette question est une question de pure religion. Le simple fait qu'ils auront double vote ne suffit pas à les protéger ou à protéger la société hindoue en général du danger d'être divisée. Je vous demande de me permettre de vous dire que, si sympathique que vous puissiez être, vous ne pouvez pas arriver à une décision correcte dans une question d'une importance vitale et religieuse pour les intéressés.

« Je ne saurais être évidemment contre une super-représentation des classes opprimées. Ce contre quoi je suis, c'est leur séparation par voie statutaire, même sous une forme restreinte, du bercail hindou, aussi longtemps qu'eux-mêmes choisiront de lui appartenir. Vous rendez-vous compte que si votre décision est maintenue et si votre constitution entre en vigueur, vous arrêtez le merveilleux développement de l'œuvre des réformateurs hindous qui se sont dévoués à leurs frères tyrannisés dans toutes les circonstances de leur vie? »

Gandhi ajoutait qu'il s'opposait également aux autres régimes électoraux séparés, « mais je ne considère pas leur cas comme assez important pour justifier de ma part un sacrifice de moi-même aussi fort que celui que ma conscience m'a imposé en ce qui concerne les classes opprimées ».

Cette lettre mit fin à la correspondance de Gandhi avec Londres.

MacDonald n'était pas seul à être déconcerté. Bien des Indiens, quelques hindous, étaient perplexes. Yaouaharlal Nehrou était en prison lorsqu'il apprit que Gandhi allait jeûner. « Je me fâchai contre lui, écrit-il dans son autobiographie, en voyant ses manifestations religieuses et sentimentales aboutir à une action politique et les fréquentes allusions à Dieu qu'il faisait à cette occasion. » Nehrou « se trouvait ennuyé de voir qu'il choisissait une solution latérale pour son sacrifice suprême ». L'intouchabilité était un problème secondaire; l'indépendance, le problème central. Pendant deux jours Nehrou « fut dans les ténèbres ». Il songeait avec chagrin qu'il ne reverrait plus jamais le Bapou.

« Alors une chose étrange m'arriva, continue Nehrou. J'eus tout simplement une crise émotive et, quand elle fut terminée, je me sentis plus calme, et l'avenir ne me sembla plus si noir. Bapou avait un chic bizarre pour faire ce qu'il fallait au moment psychologique, et il se pourrait que son action — si impossible que ce fût à mon point de vue — amenât d'importants résultats, non seulement dans le domaine étroit où elle s'enfermait, mais sous les aspects plus vastes de notre lutte nationale... Alors me parvinrent les nouvelles du terrible bouleversement de tout le pays... Quel magicien, me disais-je, que ce petit homme enfermé dans la prison de Yéravda, et comme il savait bien quelles cordes il fallait toucher pour émouvoir les cœurs des gens! »

Même Nehrou avait sous-estimé la magie du Mahatma et sa sagacité politique.

Les répressions brutales exercées par le gouvernement contre la résistance civile brisaient ce mouvement; il s'effondrait dans le pessimisme. Le jeûne de Gandhi sauva l'Inde nationaliste de la dépression politique. Mais en comparaison du grand résultat, ce fut un résultat accessoire et de peu d'importance.

Avec les élans naturels qui le poussaient à choisir les meilleurs motifs, Gandhi était disposé à croire que MacDonald et Hoare agissaient dans l'intérêt des classes opprimées, tel qu'ils l'envisageaient. Mais lui, connaissait l'Inde mieux qu'eux. La légalité n'est pas la vie. Les hindous et les *haryians* pouvaient bien former un corps électoral uni, mais le régime électoral séparé additionnel effacerait le bon effet psychologique produit par le régime électoral uni. Si on leur accordait un régime

électoral à part, les candidats et les élus *haryians* insisteraient
sur ce qui les sépare des hindous de caste. Un mécanisme politique surgirait dont les intérêts seraient engagés à perpétuer
les dissensions existant entre les *haryians* et les hindous de
caste; leur capital politique serait l'injustice hindoue. Gandhi
avait le sentiment passionné que l'intouchabilité tuerait l'âme
de l'hindouisme et, en retour, empoisonnerait l'âme des *haryians*.
La sentence prononcée par Ramsay MacDonald menaçait de
donner une longue vie au pire péché de l'Inde.

L'harmonie dans la diversité, l'amour en dépit des divergences étaient la route suivie par Gandhi pour éliminer la
violence de la pensée et de l'action. Diviser, c'est provoquer la
guerre. Gandhi avait jeûné pour réaliser l'union des hindous
et des musulmans. Il ne voulait pas qu'il y eût deux Indes.
Et voici qu'il se trouvait en présence de trois Indes envisagées.
Il considérait l'inimitié entre hindous et *haryians* comme
politiquement désastreuse. La division était politiquement et
religieusement un suicide. Gandhi ne pouvait pas sanctionner
un acte qui élargissait le gouffre existant entre les hindous et les
haryians.

Ce jeûne, déclarait Gandhi, « est dirigé contre un régime
électoral à part, quelle qu'en soit la forme, pour les classes
opprimées. Dès que cette menace sera supprimée, mon jeûne
cessera ». Il ne jeûnait pas contre les Britanniques, car le gouvernement avait affirmé que si les hindous et les *haryians* se
mettaient d'accord sur un système électoral différent et leur
donnant satisfaction aux uns et aux autres ce système serait
accepté. Ce jeûne, déclarait Gandhi, « a pour but d'inciter la
conscience des hindous à une action vraiment religieuse ».

Le 13 septembre, Gandhi annonça qu'il allait commencer
le 20 à jeûner jusqu'à la mort. L'Inde fut alors témoin de
quelque chose que l'univers n'avait jamais vu.

Le même jour, les chefs politiques et religieux entrèrent en
action. Mr. M. C. Rayah, représentant des intouchables à
l'Assemblée législative, se solidarisant avec la position politique
de Gandhi prise par Sir Teï Bahadour Saprou, le grand leader
constitutionnel, adressa une pétition au gouvernement pour
le prier de remettre Gandhi en liberté. Yacoub Houssaïn, un
des chefs des musulmans de Madras, insista auprès des *haryians*
pour qu'ils renonçassent au régime électoral spatial. Rayendra Prasad suggéra aux hindous de sauver Gandhi en donnant
aux *haryians* accès dans leurs temples, à leurs puits, à leurs
écoles et sur les voies publiques. Le pandit Malavyia réunit

une conférence des dirigeants pour le 19 septembre; Rayagopalatchari invita le pays à prier et à jeûner le 20.

Plusieurs députations demandèrent l'autorisation de voir
Gandhi dans sa prison. Le gouvernement ouvrit les portes et
autorisa des consultations abondantes avec lui. Dévadas Gandhi vint servir d'intermédiaire avec les négociateurs. Les journalistes également eurent libre accès auprès du Mahatma [1].

Le 20 septembre, Gandhi se réveilla à deux heures et demie
du matin et écrivit une lettre à Tagore pour solliciter son
approbation. Sa lettre commençait ainsi : « Il est bon matin,
trois heures, mardi. J'entre dans les murailles de feu à midi.
Si vous pouvez bénir l'effort que je vais faire, je le désire. Vous
avez été pour moi un véritable ami, parce que vous avez été
un ami sincère, et avez souvent exprimé tout haut vos pensées...
Bien que cela ne puisse être maintenant que pendant mon
jeûne, je n'en apprécierai pas moins vos critiques, si votre
cœur condamne mon action. Je ne suis pas assez fier pour ne
pas avouer franchement mes fautes, quel que soit le prix de
cet aveu, si je trouve moi-même que je me suis trompé. Si
votre cœur approuve mon action, je vous demande votre bénédiction. Cela me soutiendra... »

Juste au moment où Gandhi faisait partir cette lettre, il
reçut un télégramme de Tagore. Il disait : « Il est digne de
sacrifier une vie précieuse pour l'unité et l'intégrité sociale de
l'Inde... J'espère avec ferveur que nous ne permettrons pas
par endurcissement qu'une pareille tragédie nationale aboutisse
à son extrême. Nos cœurs anxieux suivront avec révérence et
amour votre sublime pénitence. »

Gandhi remercia Tagore pour « votre câble affectueux et
magnifique. Il me soutiendra au cours de la tempête où je
suis sur le point d'entrer. »

Le même matin, à 11 h. 30, Gandhi prit son dernier repas
consistant en jus de citron et en miel avec de l'eau chaude.
Des millions d'Indiens jeûnèrent pendant vingt-quatre heures.
Des prières furent dites dans tout le pays.

Ce jour-là, Rabindranath Tagore, que l'Inde et l'affection de
Gandhi nommaient toujours « le Poète », faisant une allocution
à son école de Chantinikétan disait : « Une ombre s'étend aujourd'hui sur l'Inde, pareille à celle que produit une éclipse

1. K. Kalelkar, disciple de Gandhi, raconte ce qui est rapporté dans ce cha-
pitre concernant les rapports de Gandhi avec les autorités pénitentiaires.
Les notes de Mahadev Desaï sur les conversations en prison de Gandhi avec
Patel et lui-même sont publiées dans le premier volume de son « journal ».

de soleil. Le peuple de tout un pays souffre d'une angoisse poignante dont l'universalité renferme une grande dignité de consolation. Notre Mahatma, qui durant toute sa vie, a fait en vérité l'Inde sienne, a commencé le sacrifice suprême de lui-même qu'il avait promis. »

Voici comment Tagore expliquait le jeûne du Mahatma :

« Chaque pays a sa géographie intérieure d'où provient son esprit et dont la force matérielle ne peut jamais conquérir même un pouce de son étendue. Les gouvernants venus de l'extérieur restent en dehors de ses murs... Mais la grande âme... maintient sa domination, même quand celle-ci n'existe plus... La pénitence que le Mahatma s'est imposée n'est pas un rite, mais un message adressé à l'Inde entière et au monde... Aucune société civilisée ne peut se développer sur des victimes dont l'humanité a été mutilée de façon constante... Ceux que nous réprimons nous réprimeront inévitablement... Nous faisons injure à notre propre humanité quand nous faisons injure à un homme sans défense et qui n'est pas de même nature que nous... Notre cher Mahatma a sans cesse insisté sur le danger de ces divisions pour notre pays... Contre cette débilité morale profondément ancrée en notre société, notre cher Mahatma a lancé son ultimatum... Nous avons constaté que le peuple anglais était déconcerté par la démarche que notre Mahatma s'est vu forcé de faire. Ils avouent ne pas arriver à la comprendre. Je crois que la raison de cette incapacité est due principalement au fait que le langage de notre Mahatma est essentiellement différent du leur... Je les supplie de se souvenir des terribles jours d'atrocités qui ont rougi de sang leur porte, lorsque le démembrement a été opéré par la force entre l'Irlande et le reste de la Grande-Bretagne. Les Anglais, qui s'imaginaient que ce démembrement serait désastreux pour l'intégrité de leur Empire, n'ont pas eu scrupule de tuer et d'être tués, au risque de déchirer en morceaux la décence des codes civilisés d'honneur. »

Les Britanniques, expliquait Tagore, étaient prêts à renouveler le bain de sang du « Black and Tan » irlandais, pour empêcher le démembrement de l'Empire. Gandhi immolait un seul homme, lui-même, pour empêcher le démembrement de la société des Indes. Tel était le langage de la non-violence. Était-ce là la raison pour laquelle l'Occident ne pouvait pas en déchiffrer le sens?

Tagore estimait qu'il était possible de perdre Gandhi par le

jeûne. Cette seule pensée faisait frissonner toute l'épine dorsale
de la Nation. Si rien n'était fait pour sauver le cher Mahatma,
chaque hindou serait son assassin [1].

Gandhi était étendu sur une couchette blanche en fer, à
l'ombre d'un petit manguier, dans la cour tranquille de sa
prison. Patel et Mahadev Desaï étaient assis près de lui. Mrs. Naïdou avait été transférée du quartier des femmes de la geôle de
Yéravda pour le soigner et le préserver de tout effort inutile.
Sur une table se trouvaient quelques livres, du papier à écrire,
des bouteilles d'eau, du sel et du bicarbonate de soude.

Au dehors, les négociateurs en conférence luttaient de vitesse
avec la mort. Les dirigeants hindous s'étaient rassemblés à
Birla House, à Bombay, le 20 septembre. Il y avait là : Saprou,
sir Chounilal Mehta, Rayagopalatchari, président du Congrès
pour cette année-là, G. D. Birla, industriel très riche et ami de
Gandhi, Rayendra Prasad, Yayakar, sir Pourchottamdas Tha-
kourdas, un millionnaire qui entretenait plusieurs écoles, et
d'autres. Les délégués des intouchables étaient le Dr Solanki
et le Dr Ambedkar.

Ce dernier, juriste distingué et d'une expérience internationale, avait joué un rôle important à la conférence de la
Table Ronde à Londres. Il était de corps puissant et d'une intelligence vigoureuse, inflexible, supérieure. Son père et son grand-
père avaient servi dans l'armée britannique. L'amertume ac-
cumulée contre les hindous s'était envenimée au cours des
siècles dans les millions de cœurs *haryians;* elle avait trouvé
son expression dans la haine d'Ambedkar, une haine grande
comme l'Himalaya. Il préférait la domination britannique à
la domination hindoue; il préférait les musulmans aux hindous
et avait rêvé un jour de faire entrer la collectivité intouchable,
dans son ensemble, dans l'Église mahométane. La cruauté
exercée contre ses frères pendant de longues périodes d'années
le remplissait de colère, de dépit et d'esprit de vengeance.
Si quelqu'un, aux Indes, était capable d'envisager avec indifférence la mort de Gandhi, c'était Ambedkar. Il disait de son
jeûne que c'était une « jonglerie politique ». A cette conférence,
il affrontait les grands esprits hindous, et il aurait tiré un
suave plaisir à les voir lui faire la cour pour sauver leur bien-
aimé Mahatma.

1. R. N. Tagore, fils du grand poète, qui vit à Chantinikétan, a mis très aimablement à ma disposition un important dossier contenant toutes les lettres et
tous les télégrammes échangés par Tagore et Gandhi. Ils sont cités dans ce
chapitre et dans d'autres chapitres.

Gandhi avait toujours réclamé un régime électoral commun pour les hindous et pour les *haryians*, ce qui aurait permis d'élire un bloc solide de membres hindous et *haryians* dans les conseils législatifs. Il s'était toujours opposé à ce qu'on réservât un nombre fixe de sièges dans ce bloc aux *haryians*, parce que cela aurait accentué la fissure existant entre ces deux collectivités. Mais, le 19 septembre, Gandhi, au grand soulagement de leur députation, déclara qu'il s'était réconcilié avec l'idée de sièges parlementaires réservés.

Ambedkar, malgré cela, hésitait : les *haryians* qui occuperaient ces sièges réservés dans les assemblées législatives seraient élus conjointement par les hindous et les *haryians* et se sentiraient par conséquent très gênés dans l'expression de leurs griefs contre les hindous. Si quelque *haryian* dénonçait trop énergiquement les hindous, ceux-ci pourraient le battre aux prochaines élections et élire un intouchable plus docile.

Pour répondre à cette légitime objection, Saprou avait élaboré un plan ingénieux qu'il exposa à la conférence le 20 septembre : tous les membres hindous et *haryians* des assemblées législatives seraient élus conjointement par les électeurs hindous et *haryians*. Un nombre déterminé des sièges hindo-*haryians* seraient réservés d'avance aux *haryians*. Les candidats à une part de ces sièges *haryians* réservés seraient choisis en conférences particulières entre hindous et *haryians*. Quant aux sièges réservés restants, Saprou apportait quelque chose de nouveau : des élections primaires, où seuls les *haryians* voteraient. Dans ces élections primaires, une liste de trois candidats *haryians* serait constituée pour chaque siège réservé. Puis, dans des élections finales ou secondaires, *haryians* et hindous voteraient conjointement pour l'un de ces trois candidats. Les hindous n'auraient pas le choix, mais devraient voter pour l'un des trois. Cela permettrait aux *haryians* de faire élire dans les assemblées législatives leurs plus courageux et leurs meilleurs champions, tout en conservant le système électoral commun.

Les hindous attendaient avec inquiétude l'opinion d'Ambedkar quant à ce projet. Il l'examina minutieusement. Il demanda l'avis de ses amis. Les heures passaient. Enfin, il accepta, mais déclara qu'il allait rédiger sa propre formule pour incorporer ses propres idées aux idées de Saprou.

Encouragés, sans être encore tout à fait sûrs d'Ambedkar, les dirigeants hindous s'inquiétaient maintenant au sujet de Gandhi. Allait-il sanctionner l'innovation de Saprou? Saprou, Yayakar, Rayagopalatchari, Dévadas, Birla et Prasad prirent le train de minuit et arrivèrent à Poona le lendemain matin. A 7 heures ils furent reçus au bureau de la prison. Gandhi, déjà affaibli par un peu moins de vingt-quatre heures passées sans nourriture, arriva en riant au bureau et, prenant place au centre de la table, déclara gaiement : « C'est moi qui préside. »

Saprou exposa le plan des élections primaires. D'autres développèrent le sujet. Gandhi posa quelques questions. Il ne prenait aucun engagement. Une heure et demie s'écoula. En fin de compte, Gandhi déclara : « Je suis disposé à étudier favorablement votre projet... Mais j'aimerais avoir un tableau complet par écrit. » De plus, il demanda à voir Ambedkar et Rayah.

Des convocations urgentes furent envoyées à l'un et à l'autre. On prépara un mémoire concernant le plan de Saprou. Rayah, qui représentait les intouchables partisans de Gandhi, accepta. Ambedkar promit de venir.

La nuit passa dans l'inquiétude. Le 22 au matin, Gandhi déclara que le projet lui déplaisait : Pourquoi n'y aurait-il que quelques candidats élus aux élections primaires pour les sièges réservés aux *haryians?* Pourquoi pas tous? Pourquoi créer deux catégories de candidats *haryians*, les uns élus aux élections primaires, les autres choisis par les hindous et les *haryians?* Il ne voulait pas qu'on fît de distinctions entre les *haryians.* Il ne voulait pas non plus que les législateurs *haryians* fussent de quelque façon que ce fût endettés politiquement envers les hindous.

Les négociateurs furent remplis de joie. Gandhi offrait à Ambedkar plus que celui-ci n'avait déjà accepté.

Ambedkar se présenta devant la couchette de Gandhi tard dans l'après-midi; ce fut lui qui parla le plus. Il était disposé à sauver la vie du Mahatma, dit-il. Mais, « je désire recevoir ma compensation ».

Gandhi avait déjà commencé à défaillir. Lors de ses précédents jeûnes, il prenait de l'eau régulièrement, à heure fixe. Cette fois-ci, il était insouciant et buvait irrégulièrement. Lors des précédents jeûnes, le massage avait calmé ses douleurs. Cette fois-ci il refusa de se faire masser. Des douleurs vives suppliciaient son corps amaigri. Il fallait le porter au bain sur une civière. Le moindre mouvement, parfois même le seul fait de parler, lui causait des nausées.

Lorsque Ambedkar dit : « Je désire recevoir ma compensation », Gandhi se souleva avec peine et se mit à parler pendant plu-

sieurs minutes. Il rappela son dévouement aux *haryians*. Il
discuta point par point le projet de Saprou. Il ne lui plaisait
pas, dit-il. Tous les *haryians* devaient être élus par les *haryians*
et non pas seulement quelques-uns d'entre eux. Puis, épuisé
par l'effort, il retomba sur son oreiller.

Ambedkar s'attendait à ce que l'on fît pression sur lui, en
présence du Mahatma mourant, pour le faire reculer de sa
position. Mais voilà que Gandhi se montrait plus *haryian* que
l'*haryian* Ambedkar.

Celui-ci salua avec plaisir l'amendement de Gandhi.

Ce même jour, Mrs. Gandhi arriva; elle avait été transférée
de la prison de Sabarmati à celle de Yéravda. Tout en s'approchant lentement de son mari, elle penchait la tête d'un côté à
l'autre, d'un air de reproche en disant : « Toujours la même
histoire! » Lui, souriait. La présence de sa femme lui faisait
plaisir. Il se laissa masser par elle et par un masseur profes-
sionnel, plutôt pour lui faire plaisir que parce qu'il le désirait
lui-même.

Le vendredi 23 septembre, quatrième jour de son jeûne, le
Dr Gilder, spécialiste des maladies du cœur, et le Dr Patel arrivèrent de Bombay et, au cours d'une consultation avec les
médecins de la prison, firent un diagnostic établissant que
l'état du détenu était dangereux. La tension sanguine était
d'une élévation alarmante. La mort pouvait se produire à
tout instant.

Le même jour, Ambedkar conféra longuement avec les dirigeants hindous et présenta sa nouvelle demande de compensation : la décision de Ramsay MacDonald avait attribué aux
classes opprimées 71 sièges dans les assemblées législatives.
Ambedkar en demandait 197. Saprou avait suggéré des listes
de trois candidats; Gandhi suggérait qu'elles fussent de cinq;
Ambedkar voulait qu'elles fussent de deux. De plus, il y avait
la question du referendum des électeurs *haryians* pour décider
si les sièges réservés devaient être supprimés et si par conséquent toute discrimination politique devait être effacée entre
les hindous et les *haryians* : ce serait là un pas en avant pour
provoquer la fusion des deux collectivités. Gandhi voulait que
les collèges primaires fussent abolis au bout de cinq ans. Ambedkar était pour quinze ans. Il se refusait à admettre que l'intouchabilité pût être abolie en cinq ans.

Plus tard, ce même jour, Ambedkar alla trouver Gandhi.
C'était une journée chaude et orageuse et, dans la cour de la
prison, pas une feuille du manguier ne remuait. La tension de

Gandhi augmentait. Il avait peine à parler plus haut qu'en chuchotant. Ambedkar marchandait âprement. La solution était indécise.

Le samedi 24 septembre, cinquième jour du jeûne, Ambedkar reprit ses conversations avec les dirigeants hindous. Après avoir bataillé toute la matinée, il alla voir Gandhi à midi. Ambedkar et les hindous s'étaient mis d'accord pour que 147 sièges fussent réservés aux classes opprimées au lieu des 197 qu'Ambedkar avait réclamés et des 71 que Macdonald leur avait donnés. Gandhi accepta ce compromis. Maintenant, Ambedkar était disposé à admettre que les collèges primaires séparés fussent abolis au bout de dix ans. Gandhi insistait pour que ce fût au bout de cinq. « Cinq ans ou ma vie », dit Gandhi. Ambedkar refusa.

Il retourna trouver ses collègues *haryians*. Plus tard, il informa les dirigeants hindous qu'il n'accepterait pas la suppression des collèges primaires dans cinq ans ; pas avant dix ans.

Rayagopalatchari fit alors quelque chose qui probablement sauva la vie de Gandhi. Sans consulter ce dernier, lui et Ambedkar se mirent d'accord pour que la suppression des collèges primaires fût fixée dans une discussion ultérieure. Cela rendait le referendum superflu.

Rayagopalatchari se rendit en hâte à la prison et exposa à Gandhi le nouvel arrangement.

« Voulez-vous répéter ? »

Rayagopalatchari répéta.

« Excellent », murmura Gandhi qui n'avait sans doute pas entendu exactement ce que Rayagopalatchari lui disait : il était évanoui. Mais il avait donné son consentement.

Ce samedi-là, le Pacte de Yéravda — c'est le nom sous lequel il est connu dans l'histoire de l'Inde — fut rédigé et signé par tous les dirigeants hindous et les négociateurs *haryians*, à l'exception de Gandhi.

Le dimanche, il fut ratifié à Bombay au cours d'une conférence plénière des négociateurs et d'autres.

Mais ce pacte ne signifiait rien encore, et Gandhi ne devait pas faire cesser son jeûne tant que le gouvernement britannique n'aurait pas consenti à le substituer à la décision prise par Macdonald. Le texte en avait été câblé à Londres où Charlie Andrews, Polak et d'autres amis de Gandhi s'appliquaient à obtenir du gouvernement une action rapide. On était au dimanche et les ministres avaient quitté la ville ; Ramsay Macdonald était dans le Sussex où il assistait aux obsèques d'une de ses tantes [1].

Quand il eut connaissance de l'accord de Poona, Macdonald s'empressa de rentrer au n° 10 de Downing Street; il en fut de même pour sir Samuel Hoare et pour lord Lothian qui avaient aidé Macdonald à rédiger sa décision. Ils se penchèrent sur le texte jusqu'à minuit de dimanche.

La vie de Gandhi s'acheminait rapidement vers sa fin. Il indiqua à Kastourbaï qu'elle devrait prendre les quelques objets personnels qui se trouvaient près de sa couchette. Le lundi matin, Tagore arriva de Calcutta et récita un choix de ses propres poésies au Mahatma. Elles calmèrent Gandhi. Des amis de Poona furent autorisés à entrer pour jouer d'instruments de musique et chanter des chants pieux. Il les remercia d'un hochement de tête et d'un faible sourire. Il ne pouvait plus parler.

Quelques heures plus tard, le gouvernement britannique annonçait simultanément à Londres et à New-Delhi qu'il avait approuvé le Pacte de Yéravda. Gandhi put interrompre son jeûne.

Le lundi après-midi, à 5 h. 15, en présence de Tagore, de Patel, de Mahadev Desaï, de Mrs. Naïdou, des négociateurs et des journalistes, Gandhi accepta de Kastourbaï un verre de jus d'orange et mit fin à son jeûne. Tagore chanta des cantiques bengalis. Bien des yeux étaient humides.

Le Dr Ambedkar fit, le dimanche 25 septembre, à la conférence de Bombay, une intéressante allocution dans laquelle il confirmait le Pacte de Yéravda ou Accord de Poona. Faisant l'éloge de l'attitude conciliante de Gandhi, il déclara : « Je dois avouer que j'ai été surpris, très surpris, immensément surpris, quand je l'ai rencontré, de constater qu'il y avait entre lui et moi tant de points communs. En fait, lorsque les différends lui furent soumis — et Sir Teï Behadour Saprou vous a dit que les différends qui lui ont été soumis avaient un caractère vraiment crucial — j'ai été étonné de voir que l'homme qui avait exprimé à la conférence de la Table Ronde des opinions si éloignées des miennes venait immédiatement à la rescousse et non pas au secours de l'autre partie. Je suis vraiment recon-

---

1. Dans son livre intitulé *What Congress and Gandhi have done to the Untouchables* (Bombay, Thacker and Co., 1945), B. R. Ambedkar reproduit la correspondance entre Gandhi, Macdonald et Hoare, le texte du Pacte de Poona, en y ajoutant une page de commentaires personnels.

naissant à notre cher Mahatma de m'avoir sorti d'une situation qui aurait pu être très difficile. »

Ce n'était pas là seulement un tribut de politesse payé en une heure de laisser-aller après des jours de fièvre, mais également une définition correcte de l'attitude de Gandhi. Gandhi avait défendu la position haryianne plus qu'il n'avait défendu la position hindoue. En effet, il était allé si loin dans son désir de faire cent pour cent de la route au-devant d'eux, qu'il avait abandonné complètement la position-clé prise par lui quant aux sièges réservés. « Mon seul regret, déclara le Dr Ambedkar dans cette même allocution, est que notre Mahatma n'ait pas pris cette attitude à la conférence de la Table Ronde. S'il avait eu alors les mêmes égards pour ma manière de voir, il n'aurait pas eu besoin de passer par cette épreuve. Cependant, ajouta-t-il généreusement, ce sont là choses du passé. Je suis heureux d'être ici en ce moment pour soutenir cette résolution de ratification. »

A la conférence de la Table Ronde de septembre à décembre 1931 Gandhi s'était opposé à ce qu'on réservât des sièges aux *haryians* dans le bloc hindou parce que cela le divisait en deux collectivités. Mais le 13 septembre et, de nouveau, le 19 septembre 1932, il avait accepté l'idée des sièges réservés comme une conclusion inévitable et, il l'espérait, transitoire [1].

Il acceptait le système des sièges réservés comme infiniment préférable à la scission qui aurait surgi de collèges électoraux distincts tels que voulait les introduire Ramsay Macdonald. Mais si Gandhi avait agi ainsi à la conférence de la Table Ronde ou plusieurs mois avant son jeûne, il n'aurait pas amené les hindous orthodoxes à le suivre. Un des négociateurs de l'Accord de Poona m'a dit par la suite qu'il avait toujours été opposé à la politique de Gandhi, mais que Gandhi était Dieu descendu sur terre et que « les portes du ciel l'attendaient pour le recevoir ». La menace de voir mourir le Mahatma gagna à la politique de Gandhi les dirigeants hindous.

Supposons au contraire que ceux-ci eussent accepté avant

---

1. L'histoire complète et parfaitement documentée du jeûne de Gandhi en faveur des haryians est racontée dans *The Epic Fast* par Pyarélal (Nayyar) (Ahmédabad, Navajivan Publishing House, 1932). Il s'y trouve une introduction de Rayagopalatchari et le texte intégral de la correspondance entre Gandhi, Hoare et Macdonald, celui du Pacte de Yéravda, celui de la plupart des résolutions prises en relation avec ce jeûne et celui des allocutions prononcées par Tagore, Gandhi et les négociateurs, ainsi que les déclarations des médecins de Gandhi concernant son état de santé. Il contient aussi la liste des temples ouverts aux haryians.

son jeûne le système des sièges réservés, est-ce que ce jeûne aurait été superflu? Est-ce que la souffrance du Mahatma aurait été inutile?

La réponse à cette question est décisive pour la compréhension du rôle de Gandhi dans l'histoire de l'Inde. Si on s'en tient à la froide logique et à l'aride légalité, Gandhi n'aurait pas eu besoin de jeûner pour arriver à se mettre d'accord avec Ambedkar. Mais les rapports de Gandhi avec le peuple indien n'étaient pas basés sur la logique et la légalité. Ils l'étaient essentiellement sur le sentiment. Pour les hindous, Gandhi était le Mahatma, la grande âme, une tranche de Dieu. Auraient-ils pu le tuer? Dès le moment où commença le jeûne, les textes, les constitutions, les décisions, les élections, etc., perdaient toute signification. Il fallait sauver la vie de Gandhi.

A partir du 13 septembre, date à laquelle le jeûne fut annoncé, jusqu'à l'après-midi du 26 septembre, moment où Gandhi but son premier jus d'orange, tout changement de l'état physique de Gandhi, toute parole prononcée par l'un de ceux qui l'avaient vu, tout voyage du moindre des négociateurs fut diffusé dans tous les coins du pays. Une mère penchée sur le berceau d'un tout petit enfant, pendant une crise de température élevée, n'aurait pas pu être plus inquiète que l'Inde surveillant la blanche couchette du Mahatma mourant. Bien qu'il ne fût pas mystique lui-même, Gandhi agissait mystiquement sur les autres. Ils s'unifiaient à lui, comme une mère s'unifie à son bébé. La raison reculait. Passionnément, frénétiquement, parce que la fin pouvait survenir à chaque instant, les hindous réagissaient à un seul désir frémissant : il ne fallait pas que le Mahatma mourût.

Gandhi avait rendu chacun d'eux personnellement responsable de sa vie. Le 15 septembre, dans une déclaration qui fut largement diffusée, Gandhi disait : « Aucun accord bâclé entre les hindous de caste et les classes opprimées, leurs rivales, n'aurait répondu au dessein. Pour être valable, cet accord devait être réel. Si l'esprit de la masse hindoue n'était pas préparé à supprimer les racines et les branches de l'intouchabilité, il n'avait qu'à me sacrifier sans la moindre hésitation. »

Tandis que parlementaient les négociateurs, la collectivité hindoue — près d'un quart de billion d'individus — subissait en conséquence un bouleversement sentimental religieux. Juste au moment où commençait la semaine de jeûne, le célèbre temple de Kalighat et le Ram Mandir de Bénarès, citadelle de l'orthodoxie hindoue, furent ouverts aux intouchables. A Delhi, des hindous de caste et des *haryians* fraternisèrent de façon démonstrative dans les rues et dans les temples. A Bombay, une organisation nationaliste de femmes organisa un scrutin devant sept grands temples. Des urnes de vote, gardées par des volontaires, furent placées devant les portes, et les fidèles furent invités à y déposer leurs bulletins de vote pour ou contre l'admission des intouchables. Le résultat fut de 24.797 pour, 445 contre. Le résultat en fut que des temples où jamais un *haryian* n'avait mis le pied furent ouverts à tous.

La veille du commencement du jeûne, douze temples tout d'abord furent rendus accessibles aux *haryians* à Allahabad. Le premier jour du jeûne, quelques-uns des temples les plus saints de tout le pays ouvrirent leurs portes aux intouchables. A chacun des jours suivants, jusqu'au 26 septembre, puis, chaque jour, depuis le 27 septembre jusqu'au 2 octobre, anniversaire de Gandhi, qui était la semaine d'antiintouchabilité, des vingtaines de lieux sacrés supprimèrent les barrières qui les protégeaient contre les *haryians*. Tous les temples situés dans les États indigènes de Baroda, de Cachemire, de Bhor et de Kolhapour supprimèrent les discriminations dans les temples. Les journaux donnèrent les noms de centaines de temples qui, sous l'impulsion du jeûne de Gandhi, mettaient fin au bannissement.

Mrs. Souaroup Rani Nehrou, la mère très orthodoxe de Yaouaharlal, fit savoir qu'elle avait accepté de la nourriture des mains d'un intouchable. Des milliers de femmes hindoues éminentes suivirent son exemple. A l'université rigoriste de Bénarès, le recteur Dhrouva et de nombreux brahmanes dînèrent publiquement avec des balayeurs de rues, des savetiers et des boueux. Des repas semblables furent organisés en des centaines d'endroits.

Dans des villages, de petites et de grandes villes, des congrégations, des organisations, des unions de citoyens, etc., adoptèrent des résolutions promettant de cesser les discriminations à l'égard des intouchables; les copies de ces résolutions formaient dans la cour de la prison de Gandhi un tas haut comme un homme.

Des villages et de petites villes autorisèrent les intouchables à se servir de la fontaine. Les écoliers hindous prenaient place sur les bancs réservés jusque-là aux intouchables. Des routes et des rues qui étaient jusqu'alors interdites au *haryians* leur furent ouvertes.

Un souffle de réforme, de pénitence et de purification personnelle balaya le pays. Pendant les six jours du jeûne, nombre
d'hindous s'abstinrent d'aller au cinéma, au théâtre, au restaurant. Certains mariages furent ajournés.

Un froid accord politique entre Gandhi et Ambedkar, sans
un jeûne, n'aurait pas eu pareil effet sur la nation; il aurait pu
corriger un motif légal de plainte des *haryians*, mais serait
resté lettre morte pour autant qu'il aurait concerné le traitement appliqué personnellement par les hindous aux intouchables. Un grand nombre d'hindous n'en auraient jamais
tenu compte. Le pacte politique ne devint important qu'à la
suite de l'émotion et de l'agitation causées dans le pays par le
jeûne de Gandhi.

Il ne put pas supprimer la malédiction de l'intouchabilité
qui remontait à plus de trois mille ans. L'accès à un temple
n'est pas l'accès à une bonne affaire. Les *haryians* restèrent
le rebut de la société indienne. Et la séparation ne prit pas
fin le jour où Gandhi but lentement son jus d'orange.

Mais, depuis le jeûne, l'intouchabilité a cessé d'avoir l'approbation publique; la croyance en elle est détruite. Une pratique
profondément ancrée dans une religion compliquée, pleine de
notes harmoniques et de courants profonds et mystiques, avait
été reconnue comme moralement illégitime. Un tabou consacré
par la coutume, la tradition et les rites avait perdu sa puissance. Il était socialement inconvenant de se marier avec des
haryians; maintenant, dans nombre de milieux il devint socialement inconvenant de ne pas se marier avec eux. La pratique
de l'intouchabilité faisait classer comme bigot, comme réac-
tionnaire. Avant peu de temps, il y eut des mariages entre
haryians et hindous. Gandhi mit son point d'honneur à assister à quelques-uns.

Le « jeûne épique » de Gandhi rompait une chaîne longue qui
s'étendait en arrière jusqu'à l'antiquité et avait rendu esclaves
des dizaines de millions d'hommes. Quelques chaînons de cette
chaîne subsistèrent. Bien des plaies causées par ces chaînes
subsistèrent. Mais personne désormais ne forgerait de nouveaux chaînons; personne ne ressouderait ensemble ces chaînons. L'avenir promettait la liberté.

Le Pacte de Yéravda déclare : « Personne ne doit être regardé
comme intouchable en raison de sa naissance... » Des hindous
orthodoxes, qui avaient de nombreux partisans religieux,
signèrent cette déclaration. Elle signifiait une réforme religieuse, une révolution psychologique. L'hindouisme se puri-

fiait lui-même d'une maladie millénaire. La foule se purifiait elle-même pratiquement. C'était bon pour la santé morale de l'Inde.

Si Gandhi n'avait fait rien d'autre dans sa vie que de démolir la structure de l'intouchabilité, il serait un grand réformateur. Quand on regarde en arrière, la lutte avec Ambedkar quant aux sièges, aux votes primaires, et aux referendums ressemble à la neige fondue cette année-là sur les monts Himalaya. La réforme réelle fut religieuse et sociale, et non politique.

Cinq jours après la fin de son jeûne le poids de Gandhi s'était relevé à 99 livres 3/4 et il filait et travaillait pendant plusieurs heures. « Le jeûne n'était vraiment rien en comparaison de ce que les parias ont subi pendant des siècles », écrivait-il à miss Slade. « Et de cette façon, ajoutait-il, je continue à fredonner : *Dieu est grand et miséricordieux.* »

Il resta en prison.

Son jeûne toucha le cœur de l'Inde hindoue.

Gandhi avait un besoin impérieux d'entrer en communication avec les cœurs des hommes; il avait un génie d'artiste pour atteindre les fibres les plus profondes des individus. Mais comment entrer en communication avec cent, deux cents, trois cents millions de gens pour la plupart illettrés et dont cinq seulement possèdent la radio? Les jeûnes de Gandhi étaient ses moyens de communication. Les nouvelles en étaient reproduites dans tous les journaux. Ceux qui les lisaient disaient à ceux qui ne savaient pas lire que « le Mahatma jeûnait ». Les villes le savaient, et les paysans qui allaient au marché dans les villes le savaient et ils en rapportaient la nouvelle dans les villages, et les voyageurs en faisaient autant.

« Pourquoi le Mahatma jeûne-t-il?

— Pour que, nous autres hindous, nous ouvrions nos temples aux intouchables et pour que nous les traitions mieux. »

L'oreille de l'Inde se dressait dans l'attente d'autres nouvelles.

« Le Mahatma s'affaiblit. » « Le Mahatma est mourant. » « Il faut nous dépêcher. »

L'agonie de Gandhi faisait souffrir par procuration ses admirateurs qui savaient qu'ils ne devaient pas tuer le messager de Dieu sur terre. C'était un mal que de prolonger ses souffrances. C'était une bénédiction que de le sauver, en se montrant bons pour ceux qu'il avait nommés « les enfants de Dieu ».

CHAPITRE XXXIV

SANS POLITIQUE

LE « jeûne épique » permit à Gandhi de pénétrer à travers une muraille épaisse et haute, dans l'immense domaine négligé des réformes sociales. Un grand nombre de ses amis étaient malheureux parce qu'il acceptait de se laisser pousser sur la « voie de garage » des œuvres d'assistance aux *haryians* et aux paysans. Les hommes politiques voulaient qu'il fût politique. Mais pour Gandhi les vitamines données aux villageois étaient la meilleure des politiques et le bonheur des *haryians* était la grand-route conduisant à l'indépendance.

Les réformes sociales furent toujours son activité préférée. « J'ai toujours estimé, déclarait-il dans la revue *Haryian* du 25 janvier 1942, que le programme parlementaire était la dernière des activités d'une nation. L'œuvre la plus importante et qui reste est faite au dehors. » Il désirait que l'individu fît davantage, afin que l'État fît moins. Plus il y a de travail à la base, et moins il y a de dictature au sommet.

La révolte de Gandhi contre le gouvernement fut, il est vrai, si puissante qu'il promit dans l'*Haryian* du 27 avril 1940 de ne pas prendre part au gouvernement de l'Inde libre. Il accomplirait sa part de travail, disait-il, « en dehors du monde officiel ». Il était trop religieux pour s'identifier avec un gouvernement quel qu'il fût.

La philosophie de Gandhi étant telle, le succès de son activité de relèvement social dépendait d'organisations volontaires créées dans un but particulier et comptant un grand nombre de membres actifs.

En février 1933, Gandhi, toujours en prison, avait créé le *Haryian Sevak Sangh,* société de secours aux *haryians,* et l'*Haryian,* nouvelle revue destinée à remplacer la *Young India* suspendue par le gouvernement. Le 8 mai, il entreprit un jeûne de trois semaines en vue de se purifier et de faire comprendre à son *ashram* la supériorité de l'aide sur l'intelligence. La présence d'une Américaine séduisante en visite avait causé quelques rechutes dans le passé. Le premier jour de son jeûne, le gouvernement le remit en liberté. Il semblait certain que vingt et un jours sans nourriture, après l'agonie physique des sept jours du « jeûne épique », le tueraient. Et la Grande-Bretagne ne désirait pas avoir dans les murs de ses prisons un Gandhi mort.

Il survécut.

Pourquoi le court jeûne faillit-il être fatal, tandis que l'autre, trois fois aussi long, fut si facile à supporter? Pendant le précédent, il n'avait pas cessé de négocier et avait été dévoré par le désir de faire disparaître la honte de l'intouchabilité; son corps brûlait en même temps. Au cours du jeûne de vingt et un jours, son esprit et son corps étaient détendus. Son frêle corps était comme engendré par une puissante volonté.

De 1933 à 1939, excepté pendant un mois de silence destiné à interrompre son travail, et pendant diverses longues périodes de défaillance physique, Gandhi resta complètement à la disposition des organisations qu'il avait fondées pour le bien-être et l'éducation des masses. Il fit cadeau de l'*ashram* de Sabarmati à un groupe d'*haryians* et établit son quartier général à Ouardha, petite ville des provinces centrales. De là, le 7 novembre 1933, il entreprit une tournée de dix mois au profit des *haryians;* il visita chaque province de l'Inde sans jamais rentrer chez lui pour se détendre ou se reposer.

L'instinct primordial de Gandhi était d'aider les pauvres et, comme lui et son dieu étaient partenaires, le Mahatma s'assurait le concours du Tout-Puissant pour sa tâche. « A un peuple affamé et oisif, écrivait-il, la seule forme acceptable sous laquelle Dieu peut oser se présenter est le travail et la promesse de nourriture et de salaires. »

« L'Inde vit dans ses villages et non dans ses villes », écrivait-il dans *Haryian,* le 26 août 1936; et dans un numéro ultérieur : « Si je réussis à libérer les villages de leur pauvreté, j'aurai gagné le *Souaraï...* » L'idée d'après laquelle Gandhi aurait encouragé la pauvreté est une fiction; il insista seulement auprès de certains idéalistes de choix, pour les inciter à

servir le peuple en faisant abnégation d'eux-mêmes. Pour
la nation considérée dans son ensemble, « jamais personne
n'a suggéré que le paupérisme oppresseur puisse mener à autre
chose qu'à la dégradation morale », qui était la dernière chose
qu'il eût désirée. Gandhi affirmait avec insistance : « Si nous ne
gaspillons pas nos biens et notre énergie, le climat et les ressources naturelles de notre pays sont tels que nous pouvons
devenir le peuple le plus heureux du monde », et c'était là ce
qu'il désirait.

Il condamnait le paupérisme poussé à l'extrême comme la
richesse poussée à l'extrême.

Dans des meetings de villages et dans *Haryian*, Gandhi
donnait maintenant à la population agricole un enseignement
rudimentaire quant à sa nourriture [1]. « Le lait et la banane
forment un repas excellent », écrivait-il. *Haryian* du 15 février 1935 contenait un article de sa plume intitulé *les Feuilles
vertes et leur valeur nutritive* où il affirmait : « Pendant près de
cinq mois j'ai vécu d'aliments crus. L'adjonction de feuilles
vertes à leurs aliments permettrait aux villageois d'éviter bien

---

1. *Key to Health*, par M. K. Gandhi, traduit par Souchila Nayyar (Ahmédabad, Navajivan Publishing House, 1948), est l'un des quelques livres écrits
par Gandhi; ce n'est pas une anthologie. (Les autres livres dont Gandhi est
l'auteur sont : son *Autobiographie*, *Satyagraha in South Africa* et *Hind
Swarai*.) *Key to Health* est le sommaire des connaissances de Gandhi relatives
à la nature du corps humain, de la nourriture et des boissons, de la continence et des cures par l'air, l'eau et le soleil. Il a écrit ce petit livre en prison,
en 1942. Il dit dans la préface : « Quiconque observe les règles de santé énu-
mérées dans ce livre constatera qu'il y a trouvé la clé permettant d'ouvrir les
portes le conduisant à la santé. Il n'aura plus besoin de frapper chaque jour
aux portes des médecins et *vaidyas*. »
Les vues de Gandhi sur la vie économique, l'éducation, le bien-être des
femmes, etc., sont condensées dans une brochure de 31 pages, *Constructive
Programme, Its Meaning and Place*, par M. K. Gandhi (Ahmédabad, Navajivan Publishing House, 1941). Une tentative pour coordonner dans un
système bien ordonné les idées de Gandhi a été faite dans *Gandhian Constitution for Free India*, par Chriman Narayan Agarwal, avec préface de
M. K. Gandhi (Kitabistan, Allahabad, 1946), dans *The Gandhian Plan of
Economic Development of India*, par le même, avec préface de Gandhi (Bombay, Padma Publications, Ltd., 1948) et dans *Gandhian Plan Reaffirmed*,
par le même, avec avant-propos du Dr Rayendra Prasad (Bombay, Madma
Publications, Ltd., 1948). Dans sa préface à la *Gandhian Constitution* d'Agarwal, Gandhi met le lecteur en garde contre l'erreur qui consisterait à accepter
ce livre comme l'expression « de ma manière de voir sur tous les détails ».
Bien qu'il se fût « fait un devoir de lire *Constitution* deux fois avec toute l'attention dont il était capable en dépit de ses autres obligations, il ne pouvait
pas essayer de vérifier chaque pensée et chaque mot qui s'y trouvent. Mon
sentiment de la propriété et de la liberté individuelle ne me permettrait pas
non plus de commettre un tel méfait... Il n'y a rien en lui qui m'ait choqué
comme étant en désaccord avec ce que je désire défendre ». Comme l'avertissement est délicat! La préface de Gandhi à *The Gandhian Plan* est également affectueuse et réticente.

des malaises dont ils souffrent présentement. » Il consacrait un autre article à discuter la question : *Lait de vache contre lait de bufflonne* et toujours au problème suprême de l'Inde : le riz. Dans sa brochure intitulée *la Clé de la santé* et ailleurs, Gandhi mettait en garde contre le riz poli à la machine.

En d'autres circonstances, Gandhi discourait sur la valeur nutritive des amandes de manguier et de l'arachide ou cacahuètes. Pour lui les cacahuètes étaient des choses politiques, aussi politiques que les élections primaires. A plusieurs reprises également, il donna des renseignements détaillés sur la façon d'utiliser les engrais animaux et de guérir les morsures de serpents et le paludisme.

Gandhi savait que l'amélioration des semences, l'usage approprié des engrais et le bon soin du bétail pouvaient résoudre des problèmes politiques essentiels. Plus d'une guerre civile en Asie aurait pu être évitée si on avait donné chaque jour une tasse de riz de plus par personne.

Il se préoccupait également des aspects non agricoles de la vie au village. Dans *Haryian* du 29 août 1936, il écrivait : « Nous devons concentrer dans les villages des fabrications indépendantes qui y seront principalement utilisées. Si ce caractère de l'industrie au village est maintenu il n'y aura pas d'objection à ce que les villageois se servent de machines et d'outils modernes qu'ils pourront fabriquer ou se procurer. Mais ils ne devront pas s'en servir comme de moyens pour exploiter les autres. »

Gandhi a-t-il préconisé pour l'Inde une réforme agraire donnant aux paysans sans terre ou défavorisés les biens redistribués des grands propriétaires?

Dans le numéro d'*Haryian* du 2 janvier 1937, Gandhi écrivait : « La terre et toute propriété appartiennent à celui qui veut les travailler »; mais il admettait les grands propriétaires dans cette catégorie, bien qu'il sût que la classe des grands propriétaires comprenait un grand nombre de possesseurs absents, d'intermédiaires, d'agents, de vampires et autres éléments improductifs.

« Je ne peux pas me représenter à moi-même un temps où il n'y aurait pas d'hommes plus riches les uns que les autres, disait Gandhi. Même dans l'univers le plus parfait, nous ne pourrons pas éviter les inégalités, mais ce que nous devons éviter, ce sont les conflits et l'amertume. Il existe beaucoup d'exemples de riches et de pauvres vivant en parfaite amitié. Nous n'avons qu'à multiplier les cas de ce genre. »

Gandhi voulait y parvenir en prenant en quelque sorte le rôle de fiduciaire.

« L'exploitation du pauvre peut être supprimée, écrivait Gandhi dans *Haryian*, le 28 juillet 1940, non en faisant disparaître les quelques millionnaires, mais en faisant disparaître l'ignorance du pauvre et en lui enseignant à ne pas collaborer avec ceux qui l'exploitent. Cela convertira ces exploiteurs également. »

Gandhi rappelait aux paysans et aux ouvriers leur puissance. « Il y a en anglais, disait-il, un mot très puissant, et vous l'avez aussi en français. Toutes les langues du monde possèdent ce mot : C'est *non*... Le parti travailliste vient de s'apercevoir qu'il avait le choix et pouvait dire *Oui* quand il avait envie de dire *Oui*, et *Non* quand il avait envie de dire *Non*. Le parti travailliste est affranchi du capital, et le capital est forcé de faire la cour au travail. » Le travailleur peut faire la grève; le paysan peut se refuser à payer son fermage.

« Néanmoins, déclarait-il dans *Young India*, le 7 octobre 1926, le capital et le travail n'ont pas besoin d'être en antagonisme l'un avec l'autre. »

Mais le temps qui passait et tout le talent de persuasion de Gandhi ne produisirent que peu de résultats. Jusqu'au jour de sa mort, Gandhi ne reçut aucune nouvelle d'un propriétaire ou d'un minotier ayant « volontairement renoncé ». Jusqu'en 1929 personne ne répondit à son appel invitant le « grand propriétaire modèle » à se « réduire lui-même à la pauvreté pour que les paysans aient assez de quoi vivre ».

En conséquence, progressivement, les théories économiques de Gandhi se modifièrent. Il continua à préconiser la coopération des classes. Mais en approchant du terme de sa vie, tout en s'éloignant du xixe siècle, il chercha de nouveaux moyens pour diminuer la pauvreté. Il se réconcilia avec l'idée d'une participation plus grande de l'État dans les affaires économiques. Il désirait que la loi aidât au processus de nivellement. L'égalité lui apparut plus séduisante.

Dans le numéro du 31 juillet 1937 d'*Haryian*, Gandhi faisait observer que les impôts britanniques sur le revenu s'élevaient à 70 %. « Il n'y a pas de raison pour que l'Inde ne monte pas à un chiffre beaucoup plus élevé. » Et il ajoutait : « Pourquoi n'y aurait-il pas des droits de succession? » Dans un article publié le 13 avril 1938, il allait encore plus loin : « Un fiduciaire n'a pas d'autre héritier que le public. » La fortune du millionnaire devrait aller à la collectivité, et non à son fils qui ne pourrait que perdre moralement en héritant une richesse matérielle, déclarait le Mahatma.

En 1941 et, de nouveau, en 1945, dans son *Programme constructif*, Gandhi lançait un avertissement aux capitalistes indiens. « Un système de gouvernement non violent, écrivait-il, est évidemment impossible tant que subsiste le large gouffre qui sépare les riches des millions de meurt-de-faim. Le contraste entre les palais de New-Delhi et les misérables taudis de la pauvre classe laborieuse ne peut persister un seul jour dans une Inde libre où les pauvres jouiront des mêmes pouvoirs que les plus riches du pays. Une révolution violente et sanglante se produira certainement un jour à moins qu'il n'y ait une abdication volontaire de la richesse et du pouvoir que donne la richesse et un partage de l'un et de l'autre pour le bien commun. »

Il n'y eut pas de réponse.

« Le pouvoir que donne la richesse » le troublait. Il se mit à chercher les moyens de la répartir. « Les industries-clefs, les industries dont l'État a besoin, écrivait-il le 28 juin 1939, peuvent être centralisées. » Il était au contraire opposé à la concentration du pouvoir économique entre les mains du gouvernement. Il ajoutait donc : « Mais supposé que l'État contrôle la fabrication du papier et la centralise, je m'attendrais à ce qu'il protégeât tout le papier que les villages peuvent faire. » Les usines de force motrice devraient être la propriété « des collectivités villageoises ou de l'État », de préférence près des villages.

« Qu'adviendra-t-il dans une Inde libre? demandai-je à Gandhi en 1942. Quel est votre programme d'amélioration du sort de la paysannerie?

— Les paysans prendraient la terre, me répondit-il. Nous n'aurions pas besoin de leur dire de la prendre, ils s'en empareraient d'eux-mêmes.

— Les propriétaires obtiendraient-ils une compensation? lui demandai-je.

— Non, répondit Gandhi. Ce serait impossible du point de vue fiscal. »

Gandhi ne considérait pas la simple multiplication des besoins matériels et des objets destinés à les satisfaire comme la grand-route conduisant au bonheur et à la dévotion. Il ne traçait pas de ligne allant de l'économie à la morale. Il écrivait dans *Haryian* le 9 octobre 1937 : « Une économie qui inculque le culte de Mammon, qui permet aux forts d'amasser de la fortune au détriment des faibles est une science fausse et sinistre. Elle attire la mort. La vraie économie... implique la justice sociale et les valeurs morales. » Gandhi savait que les gens pourvus de frigorifiques, d'armoires à vêtements bien remplies, de voitures dans tous les garages et de radios dans chaque pièce peuvent quand même être menacés et malheureux. « Rome, disait-il, a subi la décadence morale lorsqu'elle en est venue à posséder une grande affluence de biens matériels. » Que servirait à un homme de gagner le monde s'il « venait à perdre son âme? » citait-il. « En termes d'aujourd'hui, continuait-il, est-il au-dessous de la dignité humaine de perdre son individualité et de devenir un simple rouage de la machine? Je désire que tout individu devienne un membre vigoureux et parfaitement développé de la société. » Après Dieu, l'être suprême aux yeux de Gandhi était l'individu. En conséquence il se considérait comme le « véritable démocrate ».

Aucune société ne saurait être édifiée sur la négation de la liberté individuelle. Cela est contraire à la véritable nature de l'homme, écrivait Gandhi. « De même qu'il ne pousse à l'homme ni des cornes ni une queue, de même aucun homme ne saurait exister en tant qu'homme s'il n'a pas sa liberté d'esprit. » En conséquence, « un État où les gens agissent comme des moutons n'est pas une démocratie ».

Il ne pouvait, il est vrai, y avoir de démocratie sans discipline. « J'apprécie la liberté individuelle, écrivait-il; mais vous ne devez pas oublier que l'homme est essentiellement un être social. Il s'est élevé à son état actuel en apprenant à ajuster son individualisme aux exigences du progrès social. Un individualisme sans restrictions est la loi de l'animal dans la jungle. Nous devons apprendre à établir une moyenne entre la liberté individuelle et les contraintes spéciales. » Cela pourrait être fait par la discipline qu'on exerce sur soi-même. Si l'individu ne se discipline pas lui-même, l'État s'efforcera de le discipliner, et trop de discipline officielle tue la démocratie.

Gandhi protestait contre l'opinion d'après laquelle la démocratie serait la liberté économique au détriment de la liberté personnelle, ou bien la liberté politique sans liberté économique. « Ma conception de la liberté n'est pas étroite, déclarait-il dans *Haryian*, le 7 juin 1942. Elle est aussi extensible que la liberté de l'homme dans toute sa majesté... »

« Si l'individu cesse de compter, que reste-t-il de la société? » demandait-il. A ceux qui lui objectaient que la dictature réduit l'analphabétisme, il répliquait : « Lorsqu'on doit choisir entre la liberté et l'instruction, qui donc ne dira pas que la première doit être préférée mille fois à la seconde? »

Démocratie veut dire loi de la majorité. Mais, « en matière de conscience, la loi de la majorité n'a pas de place... Céder à la majorité quelles que soient ses décisions, c'est l'esclavage. »

La liberté n'était pas non plus la loi suprême pour Gandhi. « Même pour la liberté de l'Inde, disait-il, je n'aurais pas recours à un mensonge. Nous ne cherchons pas notre indépendance sur les ruines de la Grande-Bretagne. »

L'hostilité manifestée par Gandhi pour la violence et le mensonge, son opposition à l'État tout-puissant qui personnifie l'un et l'autre, ainsi que ses idées économiques avaient fait de lui un anticommuniste.

« L'Inde ne veut pas du communisme », déclarait Gandhi dès le 24 novembre 1921.

« Tous les communistes ne sont pas mauvais, de même que tous les partisans du Congrès ne sont pas des anges, proclamait-il le 26 janvier 1941. Je n'ai donc aucun préjugé contre les communistes en eux-mêmes. Leur philosophie, telle qu'ils me l'ont exposée à moi-même, je ne peux pas y souscrire. »

Les communistes lui envoyèrent des porte-parole pour le convertir. Mais ses instincts l'incitaient à rejeter leurs enseignements.

« J'ignore encore ce qu'est exactement le bolchevisme, écrivait-il le 11 décembre 1924. Je n'ai pas été en mesure de l'étudier. Je ne sais pas si à la longue il est avantageux pour la Russie. Mais il y a une chose que je sais, c'est que pour autant qu'il est basé sur la violence et la négation de Dieu, il me répugne... Je suis opposé sans compromission possible aux méthodes de violence, même quand il s'agit de servir la plus noble des causes. »

En 1926, il reçut quelques informations et déclara : « Que nul ne s'imagine que les gens en Russie, en Italie et dans les autres pays sont heureux ou indépendants. »

En 1927, Chapouri Saklatouala, communiste indien qui faisait partie de la Chambre britannique des Communes, adressa un appel à Gandhi pour l'inviter à abandonner ses vues erronées et à se rallier aux communistes. Le 17 mars 1927, Gandhi répliqua dans *Young India* à son « impatient camarade » : « En dépit de mon désir de lui offrir une coopération cordiale, je me trouve placé devant une muraille obscure. Les faits qu'il apporte sont une fiction, et ses déductions étant

basées sur une fiction sont nécessairement sans fondement...
Je le regrette, mais nous sommes placés à des pôles opposés. »

« Vous prétendez être communistes, affirmait-il à un groupe
de gens de ce parti, mais vous ne semblez pas vivre la vie du
communisme. » Puis il les tança pour leur manque de courtoisie
dans la discussion. Dans une autre occasion, il attaqua leur
manque de scrupules : « J'ai appris par certains écrits qui sont
publiés sous le nom de littérature communiste, écrivait-il
dans *Haryian* le 10 décembre 1930, que le mystère, le camouflage et autres choses semblables sont commandés comme
nécessaires à la réalisation du communisme. » Cela lui répugnait.

Gandhi était-il socialiste [1] ?

Il était opposé à la doctrine de haine de classes des socialistes
et les condamnait quand ils faisaient usage de la violence. Pourtant, lorsqu'il constata certaines tendances troublantes, il devint
plus favorable au socialisme et à l'idée d'égalité. « Aujourd'hui,
écrivait-il, le 1er juin 1947, dans *Haryian*, l'inégalité économique est grande. La base du socialisme est l'égalité économique. On ne peut pas reconnaître la loi de Dieu dans l'état
présent de criminelles inégalités, où un petit nombre se vautrent
dans la richesse, tandis que les masses ne reçoivent pas assez
à manger. J'ai accepté la théorie socialiste dès l'époque où
j'étais dans l'Afrique du Sud. » Cependant, son socialisme était
un socialisme moral.

La fidélité de Gandhi à la vérité dépassait sa fidélité à un
dogme politique ou à un parti. Il admettait que la vérité le
guidât sans qu'il eût besoin de carte. Si cela l'entraînait dans
un domaine où il devait abandonner quelque bagage intellectuel ou marcher seul sans ses compagnons d'autrefois, il allait.
Il n'a jamais gêné sa pensée au moyen de signaux d'arrêt.
Bien des groupes l'ont revendiqué pour eux. Mais il n'appartenait en propre à aucun, même pas au Congrès. Il a été le
chef de celui-ci pendant plusieurs années; pourtant, à la session
de décembre 1934, à Bombay, alors qu'il s'était plongé dans le
travail de relèvement des *haryians* et des paysans, il cessa de
cotiser, renonça à tout poste officiel dans le parti du Congrès.
« J'ai besoin d'une indépendance complète et d'une liberté
d'action absolue », déclara-t-il.

1. Minoo Masani m'a donné une copie photographiée d'une lettre de Gandhi
à lui adressée concernant le socialisme. L'analyse faite par Masani lui-même
de Gandhi considéré comme socialiste forme un chapitre du gros volume du
Gandhiji consacré au Mahatma à l'occasion de son 75e anniversaire. J'ai
discuté cette question avec lui, avec Yaïprakach et avec d'autres.

L'individualisme de Gandhi présupposait le maximum de liberté par rapport aux contingences extérieures et le maximum de développement des qualités intérieures. Son antagonisme pour le gouvernement britannique faisait partie d'un antagonisme plus vaste pour les entraves de toute sorte. Son idéal était le détachement du *Ghita*, en politique comme en religion.

La réceptivité et la souplesse intellectuelles de Gandhi sont caractéristiques pour l'esprit de l'hindou. Il existe une orthodoxie hindoue; mais elle n'est pas caractéristique de l'hindouisme. Dans l'hindouisme, ce qui constitue la religion, ce n'est pas tant l'objet que l'intensité et la qualité du zèle religieux.

En 1942, alors que j'étais pour huit jours invité par Gandhi dans sa maison, il n'y avait sur les murs en terre glaise de sa chaumière qu'une image de Jésus-Christ imprimée en noir et blanc avec cette inscription : *Il est notre paix!* Je demandai à Gandhi ce que cela signifiait. « Je suis chrétien », me répondit-il. « Je suis chrétien, et hindou, et musulman, et juif [1]. »

« Toutes les croyances, a-t-il écrit dans *From Yeravda Mandir*, en une définition non voulue de la tolérance religieuse, constituent une révélation de la vérité, mais toutes sont imparfaites et sujettes à l'erreur. Le respect que nous avons pour les autres croyances ne doit pas nous aveugler quant à leurs fautes. Nous devons être vivement conscients des défauts de notre propre foi également, mais ne pas nous en tenir à cette conscience, et nous efforcer de triompher de ces défauts. Si nous regardions toutes les religions du même œil, nous ne nous contenterions pas d'hésiter, mais nous considérerions

---

1. Lorsque l'autobiographie de Gandhi fut publiée aux États-Unis en 1948, feu George Orwell en rendit compte dans *Partisan Review*. J'ai découpé alors et classé dans mes dossiers son compte rendu. Orwell, auteur du brillant ouvrage *Animal Farm, 1948* et d'autres livres, est né aux Indes et est un Anglo-Indien. Son article, intitulé « Réflexions sur Gandhi », est intuitif, sensible, riche en connaissances préalables, et rédigé avec sympathie. Son commentaire se rattache au point discuté dans ce chapitre. Examinant Gandhi comme un saint non engagé, il écrit : « Mais il n'est pas nécessaire de se demander ici lequel est le plus « élevé » de l'idéal de l'au-delà ou de l'idéal humain... Le fait est qu'ils sont incompatibles. On doit choisir entre Dieu et l'homme, et tous les « radicaux » et « progressistes », depuis le libéral le plus tempéré jusqu'à l'anarchiste le plus violent, ont effectivement choisi l'homme. » Je puis bien voir comment l'autobiographie qui ne reflète que très imparfaitement son auteur a pu induire à croire que Gandhi avait choisi Dieu. Mais j'estime que la grandeur de Gandhi réside dans son habileté à choisir à la fois Dieu et l'homme. Son goût de l'au-delà n'excluait pas l'amour de ce monde : au contraire, il réclamait le dernier. Gandhi enrôlait Dieu au service de l'homme.

comme notre devoir de marier à notre foi tous les traits accep-
tables des autres croyances. »

Ce paragraphe est un portrait de la pensée de Gandhi :
c'était un conservateur qui n'aurait pas changé de religion,
un réformateur qui essayait de la modifier, et un esprit tolérant
qui considérait toutes les croyances comme des aspects de la
divinité. Il était loyal mais critique, partisan mais sans préjugés, tourné vers l'extérieur mais aussi vers l'intérieur, attaché mais détaché, hindou, mais chrétien, mais musulman,
mais juif.

Après l'hindouisme ce qui l'attirait le plus c'était le christianisme. Il aimait Jésus. Des bigots hindous allaient jusqu'à
l'accuser d'être secrètement chrétien.

S. K. George, chrétien syrien de l'Inde et professeur au
séminaire de Calcutta, a écrit un livre intitulé : *Gandhi's
Challenge to Christianity*, et dédié « au Mahatma Gandhi qui
a rendu réels pour moi Jésus et son message ». Le révérend
K. Mathew Simon, de l'Église syrienne orthodoxe de Malabar,
écrit au sujet de Gandhi : « Ce fut sa vie qui me démontra
plus que toute autre chose que le christianisme est une religion
praticable même au xxe siècle [1].» Cela fait comprendre combien
Gandhi est en contact avec les problèmes de nos temps.

Gandhi a été un grand embarras pour les chrétiens des
Indes : il était, bien qu'il ne fût pas chrétien, l'homme du
monde le plus semblable au Christ. « Ainsi, s'écrie E. Stanley
Jones, un des hommes qui sont les plus semblables au Christ
dans l'histoire n'a pas été appelé chrétien le moins du monde. »
Des missionnaires ont souvent essayé de le convertir au christianisme. « Faites de nous de meilleurs hindous, leur répondait-il. Cela serait plus chrétien. »

« Le christianisme a eu un bon effet sur l'hindouisme heureux. L'influence indirecte du christianisme a été de rendre
l'hindouisme plus vivant », affirmait Gandhi. Le fait que le
terrain le plus riche en recrues pour les missionnaires ait été
la communauté haryianne aigrie peut avoir convaincu quelques hindous de la nécessité d'accepter le travail de Gandhi
en faveur des *haryians*. Et il est probable que Gandhi a eu un
heureux effet sur le christianisme. Le Dr E. Stanley Jones
dit : « Dieu se sert de bien des instruments et il est possible
qu'il se soit servi de Gandhi pour aider à christianiser le christianisme non chrétien. »

---

1. La citation du Rév. K. Mathew Simon est tirée d'une lettre qu'il m'a
écrite.

Gandhi n'a jamais essayé de convertir des chrétiens à l'hindouisme.

Le conservateur traditionaliste et le radical iconoclaste s'amalgamaient en Gandhi pour former un mélange cruellement imprévisible. L'attaque heureuse du Mahatma contre l'intouchabilité amena le changement le plus révolutionnaire dans l'existence millénaire de l'hindouisme. Il semblait que le corollaire de l'abolition de l'intouchabilité fût l'abolition des castes; car si l'on commençait à se mélanger avec les parias, il était certain que les barrières entre les castes plus élevées allaient tomber en poussière. Malgré cela, Gandhi continua pendant bien des années à défendre les restrictions de caste.

En 1920, Gandhi, prenant la défense des quatre castes hindoues, écrivait : « Je considère ces quatre divisions comme fondamentales, naturelles et essentielles. » « L'hindouisme, écrivait-il dans *Young India*, le 6 octobre 1920, décourage très expressément les repas en commun et les mariages entre les castes différentes... La prohibition des mariages et des repas en commun est essentielle pour la rapide évolution de l'âme. »

Le même homme disait : « L'interdiction des repas et des mariages entre membres de différentes castes ne fait pas partie de la religion hindoue. Elle s'est glissée dans l'hindouisme alors que sans doute il était à son déclin, et a été probablement imaginée alors comme une protection temporaire contre la désintégration de la société hindoue. Aujourd'hui, ces deux prohibitions affaiblissent cette société. » C'était à la date du 4 novembre 1932.

En 1921, l'interdiction des mariages et des repas entre membres de différentes castes était « essentielle » pour l'âme; en 1932, « elle affaiblissait la société hindoue ».

Cependant, même cela n'était pas la position finale de Gandhi. Après avoir rompu avec la tradition orthodoxe, il continua de façon caractéristique à s'en éloigner toujours davantage et, le 5 janvier 1946, il déclarait dans l'*Hindustan Standard* : « En conséquence, je déclare à tous les garçons et à toutes les filles qui désirent se marier que cela ne peut pas avoir lieu à l'*ashram* de Sévagram, à moins que l'un des fiancés ne soit *haryian*. » Précédemment, il avait refusé d'assister à une noce quand il ne s'agissait pas d'un mariage mixte.

De 1921 à 1946, Gandhi avait parcouru tout un cercle : de la désapprobation publique des mariages entre membres de différentes castes jusqu'à l'approbation des seuls mariages de ce genre.

Dans son *ashram* également, Gandhi se fit plus tolérant quant à la question du mariage, et cessa d'insister pour que les mariages fussent des mariages blancs.

En tant que croisé, Gandhi se devait d'être positif dans ses opinions. En sa qualité d'être dévoué à la vérité, il devait être capable d'en changer. Parfois, il défendait son point de vue avec une insistance qui semblait outrecuidante; pourtant, il le modifiait lorsque c'était nécessaire, si absolument que cela gênait ses disciples mais jamais lui. Bien que, généralement, il s'efforçât de démontrer qu'il avait de la suite dans les idées, il avouait ses inconséquences. Il pouvait être dur comme fer ou céder doucement. Il fut, pendant une période, le dictateur du Congrès et, pendant une autre, l'abandonna à son sort et à ses folies. Il disposait d'un pouvoir formidable, mais dont souvent il ne faisait pas usage; dans des circonstances vraiment cruciales il s'inclinait devant les désirs de ses contradicteurs qu'il aurait pu briser d'un geste d'un seul doigt. Il possédait la puissance d'un dictateur et l'esprit d'un démocrate. Le pouvoir ne lui procurait aucun plaisir; il n'avait pas à alimenter une psychologie compliquée. Le résultat était un homme détendu. Jamais ne le préoccupa la question de soutenir une impression d'omniscience, d'infaillibilité, de toute-puissance et de dignité.

Il y a dans l'équipement de tout chef une muraille. Elle peut être haute et faite de briques et gardée par un bataillon de sentinelles; ou bien consister en une question sans réponse ou en un sourire énigmatique. Le but en est de maintenir une certaine distance et une certaine crainte, et de camoufler les faiblesses et les secrets. Il n'y avait pas de muraille autour de Gandhi. « Je dis sans la moindre hésitation, déclarait-il un jour, que je n'ai jamais eu recours de ma vie à la ruse. » Son esprit et ses émotions étaient en effet plus à découvert encore que son corps.

« Mon heure la plus sombre, écrivait-il le 26 décembre 1936 dans *Haryian*, à l'âge de soixante-sept ans, fut à Bombay, il y a quelques mois. Ce fut l'heure de ma tentation. Alors que je dormais, j'éprouvai soudain comme le désir de voir une femme. Évidemment, un homme qui a essayé de s'élever au-dessus de l'instinct pendant près de quarante ans devait être profondément peiné d'une aussi affreuse expérience. En fin de compte j'arrivai à dominer cette sensation, mais j'avais affronté le moment le plus sombre de toute ma vie et, si j'y avais succombé, je me serais cru absolument perdu. »

Bien des gens sont incapables d'une telle franchise et nombreux sont ceux qui la jugeraient superflue. Mais c'est la manifestation suprême de la vie sans murailles. Il désirait que le monde le connût, connût tout de lui. S'il n'en avait pas été ainsi, cela n'aurait pas été la vérité. Et il disait la vérité quant à ses luttes intimes et à ses contacts avec l'extérieur, afin que les autres pussent y trouver des enseignements. « Comme j'ai toujours cru que ce qui est possible pour l'un l'est aussi pour tous, mes expériences n'ont pas été faites dans le secret mais en public. » Cela semble un peu redondant; mais s'il ne l'avait pas fait, il aurait supprimé un message apte à encourager les autres.

Gandhi était un éternel enseignant. C'est pourquoi il se rendait accessible à tous. Cette facilité d'approche n'était pas seulement complète, elle était créatrice.

Aux environs de 1930, un jeune Indien nommé Atoulananda Chakrabarti écrivit une brochure sur le problème hindo-musulman qui ne cessait de s'envenimer [1]. Bien entendu, il en envoya un exemplaire au Mahatma. Habituellement, une personnalité éminente, dans quelque contrée que ce soit, se borne en pareil cas à envoyer une formule polie de remerciement. Gandhi lut cette brochure et envoya à l'auteur inconnu une critique détaillée de ses idées et de ses propositions. Il y faisait même allusion à des détails secondaires. Par exemple : « A la page 151, vous dites que l'Inde a une « étendue de plusieurs milliers de « milles. » Est-ce le cas? En tout cas, pas plus de quinze cents milles. Et puis, vous n'avez pas donné, sauf en un seul cas, les références de vos citations dans l'appendice... Et puis, faites attention aux fautes d'impression. Impardonnables! Pourtant, en dépit de ces défauts, votre livre rendra service, si vous avez été fidèle à la vérité. »

Encouragé par cette attention qu'il n'espérait pas, Atoulananda demanda s'il pourrait venir habiter l'*ashram* pendant un certain temps. Gandhi l'y invita, et il y séjourna pendant plusieurs semaines. Ils devinrent amis et, depuis lors, eurent une correspondance régulière [1]. Atoulananda prit l'habitude d'envoyer ses articles à Gandhi pour qu'il les commentât; il suggéra la création d'une Ligue culturelle pour le rapprochement des hindous et des musulmans. Dans sa réponse, datée du 3 août 1937, Gandhi lui écrivait :

---

1. Atoulananda Chakrabarti m'a donné les originaux des lettres que Gandhi lui a écrites. Un jour que j'étais aux Indes pendant l'été de 1948 occupé à recueillir des matériaux pour le présent livre, il entra tout simplement dans ma chambre d'hôtel et m'en fit cadeau en me faisant le récit de ses rapports

« Mon cher Atoulananda,

J'espère que votre fille se porte bien et qu'elle est tout à fait hors de danger. J'ai parcouru vos articles avec soin. Je continue à ne pas voir clair. Il me semble qu'aucune Ligue culturelle ne répond au dessein que vous et moi avons en vue. Il faut que ce soit l'œuvre d'individus ayant une foi vivante et travaillant avec le zèle de missionnaires. Essayez de nouveau, si je n'ai pas vu ce que vous voyez dans votre proposition. Je serai patient et attentif. Je veux vous aider si je vois clairement ma route.

Sincèrement vôtre.

M. K. GANDHI. »

Cette lettre était écrite à l'encre sur une feuille étroite de papier fait à la main [1].

Gandhi était en correspondance avec plusieurs milliers de personnes aux Indes et ailleurs. Dans bien des cas, une lettre était le point de départ de relations personnelles prolongées; il se souvenait des membres de la famille de son correspondant et les rappelait par leur nom. Alors qu'on s'adressait à lui au départ pour des questions d'ordre général politique ou religieux, on ne tardait pas à lui demander son avis sur des matières privées. Il était un père maternel pour des multitudes de gens.

Au mois d'août 1947, Gandhi était à Calcutta et affrontait l'une des crises les plus affreuses de l'histoire indienne. Les rues de la ville étaient couvertes de sang hindou et de sang musulman. Un matin, Amyia Chakravarty vint le trouver. Amyia avait été le secrétaire littéraire de Tagore. Un cousin qui lui était très cher venait justement de mourir de maladie, et pour s'en consoler il désirait faire part de son chagrin au Mahatma. Il était debout près du mur dans un coin de la chambre de Gandhi. Celui-ci écrivait. Quand il releva la tête, Amyia s'avança et

avec le Mahatma... Amiya Chakravarty, professeur à l'université du Howard à Washington, m'a fourni des copies de diverses lettres qu'il a reçues de Gandhi; il a également écrit un compte rendu des amabilités que ce dernier a eues pour lui à Calcutta... Les renseignements généraux sur la correspondance de Gandhi m'ont été donnés par Raykoumari Amrit Kaour, princesse chrétienne qui fut longtemps sa secrétaire pour l'anglais... Sauf en de très rares occasions, on n'a pas fait de copies des lettres écrites par Gandhi à la main. Certaines ont été perdues. Vallabhbhaï Patel m'informe qu'il a reçu un grand nombre de lettres de Gandhi, mais les a détruites après les avoir soigneusement étudiées. Malgré cela, il existe plusieurs milliers de lettres du Mahatma et nombreux sont ses amis qui ont été assez généreux pour me donner les originaux ou leurs copies.

lui annonça la mort de son cousin. Gandhi fit une remarque amicale, et l'invita au meeting de prière qui avait lieu ce soir-là. Lorsque Amyia arriva, Gandhi lui glissa un bout de papier et lui murmura : « Cela vient directement du cœur; cela peut donc avoir une certaine valeur. » Cette note disait :

« Mon cher Amyia,

Je suis affligé de la perte que vous avez subie et qui en réalité n'est pas une perte. *La mort n'est qu'un sommeil et un oubli.* C'est un sommeil si doux que le corps n'a pas besoin de se réveiller et que le poids mort du souvenir est jeté par-dessus bord. Pour autant que j'en sois informé, il n'y a pas là, heureusement, de meetings tels que celui que nous avons ce soir. Quand les gouttes séparées se réunissent, elles participent à la majesté de l'Océan auquel elles appartiennent. Dans l'isolement, elles meurent, mais pour se rencontrer de nouveau au sein de l'Océan. Je ne sais pas si j'ai été assez clair pour vous procurer quelque réconfort.

Affection.

BAPOU. »

Le fait d'avoir pris ce souci aurait été à lui seul un réconfort suffisant. Au milieu des soucis qu'il éprouvait pour toute la nation, il se préoccupait d'une personne sans importance. Il était convaincu que la politique est moins que zéro, à moins d'être une part intégrale de la vie de tous les jours des êtres humains. La vie sans murailles de Gandhi visait au bien-être de l'humanité par la préoccupation qu'il avait des légumes verts dans la nourriture villageoise, des peines de cœur d'un parent en deuil, du choix d'un mari pour une jeune fille, d'un enveloppement de boue pour un paysan malade et de l'orthographe d'un écrivain. Personne n'est au-dessus de bagatelles semblables; elles constituent la vie; personne ne vit dans l'air raréfié des *ismes* et des principes théologiques.

Pendant une longue période d'années, le courrier quotidien de Gandhi s'éleva en moyenne à cent lettres qui souvent comprenaient des pièces jointes. Il répondait de sa propre main à une dizaine d'entre elles; dictait les réponses à quelques-unes, et donnait à ses secrétaires des instructions pour les autres. Pas une seule correspondance ne restait sans réponse. Dans beaucoup de cas, lorsque les correspondants n'y voyaient pas d'inconvénient, Gandhi répondait dans *Haryian*. Ses contributions hebdomadaires à ce magazine lui prenaient invariablement deux jours de travail acharné. Il les écrivait aussi de sa main; il était rare qu'il les dictât.

Tout le reste de ses longues journées était consacré à ses visiteurs. Sauf quand il s'agissait de quelques Indiens ou Anglais importants, dix personnes ou plus pouvaient prendre part à chacune de ses audiences, mais seuls Gandhi et son interlocuteur prenaient une part active à la conversation.

La liste des invités non indiens du Mahatma faisait penser à un *Who's Who* [1] international. Certains étrangers estimaient que leur séjour aux Indes serait incomplet s'ils ne faisaient pas une visite à Gandhi.

Ils avaient raison. Il représentait l'Inde mieux que personne d'autre ne pouvait le faire. Lui-même affirmait qu'il était *haryian*, musulman, chrétien, hindou, paysan, filateur. Il se tissait lui-même dans le tissu de l'Inde. Il avait le don de s'identifier avec de vastes foules et avec de nombreux individus. Pour libérer l'Inde, il avait choisi la route difficile mais durable consistant à libérer les êtres humains de ce pays. Cela devait être plus difficile que de les libérer politiquement de l'Angleterre. Comment cela pourrait-il se réaliser? « Je ne puis pas indiquer de route royale pour faire la révolution sociale, écrivait-il en 1945, sauf si nous voulons la réaliser dans chaque détail de notre vie. »

Le champ de bataille de Gandhi était donc le cœur des hommes. C'est là qu'il avait fixé sa demeure. Mieux que personne, il savait combien petite était la part de la bataille qui avait été livrée et gagnée. Cependant, si la révolution sociale n'était pas faite dans la conduite quotidienne de l'homme, « nous ne serons pas capables, disait-il, de laisser l'Inde plus heureuse qu'elle n'était quand nous sommes nés ». Ce n'était pas la révolution sociale qui pouvait produire un homme nouveau. C'était un nouveau type d'homme qui pourrait faire la révolution sociale [2].

---

1. *Bottin mondain.*
2. Ce chapitre ainsi que certains autres qui précèdent et les chapitres XLV, XLVI et XLVII, ont été relus avec soin et d'un œil critique par la D[resse] Souchila Nayyar, médecin de Gandhi pendant la période en question et jusqu'à sa mort. Elle n'est évidemment pas responsable de ma façon d'envisager les choses ni de mes actions. Mais ses corrections et ses opinions sont d'une valeur incalculable.

De 1933 à la fin de Gandhi, le magazine *Haryian* est la meilleure source pour les déclarations faites par Gandhi. Nombre de ces déclarations ont été recueillies commodément dans les anthologies contenant ses dires sur une grande variété de sujets. Je me suis servi des *Selections from Gandhi*, par Nirmal Koumar Bose; de *India of my Dreams*, par M. K. Gandhi, compilé par R. K. Prabhou, avec un avant-propos du Dr Rayendra Prasad (Bombay,

Hind Kitabs, Ltd., 1947); de *Teachings of Mahatma Gandhi*, édités par Yag Parvesh Chander, avec un avant-propos de Babou Rayendra Prasad (Lahore, The Indian Printings Works, 1947) et *The Mind of Mahatma Gandhi*, compilé par R. K. Prabhou et U. R. Rao (Bombay, Oxford University Press, 1945).

Outre cela, il existe des anthologies de Gandhi consacrées à des questions isolées. L'une d'elles *Christian Missions, Their Place in India*, par M. K. Gandhi (Ahmédabad, Navajivan Press, 1941), m'a rendu service pour la préparation de ce chapitre. Les rapports de Gandhi avec le christianisme et avec Jésus sont expliqués en outre dans *Gandhi's Challenge to Christianity*, par S. K. George, avec des avant-propos du professeur S. Radhakrichnan et de Mr. Horace Alexander (Ahmédabad, Navajivan Publishing House, 1947); dans *Mahatma Gandhi, his Life, Work and Influence*, par Yachouant Rao Chitambar (un Indien devenu évêque chrétien), avec préface de John R. Mott (Chicago, The John C. Winston Company, 1933) et dans *Mahatma Gandhi, an Interpretation*, par E. Stanley Jones (New-York, Abingdon-Cokesbury Press, 1948).

La déclaration de Gandhi concernant la révolution sociale est citée d'après *Haryian* (14 août 1949).

Bibliographie complémentaire : *Economic Policy and Programme for Post-War India*, par Nalini R. Sarker (Patna, Patna University, 1945); Publishing, *The Story of India*, par F. R. Moraes (Bombay, The Noble House, 1942). Mr. Moraes, journaliste indien de valeur, définit Gandhi comme « un grand ami de l'homme ».

CHAPITRE XXXV

L'ENTRÉE EN GUERRE

YAOUAHARLAL NEHROU était président du Congrès pour les années 1936 et 1937, heure exceptionnelle et pesant fardeau. Mais lui-même reconnaissait que Gandhi était le « super-président permanent » du Congrès. En politique ou en dehors de la politique, Gandhi, grâce à son influence sur le peuple et sur un grand nombre des dirigeants du Congrès, pouvait dicter à celui-ci ses actes et opposer son veto à ses décisions quand bon lui semblait.

Ce fut seulement après que Gandhi eut donné son consentement que le Congrès prit part aux élections pour les conseils législatifs provinciaux et centraux, au début de 1937, conformément à la nouvelle constitution britannique, la loi des Indes de 1935. « Le boycottage des assemblées législatives, laissez-moi vous le dire, expliquait Gandhi dans *Haryian*, le 1er mai 1937, n'est pas un principe éternel tel que ceux de vérité et de non-violence. »

Le Congrès fut vainqueur aux élections dans six provinces de l'Inde sur onze (Bombay, Madras, les Provinces Unies, Bihar, les Provinces Centrales et Orissa); il fut le parti le plus favorisé dans l'Assam, le Bengale et la province frontière du Nord-Ouest, mais n'obtint qu'une très faible minorité des voix dans le Sind et le Pundjab.

Le Congrès devait-il accepter des fonctions dans les provinces où il avait eu la majorité? Au mois de mars 1937, sur le conseil de Gandhi, il se décida pour l'affirmative, à la condition toutefois que les gouverneurs britanniques de ces provinces n'interviendraient pas, et dans l'espoir d'utiliser ces fonctions pour organiser le pays en vue de son autonomie.

Le nombre total des membres du parti du Congrès s'éleva de 3.102.113 au début de 1938 à 4.478.720 au début de 1939. Mais Gandhi, à qui les chiffres ne faisaient jamais impression, prévint le parti de ne pas se laisser corrompre par le pouvoir et par ceux qui venaient chercher un emploi. Il voyait que « la décadence » commençait et avouait ne pas pouvoir recourir à la désobéissance civile parce que « bien qu'il y ait assez de partisans de la « non-violence » dans les masses, il n'y en a pas assez parmi ceux qui sont chargés d'organiser ces masses ».

Gandhi condamnait les gouvernements provinciaux du Congrès pour avoir usé de la violence pendant les grèves et les émeutes religieuses. Au fur et à mesure qu'avançait la décade commençant en 1930, le pacifisme de Gandhi devint de plus en plus intransigeant. Mais ni Nehrou, ni Bose, ni Maoulana Aboul Jalam Azad, l'éminent chef musulman du Congrès, n'étaient pacifistes. De tous les nationalistes culminants de l'Inde, le seul qui méritât le titre de « Gandhi » fut Abdoul Ghaffar Khan, connu dans le pays comme « le Gandhi de la frontière ». C'est un Pathan de la région frontière du Nord-Ouest, sauvage et légendaire, non loin du défilé de Khyber, habitée par les turbulentes tribus des Afridis, des Ouazirs et autres tribus montagnardes.

Des millions d'hommes obéissaient à Gandhi, des myriades le vénéraient, des multitudes se reconnaissaient comme ses adeptes, mais seulement une poignée agissait comme lui. Il le savait. Cela n'amoindrissait pas son énergie volcanique, ni ne brisait sa volonté de fer. Au contraire. Tandis qu'il surveillait les nuages noirs qui avançaient pendant les années 1930, à travers la Chine, l'Abyssinie, l'Espagne, la Tchécoslovaquie et sur toute l'Allemagne, son zèle pour le pacifisme pur ne faisait que croître. « Ma foi brille plus claire au milieu des ténèbres impénétrables », disait-il le 6 février 1939. Il voyait la seconde guerre mondiale qui approchait.

En 1921, il avait écrit : « Même, dans l'autonomie, je n'hésiterais pas à inciter ceux qui voudraient porter les armes à agir ainsi et à combattre pour le pays. » En 1928, répondant au Révérend français B. de Ligt, à l'ami de Tolstoï, Tchertkof, et à d'autres pacifistes européens qui le critiquaient pour avoir apporté son concours aux deux guerres en Afrique du Sud et à la première guerre mondiale, Gandhi déclarait : « J'ai pris part à ces trois actes de guerre. Je ne pouvais pas, cela aurait été une folie de ma part, rompre mes relations avec la société à laquelle j'appartiens. »

Il aurait été normal pour Gandhi d'être pacifiste dès le début de sa carrière publique. Mais ses attitudes essentielles ne se sont jamais imposées à Gandhi par la réflexion. Le pacifisme absolu auquel il est parvenu vers 1935-1936 a été en partie le résultat de ses rapports moins encourageants avec l'Empire britannique, en qui il avait cru bien plus tôt. Mais, surtout, il provenait de son développement intime.

Un jour, alors que Gandhi était en prison, un scorpion avait piqué un détenu. Gandhi avait sucé le poison. Un lépreux, du nom de Partchoure Sastri, un étudiant sanscrit, demanda son admission à l'*ashram* de Sévagram. Quelques membres s'y opposèrent : ils craignaient la contagion. Gandhi non seulement l'admit, mais lui fit des massages... En mars 1939, Gandhi entreprit de jeûner jusqu'à la mort pour obtenir les libertés civiles pour les habitants de Raïkot, où il était allé à l'école quand il était enfant. Les médecins cherchèrent à en dissuader le Mahatma. Il présentait des symptômes de myocardite, inflammation qui a pour conséquence de scléroser les muscles du cœur.

Mais c'était pour Gandhi un principe de subordonner la chair à l'esprit. Lorsque des considérations morales rendaient un acte indispensable, le corps n'avait pas le droit d'opposer son veto. Si la chair était faible, elle souffrait ou même mourait; elle ne pouvait pas dire non.

C'était là la source du pacifisme de Gandhi. Dans le passé, il avait pris part à des guerres. Il avait laissé sa sympathie pour la Grande-Bretagne et son devoir envers son pays le guider. Il ne s'était pas insurgé non plus contre le nationalisme indien. Le sentiment moral ne le commandait pas encore entièrement.

Néanmoins, à l'époque où la deuxième guerre mondiale approchait, il était arrivé à un état plus complet de détachement. C'est pourquoi il disait : « Je n'ai pas été aussi désolé autrefois (entre 1914 et 1918) que je le suis aujourd'hui. » Il envisageait la seconde guerre mondiale comme « une horreur plus grande » que la première. « Cette horreur plus grande m'empêcherait de me faire sergent recruteur nommé par moi-même tel que je l'ai été pendant la dernière guerre. »

Il avait peu d'espoir de persuader les autres. Mais, alors que, dans le passé, il avait résisté à toutes les excitations du dehors et affirmé qu'il ne pouvait pas introduire la non-violence dans l'Occident alors que l'Inde restait violente, en 1935, il encouragea les Abyssins à ne pas combattre.

« Si les Abyssins avaient adopté l'attitude de la non-violence à l'égard de la force, disait-il, c'est-à-dire cette non-violence qui éclate en morceaux mais jamais ne plie, Mussolini ne se serait jamais intéressé à l'Abyssinie. Donc, s'ils avaient dit simplement : Vous êtes le bienvenu, si vous voulez nous réduire en poussière et en cendres, mais vous ne trouverez pas un seul Abyssin pour collaborer avec vous, qu'aurait pu faire Mussolini? Il ne désirait pas posséder un désert... Si les Abyssins s'étaient retirés devant lui et s'étaient laissé massacrer, leur inactivité apparente aurait été bien plus efficace bien que non visible sur le moment. Hitler et Mussolini d'une part et Staline de l'autre sont capables de démontrer l'efficacité immédiate de la violence. Mais cette efficacité est aussi passagère que celle des massacres de Gengis Khan. »

La tragédie de la Tchécoslovaquie et des juifs d'Allemagne le toucha bien entendu davantage. « La paix de l'Europe gagnée à Munich — où Chamberlain et Daladier livrèrent la Tchécoslovaquie à Hitler au mois de septembre 1938 — est un triomphe de la violence; c'est aussi une défaite... : l'Angleterre et la France... ont reculé devant la violence combinée de l'Allemagne et de l'Italie. Mais qu'ont gagné ces deux puissances? Ont-elles ajouté quoi que ce soit à la richesse morale de l'humanité? » Ces paroles ont une signification plus grande aujourd'hui qu'à la date du 8 octobre 1938, à laquelle elles furent publiées dans *Haryian*. « La guerre est seulement ajournée, continuait Gandhi d'un ton prophétique. Pendant le temps qui nous est donné pour respirer, j'offre aux Tchèques une issue : la non-violence. Ils ne savent sans doute pas encore ce qui les attend. Ils ne peuvent rien perdre en essayant le moyen de la non-violence. Le sort de la République espagnole est dans la balance. Il en est de même en Chine. Si, finalement, elles perdent toutes, ce ne sera pas parce que leur cause n'est pas juste... Je suggère que, s'il est courageux — et cela l'est — de mourir en luttant contre le mal, il est plus courageux encore de se refuser à combattre tout en refusant de se soumettre à l'usurpateur... »

Alors qu'il faisait une tournée avec Ghaffar Khan, en 1938, chez les Pathans de la frontière, Gandhi écrivit pour *Haryian* un article intitulé : *Si j'étais Tchèque*. Il y disait : « La démocratie menace d'être noyée dans le sang. La philosophie que soutiennent les deux dictateurs assure que c'est une lâcheté que de se refuser au carnage... La science de la guerre mène à la dictature pure et simple. La science de la non-violence seule peut conduire à la pure démocratie... La Russie est hors de cause. Elle a un dictateur qui rêve de paix et croit pouvoir y arriver à travers une mer de sang...

« Il fallait dire cela comme introduction à ce que je veux conseiller aux Tchèques et par eux à toutes les nationalités qu'on nomme « petites » ou « faibles ». Je désire parler aux Tchèques parce que leur condition m'a ému au point de me causer un mal physique et moral. » Son conseil était : « Refusez d'obéir à Hitler et, pour cela, périssez désarmés. En agissant ainsi, bien que je perde mon corps, je sauve mon âme, c'est-à-dire mon honneur. »

Généralement les pacifistes disent : « Il est mal de tuer. » En conséquence, ils s'abstiennent de la guerre. Mais d'autres leur répondent : « J'aime mieux tuer qu'être tué. » A ceux-là Gandhi répond : « Non, je préférerais être tué. »

« L'homme peut et doit verser son propre sang pour établir ce qu'il considère comme « droit », écrivait Gandhi dans *Haryian.* Il ne doit pas verser le sang de son adversaire qui lui dispute « son droit ». »

Au mois de décembre 1938, la Conférence internationale des missionnaires se réunit à Tambaram, près de Madras, et lorsqu'elle fut terminée, les clergymen chrétiens, y compris le Dr John R. Mott, le Révérend William Paton, secrétaire du Conseil international des missionnaires, le Révérend Leslie B. Moss, secrétaire de la Conférence des sociétés de missionnaires de l'Amérique du Nord, et beaucoup d'autres étaient assis aux pieds de Gandhi dans son *ashram* de Sévagram. Pyarélal Nayyar prenait des notes. Bientôt ils se mirent à discuter la formule qu'il adressait aux Tchèques. « Vous ne connaissez ni Hitler ni Mussolini, dit l'un des missionnaires. Ils sont incapables d'aucun sentiment moral. Ils n'ont pas de conscience et se sont rendus inaccessibles à l'opinion universelle. Ne serait-ce pas faciliter la chose à ces dictateurs si, par exemple, les Tchèques, adoptant votre manière de voir, leur opposaient la non-violence?

— Votre objection, répondit Gandhi, présuppose que des dictateurs tels que Mussolini et Hitler ne peuvent pas être sauvés. »

Des discussions du même genre et souvent plus contradictoires encore furent provoquées par le conseil donné par Gandhi aux juifs.

Gandhi écrivait, le 11 novembre 1938, dans *Haryian :*

« Mes sympathies vont tout entières aux juifs. Ils ont été les intouchables du christianisme... Un ami juif m'a envoyé un livre intitulé *The Jewish Contribution to Civilization,* par Cecil Roth. Il donne un aperçu de tout ce que les juifs ont fait pour enrichir la littérature universelle, l'art, la musique, le théâtre, la science, la médecine, l'agriculture, etc. La persécution des juifs en Allemagne semble n'avoir pas d'analogue dans l'histoire. Les tyrans d'autrefois n'ont jamais été aussi fous que Hitler semble l'être. Si jamais il a pu y avoir une guerre qui se justifiât au nom de l'humanité, une guerre contre l'Allemagne pour prévenir la persécution extravagante de toute une race serait complètement justifiée. Mais je ne crois pas à la guerre...

« Les juifs peuvent-ils résister à cette persécution organisée et éhontée? Si j'étais juif et né en Allemagne et si j'y gagnais ma vie, je revendiquerais l'Allemagne comme mon pays au même titre que pourrait le faire le plus grand Allemand aryen, et je le défierais de me fusiller ou de me mettre au violon... Et, pour faire cela, je n'attendrais pas que mes coreligionnaires s'unissent à moi pour la résistance civile, mais je serais convaincu que les autres en fin de compte se verraient conduits à suivre mon exemple. Si un juif ou tous les juifs acceptaient l'invitation qui leur est faite ici, il ou ils ne se trouveraient pas dans une situation pire qu'aujourd'hui... La violence calculée de Hitler peut évidemment aboutir à un massacre général des juifs en guise de réponse à une déclaration de guerre de ce genre. Mais si l'esprit des juifs pouvait être préparé au sacrifice volontaire, même le massacre que j'ai imaginé pourrait se transformer en une fête d'actions de grâces à Jéhovah pour avoir délivré leur race des mains d'un tyran. Car, pour ceux qui ont la crainte de Dieu, la mort n'a rien de terrible...

« Les juifs d'Allemagne sont bien plus doués que les Indiens de l'Afrique du Sud. Je suis convaincu que si l'un d'entre eux, plein de courage et d'imagination, se levait pour les diriger en une action non violente, l'hiver de leur désespoir pourrait se métamorphoser en un clin d'œil en un été d'espérance. Et ce qui aujourd'hui est devenu une dégradante chasse à l'homme pourrait se transformer en une attitude calme et déterminée prise par des hommes et des femmes désarmés mais possédant la force de souffrir qui leur a été donnée par Jéhovah... Les juifs allemands remporteraient une définitive victoire sur les Allemands aryens en ce sens qu'ils auraient converti ces derniers à respecter la dignité humaine. »

La presse nazie attaqua sauvagement Gandhi en raison de
ces paroles. Elle menaça de recourir à des représailles contre
l'Inde. « Je me considérerais moi-même comme un lâche, répliqua-t-il, si, par peur de faire du tort à mon pays ou à moi-
même ou aux relations indo-allemandes, j'hésitais à donner
un conseil que j'ai ressenti au plus profond de moi-même
comme étant cent pour cent bien fondé. »

Les missionnaires l'interrogèrent vigoureusement quant à
ses déclarations en faveur des juifs. « Pour être vraiment non
violent, leur dit-il, je dois aimer (mon adversaire) et prier pour
lui, même s'il me frappe. » Les juifs devraient prier pour Hitler.
« Si même un seul juif le faisait, il sauvegarderait sa dignité
personnelle et laisserait un exemple qui, s'il devenait conta-
gieux, sauverait la juiverie tout entière et, de plus, laisserait
à l'humanité un riche héritage. »

A cette époque-là, Herman Kallenbach vivait à l'*ashram*
de Sévagram. « Intellectuellement, il croit à la non-violence,
faisait observer Gandhi, mais il dit qu'il ne peut pas prier pour
Hitler... Je ne peux pas le réprimander pour cette colère. Il
veut être non violent, mais les souffrances de ses coreligionnaires sont trop grandes pour qu'il puisse les supporter. Ce qui
est vrai pour lui l'est aussi pour des milliers de juifs qui ne
songent pas à « aimer leurs ennemis ». Pour eux, comme pour
des millions d'autres hommes, « la vengeance est douce, mais
« le pardon est divin ». Il y avait peu de « divins » parmi les
juifs, ou les chrétiens, ou les hindous. Seul un petit hindou et un
tout petit nombre de ses amis étaient capables de cet oubli
divin.

Un magazine new-yorkais, *Jewish Frontier*, examina minutieusement la proposition de Gandhi en mars 1939, et lui
envoya un exemplaire de ce numéro. Il s'attendait depuis longtemps à cette attaque. « Je ne nourrissais pas l'espoir... que
les juifs se convertiraient immédiatement à mes idées, répliqua
Gandhi. J'aurais été satisfait si même un seul juif avait été
convaincu et converti... Il est hautement probable que si,
comme l'écrit le collaborateur (de *Jewish Frontier*), « un Gandhi
« juif surgissait en Allemagne, il pourrait agir pendant cinq
« minutes environ et serait emmené en hâte à la guillotine ».
Mais cela ne démontre pas la fausseté de mon affirmation ni
n'ébranle ma confiance en l'efficacité de la non-violence. Je
puis concevoir la nécessité du sacrifice de centaines d'hommes,
sinon de milliers, pour apaiser la faim des dictateurs... Ceux
qui souffrent n'ont pas besoin de voir le résultat pendant leur

vie... La méthode de violence ne donne pas de garanties plus fortes que celle de la non-violence... » Des millions se sacrifient en temps de guerre sans avoir aucune garantie que le monde deviendra meilleur ou même que l'ennemi sera vaincu. Mais qui ne sentirait pas de la fierté à cette suggestion que quelqu'un puisse mourir en se sacrifiant volontairement pour la non-violence?

Je fis allusion à ce sujet en parlant à Gandhi en 1946, après la mort de Hitler. « Hitler, me répondit-il, a tué cinq millions de juifs. C'est le plus grand crime de notre temps. Mais les juifs auraient dû s'offrir au couteau du boucher. Ils auraient dû se précipiter d'eux-mêmes dans la mer du haut de récifs... Cela aurait soulevé l'univers et le peuple allemand... En fait, ils ont succombé par millions d'une façon comme de l'autre. »

En 1938 et en 1939, Gandhi cherchait un succédané moral pour la guerre imminente. Il savait que ses idées seraient rejetées. Mais il fallait qu'il les exprimât.

En décembre 1938, Mr. Takaoka, membre du Parlement japonais, s'en vint à Sévagram. Il évita délibérément de parler de la guerre sino-japonaise; il demanda comment l'union pouvait être réalisée entre l'Inde et le Japon.

« Cela peut être possible, répondit Gandhi rudement, si le Japon cesse de jeter ses yeux voraces sur l'Inde. »

Takaoka demanda un message pour le parti japonais qui réclamait l'Asie pour les Asiatiques. « Je ne souscris pas à la doctrine qui réclame l'Asie pour les Asiatiques, si on tend à la considérer comme une combinaison antieuropéenne, affirma Gandhi. Comment pouvons-nous avoir l'Asie pour les Asiatiques, à moins d'être satisfaits de laisser l'Asie rester comme une grenouille dans le puits?... »

Une dame câbla de Londres à Gandhi le 24 août, un jour après que le pacte eut été signé entre Staline et Hitler : « Prière d'agir. Le monde attend une direction. » La guerre était à une semaine de distance. Une autre femme envoya un sans-fil d'Angleterre : « Il est urgent que vous envisagiez d'exprimer immédiatement aux dirigeants et à tous les peuples votre inébranlable foi dans la raison et non dans la force. » D'autres messages du même genre inondèrent Sévagram.

Il était trop tard. Le 1er septembre 1939, l'armée nazie envahissait la Pologne.

« Nous avons trop de savants, pas assez d'hommes de Dieu », disait le 10 novembre 1948 à Boston le général Omar N. Bradley, chef d'état-major de l'armée des États-Unis. « Nous avons arraché son mystère à l'atome et rejeté le *Sermon sur la montagne*... Le monde a réalisé la splendeur sans la sagesse; la puissance sans la conscience. Notre monde est un monde de géants nucléaires et de bébés moraux. Nous connaissons plus de choses de la guerre que de la paix, mieux l'art de tuer que celui de vivre. »

Gandhi avait rejeté l'atome et retenu le *Sermon sur la montagne*. Il était le bébé nucléaire et un géant moral. Il ne connaissait rien de l'art de tuer et beaucoup de celui de vivre au xxe siècle.

Seuls ceux qui ne connaissent pas le doute peuvent rejeter Gandhi entièrement [1].

1. Toutes les citations de Gandhi proviennent d'*Harijan*. Les déclarations relatives à la guerre, à la paix et à la non-violence faites de 1920 à 1940 sont recueillies dans *Non-Violence in Peace and War*, par M. K. Gandhi (Ahmédabad, Navajivan Publishing House, 1942). Ce livre compte 551 pages avec une introduction par Mahadev Desaï.

Les faits concernant le Congrès sont pris dans *Indian National Congress General Secretary's Reports* pour 1° 1936-1937; 2° janvier 1937-février 1938; 3° mars 1938-février 1939, publiés par les bureaux du Congrès à Allahabad.

India and Democracy, par Sir George Schuster et Guy Wint (Londres, Macmillan and Co., Ltd., 1941), fournissent une vue générale de la loi de 1935 par laquelle l'Inde a été régie jusqu'au moment où l'indépendance lui a été accordée en 1947.

Le général Bradley est cité d'après un communiqué de presse du National Military Establishment, Département de l'Armée, Washington, D. C.

CHAPITRE XXXVI

WINSTON S. CHURCHILL
CONTRE MOHANDAS K. GANDHI

Le jour où commença la seconde guerre mondiale, l'Angleterre y fit entrer l'Inde sans demander avis à un seul
Indien. L'Inde fut ulcérée de cette preuve supplémentaire de
la domination étrangère à laquelle elle était soumise. Le lendemain, néanmoins, Gandhi prenait le premier train pour Simla
en réponse à une convocation télégraphique du vice-roi, lord
Linlithgow, qui le priait de se rendre à la capitale d'été. *Nous
ne désirons aucune entente*, chantait la foule à la gare lorsque
le Mahatma pénétra dans le train. Comme c'était son jour de
silence, il sourit et partit.

Le vice-roi et le Mahatma discutèrent la forme des prochaines hostilités « et, comme je lui dépeignais la destruction
possible du Parlement et de l'abbaye de Westminster, je m'évanouis. J'étais désespéré. Dans le secret de mon cœur j'étais constamment en dispute avec Dieu à qui je reprochais d'avoir pu
permettre pareille chose. »

Gandhi avait « une dispute quotidienne » avec Dieu. La
non-violence avait échoué. Dieu avait échoué. Mais à la fin de
chaque dispute, le Mahatma décidait que « ni Dieu ni la non-
violence n'étaient impuissants. C'est dans les hommes que se
trouve l'impuissance. Je dois poursuivre sans perdre la foi. »

Gandhi blâmait Hitler d'avoir déclaré la guerre. « A tort ou
à raison, écrivait-il le 16 septembre 1939 dans *Haryian*, et sans
tenir compte de ce que les autres puissances ont fait dans des
circonstances analogues, je suis arrivé à la conclusion que Herr
Hitler est responsable de la guerre. Je ne me fais pas juge de

ses revendications. Il est très probable que son droit d'annexer Dantzig n'est pas discutable, si les Allemands de Dantzig désirent renoncer à leur indépendance. Il peut se faire que sa volonté de s'approprier le Corridor polonais soit une juste revendication. Ce dont je me plains, c'est qu'il n'ait pas voulu laisser examiner cette revendication par un tribunal indépendant. »

Ses critiques disent que, dans cette entrevue de Simla avec le vice-roi, il n'a dit que « des niaiseries sentimentales ». « Ma sympathie pour l'Angleterre et pour la France, leur répondait-il, ne résulte pas d'une émotion momentanée ou, pour parler plus crûment, de l'hystérie. » « De même, mon cœur tout entier est avec les Polonais dans la lutte inégale où ils sont engagés pour la défense de leur liberté. »

Hitlérisme, déclarait Gandhi, « signifie force brutale et nue, réduite à une science exacte et travaillant avec une précision scientifique ». C'était là pour lui quelque chose d'horrible.

Le lendemain du jour où commencèrent les hostilités, Gandhi affirma publiquement qu'il ne causerait pas d'ennuis au gouvernement britannique. Il apporterait même son appui moral à l'Angleterre et à ses alliés. Même quand on désapprouve la guerre, on doit faire une distinction entre l'agresseur et l'agressé. Cependant, il ne pouvait pas aller au delà; il ne pouvait prendre part à l'effort de guerre et ne défendrait pas non plus l'Inde contre un agresseur.

D'autre part, le Congrès était disposé à aider l'effort de guerre, si l'on donnait satisfaction à certaines conditions spécifiées.

Sur ces deux positions, Gandhi et le Congrès menèrent une lutte amicale, mais acharnée [1].

Le 14 septembre 1939, le Comité exécutif du Congrès publia un manifeste condamnant l'agression fasciste en Pologne, tout en rappelant que les démocraties occidentales avaient excusé des événements similaires en Mandchourie, en Abyssinie, en Espagne et en Tchécoslovaquie ou, tout au moins, ne s'y étaient pas opposées; on y disait que les démocraties occidentales devaient d'abord renoncer à leur propre impérialisme avant de pouvoir affirmer de façon convaincante qu'elles luttaient

1. Les écrits de Gandhi datant de cette période ont été publiés dans *Harijian*. Quelques-uns ont été réunis dans *Non-Violence in Peace and War*, par M. K. Gandhi. Des renseignements complémentaires sur ses difficultés avec le Congrès se trouvent dans *Report of the General Secretary of the Indian National Congress, March 1939 to February, 1940* (Allahabad) et dans *Indian National Congress, Report of the General Secretaries, March, 1940-October, 1941* (Allahabad).
L'autobiographie de Nehrou jette une lumière supplémentaire sur les relations de Gandhi avec le Congrès.

contre l'impérialisme et n'étaient pas seulement ses rivales. « Une Inde démocratique libre s'associerait avec joie à d'autres nations libres pour la défense mutuelle contre l'agression et pour une coopération économique... »

Gandhi était présent comme invité pendant les quatre jours de discussion qui engendrèrent ce manifeste. Après qu'il eut été adopté, il révéla que Yaouaharlal Nehrou l'avait rédigé. « Je regrettais, dit Gandhi, d'être le seul à penser que tout appui donné à la Grande-Bretagne devait être donné sans conditions », et non de façon violente. Cette forme du « prêté rendu » lui déplaisait. Malgré cela, il recommanda le manifeste au pays : « J'espère que ce manifeste aura l'appui unanime de tous les partis représentés par les hommes du Congrès. »

Les critiques hurlèrent. Comment pouvait-il agir ainsi? Comment pouvait-il inviter à soutenir une opinion à laquelle il s'était opposé? « Je ne servirais pas la cause de la non-violence, répondit-il, si j'abandonnais mes meilleurs collaborateurs, parce qu'ils n'ont pas pu me suivre jusqu'à l'application étendue de la non-violence. En conséquence, je reste avec eux, convaincu que leur renoncement aux méthodes de non-violence sera limité au domaine le plus étroit et ne sera que temporaire.

— N'avez-vous pas changé d'opinion depuis 1918? gronda quelqu'un.

— Au moment où j'écris, répliqua-t-il, je ne pense jamais à ce que j'ai dit précédemment. Mon but n'est pas d'être d'accord avec mes déclarations antérieures, mais d'être d'accord avec la vérité telle qu'elle peut se présenter à moi à un moment donné. Le résultat en est que j'ai évolué d'une vérité à l'autre... »

Gandhi ne se contenta pas de soutenir un manifeste qui heurtait ses opinions; il s'en fit l'interprète dans une conversation qu'il eut avec le vice-roi, le 26 septembre. Lord Linlithgow répondit le 17 octobre : l'Angleterre ne pouvait pas encore définir ses buts de guerre. Il mettait l'Inde en garde contre une avance trop rapide vers l'autonomie. Après la guerre, il y aurait des changements dans le statut des dominions.

En conséquence, cinq jours plus tard, le Comité exécutif émettait de nouveau un vote, mais contre la Grande-Bretagne. Il invita également les ministres du Congrès dans les provinces à donner leur démission. Gandhi constata que le Congrès se rapprochait de lui.

Hitler envahit la Norvège, le Danemark, la Hollande et la

Belgique. Puis, ce fut le tour de la France. La situation de la Grande-Bretagne aux Indes n'était pas brillante. « Faisons la grève maintenant », réclamaient nombre d'Indiens.

Gandhi répliqua le 1er juin 1940 dans *Haryian :* « J'estime que nous devrions attendre jusqu'à ce que l'ardeur à la bataille s'apaise dans le cœur des Alliés et que l'avenir soit plus clair qu'il n'est. Nous ne cherchons pas notre indépendance dans les ruines de la Grande-Bretagne. Cela n'est pas la voie de la non-violence. »

Le temps travaillait pour l'autonomie de l'Inde. « Nous nous rapprochons de notre but, disait Gandhi, sans avoir tiré un seul coup de feu. » Il ne revendiquait que le droit de prêcher la doctrine de non-violence.

La France se rendit à Hitler. La panique et, en certains endroits, l'espérance s'emparèrent de l'Inde. La foule assiégea les banques. Gandhi réclama le maintien de l'ordre. Tranquillement il prédit que « la Grande-Bretagne succomberait courageusement et héroïquement s'il le fallait. Nous entendrons peut-être parler de revers, mais nous n'entendrons pas parler de démoralisation ».

Que le Congrès rejetât le pacifisme de Gandhi et décidât d'accorder son aide aux Britanniques, il ne protestait pas. Que se mettant d'accord avec lui, il désirât faire obstacle à l'effort de guerre, il s'y opposait.

Le Comité exécutif se réunit à Ouardha pour étudier la situation. Le 21 juin 1940, il déclara nettement qu'il ne pouvait pas « aller aussi loin que Gandhi » sur le terrain de la non-violence. « C'est ainsi que, pour la première fois, a écrit Nehrou dans son Autobiographie, Gandhi suivit un chemin, tandis que le Comité exécutif en choisissait un autre... »

« Je suis à la fois heureux et malheureux du résultat, affirmait Gandhi. Heureux, parce que j'ai été capable de supporter le poids de la rupture et que j'ai eu la force de rester seul. Malheureux, parce que ma parole semble avoir perdu le pouvoir d'entraîner ceux que ç'a été mon privilège et mon orgueil d'entraîner pendant toutes ces années. »

Le vice-roi convoqua Gandhi pour une nouvelle audience le 29 juin. Lord Linlithgow reconnaissait l'indestructible influence du Mahatma; il lui donna à entendre que la Grande-Bretagne était disposée à accorder aux Indiens une part plus considérable dans le gouvernement de leur pays.

Le comité exécutif se réunit à Delhi au début de juillet pour étudier le pour et le contre de cette offre. Gandhi n'en avait

nul besoin. Il y rencontra l'opposition astucieuse de Rayagopalatchari, son chaleureux ami. Rayagopalatchari entraîna le
sardar Vallabhbhaï Patel, loyal lieutenant du Mahatma. Seul
Ghaffar Khan, le « Gandhi de la frontière », resta avec le Mahatma.

Gandhi fit imprimer un compte rendu des séances : il y disait : Rayagopalatchari « estime que je souffre d'une obsession
provenant du fait que j'ai trop réfléchi sur la non-violence.
Il s'imagine que ma vision est troublée. Il était inutile de lui
retourner le compliment, bien que je l'aie fait par plaisanterie...
J'ai vu tout de suite aussi clair que le jour que si ma position
n'était pas acceptable, celle de Rayayi [1] était la seule alternative réelle. En conséquence, je l'ai encouragé à persister dans
son effort, bien que je n'aie pas cessé de penser qu'il était déses-
pérément dans l'erreur. » Rayayi obtint une forte majorité;
cinq membres s'abstinrent de voter.

Gandhi ne réussit pas à convaincre le Congrès de la sagesse
du pacifisme intégral au milieu de la guerre. Tout le monde
reconnut qu'il aurait pu détruire la résolution défendue par
Rayayi. Effectivement, une adjuration énergique du Mahatma
aurait probablement suffi pour que Rayagopalatchari la retirât.
Cela eût été, il est vrai, un acte dictatorial, et Gandhi croyait
trop fortement à la liberté individuelle pour exploiter son autorité et amener des hommes à voter ou à agir contre leur volonté. Il préféra rompre avec le Congrès que briser ses dirigeants.

La résolution de Rayayi adoptée en dépit de la désapprobation de Gandhi, le 7 juillet, proclamait que, si l'indépendance
complète et un gouvernement central étaient accordés à l'Inde,
« cela permettrait au Congrès d'apporter tout son poids aux
efforts faits pour une organisation efficace en vue de la défense
du pays ». L'Inde libre s'engagerait dans la guerre dans les
rangs des Alliés.

Winston Churchill était premier ministre de la Grande-
Bretagne et incitait l'Angleterre à résister fièrement. Au cours
des années, il avait fait de nombreuses déclarations contre
l'autonomie de l'Inde. Il avait maintenant le pouvoir de l'empêcher. En conséquence, le 8 août, Linlithgow déclara qu'il
allait inviter un certain nombre d'Indiens à prendre part au
Conseil exécutif et fonder un Comité consultatif de guerre qui se
réunirait régulièrement; mais, suivant le commentaire de
lord Pethick-Lawrence qui fut nommé en 1945 secrétaire
d'État pour l'Inde, « la Grande-Bretagne ne pouvait pas se

1. Rayayi est un diminutif affectueux pour Rayagopalatchari.

dépouiller des responsabilités que sa longue association avec l'Inde lui avait imposées ». Cela faisait prévoir la fameuse déclaration du 10 novembre 1942 : « Je ne suis pas devenu premier ministre du Roi afin de présider à la liquidation de l'Empire britannique. »

De même, disait Linlithgow, le gouvernement de Sa Majesté ne pouvait pas envisager le transfert de ses responsabilités actuelles à un gouvernement indien, quel qu'il fût, dont l'autorité serait mise en échec par une partie importante et puissante de la population. Cela signifiait que la Grande-Bretagne ne permettrait pas au Congrès de gouverner l'Inde sans le consentement des musulmans. C'était la première fois que la Grande-Bretagne donnait à la collectivité musulmane un droit de veto sur l'avenir politique de l'Inde.

Exaspéré, le Comité exécutif, s'en tenant au résumé de sa résolution fait par lord Pethick-Lawrence, « accusa le gouvernement britannique de rejeter son offre amicale et patriotique de coopération et de faire du désaccord des minorités un obstacle insurmontable au progrès de l'Inde ».

Grâce à Churchill, le Congrès revenait à Gandhi.

Celui-ci exposa la situation nouvelle dans une allocution faite le 15 septembre 1940 à Bombay, devant le Comité du Congrès panindien : « Je ne désire pas que l'Angleterre soit défaite ou humiliée. Je suis affligé de voir la cathédrale de Saint-Paul endommagée... Ce n'est pas parce que j'aime la nation britannique que je hais la nation allemande. Je ne pense pas que les Allemands en tant que nation soient le moins du monde pires que les Anglais ou les Italiens. Nous sommes tous faits de la même pâte. Nous sommes tous membres de l'immense famille humaine. Je me refuse à faire des distinctions d'aucune sorte. Je n'en peux réclamer aucune pour les Indiens... Je ne peux garder les Indiens intacts et leur conserver leur liberté que si j'ai de la bienveillance pour l'ensemble de la famille humaine, et pas seulement pour la famille humaine qui habite le petit coin du monde que l'on nomme l'Inde. »

Il annonça qu'il demanderait à voir le vice-roi. « Je lui dirai que telle est la situation à laquelle nous avons été réduits : Nous ne désirons pas vous causer de l'embarras ni faire dévier vos projets en ce qui concerne l'effort de guerre. Nous suivons notre chemin et vous suivez le vôtre... Mais le Congrès doit avoir la liberté de parler. Si nous entraînons le peuple avec nous, il n'y aura de la part du peuple aucun effort de guerre. Si, d'autre part, sans exercer la moindre pression morale, vous

trouvez que le peuple aide votre effort de guerre, nous ne pouvons avoir aucune raison de murmurer. Si vous recevez de
l'assistance de la part des princes, des grands propriétaires,
de chacun, qu'il soit petit ou grand, vous pouvez l'avoir, mais
permettez aussi que notre voix se fasse entendre. Si vous acceptez ma proposition... ce sera certainement quelque chose dont
vous pourrez être fiers. Ce sera un honneur pour vous de nous
avoir accordé notre liberté, bien que vous soyez engagés dans
une lutte à mort...

« Le vice-roi me dira peut-être : « Vous êtes un visionnaire. »
Je peux échouer dans ma mission, mais nous ne voulons pas
nous quereller. S'il me dit qu'il n'y a aucun espoir, moi, je ne
désespérerai pas. »

Le vice-roi répondit négativement, oralement d'abord, puis
par lettre confirmant ce qu'il avait dit.

La deuxième guerre mondiale avait pris une tournure mena-
çante.

Le 7 décembre, le Japon attaqua Pearl Harbour; le lendemain,
les forces japonaises occupaient Changhaï et le Siam (le Thaï-
land) et opéraient un débarquement dans la Malaisie britannique.
Vingt-quatre heures plus tard, la marine de Tokyo coulait
deux vaisseaux de guerre britanniques : le *Repulse* et le *Prince
of Wales*, paralysant ainsi la puissance navale de l'Angleterre
dans le Pacifique.

La guerre se rapprochait des Indes. Cette situation dévoila
la vieille fissure existant dans le Congrès entre les partisans
de la non-violence de Gandhi et ceux qui voulaient troquer
contre un gouvernement national indien l'aide à l'effort de
guerre. En conséquence, une fois de plus, Gandhi se retira de
la direction du Parti.

Vers la fin de décembre 1941, Hong-Kong tomba aux mains
des Japonais. La grande base navale britannique de Singapour
se rendit à son tour en février 1942. Au mois de mars, le
Japon occupait la majeure partie de Java, de Sumatra et
d'autres îles des Indes orientales néerlandaises. Le 9 mars, un
communiqué impérial de Tokyo annonçait que Rangoon, la
capitale de la Birmanie, voisine de l'Inde, avait été prise.

Dans l'Afrique du Nord, le général nazi Rommel s'avançait
à l'est vers l'Egypte. Les Arabes de la Palestine se préparaient à l'accueillir amicalement. Les observateurs parlaient
d'une jonction possible des Allemands avec les Japonais dans
l'Inde. Du Caire à Calcutta des ténèbres s'amoncelaient sur
les chances de guerre des Nations-Unies.

L'opinion publique américaine était troublée par la médiocrité du moral de guerre du peuple indien. Ayant été eux-mêmes
une colonie de la Grande-Bretagne, les États-Unis comprenaient les aspirations de l'Inde en dépit des brouillards de la
propagande. Le président Roosevelt délégua aux Indes comme
son envoyé personnel le colonel Louis Johnson. C'était là un
acte exceptionnel, car l'Inde n'était pas un État souverain; il
était donc le mieux calculé pour faire impression sur le gouvernement britannique quant aux sentiments de l'Amérique. A
Londres, l'ambassadeur des États-Unis, John G. Winant,
essayait sans succès de dissuader le premier ministre Churchill
de déclarer publiquement que la clause de la charte de l'Atlantique concernant l'autonomie ne s'appliquait pas à l'Inde. Dans
des entretiens particuliers à la Maison Blanche et au cours
de conversations téléphoniques à travers l'océan Atlantique,
Roosevelt avait discuté avec Churchill au sujet des Indes et
avait insisté pour qu'il fît une offre acceptable au peuple indien.
Churchill ne tint jamais compte de ces invitations.

Tchang-Kaï-Chek, qui détenait alors une position-clé, fit au
président Roosevelt ainsi qu'au gouvernement britannique des
représentations directes en faveur de l'autonomie indienne.

Le parti travailliste faisait partie du gouvernement de coalition britannique pour le temps de la guerre. Nombre de ses
membres étaient partisans de la liberté pour les Indes; les
ministres travaillistes représentaient cette façon de voir dans
les délibérations du Cabinet.

Pressé de toutes parts, Churchill consentit à envoyer sir Stafford Cripps à New-Delhi avec une proposition. Mais, bien que
l'Empire britannique et les Hollandais eussent perdu des avant-
postes importants, le premier ministre britannique, optimiste et
plein de ressort, avait plus que jamais foi en la victoire finale
militaire, et cela, pour la raison péremptoire que la Russie et les
États-Unis étaient désormais les partenaires de l'Angleterre.
Il n'était ni déprimé ni défaitiste quant aux perspectives de
guerre au moment où Cripps partit pour l'Inde.

Celui-ci arriva à New-Delhi le 22 mars 1942 et, le jour
même, prit contact avec les officiels britanniques. Le 25,
Maoulana Aboul Kalam Azad fut reçu au n° 3 de la Queen
Victoria Road, où Cripps était descendu. Alors commencèrent
les négociations avec les Indiens représentatifs.

Gandhi était à son *ashram*. Il reçut un télégramme de Cripps
l'invitant poliment à venir à Delhi. « Je ne tenais pas à y
aller, me dit Gandhi en juin 1942, lorsque je l'interviewai à

Sévagram, mais je m'y rendis parce que je pensais que cela pourrait être utile à quelque chose. »

Le 27 mars, à 2 h. 15 de l'après-midi, Gandhi arriva au n° 3 de la Queen Victoria Road et y resta avec Cripps jusqu'à 4 h. 25. Sir Stafford Cripps fit connaître au Mahatma les propositions non encore publiées du gouvernement de Sa Majesté. « Après les avoir brièvement étudiées, me dit Gandhi à Sévagram, je répondis à Cripps : « Pourquoi êtes-vous venu si « c'est là tout ce que vous avez à nous offrir? Si ce sont là toutes « vos propositions pour l'Inde, je vous donne le conseil de « reprendre le prochain avion pour retourner chez vous.

— Je vais y réfléchir », me répondit Cripps.

Il ne retourna pas chez lui. Il poursuivit ses conversations. Gandhi rentra à Sévagram. Après ce premier entretien, il n'eut plus aucun contact avec Cripps.

Les délibérations continuèrent jusqu'au 9 avril, date à laquelle le Congrès rejeta l'offre de Stafford Cripps. Plus tard, la Ligue musulmane, les sikhs, les hindous mahasabhas, les *haryians* et les libéraux la rejetèrent également. Personne ne l'accepta. La mission de Cripps avait échoué.

Le 12 avril Sir Stafford repartit pour l'Angleterre.

Le « Projet de déclaration du gouvernement de Sa Majesté » apporté aux Indes par Cripps se composait des articles A, B, C et D, qui traitaient de la période d'après-guerre, et de l'article E, qui examinait l'effort de guerre de l'Inde. Les quatre premiers articles prévoyaient un dominion complet qui, ainsi que Cripps l'expliqua dans une conférence de presse, pourrait même décider par un vote de sortir du Commonwealth.

Le Congrès et Gandhi étaient disposés à accepter cela.

Une assemblée composée exclusivement d'Indiens rédigerait après la guerre une constitution pour l'Inde. Les représentants de l'Inde britannique dans ce corps seraient élus. Mais un tiers des membres de cette assemblée constituante seraient nommés par les princes indiens sur lesquels les Britanniques avaient une influence considérable.

Cela ne satisfaisait pas les Indiens qui craignaient que l'Angleterre ne cherchât à conserver son autorité aux Indes en manœuvrant les maharadjas autocratiques.

Néanmoins, chaque province pouvait, si elle n'était pas d'accord avec la constitution future, refuser d'accéder à l'Union indienne. « Avec les provinces qui auraient ainsi refusé d'accéder, disait le Projet de déclaration, le gouvernement de Sa Majesté serait disposé, si elles le désiraient, à se mettre d'accord pour une nouvelle constitution leur octroyant le même statut complet qu'à l'Union indienne... »

Cela pouvait mener à l'établissement de plusieurs Indes : une Inde hindoue, une Inde musulmane, une Inde des princes, et peut-être une Inde sikh. Mais Gandhi avait déclaré que la vivisection de l'Inde était un péché.

Les stipulations du règlement futur de l'après-guerre présentées par Stafford Cripps étaient contraires aux principes essentiels du Congrès et de Gandhi. Le fait que, malgré cela, Azad, Nehrou et Rayagopalatchari, porte-parole du Congrès, avaient quand même négocié avec Cripps, montrait combien ils étaient désireux d'arriver à un accord pour le présent.

L'article E, qui concernait les dispositions immédiates pour le temps de guerre, déclarait: « Le gouvernement de Sa Majesté devrait inévitablement porter la responsabilité et garder le contrôle et la direction de la défense de l'Inde, comme partie de l'effort de guerre total. » Mais il invitait les dirigeants du peuple indien à y participer.

Gandhi ne désirait pas prendre part à la lutte et c'est pourquoi l'article E n'était pas acceptable pour lui. Le Congrès désirait contribuer à l'effort de guerre. Mais il trouvait l'article E vague et restrictif. Tous les actes du dossier montrent que, tout au long des pourparlers avec Cripps, les efforts d'Azad, de Nehrou et de Rayagopalatchari eurent pour but d'accroître la responsabilité et l'activité des Indiens quant à l'effort de guerre; les Britanniques, d'autre part, cherchaient à les limiter. C'est sur ce point que les conversations échouèrent.

En 1946, Gandhi me disait : « On a affirmé que j'avais influencé les conversations après avoir quitté Delhi. Mais cela est un mensonge. »

« Des Anglais m'ont dit, lui fis-je savoir, que vous aviez téléphoné de Sévagram à Delhi et donné des instructions au Congrès pour lui faire rejeter les propositions de Stafford Cripps. Ils affirment posséder un disque de cette conversation.

— Tout cela n'est qu'un tissu de mensonges, me déclara-t-il. S'ils ont un disque de cette conversation téléphonique, ils n'ont qu'à le produire. »

Il est aisé de se rendre compte combien le pacifisme de Gandhi aurait induit les gens en erreur s'il avait causé l'échec des pourparlers avec Cripps. Gandhi avait rejeté l'offre de Cripps en raison de son propre pacifisme et aussi en raison de son dévouement à l'unité de l'Inde. Étant donné que Gandhi, en tout temps, qu'il dirigeât effectivement ou non le Congrès,

le soumettait à sa volonté, il serait naturel de conclure que le
Congrès, en rejetant les propositions de Cripps, n'a fait qu'obéir
au Mahatma. Cela semble logique, mais ne tient nul compte de
la psychologie de Gandhi. En de nombreuses circonstances,
avant la venue de Sir Stafford Cripps, et dans une occasion
qui décida ultérieurement du sort de l'Inde, Gandhi laissa les
mains libres au Congrès, bien qu'il désapprouvât l'acte que
celui-ci se proposait d'accomplir. C'était là sa non-violence.
Pour Gandhi la non-violence était supérieure au précepte de
ne pas tuer, supérieure à celui de ne pas offenser. C'était la
liberté. S'il avait contraint par la force ses partisans, il aurait
été un dictateur violent. Il savait que nombre de dirigeants du
Congrès désiraient prendre une part active à la conduite de la
guerre. Il ne voulait pas intervenir.

Le dimanche 12 avril 1942, Harry Hopkins [1] était à Che-
quers, résidence de campagne du premier ministre, lorsqu'il
reçut un câble de Roosevelt le suppliant de faire tout ce qu'il
pourrait pour empêcher l'échec des négociations de Stafford
Cripps; le président câblait aussi à Churchill en ces termes :

« Je regrette de ne pouvoir me mettre d'accord avec le point
de vue que vous m'avez exprimé dans votre message, d'après
lequel l'opinion publique américaine estimerait que les négociations ont échoué sur de vastes lignes générales. L'impression
commune est exactement le contraire. Le sentiment presque
universel est que l'arrêt absolu en est dû au refus du gouvernement britannique d'accorder au peuple indien le droit de se
gouverner lui-même, en dépit du consentement des Indiens de
laisser aux autorités britanniques compétentes le contrôle technique de la défense militaire et navale. L'opinion publique américaine ne peut pas comprendre pourquoi, si le gouvernement
britannique est disposé à permettre à certains des éléments qui
constituent l'Inde de se retirer de l'Empire britannique après
la guerre, il ne veut pas leur permettre pendant la guerre de
jouir de ce qui est l'équivalent de l'autonomie. »

Roosevelt ajoutait : « Je conclus que mardi dernier (9 avril
au soir) on était presque arrivé à un accord. »

Cripps avait fait tous ses efforts pour parvenir à une entente,
et lorsque le Projet de déclaration du gouvernement britan-

1. Les références à Harry Hopkins sont extraites de *Roosevelt and Hopkins,
an Intimate History*, par Robert E. Sherwood (New-York, Harper and Brothers, 1948).

nique eut été repoussé, il fit une nouvelle offre au Congrès :
« Cripps, dit Churchill à Hopkins, a présenté de nouvelles propositions à Nehrou sans en conférer avec le gouverneur général (le vice-roi) [1]. »

Cette nouvelle offre rendait l'accord notablement plus facile.
« Il était parfaitement clair, rapporte Hopkins, que le gouverneur général était exaspéré par toute cette affaire. » Il télégraphia à Churchill. Celui-ci télégraphia à Sir Stafford Cripps
de retirer la nouvelle proposition faite sans autorisation et de
revenir en Angleterre.

Louis Johnson mit Roosevelt au courant. Roosevelt câbla
à Hopkins de voir Churchill et d'essayer de faire reprendre les
négociations.

Churchill, « probablement avec une certaine véhémence »,
suppose Sherwood, répondit à Roosevelt par l'intermédiaire de
Hopkins. Le résultat fut qu'il ne se fia plus au Congrès. « Churchill déclara que, pour son compte, il était tout disposé à se
retirer dans la vie privée si cela pouvait aider le moins du monde
à apaiser l'opinion publique américaine... » En tout cas, les
négociations ne pouvaient pas être reprises, parce que Cripps
avait déjà quitté l'Inde. « L'Inde, au sentiment de Hopkins,
était un terrain où les esprits de Roosevelt et de Churchill
ne pourraient jamais se rejoindre. »

Il était manifeste que les esprits de Gandhi et de Churchill
ne pouvaient pas non plus se rejoindre.

En 1935, Churchill avait déclaré : « Le gandhisme et tout ce
qu'il représente doivent en fin de compte être pris à bras-le-corps

1. *Cripps, Advocate Extraordinary*, par Patricia Strauss (New-York, Duelle,
Sloan and Pearce, 1942), et *Stafford Cripps, a Biography*, par Eric Estorick
(Londres, William Heinemann, Ltd., 1949), renferment des matériaux concer-
nant la mission Cripps aux Indes en 1942... Un autre point de vue sur cette
mission est donné par lord Pethick-Lawrence dans la partie de *Mahatma
Gandhi* rédigée par H. S. L. Polak, H. N. Brailsford et lord Pethick-Lawrence.
Quand je suis retourné à New-York après mon séjour aux Indes en 1942,
j'ai exposé mon sentiment sur la mission Cripps dans deux articles intitulés
« Why Cripps Failed » publiés par le magazine new-yorkais *Nation*, les 19 et
26 septembre 1942. Ils furent suivis d'un article de Graham Spry, adjoint
officiel de Cripps aux Indes, qui parut dans la *Nation* du 14 novembre 1942
sous le titre : « A British Reply to Louis Fischer. » J'ai eu quelque temps la
tentation d'inclure dans le présent chapitre une histoire détaillée de la mission Cripps telle qu'elle est racontée par les documents britanniques et ceux
du Congrès qu'il est possible de consulter et telle qu'elle m'a été exposée par
Nehrou, Azad, Rayagopalatchari, Patel, le vice-roi, Wavell, Louis Johnson
et d'autres. Mais je me suis retenu. La seule question qui intéresse ici est le
rôle de Gandhi. Dans une lettre à moi adressée le 20 août 1948, en réponse à
une question, Pyarélal Nayyar, le compagnon journalier de Gandhi et son
collaborateur intime pendant les conversations avec Cripps, constate que le
Mahatma attachait peu d'importance à la « Déclaration de Cripps » et « que
dans la suite il l'oublia complètement ».

et écrasés. » Ils représentaient l'indépendance de l'Inde. Pour la première fois, depuis 1935, Churchill était au pouvoir. Cripps, le travailliste antiimpérialiste. fut la victime de Churchill. Il était l'envoyé du gouvernement de Churchill, et la politique de ce dernier dans l'Inde était : « Nous entendons garder ce qui est à nous. » Churchill considérait les Indes comme la propriété de la Grande-Bretagne. Comment aurait-il pu autoriser Cripps à y renoncer? Ce fut seulement lorsque Churchill tomba, victime du parti travailliste auquel appartenait Sir Stafford Cripps, que l'Inde obtint son indépendance.

Churchill et Gandhi se ressemblaient en ceci que l'un et l'autre donnait sa vie pour une unique cause. Un grand homme est tout d'une pièce, de même qu'une bonne sculpture. Le dessein qui absorbait Churchill était de maintenir la Grande-Bretagne à son rang de puissance de premier ordre. Pendant la guerre, il sembla ne s'intéresser que faiblement aux buts de paix. Il était lié au passé. Il était un produit du xixe siècle et il aimait ce siècle. Il aimait l'Empire, la royauté et le régime des castes. Lloyd George méprisait les classes supérieures britanniques, les généraux, l'aristocratie. Il les combattait. Churchill désirai les perpétuer. Il leur était moins attaché qu'il ne l'était au xixe siècle qui les avait faits. Le xixe siècle était le siècle britannique, le siècle de la *Pax Britannica* après la défaite de la France de Napoléon et avant l'avènement de l'Allemagne du Kaiser, le siècle de l'épanouissement de l'Empire britannique sous la reine Victoria. La gloire passée de la Grande-Bretagne était le dieu de Churchill. Pour lui, les classes supérieures étaient inséparables de la grandeur de son pays. Telle était la démocratie parlementaire. Telle était l'Inde.

Churchill lutta pendant la deuxième guerre mondiale pour préserver l'héritage de la Grande-Bretagne. Pouvait-il permettre à ce fakir demi-nu de lui ravir cet héritage? Si Churchill avait pu l'empêcher, Gandhi n'aurait pas gravi les marches conduisant au palais du vice-roi pour une négociation ou un entretien.

A partir du jour où il devint premier ministre du roi, en 1940, jusqu'au jour où son parti fut chassé du gouvernement, en 1945, Churchill ne cessa de guerroyer contre Gandhi. C'était un conflit entre le passé de l'Angleterre et l'avenir de l'Inde.

Churchill est le Napoléon de Byron. Pour lui, la puissance politique est poésie. Gandhi était le saint calme pour lequel un tel pouvoir était digne d'anathème. L'aristocrate britannique et le plébéien brun étaient tous deux conservateurs, mais Gandhi

CHAPITRE XXXVII

UNE SEMAINE AVEC GANDHI

Quel malheureux pays! Telle fut ma première impression quand j'arrivai dans l'Inde en mai 1942; et les deux mois de séjour que j'y fis l'approfondirent encore. Les Indiens riches étaient malheureux; les Indiens pauvres étaient malheureux; les Britanniques étaient malheureux.

Il suffisait de quelques jours pour constater combien ce peuple était pauvre. Les Américains et bien des paysans européens considéreraient comme mauvais pour leurs affaires de garder leur bétail dans des bâtiments aussi insalubres que les habitations visitées par moi à Bombay avec le Dr Ambedkar : des centaines de milliers de gens y vivaient. Gandhi était parfaitement vêtu en comparaison de la nudité des paysans qu'on voyait dans les villages. La grande majorité des Indiens sont toujours, littéralement toujours affamés.

La « durée prévue de la vie » d'après le rapport officiel du recensement britannique pour l'Inde en 1931 est de « 26,56 années pour les femmes et de 26,91 pour les hommes ». Tout individu moyen né dans l'Inde ne peut compter que sur vingt-sept ans de vie.

Si l'on s'en tient aux chiffres britanniques, 125 millions d'Indiens sont atteints chaque année de paludisme et il n'y en a qu'un petit nombre qui puissent se procurer quelques milligrammes de quinine. Un demi-million meurent chaque année de la tuberculose [1].

---

1. Ces données statistiques sont tirées du rapport britannique sur les impôts dans l'Inde, publié par J. H. Hutton, et de rapports antérieurs et ultérieurs.

Le climat n'explique ce fait que partiellement : une collectivité indienne avait un coefficient de décès cinq fois plus élevé qu'un groupement britannique voisin.

En dépit des maladies et de la mortalité, la population aux Indes s'accroissait de cinq millions par an. C'était là le problème essentiel pour le pays. En 1921, l'Inde comptait 304 millions d'habitants; en 1931, 338 millions; en 1941, 388 millions. Pendant ces vingt années, la superficie cultivée était restée pratiquement la même et l'industrie ne s'était pas notablement accrue. Plus le pays était pauvre et plus le nombre des naissances était élevé. Plus le contingent des naissances était fort, et plus misérable était le pays.

Les Britanniques aux Indes insistaient sur les perfectionnements réalisés. Mais ils ne niaient pas les chancres. Ils accusaient la religion hindoue et les musulmans d'être rétrogrades; les Indiens accusaient l'Angleterre. C'était une atmosphère où le travail et la vie ne cessaient de devenir peu satisfaisants pour les Britanniques.

Un étudiant-type de l'Université de New-Delhi publia une diatribe passionnée contre la Grande-Bretagne. Je lui dis :

« Répondez-moi : puisque vous détestez si violemment les Britanniques, désireriez-vous que les Japonais envahissent l'Inde et en fissent la conquête ?

— Non, me répondit-il, mais nous autres Indiens prions Dieu de vouloir bien donner assez de force aux Britanniques pour résister aux coups qu'ils méritent [1]. »

Certains Indiens en sont venus depuis longtemps à préférer le Japon à l'Angleterre.

Aucun parti, aucun groupe indien, sinon les communistes, n'apporta son concours à la guerre. Ceux-ci, lorsque Hitler eut envahi la Russie, au mois de juin 1941, se rangèrent aux côtés de la Grande-Bretagne, et les impérialistes britanniques aux Indes les aidèrent sans cependant goûter beaucoup cette liaison contre nature.

Nehrou déclara : « Je serais disposé à combattre les Japonais les armes à la main; mais je ne peux le faire qu'à la condition d'être un homme libre. »

L'Inde aurait pu être tenue si elle n'avait pas eu la liberté; un dictateur peut gouverner un pays en le supprimant. Mais, dès lors que Nehrou était assez libre pour dire qu'il ne l'était pas, la liberté de l'Inde était inéluctable. C'est pourquoi Gandhi

1. Les conversations auxquelles il est fait allusion dans ce chapitre ont été dactylographiées presque immédiatement après avoir eu lieu.

insista toujours pour la liberté de parole, comme un minimum qu'on ne pouvait pas réduire. Les administrateurs britanniques aux Indes s'en rendaient compte déjà alors que Londres ne le faisait pas.

Nehrou m'a dit : « Gandhi nous a fortifié les reins et raidi l'épine dorsale. »

On ne peut pas chevaucher un dos raide.

Nehrou se rendait à Sévagram pour y consulter le Mahatma en vue de l'action de désobéissance civile qui était envisagée. Je le priai d'arranger une entrevue pour moi. Je ne tardai pas à recevoir un télégramme ainsi conçu : « Bienvenu. Mahadev Desaï. »

Je descendis du train à la petite ville de Ouardha où je fus accueilli par un émissaire de Gandhi. Je dormis sur le toit d'un hôtel du Congrès et, toute la nuit, le drapeau orange-blanc-vert du Congrès diffusa dans la brise des télégrammes en morse. Dès le matin, je pris une *tonga* avec le dentiste de Gandhi pour me rendre à Sévagram. (Une *tonga* est un véhicule à un cheval et à deux roues où les voyageurs sont assis derrière le conducteur et tournent le dos au cheval.) Je m'efforçai de le faire parler des dents de Gandhi; il me parla de la politique britannique.

La *tonga* s'arrêta à l'endroit où la route fangeuse atteignait le village. Gandhi s'y trouvait. Il dit : « Mr. Fischer » avec l'accent britannique, et nous nous donnâmes la main. Il salua le dentiste et fit demi-tour; je le suivis jusqu'à un banc. Il s'assit, mit ses mains sur le banc et dit : « Asseyez-vous. » La façon dont il s'assit, et celle dont il toucha le banc avec la main, semblaient vouloir dire : « Voici ma maison. Entrez. » Je me sentis tout de suite comme chez moi.

J'eus chaque jour un entretien d'une heure avec Gandhi; nous pouvions également converser pendant les repas; de plus je me promenais avec lui une ou deux fois par jour. J'arrivais généralement avant sa promenade hygiénique du matin, alors qu'il était encore assis dans son lit en plein air, en train de manger la pulpe d'une mangue. Entre deux cuillerées, il se plongeait dans de sérieuses discussions. Le petit déjeuner terminé, il recevait des mains de Kastourbaï une serviette de toilette et une bouteille d'eau, longue, rectangulaire, à goulot étroit et bouchée. Il se lavait les mains avant de partir faire un tour à travers les champs voisins. Kastourbaï, tête baissée, bouche serrée et mâchoire carrée, avait l'air d'écouter attentivement, mais je ne l'ai ni vue ni entendue dire un traître mot à son mari pendant toute cette semaine, pas plus que lui à elle.

Pendant les repas et les prières, elle était assise légèrement derrière son épaule gauche et l'éventait avec précaution. Elle ne cessait de le regarder, il était rare que lui la regardât; pourtant, il voulait qu'elle fût le plus près possible de lui et il semblait qu'il y eût entre eux une compréhension parfaite.

Pendant sa promenade, Gandhi tenait les bras sur les épaules de deux jeunes filles ou de deux jeunes garçons, mais il avançait à longs pas précipités et poursuivait une conversation rapide sans perdre la respiration et, apparemment, sans se fatiguer. Cette promenade ne durait pas moins d'une demi-heure.

Gandhi était bien bâti; il avait la poitrine bien faite, musclée, proéminente, ses os étaient larges et forts; ses mains étaient grandes, ses doigts longs et solides. Sa peau couleur de chocolat était douce, lisse et saine. Il avait soixante-treize ans. Ses ongles, ses mains, ses pieds, son corps étaient d'une propreté parfaite; son pagne, la pèlerine de gaze qu'il portait à l'occasion au soleil, et le foulard plié et humide qu'il avait sur la tête étaient éblouissants de blancheur. Une fois, une goutte jaune de jus de mangue salit son pagne et il frotta la tache pendant une heure de façon intermittente.

Son corps ne semblait pas vieux. Lui-même ne donnait pas l'impression d'être âgé; sa tête cependant montrait son âge. Elle était grande, large au sommet et s'amincissait en un visage étroit; ses larges oreilles s'écartaient brusquement. Sa lèvre supérieure, recouverte d'une moustache raide blanche et noire, était si étroite qu'elle rejoignait presque le nez gros et pointant vers le bas. L'expression de son visage venait de ses yeux doux et aimables, de sa lèvre inférieure sensuelle où se combinaient la maîtrise de soi et l'énergie et qui semblait souffrante; son sourire toujours présent laissait voir ses gencives sans dents. (Il ne portait ses dentiers que pour manger, et les enlevait et les nettoyait en public; il portait des lunettes à double foyer montées en or; il se rasait chaque jour avec un rasoir ordinaire, mais quelquefois c'était un de ses disciples, homme ou femme, qui le rasait.)

Ses traits, à l'exception de ses yeux tranquilles et confiants, étaient vilains et, au repos, son visage aurait été laid; mais il était rarement en repos. Qu'il parlât ou qu'il écoutât, il était éveillé et enregistrait activement. Il parlait d'une voix basse, monotone, peu distincte (beaucoup d'Indiens ont ce même ton monotone lorsqu'ils parlent anglais) et il faisait des gestes éloquents, mais pas toujours, avec les doigts d'une main. Ses mains étaient belles.

Lloyd George faisait l'impression d'un grand homme. On ne pouvait pas ne pas voir que Churchill et Franklin D. Roosevelt avaient une taille imposante et de la distinction. Gandhi, non. (Et Lénine non plus.) Extérieurement, il n'y avait rien de remarquable en lui; peut-être sa lèvre inférieure. Sa personnalité résidait en lui-même, en ce qu'il avait fait et en ce qu'il disait. Je ne ressentais aucune crainte en sa présence. J'avais l'impression de me trouver devant un homme très doux, très aimable, sans cérémonie, détendu, heureux, sage, hautement civilisé. Je ressentais aussi le miracle de la personnalité, car, par sa seule force, sans aucune organisation derrière lui — le Congrès était une organisation flottante — sans gouvernement derrière lui, Gandhi avait fait rayonner son influence jusqu'à l'extrémité la plus lointaine d'un pays désuni et, qui plus est, dans tous les coins d'un monde divisé. Il atteignait les gens par un contact direct, par son action, par son exemple et par sa fidélité à quelques principes simples, dont on se moquait généralement : la non-violence, la vérité et le fait de placer les moyens bien au-dessus de la fin.

Les grands noms de l'histoire moderne : Churchill, Roosevelt, Lloyd George, Staline, Lénine, Hitler, Woodrow Wilson, le Kaiser, Lincoln, Napoléon, Metternich, Talleyrand, etc., avaient à leur disposition la puissance de leurs États. La seule physionomie non officielle qui soit comparable à Gandhi par son effet sur l'esprit des hommes est Karl Marx, dont le dogme, il est vrai, était une théorie destinée à un système de gouvernement. Il faudrait retourner des siècles en arrière pour trouver des hommes ayant fait appel aussi fortement que Gandhi à la conscience des individus. C'étaient des hommes de religion, dans une ère différente. Gandhi montra que l'esprit du Christ et de quelques Pères de l'Église, celui de Bouddha et de quelques prophètes hébreux et des sages de la Grèce, pouvait être appliqué dans les temps modernes et à la politique moderne. Il ne prêchait pas sur Dieu et la religion : il était un sermon vivant. C'était un homme bon dans un monde où peu de gens résistent à l'influence corrosive du pouvoir, de la richesse et de la vanité. Il était là, assis, à peu près nu, sur le sol d'une chaumière en torchis, dans un pauvre village indien, sans électricité, sans radio, sans eau courante et sans téléphone. C'était une situation qui aurait pu facilement conduire à la crainte, à une allure de pontife, ou à la légende. Il était dans tous les sens un homme près de la terre. Il savait que la vie se compose de petits détails.

« Et maintenant, mettez vos souliers et prenez votre chapeau, me dit Gandhi. Ce sont là deux choses indispensables ici. N'allez pas attraper un coup de soleil. » Il y avait cent dix degrés de chaleur et pratiquement aucune ombre en dehors des chaumières qui étaient pareilles à des poêles ardents. « Venez avec moi », me dit-il d'un ton aimable de commandement ironique. Je le suivis jusqu'à la salle à manger commune formée de deux longues parois de nattes réunies par une troisième paroi du même matériau. Où qu'on entrât, le bâtiment était ouvert aux intempéries.

Gandhi était assis sur un coussin près de l'entrée. A sa gauche se tenait Kastourbaï; à sa droite, Narendra Dev, chef socialiste indien que le Mahatma avait entrepris de guérir de l'asthme. J'étais le voisin de Dev. Il y avait environ trente convives. Les femmes étaient assises à part. Un certain nombre de petits, aux larges yeux, aux visages bruns, âgés de trois à huit ans, étaient en face de moi. Chacun avait sous lui une natte de paille et devant lui un plateau de laiton posé sur le sol. Des serviteurs mâles et femelles, membres de l'*ashram*, se mouvaient sans bruit, pieds nus, et déposaient de la nourriture sur les plateaux. Un certain nombre de pots et d'écuelles étaient placés près des jambes de Gandhi. Il me tendit un bol en bronze plein d'une purée de légumes où je crus reconnaître des feuilles hachées d'épinards et des morceaux de courge. Une femme saupoudra de sel mon plateau; une autre me donna un gobelet de métal plein d'eau chaude et un second contenant du lait chaud. Elle revint ensuite m'apporter deux petites pommes de terre bouillies en robe de chambre et des galettes molles et plates de froment cuites au brun. Gandhi me remit une galette dure mince comme du papier qu'il prit dans un plat de métal placé devant lui.

Un gong retentit : un homme robuste, en short blanc, cessa de surveiller les plateaux, se dressa, ferma les yeux en ne gardant qu'une mince fente ouverte — ce qui le faisait paraître aveugle — et entonna un chant aigu auquel tous les autres, Gandhi y compris, s'unirent. Cette prière se termina par : « Chahnti! Chahnti! Chahnti! », mot qui, suivant Dev, veut dire : paix.

Tout le monde se mit à manger avec ses doigts. On pêchait la purée de légumes avec une galette de froment pliée en quatre. On me donna une petite cuiller et un peu de beurre pour la galette. Gandhi mâchonnait sans s'arrêter, sauf pour servir sa femme, Dev et moi.

« Vous avez passé quatorze ans en Russie, me demanda-t-il, et ce fut sa première observation d'ordre politique. Quelle est votre opinion sur Staline? »

J'avais très chaud; mes mains étaient poisseuses, et je commençais à sentir mes chevilles et mes jambes sur lesquelles j'étais assis. Je répondis donc brièvement :

« Très capable et très brutal.

— Aussi brutal que Hitler?

— Au moins. »

Après un silence, il se tourna vers moi et me demanda :

« Avez-vous vu le vice-roi? »

Je lui répondis affirmativement. Mais il ne continua pas sur ce sujet.

Le déjeuner avait lieu à 11 heures et le dîner juste au moment du coucher du soleil. Kourched Naoroyi, membre de l'*ashram* et petite-fille de Dadabhaï Naoroyi, m'apportait mon petit déjeuner, composé de thé, de biscuits ou de pain, avec du miel et du beurre et des mangues, dans la chaumière où je vivais, aux murs en torchis, couverte en bambou, et destinée aux hôtes.

Au lunch du deuxième jour, Gandhi me tendit une cuiller à bouche pour manger mes légumes. Il dit que la cuiller à bouche convenait mieux à ma taille. Il m'offrit un oignon bouilli qu'il prit dans son pot. Je lui demandai de me l'échanger contre un oignon cru : cela me reposait de la nourriture fade qui composait le menu.

Au lunch du lendemain, Gandhi me dit :

« Fischer, donnez-moi votre bol, et je vais y mettre un peu de légumes. » Je lui répondis que j'avais mangé quatre fois en deux jours de la purée d'épinards et de courges et que je n'éprouvais pas le désir d'en manger davantage.

« Vous n'aimez pas les légumes, dit-il en guise de commentaire.

— Je n'aime pas le goût de ces légumes trois jours de suite.

— Ah! mais, s'exclama-t-il, il faut y ajouter beaucoup de sel et de citron.

— Vous voulez me démolir le goût.

— Non, fit-il en riant, l'enrichir.

— Vous êtes si passionné pour la non-violence, que vous ne détruiriez même pas le goût.

— Si c'était là la seule chose que les hommes détruisent, je ne m'en préoccuperais pas. »

J'essuyai la sueur qui couvrait mon visage et mon cou, et je dis :

« La prochaine fois que je reviens aux Indes... » Gandhi mâchonnait, et ne semblait pas m'avoir entendu. Je m'arrêtai donc.

« Oui, dit-il? La prochaine fois que vous revenez aux Indes?

— Ou bien il faudra que vous ayez climatisé Sévagram, ou bien que vous habitiez au palais du vice-roi.

— Très bien », dit-il, accommodant.

Il aimait la raillerie. Un après-midi, quand je vins à sa chaumière pour notre conversation quotidienne, il n'était pas là. En arrivant, il se coucha sur son lit. « Je veux recevoir vos coups allongés », me dit-il pour m'inviter à lui poser des questions. Une musulmane lui donna une compresse de boue pour son ventre. « Cela me rapproche de mon avenir », dit-il. Je ne relevai pas cette observation.

« Je vois que vous n'avez pas fait attention à ce que je viens de dire », fit-il.

Je répondis que j'y avais fait attention, mais que j'étais trop jeune pour songer à retourner en poussière.

« Mais voyons, déclara-t-il, vous et moi et nous tous, quelques-uns dans cent ans, mais tous, tôt ou tard, nous le ferons. »

A une autre occasion, il me cita une déclaration qu'il avait faite à Londres à lord Sankey : « Croyez-vous, lui avait-il dit, que je serais arrivé à un âge pareil, si je n'avais pas pris soin de moi? C'est là un de mes défauts.

— Je croyais, risquai-je, que vous étiez parfait. »

Il se mit à rire, et les autres huit ou dix membres de l'*ashram* qui assistaient généralement aux entretiens rirent également. (Il m'avait demandé si je voyais quelque objection à leur présence.)

« Non, déclara-t-il. Je suis vraiment imparfait. Avant de vous en aller, vous aurez découvert une centaine de mes défauts; et si vous n'y arrivez pas, je vous aiderai à les découvrir. »

Habituellement, cette conversation d'une heure commençait par la recherche de l'endroit le plus frais de sa chaumière pour m'y faire asseoir. Alors, avec un sourire il me disait : « Allez-y! », ce qui voulait dire : « Cognez. » Lorsque l'heure tirait à sa fin, avec un sens infaillible de la durée, il jetait un regard sur son « oignon » et proclamait : « Maintenant, votre heure est terminée. » Il était minutieusement exact.

La pire torture de la journée consistait à taper le compte rendu complet de mes conversations avec Gandhi et d'autres habitants de l'*ashram*, ainsi qu'avec Nehrou qui vint pour deux jours cette semaine-là. Au bout de cinq minutes, j'étais fatigué et tout en transpiration. Incité par Gandhi à m'asseoir dans un tub, je plaçai une petite caisse d'emballage en bois dans un des baquets en fer-blanc rempli d'eau, je mis un essuie-main turc plié sur cette caisse, puis j'installai une autre caisse d'emballage plus grande à l'extérieur du baquet et y plaçai ma machine à écrire. Une fois ces dispositions prises, je m'assis sur la caisse dans le tub et me mis à taper mes notes. A des intervalles de quelques minutes, quand je commençais à transpirer, je trempais un bol en bronze dans le baquet et en versais l'eau sur mon cou, mon dos et mes jambes. De cette façon, je fus capable de taper toute une heure sans me sentir épuisé. Cette innovation fit la joie de tout l'*ashram* et provoqua d'amusants commentaires. Ce n'était pas une communauté maussade. Gandhi y prenait soin. Il faisait des grimaces aux petits enfants, excitait les grandes personnes à rire et plaisantait avec tous ses visiteurs.

Je priai Gandhi de se laisser photographier avec moi.

« S'il y a un photographe par là, répondit-il, je ne vois aucun inconvénient à ce qu'on m'aperçoive sur la même photographie que vous.

— Voilà le plus grand compliment que vous m'ayez jamais fait.

— Est-ce que vous aimez les compliments? demanda-t-il.

— N'en désirons-nous pas tous?

— Si, reconnut-il. Mais souvent il nous faut les payer trop cher. »

Au cours de cette semaine il s'informa si je connaissais Upton Sinclair, le Dr Kellogg, le spécialiste de nourriture de Battle Creek (Michigan), et Mrs Eleanor Roosevelt. Mais je ne découvris pas en lui de curiosité générale. Il concentrait son attention sur les faits qu'il pouvait influencer et sur les questions qui lui étaient adressées.

Je lui dis que j'avais entendu raconter que le parti du Congrès était entre les mains d'hommes d'affaires importants et que lui-même était subventionné par les grands minotiers.

« Qu'y a-t-il de vrai dans ces affirmations? lui demandai-je pour le mettre à l'épreuve.

— Le malheur est qu'elles sont vraies, affirma-t-il. Le Congrès n'a pas assez d'argent pour poursuivre son œuvre. Nous avions eu l'idée au début de collecter quatre *annas* par an (huit *cents* environ) de chaque membre et de travailler avec cela. Mais ça n'a donné aucun résultat.

— Quelle proportion du budget du Congrès est couverte par les dons des riches Indiens? dis-je en insistant.

— Pratiquement tout, reconnut-il. Dans cet *ashram*, par exemple, nous pourrions vivre bien plus pauvrement et dépenser moins. Mais c'est ce que nous ne faisons pas, et l'argent nous vient de nos amis riches. »

(Il y a à ce sujet une fameuse plaisanterie attribuée à Mrs. Naïdou, dont Gandhi s'est terriblement amusé, et d'après laquelle « il faut dépenser beaucoup d'argent pour permettre à Gandhi de vivre dans la pauvreté ».)

« Le fait qu'il reçoit ses fonds d'intérêts monnayés n'influet-il pas sur la politique du Congrès? demandai-je. Cela ne créet-il pas une obligation morale?

— Cela crée une dette silencieuse, constata-t-il. Mais, en réalité, nous sommes fort peu influencés par la façon de penser des riches. Ils sont parfois assez inquiets de nous voir réclamer une indépendance complète... Il est regrettable que le Congrès dépende de riches protecteurs. Je dis que c'est regrettable. Mais cela ne modifie pas notre politique.

— Un des résultats n'est-il pas que l'on se concentre ici presque exclusivement sur le nationalisme, à l'exclusion des problèmes sociaux et économiques?

— Non. Le Congrès a, de temps à autre, spécialement sous l'influence du pandit Nehrou, adopté un programme social avancé et des projets de planisme économique. Je les ferai rassembler à votre intention. »

Au début de la semaine que je passai à l'*ashram* en juin 1942, il devint manifeste que Gandhi était déterminé à déclencher une campagne de désobéissance civile dans le but de contraindre la Grande-Bretagne à « lâcher l'Inde ». Tel devait être le mot d'ordre.

Gandhi sentait que si l'Angleterre ne se purifiait pas en libérant l'Inde la guerre ne pourrait pas être gagnée et que la paix ne pourrait pas l'être non plus.

Un après-midi, après que Gandhi eut parlé longuement des raisons qui le déterminaient à commander la désobéissance civile à l'égard du gouvernement britannique, je lui dis :

« Il me semble que les Britanniques ne peuvent pas lâcher les Indes complètement. Cela équivaudrait à en faire cadeau au Japon : l'Angleterre n'y consentira jamais; et les États-Unis ne l'approuveraient pas. Si vous demandez que les Britanniques plient bagage et s'en aillent, vous réclamez tout simplement l'impossible. Vous ne pensez pas sans doute qu'ils vont également retirer leurs troupes? »

Pendant deux minutes au moins Gandhi resta sans rien dire. On aurait presque pu entendre le silence qui régnait dans la pièce.

« Vous avez raison, dit-il enfin. Non, la Grande-Bretagne et l'Amérique et d'autres pays peuvent amener des troupes ici et utiliser le territoire indien comme base d'opérations militaires. Je ne désire pas que le Japon gagne la guerre. Mais je suis sûr que la Grande-Bretagne ne peut pas vaincre à moins que le peuple indien ne recouvre sa liberté. La Grande-Bretagne est plus faible et ne saurait être soutenue moralement tant qu'elle gouverne les Indes. Je ne désire pas l'abaissement de l'Angleterre.

— Mais si l'Inde doit servir de base militaire aux pays démocratiques, il en découlera bien d'autres choses. Les armées ne sauraient exister dans le vide. Par exemple, les pays occidentaux auraient besoin d'une bonne organisation des chemins de fer.

— Oh! s'exclama-t-il, ils pourraient se servir des chemins de fer. Ils auraient besoin d'ordre dans les ports où ils recevraient leurs approvisionnements. Ils ne pourraient pas tolérer des émeutes à Bombay et à Calcutta. Toutes ces choses exigeraient la coopération et l'effort commun.

— Est-ce que les conditions de cette coopération pourraient être énoncées dans un traité d'alliance?

— Oui, reconnut-il, nous pourrions avoir un accord écrit...

— Pourquoi ne l'avez-vous pas dit? demandai-je. Je dois avouer que, lorsque j'ai eu connaissance de ce mouvement de désobéissance civile que vous proposez, je me suis senti prévenu contre lui. Je croyais que cela allait mettre obstacle à la poursuite de la guerre. J'estime que la guerre doit être faite et gagnée. Je vois des ténèbres absolues sur le monde si l'Axe remporte la victoire. Je pense que, si nous sommes vainqueurs, nous aurons la possibilité d'avoir un monde meilleur.

— Je ne puis pas être entièrement de cet avis, objecta-t-il. La Grande-Bretagne s'enveloppe souvent du manteau de l'hypocrisie et promet ce qu'elle n'accordera pas plus tard. Mais j'accepte l'affirmation d'après laquelle il y a de meilleures chances pour le monde si les démocraties l'emportent.

— Cela dépendra du genre de paix que nous ferons.

— Cela dépendra de ce que vous ferez pendant la guerre, rectifia-t-il. Je ne m'intéresse pas aux promesses d'avenir. Je n'ai aucun intérêt pour l'indépendance après la guerre. Je veux l'indépendance maintenant. Cela aidera l'Angleterre à remporter la victoire.

— Pourquoi, interrogeai-je de nouveau, n'avez-vous pas communiqué votre plan au vice-roi? Il faudrait lui dire que vous n'avez plus d'objection à l'utilisation de l'Inde comme base d'opérations militaires par les Alliés.

— Personne ne m'a rien demandé», me répondit-il faiblement.

Un certain nombre des disciples les plus intimes de Gandhi étaient malheureux de sa promptitude à accepter les forces armées britanniques ou autres aux Indes. Ils estimaient que la déclaration qu'il m'avait faite était une sérieuse maladresse. Lui-même admit publiquement qu'il avait changé d'opinion. « Il y avait évidemment une lacune dans ma première rédaction, écrivit-il dans *Haryian* peu de temps après mon entretien avec lui. Je l'ai comblée dès qu'elle est devenue visible au cours d'une de mes nombreuses conversations. La non-violence exige la plus stricte honnêteté quoi qu'il en coûte. Le public doit donc tolérer ma faiblesse, si faiblesse il y a. Je ne peux pas être coupable, si je demande aux Alliés de faire une démarche qui impliquerait un certain échec... Un brusque rappel des troupes des Alliés pourrait amener l'occupation de l'Inde par le Japon et la défaite certaine de la Chine. Je n'avais pas la moindre idée d'une pareille catastrophe comme conséquence de mon action... »

Avant mon départ de l'*ashram*, Mahadev Desaï me pria de dire au vice-roi que Gandhi désirait le voir. Le Mahatma était disposé à un compromis; peut-être même était-il prêt à renoncer au mouvement de désobéissance civile projeté. Plus tard, à New-Delhi, je reçus de Gandhi une lettre destinée à être remise au président Roosevelt [1]. La note qui l'accompagnait disait de

---

1. Le texte complet de la lettre de Gandhi au président Franklin D. Roosevelt est le suivant :

Sévagram, via Ouardha (Inde).
1er juillet 1942.

Cher ami,

J'ai manqué deux fois l'occasion de me rendre dans votre grand pays. J'ai l'avantage d'y compter un grand nombre d'amis connus et inconnus. Un grand nombre de mes compatriotes ont reçu en Amérique et y reçoivent encore une instruction supérieure. Je sais également qu'un certain nombre s'y sont établis. J'ai retiré un grand profit des écrits de Thoreau et d'Emerson. Je vous dis cela pour vous exposer combien je suis en rapports avec votre pays. Je n'ai pas besoin de parler de la Grande-Bretagne, si ce n'est pour dire qu'en dépit de mon intense aversion pour la domination britannique, j'ai de nombreux amis en Angleterre que j'aime aussi tendrement que mes propres compatriotes. C'est là que j'ai reçu ma formation juridique. Je ne forme donc que de bons vœux en faveur de votre pays et de la Grande-Bretagne. Vous me croirez par conséquent sur parole si je vous dis que ma proposition actuelle tendant à demander que les Britanniques renoncent

façon caractéristique : « Si elle ne vous convient pas, vous pouvez la déchirer en morceaux. »

Gandhi était malléable. « Dites à votre président que je désire être dissuadé », me dit-il. Il était cependant profondément convaincu qu'il fallait accorder l'autonomie à l'Inde pendant la guerre; si les puissances opposées à l'Axe ne le comprenaient pas, il attirerait leur attention par une campagne de désobéissance civile. « Votre président, déclara-t-il un après-midi, parle des quatre libertés. Est-ce que cela comprend la liberté d'être libres? »

immédiatement à la domination de l'Inde, sans réserve et sans se référer aux désirs du peuple, est guidée par les plus amicales intentions. Je voudrais transformer en sympathie l'antipathie qui, bien qu'on dise le contraire, existe dans l'Inde à l'égard de la Grande-Bretagne et, en conséquence, permettre aux millions d'Indiens de prendre part à la guerre actuelle.

Ma position personnelle est claire. Je hais toutes les guerres. Si, en conséquence, je pouvais convaincre mes compatriotes, ils contribueraient de la façon la plus efficace et la plus décisive à une paix honorable. Mais je sais que, dans l'ensemble, nous n'avons pas une foi vivante dans la non-violence. Quoi qu'il en soit, sous un gouvernement étranger, nous ne pouvons apporter de contribution d'aucune sorte à la guerre actuelle, sinon en qualité d'ilotes.

La politique du Congrès national indien, guidée en grande partie par moi, a été de ne causer aucune difficulté à la Grande-Bretagne, conformément à l'honorable activité du Congrès qui est, de l'aveu de tous, la plus vaste organisation politique parmi les plus anciennes de l'Inde. La politique britannique, telle qu'elle a été présentée par la mission Cripps et rejetée par presque tous les partis, nous a ouvert les yeux et m'a incité à la proposition que j'ai faite. J'estime que l'acceptation de cette proposition complète, et elle seule, peut placer les Alliés sur une base inexpugnable. Je me permets de penser que l'affirmation des Alliés déclarant qu'ils luttent pour assurer dans le monde la liberté individuelle et la démocratie sonne creux, tant que l'Inde et dans le même sens l'Afrique sont exploitées par la Grande-Bretagne. L'Amérique a chez elle le problème nègre. Mais pour éviter toutes complications, je m'en suis tenu à l'Inde dans ma proposition. Si l'Inde est libérée, le reste doit suivre, si cela n'a pas lieu simultanément.

Pour rendre ma proposition exempte de toute ambiguïté, j'ai suggéré que les Alliés, s'ils le jugent nécessaire, maintiennent leurs troupes aux Indes, à leurs frais, non pour maintenir l'ordre intérieur mais pour prévenir une agression japonaise et pour défendre la Chine. En tant qu'il s'agit de l'Inde, elle doit être rendue aussi libre que le sont en fait l'Amérique et la Grande-Bretagne. Les troupes alliées pourront rester dans l'Inde pendant la guerre en conformité d'un traité avec le gouvernement de l'Inde libre, qui pourra être formé par le peuple indien, sans intervention extérieure, directe ou indirecte.

C'est en vue de cette proposition que je vous écris cette lettre, pour m'assurer de votre agissante sympathie.

Je pense que son objet se recommandera à vous de lui-même.

C'est Mr. Louis Fischer qui vous remettra cette lettre.

S'il s'y trouve quelque obscurité, vous n'aurez qu'à m'adresser un mot et j'essaierai d'apporter la lumière.

En fin de compte, j'espère que vous ne la considérerez pas comme une immixtion, mais la recevrez comme la démarche d'un ami, rempli de sympathies pour les Alliés.

Je reste

votre tout dévoué

M. K. GANDHI.

Gandhi sentait que la position prise par les démocraties par rapport à l'Inde était moralement indéfendable. Roosevelt ou Linlithgow pouvait le dissuader en changeant d'attitude. A part cela, il n'avait aucun doute. Nehrou et Azad en avaient. Rayagopalatchari avait donné sa démission de président du Congrès en raison de ses conflits avec le Mahatma. Gandhi ne pouvait être ébranlé. Il convainquit Nehrou et Azad. Le premier estimait que la situation était inopportune, à l'intérieur comme à l'étranger. « Je discutai avec lui des journées entières, raconte Gandhi. Il combattit ma manière de voir avec une passion que je ne saurais décrire. » Les relations de Nehrou, au dire de Gandhi, « lui rendaient bien plus sensible la misère ou la ruine qui menaçait la Chine et la Russie... Dans cette misère, il essayait d'oublier sa vieille querelle avec l'impérialisme (britannique) ». Mais avant que Nehrou eût quitté l'*ashram* « la logique des faits, ainsi que le note Gandhi, le terrassa ». En conséquence, Nehrou devint le défenseur acharné de la campagne de désobéissance civile proposée, à tel point que, lorsque je l'interrogeai plus tard à Bombay pour savoir si Gandhi désirait voir le vice-roi, il répondit : « Non. A quoi bon? » Gandhi espérait toujours une audience de Linlithgow.

Je quittai l'*ashram* le 10 juin par l'automobile qui emmenait Azad et Nehrou à l'hôtel du Congrès à Ouardha. Quelques heures plus tard, ce car retournait à Sévagram pour emmener Gandhi à d'autres consultations avec deux dirigeants du Congrès. A trois heures de l'après-midi, Gandhi pénétrait seul dans l'hôtel. A 3 quarts de mille de Ouardha, le car s'était écrasé. Gandhi en sortit et fit le reste du chemin à pied sous le soleil cuisant d'un après-midi de juin aux Indes. Quand il arriva à l'hôtel, il était d'excellente humeur. On ne s'apercevait pas qu'il eût souffert de la chaleur et, s'il en avait souffert, cela avait dû s'évanouir devant le plaisir de pouvoir commenter l'impossibilité de faire confiance à ces perfectionnements techniques d'un nouveau genre de notre époque industrielle.

Il avait beaucoup de charme. C'était un phénomène remarquable de la nature, calme et qui vous dominait traîtreusement. Tout contact intellectuel avec lui était un délice, car il découvrait sa pensée et vous mettait à même de voir comment fonctionnait la machine. Il ne cherchait pas à exprimer ses pensées sous une forme parfaite. Il pensait tout haut; il vous révélait chacun des pas que faisait son esprit. Vous n'entendiez pas seulement ses paroles mais aussi ses pensées. Vous pouviez par conséquent le suivre quand il arrivait à sa conclusion. Cela lui épargnait de parler comme un propagandiste. Il parlait comme un ami. Ce qui l'intéressait c'était d'échanger des opinions; mais bien plus encore c'était d'établir des relations personnelles.

Même quand il se montrait évasif, il était franc. Je l'interrogeai au sujet de ce qu'il rêvait pour l'Inde une fois devenue indépendante. Il se mit à argumenter dans tous les sens. « Vous me forcez, dit-il, à reconnaître que nous aurons besoin de nous industrialiser rapidement. Je ne veux pas être contraint à admettre pareille chose. Notre premier problème est de nous libérer du gouvernement britannique. Nous serons libres alors, sans aucune contrainte de l'extérieur, de faire ce dont l'Inde a besoin. Les Britanniques ont jugé opportun de nous permettre certaines usines et de nous en interdire d'autres. Non, pour moi, le problème essentiel est la fin de la domination britannique. »

C'était évidemment là le point sur lequel il voulait s'entretenir; il ne cachait pas son désir. Son cerveau ne connaissait pas le cafard. Il disait par exemple qu'il irait au Japon pour essayer de mettre fin à la guerre. Il savait, et il l'ajoutait immédiatement, qu'il n'aurait jamais la possibilité de le faire, et que s'il y parvenait, les Japonais ne concluraient quand même pas la paix. Il savait aussi que sa déclaration serait mal interprétée. Pourquoi donc la faisait-il? Parce qu'il l'avait pensée.

Gandhi affirmait qu'une administration fédérale ne serait pas nécessaire dans une Inde indépendante. Je lui signalai les difficultés qui naîtraient de l'absence d'une administration fédérale. Je ne parvins pas à le convaincre. J'en fus déconcerté. En fin de compte il dit : « Je sais qu'en dépit de ma manière de voir il y aura un gouvernement central. » C'était là un cycle de pensées caractéristique de Gandhi : il énonçait un principe, le défendait, puis admettait en riant qu'il était irréalisable. Dans une négociation, cette faculté pouvait être extrêmement irritante et faire perdre beaucoup de temps. En conversation privée, c'était séduisant et même excitant. Lui-même était quelquefois surpris des choses qu'il disait. Sa pensée était fluide. Bien des gens aiment à prouver qu'ils ont raison. C'était le cas pour Gandhi. Mais souvent il retirait une victoire d'une erreur en reconnaissant celle-ci.

Gandhi avait plus que de l'influence, il avait de l'autorité, ce qui vaut moins, mais mieux que le pouvoir. Le pouvoir est l'attribut d'une machine, l'autorité est l'attribut d'un individu. Les hommes d'État sont des combinaisons variables de l'un et de l'autre. L'accroissement constant de la puissance d'un dictateur, puissance dont il devra inévitablement abuser, lui enlève constamment de son autorité. Le fait que Gandhi refusait le pouvoir grandissait son autorité. La puissance se nourrit du sang et des pleurs de ses victimes. L'autorité est nourrie par les services, la sympathie et l'affection.

Un soir, j'observais Mahadev Desaï en train de filer. Je lui dis que j'avais écouté Gandhi avec soin et que, en étudiant mes notes et en cherchant constamment quelle était la source de son emprise sur les gens, j'en étais venu à la conclusion expérimentale que c'était sa passion.

« Vous avez raison, me dit Desaï.

— Quelle est la racine de cette passion? demandai-je.

— Cette passion est la sublimation de toutes celles que la chair a héritées.

— Le sexe?

— Le sexe et la colère et l'ambition personnelle... Gandhi se contrôle entièrement. Cela engendre en lui une énergie et une passion terribles. »

C'était une passion subjuguée, mais ronronnante. Il possédait une intensité douce, une fermeté tendre, une impatience enveloppée dans la patience comme dans du coton. Les collègues de Gandhi et parfois aussi les Britanniques souffraient de son intensité, de sa fermeté et de son impatience. Mais il attirait et conservait leur respect, souvent leur affection, par sa douceur, sa tendresse et sa patience.

Gandhi était un individu fort, et sa force résidait dans la richesse de sa personnalité et non dans la multitude de ses biens. Son but était *d'être*, et non *d'avoir*. Le bonheur lui venait du fait qu'il se réalisait. Ne craignant rien, il pouvait vivre la vérité. Ne possédant rien, il pouvait payer pour ses principes.

Le Mahatma Gandhi est le symbole de l'unité réalisée entre la moralité personnelle et l'action publique. Lorsque la conscience réside au foyer, mais non à l'atelier, au bureau, sur la place du marché, la route est large ouverte pour la corruption, et la cruauté, et la dictature.

Gandhi a enrichi la politique par la morale. Il envisageait la tâche de chaque matin à la lumière des valeurs éternelles et universelles. Il extrayait toujours de l'éphémère un élément permanent. Ainsi perçait-il toujours, à travers le cadre des conventions usuelles qui entravent l'activité de l'homme. Libre de toutes considérations de succès personnel ou de commodité, il brisait l'atome social et y découvrait une source nou-

velle d'énergie. Cela lui fournissait des armes offensives contre
lesquelles il n'existait souvent pas de moyen de défense. Sa
grandeur consistait à faire ce que chacun aurait pu faire mais ne
faisait pas.

« Peut-être ne réussira-t-il pas, écrivait Tagore de Gandhi
encore vivant. Peut-être échouera-t-il, comme a échoué Bouddha, comme a échoué le Christ, à détourner les hommes de
leurs iniquités, mais on se souviendra toujours de lui comme
de l'un de ceux qui ont fait de leur existence une leçon pour
tous les âges à venir [1]. »

---

1. Cette citation est extraite d'un article de Rabindranath Tagore dans
le quotidien de Calcutta *The Statesman*, à la date du mois de février 1938.

CHAPITRE XXXVIII

LE POUVOIR DE LA VOLONTÉ

En mai, juin et juillet 1942, l'atmosphère qu'on respirait aux Indes était étouffante. Les Indiens semblaient désespérés. Des généraux britanniques, le général américain Joseph W. Stilwell et un petit reste de gens armés, ainsi que des milliers de réfugiés indiens essayaient de sortir de la Birmanie pour échapper aux conquérants japonais. Le Japon était le plus proche voisin de l'Inde. Il était visible que l'Angleterre n'avait pas la force nécessaire pour préserver l'Inde de l'invasion. Les Indiens qui avaient le droit de parler étaient irrités, exaspérés de leur impuissance absolue. C'était l'heure cruciale pour la nation; la tension s'accentuait; le danger menaçait; l'occasion favorable était là; mais les Indiens n'avaient ni voix pour parler ni puissance pour agir.

Gandhi estimait la situation intolérable. La résignation était contraire à sa nature. Il croyait, et l'avait enseigné à un grand nombre de partisans, que c'étaient les Indiens qui devaient façonner leur propre destinée.

La mission Cripps avait éveillé bien des espérances. Il était possible que l'Inde obtînt le droit de diriger son destin. Désormais les espoirs s'étaient anéantis. Les Indiens ne seraient que d'apathiques spectateurs à l'heure décisive. La colère balayait le pays.

A la lueur des événements subséquents, il apparaît clairement que les années 1942, 1943 ou 1944 étaient les plus favorables pour accorder à l'Inde son indépendance. Car, puisque la Grande-Bretagne et les autres Nations unies voulaient conserver leurs troupes dans ce pays aussi longtemps que durerait la guerre, le transfert du pouvoir à un gouvernement indien provisoire pouvait se réaliser doucement et avec le moins de probabilités d'émeutes, de chaos ou de tentatives d'une paix séparée avec le Japon. Le pouvoir réel serait resté aux mains des Britanniques. Cela aurait évité les centaines de milliers de morts et les millions de souffrances humaines et de drames qui ont accompagné la libération de l'Inde en 1947.

Gandhi n'avait pas pu prévoir ce noir avenir, mais il avait éprouvé le besoin d'un changement immédiat. Il était déterminé à exercer la pression la plus forte sur l'Angleterre en vue du prompt établissement d'un gouvernement national indépendant.

La formule de Gandhi était : « Ne placer aucun obstacle sur la voie des forces britanniques »; ne pas aider les Britanniques effectivement; opposer aux Japonais la plus complète résistance passive.

« Si les Japonais viennent, demandaient les Indiens, comment ferons-nous pour leur résister de façon non violente?

— En ne leur donnant ni nourriture ni abri, répondit Gandhi le 14 juin 1942 dans *Haryian*. On ne devra pas non plus établir avec eux la moindre relation. Il faudra leur faire sentir qu'on ne les désire pas. Mais, bien entendu, les choses n'iront pas si facilement que la question pourrait le faire supposer. C'est une erreur de croire qu'ils viendront en amis... Si l'on ne peut pas résister à une attaque brutale et si l'on craint la mort, il faudra évacuer les lieux afin de refuser tout service obligatoire à l'ennemi. »

Gandhi, pacifiste absolu, aurait désiré que l'Inde donnât une démonstration sans précédent de la défaite par la non-violence d'une armée d'envahisseurs. Il n'était pas cependant assez peu réaliste pour oublier qu'une guerre sauvage signifiant la mort faisait rage dans des pays où elle se poursuivait. Dans *Haryian*, le 14 juin 1942, il déclarait : « A supposer que le gouvernement national soit formé et qu'il réponde à mon attente, son premier acte devra être de conclure un traité avec les Nations unies en vue d'opérations défensives contre les puissances agressives, étant bien entendu que l'Inde ne veut avoir rien à faire avec les puissances fascistes et qu'elle est moralement obligée de venir en aide aux Nations unies. »

Invité par Reuter, de Londres, à développer cette encourageante déclaration, Gandhi câbla : « Il ne saurait y avoir de limites à ce qu'une Inde amicale et indépendante peut faire.

J'avais l'idée d'un traité entre les Nations unies et l'Inde pour la défense de la Chine contre l'agression japonaise. »

Gandhi aurait-il donc aidé l'effort de guerre? Non. Les armées des Nations unies auraient été tolérées sur le sol indien et les Indiens auraient pu s'engager dans l'armée britannique ou lui rendre d'autres services. Mais s'il avait eu quelque chose à dire, l'armée indienne aurait été démobilisée et le nouveau gouvernement national indien aurait usé « de tous ses pouvoirs, de tout son prestige et de toutes ses ressources » pour apporter la paix au monde.

Espérait-il que cela se réaliserait? Non. « Après la formation du gouvernement national, disait-il, ma voix pourra être une voix clamant dans le désert, et l'Inde nationaliste peut devenir belliqueuse. »

L'Inde nationaliste aurait bien pu devenir belliqueuse, n'eût-ce été que pour secouer l'écrasant désappointement de l'inaction. Nehrou, Azad et Rayagopalatchari étaient impatients d'avoir un gouvernement national, non seulement pour être sûrs de l'avoir, mais aussi pour prendre part à la guerre. C'étaient des antifascistes militants. Nehrou disait : « Nous combattrions de toutes les manières possibles, par la non-violence et par les armes, en faisant de cette guerre une guerre du peuple, en levant une armée populaire, en accroissant la production... » Mais si la Grande-Bretagne ne leur donnait pas la possibilité d'agir ainsi, ils seraient contraints de continuer la lutte pour l'indépendance. « Rester passifs en ce moment, déclarait Nehrou, serait un suicide... Ce serait nous détruire et nous émasculer. » La crainte de voir l'Inde émasculée était un motif toujours présent à leur esprit. « Aujourd'hui l'Inde entière est impuissante », disait tristement Gandhi dans le contexte. De différentes façons, Nehrou et Gandhi se préoccupaient de fortifier la virilité de leur peuple. Gandhi voulait lui donner la force intérieure par la confiance en lui-même. Il insufflait ce sentiment à ses visiteurs indiens comme à ses visiteurs étrangers.

Au fur et à mesure que s'avançait l'été de 1942, il devenait plus clair que Londres ne se départirait pas de cette proposition Cripps qui avait été rejetée. Nehrou avait attendu un signe venant de Washington; il espérait que Roosevelt l'emporterait sur Churchill, pour susciter un autre mouvement aux Indes. Aucun signe ne vint. Quelques membres du Congrès se demandaient si le pays écouterait un appel à la désobéissance civile; quelques-uns craignaient qu'il n'y répondît par la violence. Gandhi n'avait aucun doute. Il enregistrait le besoin aveugle de la nation de prouver son existence.

Il ne visait pas à abattre le gouvernement britannique. « Une révolution non violente, expliquait-il, n'est pas un programme de prise du pouvoir. C'est un programme de transformation des relations aboutissant à un transfert pacifique du pouvoir... »

« Le gouvernement britannique aux Indes doit prendre fin immédiatement », déclara le Comité exécutif du Congrès dans une résolution votée le 14 juillet à Ouardha; la domination étrangère, « même dans ce qu'elle a de meilleur », est un mal et « une insulte permanente ». Le désappointement causé par la mission Cripps avait abouti à un accroissement rapide et considérable de l'hostilité à l'égard de la Grande-Bretagne et à une satisfaction grandissante pour les succès des armes japonaises.

« Le Comité exécutif constata cette évolution avec une sérieuse appréhension, étant donné que, si on ne l'arrêtait pas, elle amènerait fatalement à accepter passivement une agression. Le Comité estime qu'il faut résister à toute agression... Le Congrès changerait volontiers cette hostilité actuelle à l'égard de la Grande-Bretagne en sympathie et ferait de l'Inde un partenaire complaisant pour une entreprise commune... Cela n'est possible que si l'Inde éprouve le sentiment de sa liberté. »

Le Congrès, disait encore cette résolution, ne désire pas gêner les puissances alliées; il est donc « consentant au stationnement dans l'Inde de forces armées des Alliés... »

En conclusion le Congrès déclarait que si cet appel échouait, « le Congrès serait forcé contre son gré » d'entreprendre une campagne de désobéissance civile qui « serait inévitablement placée sous la direction du Mahatma Gandhi ».

Cette résolution avait encore besoin d'être approuvée par le Comité plus étendu du Congrès panindien invité à se réunir à Bombay au début du mois d'août. Entre temps, Gandhi lançait de Sévagram un appel « A tous les Japonais » commençant par ces mots : « Je dois avouer que, bien que je n'aie pas d'hostilité à votre égard, je regrette infiniment que vous ayez attaqué la Chine... Vous vous êtes laissés aller à l'ambition impérialiste. Vous n'arriverez pas à réaliser cette ambition, et il peut se faire que vous soyez les responsables du démembrement de l'Asie et rendiez impossible à votre insu une fédération universelle et une fraternité sans laquelle il ne saurait y avoir d'espoir pour l'humanité. »

Il mettait Tokyo en garde contre la tentation de profiter de la situation pour envahir les Indes. « Vous serez fâcheusement désillusionnés si vous croyez recevoir un accueil empressé dans l'Inde... Nous ne manquerons pas de vous résister avec toute la force dont notre pays peut faire preuve... »

Il se rendit alors à Bombay. Parlant à A. T. Steele, de la *New-York Herald Tribune*, Gandhi déclarait : « Si quelqu'un pouvait me convaincre que, tant que dure la guerre, le gouvernement britannique ne peut proclamer la liberté de l'Inde sans compromettre son effort de guerre, je serais heureux d'entendre cette démonstration.

— Si vous en étiez convaincu, demanda Steele, annuleriez-vous votre campagne?

— Bien entendu. Ce dont je me plains, c'est que tous ces braves gens parlent *pour* moi, font des serments *pour* moi, mais ne condescendent jamais à parler *avec* moi. »

Linlithgow avait parlé avec lui en 1939 et en 1940, mais jamais depuis.

Quelques centaines de membres du Congrès assemblés pour la session du Congrès panindien, le 7 août, après avoir délibéré toute la journée, les 7 et 8 août, adoptèrent une version légèrement modifiée de la résolution de Ouardha; ils mirent les points sur les i en déclarant qu'un gouvernement indien résisterait « avec toutes les forces armées et de non-violence à ses ordres ». C'était là un trait non *gandhien* — qu'avait inséré l'école Nehrou-Azad — et qui barrait un pont avant de l'atteindre, en donnant l'assurance aux partisans du Congrès que si leurs chefs étaient arrêtés et empêchés de donner des directives, ils devaient obéir aux directives générales qui disaient : « la non-violence est la base du mouvement. »

Un peu après minuit, le 8 août, Gandhi prit la parole devant les délégués du Congrès panindien : « La lutte actuelle ne commence pas juste en ce moment, dit-il avec insistance. Vous avez seulement placé certains pouvoirs entre mes mains. Mon premier acte sera de me présenter chez Son Excellence le vice-roi et de solliciter son acceptation pour la demande du Congrès. Cela peut me prendre deux ou trois semaines. Qu'aurez-vous à faire pendant ce temps-là? Je vais vous le dire. Il y a le rouet... Mais il y a encore autre chose que vous devriez faire... Chacun de vous devrait, à partir de maintenant, se considérer comme un homme ou comme une femme libre et agir comme s'il était libre et n'était plus sous le talon de cet impérialisme... »
Il renversait la conception matérialiste d'après laquelle ce sont

les conditions qui déterminent la psychologie. Non. La psychologie est capable de créer les conditions. « Vous devenez ce que vous pensez », avait-il dit un jour.

Les délégués rentrèrent chez eux pour se coucher. Gandhi, Nehrou et un certain nombre d'autres furent réveillés par la police quelques heures plus tard — avant le lever du soleil — et emmenés en prison. Gandhi fut envoyé dans un palais appartenant à l'Aga-Khan, à Yéravda, non loin de Poona. Mrs. Naïdou, Mirabehn, Mahadev Desaï et Pyarélal Nayyar, arrêtés en même temps que lui, furent logés avec lui. Le lendemain, Kastourbaï fut arrêtée au moment où elle annonçait qu'elle prendrait la parole à Bombay, dans un meeting où Gandhi avait promis de parler. Elle et la doctoresse Souchila Nayyar qui lui donnait ses soins rejoignirent Gandhi dans sa geôle. Les Britanniques étaient tout à fait complaisants.

Dans une entrevue que j'eus avec le vice-roi après la semaine passée chez Gandhi, je lui avais fait part du message qui m'avait été confié à Sévagram : Gandhi désirait parler à Linlithgow. Le vice-roi me répondit : « C'est une question de haute politique et qui doit être étudiée comme elle le mérite. » En 1942, Churchill eut pour la première fois depuis qu'il était au pouvoir l'occasion de mettre fin à un mouvement de désobéissance civile. Le gouvernement britannique préféra supprimer que discuter.

Au moment où les portes de la prison se refermèrent sur Gandhi, les vannes de la violence s'ouvrirent. Les postes de police et les édifices gouvernementaux furent incendiés, les lignes télégraphiques détruites, les traverses des chemins de fer arrachées et les fonctionnaires britanniques attaqués; certains d'entre eux furent tués. Des individus et des groupes qui se consacraient à détruire rôdaient à travers la campagne. Bientôt un puissant mouvement clandestin prit naissance, dirigé dans bien des cas par le parti socialiste, une des sections du parti du Congrès. Les dirigeants socialistes Yaïprakach Narayan, Mrs. Arouna Asaf Ali et d'autres, enfants politiques de Gandhi mais nouveaux disciples de Karl Marx, arborèrent l'auréole de l'héroïsme tout en se déplaçant secrètement à travers le pays pour y fomenter la rébellion. Des citoyens posés les hospitalisaient et leur donnaient de l'argent tandis que la police britannique les pourchassait. Les ordonnances de Sa Majesté n'avaient plus de valeur, et ses fonctionnaires n'apparaissaient plus dans plusieurs régions où les Indiens avaient installé des gouvernements indépendants de village, de ville et de district.

C'étaient là, dans la plupart des cas, des embryons de gouvernements dont la valeur de propagande dépassait leur réalité administrative. Pourtant, en certaines régions, spécialement dans le Maharachtra de Tilak, qui était par tradition un pays militant, les Britanniques ne reprirent les rênes du gouvernement qu'en 1944.

Gandhi lui-même était d'humeur belliqueuse. Avec cette aptitude irrésistible qu'il avait à prendre le milieu de la scène, la personnalité du Mahatma incarcéré traversait les murs du palais abandonné de l'Aga-Khan et remportait la victoire d'abord sur le gouvernement britannique puis sur le peuple indien.

Gandhi s'adressa au vice-roi. Depuis l'intervention de Roosevelt dans la crise indienne et l'offre de Churchill d'« apaiser » l'opinion publique aux États-Unis en démissionnant, une gigantesque bataille de propagande s'était engagée pour amener les Américains à approuver la politique britannique dans l'Inde. Gandhi le savait. Dans sa première lettre adressée de la geôle au vice-roi le 1er août, il accusait le gouvernement de « déformations et de faux rapports ». Cette lettre était longue de plusieurs pages. Linlithgow, dans une lettre commençant par « Cher Mr. Gandhi », répondit un seul paragraphe où il disait : « Il ne me serait pas possible d'accepter vos critiques » ni de modifier la politique.

Gandhi attendit plusieurs mois. La veille du Nouvel An, il écrivit : « Cher lord Linlithgow, ceci est une lettre tout à fait personnelle... Je ne peux pas me permettre de laisser la vieille année se terminer sans délivrer mon âme de ce qui ulcère mon cœur à votre égard. J'avais cru que nous étions amis... Néanmoins ce qui se passe depuis le 9 août me fait douter que vous me considériez toujours comme tel. Je n'ai peut-être pas été aussi intime qu'avec vous avec aucun de ceux qui ont avant vous occupé votre trône. » Puis il exprimait ce qui peut-être le froissait le plus : « Pourquoi, avant de prendre ces mesures rigoureuses, ne m'avez-vous pas fait appeler, ne m'avez-vous pas dit vos soupçons, ne vous êtes-vous pas informé de la réalité? Je suis tout à fait capable de me voir comme d'autres me voient. » Le gouvernement l'a accusé d'être responsable des violences qui se produisent dans tout le pays et attendent de lui qu'il les condamne. Comment a-t-on pu faire cela alors qu'on n'avait que la version officielle? En l'accusant sans lui donner la possibilité de répondre, en le retenant en prison avec ses partisans en dépit de leurs bonnes intentions, le gouvernement a « traité injustement des innocents ».

En conséquence, concluait Gandhi, il avait décidé de « crucifier sa chair par le jeûne ». C'était un expédient suprême, et il serait heureux de ne pas jeûner. « Faites-moi reconnaître mon erreur ou mes erreurs, et je réparerai largement ma conduite. Vous pouvez m'envoyer chercher... Il y a bien d'autres moyens si vous en avez la volonté... Puisse la nouvelle année nous apporter la paix à tous! Votre ami sincère, Gandhi. »

Le vice-roi reçut cette lettre quinze jours plus tard : des employés subalternes l'avaient retenue. Il répondit par une lettre marquée « Personnelle ». C'était une lettre de deux pages. Des journaux avaient été remis à Gandhi dans sa prison, après qu'il en eut été privé les premiers temps. Il était au courant des incendies et des assassinats. En conséquence, Linlithgow se disait « profondément déprimé »... en constatant « que pas un mot de condamnation pour ces violences et ces crimes ne soit venu de vous ». Si Gandhi désirait se dissocier de ces actes : « Vous me connaissez assez après tant d'années pour croire que je puisse être trop occupé pour lire avec la même minutieuse attention que jamais tout message que je reçois de vous... Votre sincèrement dévoué, Linlithgow. »

« J'ai presque désespéré d'avoir de vos nouvelles, écrivait Gandhi au début de sa réponse. Veuillez excuser mon impatience. Votre lettre me réjouit en ce qu'elle me fait voir que je ne suis pas disqualifié à vos yeux. Ma lettre du 31 décembre était un grognement à votre adresse. La vôtre est un contregrognement... Il est certain que je déplore ce qui est arrivé depuis le 8 août. Mais n'ai-je pas déposé le blâme de ces événements devant la porte du gouvernement de l'Inde? Malgré cela, je ne puis exprimer aucune opinion sur des faits que je ne puis ni influencer ni contrôler et dont je n'ai qu'un compte rendu unilatéral... Je suis certain qu'il n'aurait pu rien résulter que de bon si vous aviez retenu votre main et m'aviez accordé l'entretien que j'avais annoncé que j'étais prêt à vous demander, la nuit du 8 août... Réussissez à me convaincre que j'ai tort et je me repentirai sincèrement... »

Linlithgow répondit rapidement, disant qu'il n'avait pas eu d'autre choix « que de considérer le mouvement du Congrès et vous-même en tant que son porte-parole autorisé et muni de ses pleins pouvoirs... comme responsables de cette regrettable campagne de violences et de crimes ». Il repoussait l'accusation de Gandhi donnant la faute au gouvernement. Il demandait au Mahatma de « répudier la résolution du 8 août et la politique que cette résolution représente, ou de s'en dissocier » et de « me donner des assurances appropriées en ce qui regarde l'avenir »... Il avait prié le gouverneur de Bombay de lui transmettre sans délai les lettres de Gandhi.

La réponse de Gandhi affirmait que c'était le gouvernement qui « avait poussé le peuple à ce degré de folie ». La résolution du Congrès du 8 août était aimable pour les Nations unies et pour l'Angleterre. La violence exercée par le gouvernement était « léonine ». C'étaient les arrestations qui avaient déclenché les troubles. Cependant le vice-roi lui reprochait sa violence alors que, toute sa vie, il avait travaillé en faveur de la non-violence. « En conséquence, si je ne puis pas obtenir un baume apaisant pour ma souffrance, je devrai recourir à la loi prescrite aux *Satyagrahis*, à savoir au jeûne proportionné à ma capacité. » Il commencerait le 9 février et se terminerait vingt et un jours plus tard. « Généralement, pendant mes jeûnes, je prends de l'eau additionnée de sel. Mais désormais, mon organisme refuse l'eau. En conséquence, je me propose d'ajouter à l'eau pour la rendre potable des jus d'agrumes. Car mon désir n'est pas de jeûner jusqu'à la mort, mais de survivre à cette épreuve, si Dieu le veut. Ce jeûne pourra se terminer plus tôt si le gouvernement remédie à la situation. »

Le vice-roi répondit immédiatement, le 5 février, par une lettre de plusieurs pages. Il rendait toujours le Congrès responsable de « ces lamentables désordres ». Sir Reginald Maxwell, chargé de l'Intérieur dans le Conseil exécutif de Linlithgow, avait donné un compte rendu complet des attaques faites dans cette assemblée; il serait envoyé au détenu. La lettre répétait les accusations et ajoutait des détails. « Permettez-moi de vous dire pour conclure combien grandement je regrette, en considération de votre santé et de votre âge, la décision que vous avez prise de jeûner. » Il espérait qu'il ne le ferait pas. Mais cela dépendait de Gandhi. « Je regarde l'utilisation de la grève de la faim pour des buts politiques comme une sorte de chantage politique que rien ne saurait moralement justifier, et d'ailleurs vos précédentes lettres laissent comprendre que c'était bien là votre opinion. »

D'autre part, Gandhi avait écrit que l'on ne peut jeûner que contre ceux qui vous aiment, mais non contre un tyran.

Gandhi, par retour du courrier, protesta contre l'affirmation que sa décision de jeûner était contraire à ses précédentes lettres. « Je me demande si vous avez lu vous-même ces lettres... En dépit de votre définition de ce jeûne comme « une forme «de chantage politique », c'est de ma part un appel au Tribunal suprême de la justice que je n'ai pas réussi à obtenir de vous. Si je ne survis pas à cette épreuve, j'irai au Jugement dernier avec la plus parfaite conviction de mon innocence. La postérité sera juge entre vous, comme représentant d'un gouvernement tout-puissant, et l'humble personnage que je suis et qui a cherché à servir son pays et, par là, l'humanité. »

Deux jours avant le commencement du jeûne, le gouvernement offrit de mettre Gandhi en liberté pour la durée de ce jeûne. Lui et ses compagnons de geôle pourraient aller où ils voudraient. Gandhi refusa. S'il était remis en liberté, dit-il, il ne jeûnerait pas. En conséquence de quoi, le gouvernement répondit que Gandhi serait responsable des conséquences quelles qu'elles fussent; néanmoins, il pouvait inviter à venir dans sa prison tous les médecins qu'il désirait et même des amis de l'extérieur [1].

Le jeûne commença le 10 février 1942, un jour plus tard que Gandhi n'avait fixé. Le premier jour, il était d'humeur tout à fait gaie et, pendant deux jours, il fit ses promenades habituelles d'une demi-heure le matin et le soir. Mais bientôt les bulletins devinrent de plus en plus inquiétants. Le sixième jour, six médecins, y compris les médecins officiels britanniques, constataient que l'état de santé de Gandhi avait « encore empiré ». Le lendemain, Sir Homi Mody, Mr. N. R. Sarker et Mr. Aney, trois Indiens faisant partie du Conseil exécutif du vice-roi, ce qui démontrait qu'ils étaient favorables au gouvernement et hostiles au Congrès, donnèrent leur démission du Conseil pour protester contre les accusations officielles qui avaient amené Gandhi à entreprendre son jeûne. Un débat sur ce même sujet eut lieu à l'Assemblée législative centrale. De tous les coins du pays, le gouvernement fut bombardé de demandes tendant à obtenir la mise en liberté du Mahatma.

---

1. La résolution du Comité exécutif du 14 juillet 1942, la résolution de l'A. I. C. C. du 8 août 1942, la correspondance Gandhi-Linlithgow, la correspondance Gandhi-Wavell et toutes les autres communications entre Gandhi et le gouvernement pendant cette période sont réunies commodément dans *Gandhiji's Correspondence with the Government, 1942-1944.* Le même livre contient des extraits des entretiens de Gandhi avec A. T. Steele et d'autres écrivains étrangers ainsi que des citations de ses articles dans *Haryian* relatifs à la guerre et au mouvement de désobéissance civile. Les mêmes documents ont été publiés par les Britanniques dans *Correspondence with Mr. Gandhi, August, 1942-April, 1944* (New-Delhi, Government of India Press, 1944). Un choix de déclarations de Gandhi se trouve également dans *What Does Gandhi Want?*, par T. A. Raman (New-York, Oxford University Press, 1942).

La déclaration qui m'a été faite par le vice-roi concernant son entrevue avec Gandhi a été notée par moi en son temps dans mon « journal ».

Onze jours après le début du jeûne, Linlithgow rejeta toutes les suggestions qui lui étaient faites pour la libération de Gandhi.

Le Dr B. C. Roy vint de Calcutta pour donner ses soins à Gandhi. Les médecins britanniques exigeaient qu'on nourrît le Mahatma au moyen de piqûres intraveineuses, afin de le sauver. Les médecins indiens répondaient que cela le tuerait. Lui-même se refusait aux piqûres. Son corps pouvait rejeter les nourritures données par voie buccale, avait toujours prétendu Gandhi, mais il était sans force contre des piqûres, et en conséquence son esprit se rebellait contre elles; cela constituait des actes de violence.

Des multitudes se rassemblaient autour de Yéravda. Le gouvernement permit au public de pénétrer dans les jardins du palais et de défiler à travers la chambre de Gandhi. Dévadas et Ramdas, ses fils, arrivèrent.

Horace Alexander, son ami anglais, essaya d'intervenir auprès du gouvernement. Il fut repoussé brutalement. Mr. Aney, qui venait de démissionner du Conseil du vice-roi, rendit visite au Mahatma en train de décliner.

Gandhi avait pris de l'eau sans sel et sans jus de fruit. Des nausées l'affligeaient. Ses reins commençaient à ne plus fonctionner et son sang s'épaississait. Le quatorzième jour du jeûne le pouls s'affaiblit et la peau devint froide et humide. Kastourbaï, agenouillée devant une plante sacrée, priait. Elle pensait que la mort était proche.

Finalement, on décida le Mahatma à laisser mélanger quelques gouttes de jus frais d'un fruit nommé « moosambi » à l'eau qu'il buvait. Les vomissements s'arrêtèrent. Il devint de meilleure humeur.

Le 2 mars, Kastourbaï lui présenta un verre contenant six onces de jus d'orange dilué dans l'eau. Il le but à petits coups en vingt minutes. Il remercia les médecins et pleura abondamment pour avoir agi ainsi. Il vécut de jus d'orange pendant les quatre jours qui suivirent et se mit au régime de lait de chèvre, de jus et de pulpe de fruits. Sa santé s'améliora promptement.

Les principaux dirigeants de l'Inde en dehors du Congrès se mirent alors à faire de l'agitation en vue d'obtenir la mise en liberté de Gandhi et une nouvelle politique de conciliation de la part du gouvernement. Sir Teï Bahadour Saprou et d'autres demandèrent la permission de rendre visite à Gandhi. Linlithgow refusa.

Avant et après son jeûne, Gandhi écrivit de longues lettres,

dont quelques-unes avaient la dimension de brochures, à Sir
Reginald Maxwell, à lord (anciennement Sir Herbert) Samuel
et à d'autres, pour essayer de répondre à leurs affirmations
publiques concernant les événements et les conditions de
l'Inde. Mais aucune de ces lettres ne fut rendue publique et sa
lettre à Samuel, envoyée le 15 mai 1943, ne fut remise à Londres
que le 25 juillet 1944. Sans se décourager, Gandhi continua à
affirmer qu'il « ne pouvait pas accepter la responsabilité pour les
événements regrettables » advenus dans l'Inde, qu'il n'était ni
antibritannique ni projaponais, et qu'on aurait pu le convaincre
de ne pas entreprendre quoi que ce fût contre le gouvernement.

Les faits sont tels que voici : Gandhi n'a jamais déclenché
le mouvement de désobéissance civile. Le Congrès l'a seulement
autorisé à le déclencher, mais il a déclaré que ce mouvement
ne devait pas commencer avant qu'il en donnât l'ordre. Tout
d'abord, il voulait demander un entretien au vice-roi. Le pays
était très mal disposé, Gandhi le savait. On peut concevoir qu'il
aurait sans doute choisi une forme de désobéissance civile,
telle que la marche du Sel, qui n'aurait pas provoqué par elle-
même des violences de masses. Si Gandhi était resté en liberté il
aurait sans doute empêché ses partisans de se livrer à la destruction des biens et des personnes. Il aurait sans doute jeûné
pour empêcher cela. A tout le moins, il aurait mis un frein à la
violence générale. Il n'y aurait pas ajouté. Les Britanniques
n'ont rien gagné à l'arrestation de Gandhi sinon la satisfaction,
amoindrie par les maux de tête que cela leur a causés de le
tenir sous clé. La libération de Gandhi aurait apaisé beaucoup
d'Indiens. Son arrestation les enflamma. Cela rendit plus profonde l'impression que l'Angleterre ne voulait pas partager le
pouvoir dans l'Inde. D'où la révolte.

Pour Gandhi, ce séjour en prison fut une tragédie sans grandeur. La violence générale et sa propre incapacité à y mettre
un frein du fond de sa prison le rendirent malheureux. L'accusation portée contre lui par le gouvernement d'être responsable
des troubles, alors qu'on reconnaissait son attachement à la
non-violence et qu'on savait qu'il n'avait réellement pas donné
le signal de la désobéissance civile, lui apparut comme
malhonnête et mensongère. Cette injustice lui fut douloureuse.
C'était pour protester contre cette accusation qu'il jeûnait, non
pour forcer les Britanniques à le mettre en liberté. Un *yoghi*
parfait serait sans doute resté indifférent à l'opinion des autres.
Gandhi n'était pas entièrement détaché du monde.

Cette tragédie fut rendue plus profonde par une perte per-

sonnelle. Six jours après que Gandhi fut entré au palais de l'Aga-
Khan, Mahadev Desaï, qui avait été arrêté en même temps
que lui, eut une crise cardiaque soudaine et perdit connaissance.
Gandhi s'écria : « Mahadev! Mahadev! »

« Si au moins il ouvrait les yeux et me regardait, disait-il; il
ne mourrait pas.

— Regarde, Mahadev, Bapou t'appelle », s'écria Kastourbaï.
Mais c'était la fin.

Mahadev Desaï, qui avait dépassé la cinquantaine, avait
servi Gandhi avec dévouement et efficacité pendant vingt-
quatre ans en qualité de secrétaire, d'informateur, de chroni-
queur, d'ami et de fils. Le Mahatma fut anéanti par cette mort.
Il retournait chaque jour à l'endroit des jardins du palais où
ses cendres avaient été enterrées.

Bientôt un chagrin personnel encore plus grand vint accabler
Gandhi.

Gandhi consacrait une grande partie de son temps en prison
à enseigner à sa femme la géographie de l'Inde et d'autres
matières. Elle n'arrivait pas en effet à garder dans sa mémoire
les noms des cours d'eau du Pundjab, et un jour qu'elle était
examinée par Gandhi, elle répondit que Lahore, qui est la
capitale du Pundjab, était la capitale de Calcutta, ville qui est
la capitale du Bengale. Il eut aussi peu de succès dans ses
efforts persistants pour essayer de lui apprendre à lire et à
écrire le gouyarati. Elle était âgée de soixante-quatorze ans.

Ba, c'est-à-dire « mère », comme tout le monde appelait
Mrs. Gandhi, ne cessa jamais de rendre hommage aux brahmanes en raison de leur haute caste et les considérait comme
possédant certains talents spéciaux. Elle demanda par exemple
à un brahmane qui travaillait dans la prison à quelle date ils
seraient libérés. Mais elle s'était débarrassée du préjugé contre
les intouchables; elle filait régulièrement et était partisan sincère
de Gandhi mais non dépourvue d'esprit critique. Un jour où
elle était mécontente de son mari, elle lui dit : « Ne t'ai-je pas
dit de ne pas chercher noise au puissant gouvernement? Tu
ne m'as pas écoutée, et maintenant c'est nous tous qui en
supporterons les conséquences. Le gouvernement use de sa
puissance sans limites pour écraser le peuple.

— Alors, qu'est-ce que tu désires que je fasse?... Que j'écrive
au gouvernement pour lui demander pardon? »

Non, ce n'était pas là ce qu'elle voulait. Pourtant, elle s'écria :

« Pourquoi as-tu demandé aux Britanniques de quitter
l'Inde? Notre pays est grand. Nous pouvons tous y vivre.

Laisse-les y vivre s'ils veulent, mais qu'ils y restent comme des frères.

— Mais qu'est-ce que j'ai fait d'autre? Je désire qu'ils s'en aillent en qualité de gouvernants. Dès qu'ils auront cessé de nous gouverner, nous n'aurons plus de querelles avec eux. »

Ah! oui, elle était d'accord avec ça. Apparemment, elle le vénérait sans le comprendre.

Kastourbaï avait été souffrante et, en décembre 1943, elle tomba sérieusement malade d'une bronchite chronique. Le Dr Gilder et la D^{resse} Nayyar la soignaient; mais elle réclama le Dr Yivray Mehta, un guérisseur naturiste qui avait soigné Gandhi, et un *aryouvédic* ou praticien de la médecine indienne. Par égard pour ses désirs, Gandhi bombarda le gouverneur de lettres pour obtenir qu'ils fussent autorisés à venir. Le praticien essaya tout ce qu'il pouvait pendant un certain nombre de jours, durant lesquels les médecins partisans de la médecine moderne furent tenus à distance de la patiente. Lorsqu'il s'avoua vaincu, le Dr Gilder, la D^{resse} Nayyar et le Dr Yivray Mehta reprirent leurs efforts, mais eux aussi échouèrent. Le gouvernement autorisa ses fils et ses petits-fils à venir la voir. Ba réclama tout particulièrement son fils aîné, Harilal, qui s'était séparé de ses parents.

La pénicilline, alors rare aux Indes, fut apportée en avion de Calcutta. Dévadas avait insisté pour qu'on le fît. « Pourquoi ne t'en remets-tu pas à Dieu? lui demandait Gandhi. As-tu l'intention de droguer ta mère jusque sur son lit de mort? »

Gandhi ignorait que la pénicilline fût administrée par piqûres. Lorsqu'on le lui dit, il l'interdit. Pendant presque toute la journée, il resta près du lit de sa femme, en lui tenant la main. Leurs compagnons de prison chantaient des cantiques hindous. Le 21 février, Harilal arriva, mandé en hâte par le gouvernement. Il était ivre et dut être éloigné de la vue de Kastourbaï. Elle pleurait et se frappait le front. (Harilal assista aux funérailles de son père sans être reconnu et passa cette nuit-là avec Dévadas. Il mourut, abandonné, dans un hôpital pour tuberculeux à Bombay, le 19 juin 1948.)

Le lendemain, sa tête reposant sur les genoux de Gandhi, Kastourbaï mourut.

Lorsque Gandhi revint de la crémation, il s'assit près de son lit sans rien dire. Puis, de temps en temps, au fur et à mesure que les pensées lui venaient, il disait : « Je ne peux pas imaginer de vivre sans Ba... Sa mort a laissé un vide qui ne pourra jamais être comblé... Nous avons vécu ensemble soixante-deux ans... Si j'avais permis la pénicilline, ça ne l'aurait pas sauvée... Et elle s'est éteinte sur mes genoux. Est-ce que ça pouvait être mieux? Je suis heureux au delà de toute mesure[1]. »

Six semaines après le décès de Kastourbaï, Gandhi eut une sérieuse crise de paludisme tertiaire bénin, pendant laquelle il eut le délire. Sa température monta jusqu'à 105°. L'analyse du sang fit découvrir une quantité très élevée de bacilles. Au début, il croyait pouvoir se guérir par un régime de jus de fruits et par le jeûne. En conséquence, il refusa de prendre de la quinine. Au bout de deux jours, il se laissa fléchir et prit au total trente-trois grains de quinine en trois jours. La fièvre disparut et, lors des examens qui eurent lieu plus tard, on ne trouva plus de parasites, et le paludisme ne reparut plus.

Le 3 mai, les médecins de Gandhi publièrent un bulletin déclarant que son anémie avait augmenté et que la tension artérielle était basse. « Son état général donne lieu de nouveau à de sérieuses inquiétudes. » Un mouvement en faveur de sa mise en liberté secoua l'Inde tout entière. Une garde fortement armée fut placée autour de sa prison. Le 6 mai à 8 heures du matin, Gandhi et ses compagnons furent relâchés. Une analyse ultérieure fit voir que Gandhi était atteint d'ankylos-tomiase et d'amœbiase intestinales.

Ce fut la dernière fois que Gandhi fut incarcéré. En tout, il avait passé 2.089 jours dans les prisons de l'Inde et 249 jours dans les prisons sud-africaines.

Gandhi se rendit à Youhou, près de la mer, non loin de Bombay. Il logeait chez Chantikoumar Moraryi, dont le père était originaire de Porbandar, lieu de naissance de Gandhi.

Mrs. Moraryi suggéra au Mahatma de voir un film cinéma-tographique. Il n'avait jamais vu de film, ni muet ni parlant. Après s'être un peu fait prier, il accepta. *Mission à Moscou* passait dans un faubourg voisin. L'installation mécanique et la pellicule furent installées dans la maison des Moraryi et, en même temps qu'une centaine d'autres spectateurs, Gandhi put voir *Mission à Moscou*.

« Comment cela vous a-t-il plu? lui demanda Mrs. Moraryi.

— Cela ne m'a pas plu du tout », répondit-il. Il n'avait pas

---

1. Le Dr B. C. Roy et la Dresse Souchila Nayyar m'ont parlé du jeûne de Gandhi. Des détails complémentaires concernant le jeûne, la maladie et la mort de Kastourbaï, ainsi que la façon dont Gandhi a réagi sont contenus dans *Kasturba, Wife of Gandhi*, par Souchila Nayyar. Celle-ci m'a donné également par lettre d'autres détails.

aimé la salle de bal où l'on dansait et les femmes assez peu vêtues. Il considérait cela comme inconvenant.

Des amis se plaignirent qu'on lui eût fait voir un film étranger et non un film de provenance indienne. En conséquence, il vit encore *Ram Rayya*, film basé sur une antique légende relative à un roi d'une moralité idéale.

Les médecins soignaient Gandhi et lui-même se soignait par le silence, le « silence médical », ainsi qu'il l'appelait. Au début, ce silence était total; au bout de quelques semaines, il parlait de 4 heures à 8 heures de l'après-midi, jusqu'à l'heure où l'on se rassemblait pour la prière.

Au bout de quelques semaines, il se plongea de nouveau dans le travail.

CHAPITRE XXXIX

YINNAH ET GANDHI

Mohamed Ali Yinnah, qui se considérait lui-même comme la contre-partie de Gandhi, vivait à Bombay dans un vaste palais en forme de croissant d'où un escalier classique en marbre et toute une suite de terrasses disposées avec soin conduisaient vers la mer. Il l'avait fait construire pendant la seconde guerre mondiale et, lorsque je le vis en 1942, il s'excusa de ce qu'il fût encore meublé de façon insuffisante. Son petit bureau, en tout cas, et les autres parties de cette vaste demeure sur la colline de Malabar révélaient un goût cultivé et opulent.

Yinnah avait une taille de plus de six pieds et pesait 120 livres. C'était un homme vraiment fin. Sa tête bien faite était couverte de cheveux argentés, longs et épais, brossés en arrière. Son visage rasé était mince, son nez long et aquilin. Ses tempes étaient creuses et ses joues profondément enfoncées laissaient saillir ses pommettes comme de hautes arêtes horizontales. Il avait de mauvaises dents. Quand il ne parlait pas, il tirait le menton, serrait les lèvres, fronçait ses épais sourcils. De tout cela résultait un aspect sérieux et rébarbatif. Il ne riait que rarement.

Yinnah portait une tunique jaune paille tombant jusqu'aux genoux, d'étroits pantalons indiens blancs qui collaient à ses jambes osseuses et des escarpins noirs en cuir verni. Un monocle se balançait à un cordon noir. Souvent il endossait des vêtements à l'européenne. « C'était, comme l'écrivait George E. Jones dans le *New-York Times* du 5 mai 1946, un des hommes les mieux habillés de l'Empire britannique. »

Fils aîné d'un riche commerçant en peaux, cuirs et gomme arabique, Yinnah était né en 1876, le jour de Noël — sept ans plus tard que Gandhi — dans la péninsule de Kathiaouar, d'où Gandhi était originaire. Sa langue maternelle était le gouyarati. Yinnah est un nom hindou; sa famille s'était convertie depuis peu à l'Islam. Yinnah était un musulman khoya. Un grand nombre de khoyas portent des noms hindous et conservent le système familial communautaire des hindous. Au xviiie et au xixe siècle, ils essayèrent de revenir à l'hindouisme, mais furent repoussés.

L'hindouisme et le mahométisme sont des religions qui ne se ressemblent pas; mais les hindous et les mahométans sont beaucoup moins dissemblables. Nombre de musulmans de l'Inde sont des hindous convertis par les envahisseurs arabes, afghans et persans qui commencèrent à pénétrer aux Indes au viiie siècle. Yinnah disait que les hindous convertis formaient les 75 % de la communauté musulmane; Nehrou portait ce chiffre à 95 %. Dans certaines contrées de l'Inde, les musulmans pratiquent leur culte dans des temples hindous. Quelques musulmans indiens ont conservé le système des castes. Dans beaucoup de régions les hindous et les musulmans ne se distinguent les uns des autres ni par l'apparence ni par le costume; ni par les coutumes ni par le langage. L'hindi et l'ourdou, langues principales des hindous et respectivement des musulmans, s'écrivent de façon différente et la première a absorbé plus de mots sanscrits, étant donné que la seconde se sert de mots persans. Cependant, les hindous comprennent l'ourdou et les musulmans l'hindi.

L'hindouisme est une religion insinuante, émouvante. Née aux Indes, elle trouve un écho chez ceux dont les ancêtres furent convertis au Coran par l'épée. Certains dirigeants religieux ont réussi à élargir le gouffre qui sépare les deux religions et à envenimer les relations entre leurs adeptes, mais il y a des liens qui subsistent. Yinnah, Gandhi, Nehrou, le viceroi, Wavell et tous les fonctionnaires britanniques, les hindous et les musulmans rencontrés aux Indes ont affirmé que les hindous et les musulmans vivaient pacifiquement les uns à côté des autres dans les villages, or les villages constituent 80 % de l'Inde entière. De plus, dans l'armée indienne, les hindous, les musulmans, les sikhs et les chrétiens, en un mot toutes les religions et toutes les races, mangeaient, dormaient, s'entraînaient et faisaient la guerre côte à côte sans la moindre friction.

Je suggérai à Yinnah que les haines religieuses, le nationalisme et les frontières étaient les fléaux de l'humanité et avaient causé la guerre; le monde, disais-je, a besoin d'harmonie et non de nouvelles discordes.

« Vous êtes un idéaliste, me répondit-il. Je suis un réaliste. Je tiens compte de ce qui est. Prenez par exemple la France et l'Italie. Leurs coutumes et leur religion sont les mêmes. Leurs langues se ressemblent. Et pourtant elles sont opposées.

— Désirez-vous créer ici le gâchis que nous avons en Europe? lui demandai-je.

— Je dois tenir compte des caractéristiques divergentes qui existent », me répondit-il.

Yinnah n'était pas un musulman pieux. Il buvait de l'alcool et mangeait du porc, actions antiislamiques. Il se rendait rarement à la mosquée et ne parlait pas l'arabe et seulement un peu l'ourdou. Une fois âgé de quarante ans, il quitta sa religion pour épouser une jeune parsie de dix-huit ans; lorsque sa fille unique, une splendide jeune fille, épousa un parsi converti au christianisme, il la renia.

Au début de sa carrière, Yinnah essaya d'unir les hindous et les musulmans. En revenant de Londres où il avait étudié le droit à Lincoln's Inn, et après s'être conquis une clientèle lucrative à Bombay, il se lança dans la politique. Au cours d'une allocution prononcée devant la Ligue musulmane en 1917 concernant la prétendue menace de domination par les hindous, il disait : « Ne craignez rien. C'est là un croquemitaine qu'on place devant vos yeux pour vous éloigner de la coopération et de l'unité qui sont essentielles pour l'autonomie. »

Yinnah fut une fois chef du parti du Congrès. « J'ai fait partie de ce mouvement pendant trente-cinq ans, me dit-il lors du premier des deux entretiens que j'eus avec lui dans sa maison. Nehrou a travaillé sous mes ordres dans la Société pour le *home rule*. Gandhi a travaillé sous mes ordres. J'ai été un des membres actifs du parti du Congrès. Lorsque fut organisée la Ligue musulmane je persuadai le Congrès de féliciter cette Ligue comme formant un pas de plus vers la liberté indienne. En 1915, j'amenai la Ligue et le Congrès à se réunir à la même époque à Bombay afin d'établir le sentiment de notre unité. Mon but était l'unité hindo-musulmane. Les Britanniques, reconnaissant le danger d'une telle unité, prirent le parti de dissoudre un meeting public. Malgré cela, les séances fermées continuèrent. En 1916, je réussis de nouveau à amener les deux organisations à se rencontrer à Loucknow et je fus un des réalisateurs du Pacte de Loucknow où les deux parties se mirent d'accord pour les élections et l'équilibre des partis... Il en fut ainsi jusqu'en 1920, date à laquelle Gandhi fut mis en lumière. Les relations entre les hindous et les musulmans s'aggravèrent. En 1931, à la conférence de la Table Ronde, j'eus la sensation très nette qu'il n'y avait aucun espoir de réaliser l'unité, et que Gandhi ne la désirait pas. Je fus tout désappointé. Je décidai de me fixer en Angleterre. Je ne revins même pas aux Indes pour vendre mes propriétés et les fis liquider par un agent. Je séjournai en Angleterre jusqu'en 1935. Je m'installai comme avocat près du Conseil privé et, contrairement à ce que j'attendais, ce fut un succès. Je n'avais pas l'intention de retourner aux Indes. Mais, chaque année, des amis venaient de ce pays et me disaient combien il y aurait à faire pour moi. Finalement, je consentis à revenir dans mon pays. »

Il avait parlé sans s'arrêter, d'un ton excité. Il s'arrêta pour tirer sur sa cigarette. Puis il poursuivit :

« Je vous dis tout cela pour vous démontrer que Gandhi ne désire pas notre indépendance. Il ne désire pas que les Britanniques s'en aillent. Il est avant tout hindou. Nehrou ne désire pas que les Britanniques s'en aillent. Ce qu'ils désirent, c'est la souveraineté des hindous. »

Écrivant un article *A la mémoire de Yinnah*, dans l'*Economist* de Londres du 17 septembre 1949, un correspondant qui connaissait bien Yinnah déclarait que, tandis que Yinnah exerçait la profession d'avocat à Londres, quelqu'un lui avait rapporté que « Nehrou, qu'il méprisait et haïssait, avait eu l'imprudence de dire lors d'un dîner privé que « Yinnah n'existait « plus ». Révolté par cette affirmation, Yinnah avait fait ses bagages et s'était embarqué pour les Indes sur-le-champ rien que « pour faire voir à Nehrou »... Au rôle du nez de Cléopâtre comme facteur historique, on devrait peut-être ajouter la vanité de Yinnah.

Yinnah se détourna du parti du Congrès juste au moment où Gandhi appuyé par les masses chassa les riches avocats du contrôle de cette organisation. Il n'eut jamais de sympathie pour Gandhi. A cette époque, lorsqu'il parlait de Gandhi dans les assemblées publiques il disait de lui *Mr. Gandhi*, ce que la plupart des Indiens considéraient comme moins respectueux que *Mahatma* ou *notre Gandhi*. Même lorsque des auditeurs protestaient, il s'entêtait. Plus tard, après son retour aux Indes, lorsqu'il fut devenu le chef incontesté de la Ligue musulmane hostile au Congrès, il veilla jalousement sur son propre prestige. En 1939, au moment de la déclaration de guerre, le vice-roi invita Gandhi et Yinnah à venir à son palais. Gandhi s'offrit à aller prendre Yinnah chez lui. Yinnah accueillit avec plaisir cette marque extérieure de déférence. Mais il refusa de prendre place dans la voiture de Gandhi. Tous deux se rendirent au palais dans la voiture de Yinnah. Depuis lors, lorsqu'ils eurent une conférence, Yinnah insista toujours pour que la rencontre eût lieu chez lui. Gandhi, absolument indifférent à des considérations de cet ordre, y consentait avec plaisir.

La vanité, la jalousie et l'antipathie jouent indubitablement un rôle important en politique. Quelques-unes des grandes luttes politiques de l'histoire ont été personnelles avant de devenir politiques. La question hindo-musulmane se serait certainement posée, que Yinnah existât ou non. Mais son acharnement et ses haines ont attisé le feu et fait naître des flammes.

A l'exception de Yinnah, toutes les personnalités dirigeantes de la Ligue musulmane étaient de grands propriétaires fonciers et des aristocrates terriens. Ils surveillaient la montée du mécontentement des paysans avec une inquiétude croissante. Dans la province frontière du Nord-Ouest, le parti du Congrès dirigé par Khan Abdoul Ghaffar, le « Gandhi de la frontière », était un mouvement populaire de paysans opposé aux grands propriétaires musulmans. Dans les Provinces Unies, musulmans et hindous faisaient cause commune contre les seigneurs musulmans et hindous terriens.

Les aristocrates qui dirigeaient la Ligue paysanne se servaient de la religion pour opposer les musulmans aux paysans hindous.

Conformément au précepte islamique, le gros de la richesse des musulmans était investi en terres au lieu de l'être dans le commerce ou l'industrie. Les hommes d'affaires hindous et parsis préféraient souvent embaucher leurs propres coreligionnaires. Par contre, les mahométans rencontraient des difficultés considérables à occuper des emplois officiels, en raison de leur instruction inférieure à celle des hindous, des parsis ou des chrétiens. La classe musulmane moyenne des villes, qui avait commencé à émerger au cours du xxe siècle, levait les yeux vers Yinnah, dans l'espoir d'obtenir par lui des fonctions de gouvernement, il y parvint en persuadant les autorités d'établir des contingents en faveur des musulmans sans tenir compte de leur qualification.

La classe supérieure des musulmans (les grands propriétaires) et ceux de la classe moyenne étaient partisans de Yinnah. Mais il leur fallait la paysannerie pour faire nombre. Ils ne tardèrent pas à découvrir qu'ils la gagneraient en provoquant les passions religieuses. La formule choisie fut le Pakistan, État musulman séparé. Cet État serait administré par des musulmans et les firmes hindoues et parsies y seraient dans des conditions inférieures. Les seigneurs terriens croyaient avoir moins à craindre d'un pays contrôlé par eux que d'une Inde indépendante, libérale et séculaire où l'on pouvait s'attendre à voir comme un des premiers éléments de la législation une réforme agraire qui les dépossèderait.

Les musulmans, qui n'étaient que cent millions contre trois cents millions d'hindous, ne pouvaient jamais espérer obtenir la majorité politique sauf si les buts politiques cessaient de dominer la politique. Les régimes électoraux séparés introduits en 1909 par lord Minto luttaient contre un but de ce genre. Dans un grand nombre de districts, il est vrai — la frontière du Nord-Ouest, le Pundjad, le Sind, le Béloutchistan, le Cachemire et le Bengale — c'étaient les musulmans qui détenaient la majorité. Le Pakistan, tel que le concevait Yinnah, devait comprendre les soixante millions de mahométans établis en grand nombre dans ces provinces à majorité musulmane, où ils échappaient à la domination hindoue. Mais, pour réaliser le Pakistan, Yinnah était forcé de porter à l'ébullition les sentiments religieux et nationalistes; — il risquait en échange de réveiller des sentiments analogues chez les hindous au détriment des quarante millions de musulmans dispersés dans les provinces où les hindous étaient en majorité.

Yinnah était disposé à faire ce plongeon.

Homme sans religion, Yinnah voulait fonder un État religieux. Homme totalement religieux, Gandhi voulait fonder un État séculier.

L'espoir d'arriver à la pacification religieuse aux Indes résidait dans le nationalisme unificateur inscrit sur la bannière de Gandhi, Nehrou, Azad et Rayagopalatchari. Sans aucun doute, les relations entre hindous et musulmans réclamaient des ajustements et des concessions mutuelles; elles dépendaient en grande partie de l'expansion économique qui devait diminuer les compétitions pour les emplois de gouvernement et accroître les possibilités d'affaires. Gandhi avait assez de foi en l'homme pour se dire qu'avec de la patience on y réussirait.

Yinnah, d'autre part, réclamait la séparation immédiate. Herbert L. Matthews, depuis de longues années correspondant étranger du *New-York Times*, cite une déclaration de Sikander Hyat Khan, premier ministre du Pundjad, affirmant franchement qu'un « musulman du Bengale lui était aussi étranger qu'un Chinois ». Malgré cela, Yinnah s'imaginait que le Pundjab et le Bengale aspiraient à être unis l'un à l'autre pour former le Pakistan.

Le fait est que l'Inde, pays arriéré, sans communications suffisantes, vivait toujours sous l'emprise du provincialisme, pareille en cela à l'Europe du moyen âge. Gandhi voulait se servir du ciment du nationalisme pour l'unifier; Yinnah cherchait à utiliser la religion comme une dynamite afin de la diviser.

Ce sectionnement ne pouvait être opéré délicatement avec un bistouri de chirurgien. Il ne pouvait être fait qu'avec un couteau grossier de boucher et un lourd couperet. Il laisserait des os brisés, des muscles mutilés, des nerfs endommagés et de la cervelle écrasée et dépossédée de la capacité de penser. Le sectionnement des États-Unis ou de la France ne serait pas plus douloureux.

Yinnah désirait que la séparation eût lieu tant que les Britanniques seraient dans le pays, et non lorsque l'Inde aurait recouvré sa liberté; il désirait une séparation complète avec une administration non unifiée, et il avait un plan remarquable à lui, en vue d'un referendum.

Compte tenu du projet de Yinnah, les musulmans seuls devraient avoir le droit de voter le plébiscite, et si la majorité des musulmans votaient la séparation, la province entière irait au Pakistan. « La séparation, suivant une analyse des idées de Yinnah établie par l'ambassade britannique à Washington, *pour l'information des fonctionnaires britanniques*, devrait être décidée par les votes des seuls musulmans. »

Mais, d'après le recensement britannique, il y avait dans l'Assam 3.442.479 musulmans contre 6.762.254 non-musulmans. Or, Yinnah demandait que cette minorité de 3.442.479 décidât du sort de la province tout entière.

La population musulmane du Pundjab s'élevait à 16.217.242; celle des non-musulmans à 12.201.577. Les musulmans ne formaient donc que 56 % du total. En réalité, 2 ou 3 millions de musulmans au plus auraient été en mesure de voter. Et si une majorité de 2 ou 3 millions avait voté en faveur du Pakistan, la province entière avec plus de 28 millions d'habitants serait devenue une partie du Pakistan.

Au Bengale, les musulmans formaient les 52 % de la population. Une majorité musulmane se déclarant pour la séparation aurait été nécessairement en minorité par rapport au nombre total de la population.

Il était évident que Gandhi ne pouvait admettre pareille proposition. Yinnah n'avait pas le pouvoir de la réaliser par la force. Seuls les Britanniques pouvaient lui donner ce pouvoir.

« Mr. Yinnah, déclare la *Note sur les entretiens entre Gandhi et Yinnah* rédigée par l'ambassade britannique à Washington (lord Halifax étant ambassadeur) est dans une forte position; il a quelque chose à donner que Mr. Gandhi désire très fortement et sans délai : la collaboration musulmane pour exercer une pression sur le gouvernement britannique pour obtenir tout de suite une dose substantielle de pouvoir... Mr. Gandhi par contre n'a rien à donner à Mr. Yinnah que celui-ci ne soit pas disposé à attendre. Aux yeux de ce dernier la perspective d'obtenir l'autonomie une année plus tôt ou plus tard n'est rien comparée à la sécurité pour les musulmans. Il est évident que Mr. Yinnah ne demande pas mieux que d'attendre et de voir jusqu'où Mr. Gandhi ira et quel prix il lui offrira pour ce qu'il a entre les mains. »

Voilà une analyse subtile de la tactique d'un subtil calculateur. Yinnah pouvait attendre; Gandhi avait le sentiment que c'était le meilleur moment pour obtenir l'autonomie.

Mais voici que l'histoire est intervenue pour renverser les calculs de Yinnah. Car, si capable fût-il, Yinnah avait renversé l'histoire [1].

1. J'ai des obligations envers le major C. B. Ormerod, chef des services de renseignements britanniques à New-York, qui m'a facilité l'accès des archives et de la Bibliothèque des services de renseignements britanniques au Rockefeller Center à New-York, où avec le concours aimable et efficace de miss Eleanor Herrington, bibliothécaire, et de ses assistants, j'ai pu me procurer la majeure partie des matériaux utilisés dans ce chapitre. La correspondance entre Gandhi et Yinnah se retrouve sous la forme de bulletins édités à l'époque par les services de renseignements du gouvernement de l'Inde, à Washington. Il s'y trouvait aussi une « Note sur les entretiens entre Gandhi et Yinnah » rédigée le 20 octobre 1944 par l'ambassade britannique à Washington, « pour l'information des fonctionnaires britanniques », ainsi que des textes d'interviews donnés à la presse par Gandhi et Yinnah, des coupures de journaux indiens, britanniques et américains et un article de Sir Frederick Puckle, intitulé « les Entretiens de Gandhi avec Yinnah » publié en janvier 1945 dans la revue trimestrielle *Foreign Affairs*.

J'ai trouvé des renseignements biographiques sur Yinnah et des commentaires relatifs à sa personnalité dans un grand nombre d'articles de magazines et de journaux dans *Tumult in Asia*, par George E. Jones (New-York, Dodd, Mead and Co., 1946).

La citation de Herbert L. Matthews est extraite de *The Education of a Correspondant*, par ledit (New-York, Harcourt, Brace and Co., 1946).

LA NAISSANCE DE DEUX NATIONS
(23 mars 1946 - 30 janvier 1948)

CHAPITRE XL

A LA VEILLE DE L'INDÉPENDANCE

Plus l'Angleterre se rapprochait de la victoire et plus il apparaissait évident que l'on ne pouvait plus différer les modifications politiques de l'Inde.

En 1945, l'Inde était trop difficile à tenir et la Grande-Bretagne avait trop souffert de la guerre pour envisager la dépense colossale d'hommes et d'argent qui aurait été nécessaire pour empêcher un autre conflit non violent avec Gandhi ou un conflit violent s'il en avait perdu le contrôle. L'épuisement qui avait contraint la Grande-Bretagne à rompre après la guerre ses engagements en Grèce, en Turquie, dans les pays arabes et dans d'autres régions d'importance stratégique était déjà visible pendant les hostilités.

Cela était surtout visible pour lord Wavell. « L'administration indienne, déclarait à la Chambre des Communes, le 14 juin 1945, Leopold S. Amery, secrétaire d'État pour l'Inde, surchargée de lourdes tâches que lui ont imposées la guerre contre le Japon et les plans à établir pour la période d'après guerre, est de plus exténuée par la tension politique existante. » C'était Wavell qui dirigeait l'administration indienne.

Wavell était un général et un poète, et en outre un individu exceptionnel. Lors de ma première conversation avec lui à New-Delhi en 1942, je lui fis la remarque qu'il avait l'air fatigué. « Oui, reconnut-il, je suis fatigué de trois années de défaites et de reculs militaires. » Puis, il rendit hommage au maréchal nazi Rommel qui administrait ces défaites. A chaque entretien que nous eûmes depuis, il ramena la conversation sur Rommel dont il exaltait le génie.

Le corps de Wavell ressemblait à un solide et épais tronc d'arbre. Ses jambes étaient grosses et ployées en X. Ses cheveux étaient touffus et d'un gris tirant sur le noir. Toutes les rides et les plis profonds de son visage grognon semblaient se terminer dans son œil gauche aveugle et en partie ouvert qui attirait l'attention. Cinq rangées de décorations formaient un parterre coloré sur le côté gauche de son uniforme kaki.

Il parlait de philosophie et citait Matthew Arnold. Une fois que je me promenais avec lui dans son immense jardin derrière sa maison de New-Delhi, il me raconta des souvenirs de son service au Caucase pendant la première guerre mondiale et chanta un couplet d'*Allahverdi*, chanson bachique populaire géorgienne. Aimable et sans façons il ne se comportait ni comme un commandant en chef ni comme un administrateur impérial.

Il était alors commandant en chef et se limitait à traiter des affaires militaires. Pourtant, en 1944, Churchill le nomma vice-roi.

Wavell se rendit à Londres en mars 1945.

L'opinion britannique, même celle des conservateurs, abandonnait alors l'attitude intransigeante de Churchill à l'égard de l'Inde.

Wavell séjourna à Londres près de deux mois. Certains prophétisaient la victoire du parti travailliste aux prochaines élections générales en Grande-Bretagne. La politique extérieure reflète généralement la politique intérieure. Et Wavell avait encore quatre ans à passer comme vice-roi.

Au mois d'avril 1945, à la veille de la conférence de San-Francisco, destinée à rédiger la charte des Nations Unies, des correspondants de journaux indiens et étrangers réclamèrent une déclaration du Mahatma Gandhi. « Le nationalisme de l'Inde, leur répondit-il, équivaut à l'internationalisme. »

« Il n'y aura pas de paix pour les Alliés dans le monde, affirma-t-il, tant qu'ils n'auront pas rejeté leur croyance en l'efficacité de la guerre et des déceptions terribles et des mensonges qui l'accompagnent, et ne se seront pas décidés à forger une paix réelle basée sur la liberté et l'égalité de toutes les races et de toutes les nations... La liberté de l'Inde démontrera à toutes les races exploitées de la terre que leur liberté est proche et que désormais elles ne seront plus jamais exploitées.

« La paix, ajoutait Gandhi, doit être juste. Pour qu'elle le soit, il faut qu'elle ne soit ni punitive ni destinée à la vengeance.

L'Allemagne et le Japon ne devraient pas être humiliés. Les forts ne sont jamais vindicatifs. En conséquence, les fruits de la paix devront être répartis également. L'effort à faire sera de transformer ces peuples en amis. Les Alliés ne pourront prouver leur démocratie par aucun autre moyen. »

Il craignait cependant que, derrière cette conférence de San-Francisco, ne « se dissimulassent la méfiance et la peur, ces génératrices de guerres ».

Pour lui, la liberté était la sœur jumelle de la paix, et le courage le père de l'une et de l'autre. Qui pouvait douter que l'Inde serait libre avant 1960 et une grande partie de l'Asie du Sud-Est également? Qui pouvait douter que jusqu'au moment où elles seraient libres elles pourraient faire de l'existence de l'Occident un cauchemar et rendre impossible le redressement de l'Europe? Pour prévenir une autre guerre, les vainqueurs devaient éliminer les maux qui produisent ce « monde pourri » dont a parlé Sumner Welles.

Ces idées commençaient à façonner l'attitude de la Grande-Bretagne à l'égard de l'Inde.

Wavell rapporta à New-Delhi l'approbation du gouvernement de Londres pour un nouveau plan qu'il fit connaître à l'Inde le 14 juin. Ce même jour, il remit en liberté Maoulana Aboul Kalam Azad, président du Congrès, Yaouaharlal Nehrou et d'autres dirigeants incarcérés depuis le matin du 9 août 1942. Il invita également à Simla, sa capitale d'été, pour le 25 juin, les hommes politiques les plus en vue de l'Inde. Gandhi n'était pas délégué; il se rendit cependant à Simla où il resta pendant toute la durée des discussions.

Conformément au plan Wavell, le vice-roi et le commandant en chef militaire devaient être les seuls Anglais faisant partie du Conseil exécutif du vice-roi. Tous les autres membres devaient être Indiens. Ce seraient également les Indiens qui seraient chargés des Affaires étrangères, des finances, de la police, etc.

Le vice-roi nommerait les membres de son Conseil, mais il s'engageait à les choisir sur des listes de noms qui lui seraient présentées par les différents partis. Le vice-roi aurait toujours un droit de veto sur les décisions du Conseil, mais il promettait publiquement que ce droit de veto « ne serait pas, bien entendu, exercé de façon déraisonnable ». La plupart des hommes politiques indiens le prirent au mot, car s'il abusait du veto, les Indiens pourraient se retirer du Conseil et interdire à aucun autre membre de leur parti de prendre leur succession : cela mettrait fin au plan Wavell et à tout gouvernement jouissant de l'appui populaire.

Malgré cela, la conférence de Simla échoua. Wavell en fit remonter la faute à Yinnah.

Son plan prévoyait pour le Conseil du vice-roi « une proportion égale de musulmans et d'hindous de caste ». Cela irrita les membres du Congrès. Celui-ci était une organisation bien plus considérable que la Ligue musulmane. Toute l'histoire du Congrès avait été une lutte contre la volonté d'établir des différences entre les hindous de caste et les parias. Cependant le Congrès était si désireux d'arriver à un accord qu'il accepta cette formule.

Wavell, dont l'activité à Simla fut infatigable, demanda alors leurs listes aux chefs de parti. Tous firent droit à sa requête, à l'exception de Yinnah. « Dans ces conditions, déclara publiquement Wavell, je fis un choix provisoire, en y joignant certains noms de la Ligue musulmane... Lorsque j'exposai ma solution à Mr. Yinnah, il me répondit que cela n'était pas admissible pour la Ligue musulmane; il était si catégorique que je sentis qu'il était inutile de poursuivre les discussions. »

La raison pour laquelle Yinnah torpilla ainsi la conférence était facile à discerner : il voulait que tous les musulmans choisis pour le Conseil du vice-roi fussent désignés par lui en sa qualité de chef des musulmans de l'Inde.

La Ligue musulmane s'était fortifiée au cours de la guerre et avait conquis un grand nombre de sièges aux élections sur des candidats musulmans qui ne faisaient pas partie de la Ligue. Mais ni Wavell ni Gandhi, qui, dans les coulisses de Simla, faisait la politique du Congrès, ne pouvaient admettre la prétention de Yinnah à représenter l'Inde musulmane. Il y avait de nombreux musulmans dans les Congrès; le président Azad était musulman, et le Congrès désirait le voir entrer au Conseil du vice-roi. Khizr Hyat Khan, ancien premier président du Pundjab, était opposé à Yinnah et au Pakistan; il en était de même pour d'autres musulmans de premier plan.

En outre, le Congrès aurait été infidèle à son caractère séculaire et aux principes de Gandhi s'il avait accepté le rôle de simple organisation hindoue. Le Congrès aspirait à être un corps national et non un corps religieux; il ne pouvait donc accepter de s'identifier à une communauté religieuse quelconque.

C'est sur cette base solide que la conférence de Simla était fondée. Ni les autorités britanniques aux Indes ni la Grande-

Bretagne n'étaient disposées à agir sans la coopération de Yinnah.

Pendant que se tenait la conférence, la guerre en Europe avait pris fin. Le 26 juillet, le parti travailliste remporta une victoire décisive sur les conservateurs. Clement R. Attlee prit la place de Winston Churchill comme premier ministre.

Le 14 août, les puissances alliées acceptèrent la reddition du Japon.

Immédiatement, le gouvernement travailliste britannique annonça qu'il recherchait « une prompte réalisation de l'autonomie aux Indes » et convoqua Wavell à Whitehall. Leurs arrangements furent rendus publics par Attlee et Wavell à New-Delhi le 19 septembre 1945.

Des élections aux conseils législatifs central et provinciaux furent le premier pas. Après quoi, Wavell renouvela ses efforts pour former un Conseil exécutif appuyé par les principaux partis de l'Inde et pour rétablir le gouvernement populaire dans les provinces. Guidé par les résultats du scrutin, il réunit une assemblée en vue de rédiger une constitution pour l'Inde unifiée.

Le Comité du Congrès panindien, généralement méfiant, déclara ces propositions « vagues, inadéquates et insatisfaisantes ». Mais, le gouvernement se montra conciliant; un plus grand nombre de détenus, membres du Congrès, furent relâchés; trois officiers supérieurs de l'armée nationale indienne qui avaient déserté en Malaisie et en Birmanie et avaient rallié les Japonais furent traduits en justice à Fort-Delhi, défendus par Nehrou et d'autres avocats, condamnés à la détention perpétuelle et mis aussitôt en liberté.

Tous les partis furent d'accord pour contester le résultat des élections.

Le Congrès obtenait une majorité écrasante de tous les sièges non musulmans dans les assemblées législatives; la Ligue musulmane la majorité écrasante des sièges musulmans.

On ne sortait pas de l'impasse.

Au mois de décembre 1945, Wavell, dans un discours prononcé à Calcutta, fit appel au peuple indien pour le prier d'éviter les conflits et les actes de violence au moment où il se trouvait « aux portes de sa chance politique et économique ».

Gandhi, lui aussi, était à Calcutta. Il y passa une heure avec le vice-roi. Au moment où il sortait, une immense multitude bloqua sa voiture et ne lui permit pas d'avancer avant qu'il eût parlé. Il se dressa dans son auto et dit : « L'Inde a obtenu

sa situation élevée à l'Est en raison de son message de paix. »
Après quoi, la foule forma la haie pour le laisser se rendre à un
ashram situé à huit milles en dehors de la ville. Tout le long
de la route, des Indiens touchaient la poussière avant et après
son passage.

Le même jour, Yinnah, à Bombay, faisait une déclaration.
« Nous pourrions, proclama-t-il, résoudre en dix minutes la question de l'Inde si Mr. Gandhi voulait dire : « Je consens à ce qu'il
« y ait un Pakistan; je consens à ce qu'un quart de l'Inde,
« composé des six provinces du Sind, du Béloutchistan, du
« Pundjab, de la province frontière du Nord-Ouest, du Bengale
« et de l'Assam, avec leurs actuelles frontières, constitue l'État
« du Pakistan. »

Mais Gandhi ne pouvait pas dire pareille chose; et il ne
la dit pas. Il considérait comme un « blasphème » la vivisection de l'Inde [1].

1. Ce chapitre est basé principalement sur les textes officiels et les coupures
de presse qui ont été mis à ma disposition par la Bibliothèque des services
de renseignements britanniques à New-York.
La vue du Congrès est donnée dans *Indian Nation Congress, Report of
the General Secretaries, March, 1940-October, 1946* (Allahabad).

CHAPITRE XLI

L'INDE EN SUSPENS

Gandhi avait dit qu'il désirait vivre cent vingt-cinq ans sans pourtant devenir « un corps animé, un fardeau pour les gens avec qui il était en relations et pour la société ». Comment pouvait-il se maintenir en forme? Lui-même a expliqué comment il avait gardé sa santé. En 1901, il avait jeté les flacons de médicaments et les avait remplacés par des remèdes naturels et un régime régulier d'aliments, de boisson et de sommeil. Chose plus importante, il avait développé en lui « le détachement de l'esprit », cette clef de la longévité. Chacun, disait Gandhi, a le droit de vivre cent vingt-cinq ans et devrait le désirer, tout en continuant son service sans avoir à se préoccuper du résultat. Dévouement à son devoir et renoncement aux fruits de son travail sont « une ineffable joie », un « nectar » qui soutient la vie. Cela ne laisse « aucune place pour les soucis ou l'impatience ». L'égoïsme tue; le désintéressement conserve la vie.

Le Mahatma adopta ensuite une cause nouvelle : « la médecine naturelle ». Il l'appelait « son dernier-né ». Ses anciens enfants : le *khadi*, les industries villageoises, le développement d'une langue nationale, la production de la nourriture, l'indépendance de l'Inde, la liberté pour les Indiens et la paix universelle, continuèrent à faire l'objet de ses soins énergiques. Pour ce nouveau-né, un trust fut constitué avec Gandhi comme l'un des administrateurs. Le Dr Dinchah Mehta, médecin de Gandhi, possédait une clinique de médecine naturelle dans la ville de Poona. On se mit donc d'accord, comme première manifestation du trust, de développer la clinique de façon à en faire une université de médecine naturelle.

Mais, lors d'un de ses lundis de silence, Gandhi décida soudain d'abandonner ce projet. « Je me rendis compte, avoua-t-il, que c'était folie de croire qu'on pouvait créer une institution pour les pauvres dans une ville. » Il fallait porter la médecine aux pauvres et ne pas attendre que les pauvres vinssent à elle. Cette erreur entraînait une moralité : « N'accepter jamais rien comme parole d'évangile, même si cela vient d'un Mahatma, si cela ne fait pas appel à la fois... à la tête et au cœur. » Gandhi ne pouvait souffrir l'obéissance aveugle.

Il entreprit l'œuvre de la médecine naturelle dans un village. « C'est là qu'est la vraie Inde, écrivait-il, mon Inde, pour laquelle je vis. » Il agit ainsi sans retard. Il alla s'établir pour quelque temps à Ourouli, village de trois mille habitants sur la ligne de chemin de fer de Poona à Cholapour, où il y a beaucoup d'eau, un climat favorable, des vergers, un bureau de postes et télégraphes, mais pas le téléphone.

Le premier jour, trente paysans se présentèrent au centre de médecine naturelle. Gandhi en examina lui-même six. Dans chaque cas, il prescrivit la même chose : la répétition constante du nom de Dieu, des bains de soleil, des bains de siège et des frictions, du lait de vache, du petit lait, des jus de fruits et beaucoup d'eau. Cependant, la récitation du nom de Dieu devait être plus qu'un mouvement des lèvres, et absorber l'être tout entier dans toute sa récitation et dans toute sa vie. « Tous les aliments spirituels et matériels, expliquait Gandhi simplement, sont dus à une cause commune. Il est donc naturel qu'ils soient un remède commun. » Presque tout le monde, disait-il, est malade du corps ou de l'esprit. En répétant : « Rama, Rama, Rama, Rama, Rama », tout en se concentrant intensément sur la piété, la bonté, la volonté de rendre service et le désintéressement, on ouvre le chemin aux fonctions médicales des enveloppements de boue, aux bains de siège et aux massages.

Gandhi était lui-même une preuve du pouvoir de l'esprit et de l'humeur sur la matière.

Gandhi s'était occupé de la santé pendant toute son existence d'adulte et même pendant son adolescence, alors qu'il soignait son père mourant. Il soignait tous ceux qu'il pouvait atteindre. La souffrance des autres le faisait souffrir. Il était capable d'une compassion sans limites.

Une mère aimante désire avec ferveur mais en vain prendre

sur soi la maladie de son enfant. Les jeûnes de Gandhi étaient des souffrances qu'il s'imposait dans l'espoir d'adoucir la souffrance des intouchables, des grévistes, des hindous, des musulmans.

Cette impulsion intérieure à apaiser la misère et à adoucir la souffrance est très près d'être l'impulsion la plus profonde de Gandhi. C'est la source de l'amour, la racine de la non-violence, l'aiguillon le poussant à rendre service. Gandhi estimait que sa mission était de guérir. Il était le médecin de l'Inde. L'Inde des dernières années de sa vie lui a fourni abondamment de quoi faire.

La famine régnait dans le pays, la pénurie de nourriture et de vêtements. «Les marchands de grains et de tissus ne doivent pas thésauriser; ils ne doivent pas spéculer, écrivait-il, le 17 février 1946. Il faudrait faire pousser des aliments sur tous les terrains cultivables, partout où il y a de l'eau ou bien où l'on peut s'en procurer... Toutes les cérémonies devraient être ajournées... »

La faim soulevait la question de la grande natalité du pays. « Permettez-moi de vous dire, affirmait-il, que la propagation de la race à la façon des lapins devrait sans aucun doute être arrêtée, mais non de façon à amener de plus grands maux. Elle devrait être arrêtée par des méthodes ennoblissant par elles-mêmes la race, « par » le remède souverain de la maîtrise de soi. »

La disette provoquait la destruction de magasins et d'autres explosions violentes. Des émeutes terribles eurent lieu à Bombay. A Calcutta, à Delhi et dans d'autres villes, la populace se livra à des incendies, contraignit des passants à hurler des slogans et força des Anglais à ôter leur chapeau. Gandhi les réprimanda sévèrement. Des marins indiens de la marine britannique se mutinèrent dans le port de Bombay, et les dirigeants du Congrès ne réussirent qu'avec peine à les ramener au calme.

« Permettez-moi d'affirmer que j'aime l'Anglais autant que l'Indien », écrivit Gandhi en mars.

Le premier ministre Attlee annonça qu'une mission du cabinet britannique, formée de lord Pethick-Lawrence, secrétaire d'État pour l'Inde, Sir Stafford Cripps, président du Board of Trade, et Albert V. Alexander, premier lord de l'Amirauté, était en route pour l'Inde, afin de fixer les termes de la libération. « Incontestablement, affirmait Gandhi, ce serait laisser deviner un manque de prévoyance que de se refuser à croire aux déclarations britanniques et de se précipiter à soulever des querelles. Peut-on croire qu'une députation officielle vienne pour tromper une grande nation? Il n'est digne ni d'un homme ni d'une femme d'avoir de telles pensées. »

La mission du cabinet arriva de l'Angleterre à New-Delhi le 24 mars, et commença immédiatement ses conversations avec les dirigeants indiens. Gandhi se rendit à Delhi pour rencontrer les ministres britanniques et « sur ma demande, écrit Pethick-Lawrence, en dépit de la température exténuante qui régna à Delhi pendant les mois qui suivirent, resta en contact avec nous et avec le comité exécutif du Congrès, pendant tout le cours des négociations » [1].

Gandhi était logé dans les « slums » d'intouchables où Cripps, Pethick-Lawrence et Alexander, ainsi qu'un grand nombre d'Indiens, venaient régulièrement lui rendre visite.

Après des semaines d'allées et venues sans résultat positif, la mission du cabinet invita le Congrès et la Ligue musulmane à envoyer quatre délégués chacun à une conférence qui aurait lieu à Simla. Gandhi n'était pas parmi ces délégués, mais il se mit à la disposition de la commission dans la capitale d'été pour le cas où l'on aurait besoin de le consulter. A une phase ultérieure, Nehrou et Yinnah se débattirent en particulier en vue d'arriver à une conclusion. Aucun accord ne fut obtenu. Les deux adversaires indiens ne désiraient pas assumer la responsabilité de formuler un projet ou d'accepter celui que l'autre aurait proposé.

Finalement, Gandhi conseilla à la mission du cabinet de suggérer elle-même un plan aux deux parties.

Ce plan de la mission, publié le 16 mai 1946, était la proposition britannique en vue de liquider la domination de la Grande-Bretagne aux Indes. « Que la proclamation des délégués du cabinet vous plaise ou non, déclara Gandhi ce matin-là à la prière du matin, elle sera vraisemblablement la plus importante de l'histoire de l'Inde et, par conséquent, elle exige qu'on l'étudie avec soin. »

Gandhi soupesa cette déclaration pendant quatre jours et proclama alors : « Après un examen approfondi... ma conviction

---

1. Lord Pethick-Lawrence dans *Mahatma Gandhi* par H. S. L. Polak, H. N. Brailsford et lord Pethick-Lawrence, cite la Commission d'enquête sur la famine constatant que « 1.500.000 personnes au moins sont mortes directement de faim ou des maladies qui en découlent » au cours de la famine du Bengale en 1943.

reste que c'est là le document le meilleur que le gouvernement
britannique ait jamais produit à cette occasion. »

Renonçant à une critique qui eût été commode et populaire
aux Indes, Gandhi écrivit dans *Haryian*, le 26 mai 1946 : « Le
Congrès et la Ligue musulmane n'ont pas accepté, ne pouvaient
pas accepter. Mais, en même temps, nous commettrions une
grave erreur si nous nous donnions à nous-mêmes la stupide
satisfaction de croire que les différends ont été créés par la
Grande-Bretagne. »

« Le seul désir du gouvernement britannique, déclarait le
Mahatma, est de mettre fin aussi rapidement que possible à la
domination de la Grande-Bretagne. »

« Une abondance de preuves a démontré, disait une déclaration de la mission du cabinet, le désir quasi universel, en
dehors des dirigeants de la Ligue musulmane, de voir s'établir
l'unité de l'Inde. »

Néanmoins : « Nous avons été grandement impressionnés
par l'inquiétude très particulière et très vive des musulmans
de devoir se trouver soumis à perpétuité à la domination de
la majorité hindoue. Cela est devenu si fort et si général parmi
les musulmans que cela ne peut pas être apaisé par de simples
garanties écrites. Si la paix doit régner à l'intérieur de l'Inde,
elle doit être assurée par des mesures assurant aux musulmans
le contrôle de toutes les questions vitales en matière de culture, de religion, d'économie et d'autres intérêts. »

En conséquence, la mission examinait « attentivement et
impartialement la possibilité de procéder à un partage de
l'Inde ».

Quel fut le résultat?

Sur la base de statistiques énoncées dans cette déclaration,
la mission démontra que, dans la zone Nord-Ouest du Pakistan,
la minorité non musulmane constituerait les 37,93 % et s'élè-
verait dans la zone Nord-Est à 48,31 %, tandis que 20 millions
de musulmans resteraient en dehors du Pakistan, sous forme
de minorité dans le reste de l'Inde. « Ces chiffres montrent,
disait la déclaration, que la création d'un État souverain spécial du Pakistan, sur les bases revendiquées par la Ligue musulmane, ne résoudrait pas le problème des minorités communales. »

La mission examinait ensuite la question de savoir si un
Pakistan réduit d'où seraient exclues les minorités non musulmanes était réalisable. « Un tel Pakistan, constatait la
déclaration, est considéré par la Ligue musulmane comme
absolument impraticable »; cela aurait nécessité le partage du

Pundjab, du Bengale et de l'Assam entre les deux nouveaux États, alors que Yinnah réclamait ces provinces dans leur intégralité. « Nous-mêmes, affirmaient les ministres, sommes également convaincus que toute solution impliquant un partage radical du Pundjab et du Bengale, de quel que façon qu'il soit fait, serait contraire aux désirs d'un pourcentage considérable d'habitants de ces provinces. Le Bengale et le Pundjab ont chacun leur langage à part et une longue histoire et des traditions communes à tous les habitants. De plus, tout partage du Pundjab entraînerait nécessairement une division des sikhs dont des fractions importantes vivent des deux côtés de la frontière. »

Le partage de l'Inde affaiblirait, au dire de la commission, le système défensif du pays et couperait brutalement en deux ses réseaux de communications et de transports. « Finalement, il y a le fait géographique d'après lequel les deux parties de l'État proposé du Pakistan sont séparées l'une de l'autre par environ sept cents milles, et les communications entre elles aussi bien en temps de guerre qu'en temps de paix dépendraient de la bonne volonté de l'Hindoustan.

« Nous sommes donc incapables d'aviser le gouvernement britannique que le pouvoir qui est actuellement entre les mains de la Grande-Bretagne doit être transféré à deux États souverains entièrement séparés. »

Au lieu de cela, les ministres britanniques recommandaient une Inde unifiée, comprenant à la fois l'Inde britannique et les États indigènes, avec un gouvernement fédéral chargé des affaires étrangères, de la défense du pays et des communications. Dans les conseils législatifs il faudrait pour décider de toute question communale ou religieuse importante une majorité de ces électeurs, ainsi que des hindous, aussi bien qu'une majorité des électeurs musulmans.

Les conseils législatifs nouvellement élus éliraient les membres d'une Assemblée nationale constituante chargée de rédiger une constitution pour l'Inde.

En attendant, la mission annonçait que lord Wavell procéderait à la formation d'un gouvernement intérimaire ou provisoire.

Dans sa péroraison, la déclaration du cabinet affirmait que le peuple indien avait maintenant « la possibilité d'obtenir son autonomie complète... dans le délai le plus bref et avec le moins de danger pour des troubles ou conflits intérieurs ».

Le même jour, 16 mai 1946, Cripps, Pethick-Lawrence et

Wavell, parlant à la radio, expliquèrent et portèrent aux nues leur projet. « Ne doutez pas un seul moment de nos intentions », demanda Cripps. Quant à Pethick-Lawrence, il s'adressa à ses auditeurs en les appelant « un grand peuple ». Ce terme avait une signification politique, car les dirigeants musulmans parlaient toujours de « peuples » au pluriel. Il suppliait les musulmans d'accepter leur projet : il leur assurait les avantages d'un Pakistan, sans ses désavantages. Wavell parla de la nécessité de maintenir l'union des Indes et termina en citant une strophe de Longfellow :

> Largue la voile, ô vaisseau de l'État!
> Largue la voile, Union, forte et grande!
> L'humanité, avec toutes ses craintes,
> Tous les espoirs des siècles à venir,
> Est suspendue, haletante, à ton sort.

Le 21 mai, Yinnah fit la critique de la mission. Il affirma que le Pakistan était la seule solution possible et regretta que « des lieux communs et des arguments discrédités aient été employés contre elle par Pethick-Lawrence, Cripps et Alexander... Il semble, accusait-il, que cela ait été fait pour apaiser le Congrès et se le concilier. » Yinnah déclara qu'il aurait préféré une Union sans assemblée législative, et une section administrative comprenant un nombre égal de musulmans et d'hindous. S'il devait y avoir une Assemblée législative nationale, celle-ci devait aussi, à son avis, se composer d'un nombre égal de représentants du Pakistan et de représentants de l'Hindoustan; et, « en ce qui concernait toutes les questions sujettes à controverse», une majorité des trois quarts devrait être exigible aussi bien à l'exécutif qu'au législatif. Il regrettait que toutes ces suggestions eussent été dédaignées par les ministres britanniques. Rien d'étonnant à cela : elles auraient rendu tout gouvernement impossible.

Néanmoins, le 4 juin, la Ligue musulmane accepta le plan de la mission du cabinet.

Tout dépendait maintenant de ce que ferait le parti du Congrès.

Le comité exécutif du Congrès se retira à Mussoorie, station d'été sur les collines, afin d'échapper à la chaleur débilitante et aux tempêtes étouffantes de sable de Delhi. Il emmenait Delhi avec lui.

Des correspondants étrangers suivirent Gandhi à Mussoorie.

« Que feriez-vous si vous étiez dictateur des Indes pour un jour? » lui demanda l'un d'eux.

S'il s'attendait à voir Gandhi lui donner une réponse faisant allusion au retard apporté par le Congrès à prendre une décision, il dut être déçu. « Je ne l'accepterais pas », répondit Gandhi; mais, s'il l'avait accepté, il aurait passé sa journée à nettoyer les taudis des *haryians* de New-Delhi et transformer en hôpital le palais du vice-roi. « Pourquoi le vice-roi peut-il utiliser une aussi grande maison? s'écria-t-il.

— Eh bien, *Sir*, supposons que votre dictature dure un deuxième jour?

— Le deuxième jour, répondit Gandhi en riant, serait la continuation du premier. » Cela causa une joie générale parmi les Indiens présents.

Toujours pas d'allusion à la réponse du Congrès à la proposition faite par la mission du cabinet.

Le 8 juin, réconforté par la brise odoriférante qui venait des hauteurs fraîches et couvertes de sapins, Gandhi revint en auto à New-Delhi où devaient se poursuivre les délibérations du Congrès.

Une semaine se passa, et pas un mot ne vint du Congrès indiquant s'il accepterait ou rejetterait les propositions de la mission du cabinet.

Le 16 juin, lord Wavell annonça que le Congrès et la Ligue musulmane avaient refusé d'accepter la composition d'un gouvernement provisoire et que, en conséquence, il nommait quatorze Indiens à des postes dans le gouvernement.

Le Congrès devait donc dès lors répondre à deux questions : se rallier ou ne pas se rallier au gouvernement provisoire; entrer ou non dans l'Assemblée constituante et rédiger une nouvelle constitution pour une Inde unie et libre [1].

1. Indispensables pour la préparation de ce chapitre m'ont été: *Haryian*, les inestimables dossiers de la Bibliothèque des services britanniques de renseignements à New-York et la partie rédigée par lord Pethick-Lawrence dans *Mahatma Gandhi* de H. S. L. Polak, H. N. Brailsford et lord Pethick-Lawrence. Il en a été de même pour *The British Cabinet Mission in India, a Documentary Record (March-June, 1946)* (Delhi, Rajkamal Publications, 1946) qui renferme toutes les déclarations des Britanniques, du Congrès et de la Ligue musulmane pendant cette période cruciale. Le texte intégral de la proposition faite par la mission le 16 mai 1946 est publié en appendice au livre intéressant de Robert Aura Smith intitulé *Divided India* (Whittlesey House, McGraw-Hill Book Company Inc., New-York, 1947).

CHAPITRE XLII

NOUVELLE VISITE A GANDHI

J'arrivai à l'aéroport de New-Delhi le 25 juin 1946 et me rendis à l'hôtel Impérial. J'étais fatigué après ce vol qui m'avait amené du Caire; j'avais besoin de prendre un bain et de me raser. Mais je sentais un besoin irréductible de voir Gandhi immédiatement. Mon premier acte aux Indes, je le sentais, devait être d'échanger quelques mots avec lui. C'est pourquoi, sans m'assurer une chambre à l'hôtel, je déposai mes bagages dans le hall et pris un taxi pour me rendre à la petite chaumière de pierre de Gandhi dans la colonie haryiane.

Il assistait à une assemblée de prière sur une place ouverte hors de sa chaumière. Un millier de gens environ assistaient à l'office. Gandhi, en pagne, un coussin blanc humide sur la tête, les pieds repliés sur ses cuisses, était assis au centre sur une grande et haute plate-forme en bois avec quelques disciples. Ses yeux étaient fermés. De temps en temps il les ouvrait et battait la mesure avec ses mains pour ceux qui chantaient. Par terre, devant l'estrade, étaient assises les adoratrices; derrière elles, les hommes. Les curieux entouraient, debout, l'assemblée des fidèles. Il y avait là des correspondants de journaux indiens et étrangers, ainsi que Mrdoulla Sarabhaï, Nehrou et lady Cripps.

Je me postai au bas des trois marches de bois par lesquelles Gandhi devait passer pour descendre de sa plate-forme de prière. « Ah! c'est vous! me dit-il. Eh bien! je n'ai pas meilleure mine depuis quatre ans.

— Je n'oserais pas vous contredire », lui répondis-je. Il

redressa la tête et se mit à rire. Me prenant par le coude, il se dirigea vers sa chaumière, tout en me posant des questions sur mon voyage, ma santé, ma famille. Puis, devinant sans doute que je désirais avoir un entretien avec lui, il me dit : « Lady Cripps est là, elle veut me voir. Voulez-vous faire une promenade avec moi demain matin? »

Ce soir-là, plus tard, je me rendis chez Aboul Kalam Azad, le président du Congrès, pour dîner avec lui, avec Nehrou, Mr. Asaf Ali et d'autres membres du Comité exécutif du Congrès. Ils avaient l'air tendu et écoutaient avec une attention particulière les nouvelles diffusées par la radio gouvernementale. Ce jour-là, le Congrès avait finalement communiqué ses décisions à la mission du cabinet et à Wavell; mais aucune information publique n'avait encore été donnée à ce sujet.

Le Comité exécutif avait décidé, ainsi que je l'appris alors, d'accepter le projet britannique pour la future constitution de l'Inde, mais non de participer au gouvernement provisoire.

Le lendemain matin je me levai d'assez bonne heure pour siroter une tasse tiède de thé noir, manger une banane et trouver un taxi qui m'amena à 5 h. 30 à la chaumière de Gandhi. Nous fîmes une promenade d'une demi-heure. Il me parla presque tout le temps des négociations avec la mission du cabinet.

Je déjeunai avec Patel et Rayagopalatchari à Birla House, m'entretins pendant une heure en ce même endroit avec miss Slade et passai la soirée avec Patel.

Le lendemain, 27 juin, je retrouvai Gandhi à 5 h. 1/2 du matin et me promenai avec lui pendant trente minutes. Sir Stafford et lady Cripps m'accordèrent à 9 h. 30 une amicale et instructive conversation. Je gardai mon taxi, car j'avais rendez-vous avec Yinnah à 10 h. 1/2.

Au bout d'un certain temps, le taxi eut toute une série de ratés et tomba en panne. Le chauffeur sikh se mit à bricoler sous le capot, mais comme l'heure de mon rendez-vous avec Yinnah approchait je devins de plus en plus inquiet et, finalement, après avoir vainement tenté d'amener un chauffeur officiel à gagner un petit extra, je pris une *tonga*. La faim avait apparemment rendu les chevaux insensibles aux coups de fouet et aux jurons, et c'est avec trente-cinq minutes de retard que j'arrivai chez Yinnah. Je fus introduit dans son bureau après quelques instants d'attente. Je fis un tas d'excuses, expliquai que mon taxi avait eu une panne, qu'il m'avait été impossible de trouver un autre taxi, que la *tonga* marchait lentement et que j'avais horreur d'être inexact. Il me dit froidement : « J'espère bien que vous n'êtes pas blessé. » J'expliquai que ce n'était pas ce genre d'accident, que c'était simplement le moteur qui avait refusé de fonctionner. Il se montra plein de compassion, mais formaliste et ne cessa de parler de cet incident.

Quand je pus enfin me dépêtrer de cette conversation sur le taxi et la *tonga*, je déclarai : « Il semble que l'Inde est sur le point de devenir indépendante. »

Il ne répondit pas. Il ne dit pas un mot. Il tripota son menton, me considéra avec sérieux, se leva, me tendit la main et me dit : « Il faut que je sorte. »

Une fois de plus je m'excusai de l'avoir fait attendre. Je n'avais pas prévu cette difficulté avec le taxi. Je demandai si je pourrais le voir un autre jour à New-Delhi. Non, il serait trop occupé. Il se rendait à Bombay. Je devais m'y rendre aussi bientôt. Est-ce que je pourrais l'y rencontrer? Non, il serait trop occupé. Entre temps, il m'avait reconduit jusqu'à la porte. Je ne saurai jamais s'il avait été blessé de mon retard ou de ma phrase relative à l'imminence de la libération de l'Inde.

Pendant le week-end, j'absorbai le plus de renseignements possible sur la situation politique. L'esprit pénétrant de Patel fut mon meilleur adjuvant. Le lundi 1er juillet, je pris l'avion pour Bombay, et le mardi soir me rendis pour trois jours à la clinique naturiste du Dr Dinchah Mehta, à Poona, où se trouvait Gandhi. Nehrou y séjourna également une partie de ce temps.

Je partis avec Gandhi pour Bombay le 5 juillet et assistai les 5 et 6 aux séances du Comité du Congrès panindien qui discutait les décisions prises par le Comité exécutif concernant le projet de la mission du cabinet et écoutait les observations faites à ce sujet par le Mahatma.

Plus tard, pendant ce mois, je fis une tournée à Maharachtra avec Yaïprakach Narayan, le chef socialiste, et arrivai à Panchgani, dans les collines inondées de pluie, le 16 juillet, pour y faire avec Gandhi une visite de quarante-huit heures.

Gandhi ne semblait pas avoir vieilli depuis 1942; ses enjambées n'étaient plus aussi longues ni aussi énergiques, mais la marche ne le fatiguait pas ni les conversations d'une journée. Il était presque toujours de bonne humeur.

Au début de ma première promenade avec lui à New-Delhi, il m'interrogea sur les rumeurs de guerre avec la Russie. Je lui dis qu'on en parlait beaucoup mais que ce n'était peut-être que du bla-bla-bla. « Vous devriez tourner vos regards vers l'Occident, ajoutai-je.

— Moi? répondit-il. Je ne suis pas arrivé à convaincre les Indes. La violence règne partout autour de nous. Je suis une balle morte. »

Je lui suggérai que, depuis la deuxième guerre mondiale, bien des Européens et des Américains se rendaient compte qu'il y avait un vide spirituel. Il pouvait en remplir un coin. L'Inde avait besoin de richesses matérielles et s'imaginait peut-être qu'elles faisaient le bonheur. Nous qui avons les richesses matérielles, nous savons qu'elles ne rendent pas heureux. L'Occident cherche à tâtons une solution.

« Oui, mais je suis un Asiatique, objecta-t-il. Un pur Asiatique. » Il rit, et après un silence ajouta : « Jésus était un Asiatique. »

Il était 8 h. 1/2 du soir lorsque j'arrivai au bâtiment en pierres qui forme la clinique naturiste de Poona. On m'indiqua sa chambre et j'y entrai. Il était assis sur une paillasse; un châle blanc l'enveloppait du cou aux chevilles. Il ne leva pas la tête. Lorsqu'il eut fini d'écrire une carte postale, il me regarda et fit : « Ah! » Je m'agenouillai devant lui et nous échangeâmes une poignée de main. Il avait une manière qu'aucun de ses héritiers ne possède de vous mettre au figuré ses bras autour de vous et de vous faire sentir que vous étiez le bienvenu dans sa maison et aux Indes.

« Vous êtes arrivé par le *Deccan Queen*, observa-t-il; il n'y a pas de wagon-restaurant dans ce train. »

Je lui dis que cela ne faisait rien, que j'étais déjà invité à dîner.

Tout de suite, sans me poser aucune question sur moi, il se mit à me parler longuement de la violence. « Tout d'abord, dit-il, il y a l'Afrique du Sud. Un homme y a été tué au cours des troubles récents. Il était innocent. De même, on a attaché des Indiens à des arbres et on les a fouettés. C'est la loi de lynch. Et maintenant voici des échauffourées à Ahmédabad entre hindous et musulmans. Ce qu'il y a de troublant, c'est que d'un côté on commence à donner des coups et à assassiner et qu'ensuite les autres font la même chose. Si l'on ne vengeait pas ces morts, l'affaire prendrait fin. Il en est de même en Palestine. Les juifs sont en bonne posture. J'ai dit à Sidney Silverman, le parlementaire britannique, que les juifs étaient en bonne posture. Si les Arabes présentent des revendications sur la Palestine, les juifs ont un droit de priorité, car ils étaient là les premiers. Jésus était juif. Il a été la fleur la plus délicate du judaïsme. Vous pouvez vous en convaincre en lisant les quatre récits écrits par les quatre évangélistes. Ce sont des esprits sans instruction. Ils ont dit la vérité sur Jésus. Saint Paul n'était pas juif; c'était un Grec. Il avait un esprit oratoire, un esprit dialectique, et il a déformé Jésus. Celui-ci possédait une grande force, la force de l'amour; mais le christianisme a été défiguré quand il est venu à l'ouest. Il est devenu la religion des rois. »

Il revint à la question des juifs d'Allemagne. « Mais je n'avais pas l'intention de causer avec vous ce soir, déclara-t-il, et vous n'avez pas mangé. »

Je me levai pour partir. « Dormez bien, lui dis-je.

— Je dors toujours bien. Aujourd'hui, c'était mon jour de silence et je me suis endormi quatre fois. Je me suis endormi pendant que j'étais sur l'estrade.

— Pendant votre massage, constata une doctoresse.

— Il faut vous faire masser ici », dit Gandhi d'un ton décisif.

Après dîner, je passai devant le lit de Gandhi sur la terrasse de pierre en plein air. Deux de ses disciples femmes lui massaient les pieds et les jambes. Son lit était formé de planches recouvertes d'un matelas, avec deux briques pour que la tête fût plus haute que les pieds. Une moustiquaire était suspendue au-dessus. Un certain nombre de jeunes femmes étaient assises sur des nattes près de lui et riaient. Il me cria : « J'espère que vous vous lèverez assez tôt pour déjeuner avec moi. » Il ajouta que son petit déjeuner avait lieu à 4 heures.

« Je préférerais que vous m'excusiez pour celui-là.

— Alors, le second, à 5 heures. »

Je fis une grimace et tout le monde rit.

« Il vaudrait mieux que vous en eussiez un troisième à 9 heures avec moi, dit-il. Il faut vous lever à 6 heures. »

Je fus debout à 6 h. 1/2. Lorsque j'entrai dans la cour, Gandhi était en train de bavarder avec un Indien. Il me salua et nous partîmes en promenade.

« Vous avez dit hier soir, lui rappelai-je, que saint Paul avait déformé les enseignements de Jésus. Est-ce que ceux qui vous entourent en feront autant?

— Vous n'êtes pas le premier à envisager cette possibilité, me répondit-il. Je lis dans leurs pensées. Oui, je sais qu'ils pourront essayer de faire précisément cela. Je sais que l'Inde n'est pas avec moi. Je n'ai pas convaincu assez d'Indiens de la sagesse de la non-violence. »

De nouveau il se mit à parler longuement de la persécution des gens de couleur dans l'Afrique du Sud. Il me demanda comment étaient traités les Nègres aux Etats-Unis. « Une civilisation, me dit-il, se juge d'après le traitement qu'elle accorde à ses minorités. »

Après avoir été massé par un puissant Ceylonais qui me tritura les muscles jusqu'à ce qu'ils me fissent mal, je me sentis mieux et jetai un regard dans la chambre de Gandhi. Il n'y avait pas de porte, mais seulement un rideau que je repoussai de côté. Il me remarqua et me dit : « Entrez, vous êtes toujours le bienvenu. » Il était en train d'écrire un article pour *Haryian* et se laissait interroger par trois Indiens parlant en patois. J'entrai et ressortis à 11 heures du matin.

Goulbaï, la femme du Dʳ Mehta, m'apporta un plein bol de fruits pelés et coupés en tranches et le posa sur une natte. Gandhi avait déjà pris son troisième déjeuner; je mangeai donc tandis qu'il parlait. Il me dit qu'il s'efforçait de créer une Inde sans classes et sans castes. Il aspirait au jour où il n'y aurait plus qu'une seule caste et où les brahmanes se marieraient avec les *haryians*. « Je suis un révolutionnaire social, affirmait-il. La violence est enfantée par l'inégalité, la non-violence par l'égalité. » La religion de Gandhi se fondait avec sa sociologie.

Je lui dis que je savais que le préjugé croissant contre les peuples de couleur dans l'Afrique du Sud le troublait; il avait lutté contre lui pendant vingt ans. « Mais j'espère, ajoutai-je, que vous ne ferez rien de violent à cet égard. Vous êtes un homme violent. » Il se mit à rire. « Certains de vos jeûnes sont violents », ajoutai-je.

« Vous désirez que je me contente d'être violent en paroles, dit-il en guise de commentaire.

— Oui.

— Je ne sais pas quand je me mettrai à jeûner, expliqua-t-il, c'est Dieu qui le détermine. Cela me vient tout d'un coup. Mais je ne veux pas agir brutalement. Je n'ai pas le désir de mourir. »

Ce même après-midi, des centaines d'habitants de Poona se rassemblèrent, debout dans un champ de l'autre côté de la palissade peu élevée de la clinique, tandis que Gandhi et ses amis célébraient l'office religieux sur la plate-forme située de l'autre côté de la palissade. Pendant qu'ils chantaient, il se mit à pleuvoir; les fidèles ouvrirent leurs parapluies noirs. Un murmure de protestation monta de la foule de ceux qui se tenaient à l'arrière, et tous les parapluies s'abaissèrent. Quelqu'un en tenait un au-dessus de Gandhi. A quelques centaines de yards plus loin deux teams d'Indiens en flanelle blanche jouaient au cricket.

Avant le dîner, Gandhi m'invita à faire une promenade avec lui.

« J'espère bien que vous n'allez pas sortir sous la pluie? protestai-je étourdiment.

— Allons, venez, vieil homme », me dit-il en me tendant le bras.

On m'avait donné une chambre donnant sur la terrasse où dormait Gandhi. Le soir, tard, au moment d'aller me coucher, je passai près du lit de Gandhi. Je le saluai sans bruit d'un geste de la main, mais il m'appela.

« Vous allez bien dormir cette nuit. Mais nous allons vous déranger à 4 heures avec nos prières.

— J'espère que non », répondis-je en m'approchant de lui.

Il adressa la parole à Mrs. Mehta en hindoustani ou en gouyarati, et j'eus l'impression qu'il lui faisait des reproches.

« Nous parlions de vous, fit Gandhi, et vous voudriez bien savoir ce que nous disions?

— Je le sais jusqu'à un certain point, répliquai-je. Mais vous avez aggravé la chose en ne me disant pas de quoi vous parliez. Je vais proposer le *satyagraha* contre vous jusqu'à ce que vous me mettiez au courant.

— Très bien, dit-il en riant.

— Je vais rester assis près de votre lit toute la nuit.

— Approchez-vous, répondit-il en chantonnant.

— Je vais rester assis là et chanter des chansons américaines.

— Parfait, vous allez m'endormir en chantant. »

Tout le monde s'amusait.

Le rire de Gandhi était physique et mental; c'était un divertissement en même temps qu'un signe de bonne entente, ou tout au moins un divertissement en même temps qu'un signe de tolérance. C'était le rire d'un homme qui ne craint pas d'être pris au dépourvu et sans défense.

Il se faisait tard et je souhaitai bonne nuit à tous. Je parlai à Mrs. Mehta. Gandhi l'avait grondée parce qu'elle m'avait servi mon déjeuner dans sa chambre, à lui, à 11 heures au lieu de 9, ce qui avait retardé le repas de midi pour tous les autres. De plus, elle m'avait donné une nourriture spéciale : personne ne devait avoir un traitement privilégié.

Je me réveillai bien en forme et me rendis à la chambre de Gandhi. Il m'invita à faire une promenade. Je lui demandai son opinion quant à la prochaine étape de la politique indienne.

« Les Britanniques, me répondit-il avec empressement, doivent demander au Congrès de former un gouvernement de coalition. Toutes les minorités y prendront part.

— Est-ce que vous y adjoindriez des membres de la Ligue musulmane?

— Bien sûr, répliqua-t-il. Mr. Yinnah peut avoir un portefeuille très important. »

Il me quitta un instant pour parler avec une jeune Indienne. J'avais remarqué, la veille, qu'il allait et venait sur la terrasse en s'entretenant avec elle d'un air agité. Puis elle était partie et un jeune homme s'était approché de Gandhi. Ils s'étaient entretenus pendant un quart d'heure environ. Pyarélal me dit qui ils étaient. Elle était une intouchable et boitait par suite d'un accident. Le jeune homme, un *haryian* comme elle, était son mari et avait été amputé d'un avant-bras. Leur ménage ne marchait pas et Gandhi essayait d'arranger les choses.

Quand nous reprîmes notre promenade hygiénique, il se mit à discuter à propos de la Russie et de l'Europe. Il me dit que Moscou n'avait rien à donner au monde; elle était devenue nationaliste, impérialiste et panslave. Cela ne pouvait pas réconforter l'Occident. Les démocraties commençaient à se rendre compte que la paix ne pouvait venir que de l'internationalisme et de la régénération spirituelle.

« Pourquoi désirez-vous que j'aille dans l'Occident? me demanda-t-il.

— Je ne vous demande pas d'aller en Occident, mais de parler à l'Occident.

— Pourquoi l'Occident a-t-il besoin que je lui dise que deux et deux font quatre? Si l'on se rend compte que la voie de la violence et de la guerre est un mal, pourquoi devrais-je souligner une vérité évidente? De plus, ma tâche ici n'est pas terminée.

— Il n'empêche que l'Occident a besoin de vous, dis-je. Vous êtes l'antithèse du matérialisme et, par conséquent, l'antidote du stalinisme et de l'étatisme. »

Il se mit ensuite à parler de l'accroissement de l'esprit de violence dans l'Inde depuis 1942.

Des passants se groupaient pour le regarder, tandis que nous allions et venions sur le chemin conduisant à la ville. Il y avait des usines non loin de là et, de temps à autre, on entendait leurs sirènes; mais il ne s'arrêtait pas de parler; il n'élevait pas non plus la voix; il parlait à travers le bruit.

Je lui demandai s'il avait lu mon livre *A Week with Gandhi*. Il l'avait lu et, abstraction faite de légères erreurs (je m'étais trompé quant à l'âge de Kastourbaï, par exemple), il en était satisfait. Il avait lu également mon *Men and Politics;* il l'avait lu dans sa bibliothèque, ainsi qu'il appelait le cabinet de toilette où il avait un rayon de livres.

Nehrou arriva à la clinique avec Krichna Ménon qui devint plus tard haut commissaire indien à Londres. « Nehrou, me dit Gandhi, a un esprit oratoire. » Ménon, Nehrou, moi et d'autres personnes prîmes notre lunch en commun dans la grande salle à manger. On me servit une côtelette de mouton. Sur la demande qui m'en fut faite, j'en donnai une partie à Nehrou.

Gandhi savait que Nehrou mangeait de la viande et fumait; il n'y fit aucune objection. Mais jamais Nehrou ne fumait en présence de Gandhi. (Seul, Maoulana Aboul Kalam Azad le faisait et Gandhi rappelait toujours aux jeunes filles d'avance de lui apporter un cendrier.) Nehrou avait infiniment de charme, de grâce, de gentillesse et d'habileté à s'exprimer. Gandhi disait de lui que c'était un artiste. Plusieurs années passées à Harrow et à Cambridge avaient fait de lui un vrai Britannique, et les années encore plus nombreuses qu'il avait passées dans les geôles anglaises l'avaient rempli d'amertume. Pendant sa longue incarcération de 1942 à 1945 ses cheveux étaient devenus tout gris, puis il était devenu entièrement chauve; mais il n'était pas moins élégant pour cela. Il avait souffert beaucoup dans sa vie privée comme dans sa vie publique. Son sourire qui dévoilait deux rangées de fines dents blanches attendrissait les cœurs aussi bien que sa gaîté ou son involontaire tristesse.

Gandhi aimait Nehrou comme un fils et Nehrou aimait Gandhi comme un père. Nehrou ne cacha jamais les profondes différences qui séparaient ses façons de voir de celles de Gandhi. Il parla et écrivit souvent sur ce point. Gandhi aimait la franchise. Leur affection réciproque ne dépendait pas de l'identité de leurs idées.

Quelque chose au tréfonds de l'âme de Nehrou se rebellait contre l'abdication. Il était choqué par l'obéissance aveugle que nombre de dirigeants indiens témoignaient à Gandhi. Il questionnait, il discutait, il résistait, et, en fin de compte, se soumettait. Il luttait pour la défense de sa personnalité. Il se refusait à être conquis. Quand il se soumettait, c'était avec douceur et avec grâce. Gandhi connaissait ses faiblesses et lui-même en était arrivé à reconnaître ses limites. En politique

comme dans sa vie, Nehrou ne se rendit jamais maître des
complications de la politique de parti comme le faisaient le
Mahatma et Patel. Il est le tribun, mais non l'organisateur,
un porte-parole tourné vers l'extérieur et non celui qui arrange
les choses à l'intérieur. Il s'adresse surtout aux intellectuels,
mais non par l'esprit; son appel s'adresse au cœur. Aux Indes,
c'est là un actif. Nehrou est un aristocrate dont l'amour pour
les aristocrates ne gêne en rien son amour pour le peuple.
Bien qu'il soit l'un des hommes d'État les plus en vue du
monde, il n'est pas homme d'État pour un sou. C'est un homme
perdu au milieu des hommes d'État. Le peuple lui témoigne
de l'adulation; il la renvoie à ceux qui font marcher la machine
gouvernementale.

Dans l'Inde, Nehrou se laisse aller à des accès d'humeur et
à des éclats d'indignation. A l'occasion, il assaille à coups de
poing les gens qui excitent sa colère. Il a un courage physique
infini. Parfois, lors des conférences de presse, il fait des déclarations inconsidérées de méfiance. Tout cela est peut-être un
effort vers la puissance. Il ne saurait être mis en doute que
c'était la grande force la clarté intérieure de Gandhi, entre
autres choses, qui fascinait et captivait tellement Yaouaharlal.

Les livres de Nehrou témoignent de la beauté de son âme,
de la noblesse de son idéal, et de son égocentrisme. Gandhi
semblait entièrement tourné vers l'extérieur; il n'était pas un
fardeau pour lui-même. Nehrou doit toujours se battre avec
ses propres problèmes.

Dans l'après-midi de ce deuxième jour à la clinique naturiste,
Nehrou resta assis, jambes croisées, sur mon lit, tandis que
j'occupais l'unique siège de la chambre. Il s'était rendu en
visite dans son cher Cachemire, mais le Maharadjah lui en
interdit l'accès. Il lutta corps à corps avec un soldat indien,
armé d'un fusil à baïonnette, qui l'empêcha de franchir le
poste-frontière. Il disait maintenant : « Je suis convaincu que
cet agent britannique ne m'aurait pas exclu du Cachemire,
alors que j'étais en négociations avec la mission du cabinet,
sans avoir d'abord consulté le vice-roi; s'il en est ainsi, il
ne semble pas qu'ils aient l'intention de s'en aller bientôt de
l'Inde. »

Krichna Ménon partageait son scepticisme.

Je demandai à Nehrou s'il se considérait lui-même comme
un socialiste. « Je suis socialiste, me répondit-il, mais non
marxiste. » (En 1948, à New-Delhi, il me dit qu'en vieillissant
il jugeait les gens « plus par leur caractère personnel que par

leurs « ismes » et qu'il s'était rapproché du Christ et de Bouddha, mais surtout de Bouddha » et s'était, en conséquence, éloigné de Marx, de Lénine et de Staline, et fait plus voisin de Gandhi.)

Nehrou passa plusieurs heures de l'après-midi seul avec Gandhi. Personne ne les dérangea. Vers la fin de l'après-midi, j'entrai dans la chambre de Gandhi et le trouvai occupé à filer. Je lui dis que je croyais qu'il avait renoncé à filer.

« Non, répondit-il. Comment pourrais-je le faire? Il y a quatre cents millions d'Indiens. Enlevez cents millions d'enfants, d'épaves et autres; si les trois cents millions qui restent filaient une heure par jour nous aurions notre *Souaraï*.

— En raison de l'effet économique produit ou de l'effet spirituel? demandai-je.

— En raison des deux, répondit-il. Si trois cent mille individus faisaient un jour la même chose, non parce que Hitler le leur a ordonné, mais parce qu'ils sont inspirés par le même idéal, nous serions assez unis dans nos desseins pour réaliser notre indépendance.

— Quand vous vous arrêtez de filer pour causer avec moi, vous retardez le *Souaraï*.

— Oui, reconnut-il. Vous avez différé le *Souaraï* de six yards. »

Le matin suivant, Gandhi, une dizaine de compagnons et moi, nous rendîmes à la gare de Poona et prîmes l'express de Bombay. Notre groupe avait à sa disposition une voiture spéciale de troisième classe, garnie de bancs de bois tout le long des parois intérieures et d'un autre banc au milieu. Il plut abondamment pendant tout le voyage, et bientôt l'eau commença à pénétrer par le toit et par les ouvertures des fenêtres et des portières. De grandes mares se formèrent par terre. Aux nombreuses stations, des chefs locaux du Congrès pénétraient dans le train pour s'entretenir avec Gandhi. Entre temps, il écrivait un article pour *Haryian* et corrigeait les épreuves d'un autre article. Une fois, il me regarda en souriant et nous échangeâmes quelques mots. Quand son travail d'éditorialiste fut terminé, il s'allongea sur le banc de bois et, un instant après, il dormait paisiblement. Il dormit un quart d'heure environ.

Gandhi avait une place près de la fenêtre. A toutes les stations des foules immenses étaient rassemblées en dépit de l'averse. A l'un des arrêts, deux gamins d'environ quatorze ans, la peau brune toute mouillée, les cheveux ruisselants, sautaient devant la fenêtre de Gandhi, élevant et abaissant leurs bras, et criaient : « Notre Gandhi! Notre Gandhi! Notre Gandhi! » Il sourit.

Je lui dis : « Qu'est-ce que vous êtes pour eux? »

Il mit ses deux pouces en avant des deux côtés de ses tempes et répliqua : « Un homme avec des cornes, une bête curieuse. »

Gandhi quitta le train à une station de la banlieue pour éviter la foule au terminus de Bombay. Lui et les autres dirigeants du Congrès se réunissaient à Bombay pour une session du comité du Congrès panindien (A. I. C. C.), qui devait discuter sur les décisions du Comité exécutif, visant à accepter le plan à long terme de la mission du cabinet relatif à une constitution, mais se refusant à participer au gouvernement intérimaire.

Cette session de deux jours eut lieu dans une grande salle en forme de théâtre. Le sol de l'estrade était recouvert d'étoffe blanche de coton tissée aux Indes. Les dirigeants vêtus d'étoffe blanche indigène un peu plus fine étaient assis sur le sol de l'estrade et s'appuyaient sur de grands coussins placés face au public. A la gauche du centre et à l'arrière de l'estrade se trouvait un grand divan inoccupé. Nehrou, en pantalons d'une éblouissante blancheur, avec une blouse blanche tombant jusqu'à mi-cuisse, et une veste sans manches couleur abricot, présidait. Il se servait d'un microphone installé près de son siège. Deux cent cinquante-cinq délégués votants étaient assis dans la salle ainsi que des centaines de visiteurs et plusieurs vingtaines de journalistes indiens et étrangers.

On pouvait accéder au plateau du théâtre au moyen d'un petit escalier de bois placé sur le côté. Les orateurs montaient par là, laissaient leurs sandales sur la marche la plus haute et se dirigeaient pieds nus vers le micro.

Pendant les délibérations, une femme entra sur la scène par derrière et plaça sur le divan une boîte plate. Un peu plus tard, Gandhi fit son entrée, s'assit sur le divan, ouvrit la boîte et se mit à filer. Son arrivée fut saluée brièvement par les délégués qui se levèrent. Il les remercia d'un sourire. On considère aux Indes comme peu convenable de faire beaucoup de bruit, soit en applaudissant, soit en poussant des cris.

Le deuxième jour, le dimanche 7 juin, Gandhi en pagne, assis sur le blanc divan, adressa une allocution à l'assemblée. Il parlait en hindoustani devant le micro, mais l'instrument marchait mal, et c'est à peine si on l'entendait.

Cette allocution, prononcée hors programme, fut publiée textuellement dans *Haryian* et dans tous les quotidiens indiens. Elle comprenait environ mille sept cents mots prononcés lentement, en quinze minutes environ, comme s'il avait parlé à quelqu'un dans sa chaumière.

Il disait :

« On m'a rapporté que certaines de mes précédentes remarques sur la proposition faite par la mission du cabinet avaient causé pas mal de confusion dans les esprits du public. En ma qualité de *satyagrahi*, je fais toujours mon possible pour dire toute la vérité et rien que la vérité. Je n'ai jamais le désir de vous cacher quoi que ce soit. J'ai horreur des restrictions mentales. Mais le langage est, en mettant les choses au mieux, un moyen d'expression imparfait. Nul ne peut exprimer parfaitement en paroles ce qu'il sent ou pense. Même les voyants et les prophètes du passé ont souffert de cette incapacité...

« J'ai dit, dans un de mes discours de Delhi, au sujet des propositions de la mission, que je voyais des ténèbres là où précédemment je voyais la lumière. Ces ténèbres ne se sont pas dissipées. Elles se sont même épaissies si c'était possible. J'aurais pu demander au comité exécutif de repousser la proposition relative à une Assemblée constituante, si je pouvais voir clairement où aller. Vous connaissez mes rapports avec les membres du comité exécutif. Babou Rayendra Prasad aurait pu être juge au tribunal suprême; au lieu de cela, il a préféré se faire mon interprète et mon secrétaire à Champaran. Et puis, il y a le Sardar (Patel). On lui a donné un surnom signifiant qu'il est pour moi « Monsieur Oui-Oui ». Cela lui est égal. Il en fait même étalage, comme si c'était un compliment. C'est un « oiseau des tempêtes ». Autrefois il s'habillait et dînait à la mode occidentale. Mais, depuis le jour où il a décidé de suivre mon sort, tout ce que je dis est devenu sa loi. Et pourtant dans le cas présent il ne voit pas les choses du même œil que moi. Tous deux m'ont dit que, si dans toutes les occasions précédentes j'ai été à même de justifier mon instinct par la raison et donner satisfaction à leur tête aussi bien qu'à leur cœur, cette fois je n'y ai pas réussi. Je leur ai dit en réponse que, bien que mon cœur soit rempli d'appréhension, je n'ai pu trouver aucune raison de rejeter catégoriquement ces propositions; sinon, je l'aurais fait. Ç'a été mon devoir de leur exposer mes inquiétudes et de les mettre en garde. Mais ils ont dû examiner ce que je leur ai dit à la froide lumière de la raison, et n'accepter mon point de vue que s'ils étaient convaincus qu'il était juste. »

Ils n'en furent pas convaincus, et c'est pourquoi le comité exécutif choisit un moyen terme et approuva les dispositions prises en vue d'une constitution pour l'Inde, tout en refusant d'entrer dans le gouvernement provisoire. La fraction socialiste de l'A. I. C. C. et quelques autres s'opposèrent au compromis adopté par le comité exécutif. Ils préconisèrent l'abstention de l'Assemblée constituante aussi bien que du gouvernement intérimaire. Ils désiraient suivre l'instinct de Gandhi, bien qu'il ne l'eût pas justifié par des arguments rationnels.

« Je suis surpris de ce que Yaïprakach Narayan a dit hier, continuait Gandhi, à savoir, qu'il serait dangereux de prendre part à l'Assemblée constituante proposée et que, par suite, vous deviez rejeter la résolution du Comité exécutif. Je n'étais pas préparé à entendre un langage aussi défaitiste sur les lèvres d'un lutteur expérimenté tel que Yaïprakach... Un *satyagrahi* ne sait pas ce que c'est que la défaite.

« Je ne m'attendais pas non plus à entendre un *satyagrahi* dire que tous les Anglais sont mauvais. Les Anglais ne sont pas nécessairement mauvais. Il y a de braves gens et des gens mauvais parmi les Anglais comme chez les autres peuples. Nous-mêmes, nous ne sommes pas sans défauts. Les Anglais ne seraient pas parvenus à leur puissance actuelle s'il n'y avait rien de bon en eux. Ils sont venus exploiter les Indes parce que nous nous querellions et parce que nous nous sommes laissé exploiter. Dans le monde de Dieu le mal sans mélange ne prospère pas. Dieu gouverne même là où Satan détient le pouvoir, car ce dernier n'existe que parce que Dieu le tolère. » Puis, Gandhi parla de la non-violence et du mouvement de désobéissance civile de 1942.

« Nous devons avoir de la patience, de l'humilité et du détachement... L'Assemblée constituante ne sera pas un lit de roses mais seulement un lit d'épines. Vous n'avez pas le droit de vous dérober...

« Ne soyons pas lâches. Allons à notre tâche avec confiance et courage... Ne vous inquiétez pas des ténèbres qui remplissent mon esprit. Il les transformera en lumière. »

Tous applaudirent deux ou trois fois.

Il y eut deux cent quatre voix en faveur du compromis du Comité exécutif et cinquante et une contre. Le nombre des opposants fut considéré comme important : c'était le reflet des doutes subsistant dans l'esprit de Gandhi, de Nehrou et, en fait, dans l'esprit d'un grand nombre de membres, quant aux intentions des Britanniques. Après plus de cent cinquante ans de tutelle britannique et quatre-vingt-neuf ans d'Empire britannique, aucun Indien ne pouvait se défaire complètement de la méfiance.

Je restai plusieurs jours dans la chaleur et l'humidité de Bombay, sous la mousson d'été, puis je partis avec Yaïprakach Narayan et sa femme Prabhavati, pour une tournée à travers le Maharachtra, en direction de la nouvelle résidence de Gandhi Panchgani. Nous nous rendîmes à Poona par le train et, de là, nous continuâmes en auto.

Yaïprakach s'arrêta pour faire un discours dans un meeting du soir à Satara, tandis que Prahbavati et moi nous nous rendions en traversant les collines et les brouillards à Panchgani. Nous y arrivâmes aux environs de minuit; la ville était sombre et morte. Des passants qui déambulaient encore ne surent pas nous dire où Gandhi était descendu. Nous dûmes sortir de voiture à chaque villa d'été, gravir les marches du porche et regarder s'il y avait quelqu'un qui dormît là. Sous un porche nous découvrîmes Gandhi couché au milieu de ses disciples.

Le matin, Prabhavati posa sa tête sur les pieds de Gandhi qui la caressa avec une tendre affection. A l'heure du lunch, Yaïprakach arriva. Lui et moi étions les deux seuls visiteurs, de sorte que j'eus toute possibilité pour m'entretenir avec Gandhi.

Il me demanda d'abord ce que j'avais appris. J'avais noté un écart net entre ceux qui avaient foi en l'Assemblée constituante et les autres.

« Je ne considère pas, dit Gandhi, l'Assemblée constituante comme un élément non révolutionnaire. Je suis convaincu que c'est un parfait succédané de la désobéissance civile.

— Vous croyez que les Britanniques jouent franc jeu?

— Oui, je crois que cette fois-ci ils jouent franc jeu.

— Vous croyez qu'ils vont se retirer de l'Inde?

— Oui.

— Je le crois également, mais je n'arrive pas à convaincre Yaïprakach. Mais, à supposer que les Britanniques ne partent pas, vous allez protester à votre façon, et non à la façon de Yaïprakach?

— Non. Il faudra que Yaïprakach se joigne à moi. Je ne veux pas me dresser contre lui. En 1942, j'ai dit que je naviguais sur des eaux inconnues; je ne veux pas faire de même aujourd'hui. Je ne connaissais pas le peuple alors : je sais maintenant ce que je puis faire et ce que je ne puis pas faire.

— Vous ne saviez pas en 1942 qu'il y aurait des actes de violence?

— Certainement.

— Donc, si l'Assemblée constituante échoue, vous ne déclencherez pas une campagne de désobéissance civile?

— Non, à moins que les socialistes et les communistes ne se soient modérés d'ici là.

— Ça n'est guère vraisemblable...

— Je ne puis pas penser à la désobéissance civile tant qu'il y a dans l'air, aux Indes, un tel potentiel de violence. Aujourd'hui il y a un certain nombre d'hindous appartenant aux castes qui ne jouent pas franc jeu avec les intouchables.

— Par les hindous de caste vous entendez certains membres du Congrès?

— Oui, mais pas beaucoup. Quelques-uns n'ont pas chassé de leur cœur l'idée d'intouchabilité. C'est là le drame... Les musulmans aussi sentent qu'ils sont lésés. Chez un hindou orthodoxe, un musulman n'a pas le droit de s'asseoir sur le même tapis qu'un hindou ni de prendre son repas avec lui. C'est là une fausse religion. L'Inde est faussement religieuse. Il faut qu'elle ait une vraie religion.

— Vous n'avez pas réussi au Congrès?

— Non. J'ai échoué. Il y a tout de même quelque chose de fait. Les *haryians* sont admis dans les temples de Madoura et dans maint autre lieu sacré, et les hindous de caste font leurs dévotions dans les mêmes temples. »

Ainsi se termina notre entretien de ce matin. Gandhi tournait « le projecteur vers l'intérieur » et, au lieu de trouver la faute chez les autres, le rayon l'aidait à découvrir les fautes du Congrès et des hindous. Il y avait des hindous à qui cela ne plaisait pas. Ils préféraient jeter le blâme sur Yinnah et sur l'Angleterre.

Gandhi m'accorda encore plus d'une heure dans l'après-midi. Il revint à la question des Nègres d'Amérique. Au bout d'un moment, je dis :

« Depuis que je suis aux Indes, j'ai rencontré quelques personnes intelligentes...

— Ah! vraiment? Pas beaucoup?

— Vous et deux ou trois autres. » Il se mit à rire. « Et il y a des gens qui disent que les rapports entre hindous et musulmans sont meilleurs; d'autres disent qu'ils sont pires.

— Yinnah et d'autres dirigeants musulmans étaient autrefois membres du Congrès. Ils l'ont quitté parce qu'ils ne pouvaient souffrir d'être traités avec condescendance par les hindous. Au début, les principaux membres du Congrès étaient théosophes. Mrs. Annie Besant m'attirait beaucoup. La théosophie est la doctrine de Mme Blavatsky. C'est l'hindouisme sous son meilleur aspect. La théosophie est la fraternité de l'homme. On m'a mené (à Londres) chez Mrs. Besant. Je venais seulement d'être inscrit à l'université de Bombay. Je ne comprenais pas l'anglais prononcé à l'anglaise. Ce fut pour moi un supplice. Je me sentis complètement indigne d'aller chez Mrs. Besant. Des musulmans distingués s'étaient ralliés à la théosophie. Plus tard, le nombre des partisans du Congrès s'accrut et avec lui l'attitude protectrice des musulmans. Les musulmans sont fanatiques en matière de religion; mais on ne doit pas répondre au fanatisme par le fanatisme. Les mauvaises manières vous irritent. Les musulmans brillants qui appartenaient au Congrès furent dégoûtés. Ils ne trouvaient pas la fraternité humaine chez les hindous. Ils disaient que l'Islam était l'expression de la fraternité humaine. En fait, c'est la fraternité musulmane. La théosophie est la fraternité humaine. Le séparatisme hindou a joué son rôle dans la scission qui s'est produite entre le Congrès et la Ligue. Yinnah est un mauvais génie. Il s'imagine être un prophète.

— C'est un juriste.

— Vous n'êtes pas juste pour lui, Fischer. Je vous donne le témoignage des dix-huit jours de conversations que j'ai eues avec lui en 1944. Il se regarde vraiment comme le sauveur de l'Islam.

— Les musulmans sont riches de tempérament et d'esprit. Ils sont chaleureux et amicaux.

— Oui.

— Mais Yinnah est froid. C'est un homme subtil. Il plaide une affaire; il ne défend pas une cause.

— Je reconnais qu'il est subtil. Mais je ne le considère pas comme un trompeur. Il a ensorcelé les musulmans qui sont des gens d'esprit simples.

— Parfois je pense que la question hindo-musulmane consiste à trouver une place pour le nouveau musulman moyen dans une Inde qui n'est pas encore suffisamment développée. L'Inde est en effet trop peu développée pour faire place aux pauvres. Yinnah a conquis la classe moyenne parce qu'il l'a aidée à lutter avec la classe moyenne hindoue depuis plus longtemps établie. Maintenant, il édifie un pont entre le grand propriétaire et le paysan. C'est ce qu'il a fait avec le Pakistan.

— Vous avez raison. Mais Yinnah n'a pas conquis le paysan. Il essaie de le gagner. Le paysan n'a rien de commun avec le grand propriétaire et la classe moyenne. Les grands propriétaires écrasent les paysans. La liberté ne va pas jusqu'aux paysans. Même les électeurs britanniques ne sont pas au courant.

— Je crois qu'ils le sont. Ils sont mieux informés qu'ils ne l'ont jamais été.

— Comment le Congrès pourra-t-il avec son caractère hindou conquérir les musulmans?

— En un clin d'œil, s'il donne l'égalité aux intouchables. L'hindouisme doit s'améliorer lui-même. J'ai bon espoir. L'amélioration se fait peu à peu.

— Il me semble qu'il y a moins de contacts entre les hindous et les musulmans.

— Les contacts politiques entre les couches supérieures se sont effondrés...

— Yinnah m'a dit en 1942 que vous ne désiriez pas l'autonomie.

— Et qu'est-ce que je désire alors?

— Il m'a dit que vous désiriez la domination hindoue.

— Il est complètement dans l'erreur. C'est absurde. Je suis musulman, hindou, bouddhiste, chrétien, juif, parsi. Il ne me connaît pas, s'il dit que je ne veux pas l'autonomie. Il ne dit pas la vérité. Il parle comme un petit avocassier. Seul un maniaque recourt à de pareilles accusations... Je crois que la Ligue musulmane entrera à l'Assemblée constituante. Seuls les sikhs ont refusé. Ils sont têtus comme les juifs.

— Vous aussi vous êtes têtu.

— Moi?

— Vous êtes têtu, Gandhi. Vous êtes volontaire. Vous n'aimez que ce qui vous plaît. Vous êtes un dictateur de caractère aimable. » Cela souleva un rire général parmi les secrétaires et les disciples de Gandhi. Celui-ci s'y joignit de bon cœur.

« Dictateur? Mais je n'ai aucun pouvoir. Je n'ai pas modifié le Congrès. J'ai toute une liste de reproches à lui faire.

— Qu'avez-vous appris pendant vos dix-huit jours de conversations avec Yinnah?

— J'ai appris que c'était un fou furieux. Un fou furieux se calme parfois et devient raisonnable pour quelques instants. Je n'ai jamais regretté de m'entretenir avec lui. Je n'ai jamais été réfractaire à apprendre. Chacun de mes manquements a été une marche pour progresser. Je n'ai pu faire aucun progrès avec Yinnah parce que c'est un fou; mais un grand nombre de musulmans étaient mécontents de lui à cause de son attitude pendant nos conversations.

— Quelle est la solution?

— Yinnah devra travailler vingt-cinq années de plus.

— Il veut vivre aussi longtemps que vous.

— Dans ce cas-là, il faut qu'il vive cent vingt-cinq ans.

— Vous feriez mieux de ne pas mourir. Cela le tuerait, et c'est vous qui seriez son assassin. *(Rires.)* Il mourra un jour après vous.

— Yinnah est incorruptible et brave... Si Yinnah reste à l'écart de la Constituante, les Britanniques seront énergiques et nous laisseront élaborer notre plan tout seuls. Ils ne céderont pas à la brutalité de Yinnah. Churchill n'a pas cédé à Hitler.

— Les Britanniques ne cèdent pas à la force, mais ils cèdent à la rigueur des circonstances... »

Le lendemain, j'entendis Souchila Pie, une institutrice qui s'était jointe à l'état-major de Gandhi, chanter dans la pièce voisine. Quand elle sortit sur la véranda, je lui demandai pourquoi elle avait chanté.

« Parce que je suis heureuse, répondit-elle.

— Et pourquoi êtes-vous heureuse?

— Nous sommes heureux parce que nous sommes près de Bapou, me dit-elle.

Yaïprakach et moi partîmes ce jour-là pour Bombay; Prabhavati restait avec le Mahatma. Elle avait travaillé avec lui pendant de longues années. Les femmes de son entourage — miss Slade, Raykoumari Amrit Kaour, Souchila Nayyar, Prabhavati Narayan et d'autres — aimaient Gandhi, et lui aussi les aimait. C'était un rapport de père à fille d'une ardeur et d'une interdépendance inhabituelles. Miss Slade tomba plusieurs fois malade quand elle se trouva séparée de Bapou ou quand elle avait des inquiétudes au sujet de sa santé. Le sentiment qui l'unissait à lui a été l'une des relations platoniques de notre temps les plus dignes d'être notées. Il lui disait souvent : « Lorsque ce corps ne sera plus, il n'y aura plus de séparation; au contraire je serai plus près de vous. Le corps est un obstacle. »

Raykoumari et miss Slade lui baisaient la main; il leur caressait les joues. Il prétendait s'entourer de femmes pour prouver que s'il maîtrisait ses « désirs » ce n'était pas en évitant les femmes. Mais après le « rêve érotique » qu'il eut en 1936, il observa le silence pendant six semaines et ne posa la main pendant ce temps sur les épaules d'aucune femme. Il parla de ce rêve à ses secrétaires-femmes avant de le raconter dans *Haryian*. Il leur confiait ses pensées les plus intimes.

Quelques-unes de ses fidèles étaient jalouses lorsque Gandhi avait l'air de préférer l'une d'entre elles. Il s'en rendait compte et s'efforçait d'être impartial. Il prenait plaisir à leur société et à leur dévouement. Ne se mariaient-elles pas en raison de leur attachement, ou bien s'attachaient-elles à lui parce qu'elles ne voulaient pas se marier? Il serait fou de vouloir le deviner. L'une d'entre elles se maria, mais garda la continence. Toutes furent de vaillantes amazones dévouées à leurs idées.

Tagore, qui avait beaucoup d'affection pour Gandhi, a écrit à son sujet : « Il condamne la vie sexuelle comme incompatible avec le progrès moral de l'homme et a horreur des choses sexuelles, une horreur aussi grande que celle de l'auteur de la *Sonate à Kreutzer;* mais, différent en cela de Tolstoï, il n'abhorre pas le sexe s'il attire ses semblables. En réalité, sa tendresse pour la femme est un des traits les plus nobles et les plus solides de son caractère, et il compte parmi les femmes quelques-uns des plus fidèles et des meilleurs compagnons qu'il ait eus dans le mouvement qu'il dirige. »

Le 18 juillet, j'eus ma dernière conversation avec le Mahatma. Je lui dis tout d'abord :

« Si le comité exécutif avait répondu à vos « tâtonnements » ou à votre instinct, il aurait rejeté le projet de la mission du cabinet relatif à l'Assemblée constituante?

— Oui, mais je ne l'aurais pas laissé faire.

— Vous voulez dire que vous n'avez pas insisté?

— Plus encore. Je les ai empêchés de suivre mon instinct s'ils n'avaient pas le même sentiment que moi. Il est inutile de conjecturer ce qui serait arrivé. Le fait est au contraire que le Dr Rayendra Prasad m'a demandé : « Est-ce que votre instinct est si fort que vous nous dissuaderiez d'accepter des propositions à long terme, que nous vous comprenions ou non? » Je lui répondis : « Non. Obéissez à votre raison, car ma propre raison ne corrobore pas mon instinct. Mon instinct est en révolte contre ma raison. Je vous ai exposé mes doutes parce que je voulais être loyal à votre égard. Moi-même, je ne m'en suis pas rapporté à mon instinct, sinon quand ma raison le confirmait.

— Pourtant vous m'avez dit que vous suiviez votre instinct lorsqu'il vous parlait dans certains cas, par exemple avant certains jeûnes.

— Oui, mais, même dans ces cas-là, ma raison se manifestait avant le commencement du jeûne...

— Alors, pourquoi laissez-vous votre instinct intervenir dans la situation politique actuelle?

— Je ne l'ai pas fait. Mais j'ai été loyal. J'ai voulu garder confiance en la loyauté de la mission du cabinet. C'est ainsi que j'ai dit à la mission du cabinet que j'avais des inquiétudes. « Supposons, me disais-je à moi-même, qu'ils aient de mauvaises intentions, ils en auraient honte. Ils se diraient : Il prétend que c'est son instinct qui lui inspire cela, mais nous en connaissons la raison. Leur mauvaise conscience les aiguillonnera. »

— Cela n'a pas été le cas. Est-ce que cela signifie que les intentions de la mission étaient honnêtes?

— Je ne retire rien du certificat que je leur ai donné à l'origine...

— Vous êtes fortement partisan de la constitution maintenant, parce que vous avez peur de la violence?

— Je dis que nous devons nous rendre à l'Assemblée et travailler à la constitution. Si les Britanniques sont déloyaux, on s'en apercevra. Ce n'est pas nous qui y perdrons, mais eux-mêmes et l'humanité.

— Je pense que vous craignez l'esprit de l'armée nationale indienne et de Soubhas Chandra Bose (le héros qui se rendit en Allemagne et au Japon pendant la deuxième guerre mondiale). Il est très répandu. Il a conquis l'imagination de la jeunesse. Vous vous en rendez compte, et vous avez peur de cette manière d'être. La jeune génération fait de l'Inde le centre de tout.

— Non, il n'a pas conquis l'imagination du pays. C'est une formule trop large, mais une partie de la jeunesse et des femmes sont derrière lui... Le Tout-Puissant a gardé la douceur pour l'Inde. « Le doux hindou » s'emploie comme terme de reproche. Mais, moi, je le prends comme un titre d'honneur de même que « le fakir nu » de Churchill. Je me le suis approprié comme un compliment et ai même écrit à Churchill à ce sujet. Je lui ai dit que je voudrais bien être un fakir nu, mais que je ne l'étais pas encore.

— Vous a-t-il répondu?

— Oui, il m'a accusé réception de ma lettre en termes courtois, par le truchement du vice-roi. Mais, pour résumer... Les femmes simples, et que la civilisation n'a ni touchées ni corrompues, comme l'on dit, sont avec moi.

— Mais vous admirez Bose. Vous croyez qu'il est vivant. (On avait raconté qu'il avait été tué au cours d'un accident d'aviation.)

— Je ne fais rien pour encourager la légende de Bose. Je n'ai pas été d'accord avec lui. Je ne crois pas qu'il soit vivant. Mon instinct m'a fait croire le contraire un certain temps parce qu'il a fait de lui-même un Robin des bois légendaire.

— Mon opinion est celle-ci : Bose s'est rendu en Allemagne et au Japon, ces deux contrées fascistes. S'il était favorable au fascisme, vous ne pouvez pas avoir de sympathie pour lui. Si c'était un patriote et s'il a cru que l'Inde pouvait être sauvée par l'Allemagne ou le Japon, tout particulièrement en 1944, il a été stupide, et des hommes d'État n'ont pas le droit d'être stupides.

— Vous avez une haute opinion des hommes d'État. Un grand nombre d'entre eux sont stupides... J'ai à lutter contre de lourdes probabilités... Il y a une sorte active de violence contre laquelle il faut combattre, et je le fais à ma manière. J'ai une foi absolue que c'est un reste du passé qui s'anéantira par lui-même avec le temps... Cela ne peut pas subsister. C'est tellement contraire à l'esprit de l'Inde. Mais à quoi sert de parler? Je crois en une insondable providence qui veille sur nos destinées, appelez-la Dieu ou de tout autre nom qu'il vous plaira [1]. »

1. Ce chapitre a été rédigé à l'aide de notes copieuses prises après chaque entretien. Cependant, à Panchgani, les annotations de mon « journal » étaient insuffisantes et j'ai dû me servir des notes prises par Pyarélal et Souchila Nayyar pendant la conversation. Je me suis servi aussi de lettres que j'avais écrites de l'Inde à ma femme, à mes deux fils et à des amis. J'ai relu *Nehrou on Gandhi, a Selection, arranged in Order of Events, from the Writings and Speeches of Jawaharlal Nehrou* (New-York, The John Day Co., 1948). J'ai eu de longues conversations sur le Mahatma avec Raykoumari Amrit Kaour, Prabhavati Narayan et d'autres disciples de Gandhi, hommes ou femmes.

Mr. Yinnah est mort en septembre 1948.

CHAPITRE XLIII

LE PROGRÈS DU PÈLERIN

LE Congrès refusa de participer au gouvernement provisoire parce que, sur les instances de Yinnah, lord Wavell lui avait refusé de l'autoriser à nommer un musulman à un des postes officiels. En réalité, Wavell avait proclamé publiquement que la composition du gouvernement intérimaire ne devait pas constituer un précédent. Le Congrès craignait que cela ne le fît et refusa énergiquement d'admettre que Yinnah eût le droit d'opposer son veto à la nomination dans le cabinet d'un musulman membre du Congrès.

En conséquence, Wavell demanda de nouveau au Congrès et à la Ligue de lui soumettre des listes de candidats aux postes du gouvernement, mais, par déférence pour le Congrès, souligna qu'aucun des partis ne pourrait s'opposer aux nominations faites par l'autre. En suite de quoi, Yinnah déclina l'invitation à participer au gouvernement provisoire. Le 12 août 1946, Wavell chargea Nehrou de former le gouvernement. Nehrou alla voir Yinnah et lui offrit pour la Ligue musulmane une série de postes ministériels. Yinnah refusa. Nehrou forma donc un gouvernement composé de six membres du Congrès, dont cinq étaient des hindous de caste et un *haryian*, et en outre, un chrétien, un sikh, un parsi et deux musulmans ne faisant pas partie de la Ligue. Wavell annonça que la Ligue avait la possibilité de faire entrer cinq de ses membres au gouvernement provisoire. Yinnah ne réagit aucunement.

La Ligue proclama que le 16 août serait « jour d'action directe ». De terribles émeutes qui durèrent quatre jours éclatèrent à Calcutta. « Des calculs officiels, écrivait lord Pethick-Lawrence, évaluent les morts et les blessés à cinq mille morts environ et quinze mille blessés; les calculs non officiels sont encore plus élevés [1]. »

Le 2 septembre, Nehrou devint premier ministre de l'Inde. « Nos représentants et nos chefs ont pénétré dans la citadelle du pouvoir », déclara J. B. Kripalani, nouveau président du Congrès.

Gandhi vivait, le 2 septembre, dans le quartier des intouchables de New-Delhi. Il se leva de très bonne heure ce matin-là et écrivit une lettre à Nehrou quant aux devoirs du nouveau gouvernement. C'était là, dit-il à l'assemblée réunie pour la prière du soir, un jour marqué d'une initiale rouge dans l'histoire de l'Inde, et il se sentait reconnaissant aux Britanniques, sans éprouver toutefois de l'allégresse. « Bientôt, plus tôt que plus tard, le pouvoir complet sera entre vos mains, promit-il à ses auditeurs, si le pandit Nehrou, votre roi non couronné et votre premier ministre, ainsi que ses collègues, jouent bien leur rôle. » Les musulmans, continua Gandhi, étaient les frères des hindous, même s'ils n'étaient pas encore au gouvernement; et un frère ne rend pas le mal pour le mal.

Mais Yinnah proclama le 9 septembre comme jour de deuil et donna aux musulmans l'ordre d'arborer le drapeau noir. Le lendemain, à Bombay, Yinnah déclarait : « Les Russes ont le droit de s'intéresser plus que comme spectateurs aux affaires de l'Inde, étant donné qu'ils ne sont pas très éloignés de notre pays. »

Sir Firoz Khan Noon, grand propriétaire foncier du Pundjab et l'un des dirigeants de la Ligue musulmane, avait parlé dans le même sens. « Si notre destin est de combattre, affirmait-il, et si nous sommes vaincus, la seule direction à prendre pour les musulmans est celle de la Russie. »

Gandhi ne se trompait pas sur ces indications. « Nous ne sommes pas encore en pleine guerre civile, déclarait-il le 9 septembre, mais nous nous en rapprochons. » Des coups de feu et des bastonnades eurent lieu à Bombay pendant tout le mois de septembre. Pour un musulman un drapeau noir était la même chose qu'un drapeau rouge pour un hindou. Les troubles s'étendirent au Pundjab. Les actes de violence bouleversèrent le Bengale et le pays de Bihar.

---

1. Cette citation de Pethick-Lawrence est tirée du *Mahatma Gandhi* de Polak, Brailsford et Pethick-Lawrence.

La Ligue musulmane annonça qu'elle s'abstiendrait de participer à l'Assemblée constituante.

Alarmé par l'état de désordre dans lequel se trouvait la nation, Wavell redoubla ses efforts pour amener la Ligue à participer au nouveau gouvernement. Yinnah y consentit enfin et nomma quatre membres de la Ligue musulmane et un intouchable opposé à Gandhi. La Ligue s'était toujours présentée comme un corps religieux représentant les musulmans de l'Inde. Pourquoi donc avait-elle nommé un intouchable, un hindou? Evidemment, pour contrarier le Congrès et les hindous de caste. C'était un mauvais augure pour le nouveau gouvernement. Et, de fait, Naouabzada Liaqouat Ali Khan, ministre des Finances et principal porte-parole de la Ligue au gouvernement, annonça que lui et ses collègues ne reconnaissaient pas ce gouvernement comme un gouvernement de coalition et n'éprouvaient pas le besoin de collaborer avec Nehrou et les autres ministres du Congrès. Le gouvernement était une maison divisée... par la religion.

Chaque jour, Gandhi prêchait contre l'état de violence constante entre les deux collectivités. « Quelques-uns, disait-il, se réjouissent de constater que les hindous sont maintenant assez forts pour tuer à leur tour ceux qui essayaient de les tuer. Je préférerais de beaucoup voir les hindous mourir sans avoir exercé de représailles. »

La plupart des ministres du Congrès et un grand nombre de leurs collaborateurs, ainsi que des fonctionnaires de province, venaient souvent rendre visite à Gandhi dans sa chaumière du quartier *haryian*, afin de lui demander ses avis et son approbation. Gandhi était un « super-premier ministre ».

Le feu constant de la querelle entre hindous et musulmans ne lui laissait aucun repos. Pourtant sa foi aux hommes subsistait. « A Bombay, l'autre jour, écrivait-il le 15 octobre, un hindou donna asile à un ami musulman. Cela mit en fureur la populace hindoue qui réclamait la tête du musulman. Mais l'hindou ne voulut pas livrer son ami. Ainsi périrent-ils tous deux dans un embrassement mortel. C'est ainsi que cela m'a été décrit de source authentique. Ce n'est pas le premier cas de chevalerie au milieu de la rage folle. Pendant le bain de sang qui a eu lieu récemment à Calcutta, des musulmans ont, à ce que l'on raconte, protégé au péril de leur vie des amis hindous et *vice versa*. L'humanité disparaîtrait s'il n'y avait pas de temps à autre et un peu partout le spectacle du divin qui est dans l'homme. »

Gandhi était dès lors à la recherche de ce divin qui est dans l'homme.

Des attaques fréquentes contre les hindous avaient eu lieu au mois d'octobre dans les régions lointaines de l'est du Bengale, le Noakhali et le Tippera, contrées rurales, tandis que l'amitié l'avait emporté dans les villages de l'Inde. Si dès lors une collectivité détestée envahissait la campagne cela pouvait causer la destruction du pays. Gandhi décida de se rendre sur la scène des troubles. S'il n'arrivait pas à arrêter la violence, la vie n'aurait plus d'agrément pour lui. Ses amis essayèrent de l'en dissuader. Sa santé était médiocre. Les membres du Congrès faisant partie du gouvernement réclamaient sa présence. «Tout ce que je sais, répondit-il, c'est que je n'aurai pas la paix avec moi-même si je n'y vais pas. » Il doutait d'arriver à quelque chose. Mais il devait essayer. Il pria qu'on ne vînt pas le saluer à la gare ni lui demander sa bénédiction. Il n'était pas d'humeur à cela.

On y vint en foule. Le gouvernement lui accorda un train spécial (les Britanniques en avaient fait autant), car lorsqu'il prenait l'express régulier les multitudes qui voulaient jeter un regard sur lui arrêtaient le train pendant des heures et bouleversaient tous les horaires. Dans les grandes villes où le train spécial faisait halte, des foules immenses assiégeaient les gares terminus et s'égaillaient sur les voies. Elles gravissaient le toit des gares, brisaient les vitres des fenêtres et les volets de bois et faisaient un vacarme à casser les oreilles. Parfois le chef de train donnait le signal du départ, mais quelqu'un tirait énergiquement la sonnette d'alarme et le train s'arrêtait brusquement. Dans une gare les employés du chemin de fer dirigèrent sur la foule la pompe à incendie, mais l'eau inonda le compartiment de Gandhi. Il arriva à Calcutta avec cinq heures de retard, las du bruit et de l'agitation et de mauvaise humeur.

Le jour où il partit de New-Delhi, trente-deux personnes furent tuées au cours d'une émeute entre adeptes de différentes religions à Calcutta; des renforts militaires entrèrent en scène. La police et la troupe restèrent sur pied nuit et jour pour disperser les bandes de voyous qui s'attaquaient les unes les autres avec des bombes au pétrole, des briques et des bouteilles d'eau minérale. Le lendemain de son arrivée à Calcutta, Gandhi fit une courte visite de politesse au gouverneur britannique, Sir Frederick Burrows, et une visite plus longue à Mr. H. S. Souhraouardi, premier ministre musulman de la province du

Bengale. Le lendemain, 31 octobre, il vit de nouveau Souhraouardi et, ensemble, ils déambulèrent à travers les rues abandonnées et couvertes de deux pieds d'immondices non ramassées;
ils virent de nombreuses rangées de magasins et de maisons
mis au pillage au cours des émeutes récentes et au cours de celles
du mois d'août. Gandhi raconte lui-même qu'il fut accablé
« d'un sentiment déprimant en voyant cette folie de la foule
qui peut transformer l'homme en quelque chose d'inférieur
aux animaux sauvages ». Malgré cela, il restait optimiste; il
pensait que les citoyens de Calcutta commençaient à être
écœurés de leurs ignobles excès.

Il se rendit à Noakhali, cette contrée rurale où les musulmans avaient tué des hindous, converti par la force des hindous
à l'Islam, enlevé des femmes hindoues et incendié des temples
et des maisons hindous[1]. « C'est le cri des femmes outragées qui
m'a péremptoirement appelé à Noakhali, dit-il au cours de la
réunion matinale de prières... Je ne quitterai pas le Bengale
avant que soient écrasées les dernières braises de troubles.
Je peux rester ici un an ou plus. S'il le faut, je mourrai ici.
Mais je ne veux pas consentir à un échec. Si le seul effet de ma
présence en chair et en os est d'amener les gens à un espoir
et à une attente que je ne puisse justifier en rien, il vaudrait
beaucoup mieux que mes yeux se fermassent dans la mort. »

Bien des membres de l'assemblée essuyaient les larmes qui
coulaient de leurs paupières.

Mais des malheurs plus grands étaient réservés au triste
Mahatma. Dans la province voisine de Bihar, qui compte
31 millions d'hindous contre 5 millions de musulmans, les événements de Noakhali et de Tippera avaient enflammé la collectivité la plus nombreuse. Le 25 octobre fut déclaré « journée de
Noakhali ». Des discours prononcés par des membres du Congrès
et les manchettes sensationnelles des journaux excitèrent les
hindous jusqu'à la fureur, et des milliers se mirent à parcourir
les rues et les routes de la campagne en criant: «Sang pour sang!»

1. La principale source d'informations concernant la tournée de Gandhi à
travers le Noakhali est *Haryian*, qui a publié ses comptes rendus journaliers
avec une carte. J'ai trouvé d'autres matériaux déjà publiés dans *The Pil-
grim of Noakhali, a Souvenir Album of Gandhiji's Peace Mission to Noakhali*, par le photographe Braya Kichore Sinha, avec un texte rédigé par
lui-même (Calcutta, 1948). J'ai eu également de longues conversations avec
deux personnes y ayant pris part : Mrs. Souchéta Kripalani et la D^{resse} Souchila Nayyar. Le rapport confidentiel envoyé de New-Delhi, le 16 février
1947, par Phillips Talbot, à l'Institute of Current Affairs de New-York, est
d'une valeur inestimable en raison des appréciations sensées qui s'y trouvent
de la part d'un « outsider » doué de bon sens.

La semaine suivante, « le nombre des personnages officiels assassinés par les émeutiers » s'élevait, suivant le correspondant à Delhi du *Times* de Londres, à 4.580; plus tard, Gandhi estima que ce total était de plus de 10.000. C'étaient en majorité des musulmans.

La nouvelle des atrocités de Bihar atteignit Gandhi à Calcutta et le remplit de chagrin. Il adressa un manifeste aux habitants de Bihar : « Le Bihar de mes rêves semble les avoir démentis. Les méfaits des hindous de Bihar peuvent justifier l'injure de Qaid-e-Azam Yinnah disant que le Congrès est une organisation hindoue bien qu'il se targue de compter dans ses rangs quelques sikhs, des musulmans, des chrétiens, des parsis et d'autres... Que Bihar qui a tant fait pour accroître le prestige du Congrès ne soit pas la première à creuser son tombeau! »

Comme pénitence, Gandhi annonça qu'il allait « se mettre au régime le plus sévère » qui se transformerait en « un jeûne jusqu'à la mort si les habitants de Bihar qui ont failli ne veulent pas commencer une nouvelle page ».

Nehrou et Patel, et Liaqouat Ali Khan et Abdour Rab Nichtar, deux musulmans qui faisaient partie du gouvernement provisoire, s'attendant à ce qu'on vengeât au Bengale les atrocités de Bihar, se rendirent par la voie aérienne de Delhi à Calcutta. Lord Wavell s'y rendit également. La cérémonie sacrée islamique de l'Id approchait, au cours de laquelle les musulmans pouvaient s'élever à la ferveur et à la frénésie. Les ministres lancèrent un appel au peuple pour l'exhorter au calme. Des patrouilles de soldats parcouraient la ville et la campagne.

Nehrou et Patel prièrent Gandhi de ne pas jeûner jusqu'à la mort; eux et la nation avaient besoin de lui.

De Calcutta, les quatre ministres prirent leur vol vers Bihar. Rendu furieux par ce qu'il voyait et entendait, le premier ministre Nehrou menaça de bombarder Bihar par la voie des airs si les hindous n'arrêtaient pas leurs massacres. « Mais, fit observer Gandhi, c'était là la méthode britannique. Mettre fin aux émeutes avec l'appui des militaires, ce serait supprimer la liberté de l'Inde. Et puis, que ferait le cher Pandit si le Congrès perdait son autorité sur le peuple? »

Nehrou annonça qu'il resterait à Bihar jusqu'à ce que la province eût retrouvé son calme. Le 5 novembre, Gandhi lui envoya une lettre où il disait : « Les nouvelles reçues de Bihar m'ont bouleversé... Si seulement la moitié de ce qu'on entend dire est vrai, cela démontre que Bihar a perdu le sens de l'humanité... Ma voix intérieure me dit : Tu n'as pas le droit de vivre pour être témoin de ce massacre insensé... Est-ce que cela ne signifie pas que tes jours sont finis?... La logique de cet argument me pousse irrésistiblement à un jeûne. »

La fête de l'Id se passa dans le calme à Calcutta et ailleurs. Des messages rassurants parvinrent à Gandhi, de Bihar. Son devoir était à Noakhali où des hindous épouvantés fuyaient devant la violence des musulmans. La peur est l'ennemie de la liberté et de la démocratie. Le courage sans violence est l'antidote de la violence. Gandhi voulait enseigner aux hindous de Noakhali le courage en se montrant courageux avec eux. Chose également importante, Gandhi désirait savoir s'il pouvait influencer les musulmans. S'ils étaient inaccessibles à l'esprit de non-violence et de non-représailles et de fraternité, comment pouvaient-ils constituer une Inde libre et unie?

« Supposez qu'on me tue, disait Gandhi, vous ne gagnerez rien à tuer quelqu'un aux fins de représailles. Et puis réfléchissez bien, qui peut tuer Gandhi sinon Gandhi lui-même? Personne ne peut détruire l'âme. »

Pensait-il qu'un musulman pourrait l'assassiner à Noakhali et que les hindous, en revanche, massacreraient les musulmans dans l'Inde tout entière?

L'impulsion qui le poussait à Noakhali était irrésistible. Il renonça à l'idée de jeûner à Bihar.

Il quitta Calcutta le 6 novembre au matin. Noakhali est l'une des contrées accessibles de l'Inde les plus éloignées. Elle se trouve dans le delta formé par les eaux du Gange et du Brahmapoutre. Les transports et la vie quotidienne y sont très difficiles. Bien des villages ne peuvent être atteints qu'au moyen d'une barque à rames. Même le chariot traîné par des bœufs, symbole de l'Inde retardataire, ne peut passer par les routes de ce district. Phillips Talbot, correspondant de l'*Institute of Current Affairs* de New-York, mit quatre jours, en voyageant par le chemin de fer, le bateau à vapeur, la bicyclette, un bac poussé à la gaffe et à pied, pour se rendre de Calcutta à un groupe d'habitations où le Mahatma avait établi son campement. Cette région, de 40 milles carrés, a une population très dense : 2.500.000 habitants, dont 80 % appartiennent à la religion musulmane. Elle était déchirée par les discordes civiles et plongée dans la haine religieuse. Plusieurs villages avaient été ruinés.

Gandhi accepta délibérément le défi que lui lançait au physique et au moral cette région éloignée. Mois après mois, il s'acharna. « Ma mission actuelle, écrivait-il de Noakhali le 5 dé-

cembre, est la plus difficile et la plus compliquée de toute ma
vie... Je suis préparé à toute éventualité. *Agis ou meurs!* telle
est la devise qu'il convient de placer ici. *Agis* signifie dans
le cas présent enseigner aux hindous et aux musulmans à vivre
ensemble en paix et en amitié. Sinon, je devrais *mourir* pour
l'avoir tenté. »

Plusieurs ministres du gouvernement du Bengale et un groupe
de secrétaires et d'aides de Gandhi l'avaient accompagné à
Noakhali. Il dispersa ses disciples à travers les villages et resta
seul avec le professeur Nirmal Bose, son interprète de bengali,
Parasouram, sa sténographe habituelle, et Manou Gandhi. Il
déclara qu'il préparerait lui-même sa nourriture et se masse-
rait lui-même. Ses amis protestèrent, disant qu'il avait besoin
de la protection de la police contre les musulmans. Ils lui dirent
que son médecin, Souchila Nayyar, devait rester auprès de
lui. Non. Elle et son frère Pyarélal et Souchéta Kripalani et
même la jeune Abha, épouse de Kanou Gandhi, et Kanou
lui-même, durent se fixer séparément dans un village, souvent
hostile et isolé, et par leur exemple et leur amour, le détourner
des moyens de violence.

Gandhi séjourna dans quarante-neuf villages au cours de
son pèlerinage à Noakhali. Il se levait à 4 heures du matin,
faisait pieds nus trois ou quatre milles jusqu'à un village, y
restait un, deux ou trois jours à s'entretenir avec les habitants
ou en conversations ou en prières incessantes; puis, il se rendait
au village voisin. Arrivé dans une localité, il allait à la chaumière d'un paysan, de préférence à celle d'un musulman, et
demandait à y être hébergé avec ses compagnons. Si on lui
refusait, il s'adressait à la chaumière voisine. Il vivait des
fruits et légumes du lieu et de lait de chèvre, s'il pouvait en
trouver. Telle fut sa vie du 7 novembre 1946 au 2 mars 1947.
Il venait juste d'atteindre son soixante-dix-septième anniversaire.

Le plus pénible était la marche. Gandhi avait des engelures.
Mais il était rare qu'il portât des sandales. Les troubles de Noakhali s'étaient produits parce qu'il n'avait pas réussi à guérir
le peuple de la violence. C'était donc un pèlerinage d'expiation;
et, dans un tel cas, le pèlerin ne portait pas de chaussures.
Parfois des individus hostiles semaient sur sa route des débris
de verre, des ronces, des immondices. Il ne leur en faisait aucun
reproche : ils avaient été égarés par leurs chefs politiques. En
maint endroit, la marche nécessitait qu'il passât des ponts cons-
truits sur des terrains bas et marécageux. Ces ponts étaient

fixés sur des supports en bambou souvent de dix à quinze pieds et formés de quatre ou cinq tiges de bambou de quatre pouces de diamètre liées ensemble au moyen de fibres de jute ou de lianes. Ces constructions grossières et branlantes avaient parfois une main courante pour s'y appuyer, souvent même rien. Une fois, Gandhi fit un faux pas et un peu plus serait tombé tout en bas dans la vase; pourtant, il réussit à reprendre son équilibre. Pour devenir habile et intrépide dans de tels passages, il s'exerçait, partout où il le pouvait, sur des ponts à quelques pouces au-dessus du sol.

Mr. Arthur Henderson déclara le 4 novembre 1946 à la Chambre des Communes que les morts à Noakhali et dans le district voisin de Tippera n'avaient pas encore été comptés, mais que, d'après les estimations leur nombre « devait s'élever, sans exagération, au moins à un nombre de trois chiffres ». Le gouvernement du Bengale fixa à 218 le total des tués et blessés; mais certaines familles, par peur, cachèrent leurs victimes. Plus de 10.000 maisons furent pillées dans les deux districts. A Tippera, 9.895 personnes furent converties par force à l'Islam; à Noakhali les chiffres inexacts fournis permettent de supposer que le nombre des « convertis » fut plus considérable. Des milliers de femmes hindoues furent enlevées et mariées contre leur gré à des islamites. Gandhi fut très éprouvé par ces conversions et ces enlèvements.

Pour convertir les femmes hindoues, les musulmans brisaient leurs anneaux et effaçaient la « marque de félicité » sur leur front indiquant qu'elles n'étaient point veuves. Les hommes étaient contraints à porter la barbe, à enrouler leur pagne à la manière musulmane et non à la manière hindoue et à réciter le Coran. Les idoles de pierre furent détruites et les temples hindous profanés. Chose pire encore, les hindous furent obligés à tuer leurs vaches s'ils en avaient et, en tout cas, à manger de la viande. On avait le sentiment que la collectivité hindoue n'accepterait pas de reprendre dans son sein quelqu'un qui aurait tué une bête sacrée ou mangé de sa chair.

Pour commencer, certains des compagnons de Gandhi lui suggérèrent d'insister auprès des hindous pour qu'ils abandonnassent les contrées en question et se fixassent dans d'autres provinces. Il repoussa passionnément cette attitude défaitiste. Échanger les populations aurait été reconnaître qu'il était impossible de former une Inde unie. De plus, cela aurait annulé un des principes de base de la foi de Gandhi, à savoir qu'il existe une affinité ou que l'on peut l'établir facilement entre des gens qui sont différents ou qui se croient différents. L'amour et la tolérance entre ceux qui ne se ressemblent pas sont des vertus plus grandes que l'amour et la tolérance entre gens qui se ressemblent.

Après avoir étudié la question à Noakhali, Gandhi décida qu'il était nécessaire de choisir dans chaque village un musulman et un hindou pour garantir la sécurité de tous les habitants de ce village et mourir s'il le fallait pour les défendre. Dans ce but, il s'entretint avec des membres des deux collectivités religieuses. Il était assis un jour sur le sol d'une chaumière, au milieu d'un groupe de musulmans, et conversait avec eux sur les beautés de la non-violence, lorsque Souchéta Kripalani lui passa une note indiquant que l'homme à sa droite avait tué un certain nombre d'hindous au cours des émeutes récentes. Gandhi sourit doucement et continua sa conversation. A moins de pendre le meurtrier — et Gandhi n'était pas partisan de la pendaison — vous devez essayer de le guérir par la bonté. Si vous l'emprisonnez, il y en aura d'autres. Gandhi savait qu'il avait affaire à une maladie sociale : ce n'était pas la suppression d'un ou de plusieurs individus qui pourrait la faire disparaître. Les criminels qui craignaient d'être punis resteraient sur la grand-route et répéteraient leurs crimes. Gandhi leur pardonnait donc, il le leur disait, et disait aux hindous de leur pardonner. Bien plus, il leur disait qu'il était coupable comme eux parce qu'il n'avait pas réussi à supprimer l'antagonisme entre les hindous et les musulmans.

Le monde est plein de tels antagonismes et l'individu ordinaire est leur victime aussi bien que leur acteur. « Mais je vous le dis : aimez vos ennemis, bénissez ceux qui vous maudissent, faites du bien à ceux qui vous haïssent et priez pour ceux qui vous traitent avec mépris et vous persécutent... Car si vous aimez ceux qui vous aiment, quelle récompense méritez-vous? » Ainsi parlait Jésus. Ainsi vivait Gandhi.

Plusieurs générations en arrière, les ancêtres de certains musulmans de Noakhali à qui Gandhi faisait appel avaient été hindous et convertis de force au Coran par l'épée. Ou bien ils gardaient quelque chose du tempérament hindou ou bien la méthode de Gandhi était applicable partout. Dans un village par exemple où Gandhi avait envoyé une de ses jeunes auxiliaires musulmanes, miss Amtous Salam, elle constata que les musulmans continuaient à maltraiter leurs voisins hindous. « Suivant la tradition de Gandhi, raconte Phillips Talbot, elle décida de ne pas manger jusqu'à ce que les musulmans eussent restitué une épée de sacrifice qui avait été dérobée dans la maison d'un hindou au cours des émeutes d'octobre. Or, un jeûne exerce une pression sociale considérable sur son objet, ainsi que les Indiens le savent depuis longtemps. On ne retrouva pas l'épée. Peut-être avait-elle été jetée dans un étang. Quoi qu'il en eût été, les habitants musulmans devenus nerveux étaient à peu près disposés à tout accorder lorsque Gandhi arriva dans ce village le vingt-cinquième jour du jeûne de miss Salam. Le médecin déclara que la vie de celle-ci était en danger. Après des heures de discussion (que Gandhi conduisit avec autant de sérieux que s'il s'était agi de négociations avec une délégation du cabinet britannique) le Mahatma réussit à convaincre les chefs du village de signer un engagement par lequel ils promettaient de ne plus jamais molester les hindous. »

Gandhi leur expliqua que le retour de l'épée aurait symbolisé l'amitié.

Gandhi et ses compagnons travaillaient contre des difficultés considérables. Au début de sa tournée, les musulmans assistaient en masse à ses réunions de prières. Mais les politiciens de Calcutta désapprouvèrent cette attitude. Et les prêtres mahométans invectivèrent contre elle. Ils accusaient le Mahatma de pervertir les croyants. Parfois Gandhi interrompait son office pour permettre aux musulmans de se retirer provisoirement au bord afin de se tourner vers La Mecque et de dire leurs prières. Il avait pour les musulmans un penchant que n'approuvaient ni les musulmans politiques ni les musulmans religieux.

Dans ces réunions, Gandhi parlait en hindoustani. Puis un interprète traduisait son allocution en bengali. Gandhi restait assis sur l'estrade pendant la traduction et prenait des notes sur son propre texte qu'il destinait à être publié. « Certains musulmans craignaient qu'il ne fût venu pour les supprimer. Il put leur donner l'assurance qu'il n'avait jamais supprimé personne pendant toute sa vie. »

« J'ai dit à nos gens, expliqua-t-il dans une interview, de ne pas se fier à l'aide des soldats ou de la police. Vous devez maintenir la démocratie et celle-ci ne saurait subsister si l'on est sous la dépendance de l'armée et de la police. » Il voulait rétablir le sens de la sécurité populaire en changeant les esprits. « Pour moi, disait-il à un ami, si cela se réalise, ce sera le couronnement de ma vie... Je ne désire pas m'éloigner du Bengale comme un défaitiste. Je préférerais mourir, s'il le fallait, de la main d'un assassin. »

Parfois, ses collaborateurs les plus intimes étaient effrayés de ce qui pouvait lui arriver dans ces villages lointains. « Vous ne devez pas vous exposer au danger sans nécessité, leur enseignait-il, mais faire face sans sourciller à tout ce qui est la conséquence des événements naturels. »

Le 6 janvier, jour de silence de Gandhi, son allocution fut lue à la réunion de prières tandis que lui-même, assis, écoutait et soulignait de ses gestes ce qui était dit. Ils étaient dans le petit village de Chandipour et il expliquait pourquoi il était là. « Je n'ai qu'un but en vue et il est très net : la purification par Dieu des cœurs des hindous et des musulmans, afin que ces deux collectivités soient libérées de se soupçonner et de se craindre l'une l'autre. Je vous en prie, joignez-vous à moi dans cette prière et proclamez que Dieu est le Seigneur de nous tous et demandez-Lui le succès. »

Pourquoi avait-il dû faire un si long chemin pour cela? « Ma réponse est que, pendant cette tournée, je désire assurer les villageois du mieux que je peux que je n'ai pas la moindre hostilité à l'égard d'aucun d'entre eux. Je ne peux le prouver qu'en vivant et en me déplaçant parmi ceux qui se méfient de moi. »

Dans ce village, Gandhi reçut la nouvelle que les hindous qui s'étaient enfuis pendant les émeutes commençaient à revenir. D'autre part, le nombre de ceux qui assistaient aux réunions de prières diminuait. Mais, écrivait Gandhi en faisant le compte rendu de son propre discours, il a dit que, même pour cela, il n'y avait pour lui aucune raison d'abandonner sa mission par désespoir. Il s'en irait à l'aventure de village en village avec son rouet. C'était là un acte de service divin.

Le 17 janvier, les journaux annoncèrent que pendant les six jours précédents Gandhi avait travaillé chaque jour vingt heures sur vingt-quatre. Il avait passé chaque journée dans un village différent, et les gens affluaient à sa chaumière pour lui demander son avis, en obtenir du réconfort et se confesser à lui.

A Narayanpour, un musulman lui offrit un gîte pour la nuit et sa nourriture pendant la journée. Gandhi le remercia publiquement. Des cas d'hospitalité de ce genre devenaient de plus en plus fréquents.

Son hôte lui demanda pourquoi il ne se mettait pas d'accord avec Yinnah au lieu de se soumettre à un pèlerinage aussi pénible. Gandhi lui répondit que les chefs étaient faits par leurs disciples. Les gens n'avaient qu'à établir la paix entre eux et « alors, leur désir de vivre en paix avec leurs voisins serait reflété par leurs chefs... Si un de leurs voisins était malade courraient-ils demander au Congrès ou à la Ligue ce qu'ils devaient faire? »

On demanda à Gandhi si l'instruction ne suffirait pas. Il estimait que cela ne suffirait pas. Les Allemands étaient instruits et pourtant ils ont obéi à Hitler. « Ce n'est ni l'instruction ni l'étude qui font un homme, affirma Gandhi, mais la préparation à la vie réelle. A quoi cela leur servirait-il de savoir toutes choses mais d'ignorer la façon de vivre dans la fraternité avec leurs voisins? »

« S'il s'agissait pour vous de choisir entre votre propre vie et celle de votre agresseur, que feriez-vous?

— Il n'y a pour moi aucune hésitation, répondit Gandhi. C'est la première que je sacrifierais. »

Cinq mille personnes vinrent assister à cette réunion de prières, le 22 janvier, dans le village de Paniala où, quelques semaines plus tôt, un grand banquet avait eu lieu réunissant côte à côte des hindous, des musulmans et des intouchables.

« Quel est à votre avis la cause des émeutes dans les communes? demanda quelqu'un.

— La stupidité des deux collectivités », répondit-il.

La réunion de prières à Mouraïm, le 24 janvier, fut la plus nombreuse de tout le pèlerinage. Gandhi attribua ce fait au jeûne réussi de miss Amtous Salam, qui était une musulmane pieuse et membre de l'*ashram* de Gandhi.

« Que doit faire une femme lorsqu'elle est attaquée? demandat-on à Gandhi le 27 janvier à Palla. Doit-elle se suicider?

— Se soumettre n'existe pas dans ma conception de la vie, répondit le Mahatma. Elle devrait plutôt se suicider que se soumettre.

— Devrait-elle porter sur soi du poison ou un poignard?

— Ce n'est pas à moi de lui prescrire les moyens. Et, derrière l'approbation que je donne au suicide en de telles circonstances, subsiste la croyance que quelqu'un dont l'esprit est prêt même au suicide aura le courage nécessaire pour une telle résistance morale, et une telle pureté de cœur que l'assaillant s'en trouvera désarmé. »

Quatre jeunes musulmans vinrent à Gandhi dans sa chaumière pour échanger des idées avec lui. Leur visite lui causa de la joie : il cherchait à entrer en contact intime avec les gens. Il leur dit, en passant, que le nombre des assassinats commis par des musulmans sur des hindous à Noakhali avait été exagéré; il ne s'agissait pas de milliers. Les hindous s'étaient conduits beaucoup plus mal à Bihar.

Au village de Srinagar, le 5 février, les volontaires avaient installé une plate-forme et un divan. Gandhi les réprimanda : c'était, leur dit-il, une perte de temps et d'argent inutile. « Tout ce dont j'ai besoin, c'est d'un siège élevé avec quelque chose de propre et de souple pour reposer mes os sans graisse et sans muscles. » Puis il rit en laissant voir ses gencives sans dents.

Le lendemain il parla à l'assemblée de la propreté. Il aimait à se promener pieds nus à travers les rues des villages et sur les routes, mais pourquoi y crachait-on et s'y mouchait-on? Parfois, il était obligé de mettre des sandales. Bien certainement, la pauvreté chronique était responsable de l'étendue des maladies dans l'Inde, mais la violation chronique des lois hygiéniques n'en est pas moins responsable.

Les musulmans pauvres étaient plus nombreux que les riches aux réunions où parlait Gandhi. On lui racontait que les musulmans bien élevés et instruits menaçaient les pauvres de sanctions économiques. Ils faisaient placer des affiches contre Gandhi. En revenant de Bichkatali dans le district de Tippera, le 20 février, Gandhi traversait des bois merveilleux de bambous et des bosquets de cocotiers. Il aperçut suspendus aux arbres des placards disant : « Souvenez-vous de Bihar. Quittez Tippera immédiatement... » « Vous avez été prévenu à plusieurs reprises, cependant vous continuez à rôder de maison en maison. Il faut partir dans votre propre intérêt... » « Allez où l'on a besoin de vous. Votre hypocrisie ne peut pas être tolérée plus longtemps. Acceptez le Pakistan. »

Malgré cela les foules devenaient plus nombreuses à ses réunions.

A Raïpoura, un dimanche, Gandhi prenait part à un dîner donné à deux mille personnes par des commerçants hindous, dîner auquel prenaient part des hindous de caste, des musulmans, des *haryians* et des chrétiens. Le prêtre musulman de cette localité l'emmena à la mosquée.

Ailleurs, un étudiant demanda à Gandhi s'il était vrai que le christianisme et l'islamisme étaient des religions de progrès tandis que l'hindouisme était statique ou régressif. « Non, répondit-il. Je n'ai constaté aucun progrès défini dans aucune religion. Le monde ne serait pas le lieu de carnage qu'il est devenu si les religions avaient progressé.

— S'il n'y a qu'un seul Dieu, demanda quelqu'un, ne devrait-il pas n'y avoir qu'une seule religion?

— Un arbre a un million de feuilles, répliqua Gandhi. Il y

a autant de religions qu'il y a d'hommes et de femmes, mais toutes ont leurs racines en Dieu. »

Des critiques musulmans le prévinrent de ne pas discuter la question du *pourdah*. Comment un hindou pourrait-il conseiller à leurs femmes de montrer leur visage à découvert? Il ne la discuta pas moins. La mise des femmes à l'écart était une forme de violence et entraînait d'autres formes de contrainte.

Le 2 mars 1947, Gandhi quitta Noakhali pour la province de Bihar. Il promit de revenir un jour. Il fit cette promesse parce que sa mission n'était pas encore accomplie. Il n'avait pas établi la fraternité entre les hindous et les musulmans à Noakhali. Les rapports entre eux s'étaient améliorés, mais de façon insuffisante.

La tâche de Gandhi à Noakhali consistait à restaurer le calme intérieur de façon que les réfugiés hindous pussent revenir et se sentir en sûreté et que les musulmans ne les attaquassent pas de nouveau. Le mal était profond; cependant les éruptions violentes étaient peu fréquentes et de peu de durée. En conséquence, Gandhi ne désespérait pas. Il avait l'impression que les communautés locales, si elles n'étaient pas troublées par la propagande politique extérieure, pouvaient vivre en paix.

L'appel de Noakhali avait été puissant. Gandhi aurait pu envoyer un message de Delhi ou faire un sermon. Mais c'était un homme d'action, un *Karma yoghi*. Il croyait que la différence entre ce que nous faisons et ce que nous pourrions faire suffirait à résoudre la plupart des problèmes mondiaux. Toute sa vie il chercha à supprimer cette différence. Il donna son maximum.

CHAPITRE XLIV

MESSAGE DE L'ASIE A L'OCCIDENT

A la fin du mois de novembre 1946, le premier ministre
Attlee convoqua Nehrou, le ministre de la Défense,
Baldev Singh, Yinnah et Liaqouat Ali Khan à une conférence
extraordinaire au n° 10 de Downing Street.

L'Assemblée constituante devait se réunir à New-Delhi le
9 décembre. Yinnah avait déclaré à plusieurs reprises que la
Ligue musulmane la boycotterait. Le but de la conférence de
Downing Street était de faire entrer la Ligue à la Constituante.
Car, si cette assemblée restait une représentation prédominante
du Congrès, comment, objectait-on, l'Angleterre pourrait-
elle lui transférer le pouvoir et abandonner l'Inde, si les musulmans s'en tenaient éloignés?

A l'origine, la Ligue musulmane avait accepté le projet de
la mission du cabinet daté du 16 mai 1946 et, par suite, consenti
à faire partie de l'Assemblée constituante... Plus tard, il est
vrai, elle s'était retirée.

Le motif qui avait amené Yinnah à s'éloigner avait provoqué de violentes discussions et des haines féroces. De quoi
s'agissait-il?

L'article 19 du projet de la mission stipulait que l'Assemblée
constituante se réunirait d'abord à New-Delhi pour une courte
session de pure forme, puis se diviserait en trois sections correspondant aux trois groupes de provinces : le groupe A comprenait le centre de l'Inde, son cœur, et était en majorité hindou;
le groupe B renfermait la province frontière du Nord-Ouest,
le Sind et le Pundjab; elle était fortement musulmane; le

groupe C, au Nord-Est, était formé par le Bengale et l'Assam.

Chaque groupe devait élaborer une constitution pour l'ensemble de ses provinces. Mais si l'une ou l'autre de ces provinces n'était pas d'accord avec cette constitution, elle pourrait quitter son groupe.

En conséquence, un Assam hindou serait invité à siéger dans le groupe C ainsi qu'un musulman du Bengale afin de participer à la rédaction de la constitution destinée au groupe C. Mais si cet Assam était opposé à la rédaction finale, il pourrait se retirer du groupe C et rester seul ou éventuellement adhérer au groupe A. Les sections étaient obligatoires, les groupes facultatifs.

Gandhi fit des objections. C'était là, selon lui, une contrainte et un gaspillage d'efforts. De plus, le Bengale qui aurait une forte majorité dans la section C pourrait rédiger une constitution obligeant un Assam à adhérer au groupe C. Et puis, pourquoi la province frontière du Nord-Ouest, musulmane en majorité bien qu'opposée à Yinnah, serait-elle forcée de siéger avec le Pundjab et le Sind?

Les sections et les groupes avaient été introduits dans le projet de la mission pour faire plaisir à Yinnah : c'était un acheminement de moitié ou peut-être d'un quart vers le Pakistan. Ils divisaient l'Inde en trois unités fédérées. C'était la vraie raison pour laquelle Gandhi les rejetait.

Tandis que Gandhi était à Noakhali, les organisations du Congrès de l'Assam voisin lui envoyèrent des émissaires pour lui demander ses directives. Il leur dit catégoriquement de refuser d'entrer dans les sections même si les chefs du Congrès national leur disaient de le faire.

C'est pour résoudre cette difficulté que Nehrou, Baldev, Singh, Yinnah et Liaqouat Ali-Khan firent leur voyage précipité en avion et se rendirent à Londres au début de novembre.

Pendant leur séjour dans cette ville, Yinnah déclara publiquement qu'il espérait voir l'Inde divisée en un État hindou et un État musulman. « Il partageait les inquiétudes de Mr. Churchill, ajouta-t-il, concernant la possibilité de dissensions et d'émeutes dans l'Inde. La moitié de ces déclarations étaient un programme plutôt qu'une prophétie.

Il y avait eu déjà assez d'émeutes pour amener les Britanniques à en attendre d'autres si Yinnah ne recevait pas implicitement sa moitié ou son quart de Pakistan dans les sections et les groupes. Mais, bien qu'Attlee eût réussi, après de nombreux efforts, à amener les ministres du Congrès et ceux de la

Ligue dans son bureau de Downing Street, cette conférence aboutit à un échec.

Là-dessus, Attlee déclara le 6 décembre que si l'Assemblée constituante adoptait une constitution sans la participation de la Ligue musulmane, « le gouvernement de Sa Majesté ne pourrait évidemment pas envisager... d'imposer une telle constitution à n'importe quelle partie du pays qui n'y consentirait pas ».

Cela signifiait qu'une partie de l'Inde pouvait accepter la constitution tandis que l'autre pouvait la rejeter. L'Inde se trouvait exposée à une scission.

Dès après son retour de Londres, Nehrou fit un long voyage de New-Delhi au village de Srirampour en Noakhali et, le 27 décembre 1946, rendit compte au Mahatma de l'échec historique des pourparlers de Downing Street.

Mais Gandhi réitéra l'avis qu'il avait donné à l'Assam et aux sikhs de se refuser à des sections et à des groupes constitutionnels. Il les considérait comme des moyens pour diviser l'Inde et se refusait à admettre quoi que ce fût qui pût contribuer à la division.

Malgré cela, le comité du Congrès panindien décida le 6 janvier 1947, par 99 voix contre 52, d'accepter les sections.

L'influence de Gandhi sur le Congrès déclinait.

Le Mahatma s'était rendu à Noakhali pour renforcer les liens d'humanité entre les hindous et les musulmans avant que la politique et les dispositions légales vinssent les séparer les uns des autres. Il redoutait les conséquences de la scission. Le 16 octobre 1949, à New-York, le premier ministre Nehrou déclarait qu'il aurait lutté jusqu'au bout contre l'établissement du Pakistan, s'il avait prévu les affreux résultats qui en découleraient.

Peut-être Gandhi les avait-il prévus par intuition. La division de l'Inde a causé la mort de centaines de milliers d'Indiens. Elle a obligé quinze millions de réfugiés à abandonner douloureusement leurs foyers pour s'en aller au loin dans l'inconnu. Elle a provoqué la guerre dans le Cachemire. Elle a causé des pertes gigantesques à toutes les régions du pays. Elle a alimenté un mécontentement religieux et nationaliste permanent qui renferme des possibilités désastreuses.

Même si les dirigeants du Congrès n'ont pas eu autant d'intuition que Gandhi, ils savaient que rien de bon ne pouvait naître de la scission. Pourquoi donc donnèrent-ils leur acquiescement à la déclaration d'Attlee le 6 décembre?

En 1942, le président du Congrès, Maoulana Azad, me dit en présence de Nehrou que le Congrès avait eu horreur de songer à une division de l'Inde, mais n'avait pas pu la rejeter indéfiniment puisque les musulmans la voulaient. Il était cependant opposé, me dit-il, « à un divorce avant le mariage ». Ils auraient dû d'abord essayer de vivre ensemble dans une Inde unie et indépendante, et si cela n'était pas possible, il aurait toujours été temps de se séparer.

Maintenant, Nehrou, Patel, Azad et les autres membres du Congrès avaient eu un avant-goût du mariage; ils avaient siégé dans le gouvernement avec des représentants de la Ligue musulmane qui n'entraient évidemment dans le cabinet que pour le démolir. L'expérience était navrante. Elle avait détruit leur foi en la collaboration du Congrès et de la Ligue.

Gandhi continuait à croire en l'amitié hindo-musulmane. Nehrou et Patel s'étaient réconciliés avec l'idée de sections constitutionnelles tout en sachant que c'était là un début de Pakistan, mais parce qu'ils ne voyaient pas d'autre issue pour éviter la guerre civile. Ils espéraient que Yinnah serait satisfait de la division en trois États fédéraux et qu'il renoncerait au Pakistan.

La première démarche qui suivit fut une déclaration du premier ministre Attlee, le 20 février 1947, à la Chambre des Communes, annonçant que la Grande-Bretagne quitterait les Indes « pas plus tard que juin 1948 ». En même temps, on apprit que lord (Amiral Louis) Mountbatten, arrière-petit-fils de la reine Victoria, succédait à Wavell en qualité de vice-roi : il serait le vingtième et dernier vice-roi britannique de l'Inde.

A qui la Grande-Bretagne transférerait-elle le pouvoir? Sur ce point Attlee, d'après lord Pethick-Lawrence, « fut moins précis ». Le gouvernement de Sa Majesté, affirmait-il, devrait déterminer si le pouvoir serait remis à « une certaine forme de gouvernement central », ou, dans certaines régions, « aux gouvernements provinciaux existants », ou bien « sous quelque autre forme qui semblerait la plus raisonnable et la plus conforme aux intérêts du peuple indien ».

Nehrou trouva cette formule plutôt vague, pourtant il salua cette déclaration comme « sage et courageuse »; elle excluait « tout malentendu et toute suspicion ».

Le comité exécutif, au cours de sa session de la première semaine de mars, approuva officiellement la nouvelle déclaration d'Attlee et, en considération de l'imminent « transfert rapide du pouvoir », invita la Ligue musulmane à des conversations. Simultanément, il prit acte des massacres considérables de la population du Pundjab. En fait, il avait une vue tellement sombre et grave des événements dans cette contrée qu'il envisageait « la scission du pays en deux provinces, de telle sorte que la partie où les musulmans étaient en majorité fût séparée de celle où ils étaient en minorité ».

La situation au Pundjab était inquiétante. Conformément à une réponse donnée le 21 mai 1946 par le secrétaire d'État pour l'Inde et la Birmanie, comte de Listowel, à la Chambre des Communes, 4.014 personnes avaient été tuées, au cours des troubles dans l'Inde, du 18 novembre 1946 au 18 mai 1947, dont 3.042 au Pundjab, dans des rencontres entre musulmans, sikhs et hindous.

Inquiété par les événements qui se produisaient tout à l'Ouest, Gandhi quitta le Bengale oriental pour la province de Bihar. Sans prendre un jour pour respirer il entreprit une tournée à travers le pays. Dans les villes et les villages il admonesta les hindous de Bihar qui « dans un accès de folie avaient oublié qu'ils étaient des êtres humains » [1].

Un jour, il écouta pendant des heures les rapports des musulmans et des hindous sur la tension incessante. Personne ne put lui donner l'assurance que « les choses étaient revenues à l'état tout à fait normal ». Cette conversation le fatigua mentalement à tel point qu'il dut faire un petit somme avant l'office.

Un autre jour, il s'excusa d'arriver aux prières en automobile; il fallait que les habitants de Bihar « apprissent à accueillir les gens de façon calme et digne et non de la manière gênante qu'ils avaient maintenant ». Des milliers de gens avaient essayé de s'approcher assez de lui pour le toucher ou lui baiser les pieds.

Partout où il allait, il prêchait le repentir et la restitution. Toutes les femmes musulmanes qui avaient été enlevées devaient

1. Les voyages de Gandhi dans la province de Bihar et ses activités à New-Delhi (y compris le texte de ses déclarations devant la « Asian Relations Conference ») sont relatés en détail dans *Harijan*. Les proclamations officielles et les nouvelles politiques se trouvent dans les archives de la Bibliothèque des services britanniques de renseignements à New-York. Les chapitres dus à lord Pethick-Lawrence dans *Mahatma Gandhi* m'ont servi généralement de guide. L'allocution de lord Mountbatten est citée d'après *United Empire*, journal de la « Royal Empire Society (Londres, novembre-décembre 1948). Je me suis également beaucoup servi des numéros du 1er janvier, 8 février et 26 mars 1947 du *Congress Bulletin* publié par le bureau du comité du Congrès panindien (Allahabad).

être rendues. Une compensation devait être payée pour tous les biens endommagés ou détruits.

Un télégramme fut remis au Mahatma pour le mettre en garde contre la condamnation de ce que les hindous avaient fait. Gandhi fit allusion à ce télégramme au cours de la réunion de prières et dit : « Je perdrais tout droit à être un hindou si j'approuvais les méfaits de mes coreligionnaires ou de tout autre être humain. » Il prévint ses auditeurs contre la tentation de venger les massacres d'hindous au Pundjab.

Il savait que des hindous croyants étaient irrités par son message d'amour. Malgré cela, il se mit à recueillir des offrandes dans toutes ses réunions pour venir au secours des musulmans lésés. A Patna, on ramassa deux mille roupies dans une seule réunion, et un certain nombre de femmes sacrifièrent leurs bijoux.

Avant de parler dans quelque localité que ce fût, Gandhi visitait les maisons musulmanes détruites ou les familles de musulmans qui avaient souffert la mort ou des blessures. Plus il se rendait compte de la tragédie de Bihar et plus il s'en trouvait obsédé. Il ne voulait plus quitter cette province avant que « les deux collectivités se fussent réconciliées et n'eussent plus besoin de ses services ». Il insista pour que les hindous rappellassent les musulmans qui s'étaient enfuis, reconstruisissent leurs chaumières et les rétablissent dans leurs affaires. Il somma les hindous coupables d'atrocités de se dénoncer.

Le jour où Gandhi arriva dans la ville de Masourhi, « cinquante individus qui étaient en relations avec les émeutes » se rendirent à la police. Le Mahatma qui le rapporte les félicita dans l'espoir que d'autres les imiteraient. Si les criminels n'avaient pas le courage de se rendre aux autorités, ils n'avaient qu'à venir à lui ou à Ghaffar-Khan, le « Gandhi de la frontière », ou au général Chah Naouaz, de l'armée nationale indienne, qui l'accompagnaient dans sa tournée, et se confesser à eux.

Lorsque son auto se mit en marche à travers la campagne, des groupes d'hindous lui firent signe de s'arrêter et lui remirent des sommes d'argent pour les musulmans. C'était là le vrai moyen d'arrêter la violence, et non avec l'aide de l'armée et de la police.

Les hindous boycottaient les magasins et les firmes des musulmans. Il les supplia de renoncer à cette attitude intolérante. Il leur demanda d'y renoncer publiquement afin de rassurer les musulmans. « Mais il eut la douleur de voir que pas un seul hindou ne se leva pour donner l'assurance demandée... En conséquence il n'y avait pas de grands motifs d'être surpris si les musulmans avaient peur de rentrer dans leurs villages. » Il les mit en garde contre le danger « pour les Indiens de perdre la pomme d'or de l'indépendance ». Il y avait de nouveau de l'agitation parmi les gens de Bihar en vue de venger les attaques musulmanes contre les hindous et les sikhs dans le Pundjab. « Si vous redevenez fous, leur cria-t-il, il vous faudra d'abord me détruire. » C'était la quatrième semaine qu'il passait à Bihar.

Le 22 mars 1947, lord Mountbatten, élégant dans son uniforme blanc de marin, arriva à New-Delhi avec sa femme, Edwina, la vice-reine. Leur charme, leur simplicité et la première déclaration politique qu'il fit impressionnèrent très favorablement. Vingt-quatre heures plus tard, Yinnah déclara publiquement que la division était la seule solution, sans laquelle il y aurait « de terribles désastres ».

Quatre jours après son arrivée, Mountbatten invita Gandhi et Yinnah à son palais. Gandhi était au fond de la province de Bihar. Mountbatten lui offrit de le ramener en aéroplane. Gandhi répondit qu'il préférait se servir du système de locomotion utilisé par des millions de gens. A la gare, avant le départ du train de Patna, le Mahatma fit une collecte en faveur des *haryians*.

Le 31 mars, Gandhi eut avec Mountbatten un entretien de deux heures un quart.

Le lendemain, Gandhi assista à la conférence des relations asiatiques qui siégeait à New-Delhi depuis le 23 mars; il y avait là des délégués d'un grand nombre de régions de l'Asie et de cinq républiques constitutives de l'Union soviétique. Invité à prendre la parole, il dit qu'il ferait une allocution le lendemain, mais que si on voulait lui poser des questions tout de suite, il était disposé à y répondre.

On lui demanda s'il croyait à un monde unique et s'il pouvait se réaliser dans les conditions actuelles.

« Je n'aurai aucun plaisir à vivre en ce monde s'il n'est pas un, répliqua-t-il. J'aimerais certainement à voir ce rêve se réaliser ma vie durant. J'espère que tous les représentants qui se sont réunis ici de toutes les contrées de l'Asie feront tous leurs efforts pour qu'il n'y ait qu'un seul monde. » S'ils travaillent « avec un but précis », ce rêve se réalisera.

En réponse à une question d'un délégué de la Chine concernant un Institut asiatique permanent, il s'écarta du sujet et se mit à discuter ce qui intéressait le plus son esprit. « Je regrette, dit-il, d'avoir à faire allusion aux conditions que nous voyons aujourd'hui (aux Indes). Nous ne sommes pas capables de maintenir la paix entre nous... Nous croyons devoir nous en tenir à la loi de la jungle. C'est là une expérience que je n'aurais aucun plaisir à vous voir remporter dans vos pays respectifs. »

Il revint au problème de l'Asie. « Tous les représentants de l'Asie se sont rassemblés, dit-il tout d'abord. Est-ce dans le but de faire la guerre à l'Europe, ou à l'Amérique ou à d'autres non-asiatiques? Je dis très expressément : Non! Telle n'est pas la mission de l'Asie... Ce serait une triste chose si nous partions de cette conférence sans avoir bien précisé que l'Asie doit vivre, et qu'elle doit vivre libre comme toute autre nation occidentale. Je voulais dire ici que des conférences comme celle-ci devraient se réunir régulièrement, et si vous me demandez où, je vous dirai que la vraie place est l'Inde. »

Le lendemain, il prononça le discours promis. Il s'excusa d'abord de parler en anglais. Il reconnut qu'il avait espéré mettre ses idées en ordre, mais qu'il n'en avait pas eu le temps. En se rendant à la réunion, il avait demandé un bout de papier à Ghaffar-Khan et un crayon pour prendre quelques notes. « On m'a donné une plume au lieu d'un crayon. J'ai essayé de griffonner quelques mots. Vous regretterez d'apprendre que ce morceau de papier n'est pas là, si bien que j'ai oublié ce que je voulais vous dire. »

Puis, il se mit à parler au hasard : ils étaient, leur dit-il, réunis dans une ville, mais les villes n'étaient pas l'Inde. La vérité essentielle était dans des villages et dans les foyers des intouchables dans ces villages. Les villages, bien sûr, étaient des tas de fumier « pleins de misérables spécimens d'humanité aux yeux ternes ». Mais c'est en eux qu'était la sagesse.

L'Est, poursuivit-il, s'est laissé conquérir spirituellement par l'Ouest. Mais c'était de l'Est que l'Ouest avait reçu à l'origine sa sagesse : de Zoroastre, de Bouddha, de Moïse, de Jésus, de Mahomet, de Krichna, de Rama et d'esprits moins lumineux.

Il demanda à l'assemblée de comprendre le message de l'Asie. « Il ne faut pas vous laisser influencer par les spectacles de l'Occident ou par la bombe atomique, leur dit-il. Si vous désirez donner un message à l'Occident, il faut que ce soit le message de l'amour et celui de la vérité. Je ne veux pas en appeler seulement à votre tête, ajouta-t-il *ex abrupto*, je veux m'emparer de votre cœur. »

Il espérait que le message d'amour et de vérité de l'Asie con-

querrait l'Occident. « Cette conquête aura la sympathie de
l'Occident lui-même. Celui-ci aspire aujourd'hui à la sagesse. »

C'était là, quant à sa structure, une pauvre allocution, pleine
de sagesse essentielle et de ce qui faisait l'essence de Gandhi.
Il est probable que, depuis des années, la plupart des délégués
n'avaient pas entendu de paroles aussi sincères, aussi simples.

Du 31 mars au 12 avril Gandhi conféra six fois avec Mountbatten. Yinnah eut le même nombre d'entretiens avec le vice-
roi surchargé de travail.

De quoi parlèrent-ils? « Avant d'arriver à une solution effec-
tive du problème, dit Mountbatten dans une adresse au Conseil
de la Société royale de l'Empire à Londres, le 6 octobre 1948,
après avoir terminé sa tâche, j'ai simplement désiré parler avec
eux pour les connaître, les rencontrer et bavarder avec eux.
Gandhi me parla de sa vie d'autrefois dans l'Afrique du Sud;
Mr. Yinnah de sa vie à Londres, et moi à mon tour je leur ai
raconté une partie de ma vie. Puis, quand j'ai senti que je
commençais à m'entendre avec les hommes qui discutaient
avec moi, je me suis mis à leur parler des questions dont nous
avions à traiter. »

Il s'agissait du sort de quatre cents millions d'hommes, du
sort de l'Inde, peut-être même du sort de l'Asie. La tâche de
Mountbatten était de faire évacuer l'Inde par la Grande-Bretagne au mois de juin 1948. Il avait le devoir de proposer une
solution avant la fin de 1947. Cela donnerait au Parlement
britannique tout le temps nécessaire pour voter les lois relatives à la libération de l'Inde. Mais, ainsi qu'il le dit à la Société
royale d'Empire, lui et ses conseillers se rendirent compte sur-
le-champ que cela serait trop tard. Des troubles avaient éclaté
le 16 août 1946, jour de l'Action directe préconisée par Yinnah.
Puis vinrent les massacres d'hindous à Noakhali et les représailles hindoues à Bihar; ensuite, ce furent « les musulmans qui
égorgèrent les sikhs à Raoualpindi (dans le Pundjab) »; enfin,
une révolte eut lieu dans la province frontière du Nord-Ouest.
« J'arrivais, constata Mountbatten, juste à temps pour trouver
ces terribles allées et venues de massacres; si on ne les arrêtait
pas, on ne pouvait dire où l'Inde irait finir...

« Personnellement, continua-t-il, j'étais convaincu que la solution la meilleure pour le moment et pour toujours aurait été
de conserver l'unité de l'Inde », conformément au projet de
la mission du cabinet britannique, daté du 16 mai 1946. Mais
ce projet présupposait la collaboration et la bonne volonté de
toutes les parties. Néanmoins, « Mr. Yinnah fit comprendre

nettement dès le début que, tant qu'il vivrait, il n'accepterait jamais une Inde unie. Il réclamait la scission, il insistait pour la création du Pakistan ». D'autre part, le Congrès était favorable à une Inde indivise. Mais, ainsi que le déclara Mountbatten, les dirigeants du Congrès se déclaraient disposés à accepter la scission afin d'éviter la guerre civile. Le vice-roi « était convaincu que la Ligue musulmane aurait fait la guerre ».

Mais comment diviser l'Inde? Le Congrès refusait de céder au Pakistan de vastes régions non musulmanes. « Cela signifiait automatiquement, expliquait Mountbatten, qu'on diviserait les grandes provinces du Pundjab et du Bengale. »

« Lorsque je dis à Mr. Yinnah, raconta Mountbatten dans son compte rendu historique devant la Société royale d'Empire, que j'avais l'agrément provisoire du Congrès pour une scission, il fut transporté de joie. Lorsque je dis que cela impliquait logiquement une division du Pundjab et du Bengale, il fut horrifié. Il donna les raisons les plus fortes pour démontrer que ces provinces ne devaient pas être divisées. Il dit qu'elles avaient des caractéristiques nationales et qu'une division serait désastreuse. J'acquiesçai mais je lui dis combien plus les mêmes considérations me semblaient s'appliquer à une scission de l'Inde tout entière. Il n'approuva pas cette remarque et se mit à expliquer pourquoi il fallait diviser l'Inde. Ainsi, nous tournâmes en rond jusqu'à ce que, finalement, il se rendît compte qu'il ne pouvait avoir qu'une Inde unie avec un Pundjab et un Bengale non divisés ou une Inde divisée avec un Pundjab et un Bengale divisés. Il finit par accepter la seconde solution. »

Gandhi n'acceptait aucune scission au mois d'avril 1947, et il refusa de l'accepter jusqu'à sa mort.

Le 15 avril, à la demande de Mountbatten, Gandhi et Yinnah publièrent une déclaration où ils déploraient « les actes récents d'illégalité et de violence qui avaient causé la honte la plus grande au noble nom de l'Inde » et dénonçant « pour toujours l'usage de la force pour aboutir à des fins politiques ». Ce fut la conclusion d'une quinzaine au cours de laquelle Yinnah avait convaincu Mountbatten que s'il n'obtenait pas ses buts politiques l'Inde serait déchirée par la guerre civile.

Pendant cette quinzaine, Gandhi habitait dans le quartier des intouchables de Kingsway, à Delhi, et y tenait chaque soir un office public de prières. Le premier soir, il demanda à tous les assistants s'ils s'opposeraient à la récitation de quelques versets du Coran. Plusieurs opposants levèrent la main. Ils dirent qu'il n'avait pas le droit de psalmodier un livre saint islamique pendant les offices hindous. Là-dessus, Gandhi mit fin à la réunion. Le deuxième soir, il posa la même question. De nouveau, il y eut des opposants. De nouveau, il refusa de prier avec cette assemblée. La même chose se reproduisit le troisième soir.

Le quatrième soir, personne ne fit d'objection. Les opposants s'étaient retirés. Si tous les membres de la réunion s'étaient opposés les trois jours précédents à la lecture du Coran, expliqua Gandhi, il aurait lu quand même et aurait été prêt « à mourir de leurs mains, avec le nom de Dieu sur les lèvres s'il leur avait plu de le tuer. Mais il voulait éviter un choc sur le lieu de la prière entre ceux qui désiraient que les prières eussent lieu et ceux qui s'y opposaient. En fin de compte, c'était la non-violence qui l'avait emporté ».

Il reçut des lettres furieuses, des lettres de menaces, dont un certain nombre étaient anonymes. L'un lui écrivait qu'il était un mauvais hindou. Un autre qu'il était musulman, un membre « de la cinquième colonne » en hindouisme. Une troisième lettre était adressée « à Mahomet Gandhi ».

Il répondait : « Comment cela peut-il être un péché de célébrer le nom de Dieu en arabe? » L'unité hindo-musulmane avait été le but de sa vie. « Si l'Hindoustan doit être un pays réservé aux seuls hindous et le Pakistan un pays réservé aux seuls musulmans, le Pakistan et l'Hindoustan seraient des pays débordants de poison. »

Le 13 avril, Gandhi retourna à Bihar.

L'action pour la non-violence et contre la haine était dès lors la seule tâche politique qui eût un sens. Si Gandhi ne pouvait pas prouver que les hindous et les musulmans vivaient en paix, Yinnah avait raison et le Pakistan était inévitable. Mountbatten ne céderait pas à la plus brillante démonstration oratoire; la tolérance hindo-musulmane devait être démontrée dans la vie.

Une victoire de la non-violence remportée dans le Bihar, le Bengale ou le Pundjab serait une bataille gagnée aux yeux de Mountbatten et de la Grande-Bretagne, ainsi que des membres du Congrès qui avaient perdu la foi en l'unité de l'Inde. C'était là une affaire où le peuple déciderait réellement d'un résultat supérieur, non par ses votes, mais par sa conduite, et Gandhi espérait toujours pouvoir améliorer cette conduite. La question à résoudre était : l'Inde était-elle une nation ou un pays habité par des collectivités religieuses en guerre les unes avec les autres?

Un des pires fléaux de l'univers est la longévité des siècles. Aux Indes, le xviie, le xviiie et le xixe siècle ont survécu pour tourmenter le xxe. Les passions religieuses, la fidélité aux provinces et les États princiers ont exercé la même influence débilitante qu'en Europe avant l'ère moderne d'industrialisation et de nationalisme. L'Inde, avec ses quatre cents millions d'habitants, n'avait que trois millions de travailleurs industriels. Toute cohésion lui faisait défaut parce que personne ne possédait un pouvoir d'unification assez fort ou une idée d'unification assez puissante pour vaincre les tendances centrifuges d'un pays attardé. Gandhi, symbole dominant d'un nationalisme unificateur, était lui-même un mélange d'un passé désuet, d'un présent en lutte et du monde à venir de ses idéaux élevés.

La force de Yinnah était la menace de la guerre civile. Les émeutes en étaient un avant-goût. Le seul espoir de conserver l'unité de l'Inde était d'établir la paix parmi le peuple et de démontrer par là l'inanité de la menace de Yinnah.

Gandhi s'attacha à cette tâche sans hésiter, et tout **seul**. L'histoire se demandait si l'Inde était une nation.

CHAPITRE XLV

VICTOIRE TRAGIQUE

Il fait très chaud dans la province de Bihar au mois d'avril et Gandhi ne put pas supporter les fatigues d'un voyage prolongé de village en village. Mais il fallait aller tant que les hindous ne se repentaient pas et ne rappelaient pas les musulmans que la peur avait chassés. Il reçut une lettre lui suggérant de se retirer dans la forêt comme Krichna l'avait fait; le pays avait perdu la foi en la non-violence, affirmait son correspondant, et d'ailleurs le *Bhagavad Ghita* n'enseignait pas la non-violence. Il en fit le compte rendu à une assemblée de prières à Patna.

Il reçut l'annonce de nouvelles émeutes à Noakhali.

Pourtant, certains événements lui furent un encouragement. A la prière de Gandhi, le général Chah Naouaz, musulman et héros de l'armée nationale indienne, était resté à Bihar. Chah Naouaz lui annonça que les musulmans rentraient dans leurs villages et que les hindous et les sikhs venaient à leur secours. Un sikh avait même été invité à une mosquée.

Cette information donna à Gandhi le sentiment que « si les hindous étaient de vrais hindous et se liaient d'amitié avec les musulmans le feu qui gagnait de partout à ce moment s'éteindrait ». La province de Bihar était grande. Son exemple en inspirerait d'autres. La paix de Bihar « dissoudrait » les troubles de Calcutta et d'ailleurs. Gandhi racontait que sa mère, « une analphabète », lui avait enseigné qu'un atome reflétait l'univers; si lui-même prenait soin de son entourage immédiat, l'univers prendrait soin de lui-même.

Nehrou télégraphia à Gandhi de revenir à Delhi. Le comité exécutif du Congrès devait se réunir le 1ᵉʳ mai pour prendre une grave décision historique. Gandhi fit dans un train surchauffé les cinq cents milles de chemin.

Mountbatten avait été extrêmement actif : il avait visité les provinces, parlé avec les dirigeants; il s'était plongé dans le problème de l'avenir de l'Inde. Au fur et à mesure que se cristallisaient ses pensées, il ne voyait aucun moyen d'échapper au Pakistan.

En conséquence, il posa la question au parti du Congrès : accepterait-il que l'Inde fût divisée? Nehrou avait déjà dit à une conférence politique des Provinces Unies, le 21 avril, que « la Ligue musulmane pouvait avoir le Pakistan si elle le désirait, mais à la condition de ne pas s'emparer d'autres parties de l'Inde qui ne voulaient pas s'unir au Pakistan ».

Le comité exécutif allait-il admettre ce point de vue?

Gandhi lui était opposé. Patel hésitait : il aurait volontiers mis à l'épreuve de force les menaces de Yinnah. Il aurait utilisé le gouvernement central pour réprimer la violence des musulmans. Finalement, lui aussi donna son accord. Deux ans et demi plus tard, il révélait ce qui suit : « J'acceptai la division comme un expédient suprême, lorsque nous fûmes arrivés au point où nous aurions tout perdu. » Plutôt que de risquer la guerre civile ou la perte de l'indépendance, le Congrès se résigna au Pakistan.

Celui-ci fut la rançon élevée que ses membres payèrent pour la liberté.

Gandhi ne cacha pas son chagrin. « Le Congrès, déclara-t-il dans sa réunion de prières à la colonie d'intouchables de Delhi le 7 mai, a accepté le Pakistan et demandé la division du Pundjab et du Bengale. Je suis opposé à toute division de l'Inde aujourd'hui comme je l'ai toujours été. Mais que puis-je faire? La seule chose est de me dissocier d'un tel projet. Personne, sauf Dieu, ne peut me contraindre à l'accepter. »

Il alla voir Mountbatten. Le conseil qu'il donna aux Britanniques fut de partir avec leurs troupes et de « courir le risque d'abandonner l'Inde au chaos et à l'anarchie ». Si les Britanniques quittent l'Inde, expliquait-il, il y aura peut-être le chaos pendant un certain temps. « Nous devrions certainement passer par l'épreuve du feu, mais sans aucun doute ce feu nous purifierait. »

L'esprit de Mountbatten était trop précis et trop militaire pour édifier l'avenir sur une chance. C'est pourtant ce que font

souvent la plupart des gens : dans une guerre, les nations
misent souvent sur leur vie. Toute bataille est « un risque calculé » où le calcul est purement théorique. Pour Gandhi, la
scission de l'Inde était un mal absolu, aussi mauvais que l'aurait été la soumission de la Grande-Bretagne à Hitler en 1940;
plutôt que de s'y résigner, il aurait accepté toutes les pertes
matérielles possibles.

Cela n'était cependant que l'aspect abstrait de la suggestion
de Gandhi. Du point de vue concret, sa simplicité cachait sa
ruse. Les Britanniques ne pouvaient pas abandonner l'Inde
sans gouvernement. Le conseil donné par Gandhi à l'Angleterre d'abandonner l'Inde au chaos voulait dire de la donner
au Congrès. Si l'Angleterre refusait, Gandhi désirait que le
Congrès quittât le gouvernement. La tâche de maintenir le
calme dans le pays aurait alors incombé aux seuls Britanniques
qui ne tenaient pas à une telle responsabilité.

L'alternative que Gandhi proposait aux occupants était
donc la suivante : ou bien laisser le Congrès gouverner l'Inde,
ou bien la gouverner eux-mêmes pendant cette période de
troubles.

Gandhi voyait que le Pakistan n'était pas possible si les
Britanniques ne l'établissaient pas, et que les Britanniques ne
l'établiraient pas sans l'acquiescement du Congrès; ils ne pouvaient pas couper le pays en morceaux et se mettre en opposition avec la majorité uniquement pour apaiser Yinnah et la
minorité. En conséquence, il ne fallait pas que le Congrès donnât
son accord.

Personne n'écouta Gandhi. « Nos dirigeants étaient las et
imprévoyants », écrit un des collaborateurs intimes de Gandhi.
Les chefs du Congrès avaient peur de retarder l'indépendance.
Gandhi l'aurait différée, dans l'espoir de gagner finalement la
liberté pour une contrée unie au lieu de l'autonomie pour deux
Indes hostiles l'une à l'autre.

Pendant l'été de 1948, je demandai à Nehrou, à Patel et à
d'autres personnes dans l'Inde pourquoi Gandhi n'avait pas
essayé d'empêcher le Congrès d'admettre le Pakistan : si rien
d'autre n'avait réussi, il aurait pu y arriver par le jeûne.

Telle n'était pas la méthode de Gandhi, me répondirent-ils
tous. Il n'imposait pas l'agrément, même dans les circonstances les plus graves. Cela est vrai, mais la réponse complète
va plus loin. Le Congrès accepta le Pakistan et resta au gouvernement. La seule alternative aurait été de rejeter le Pakistan, de quitter le gouvernement et de mettre tout en jeu pour

rétablir la santé et les tendances pacifiques des gens. Mais Gandhi se rendit compte que les chefs n'avaient pas foi en cette alternative. Il aurait pu les amener à voter pour ses idées au comité; il n'aurait pas pu leur infuser la foi en elles, sauf s'il avait pu prouver que les hindous et les musulmans pouvaient vivre ensemble amicalement. C'était à Gandhi qu'il incombait de faire cette démonstration. Et le temps coulait trop vite.

Traversant le continent, Gandhi se précipita à Calcutta. Pour que se réalisât le Pakistan, il fallait que le Bengale fût partagé entre Pakistan et Hindoustan. S'il pouvait faire sentir aux musulmans les pénibles résultats d'une telle vivisection, et s'il pouvait contrer la sympathie croissante des hindous pour une division de ce même pays, Gandhi pourrait peut-être empêcher la création du Pakistan.

« Quand tout va mal au sommet, demanda Gandhi à Calcutta, est-ce que les bonnes qualités d'un peuple à la base peuvent se défendre contre les influences malfaisantes? » C'était là son espoir.

Son argument était : le Bengale possède une seule culture, une seule langue. Il faut le laisser uni. Elles ont uni le Bengale après que lord Curzon l'eut divisé, ne pouvaient-elles pas repousser Yinnah avant qu'il les séparât?

Après avoir passé six jours à Calcutta, Gandhi se rendit à Bihar. En dépit de la chaleur torride, il parcourut les villages. Son refrain était toujours le même : « Si les hindous manifestaient un esprit de fraternité, ce serait bon pour la province de Bihar, pour l'Inde et pour l'univers. »

Le 25 mai, en réponse à un rappel de Nehrou, Gandhi retourna à New-Delhi. Mountbatten, après avoir pris sa décision, était reparti pour Londres par avion. La rumeur prétendait que l'Inde allait être divisée, et que le plan en serait publié prochainement. Gandhi se demandait pourquoi. La mission du cabinet avait refusé le partage et le Pakistan, le 16 mai 1946. Que s'était-il donc produit depuis qui eût modifié la situation? Les émeutes? Allait-on céder au banditisme? « Je dois m'accrocher à l'espoir, dit Gandhi, que la Grande-Bretagne ne s'écartera pas de l'épaisseur d'un cheveu de l'esprit et de la lettre de la déclaration faite, le 16 mai de l'an dernier, par la mission du cabinet... »

« Il brûle la chandelle par les deux bouts », déclarait alors la D^resse Souchila Nayyar. Il luttait constamment pour renverser le courant contre le partage. Qu'importait si ses efforts le tuaient? « Dans l'Inde telle qu'elle se présente aujourd'hui, il n'y a pas de place pour moi, disait-il d'une voix tremblante d'émotion. J'ai abandonné l'espoir de vivre cent vingt-cinq ans. Je peux tenir encore un ou deux ans. C'est autre chose. Mais je n'ai aucun désir de vivre si l'Inde doit être submergée par un déluge de violence comme elle est menacée de l'être. »

Entre temps Mountbatten avait travaillé à Londres en vue d'un projet de scission.

Son plan prévoyait la division non seulement de l'Inde mais aussi du Bengale, du Pundjab et de l'Assam si les populations de ces pays le désiraient. Pour ce qui était du Bengale et du Pundjab, les conseils législatifs récemment élus devaient en décider. Si le Bengale lui-même votait pour la division, le district de Sylhet en Assam où les musulmans étaient en majorité pourrait décider par voie de referendum s'il voulait s'unir à la partie musulmane du Bengale.

« Il n'y a rien dans ce projet, disait le texte, qui exclue des négociations entre les différentes collectivités pour créer une Inde unifiée. »

Ce schéma était donc tolérant et n'impliquait aucune contrainte légale de la part de la Grande-Bretagne. Le Bengale et le Pundjab pouvaient voter pour rester unis : dans ce cas-là, il n'y aurait pas de sectionnement et pas de Pakistan. Mais, même si le Pakistan se réalisait, il pourrait plus tard se réunir au reste de l'Inde.

Avant de quitter l'Angleterre, Mountbatten vit Churchill qui lui promit d'appuyer son projet à la Chambre des Communes.

Le 2 juin 1947, Herbert L. Matthews, télégraphiant au *New-York Times* à la veille de la proclamation de ce projet, disait : « Mr. Gandhi est une véritable cause d'inquiétude, car s'il décide de « jeûner jusqu'à la mort » il fera sans doute échouer tout le projet. »

Le lendemain, le premier ministre Attlee proclama le projet à la Chambre des Communes et Mountbatten le publia à la radio de New-Delhi. Dans cette déclaration à la T. S. F., le vice-roi disait franchement : « Je suis évidemment aussi opposé à la division des provinces que je le suis à la division de l'Inde elle-même. » Il reconnaissait que son plan était imparfait, surtout en raison de l'effet qu'il aurait sur les cinq millions de sikhs du Pundjab qui prenaient part à la guerre. Quelle que fût la ligne de démarcation choisie, un certain nombre de sikhs seraient placés dans le Pakistan contrairement à leurs désirs.

Nehrou, Patel et le comité exécutif avaient approuvé ce

plan. Leur approbation devint officielle lorsque le comité du Congrès panindien, siégeant à New-Delhi, l'eut accepté le 14 juin par 153 voix contre 29.

Une fois la résolution votée, le professeur J. B. Kripalani, président du Congrès, fit une brève allocution pour expliquer pourquoi le Congrès s'était séparé de Gandhi.

« Les « collectivités » hindoue et musulmane, dit-il, ont lutté l'une contre l'autre dans les pires orgies de la violence... J'ai vu un puits où des femmes se sont jetées avec leurs enfants, au nombre de 107 en tout, pour préserver leur honneur. En un autre endroit, dans un lieu de prière, cinquante jeunes femmes ont été mises à mort par leurs maris pour le même motif... Ces expériences macabres ont sans doute influencé ma manière de voir sur cette question. Quelques membres nous ont accusés d'avoir pris notre décision sous l'influence de la peur. Je dois admettre la justesse de cette accusation, mais non dans le sens où elle est faite. Nous n'avons pas eu peur des vies perdues, des gémissements des veuves ou des pleurs des orphelins ou des nombreuses maisons incendiées. Nous avons craint que, si nous continuions ainsi, à exercer des représailles et à entasser ignominies sur ignominies, nous ne nous réduisions progressivement à l'état de cannibales et même à quelque chose de pire. Dans toute nouvelle guerre civile, les actes les plus brutaux et les plus dégradants de la guerre précédente deviennent la norme. » Telle est la cruelle vérité de toute violence.

« J'ai marché avec Gandhi pendant ces trente dernières années, ajouta Kripalani. Je me suis rallié à lui à Champaran. Je n'ai jamais hésité dans ma loyauté à son égard. Ce n'est pas une fidélité personnelle, mais une fidélité politique. Même lorsque je n'étais pas d'accord avec lui, j'ai estimé que son instinct politique était plus correct que mon attitude construite sur le raisonnement. Aujourd'hui également je sens que c'est lui, avec son courage suprême, qui a raison et que mon point de vue est fautif.

« Pourquoi ne suis-je donc pas avec lui? C'est parce que je sens qu'il n'a pas encore trouvé le moyen de se mesurer avec ce problème sur une base de masses. » La nation ne prêtait pas l'oreille au plaidoyer de Gandhi en faveur de la paix et de la fraternité.

Gandhi le savait. « Si seulement l'Inde non musulmane était avec moi, déclara-t-il, je pourrais montrer la route à suivre pour éviter le partage proposé... Nombre de gens m'ont invité à prendre la tête de l'opposition. Mais il n'y a aucun point de commun entre eux et moi, sinon l'opposition... L'amour et la haine peuvent-ils s'allier? »

Quatre-vingt-quinze pour cent des lettres reçues par Gandhi étaient injurieuses et haineuses. Celles des hindous lui demandaient raison de sa partialité en faveur des musulmans, et celles des musulmans exigeaient qu'il mît fin à son obstruction contre la création du Pakistan.

Un couple marathi de la région de Tilak s'en vint à Delhi, campa non loin du quartier des intouchables et annonça à Gandhi qu'il avait commencé un jeûne qui durerait jusqu'à ce que l'idée du Pakistan fût abandonnée. Il leur adressa la parole au cours de deux réunions successives de prières. Il leur demanda s'ils jeûnaient contre le Pakistan parce qu'ils haïssaient les musulmans ou parce qu'ils les aimaient. « Si vous haïssez les musulmans, leur dit-il, vous n'avez pas le droit de jeûner. Si vous aimez les musulmans, vous devez aller enseigner à d'autres hindous à les aimer. » Le jeune couple renonça à jeûner.

Les hindous n'aimaient pas assez les musulmans, et ceux-ci n'aimaient pas assez les hindous. En conséquence, l'Inde serait divisée entre eux.

Gandhi considérait ce partage comme « une tragédie spirituelle ». Il constatait qu'on se préparait à des conflits sanglants. Il entrevoyait la possibilité d'une « dictature militaire » et, dans ce cas, « c'en serait fait de la liberté ». « Je ne suis pas d'accord avec ce que mes amis les plus chers ont fait ou sont en train de faire », disait-il.

Il constatait que ses trente-deux années de labeur aboutissaient à « une fin sans gloire ». Le 15 août 1947, l'Inde fut déclarée indépendante. Mais cette victoire était une froide convention, une convention politique. Les Indiens s'assoiraient là où les Anglais étaient assis; un drapeau tricolore flotterait à la place de l'Union Jack. C'était la gaine vide de la liberté. C'était une victoire avec tragédie, une victoire qui trouvait l'armée écrasant son propre général.

« Je ne puis pas prendre part aux solennités du 15 août », annonça Gandhi.

L'indépendance apportait la tristesse à celui qui en était l'architecte. Le Père de la Patrie était désappointé par sa propre patrie. « Je me suis trompé moi-même en croyant que le peuple était indissolublement acquis à la non-violence... » disait-il. Les Indiens avaient trahi la non-violence qui, pour lui, était plus importante que l'indépendance de l'Inde.

Le 6 octobre 1948, Mountbatten déclarait à la Société royale d'Empire que, dans l'Inde, « on ne comparait pas Gandhi à quelque grand homme d'État tel que Roosevelt ou Churchill. On le mettait simplement en pensée sur le même rang que Mahomet ou le Christ. » Des millions d'hommes vénéraient le Mahatma; des multitudes baisaient ses pieds ou la poussière où ses pas avaient touché. Ils lui rendaient hommage et rejetaient ses enseignements. Ils considéraient sa personne comme sacrée et profanaient sa personnalité. Ils glorifiaient la coquille et foulaient aux pieds l'essence. Ils croyaient en lui mais non en ses principes.

Le 15 août, jour de l'Indépendance, Gandhi était à Calcutta et luttait contre l'émeute. Il jeûna et pria toute la journée. Il n'envoya aucun message à la nation. Invité à la capitale pour prendre part à l'inauguration formelle de la vie de la nation, il refusa de s'y rendre. « Il y a quelque chose de troublant là dedans », écrivit-il le lendemain à Raykoumari Amrit Kaour. Au milieu des festivités, il était triste. « Y a-t-il quelque chose en moi qui ne va pas, demandait-il, ou bien sont-ce les choses qui réellement vont mal? »

L'Inde avait trouvé sa liberté et Gandhi était perplexe et troublé; son détachement emprunté au *Ghita* était affaibli. « Je suis bien loin, déclarait-il, de posséder mon équilibre. »

Pourtant, la foi ne l'abandonna jamais; il n'envisagea non plus jamais de se retirer dans une caverne ou dans une forêt. « Une cause qui est intrinsèquement juste, affirmait-il, ne peut jamais être considérée comme perdue. »

« Vous ne devez pas perdre la foi en l'humanité, écrivait-il le 29 août à Amrit Kaour. L'humanité est un océan. Si quelques gouttes de cet océan sont corrompues, l'océan lui-même ne l'est pas. »

Il avait conservé sa foi en l'homme. Il avait conservé sa foi en Dieu. Il avait par conséquent conservé sa foi en luimême. « Je suis pour le combat, et je ne connais pas l'échec », affirmait-il au cours d'un meeting de prières.

Le partage était un fait, disait-il, mais « il est toujours possible, si l'on se conduit bien, de diminuer un mal et même éventuellement de faire sortir le mal du bien ».

Il espérait toujours que sa foi influerait sur le peuple, mais comment? « Je vais à tâtons aujourd'hui », déclarait-il. Il était plein de « questions pénétrantes » sur lui-même. « Ai-je conduit mon pays hors du bon chemin? »

Un homme moins grand aurait sans doute été dépité ou

plein d'amertume ou aurait préparé la déconfiture de ceux
qui l'avaient contrecarré. Gandhi tournait vers l'intérieur la
lumière du projecteur; peut-être était-ce sa faute, à lui.

« Je puis faire écho à votre prière pour retrouver la paix
et me trouver moi-même, écrivait-il à Kourched Naoroyi.
C'est une tâche difficile, mais je m'y applique. »

« O Seigneur, s'exclamait-il, conduisez-nous des ténèbres à
la lumière! »

Il approchait de son soixante-dix-huitième anniversaire. Le
monde qu'il avait construit gisait partiellement autour de
lui. Il fallait recommencer à construire depuis le début. Le
Congrès était trop un parti politique; il fallait qu'il devînt un
instrument de relèvement constructif du peuple. Gandhi écrivit deux articles dans *Haryian*, sur les vertus d'un socialisme
non violent, non révolutionnaire, ami de Dieu, égalitaire. Il
cherchait de nouvelles directions. Il était vieux par le corps
et jeune par l'esprit, vieux par l'expérience et jeune par la foi.
Ses projets pour l'avenir effaçaient de ses épaules les ennuis
du passé.

Il s'était rendu à Calcutta, où il avait été reçu dans une
maison musulmane, sur un espace où les pierres étaient encore
glissantes de sang fraîchement versé, où l'air était encore aigre
de la fumée des maisons incendiées. La famille de musulmans
à qui appartenait cette maison était aimable pour lui. « Pour
le moment, écrivait-il à Amrit Kaour, je ne suis pas un ennemi. »
Il se réjouissait davantage du plus petit triomphe du sentiment fraternel que de l'indépendance politique d'un pays [1].

Les gens affligés venaient à lui dans cette humble demeure
et il essuyait leurs larmes. Il trouvait une consolation en versant
du baume à autrui. Il avait découvert sa nouvelle tâche. C'était
la même qu'autrefois : soulager la souffrance, répandre l'amour,
faire de tous les hommes des frères.

Saint François d'Assise, un jour qu'il bêchait son jardin,
s'entendit demander ce qu'il ferait s'il apprenait tout d'un
coup qu'il devait mourir au coucher du soleil.

Il répondit : « Je finirais de bêcher mon jardin. »

Gandhi continuait à bêcher le jardin où il avait travaillé

1. La majeure partie de ce chapitre est tirée d'*Haryian* et d'extraits de jour-
naux indiens et étrangers de la période en question, ainsi que de proclama-
tions officielles du gouvernement britannique et du gouvernement indien...
L'histoire de saint François est empruntée textuellement à Dorothy Van
Doren qui l'a publiée le 12 décembre 1948 dans la *New-York Herald Tribune*.
Le discours du professeur Kripalani et les faits relatifs à cette session du
Congrès où il a pris la parole sont tirés du *Congress Bulletin* du 10 juillet
1947.

tous les jours de sa vie. Des pêcheurs avaient jeté des pierres et des immondices dans ce jardin. Il continuait de le bêcher.

L'opiniâtreté était l'antidote dont Gandhi se servait contre le désappointement et la tragédie. L'action lui apportait la paix intérieure.

CHAPITRE XLVI

GANDHI BÊCHE SON JARDIN

LES Britanniques avaient quitté l'Inde. Politiquement lettrés, ils avaient lu sur le mur indien l'inscription : « Votre jour est venu. » Cette inscription était de la main de Gandhi.

Par la volonté des Indiens, lord Mountbatten restait gouverneur général de l'Union indienne. On s'était mis d'accord pour que Mountbatten fût également gouverneur général du Pakistan et, par suite, un symbole d'unité. Mais Yinnah s'était mis à sa place.

Le Pakistan coupait l'Inde en deux. Lui-même était coupé en deux. Il possédait 27 millions d'habitants dans l'Inde du Nord-Ouest et 45 millions au Nord-Est. Entre ces deux parties s'étendaient environ 800 milles de territoire appartenant à l'Union indienne.

Dans le Pakistan musulman il y avait plusieurs millions d'hindous et de sikhs. Parmi les 330 millions d'habitants de l'Union indienne, il y avait 42 millions environ de musulmans.

Des 565 États indigènes 550 avaient adhéré à l'Union indienne. Trois s'étaient joints au Pakistan. La plupart des maharadjahs et des nababs devinrent des marionnettes trop richement pensionnées. Les éléphants se mirent à mendier.

La frontière qui partageait l'Inde en deux familles divisées à leur tour en deux séparait les usines des matières premières, les récoltes des marchés. L'armée était fractionnée; le trésor devait être réparti entre les deux gouvernements. Les non-musulmans du Pakistan craignaient pour leur avenir. Les musulmans de l'Union indienne étaient inquiets. Dans chacun des nouveaux dominions, la lutte se déclarait entre la majorité dirigeante et la minorité effrayée.

Une Inde unie aurait pu vivre en paix. La vivisection avait sectionné des artères vitales : de là coulaient du sang humain et le poison de la haine religieuse.

Calcutta et la partie occidentale de la province du Bengale étaient restées dans l'Union indienne. Le Bengale oriental était entré au Pakistan. 33 % de la population de Calcutta étaient musulmans. Hindous et musulmans se battaient.

Comment une émeute religieuse commence-t-elle? Le 17 avril 1938, trois hindous et un musulman étaient accroupis dans les Northbrook Gardens de Bombay et jouaient aux cartes. Ils avaient bu. Ils se disputèrent à propos du jeu. « Des bruits relatifs à des conflits hindo-musulmans se répandirent dans la ville, rapporte un compte rendu officiel. Il en est résulté une panique qui a été alimentée par des « mauvais garçons ». Des attaques ont commencé dans les rues, des bastonnades et des coups de pierres... L'interdiction de porter des armes a été publiée et le trajet des funérailles pour les hindous et les musulmans a été fixé. La troupe a également été mise au secours de l'ordre... Une rencontre qui menaçait de prendre de sérieuses proportions a été bientôt réprimée. Des attaques isolées ont eu lieu cependant pendant quelques jours encore : au total, il y a eu 14 morts et 98 blessés. » La police a mis 2.488 personnes en état d'arrestation.

Cela se passait aux jours calmes, normaux, d'avant le Pakistan. Dans l'état de tension qui atteignit son maximum en 1947, et surtout dans une ville comme Calcutta où les habitants sont tassés les uns sur les autres dans des *slums* malpropres comme harengs en caque, une petite fille musulmane tirant les cheveux d'une petite hindoue ou un gamin hindou injuriant un gamin musulman pouvaient être la cause d'une émeute sanglante. La passion et la pauvreté transformaient les gens en amadou.

Sur cette matière inflammable, Gandhi entreprit de déverser les eaux douces de la paix.

Gandhi était arrivé à Calcutta le 9 août 1947. Pendant toute une année, c'est-à-dire depuis le jour d'action directe prescrit par Yinnah pour le 16 août 1946, Calcutta avait été déchirée par des conflits sanglants. Gandhi et H. S. Souhraouardi, l'ancien premier ministre du Bengale, traversèrent bras dessus, bras dessous des rues vibrantes de frénésie religieuse. Souhraouardi conduisit Gandhi en auto à travers des quartiers

en révolte. La violence semblait s'apaiser partout où ils passaient. Des milliers de musulmans et d'hindous s'embrassaient
les uns les autres en criant : « Vive le Mahatma Gandhi! » « Vive
l'unité hindo-musulmane! » D'immenses multitudes fraterni-
saient aux assemblées journalières de prières de Gandhi. Depuis
le 14 août on ne cita plus aucune émeute à Calcutta. Gandhi
avait calmé la tempête. La presse paya son tribut de louanges
au magicien vêtu d'un pagne.

Pendant la nuit du 31 août, Gandhi était allé se coucher
dans la maison d'un musulman. Vers 10 heures, il entendit des
cris de fureur. Il resta immobile. Souhraouardi et quelques
disciples femmes du Mahatma essayaient de calmer les assaillants. Puis, un bruit de verre retentit : des vitres avaient été
cassées à coups de pierres et à coups de poing. Un certain
nombre de jeunes gens pénétrèrent dans la maison et se
mirent à frapper aux portes. Gandhi se leva et ouvrit.
Il se trouva face à face avec des émeutiers pleins de rage.
Il joignit ses mains en guise de salut. On jeta une brique
contre lui. Elle atteignit un de ses amis musulmans debout
à côté de lui. Un des émeutiers lança une matraque de *lathi*
qui faillit atteindre Gandhi. Le Mahatma hochait la tête
douloureusement. La police arriva. Le chef invita Gandhi à
se retirer dans sa chambre. Puis les agents expulsèrent les
envahisseurs. Dehors, on utilisa les bombes lacrymogènes
pour refouler une multitude effrénée de musulmans rendus
furieux par la présence d'un de leurs coreligionnaire enve-
loppé d'un pansement qui, affirmaient-ils, avait été roué de
coups par des hindous.

Gandhi décida de jeûner.

Dans une déclaration faite à la presse le 1er septembre il
disait : « Se présenter en personne devant une foule hurlante
n'est pas toujours suffisant. Cela n'a servi de rien la nuit dernière. Ce que ma parole et ma présence ne peuvent faire, mon
jeûne peut le faire. Il peut toucher les cœurs de toutes les
factions en guerre dans le Pundjab, s'il les touche à Calcutta.
Je commencerai donc à jeûner ce soir à 8 h. 15, jusqu'à ce que
Calcutta ait retrouvé son bon sens. »

C'était un jeûne à mort. Jusqu'à ce que le bon sens fût
retrouvé, le Mahatma serait mort.

Le 2 septembre, des groupes et des délégations commencèrent
à affluer à la résidence de Gandhi. Ils étaient prêts, disaient-
ils, à faire n'importe quoi pour sauver sa vie. Il leur expliqua
que c'était là une mauvaise interprétation. Ses jeûnes « avaient

pour but d'émouvoir la conscience et de secouer l'apathie des esprits ». Sauver sa vie ne pouvait être que secondaire pour la transformation des cœurs.

Les dirigeants de toutes les collectivités et de nombreuses organisations rendirent visite au Mahatma. Il les reçut et s'entretint avec eux. Il ne voulait pas cesser de jeûner tant que l'harmonie n'aurait pas été rétablie dans toute la communauté. D'éminents musulmans et un représentant officiel de l'Union des marins du Pakistan vinrent trouver Gandhi et l'assurèrent qu'ils feraient tout pour maintenir la paix. D'autres musulmans vinrent. Le jeûne leur faisait impression. Il avait pour but leur sécurité et la reconstruction de leurs maisons détruites.

Le 4 septembre, des fonctionnaires municipaux vinrent annoncer à Gandhi que la ville était restée absolument calme pendant vingt-quatre heures. Ils lui dirent aussi que, comme preuve de leur désir de paix dans cette commune, cinq cents policiers de Calcutta-nord, y compris les agents de police britanniques, avaient commencé un jeûne de sympathie de vingt-quatre heures tout en continuant leur service. Des chefs de bandes de « mauvais garçons », des tueurs robustes vinrent s'asseoir auprès du lit de Gandhi et, en pleurant, promirent de s'abstenir de leurs désordres habituels. Des représentants des hindous, des musulmans et des chrétiens, des ouvriers, des commerçants, des boutiquiers jurèrent en présence de Gandhi qu'il n'y aurait plus de troubles à Calcutta. Il leur dit qu'il les croyait, mais que cette fois-ci il lui fallait une promesse écrite. Et, avant de signer cette promesse, il fallait qu'ils sussent une chose : si cette promesse était violée, il commencerait « un jeûne irrévocable » auquel rien au monde que la mort ne pourrait mettre un terme.

Les chefs de la ville se retirèrent pour délibérer. C'était un grave moment et ils avaient pleine conscience de leur responsabilité. Ils n'en rédigèrent pas moins l'engagement et le signèrent. A 9 h. 15 du soir, le 4 septembre, Gandhi but un verre de jus de limon sucré que Souhraouardi lui présenta. Il avait jeûné pendant soixante-treize heures.

A partir de ce jour, pendant les nombreux mois au cours desquels le Pundjab et d'autres provinces furent ébranlés par des massacres religieux, Calcutta et les deux parties du Bengale furent exemptes d'émeutes. Le Bengale resta fidèle à la parole donnée.

Le 7 septembre, Gandhi quitta Calcutta pour New-Delhi en

direction du Pundjab. Il y avait une autre partie du jardin qui avait besoin d'être bêchée.

A la gare de Delhi, Gandhi rencontra le sardar Vallabhbhaï Patel, Raykoumari Amrit Kaour et d'autres. Leurs visages étaient empreints de tristesse. Les émeutes faisaient rage dans tout Delhi. Des sikhs et des hindous réfugiés contre les incendies du Pundjab affluaient dans la ville. Ils avaient occupé le quartier des intouchables où le Mahatma résidait habituellement. Il lui faudrait descendre au « palais de Birla House », ainsi qu'il le nommait.

La chambre de Gandhi à Birla House était au rez-de-chaussée, un pied environ au-dessus du sol. Elle avait environ 25 pieds sur 16 et 10 pieds de haut environ. Une salle de bains y était jointe. Lorsque Gandhi arriva, tous les meubles en avaient été enlevés. Des visiteurs étaient assis par terre; lui, dormit sur une terrasse en dehors de la chambre. Il y avait un radiateur et une lampe électriques. Cette chambre était située sur la droite de la maison et très loin du terrain où avaient lieu sur le domaine de Birla les réunions de prières. Pour se rendre à l'office, Gandhi descendait par une haute fenêtre et suivait une longue file de pergolas en grès rouge ombragées de vignes luxuriantes.

En arrivant à Birla House Gandhi apprit qu'il était impossible de se procurer des fruits ou des légumes frais, les services vitaux ayant été ruinés par les émeutes de Delhi qui, dit-il, ressemblait « à une ville de mort ».

Avec passion et sans retenue, Gandhi s'adonna alors à la tâche de ramener à la raison Delhi et le Pundjab. Rien d'autre ne lui importait. Pendant les années précédentes, il avait permis aux médecins de mesurer sa tension. Maintenant, il disait : « Laissez-moi tranquille. Il faut que j'agisse et je n'ai pas besoin de connaître ma tension. » D'après les médecins, son appareil circulatoire ne s'était pas détérioré depuis dix ans, et il n'avait pas davantage de rides sur le visage ou sur le corps. Une cataracte découverte en 1939 par un spécialiste n'avait pas fait de progrès. Ses oreilles étaient devenues très sensibles aux bruits violents. Il dormait de cinq à six heures toutes les nuits et d'une demi-heure à une heure pendant le jour; il dormait toujours profondément et ne parlait que rarement pendant son sommeil. Une fois, comme il avait fait des mouvements des bras en dormant, la D[resse] Nayyar lui demanda à son réveil ce qui lui était arrivé et il répondit qu'il gravissait une muraille. Il était toujours frais et dispos le matin.

En dépit de sa désolation profonde quant à la situation politique, Gandhi ne cessait pas de prendre grand soin de son corps. Il avait plaisir à rester de dix à vingt minutes dans un bain très chaud, à 100 ou 101 degrés Fahrenheit. Souvent cela lui donnait le vertige. S'il pouvait avoir une douche froide, il terminait par là.

Pendant ces mois de voyages pénibles et de tension morale terrible, il mangeait moins. Sa formule était : manger moins quand on travaille davantage. Il y avait beaucoup à faire.

Le tout premier jour à Birla House, Gandhi rendit visite au Dr Zakir Houssaïn à Okla, village situé à quatorze milles de New-Delhi.

Zakir Houssaïn, majestueux érudit, noble de tête et de caractère, était le président de la Yamia Millia Islamia, académie religieuse musulmane d'Okla. Gandhi avait collecté des offrandes pour cette école. Il avait également nommé le Dr Zakir Houssaïn président de la Société nationale pour l'éducation de base; il avait fait cela au cours d'une conférence où tout le monde, à l'exception de Houssaïn, avait accepté les idées de Gandhi sur la formation des enfants.

L'académie d'Okla, collection de petites constructions neuves, propres, est située dans une région imprégnée de tradition islamique et riche en ruines d'anciennes fortifications mongoles et de mosquées. Mais, au mois d'août 1947, elle se trouva comme engloutie dans un océan d'hindous et de sikhs furieux pour qui tout ce qui était musulman, que ce fût un homme ou un bâtiment, était haïssable. La nuit, les professeurs et les étudiants de l'académie montaient la garde, dans l'attente d'une attaque. Toutes les lumières étaient éteintes. Dans un cercle autour d'eux ils pouvaient voir des villages musulmans en flammes et des maisons musulmanes brûlant comme des torches. Non loin de là coule une rivière, la Youmna. Nuit après nuit, ils pouvaient entendre des musulmans plonger dans l'eau pour échapper à leurs poursuivants. Mais ceux-ci plongeaient après eux et c'était alors des bruits de lutte et des clapotements; puis, la victime était maintenue sous l'eau jusqu'à ce qu'elle fût noyée ou poussât un cri d'angoisse suprême, lorsque le couteau lui tranchait la gorge. Le cercle des assaillants se rapprochait toujours davantage. Par une nuit noire, arriva sur le territoire de Yamia Millia un taxi d'où descendit Yaouaharlal Nehrou. Il avait traversé seul la foule de fous furieux qui entouraient Delhi, afin de se rendre auprès du Dr Houssaïn et de ses élèves et de les protéger en cas de besoin.

Dès que Gandhi fut averti du danger qui menaçait l'académie musulmane, il arriva en voiture et passa une heure avec Zakir Houssaïn et s'entretint avec les professeurs et leurs élèves. Sa présence consacrait l'académie; désormais elle était en sûreté.

Le même jour, Gandhi visita plusieurs camps de réfugiés; on insista pour qu'il s'y rendît avec une garde armée; les hindous et les sikhs pouvaient l'attaquer le considérant comme pro-musulman, et les musulmans parce qu'il était hindou; n'importe qui pouvait, rendu fou par les morts ou les enlèvements dans sa famille, l'assaillir sans motif. Il s'y rendit sans escorte.

Dédaignant toutes les considérations de prudence et de santé, Gandhi déploya alors une activité immodérée : il traversait la ville en tous sens plusieurs fois par jour pour parcourir les zones turbulentes; visitait les camps de réfugiés dans la ville et au dehors; parlait à mainte reprise dans la même journée à des milliers de gens remplis d'amertume, spécimens d'humanité déracinée. « Je pense, disait-il le 20 septembre à la réunion de prières, aux pauvres réfugiés de Delhi, à ceux du Pundjab oriental (Union indienne) et du Pundjab occidental (Pakistan), aujourd'hui qu'il pleut. J'ai appris qu'un convoi d'hindous et de sikhs, long de cinquante-sept milles, se dirige du Pundjab occidental vers l'Union indienne. Cela me donne le vertige de penser à une chose pareille. Voilà qui n'a pas son parallèle dans l'histoire du monde et cela me fait courber la tête de honte, comme cela devrait vous faire à vous. »

Gandhi n'exagérait pas : ce convoi de cinquante-sept milles de long était un des nombreux cortèges formant la Grande Migration au cours de laquelle quinze millions au moins de gens ont parcouru des centaines de milles pour gagner non pas de nouveaux foyers et de nouvelles chances, mais pour aller vers la misère et souvent vers la maladie et la mort. De la partie du Pundjab assignée au Pakistan venaient des millions d'hindous et de sikhs qui fuyaient les poignards et les matraques des musulmans. De l'Union indienne, en direction vers le Pakistan, venaient des millions de musulmans terrorisés par les couteaux et les *lathis* des hindous et des sikhs. La protection de la police appartenait au passé. La police et même les soldats étaient animés par les mêmes passions que les agresseurs et souvent les aidaient à piller et à assassiner.

Quelques policemen fatigués et des groupes de jeunes volontaires, voilà tout ce qui distinguait ces « convois » de bandes désorganisées de gens poussés par la panique. Ils fuyaient dans leurs chars à bœufs ou, lorsqu'ils n'avaient jamais possédé de char ou qu'on le leur avait enlevé, ils s'en allaient à pied, familles entières, adultes portant les enfants, transportant les malades dans des corbeilles, portant les vieillards sur leur dos. Fréquemment, les malades étaient abandonnés pour mourir dans la poussière de la route. Le choléra, la variole et d'autres maladies sévissaient contre ces hordes d'émigrants. Pendant des jours et des semaines ces convois avançaient pas à pas laissant derrière eux des cadavres pour jalonner leur route. Des vautours planaient au-dessus de la ligne de marche, attendant que les voyageurs fatigués se laissassent tomber à terre. Quelques familles seulement avaient pu garder assez de provisions pour soutenir leur santé. Mais dans ce cas, on les leur volait ou il fallait se battre pour les conserver : ceux qui perdaient mouraient de faim; les vainqueurs subsistaient un peu plus longtemps. Parfois, des convois hostiles, venant en direction opposée, campaient pendant la nuit dans le voisinage les uns des autres et continuaient leurs luttes déraisonnables.

Le gouvernement de Nehrou installa des camps à l'extérieur de Delhi pour accueillir les émigrants avant leur entrée dans la ville et pour prendre soin d'eux. Mais des milliers et des milliers échappaient au cordon sanitaire. Ils prenaient dans la ville ce dont ils pouvaient s'emparer. Ils dormaient sous les porches ou dans les cours des maisons, sur le pavé, dans les égouts, dans les rues. Ils gisaient, épuisés, sur l'asphalte. Les voituriers insouciants les écrasaient.

Toute maison possédée à Delhi par un musulman émigré au Pakistan était considérée comme un légitime butin : les réfugiés l'occupaient. Les magasins musulmans étaient pillés. Lorsque les musulmans résistaient, il en résultait des émeutes. Réduites à un mode primitif de vie, les « personnes déplacées » se laissaient aller à des passions primitives.

Dans cette cité de folie et de mort, le Mahatma Gandhi s'efforçait de répandre l'évangile de l'amour et de la paix. Il disait aux musulmans qu'il fallait rester même si on les molestait et que « les hindous et les sikhs qui les harcelaient discréditaient leur religion et faisaient un tort irréparable aux

Indes ». Il insistait auprès de ceux qui détenaient des armes
sans autorisation pour qu'ils les lui remissent. « Un petit
nombre sont venus à moi d'eux-mêmes. »

« Il faut me pardonner, déclara-t-il devant une assemblée
de prière composée principalement d'hindous et de sikhs, si
je blâme en premier lieu les hindous et les sikhs. Je ne me
reposerai pas tant qu'un seul musulman de l'Union indienne
qui désire être un citoyen loyal de l'Union ne sera pas rentré
dans sa maison pour y vivre en paix et en sécurité, tant que
les hindous et les sikhs ne seront pas de retour dans leurs
foyers. » Mais les hindous et les sikhs avaient peur de retourner au Pakistan; ils ne désiraient pas quitter les maisons des
musulmans qui s'étaient enfuis au Pakistan et que Gandhi
invitait à revenir.

Gandhi s'était placé, tout seul, en travers d'un torrent
déchaîné.

Il se rendit à un meeting d'environ cinq cents membres
de la Rachtryia Sévak Sangha ou R. S. S., organisation très
disciplinée de jeunes militants hindous. Ils étaient farouchement antimusulmans, et un grand nombre d'entre eux étaient
farouchement opposés à Gandhi parce qu'il s'efforçait de protéger les musulmans. Mais il leur dit que leur intolérance
tuerait l'hindouisme. Si le Pakistan maltraitait les hindous
cela ne leur donnait pas le droit de maltraiter les musulmans.
« On ne gagne rien à rendre le mal pour le mal. » Il était bien
certainement l'ami des musulmans, mais aussi l'ami des sikhs
et des hindous. « Des deux côtés on a l'air d'être devenus fous.
Le résultat ne peut être que la destruction et la misère »
pour les deux côtés. La R. S. S. était, disait Gandhi, « un
corps bien organisé, bien discipliné. Sa force pourrait être
utilisée dans l'intérêt de l'Inde ou contre elle. » Des accusations ont été portées contre elle; on l'a accusée de fomenter
des émeutes et de projeter des assassinats. « C'est à vous qu'il
appartient de montrer, par votre attitude uniforme, que ces
accusations sont sans fondement. »

Après avoir parlé, Gandhi demanda qu'on lui posât des
questions. On a inscrit au procès-verbal une des questions
et la réponse.

« L'hindouisme permet-il de tuer un méchant?

— Un méchant ne peut pas en punir un autre, répondit
Gandhi. Punir est la fonction du gouvernement et non du
public. »

Le 2 octobre 1947, le Mahatma célébra son soixante-dix-huitième anniversaire. Lady Mountbatten et certains diplomates étrangers vinrent le féliciter; des monceaux de télégrammes furent envoyés de l'étranger et de tous les coins de l'Inde. Un grand nombre de musulmans lui adressèrent leurs vœux. Les riches envoyèrent de l'argent. Les réfugiés envoyèrent des fleurs. « Où vont toutes ces félicitations? demanda Gandhi. Ne serait-il pas plus opportun de m'envoyer des condoléances? Il n'y a que de l'angoisse dans mon cœur. Il fut un temps où les foules faisaient tout ce que je leur disais. Aujourd'hui ma voix est sans écho... J'ai perdu tout désir de vivre longtemps, surtout pas cent vingt-cinq ans... Je ne puis pas vivre alors que la haine et le meurtre empoisonnent l'atmosphère... Je vous supplie donc de renoncer à votre actuelle folie. »

Il n'était pas déprimé; il était désespéré. « J'invoque le secours de l'universelle Puissance pour qu'elle m'arrache à cette « vallée de larmes » plutôt que de permettre que je sois le témoin impuissant des carnages causés par la sauvagerie des hommes... Si Dieu m'aime, il ne me laissera plus sur terre qu'un moment. »

Il visita des camps de réfugiés pleins d'immondices. Certains d'entre eux refusaient de nettoyer, parce qu'ils n'étaient pas intouchables. Il blâma cette déraison des hindous. La saison froide approchait. Il fit un appel afin d'obtenir des couvertures, des édredons et des draps de lit de coton pour les sans-foyer.

Le Pundjab est le grenier de l'Inde. Les troubles avaient transformé la moisson en poussière, et l'Union indienne souffrait plus que jamais de la faim. Gandhi ne s'en opposa pas moins au rationnement, parce qu'il entraînait la centralisation, la paperasserie, la spéculation et la corruption.

Chaque soir il annonçait le nombre de couvertures qu'il avait reçues. Les couvertures étaient préférables aux édredons parce que ces derniers prenaient l'humidité. Mais, disait-il, les édredons pouvaient, pendant la nuit, être recouverts de vieux journaux.

Il espérait partir pour le Pundjab. Mais Delhi n'était pas pacifiée. Un boutiquier musulman, qui avait cru que les choses étaient arrangées, ouvrit le rideau de fer de sa boutique. Au même instant, une balle l'abattit.

Un soir, Gandhi se rendit à la prison centrale de Delhi et y présida un office pour trois mille détenus. « Je suis moi-même un ancien détenu en liberté provisoire », leur dit-il en riant.

« A quoi les prisons devraient-elles ressembler dans l'Inde? demanda-t-il. Tous les criminels devraient être traités comme des malades; et les geôles devraient être des hôpitaux admettant ces sortes de patients pour les soigner et les guérir. » Il conclut en exprimant le vœu que les détenus hindous, musulmans et sikhs vivent ensemble comme des frères

Les nouvelles venant de Calcutta étaient bonnes Pourquoi, demanda-t-il au cours d'un meeting de prières à Birla House, pourquoi Delhi ne pourrait-elle pas suivre l'exemple pacifique de Calcutta?

Chaque soir, Gandhi demandait à ceux qui s'étaient réunis pour prier si quelqu'un d'entre eux s'opposait à la lecture de quelques versets du Coran. Généralement, il y avait deux ou trois objecteurs. Il demandait alors si les autres fidèles nourrissaient quelque sentiment mauvais contre les objecteurs. Ils répondaient que non. Est-ce que les objecteurs resteraient tranquilles pendant qu'on lirait le Coran? Ils répondaient affirmativement. Il lisait les versets. C'était une leçon de tolérance et de discipline. Il n'escomptait pas que tous seraient d'accord. Il espérait que tous resteraient non violents en dépit de leur désaccord.

Les réfugiés apportaient des récits déchirants de sauvagerie. Un homme avait fait tournoyer un enfant par un pied et avait fracassé sa tête contre un mur. Deux autres avaient pris un enfant par les pieds et avaient coupé son corps par le milieu. Une foule musulmane avait assiégé un village; après une longue résistance les hommes, hindous et sikhs, sortirent et se rendirent; les femmes se serraient les unes contre les autres derrière la palissade qui entourait le puits du village. Les musulmans vinrent s'emparer d'elles; une femme sauta dans le puits; une autre la suivit; dans les quatre minutes qui suivirent, soixante-treize femmes s'étaient jetées l'une sur l'autre dans ce puits.

Par crainte des représailles, les musulmans de l'Union indienne décidèrent de se réfugier dans le Pakistan. Par crainte des représailles, les hindous et les sikhs du Pakistan émigraient vers l'Union indienne. Une immense région bouillonnait de haine, de meurtre et de millions d'émigrants. Au milieu de ce bouleversement se dressait le petit homme vêtu d'un pagne. Représailles pour représailles, disait-il, mort pour mort, cela signifiait la perte de l'Inde.

Les actes de violence continuaient sporadiquement à Delhi. Au cours des premiers troubles, 137 mosquées avaient été endommagées. Un certain nombre avaient été transformées en temples hindous avec des idoles. Gandhi considérait de telles profanations « comme une tache pour l'hindouisme et le sikhisme ». Il prit part à une fête religieuse à laquelle assistaient cent mille sikhs barbus et leurs familles. Il y condamna la violence exercée contre les musulmans. Les sikhs, disait-il, avaient bu et avaient causé du désordre. « Gardez vos cœurs purs et vous verrez que toutes les autres collectivités suivront votre exemple. »

Gandhi critiquait aussi le gouvernement indien. « Nos hommes d'État, écrivait-il dans une lettre à Mme Edmond Privat, ont déclamé pendant plus de deux générations contre les lourdes dépenses faites sous le régime britannique en vue des armements, mais, maintenant qu'ils sont libérés de la servitude politique, nos dépenses militaires se sont accrues et menacent encore de s'accroître, et nous en sommes fiers. Pas une voix ne s'élève contre cela dans nos chambres législatives. » Il appelait cela « une folle imitation du clinquant occidental ». Mais il continuait à espérer que l'Inde survivrait « à cette danse macabre » et qu'elle « atteindrait la hauteur morale qui lui revenait après l'entraînement à la non-violence, si imparfait fût-il, qu'elle avait eu pendant une période ininterrompue de trente-deux ans, depuis 1915 ».

« Lorsque cela en vaut la peine, écrivait Gandhi, la vérité doit être exprimée, si déplaisante qu'elle puisse être... Les méfaits des hindous dans l'Union indienne doivent être dénoncés du haut des maisons si l'on veut que ceux des musulmans du Pakistan soient arrêtés ou suspendus. En sa qualité d'hindou, il était sévère surtout pour les hindous [1].

1. Le récit de l'émeute de Bombay est extrait de *The Bombay Government and its Work : Official Report* (Bombay, 1938).

Le compte rendu des activités de Gandhi à Calcutta et à New-Delhi suit les reportages des journaux et *Haryian*. Ses discours ont été publiés dans *Haryian*. J'ai également utilisé un livre intitulé *Delhi Diary (Prayer Speeches from September 10, 1947, to January 30, 1948)*, par M. K. Gandhi (Ahmédabad, Navajivan Publishing House, 1948).

Le Dr Zakir Houssaïn et d'autres m'ont renseigné sur les événements qui se sont produits à l'école d'Okla et autour d'elle.

Les faits rapportés sur la santé de Gandhi m'ont été indiqués par la D^resse Souchila Nayyar.

Il existe beaucoup de descriptions de la « Grande Migration ». Mais la meilleure de toutes est constituée par les excellentes photographies de Margaret Bourke-White dans *Halfway to Freedom, a Report of the New India in the Words and Photographs* (New-York, Simon and Schuster, 1949).

CHAPITRE XLVII

L'AVENIR DE L'INDE

Gandhi ne faisait jamais la critique d'une chose sans suggérer un remède concret. Il avait blâmé le parti du Congrès et le nouveau gouvernement de l'Inde libre. Que proposait-il?

Il avait remarqué promptement que la liberté de l'Inde entraînait la question de la liberté dans l'Inde. Comment ce pays pouvait-il rester démocratique?

Il n'y avait qu'un seul parti important, le parti du Congrès. Il jouissait d'un immense prestige, en tant que parti de Gandhi, de Nehrou et de Patel, celui qui avait lutté pour la libération et qui avait remporté la victoire sur la Grande-Bretagne. Il y avait d'autres partis, tels que le Mahasabha hindou et celui des communistes; mais ils n'avaient aucune importance.

La question que Gandhi examinait était la suivante : le parti du Congrès pouvait-il diriger et maîtriser le gouvernement? Il n'avait pas étudié les conditions politiques dans l'Union soviétique ou dans l'Espagne de Franco ou d'autres États totalitaires, mais, par l'intuition, il arrivait à des conclusions auxquelles d'autres n'étaient parvenus qu'après de longues expériences et des analyses prolongées : il se rendait compte que le système d'un seul parti pouvait effectivement être un système sans parti, car lorsque gouvernement et parti ne font qu'un, le parti n'est plus qu'une machine à estampiller et n'a plus qu'une existence fictive.

Si le seul parti important de l'Inde, le Congrès, ne gardait pas à l'égard du gouvernement une attitude indépendante et critique, qui donc servirait de frein aux tendances autocratiques qui pourraient se développer chez les hommes au pouvoir?

Sans la liberté de critique et une puissante opposition, la démocratie ne peut vivre.

Sans la critique et l'opposition politiques, l'intelligence d'une nation, la culture, la morale publique deviennent stagnantes; les grands hommes sont soumis à l'épuration et les petits se transforment en pygmées prêts à s'incliner jusqu'à terre. Les dirigeants s'entourent de lâches, de sycophantes et de « oui-oui » rampants dont l'approbation automatique semble à ceux qui lisent mal un tribut rendu à la grandeur.

Le parti du Congrès pouvait-il, avec l'aide de Gandhi et de la presse libre, empêcher que les choses n'aboutissent à ce résultat dans l'Inde?

Le 15 novembre 1947, en présence du Mahatma, le professeur J. B. Kripalani, président du Congrès, informa le comité du Congrès panindien qu'il démissionnait de ce poste. Il n'avait pas été consulté par le gouvernement et n'avait pas été mis pleinement au courant. Bien que « ce soit du parti que le gouvernement actuel détienne son pouvoir », disait Kripalani, le gouvernement ignorait le parti. Kripalani fit savoir que, dans de telles circonstances, Gandhi estimait que sa démission était justifiée [1].

Nehrou et Patel étaient à la tête du gouvernement. Ils étaient aussi parmi les dirigeants du parti du Congrès. Leur popularité et l'emprise qu'ils avaient sur l'appareil de ce parti les mettaient en mesure de le dominer. Ils s'identifiaient eux-mêmes avec lui. Pourquoi donc auraient-ils accepté le président du parti comme un frein? Pourquoi lui auraient-ils accordé un droit de veto sur leurs projets gouvernementaux?

Le choix du successeur de Kripalani assumait une importance-clé. Si on élisait une marionnette prête à obéir en tout au gouvernement cela signifierait que toute opposition politique réelle serait éliminée.

Gandhi prit part à la séance du comité exécutif du Congrès qui devait élire le nouveau président. C'était la journée de silence du Mahatma. Lorsque le moment de voter fut arrivé, il inscrivit le nom de son candidat sur un bout de papier et

1. Le professeur Kripalani m'a donné les raisons de sa démission au cours d'une visite que je lui ai faite chez lui, à New-Delhi, en août 1948. Son discours de démission est imprimé dans le *Congress Bulletin* du 31 décembre 1947.

le fit passer à Nehrou. Celui-ci lut tout haut le nom : Narendra Dev, le leader socialiste. Nehrou appuya sa candidature. D'autres s'y opposèrent.

Les socialistes étaient alors encore membres du parti du Congrès. Mais les différences idéologiques, politiques et personnelles qui les séparaient de l'aile droite des membres du Congrès encouragèrent sans doute Gandhi à les croire capables de contrôler et de contrer certaines tendances existant au sein du gouvernement.

La session matinale du comité exécutif se termina à 10 heures du matin; aucun vote n'eut lieu.

A midi, Nehrou et Patel convoquèrent Rayendra Prasad et, sans consulter Gandhi, l'invitèrent à poser sa candidature à la présidence du Congrès. Le Dr Prasad, membre du comité exécutif, était un avocat qui avait rencontré Gandhi pour la première fois à Champaran en 1917, pendant la lutte en faveur des moissonneurs d'indigo.

Prasad alla trouver Gandhi à Birla House à 1 heure de l'après-midi et lui parla de l'offre qui lui avait été faite. « Je n'aime pas ça », répondit le Mahatma.

« Je ne peux pas me souvenir d'avoir jamais osé faire opposition à Gandhi, constate le Dr Prasad dans le récit qu'il a fait de ces événements. Même quand j'ai été d'un avis contraire au sien, j'ai toujours eu l'impression qu'il devait avoir raison et je lui ai obéi. »

En cette circonstance également, Prasad se laissa persuader de changer d'opinion et promit de retirer sa candidature.

Pourtant, plus tard, on le détermina à revenir sur sa décision, et il fut élu nouveau président du Congrès. C'était un homme aimable, modeste, accommodant, amoureux de la solitude, bien intentionné, d'un caractère élevé, plus disposé à servir qu'à diriger. Il était âgé de soixante-trois ans [1].

Gandhi avait été battu par l'appareil du Congrès et par les hommes les plus importants du gouvernement.

Il essaya donc une autre tactique.

Pendant la première moitié du mois de décembre 1947, il eut une série de conférences avec ses collaborateurs les plus dignes de confiance en dehors du gouvernement. C'étaient les

---

1. Le Dr Rayendra Prasad m'a fourni les détails concernant sa nomination et son élection, ainsi que le texte exact des paroles prononcées par Gandhi, au cours d'une conversation que j'ai eue avec lui, chez lui, à New-Delhi, le 4 septembre 1948. Sa relation fidèle de cet épisode m'a été confirmée par d'autres sources dignes de foi.

ouvriers constructifs[1], les hommes et les femmes qui dirigeaient les différentes organisations instituées par Gandhi au cours des années en vue de supprimer l'intouchabilité, de répandre l'usage de l'hindoustani comme langue nationale, de développer l'éducation de base, de perfectionner la culture des denrées alimentaires, d'accroître les industries villageoises et d'encourager la filature manuelle. Les ouvriers constructifs étaient partisans dévoués de la non-violence; ils croyaient en Gandhi non seulement parce qu'il avait été l'instrument principal de l'indépendance politique de l'Inde, mais parce qu'ils le considéraient comme l'agent suprême de la réforme sociale dans leur pays.

Gandhi désirait faire fusionner toutes ces organisations. Mais il ne voulait pas qu'elles « fissent partie de la politique de pouvoir; cela eût signifié la ruine. Sinon, disait Gandhi, pourquoi ne serais-je pas entré moi-même dans la politique et n'aurais-je pas essayé de gouverner à ma façon? Ceux qui détiennent les rênes du pouvoir aujourd'hui se seraient volontiers écartés pour me faire place, mais tandis qu'ils exercent ces fonctions ils s'en acquittent conformément à leurs propres moyens.

« Mais, affirmait Gandhi à ses amis, je ne désire pas assumer le pouvoir. En y renonçant et en nous consacrant au service pur et désintéressé des électeurs, nous pouvons les guider et les influencer. Cela nous donnerait beaucoup plus de pouvoir réel que si nous entrions dans le gouvernement. On pourra en arriver là lorsque le peuple lui-même sentira éventuellement et dira qu'il a besoin de nous et que personne d'autre ne peut exercer le pouvoir. Alors, on pourra étudier la question. Mais il est probable que je ne serai plus en vie à ce moment-là. »

Incapable de diriger le Congrès, Gandhi projetait de créer un nouveau véhicule qui pousserait le gouvernement et, en cas de besoin, supporterait la charge du pouvoir. Il ferait de la politique sans chercher le pouvoir, excepté en dernier ressort. Au lieu de s'appliquer à gagner des voix, il chercherait à éduquer les masses « à se servir intelligemment de leur droit de vote », disait Gandhi.

« Avec les suffrages des adultes, déclarait-il, si nous méritons le pain que nous mangeons, nous devrions avoir une telle emprise sur le peuple que quiconque aurait été choisi par nous

1. Le compte rendu de la conférence des « Constructive Workers » est basé sur un mémoire de onze pages qui m'a été fourni par Pyarélal, le secrétaire de Gandhi qui y a assisté et y a pris des notes abondantes.

serait élu. » Pour l'aider dans cette tâche, Gandhi voulait
attirer à lui plus d'intellectuels. « Notre « intelligence », disait-il
à la conférence des «Travailleurs constructifs», ne manque pas
de sympathie pour nous. La raison généralement suit les traces
de la sensibilité. Nous n'avons pas suffisamment pénétré dans
leur cœur pour convaincre leur raison. » Voilà une des clés
du caractère de Gandhi : le cœur et la pensée ne faisaient qu'un
pour lui, mais c'était le cœur qui l'emportait.

Un délégué lui demanda pourquoi le travail social constructif
ne pouvait pas être fait par le parti du Congrès ou par le gouvernement.

« Parce que les membres du Congrès ne se préoccupent pas
suffisamment du travail constructif, répondit simplement
Gandhi. Nous devons reconnaître le fait que l'ordre social rêvé
par nous ne peut être établi par l'intermédiaire du parti du
Congrès tel qu'il est aujourd'hui...

« Il y a trop de corruption à l'heure actuelle, affirmait Gandhi.
Cela m'épouvante. Si chacun désire empocher un tel nombre
de voix, c'est parce que ce sont les votes qui donnent le pouvoir. » (Kripalani décrivait ce désordre comme « paperasserie,
tripotage, corruption, escroquerie, marché noir et profita-
risme ».) En conséquence, insistait Gandhi, « il faut bannir
l'idée de s'emparer du pouvoir et l'on sera alors capables de
guider ceux qui sont à la tête et de les mener vers le droit chemin... Il n'y a pas d'autre moyen pour supprimer la corruption
qui menace d'étrangler notre indépendance dès sa naissance. »

Celui qui est immunisé contre la tentation du pouvoir est
aussi, d'après Gandhi, celui qui peut le mieux s'opposer aux
gens en place. Son expérience limitée lui disait que les législateurs et les juges étaient trop proches de l'appareil gouvernemental et des habitudes du pouvoir pour refréner et tenir en
équilibre l'exécutif; seuls peuvent le faire ceux qui sont en
dehors du gouvernement, affirmait-il.

Cependant sa haute autorité elle-même n'était pas de taille
à lutter contre la puissance d'un gouvernement né de ses efforts
et dont les membres se mettaient à ses pieds en signe d'obéissance.

CHAPITRE XLVIII

LE DERNIER JEÛNE

RICHARD SYMONDS, un ami britannique qui avait rencontré Gandhi au Bengale alors qu'il y travaillait pour une œuvre de bienfaisance, fut atteint de typhoïde à New-Delhi en novembre 1947. Gandhi l'invita à venir à Birla House.

Un jour le docteur prescrivit pour son malade du brandy. On chercha dans toute la maison et l'on finit par en découvrir une bouteille. Gandhi, qui était strictement abstentionniste, fut interrogé et répondit qu'il ne faisait aucune objection à ce que Symonds prît cette liqueur. Il adopta la même attitude plus tard lorsque le sherry fut recommandé à Symonds.

A l'approche de la Noël, Gandhi demanda à un groupe de jeunes chrétiennes de décorer la chambre de Symonds avec du houx et des guirlandes de fête; la veille de Noël, à la demande du Mahatma, ces jeunes filles vinrent chanter des cantiques de Noël.

Gandhi passait chaque jour avec le malade quelques minutes et souvent beaucoup plus. Sa seule intervention dans son traitement consistait à insister pour qu'on lui fît des compresses d'argile sur l'abdomen. A part cela, sa principale contribution à la guérison de l'Anglais consista à le faire rire chaque fois qu'il était avec lui.

Symonds avait été dans le Cachemire et tenait à discuter la situation dans ce pays avec Gandhi; mais, sauf les jours de silence du Mahatma, il n'en eut jamais la possibilité, car, depuis le moment où il entrait dans sa chambre jusqu'à celui où il en sortait, Gandhi ne cessait de lui raconter des histoires

drôles et de faire des plaisanteries. La question du Cachemire
était une question trop sérieuse pour un malade.

Le Cachemire, y compris la belle vallée de ce nom, se trouve
au sommet du monde, au point le plus septentrional de l'Inde.
Son maharadjah hindou gouvernait ses 800.000 sujets hindous
et ses 3.200.000 sujets musulmans avec la même indifférence
pour leur bien-être que pour leur liberté. Au mois de septembre 1947, le gouvernement du Pakistan encouragea les
incursions dans cette région des guerriers sauvages de la contrée
comprise entre la frontière Nord-Est et l'Afghanistan; plus tard,
des troupes pakistanaises régulières envahirent le pays. Alarmé
et désespéré, le maharadjah demanda que son État fût admis
au sein de l'Union indienne. Le 29 octobre, l'admission fut prononcée officiellement et, aussitôt, le maharadjah nomma
comme son premier ministre Cheik Abdoulla, un musulman
qu'il avait gardé en prison pendant de longues périodes. Dans
le même temps, les autorités de New-Delhi envoyèrent des
troupes dans le Cachemire par la voie des airs et par la route.
S'il n'y avait pas eu l'aviation, le Cachemire aurait été envahi
et annexé par le Pakistan. Déjà le Cachemire et son voisin, le
Yammou, appartenant aussi au royaume du maharadjah,
devinrent le théâtre d'une petite guerre entre l'Inde et le Pakistan qui draina sérieusement les ressources financières, la
patience et les possibilités militaires des deux dominions. Les
musulmans la nommèrent « la guerre sainte ».

Dans une émission à la radio, Gandhi, le jour de Noël, approuva l'attitude de l'Inde envoyant des troupes au Cachemire
pour repousser les nomades envahisseurs. Il réprouva les suggestions tendant à la division de cet État entre l'Inde et le
Pakistan. Il exprima ses regrets de ce que Nehrou eût soumis
ce conflit à l'arbitrage des Nations Unies. A l'O. N. U., dit-il
à Horace Alexander, le pacifiste britannique, des considérations de « politique de puissance » internationale, plutôt que
le bon droit, détermineront l'attitude des divers pays à l'égard
de cette affaire. En conséquence, Gandhi insistait auprès de
l'Inde et du Pakistan pour qu'ils en vinssent « à un arrangement amiable avec l'aide d'Indiens impartiaux », qui, disait-il,
« permettrait de retirer avec honneur la réclamation présentée
à l'O. N. U. par l'Union indienne ». Si les négociations directes
échouaient, Gandhi envisageait la médiation d'un ou de deux
Anglais; dans sa conversation avec Horace Alexander, le
Mahatma fit mention de Philippe Noël-Baker, membre du
mouvement travailliste, comme d'un médiateur acceptable.

Il envisageait aussi la possibilité d'un plébiscite ou d'un referendum parmi les habitants de la région controversée.

Cependant, le gouvernement indien rejeta la médiation comme l'arbitrage; de pénibles débats se prolongèrent interminablement à l'O. N. U., tandis que grandissaient la colère et les dépenses militaires.

Gandhi combinait toujours la grande politique avec la petite. Un jour, il discutait du Cachemire avec Nehrou et, le lendemain, se rendait dans un village et s'entretenait avec les paysans de la façon de « mélanger les excréments des hommes et des animaux » avec des déchets pour en faire « du fumier de qualité ». Ailleurs, il les encourageait à améliorer leur cheptel. Les hindous se plaignaient de ce que les musulmans abattissent les vaches, mais, disait Gandhi, les hindous « les tuaient peu à peu par les mauvais traitements ». Les adresses que lui avaient envoyées les villageois chantaient les vertus de la non-violence. « Mais je sais comment sont élaborées les adresses de ce genre, répliquait-il. Quelqu'un les rédige et un autre les lit comme un perroquet et voilà tout. » Est-ce qu'ils mettaient en pratique la non-violence? « Il faut qu'il y ait conformité entre les pensées d'un homme, ses paroles et ses actions. »

A l'examiner avec cette pierre de touche, Gandhi fut grand; il fut même plus grand après que l'Inde eut recouvré son indépendance, qu'il ne l'avait été auparavant. A la veille de son départ des Indes où il avait séjourné plusieurs mois, le Révérend Dr John Haynes Holmes, de la « Community Church » de New-York, écrivait à Gandhi en ces termes : « J'estime que ces derniers mois ont été le couronnement et le point culminant de votre incomparable carrière. Vous n'avez jamais été aussi grand que pendant ces heures sombres. » Le Dr Holmes s'était entretenu avec Gandhi et connaissait sa manière. « Bien sûr, écrivait-il au Mahatma, vous avez été triste, écrasé pour ainsi dire par les drames de ces derniers mois, mais vous ne devez jamais avoir l'impression que cela signifie en quoi que ce soit l'échec du labeur de votre vie. »

Gandhi fit paraître cet éloge dans le numéro d'*Haryian* du 11 janvier 1948, sous le titre : « Est-ce mérité? » Il y répondait : « Je serais surpris que cette assertion pût être démontrée. » Dans le même numéro, il publiait une autre lettre d'un ami européen qui, pour l'encourager, lui écrivait : « Pour mon compte, je suis certain d'interpréter le cœur de millions incalculables, et j'ai le sentiment que c'est mon devoir absolu de vous exprimer ma très profonde gratitude pour le sacrifice de votre vie entière à ce que vous avez cru être le seul moyen de salut pour l'humanité » : la non-violence.

Gandhi lui répliqua : « Je ne dois pas me flatter de croire cela, ni permettre à des amis tels que vous d'entretenir la croyance que j'ai démontré en moi-même une non-violence héroïque et démontrable. Tout ce que je puis revendiquer c'est d'avoir navigué dans cette direction sans faire halte un seul moment... »

Les idées de Gandhi sur ces matières étaient discrètes et modérées. Mais sa sensibilité était trop étroitement unie au travail de sa vie pour qu'il pût être objectif à cet égard. Il ne pouvait pas se voir lui-même dans une perspective historique. Il était trop désappointé par l'échec des autres pour évaluer correctement son propre succès.

Serait-il équitable de faire juger le Christ par ceux qui l'ont crucifié et qui le dénigrent?

Gandhi était trop grand pour réussir. Ses buts étaient trop élevés, ses disciples trop humains et trop frêles.

Il n'appartenait pas à l'Inde d'aujourd'hui. Ses insuccès dans son pays n'enlèvent rien à son message et à son avertissement au monde. Il peut être réellement mort aux Indes et vivre parfaitement au dehors. Et en fin de compte, il pourra vivre aussi bien à un endroit qu'à l'autre.

Ce qui importe, c'est la façon dont Gandhi a vécu, et non l'effet immédiat qu'il a eu sur ses voisins les plus proches.

Jésus a peut-être pensé que Dieu l'avait abandonné; Gandhi peut avoir pensé que son peuple l'avait abandonné. Le verdict de l'Histoire ne peut pas être prononcé à l'avance par ceux qui font cette Histoire.

La grandeur de l'homme est dans les yeux de celui qui le contemple. Accablé, malheureux, contrecarré par ceux qui le vénéraient, Gandhi ne pouvait pas voir à quelles hauteurs il s'était élevé dans les derniers jours de sa vie. Dans cette période, il a fait quelque chose d'une valeur infinie pour n'importe quelle société : il a donné à l'Inde une démonstration concrète, vivante, d'une vie différente et meilleure. Il a montré que les hommes pouvaient vivre en frères, et que l'homme sauvage qui a du sang sur les mains peut ressentir, si peu que ce soit, l'attouchement de l'esprit. S'il n'y avait pas de tels moments, l'humanité perdrait la foi qu'elle a en elle-même. En tout cas, la collectivité doit comparer cet éclair de lumière aux ténèbres de l'existence normale.

Le fait que Gandhi a pour ainsi dire ramené Calcutta à la

raison et à la paix, le fait que sa présence a réduit les massacres massifs à Delhi à n'être plus que des explosions occasionnelles, le fait que sa visite rapide à l'académie du Dr Zakir Houssaïn à Okla l'a préservée de la violence, le fait que des criminels endurcis ont déposé leurs armes à ses pieds, le fait que des hindous ont pu écouter la lecture de versets du Coran et que des musulmans ne se sont pas opposés à écouter les paroles sacrées de l'Islam de la bouche d'un hindou, tout cela reste et doit inspirer ou obséder ceux dont les actions pourraient faire croire qu'ils l'ont oublié. C'est la semence de la conscience et la source de l'espoir.

Le 13 janvier 1948, le Mahatma Gandhi commença son dernier jeûne. Cela a gravé dans le cerveau de l'Inde une image de la divine bonté.

Les massacres de Delhi avaient pris fin. La présence de Gandhi dans cette ville avait produit son effet. Mais il était toujours en « état d'agonie ». C'est pour moi, disait-il, « quelque chose d'intolérable que de savoir qu'un homme tel que le Dr Zakir Houssaïn, par exemple, ou, pour le même motif, Chaheed Souhraouardi (l'ex-premier ministre du Bengale) ne puissent pas se déplacer à Delhi aussi librement et plus en sécurité que moi-même ». Gandhi voulait aller au Pakistan pour se rendre au secours des hindous et des sikhs; mais comment aurait-il pu le faire tant que les musulmans de Delhi n'avaient pas obtenu entière réparation? « Je me sentais désespéré, disait-il. Je n'avais jamais eu affaire au désespoir pendant toute ma vie. »

Il se remit donc à jeûner. C'était un jeûne complet, un jeûne à mort. « Cela me vint comme un éclair. » Il n'avait demandé avis ni à Nehrou ou à Patel ni à ses médecins. Quand on lui reprocha d'avoir agi précipitamment, alors que la situation allait s'améliorant, il répondit qu'il avait attendu patiemment depuis que les émeutes avaient commencé il y avait un an, et que l'esprit d'assassinat pour des motifs religieux régnait toujours dans le pays. « Ce fut seulement après avoir épuisé toutes les ressources dont dispose l'effort humain, que j'ai posé ma tête dans le giron de Dieu... Dieu m'a envoyé le jeûne... Puisse notre seule prière être que Dieu veuille m'accorder pendant mon jeûne assez de force spirituelle pour que la tentation de vivre ne m'amène pas à mettre fin prématurément et hâtivement à mon épreuve! »

Ce jeûne, ainsi que Gandhi le déclara dès le premier jour, s'adressait à « la conscience de tous », aux hindous et aux musul-

mans de l'Union indienne ainsi qu'aux musulmans du Pakistan. « Si tous ces groupes ou quelques-uns de ces groupes
répondent pleinement, je sais que le miracle se réalisera. Par
exemple, si les sikhs répondent comme un seul homme à mon
appel, je serai entièrement satisfait. » Dans ce cas-là, il irait
vivre parmi les sikhs du Pundjab.

« Nous perdons constamment notre emprise sur Delhi, affirmait Gandhi qui craignait une recrudescence de la violence
dans la capitale, et si Delhi marche, l'Inde entière marche, et
avec elle s'en va le dernier espoir de la paix dans le monde. »
Des hindous ont été assassinés à Karachi, capitale du Pakistan,
et ailleurs encore dans le dominion musulman. Du bout des
doigts, le Mahatma pressentait le danger d'une nouvelle vague
d'émeutes. A Delhi, des réfugiés chassaient les musulmans de
leurs demeures et l'on avait fait la demande de voir bannir
tous les habitants musulmans de la ville. « La tempête gronde
dans les poitrines, disait Gandhi; elle pourrait bien éclater un
jour ou l'autre. »

Il avait réfléchi sur cette situation pendant trois jours sans
en rien dire à personne. Lorsque, finalement, il décida de jeûner, « cela me rendit heureux », dit-il. Il se sentait heureux
pour la première fois depuis des mois.

Il savait qu'il pourrait mourir. « Mais la mort serait pour
moi une glorieuse délivrance, et je préférerais cela à être témoin
impuissant de la destruction de l'Inde, de l'hindouisme, du
sikhisme et de l'islamisme. » Ses amis, annonça-t-il, ne devaient
pas accourir à Birla House pour essayer de le dissuader. Ils
ne devaient pas non plus s'inquiéter. « Je suis entre les mains
de Dieu. » Au lieu de se mettre martel en tête à son sujet, ils
devaient « tourner le projecteur vers l'intérieur; car ce temps
est essentiellement fait pour nous mettre tous à l'épreuve ».

Le premier jour de son jeûne, il se rendit à la réunion de
prières, le soir, et dirigea l'office comme à l'habitude. « Le jeûne
n'affaiblit personne pendant les vingt-quatre premières heures
qui suivent son repas », dit-il en souriant à l'assemblée des fidèles.
Une question écrite lui fut envoyée sur l'estrade, demandant qui
devait être blâmé pour ce jeûne. Personne, répondit-il, « mais si
les hindous et les sikhs s'acharnent à chasser les musulmans
de Delhi ils trahiront l'Inde et leur religion, et cela me blesse ».
Certains, dit-il, l'accusaient de jeûner par amour pour les musulmans. Ils avaient raison. « Toute ma vie j'ai défendu les minorités, comme tout le monde devrait le faire, les minorités et
ceux qui sont dans le besoin...

« J'attends une purification complète des cœurs » déclara-t-il. Peu importe ce que font les musulmans dans le Pakistan. Les hindous et les sikhs n'avaient qu'à se rappeler le cantique préféré de Tagore :

> Si personne ne répond à ton appel,
> Marche tout seul, marche tout seul.

Il arrêterait son jeûne lorsque Delhi aurait retrouvé la paix « dans le vrai sens du terme ».

Le deuxième jour du jeûne, les médecins dirent à Gandhi de ne pas se rendre à la prière; il dicta donc un message qui devait être lu à l'assemblée. Pourtant, il décida ensuite de se rendre à l'office et d'adresser la parole aux fidèles après le chant des cantiques et la récitation des saintes écritures. Il avait reçu un déluge de messages, dit-il. Le plus amusant était celui de Mrdoulla Sarabhaï, de Lahore, dans le Pakistan. Elle câblait que les musulmans ses amis, y compris quelques membres de la Ligue musulmane et du gouvernement pakistanais, s'inquiétaient de la sécurité de Gandhi et lui demandaient ce qu'ils devaient faire.

Voici ce qu'il leur répondit : « Le jeûne est un procédé de purification de soi-même et a pour but d'inviter tous ceux qui ont de la sympathie pour le but poursuivi à prendre part à ce procédé de purification de soi-même... Supposons qu'il y ait une vague de purification de soi-même à travers les deux parties de l'Inde; le Pakistan deviendra *pak*, c'est-à-dire pur... Un tel Pakistan ne saurait périr. Alors, mais alors seulement, je me repentirai d'avoir appelé le partage un péché, ce que je regrette de devoir maintenir aujourd'hui... »

Quand il était enfant, révéla-t-il, après avoir écouté les discussions de son père avec des amis appartenant à d'autres collectivités, il avait rêvé de voir une sincère amitié s'établir entre les diverses religions. « Au soir de ma vie, je bondirais comme un enfant si je sentais que mon rêve s'est réalisé. » Alors il formerait de nouveau son vœu de vivre cent vingt-cinq ans.

« Je n'ai pas le moindre désir de voir mon jeûne se terminer le plus vite possible, affirma-t-il aux fidèles. Peu importe si les vœux extatiques d'un fou tel que moi ne se réalisent jamais et si mon jeûne n'est pas interrompu. J'attendrai volontiers aussi longtemps qu'il sera nécessaire, mais je serai froissé si je puis penser que les gens n'agissent que pour sauver ma vie. »

Pendant ce jeûne, Gandhi ne voulut pas se laisser examiner par les médecins. « Je me suis mis entre les mains de Dieu », leur dit-il. Mais le Dr Gilder, le cardiologue de Bombay, déclara que les médecins désiraient publier un bulletin quotidien et ne pouvaient pas dire la vérité sans l'avoir examiné. Cela convainquit le Mahatma et il se laissa fléchir. La Dresse Souchila Nayyar lui dit qu'il y avait des dépôts d'acétone dans son urine.

« C'est parce que je n'ai pas une foi suffisante, répondit Gandhi.

— Mais c'est un produit chimique, protesta-t-elle.

— Combien peu de choses la science connaît, dit-il en regardant au loin. Il y a plus de choses dans la vie que dans la science, et il y a plus de choses en Dieu que dans la chimie. »

Il ne pouvait pas boire d'eau : cela lui causait des nausées. Il refusa d'y ajouter quelques gouttes de jus de cédrat ou de miel pour empêcher les nausées. Ses reins fonctionnaient mal. Il avait perdu beaucoup de sa force; son poids diminuait de deux livres par jour.

Le troisième jour il se soumit à une forte irrigation du côlon. A 2 h. 1/2 du matin, il se réveilla et demanda un bain chaud. Dans son tub il dicta à Pyarélal une déclaration pour demander au gouvernement de l'Union indienne de payer au gouvernement pakistanais 550 millions de roupies équivalant approximativement à 180 millions de livres sterling. C'était la part revenant au Pakistan dans les avoirs de l'Inde avant le partage; les autorités de New-Delhi avaient ajourné le paiement, et Gandhi demandait qu'on fît immédiatement le transfert de cette somme. Après avoir dicté cet aide-mémoire, il eut du vertige et Pyarélal le sortit de son bain et le fit asseoir sur une chaise. Le poids du Mahatma était descendu à cent sept livres, sa tension était de 140 : 98.

Le gouvernement de l'Union indienne paya.

Ce même jour, Gandhi le passa sur un lit placé sous un porche fermé sur le côté de Birla House. La plupart du temps il restait étendu, recroquevillé sur lui-même à la façon d'un embryon, ses genoux rapprochés de son ventre et les poings contre sa poitrine. Son corps et sa tête étaient entièrement recouverts d'un tissu de *khadi* blanc qui encadrait son visage. Ses yeux étaient fermés et il semblait dormir ou être à demi évanoui. Une queue interminable de gens défilait à dix pieds de distance. Les Indiens et les étrangers qui étaient dans cette queue étaient émus de pitié en le regardant; plus d'un priait et murmurait des prières et réunissait les paumes de ses mains en guise de salut bien qu'il ne le vît pas. Une tristesse aiguë était inscrite sur son visage. Même alors qu'il dormait ou était à demi inconscient, cette douleur apparaissait comme sublimée; c'était une souffrance atténuée par le bonheur de la foi, adoucie par le sentiment d'être utile. Son être intime savait qu'il contribuait à la paix et, en conséquence, il était lui-même en paix avec soi-même.

Avant les prières de 5 heures du soir, il se réveilla complètement mais ne fut pas en état de se rendre au lieu de la prière et l'on prit des dispositions en vue de lui permettre de parler de son lit dans un micro relié à un haut-parleur installé sur le champ de prières et en connexion avec la radio panindienne qui devait diffuser ses observations à travers tout le pays.

« Ne vous laissez pas troubler par ce que font les autres, dit-il d'une voix faible. Chacun de nous devrait tourner le projecteur vers son intérieur et purifier son cœur du mieux possible. Je suis convaincu que, si vous vous purifiez vous-mêmes suffisamment, vous aiderez l'Inde et abrégerez la durée de mon jeûne... Vous devriez réfléchir à la méthode la meilleure pour vous rendre meilleurs et travailler pour le bien de ce pays... Personne ne peut échapper à la mort. Pourquoi donc en avoir peur? En fait, la mort est un ami qui nous apporte la délivrance de nos souffrances. »

Il lui fut impossible de parler davantage. On lut pour lui le reste de son message. Des journalistes lui avaient soumis des questions; il y répondit de vive voix.

« Pourquoi avez-vous entrepris de jeûner alors qu'il n'y a aucun trouble d'aucune sorte dans aucune partie du dominion indien?

— N'est-ce pas un trouble lorsqu'une masse de gens fait un effort organisé et déterminé pour s'emparer par la force de maisons musulmanes? Le trouble était tel que la police a dû malgré elle recourir aux gaz lacrymogènes et même ouvrir le feu, par-dessus les têtes il est vrai, avant d'arriver à disperser la foule. Cela aurait été une folie de ma part d'attendre que les musulmans fussent chassés de Delhi par des méthodes subtiles et non apparentes que je définirais comme un assassinat à petit feu. »

On l'avait accusé de jeûner contre Vallabhbhaï, second premier ministre et ministre de l'Intérieur, que certains considéraient comme antimusulman. Gandhi protesta contre cette affirmation et dit que cela lui semblait être une tentative en vue de créer un abîme entre lui et Nehrou d'une part et Patel d'autre part.

Le quatrième jour, le pouls de Gandhi était irrégulier. Il autorisa les médecins à lui faire un électrocardiogramme et à lui donner un autre lavement. Maoulana Aboul Kalam Azad insista vainement auprès du Mahatma pour qu'il bût un peu d'eau avec du jus de citron. Gandhi n'avait rien bu et l'urine ne venait plus. Les médecins le prévinrent que, même s'il survivait, il garderait une infirmité permanente et grave. Sans tenir compte de rien, il prit la parole depuis son lit au cours du meeting de prières devant le micro et fit remarquer fièrement que sa voix était plus forte que la veille. « Je ne me suis jamais senti aussi bien au quatrième jour d'un jeûne, consta-ta-t-il. Mon seul guide, mon dictateur, est Dieu, l'Infaillible et le Tout-Puissant. S'Il a besoin de ce corps débile qui est le mien, Il le conservera en dépit des pronostics des médecins, hommes et femmes. Je suis dans Ses mains. En conséquence, j'espère que vous me croirez si je dis que je ne crains ni la mort ni une maladie permanente au cas où je survivrais. Mais je sens que cet avertissement de la part des médecins mes amis incitera les gens à s'unir, s'ils ont quelque besoin de moi. »

Il insista pour parler au micro pendant deux minutes au cours de la réunion de prières. Puis, on lut une déclaration qu'il avait rédigée précédemment. Le gouvernement de l'Union in-dienne payait au Pakistan cinq cent cinquante millions de roupies. Gandhi espérait que cela conduirait à une solution honorable de la question du Cachemire et de tous les litiges encore pendants entre les deux dominions. « Il faut que l'amitié prenne la place de l'hostilité actuelle... Quelle sera la réponse du Pakistan? »

Le 17 janvier, le poids de Gandhi s'était stabilisé à cent sept livres. Il accumulait du liquide probablement en prove-nance des lavements. Il souffrait de nausées et était agité. Il reposa cependant tranquillement pendant quatre heures et dormit. Nehrou vint et se mit à pleurer. Gandhi envoya Pya-rélal en ville pour s'informer si les musulmans pouvaient rentrer en toute sécurité. Des centaines de télégrammes arrivaient provenant de princes, de musulmans, du Pakistan, de tous les coins de l'Inde. Gandhi éprouva un sentiment de satisfaction, mais sa déclaration écrite de ce jour-là fut un avertissement. « Ni les radjahs, ni les maharadjahs, ni les hindous, ni les sikhs, ni personne d'autre ne rendront service à eux-mêmes ou à l'Inde

prise dans son ensemble si, dans cette conjoncture qui est sacrée
pour moi, ils me trompent en vue de mettre fin à mon jeûne.
Il faut qu'ils sachent que je ne me suis jamais senti aussi heureux que lorsque je jeûne pour un motif spirituel. Ce jeûne
m'a apporté plus de joie que je n'en ai jamais eu. Personne ne
devait troubler cet heureux état s'il ne peut affirmer honnêtement qu'au cours de son voyage il s'est détourné délibérément
de Satan pour se diriger vers Dieu. »

Le 18 janvier, Gandhi se sentait mieux. Il permit qu'on le
massât légèrement. Son poids restait à cent sept livres.

Depuis le 13, à 11 heures du matin, heure à laquelle Gandhi
avait commencé de jeûner, des comités représentant de nombreuses collectivités, des organisations et des groupes de réfugiés de Delhi s'étaient réunis dans la maison du Dr Rayendra
Prasad, le nouveau président du Congrès, en vue de faire un
effort pour établir une paix réelle entre les éléments divergents.
Il ne s'agissait pas d'obtenir des signatures pour un document
de ce genre. Cela n'aurait pas donné satisfaction à Gandhi.
Il fallait prendre des engagements concrets dont ils sauraient
que leurs partisans les exécuteraient. Si ces engagements étaient
violés, Gandhi pourrait s'en rendre compte facilement et rapidement et, dans ce cas, il jeûnerait jusqu'à la mort. Conscients
de leur responsabilité, quelques représentants hésitaient et se
retirèrent pour aller interroger leur conscience et leurs subor-
donnés.

Enfin, le 18 au matin, l'engagement était rédigé et signé,
et de la maison de Prasad plus de cent délégués se dirigèrent
vers Birla House. Nehrou et Azad s'y trouvaient déjà. Le chef
de la police de Delhi et son délégué étaient présents aussi;
ils avaient également signé l'engagement. Des hindous, des
musulmans, des sikhs, des chrétiens et des juifs faisaient partie
du cortège. Le *Mahasabha* hindou et la R. S. S. étaient représentés.

Yarab Zahid Houssaïn-Saheb, haut-commissaire (ambassadeur) du Pakistan à Delhi, était présent.

Prasad ouvrit la séance en parlant du jeûne du Mahatma et
en expliquant que leur engagement contenait une promesse
et un programme d'exécution. Les actions étaient définies.
« Nous prenons l'engagement de protéger la vie, les biens et
la religion des musulmans et nous promettons que les incidents
qui se sont produits à Delhi ne se reproduiront pas. »

Gandhi écoutait et approuvait de la tête.

« Nous voulons assurer à notre Gandhi, 2e point, que la fête

annuelle du Kouaya Qoutab-oud-Din Mazar sera célébrée cette
année-ci comme les années précédentes. » Cela se rapportait à
une fête qui avait lieu régulièrement à un sanctuaire musulman
hors de la ville.

Le caractère spécifique de cette dernière promesse sembla
illuminer le visage de Gandhi.

« Les musulmans auront la possibilité de se rendre à Soubzimandi, à Karol Bagh, à Pahargany et autres localités, exactement comme ils le faisaient autrefois.

« Les mosquées qui ont été abandonnées par les musulmans
et qui sont encore actuellement en la possession d'hindous
et de sikhs seront restituées. Les espaces réservés aux musulmans ne seront pas occupés par la force. »

Les musulmans qui ont fui pourront revenir et vaquer à leurs
affaires comme précédemment.

« Tout cela, affirmaient-ils, sera fait avec notre aide personnelle et non à l'aide de la police ou des soldats. »

En conséquence, Prasad supplia le Mahatma d'interrompre
son jeûne.

Un représentant des hindous raconta alors à Gandhi les
scènes touchantes de fraternisation qui avaient eu lieu le
matin lorsqu'une procession de cent cinquante musulmans
habitant à Soubzimandi avaient reçu une ovation et avaient
été fêtés par les hindous de cette localité.

Gandhi s'était vivement intéressé aux délibérations qui
avaient lieu chez Rayendra Prasad; il avait formulé lui-même
au début certains des points que les délégués lui présentaient
maintenant comme adoptés.

Il s'adressa alors au groupe qui se trouvait devant lui. Il
dit qu'il était ému par leurs paroles. Mais, ajouta-t-il, « votre
garantie n'a aucune valeur et je sentirai et vous constaterez
vous-mêmes un jour que ç'a été une grande faute de ma part
de consentir à abandonner mon jeûne parce que vous vous dé-
clarez responsables de la paix générale dans la seule ville de
Delhi ». La presse avait parlé de troubles entre les membres
des différentes religions à Allahabad. Des représentants du
Mahasabha hindou et de la R. S. S. étaient dans la pièce et
avaient signé l'engagement pour Delhi. « S'ils sont sincères
dans leurs déclarations, ils ne peuvent certainement pas être
indifférents aux explosions de folie qui ont lieu en d'autres
lieux que Delhi... » C'était là une claire allusion à la culpabilité
de ces deux organisations. « Delhi, poursuivit-il, est le cœur
du dominion indien, et vous êtes la fleur de Delhi. Si vous

ne pouvez pas amener la totalité de l'Inde à se rendre compte que les hindous, les sikhs et les musulmans sont tous frères, cela sera d'un triste augure pour les deux dominions. Qu'adviendra-t-il de l'Inde si tous deux se querellent? »

Là, Gandhi écrasé par son émotion s'évanouit; des larmes coulaient le long de ses joues émaciées. Les spectateurs soupiraient; plus d'un pleurait.

Lorsqu'il retrouva la voix, il était si faible qu'on n'entendit pas ce qu'il disait, et la D^{resse} Souchila Nayyar dut répéter à haute voix ce qu'il lui murmurait. Gandhi demanda s'ils lui jouaient la comédie. S'ils essayaient seulement de sauver sa vie. Pouvaient-ils lui garantir la paix à Delhi et le laisser aller au Pakistan pour y prêcher la paix? Est-ce que les musulmans considéraient les hindous comme des infidèles qui adoraient des idoles et qui, par conséquent, méritaient d'être exterminés?

Maoulana Azad et d'autres étudiants musulmans parlèrent et assurèrent Gandhi que telle n'était pas l'attitude des Islamites. Ganech Dutt, parlant au nom de la R. S. S. et du Mahasabha hindou, insista pour que Gandhi mît fin à son jeûne. L'ambassadeur du Pakistan adressa également au Mahatma quelques paroles amicales. Un représentant des sikhs ajouta son engagement.

Gandhi était assis sur son grabat, silencieux et perdu dans ses pensées. L'assemblée attendait. Finalement, il annonça qu'il allait rompre son jeûne. On lut des textes sacrés parsis, musulmans et japonais, puis un verset hindou :

> *Conduis-moi du mensonge à la vérité,*
> *Des ténèbres à la lumière,*
> *De la mort à l'immortalité.*

Les jeunes filles qui entouraient Gandhi chantèrent un cantique hindou et *Quand je contemple la merveilleuse Croix*, le cantique chrétien que Gandhi préférait.

Sur quoi, Maoulana Azad présenta à Gandhi un verre contenant huit onces de jus d'orange que Gandhi but lentement.

Si l'engagement était tenu, dit Gandhi, cela ferait renaître son désir de vivre sa part entière de vie et de servir l'humanité. « Cette part, déclara-t-il, est, d'après l'opinion des savants, de 125 ans au moins, quelques-uns disent de 133 ans. »

Le même soir, Gandhi eut un entretien avec Arthur Moore, ancien rédacteur en chef du quotidien britannique *Statesman*. « Il était vif et gai, écrivit alors Moore, et, tout en me parlant, ce n'était pas à lui qu'il s'intéressait, mais à moi, qu'il accablait de questions délicates. »

Quand il s'était réveillé ce matin-là, Nehrou avait décidé de jeûner par sympathie pour Gandhi. Alors le premier ministre fut convoqué à Birla House et fut témoin de l'engagement pris et de l'interruption du jeûne. « Regardez, dit Nehrou à Gandhi d'un ton moqueur, j'étais en train de jeûner et voilà qu'ils me forcent à interrompre mon jeûne prématurément. »

Cela fit plaisir à Gandhi. Dans l'après-midi, il envoya divers papiers à Nehrou avec une note disant qu'il espérait qu'il avait mis fin à son jeûne[1]. « Puissiez-vous rester longtemps le joyau de l'Inde! » ajoutait Gandhi. *Yaouahar* veut dire joyau en hindoustani[2].

Gandhi tint sa réunion de prière du soir et déclara qu'il interprétait l'engagement comme significatif. « Advienne que pourra, dit-il, il y aura une amitié complète entre les hindous, les musulmans, les sikhs, les chrétiens et les juifs, une amitié que rien ne pourra détruire. »

Sir Mohammed Zafroullah Khan, ministre des Affaires étrangères du Pakistan, informa le Conseil de Sécurité des Nations Unies à Lake Success qu'une « nouvelle et terrible vague de sympathie et de bonne volonté pour l'amitié entre les deux dominions traversait le continent en réponse au jeûne ».

La frontière nationale entre le Pakistan et l'Union indienne est une coupure malsaine à travers le cœur de l'Inde, et l'amitié est difficile à établir. Néanmoins, le dernier jeûne de Gandhi a réalisé ce miracle non seulement de pacifier Delhi mais de mettre fin aux émeutes religieuses et aux actes de violence à travers les deux dominions.

Cette solution partielle d'un problème vaste comme le monde

1. Richard Symonds et Horace Alexander font autorité en ce qui touche aux expériences du premier avec Gandhi. Mr. Alexander m'a parlé de ses conversations avec Gandhi concernant le Cachemire.
Les discours de Gandhi ont été publiés par *Haryian* et le *Delhi Diary.* Il a été rendu compte de son jeûne dans des journaux indiens et étrangers.
En addition au commentaire fait par lui dans *Haryian* d'une lettre que lui avait adressée le Dr Holmes, Gandhi lui répondit par une lettre personnelle en date du 3 janvier 1948.
La D^{resse} Souchila Nayyar m'a donné le compte rendu jour par jour de la santé de Gandhi pendant son jeûne... Différentes personnes qui ont vu Gandhi pendant ce temps-là m'ont dit quelle était son apparence et comment il se sentait.
La déclaration d'Arthur Moore est citée d'après un magazine indien, le *Thought,* où il rend compte de ses discussions avec le Mahatma.
C'est Nehrou qui m'a parlé de son propre jeûne de sympathie et de l'observation de Gandhi.
2. Allusion plaisante au prénom de Nehrou : Yaouaharlal. *(N. d. T.)*

se dresse pareille à un monument de la force morale d'un homme dont le désir de servir était plus grand que son attachement à la vie. Gandhi aimait la vie et désirait vivre. Mais par son acceptation de la mort, il a reconquis la capacité de servir où réside la joie. Dans les douze jours qui suivirent ce jeûne, il fut heureux et gai; le découragement avait disparu et il était plein de projets pour son travail à venir. Il allait au-devant de la mort et avait conclu un nouveau bail avec la vie.

CHAPITRE XLIX

LE DERNIER ACTE

LE premier jour qui suivit son jeûne, Gandhi fut transporté à la prière dans une chaise à porteurs. Dans son allocution, qu'il fut presque impossible d'entendre, il raconta qu'un fonctionnaire du Mahasabha hindou, qui croyait à la suprématie hindoue et était apparenté avec un militant R. S. S. antimusulman, avait dénoncé l'engagement de paix pris à Delhi. Gandhi déclara qu'il le regrettait.

Le lendemain, on dut de nouveau le transporter à la prière. Au cours de ses observations habituelles, il déclara qu'il espérait se rétablir promptement et se rendre alors au Pakistan pour y poursuivre sa mission de paix.

Au moment des questions, un homme insista pour que Gandhi déclarât lui-même être une réincarnation de Dieu. « Asseyez-vous et restez tranquille », répondit Gandhi avec un sourire las.

Tandis que Gandhi parlait, le bruit d'une explosion se fit entendre. « Qu'est-ce que c'est? demanda-t-il. — Je ne sais pas. » Les auditeurs étaient agités. « Ne vous préoccupez pas de ça, leur dit-il. Ecoutez-moi. »

C'était une bombe qu'on avait lancée contre le Mahatma de la muraille du jardin voisin.

Le jour suivant, Gandhi, qui s'était rendu à pied à la réunion de prières, dit aux fidèles qu'on lui avait adressé des félicitations pour être resté impassible. Il déclara qu'il ne méritait aucun éloge; il avait cru que c'était un exercice militaire. « Je mériterais des louanges, dit-il, seulement si j'étais tombé victime d'une telle explosion et gardais quand même le sourire et aucun mauvais sentiment à l'égard de l'auteur. Personne ne devrait mépriser le jeune homme mal guidé qui avait jeté cette bombe. Il est probable qu'il me considère comme un ennemi de l'hindouisme [1]. »

Ce jeune homme, ajouta Gandhi, devrait se rendre compte que « ceux qui n'ont pas les mêmes idées que lui ne sont pas nécessairement mauvais ». Il insista auprès des partisans de ces jeunes gens d'abandonner cette activité. « Ce n'est pas là le moyen de sauver l'hindouisme. Il ne peut être sauvé que par ma méthode. »

Des sikhs rendirent visite à Gandhi et lui assurèrent que son assaillant n'était pas un des leurs. « Qu'est-ce que cela peut faire, demanda Gandhi, que cela ait été un sikh, ou un hindou, ou un musulman ? Je désire du bien à tous ceux qui l'ont fait. »

Une vieille femme illettrée avait arrêté le criminel et l'avait maintenu jusqu'à ce que la police fût là. Gandhi félicita « cette sœur analphabète pour son simple courage ». Il demanda à l'inspecteur général de la police de ne pas molester ce jeune homme. Il valait mieux au contraire essayer de le convertir à des idées justes et à des actions droites. Quant aux fidèles, eux non plus ne devaient pas en vouloir à ce « mécréant ». « Vous devez avoir pitié de lui », leur dit-il.

Le nom de ce jeune homme était Madan Lal. C'était un réfugié du Pundjab qui avait trouvé asile dans une mosquée de Delhi et en avait été chassé lorsque la police, sous la pression de Gandhi, avait commencé à faire évacuer les lieux de prières des musulmans.

« J'ai vu de mes propres yeux d'horribles choses au Pakistan, affirma-t-il au cours de son procès pour se justifier. J'ai vu de mes propres yeux fusiller des hindous dans les villes du Pundjab et à Delhi par des troupes du Midi. »

L'accusé Madan Lal s'était joint à un groupe d'hommes qui avaient comploté d'assassiner Gandhi. La grenade ayant raté son but et Madan Lal ayant été arrêté, son camarade du complot, Nathouram Vinayak Godse, vint à Delhi. Agé de trente-cinq ans, Godse était le rédacteur en chef et l'éditeur d'un hebdomadaire hindou du *Mahasabha* de Poona, dans la région de Maratha, soumise à Tilak, et c'était un membre d'une caste élevée, un brahmane Chitpaouane.

En conséquence, Godse, Madan Lal et sept autres furent

1. La citation de Gandhi est empruntée au magazine *Haryian* et au *Delhi Diary*.

jugés en même temps. Le procès dura plus de six mois. Entre
autres choses, Madan Lal dit qu'il avait été irrité par le paiement de cinq cent cinquante millions de roupies au Pakistan.
Cela avait exaspéré Godse.

« J'étais là réfléchissant intensément aux atrocités perpétrées
contre l'hindouisme et à son avenir sombre et fatal s'il était
laissé face à face avec l'Islam à l'extérieur et avec Gandhi à
l'intérieur... Tout d'un coup je décidai d'agir contre Gandhi. »

Ainsi témoigna Godse que le succès du Mahatma avait tout
particulièrement rendu furieux. Il lui en voulait de son insistance à faire expulser les réfugiés des mosquées. Il était surex-
cité par le fait qu'on ne réclamait rien aux musulmans. Lui et
ses complices craignaient l'autorité de Gandhi.

Godse commença par rôder autour de Birla House. Il portait
un blouson kaki. Et, dans sa poche, il cachait un petit revolver.

Le nombre des fidèles au meeting de prières du dimanche
25 janvier 1948 était exceptionnellement considérable. Gandhi
en fut charmé. Il dit aux gens d'apporter des nattes de paille
ou des tissus de *khadi* épais pour s'asseoir, parce que le sol en
hiver était froid et humide. Cela réjouissait son cœur, poursuivit-il, d'entendre dire par des amis hindous et musulmans que
Delhi avait fait l'expérience d'une « union des cœurs ». En
raison de cette amélioration, est-ce que chaque hindou et chaque
sikh venant à la prière ne pourraient pas amener avec eux « au
moins un musulman »? Pour Gandhi, cela serait une preuve
concrète de fraternité.

Mais les hindous, pareils à Madan Lal et à Godse, étaient
enflammés de colère par la présence de musulmans aux offices
hindous et par la lecture de pages choisies du Coran. En outre,
il semble qu'ils espéraient que la mort de Gandhi pourrait être
le premier pas vers une réunification de l'Inde par la force.
Ils désiraient, en le faisant disparaître, enlever leur défenseur
aux musulmans, et ne se rendaient pas compte que cet assassinat aurait l'effet contraire, étant donné qu'il montrerait au
pays combien dangereux et indisciplinés les extrémistes antimusulmans pouvaient être.

En dépit du relâchement qui suivit son jeûne, Gandhi connaissait les grandes difficultés auxquelles devait faire face le
nouveau gouvernement encore inexpérimenté. Il avait perdu
toute confiance en l'habileté du Congrès. Bien des choses,
dépendaient maintenant des deux principaux chefs du gouvernement : le premier ministre Nehrou et le second premier ministre Patel. Ils n'étaient pas toujours du même

avis. Leurs tempéraments étaient opposés. Il y avait eu des frictions entre eux. Cela attristait Gandhi. En fait, les choses étaient allées si loin que Gandhi se demandait si Nehrou et Patel pourraient ensemble diriger le gouvernement. S'il avait eu à faire un choix, le Mahatma eût sans doute préféré Nehrou. Il appréciait Patel comme un vieil ami et comme un habile administrateur; mais il aimait Nehrou et était certain qu'il avait une égale amitié pour les hindous et pour les musulmans. On avait suspecté Patel d'être politiquement pro-hindou.

En fin de compte, Gandhi décida que Nehrou et Patel étaient indispensables l'un à l'autre. Le gouvernement serait sérieusement affaibli s'il perdait l'un ou l'autre des deux. En conséquence, Gandhi envoya à Nehrou une note rédigée en anglais disant que lui et Patel devaient « se tenir les coudes » pour le bien du pays [1]. Le 30 janvier, à 4 h. de l'après-midi, Patel vint voir Gandhi à Birla House et reçut le même message.

A 5 h. 5, Gandhi, mécontent parce qu'il était en retard, quitta Patel et, appuyant ses bras sur Abha et Manou, se hâta vers le terrain de prières. Nathouram Godse était dans la première rangée de l'assemblée. Sa main, dans sa poche, tenait son petit revolver. Il n'avait pas de haine personnelle contre Gandhi. Au cours de son procès, qui se termina par sa condamnation à la pendaison, il dit : «Avant de tirer sur lui, je lui voulais réellement du bien et m'inclinai devant lui avec respect [2]. »

En réponse à l'acte de déférence et au salut respectueux de Godse et des autres membres de la réunion, Gandhi joignit les paumes de ses deux mains, sourit et les bénit. A ce même moment, Godse appuya sur la gâchette. Gandhi tomba et mourut en murmurant : « Oh! mon Dieu! »

1. Les faits concernant la note de Gandhi à Nehrou m'ont été indiqués par deux témoins oculaires.
2. Le *New York Times* du 21 janvier 1948 a publié un compte rendu de Madan Lal sur l'attentat. Le même journal, le 8 novembre 1948, a publié la déposition de Godse au cours de son procès.
Le procès de Nathouram Godse pour assassinat de Gandhi, de Naraïn Apte pour excitation au crime et de sept autres complices pour participation au complot d'assassinat, commença le 26 mai 1948, date à laquelle l'acte d'accusation fut porté à la connaissance des accusés. Les audiences publiques commencèrent le 22 juin 1948; l'interrogatoire public des témoins prit quatre-vingt-quatre jours. Le procès se termina le 30 novembre et le jugement fut prononcé le 10 février 1949. Godse et Apte furent condamnés à mort. En dépit des protestations de nombreux partisans de Gandhi aux Indes et à l'étranger qui avaient le sentiment que le Mahatma eût imploré le pardon de ceux qui l'avaient tué, ils furent pendus. Cinq autres accusés, y compris Madan Lal, furent condamnés à l'emprisonnement à vie; V. D. Savarkar, le chef idéologique du Mahasabha hindou, fut acquitté; le neuvième accusé, qui servit de témoin à l'accusation, obtint son non-lieu. Ce procès fut approuvé entièrement et objectivement par la presse indienne.

INDEX

ABDOULLA, cheik, 478.
ABHA, cousine du Mahatma, 11, 12, 13, 16, 430, 495.
Abyssinie, 533.
ADAYANIA, Sorabyi Chapouryi, 85, 309.
Advice to a Mother, 64.
Afghanistan, 478.
Afrique du Sud, 46, 49-55, 57-60, 62, 63, 67, 74-76, 78, 85-87, 96, 97, 99, 101, 107-109, 115, 117, 120, 121, 142, 158, 169, 174, 186, 192, 223, 233, 234, 248, 261, 310, 321, 325, 404, 406, 446.
AGA KHAN, 158, 365, 366.
AGAROUAL, Chriman Narayan, 304.
Agra, 204.
Ahmédabad, 19, 121, 135, 140, 146, 148, 162, 163, 178, 181, 186, 195, 214, 217, 220, 233, 235, 245, 247, 404.
Ahmedabad Humanitarian Society, voir Société humanitaire d'Ahmédabad.
AHMED KHAN, sir Chafaat,
A. I. C. C. (voir Congrès), 369, 412-413.
AIYAR, sir C. P. Ramasouami, 129, 138, 155, 159.
ALAM, Mir, 82.
ALEXANDER, Albert V., 395, 399.
ALEXANDER, superintendant de police, 56-57.
ALEXANDER, Mrs., 56.

ALEXANDER, Horace, 319, 370, 478, 490.
Alfred High School, Raïkot, 21.
ALI, Chaoukat, 159, 171, 175, 176, 203, 206.
ALI, H. O., 78.
ALI, Mohammed, 159, 175, 176, 203, 204, 206.
Allahabad, 16, 17, 204, 247, 299, 328, 488.
Allemagne, 225, 341, 389, 435.
Ambala, 122, 184.
AMBEDKAR, Dr B. R., 267, 291-298, 300, 342.
American Testament, 74.
AMERY, Léopold, 387.
AMPTHILL, lord, 95, 107.
Amritsar, 163-168, 171-173, 204, 207.
Amritsar Congress, 171 173.
An Appeal to Every Briton, 52.
An Autobiography, or the Story of my Experiments with Truth, 19, 29, 42, 46, 57, 61, 79, 100, 124, 129, 135, 145, 151, 155, 157, 163, 167, 278.
Ancien Testament, 34, 42.
ANDREWS, Charles Freer, 121, 135, 145, 200, 203, 205, 225, 226, 270, 295.
ANEY, Mr., 369-370.
Angleterre, 59, 105, 115, 119, 150, 153-160, 170, 171, 172, 177, 180, 181, 183, 225, 230, 232, 258, 262, 263, 290, 296, 322, 328, 330-334, 341, 342, 352, 353, 360, 387, 415, 452.

TABLE DES MATIÈRES

TROISIÈME PARTIE

LA NAISSANCE DE DEUX NATIONS
(23 mars 1946 - 30 janvier 1948)

Cet ouvrage reproduit par procédé photomécanique
a été achevé d'imprimer le 13 janvier 1983
sur presse CAMERON
dans les ateliers de la S.E.P.C.
à Saint-Amand-Montrond (Cher)

— N° d'édit. 553. — N° d'imp. 1975. —
Dépôt légal : janvier 1983.

Imprimé en France